전남대학교 철학연구교육센터 근대호남유학연구 저·역서 3

외필논쟁(猥筆論爭) 자료집 2

1904-1941

전남대학교 철학연구교육센터 근대호남유학연구 저·역서 3

외필논쟁(猥筆論爭) 자료집 2

1904-1941

인 쇄 2022년 6월 15일
발 행 2022년 6월 20일

편저자 이향준
발행인 정성택
발행처 전남대학교출판문화원

등 록 1981. 5. 21. 제53호
주 소 61186 광주광역시 북구 용봉로 77
전 화 (062) 530-0571~2
마케팅 (062) 530-0573
팩 스 (062) 530-0579
홈페이지 http://www.cnup.co.kr
이메일 cnup0571@hanmail.net

값 40,000 원

ISBN 978-89-6849-892-3 (93800)

이 저서는 2019년 대한민국 교육부와 한국연구재단의 지원을 받아 수행된 연구임
(NRF-2019S1A5C2A02082534)

전남대학교 철학연구교육센터 근대호남유학연구 저 · 역서 ③

외필 논쟁 자료집 2

猥筆論爭

1904-1941

근대호남유학연구단

이향준 엮음 · 옮김

전남대학교출판문화원

머리말

1.

이 책은 전남대학교 철학연구교육센터의 '근대호남유학연구단'에서 간행하는 「근대호남유학 저·역서」 시리즈 가운데 하나인 「외필논쟁(猥筆論爭) 자료집」Ⅱ이다. 연구단은 2019년 9월부터 한국 연구재단의 지원을 받아 노사(蘆沙) 기정진(奇正鎭, 1798~1879)을 주축으로 형성된 노사학파(蘆沙學派)를 대상으로 인물, 행적 및 사상, 유물유적 등을 광범위하게 탐구하고 있다. 자연스럽게 조사와 연구의 성과물을 일련의 총서로 발간해야 할 필요성이 제기되었다. 우리는 그 가운데 하나로서 기정진의 만년 저술인 「외필(猥筆)」에서 야기된 외필논쟁(猥筆論爭)의 원전 자료를 시기별로 편집해서 일종의 편집서이면서 번역서인 2권의 책을 만들기로 결정했다. 『외필논쟁(猥筆論爭) 자료집』Ⅰ은 1878년부터 1903년 사이에 생산된 외필논쟁 자료 101편을 모아 2021년 6월에 간행되었다. 이 책은 제2권으로 대략 1904년에서 1941년에 이르는 시기에 생산된 것으로 추정되는 56편의 자료들을 편집해서 역주·번역한 것이다. 여기에는 1904년 이전에 생산되었을 것으로 추정되지만, 『자료집』Ⅰ에 미처 담지 못했던 4편의 글이 포함되어 있다.

2.

56편의 글을 유학자 집단별로 구별해 보자면 노사학파의 저술이 17

편, 간재학파의 저술이 20편, 연재학파 8편, 화서학파 3편, 그리고 느슨하게 영남 지역의 기호학파 구성원을 비롯해서 기타라고 분류할 수 있는 인물들이 생산한 것이 8편이다.

인물별로 보자면 노사학파에서는 기우승, 정의림, 권운환, 정시림, 이직현, 기경연, 황철원, 남창희, 정방엽, 이교우, 정기 양회갑, 공학원, 남정우의 이름이 발견된다. 이들은 기정진의 직전문인에서 재전문인에 이르는 분포를 보여준다.

간재학파의 경우에는 전우, 정세영, 김택술, 권종화 네 명의 이름이 발견되는데, 이 가운데 압도적인 영향력을 보여주는 인물은 전우이다. 그는 간재학파에서 생산한 자료 20편 가운데 14편의 저자로서 이 시기에 생산된 간재학파 논쟁자료의 70%에 해당하는 점유율을 보여주고 있다. 이것은 사실상 전우의 비판이 전체적인 외필논쟁의 흐름에 많은 영향을 끼쳤다는 점을 보여주고 있다.

연재학파의 경우에는 송병순, 한유, 하우식, 황병중, 정봉기, 우하철, 조종덕의 이름이 발견되고, 화서학파의 경우에는 유인석, 박세화, 윤응선 세 사람이 등장할 뿐이다.

마지막으로 기타에 포함되는 이들은 우성규, 이상돈, 장화식, 이규준, 김성중, 하우 이방헌 등을 들 수 있다. 이들은 대부분 영남 유학계 내부의 인물들이다. 이방헌의 경우 특이하게 충청 지역의 유학자이지만 그의 학술적 연원이 한원진과 윤봉구를 거쳐 송시열로 이어진다는 점에서 넓은 의미의 기호학파에 속한다고 볼 수 있다.

텍스트를 기준으로 나누자면 「외필」의 내용을 반박 혹은 옹호하는 자료, 전우의 두 가지 「외필」 비판, 즉 「외필변」과 「외필후변」을 중심에 두고 벌어진 논변, 학파의 경계 내·외부를 오가면서 관련된 인물들 사이의 의견 교환, 그리고 마지막으로 파생논쟁으로 구별할 수 있다.

1901년 후반기에 영남 지역에서 나타났지만 지금은 현존을 확인할 수 없는 「외필문목(猥筆問目)」에 영향받은 한유와 하우식의 「기노사의 「외필」을 읽고[讀奇蘆沙猥筆]」 2편, 그리고 「외필문목」을 다시 반박하는 기우승의 「「외필문목」의 변론[駁猥筆問目辨]」은 첫째 경우에 해당한다.

정의림의 「전우가 쓴 「외필변」을 변론함[辨田愚所著蘆沙先生猥筆辨]」, 권운환의 「외필변소차(猥筆辨小箚)」, 황철원의 「「외필변」의 변론[猥筆辨辨]」, 공학원의 「외필변을 변론함[辨猥筆辨]」은 전우의 「외필변」을 직접적으로 반박하는 노사학파의 자료들이다. 정기의 「「외필후변」의 변론[猥筆後辨辨]」 및 양회갑의 「「외필후변」을 변론함[辨猥筆後辨]」은 전우의 「외필후변」을 대상으로 재반박을 수행하고 있다.

유인석이 윤석봉에게 보내는 「윤운서에게 답함[答尹雲瑞]」은 화서학파 내부의 외필논쟁에 대한 의견 교환을 보여준다. 송병순이 전우에게 보내는 1904년 8월 29일의 편지인 「전자명에게 답함[答田子明]」은 연재학파와 간재학파 사이에 오고간 토론 내용을 보여준다. 권운환이 1916년 권재춘에게 보내는 「권자정에게 답함[答權子貞]」은 영남 노론계를 대표하는 안동 권씨 가문 내부에서도 「외필」을 둘러싼 이해의 균열이 존재하고 있다는 사실을 보여준다. 영남 단성의 이교우가 전남 화순의 문형에게 보내는 1933년의 편지 「문자성 — 형 — 에게 답함[答文子惺 炯]은 노사학파의 재전문인들 사이에서 오고간 학술적 토론의 내용이 문장론이라는 관점에서 진술되는 이색적인 텍스트이다. 이처럼 세 번째 부류에 속하는 내용들은 각 학파의 내·외부에 속한 이들이 다양한 시기와 관점에서 「외필」을 중심에 두고 어떤 논의의 내용을 20세기 초·중반까지 이어갔는지를 실증적으로 보여주고 있다.

마지막에 속하는 것은 전우의 「노화이동변(蘆華異同辨)」, 「노한이동변(蘆寒異同辨)」 및 김택술의 「노화동이고(蘆華同異攷)」 등이 보여주는 경향이다. 여기에서 뚜렷한 것은 「외필」에서 발단된 학술 토론이 파생적으로 이항로, 기정진, 이진상, 전우 등의 성리학적 사유의 동이에 대한 논변으로 확산되는 방향성이다.

3.

이러한 네 가지 경향은 뒤섞인 채로 20세기 중반까지 지속되었는데, 이 책의 마지막에 실린 글은 1941년 정재규의 문인인 남정우가 동문인 정방엽에게 보내는 「정회부에게 보냄[與鄭晦夫]」이다. 아마도 1940년대 이후에 간행된 개인의 문집 자료와 두 권의 자료집을 통해 미처 수록하지 못한 자료들까지 예상을 해본다면, 시기와 자료는 그 범위를 조금 더 확장할 수 있을 것이다. 따라서 『외필논쟁자료집』 I · II가 외필논쟁의 전체 영역을 망라하고 있다고 단정할 수는 없다. 다만, 현재까지 알려진 자료들의 대부분은 여기에 수록되어 있고, 따라서 이 분야에 관심을 가진 이들이라면 외필논쟁의 대략적인 진행과 정리된 연관 자료들을 검토하기에 약간은 수월해질 것이다.

그리고 다음과 같은 사실이 환기된다. 「외필」이 등장한 1878년, 외필논쟁의 본격적인 대두 시점을 1902년으로부터 남정우의 편지가 나타난 1941년까지를 어림잡아 계산해도 40년에서 60년의 시간이 놓여 있다. 이 토론이 20세기 중반 즈음까지 지속되었다는 점에서 이것은 기본적으로 '20세기 한국 성리학 논쟁'이다. 즉, 이 자료집은 우리에게 '20세기 한국 성리학'의 실증적 양상 가운데 하나의 존재를 보여주고 있다. 우리 학계의 역량이 21세기의 초입에서야 비로소 20세기 한국 성리학의 개념을 자의식적으로 자각하고 이를 반성적으로 돌이켜보려는 뒤늦은 자각을 함축하고 있다는 점에서, 이 자료집의 간행은 하나의 끝이 아닌 긴 여정의 시작이라고 여겨질 충분한 이유가 있는 것이다.

4.

이 책이 한국연구재단의 '인문사회연구소지원사업'을 통한 지원이 없었더라면 불가능한 성과물이라는 점에는 이론의 여지가 없다. 자료들을 찾고 편집하는 과정에서 그 동안 우리 고전을 디지털화하는데 수고를 아끼지 않은 많은 기관들의 노력과 그 성과물 및 관련된 연구자들의 도움을 받았다. 일일이 다 거론할 수 없지만 고전번역원의 한국고전종합DB와 국립중앙도서관의 전자자료 서비스, 경상대학교 남명학연구원의 문천각 원문 서비스, 전주대학교 근·현대 호남유학연구단의 수고와 도움에 감사드린다.

전남대 철학연구교육센터장으로서 노사학파연구단의 단장을 맡고 있는 양순자 교수와 공동연구원으로 참여하고 있는 군산대의 박학래, 성균관대의 이천승 교수에게 감사드린다. 함께 연구에 참여하고 있는 이형성, 조우진, 서영이 교수에게도 감사드린다. 연구단의 실무를 보면서 이 책의 교열 과정에 참여해준 김형, 조현일, 임영애 선생에게도 감사드린다. 이 책은 이 모든 이들의 신뢰와 헌신을 배경으로 나타날 수 있었다.

2022. 6.

용봉동(龍鳳洞) 지경재(持敬齋)에서

이향준

차례

1904 이전

1904—1941

■ 일러두기

1. 이 책은 『외필논쟁 자료집』 1에 뒤이은 『외필논쟁 자료집』 2이다. 외필논쟁자료 가운데 주로 1904년에서 1941년 사이에 생산된 것으로 추정되는 자료들을 모아 단행본으로 편집하고 우리말로 번역한 것이다.
2. 본문에 실린 글들은 명확한 연대 표기가 있는 것들을 기준으로 삼아 앞선 시대순으로 배열했고, 저술 연대를 결정하기 곤란한 경우에는 필자의 생몰 연대와 외필논쟁의 진행 상황, 해당 글이 서술하고 있는 내용 등을 중심으로 연대를 추정해서 배치했다. 이 배치와 추정은 번역자의 임의적인 것일 뿐 확정적인 것은 아니다.
3. 본문의 구성은 다음 세 가지로 순서에 따랐다. 첫째 간략한 해제를 제시했고, 둘째 번역문을 두었으며, 셋째 원문을 해당 글 전체의 끝에 배치했다.
4. 논변류 저술은 먼저 비판하고자 하는 문헌의 내용을 직·간접으로 인용하고, 자신의 비판적 견해를 덧붙이는 형식이 일반적이다. 이 경우 인용문은 한 칸을 낮춰 쓰고, 자신의 견해는 한 칸을 높여 써서 구별하거나, 혹은 인용문 앞에 출처를 알리는 '외필왈(猥筆曰)'과 같은 표기를 하고 자신의 견해 앞에는 '금안(今案)'이나 '근안(謹案)' 같은 표기를 해서 구별하기도 한다. 이 책에서는 인용문의 경우 원문의 표기와 상관없이 '[○○○]'으로 표기했고, 필자의 발언은 '○○ :'로 통일했다. 단 인용이 없이 필자의 발언이 나오는 경우에는 별도의 표기를 하지 않았다.
5. 논변류 저술은 인용문과 필자의 비판이라는 형식 때문에 인용과 비판이 하나의 단위로 묶이는 경우가 많다. 대개 머리말, 인용문, 필자의 비판, 총론 등으로 문단이 구별되기도 한다. 번역문에서는 이해의 편의를 위해 기본적으로 인용과 비판을 하나로 묶는다는 원칙에 기초해서 머리말, 인용과 비판, 총론에 해당하는 문단 등에 순서에 따라 일련번호를 붙였다. 그러나 이것은 엄연히 번역자가 이해를 돕기 위해 임의로 추가한 것이다.
6. 한문 원문의 표점에는 띄어쓰기와 쉼표 및 마침표, 그리고 최소한의 문장부호를 사용했다. 인명과 지명 및 책과 같은 고유명사들을 차별적으로 표기하지는 않았다.
7. 때로 하나의 원문은 한문 발음과 우리말 번역이 혼용되었다. 예를 들어 '無爲'는 맥락에 따라 '무위'로도, '함이 없음'으로도 표기되었다.
8. 각주는 원주와 번역자주로 구성되어 있다. 원주의 경우에는 '[원주]'라고 표기해서 구별했다. 논쟁의 특성상 동일한 구절들이 각기 다른 사람들의 저술에서 반복되는 경우가 많은데, 이러한 경우 원래의 구절에 붙여져 있던 각주는 생략하는 것을 원칙으로 삼았다.

猥筆論爭 2

1904 이전

기노사의 「외필」을 읽고

기노사의 「외필」을 읽고

「외필문목」의 변론

세 사람의 태극설을 변론함

기노사의 「외필」을 읽고

한유

이 글은 한유(韓愉, 1858~1911)[1]가 기정진의 「외필」을 읽고 비판적 감상을 서술한 것이다. 같은 제목에 논지도 비슷한 글이 하우식(河祐植, 1875~1943)[2]에게도 있다.[3] 이들은 「외필문목(猥筆問目)」이라고 불리는 문헌을 토대로 토론을 거쳐 각각 같은 제목의 글을 저술한 것으로 보인다. 이런 점에서 한유와 하우식의 글은 기우승(奇宇承, 1858~1907)의 「「외필문목」의 변론[駁猥筆問目辨]」[4]과 대조해서 독해해야 할 필요가 있다. 「외필문목」의 흔적이 기우승의 글과 하우식의 글에서 발견되고, 하우식과 한유의 글은 형식과 내용이 거의 유사하기 때문이다. 이것은 「외필문목」이라는 단일한 문헌을 토대로 한유, 하우식, 기우승의 글이 나타났을 확률이 높다는 것을 암시한다. 『우산집』 권8에는 1901년 한유가 정재규의 문인인 권재규(權載奎, 1870~1952)에게 보내는 「권운오에게 보냄[與權君五]」[5]이 실려 있는데, 그 내용은 이 글에서 주장하는 내용을 거의 그대로 축약한 것이다. 따라서 이 시점에서 이 글의 실질적 내용이 완성되었을 것이라고 추정할 수 있다. 또한 본문에서 노사의 '자손과 문인들이 아버지이자 스승이 스스로 그 잘못을 알고 있던 것을 문집에 넣어 간행하려고 한다'라고 말하고 있는 것에 기초하면, 1901년 하반기에서 늦어도 1902년 4월 이전에 써진 것임을 알 수 있다. 모두 6조목으로 이루어져 있고,

---

1 자는 희녕(希甯)이고 호는 우산(愚山)이며 본관은 청주(清州)이다. 그는 경상남도 산청군 단성면 호리에서 살았다. 그와 하우식은 영남 노론계의 일원으로서 산청과 전주를 거주지로 삼아 서로 가까운 곳에 사는 절친한 사이였고, 훗날 전우 문하에서 함께 학문을 익힌 사이였으며, 또한 사돈 관계를 맺기까지 했다. 저술에는 『우산집(愚山集)』 31권 16책이 있다.

2 자는 성락(聖洛)이고 호는 담산(澹山)·목재(木齋)이며 본관은 진양(晉陽)이다. 저술에는 『담산집(澹山集)』 8권 4책이 있다.

3 河祐植, 『澹山集』 권5, 「讀奇蘆沙猥筆」, 23후~28전면 참조.

4 奇宇承, 『普山文集』 권1, 「駁猥筆問目辨」, 53전~68후면 참조.

5 韓愉, 『愚山集』 권8(경상대 문천각, 전자자료jpg), 「與權君五(辛丑)」, 36~37쪽 참조.

먼저 이이와 「외필」의 진술을 인용한 다음 '금안(今按)' 이하의 내용에서 「외필」의 내용을 비판하고 있다. 「외필」을 "후대의 모든 리를 등지고 기에만 일임하는 주장을 모두 (율곡) 선생에게 뿌리를 두고 있다"라고 주장하는 글이라고 단정하고 있다. 『우산집(愚山集)』 권16에 실려 있다.

1.

율곡선생이 우계(牛溪: 成渾, 1535~1598)에게 답하는 편지에서 말했다. : '기가 발현하면 리가 탄다[氣發而理乘]'라는 것은 무슨 뜻입니까? 음이 고요하고 양이 움직이는 것은 기기(氣機)가 스스로 그런 것이지 (그렇게) 시키는 것이 있지 않습니다. 음이 고요하고 양이 움직이는 소이(所以)는 리입니다.[6]

[외필] '양이 움직이고 음이 고요하다'라는 것을 그 실상을 깊이 탐구해 보면 한결같이 천명이 그렇게 시킨 것이다. 이제 '그 기틀이 스스로 그러하다[其機自爾]'라고 말할 때, '스스로 그렇다[自爾]'라는 것에 강요한다는 뜻이 없음을 말하니, 이미 자기에게서 말미암는 것이지 다른데서 말미암지 않는다는 뜻을 내포한다. 또한 '시키는 것이 있지 않다[非有使之者]'라고 거듭 말하였으므로 '스스로 그러하다'라고 말할 때는 말이 오히려 허황되었으나, '시키는 것이 있지 않다'라고 해서 그 말뜻이 명확해졌다. 그러나 이 두 구절만은 내 옅은 식견으로 이해할 수가 없다. '시키는 것이 있지 않다'라는 한 구절 속에서 천명이 이미 멈춰버렸다. 천명은 모든 일의 본령이니, 이제 저절로 가고 저절로 멈추면서 천명에서 말미암지 않는다면 천명의 밖에 또 하나의 본령이 있게 된다. 두 개의 본령이 각자 중심이 된다면 조화(造化)에는 이러한 일이 없을 뿐만이 아니다. 그런데 그것을 이어서 '소이연은 리이다'라고 한다면 소이연의

6 李珥, 『栗谷全書』 권10(표점영인 한국문집총간 vol. 44), 「答成浩原」, 211쪽.

위에 덧붙이는 격이니, 다시 무슨 소이연이 있다는 것인가? 어찌 헛된 이름만 있고 실제의 사실은 없는 것이 아니겠는가? 내 생각에는 '자이(自爾)' 두 글자와 '소이연(所以然)' 세 글자는 서로 적대적인 것 같다. 이제 두 가지를 다 보존해두고서 함께 사용하려고 한다면 그 모양이란 위연(魏延)과 양의(楊儀)가 함께 승상부에 있는 것과 매우 유사하니, 어찌 끝내 모순됨을 피할 수 있겠는가?

한유 : 율곡선생의 이 한 문단은 이기의 불리부잡(不離不雜)을 밝히려는 것이다. 그래서 이 편지의 첫머리에서 곧장 '불리부잡'으로 말했으니, 이 몇 조목도 불리부잡의 오묘함을 지적하는 것이 더욱 분명하고 직절하다. 내 생각에 '시킨다[使]'라는 말은 이 사람이 저 사람을 시킨다는 명칭이요, 윗사람이 아랫사람을 시킨다는 말이다. 한 사람은 저기요 한 사람은 여기이니 동쪽과 서쪽의 형상이 되고, 한 사람은 위요 한 사람은 아래이니 계급이 이미 드러났다. 리와 기 사이에 이 한 글자를 쓰게 되면 리와 기는 처음부터 서로 떨어지게 된다. 그들이 서로 떨어지지 않기를 바랐기에 (율곡은) '시키는 것이 있지 않다[非有使]'라고 한 것이요, 그들이 서로 뒤섞이지 않기를 바랐기에 '그러한 까닭[所以然]'이라고 했다. 앞뒤의 몇 구절이 원활하게 문장을 이루어서 시키지 않는 가운데 그 지극한 시킴[至使]을 볼 수 있고, 지극한 시킴 가운데 정말로 그렇게 시키는 것이 있지 않음을 알 수 있다.

옛 성현들이 이 기는 리가 시키는 것인 줄을 분명히 알았기에 "하늘이 충(衷)을 내려 주었다"[7]라고 했고, "사람은 천지의 중(中)을 받았다"[8]라고 했으며, "하늘이 뭇 백성을 낳았다"[9]라고 했으며, "부여하지 않은

7 "훌륭하신 상제가 하민(下民)들에게 충을 내려주었다. [惟皇上帝, 降衷于下民.]" 『상서』, 「상서·湯誥」 2장.

8 程顥·程頤, 『河南程氏遺書』 권1(『二程集』 vol. 1, 臺北, 漢京文化事業有限公司, 1984), 4쪽.

것이 없다"[10]라고 했으니, 이것이 '그렇게 시킨다[使之]'라는 말이다. 이 기가 이 리에서 떨어지지 않은 것을 분명히 알았기에 또 말하기를 '정말로 내려주는 이·받는 이·낳는 이·주는 이가 있지 않다'라고 했으니 ―'또 말하기를[又曰]' 이하는 주자의 설명이다.― 이것이 '그렇게 시키는 것이 있지 않다'라는 말이다. '내려주었다·받았다·낳았다·주었다'라는 것은 (율곡)선생이 말하는 '소이연'이다. 내려주지 않고, 받지 않고, 낳지 않고, 주지 않는 것은 선생이 '그렇게 시키는 것이 있지 않다'라고 말한 것이다. 이미 소이연을 알았다면 리가 기의 주인이 되고, 기는 리의 종이라는 것이 이미 명백하다. 또한 '그렇게 시키는 것이 있지 않다'라는 것을 알았다면 리는 기와 떨어지지 않고, 기는 리와 떨어지지 않다는 것 또한 분명하다. 그러나 이것은 선생의 말이 아니요, 정선생(程先生)도 본래 이미 말했던 것이다. ―정자(程子)는 말했다. "한 번 움직이고 한 번 고요하다'라는 것은 시키는 것이 있지 않으니, 기틀이 스스로 그러할 뿐이다."[11] ― 주선생(朱先生)은 『중용혹문』·『맹자집주』에서 또한 상세히 드러냈고 ―『중용혹문』에서는 말했다. "(왕안석이) '하늘이 나에게 이것을 가지도록 했다'라고 한 것은 '상제가 충을 내려주었다'라고 말하는 것과 같을 뿐이다. 어떻게 정말로 그렇게 시키는 것이 있다고 여기겠는가?"[12] 『맹자집주』에서는 말했다. "'하늘이 시켰다'라고 한 것은 천리의 당연함이 마치 시키는 것과 같다는 뜻이다."[13] ― 선생은 특별히 겉에 드러내었을 뿐이다. '스스로 그렇다'라는 말도 그 기틀이 저절로 주재가 되어 운행하고 멈춘다는 말이 아니다. 사람의 힘이 간섭하지 않

---

9 『시경』, 「대아·蒸民」.

10 朱熹, 『朱子全書』 vol. 6(上海古籍出版社·安徽教育出版社, 2002), 「大學章句序」, 13쪽.

11 분명한 출처를 알 수 없다.

12 주희, 『중용혹문』(『주자전서』 vol. 6), 553쪽.

13 주희, 『맹자집주』(『주자전서』 vol. 6), 319쪽.

아도 저절로 유행한다는 말일 뿐이다. 이 때문에 거듭 풀이해서 '그렇게 시키는 것이 있지 않다'라는 한 마디를 한 것일 뿐이다.

주자 이후로 우리나라 유학자로서 이 학문을 익힌 이들은 이기(理氣)를 말하면서 서로 떨어트리지 않으면 반드시 뒤섞어버렸다. 이런 까닭에 이기를 일물(一物)로 보는 이가 있었고, 이기를 이물(二物)로 보는 이가 있었다. 이것은 주선생의 타당한 법문과 대의에 이미 어긋난 것이다. (율곡)선생이 일생 동안 강론한 것은 '불리부잡' 네 글자에 불과하니, '스스로 그렇다'라고 하고 '그렇게 시키는 것이 있지 않다'라고 말한 것에서 이기가 둘이 아니라 실제로 하나인 것을 알 수 있다. 그렇다면 주자 이후로 이기를 정확하게 파악한 것은 오직 선생뿐이다. 선생의 말이 극히 분명하고 절실하다는 것은 이 몇 마디 말이면 충분하다. 이제 '자이(自爾)' 두 글자를 '스스로 운행하고 스스로 멈춘다'라는 뜻으로 만들어 '소이연' 세 글자와 대적한다고 간주하며, 곧바로 두 가지 본령이라고 배척한다면, 이것은 선생의 뜻을 제대로 알지 못한 것이다. 또한 '그렇게 시키는 것이 있지 않다'라는 한 마디 때문에 천명이 이미 그쳐버렸다고 배척한다면, 이것은 이기의 오묘한 관계를 제대로 깨닫지 못한 것이다. 또한 음양의 움직이고 고요함에 정말로 시키는 것이 있다고 여긴다면 이것은 아득한 가운데 따로 (기를) 불러대고 지휘하는 하나의 자리 없는 진인[無位眞人]이 있다는 것이다. 그 모양이 어떻기에 위연과 양의가 승상부에 함께 있는 것과 비슷하다는 것인가?

옛날 나정암(羅整菴: 羅欽順, 1465~1547)의 무리는 주자의 '불리부잡'이란 주장을 의심하면서 말했다. "세상의 만물은 서로 떨어지지 않는다면 틀림없이 서로 뒤섞인다. 서로 뒤섞이지 않는다면 틀림없이 서로 떨어진다. 어떻게 떨어지지도 않고 또 뒤섞이지 않는 것이 있겠는가?" 당시 육씨(陸氏)의 무리들은 모두 명언(名言)이라고 했지만, 선유는 이것을 반박하면서 말했다. "떨어지지 않는 가운데 더욱 뒤섞이지 않음을 볼 수 있고, 뒤섞이지 않는 가운데 더욱 떨어지지 않음을 볼 수 있다." 나는 이것을 이렇게 이어받고 싶다. "그렇게 시키는 것이 있지 않은 가운데 더욱 소이연을 알 수 있고, 소이연의 가운데서 더욱 그렇게 시키는 것이 있지 않음을 알 수 있다."

2.

율곡선생의 편지에서 또 말했다. : 사단과 칠정의 발현을 사람이 말을 탄 것에 비유하면, 사람은 성(性)이고 말은 기질이니, 말의 성질이 양순(良順)하기도 하고 양순하지 않기도 한 것은 기품의 청(淸)과 탁(濁), 수(粹)와 박(駁)의 다름과 같습니다. 문을 나설 때에 혹 말이 사람의 뜻을 따라 나가는 경우도 있고, 혹 사람이 말이 가는 대로 맡겨 두기도 합니다."[14]

그 아래에서 또 말했다. : 만일 보내신 편지대로라면 아직 문을 나서기 전에는 사람과 말이 각각 처소를 달리하다가 문을 나선 뒤에야 사람이 말을 타서 사람이 나설 때 말이 따르는 경우도 있고 말이 나설 때 사람이 따르는 경우도 있는 것과 같으니, 이는 명칭과 이치를 함께 잃어 말이 될 수 없습니다. 그렇지만 사람과 말은 서로 떨어질 수 있으니, 그릇과 물로 비유한 것만큼 절실하지는 못합니다. (게다가) 물은 형체가 있으니 또한 형체가 없는 리와 견줄 수는 없습니다. 이러한 것은 융통성 있게 살펴야만 합니다.[15]

[외필] 한 번 리라고 명명하면 곧 (리가) 타는 것[所乘]이 있게 되니, 탄다[乘]는 것은 기의 힘을 결코 침범하는 글자가 아니다. 요즘 사람들은 '소승'이란 글자를 이와 다르게 본다. 태극이 아무런 주장이 없는 것 같

---

14 이이, 『율곡전서』 권10(표점영인 한국문집총간 vol. 44), 「답성호원」, 205쪽 참조.
15 같은 책, 「답성호원」, 206쪽 참조.

다가 갑자기 말들이 앞에 있는 것을 보고서 재빨리 올라타는 모양으로 본다. 그렇다면 이 때의 말이란 결국 변방의 늙은이가 (어느 날 갑자기) 얻은 것으로 자기가 본래 타던 말이 아니니, 올라탄 뒤의 일도 알 만하다. 형세상 이쪽저쪽으로 휘둘리면서 말 머리만을 쳐다보는 격이니, 아, 위태롭다!

또 말했다. : '승(乘)'자를 원래 타고 있는 것으로 보지 않고, 경우에 따라 갑자기 타는 것으로 본다면 주인을 손님이라고 여긴 것일 뿐만이 아니라, 어찌 그 리에 준동함이 없다고 하겠는가? 큰 뜻을 이미 잃어버린 것이다.

한유 : 선생이 '승'자를 과연 기의 힘을 침범하는 것으로 보았고, 말들이 뛰노는 것을 보고서 갑자기 올라탄다고 보았으며, 경우에 따라 갑자기 탄 것으로 보았고, 원래부터 타 있는 것으로 보지 않았다면 「외필」에서 비판하는 것이 타당하고, 또한 율곡선생답지 못하다고도 할 것이다. 그러나 선생이 평생 강론하고 밝힌 것이라고는 '불리부잡'에 불과하니, 「외필」에서 비판하는 말은 또한 선생도 매우 싫어하고 깊이 배척한 것이다. 이것은 이 한 문단에서도 발견할 수 있으니, 우계선생을 비판하고 있는 내용이 곧 그런 주장이다. 이러한 주장이 과연 원래부터 타 있다고 보지 않는 것인가? 부자의 도로 도리어 부자를 해친다는 격에 가깝다고 할 것이다.

3.

율곡선생이 말했다. : 양이 움직이면 리가 움직임에 타지만 리가 움직이는 것이 아니고, 음이 고요하면 리가 고요함에 타지만 리가 고요한 것은 아닙니다.[16]

16 이이, 『율곡전서』 권10(표점영인 한국문집총간 vol. 44), 「답성호원」, 211쪽.

[외필] 기가 리를 따라 발현한다는 것은 기발이니 곧 이발이요, 리를 좇아 행하는 것은 기행(氣行)이니 곧 이행(理行)이다. 리는 조작하거나 스스로 준동하지 못하기에 그 발현과 운행이란 분명히 기의 작용인데 이발·이행이라고 하는 것은 어째서인가? 기의 발현과 운행은 실제로는 리에게서 명령을 받은 것이니, 명령하는 이가 주인이고 명령을 받는 것이 종이다. 종이 수고를 하여도 주인이 그 공로를 차지한다. 그러므로 공자는 "가는 것이 이와 같다"라고 말했을 때 곧바로 '가는 것[逝者]'을 말했지, '기를 타고 이와 같이 흐른다[乘氣如斯]'라고 하지 않았다. 건도(乾道)의 변화를 말할 때 곧바로 '건도'라고 했지, '기를 타고 변화한다[乘氣變化]'라고 하지 않았다. 염계(濂溪 : 周敦頤)의 「태극도설」이 여기에서 법을 전했다. 그 첫 부분에서 태극의 움직임과 고요함을 말하면서 '기기(氣機)'를 버린 것이 아니다. 주인이 향하는 곳에 종이 어찌 따라가지 않겠는가?

또 말했다. : 태극·움직임과 고요함이란 본래 평이한 말이요, 주자가 후세 사람들을 위해 꼼꼼히 설명한 것이다. 그러나 배우는 사람들이 태극의 움직임과 고요함을 태극이 기기를 기다리지 않고 스스로 움직이고 스스로 고요하다고 잘못 생각할까 두려워해서 주해(註解)에서 '소승지기(所乘之機)'란 네 글자를 붙여둔 것이다.

또 말했다. : 근세의 의론은 대개 혼륜(混淪)한 한 덩어리로, 가부도 없고 주장도 없는 것을 리라고 여기다 보니, '이발' 두 글자가 오늘날의 학자들에게 크게 금기시되고 회피되는 말이 되어버렸다.

한유 : 퇴계선생은 사단을 이발(理發)로 여겼고, 율곡선생은 사단과 칠정이 모두 기발이승(氣發理乘)이라고 여겼다. 두 주장은 모두 주자에 뿌리를 두고 있다. —주자는 '사단은 리의 발현'[17]이라고 했으니 퇴계는

17 주희, 『주자어류』 권53(『주자전서』 vol. 15), 1776쪽 참조.

여기에 뿌리를 두고 있다. 주자는 또 '기가 한 번씩 드나드는데 리가 기 위에 타고 있다'[18]라고 했으니 율곡은 여기에 뿌리를 두고 있다.— 서로가 있어야만 뜻이 갖추어진다는 것이 이런 경우다. 후학이라면 둘 다 보존해야지 갑자기 하나를 붙잡고 다른 하나를 공격해서는 안 된다. 이제 「외필」에서 논한 것으로 말하자면 '종이 그 수고를 담당하고 주인이 그 공을 차지하는 것'은 퇴계의 주장이다. '그 발현과 운행이 분명히 기의 작용이다'라는 것은 율곡의 주장이다. '건도가 변화한다'라고 한 것은 퇴계의 주장이요, '가는 것이 이와 같다'라고 한 것은 율곡의 주장이다. —'가는 것이 이와 같다'라는 말은 본래 천지의 기화(氣化)로 말한 것이지 곧바로 도체(道體)를 가리킨 것이 아니다. 『논어집주』의 설명은 분명히 이와 같다.[19] 이제 곧바로 도체를 가리킨다고 여기는 것은 옳지 않은 것 같다.— 그러나 사실은 퇴계선생이 곧바로 이발을 말했기에 율곡선생은 기발을 분명하게 말한 것이니, 이것은 염계(濂溪)가 곧바로 태극의 움직임과 고요함을 말했기에 주자가 '소승지기' 네 글자를 붙인 것과 같다. 율곡은 "무형무위(無形無爲)하면서 유형유위(有形有爲)한 것의 주재가 되는 것은 리이고, 유형유위하면서 무형무위한 것의 그릇[器]이 되는 것은 기이다"[20]라고 했으니, 선생의 식견은 이와 같았다.

4.

[외필] 우리 동방에서 이기(理氣)를 말할 때 왜 그렇게 막히게 되었는가? 단락이 있거나, 변화를 일으키거나 조리를 이루는 것을 보았다 하면 '기'라고 말하게 된 것이다. '누가 이 기를 주장하는가?'라고 물으면

18 주희, 『주자어류』 권94(『주자전서』 vol. 17), 3121쪽.

19 주희, 『논어집주』(『주자전서』 vol. 6), 144쪽 참조.

20 이이, 『율곡전서』 권10(표점영인 한국문집총간 vol. 44), 「답성호원」, 210~211쪽.

'그 기틀이 스스로 그러할 뿐 시키는 것이 있지 않다'라고 한다. 다시 '리는 어디에 떨어져 있는가?'라고 물으면 '타고 있다[乘之]'라고 한다. 애초에 이미 그렇게 되도록 시키는 신묘함이 없고 결국 조종하는 힘도 없으니, 의지하고 붙어서 탈 뿐 무슨 일을 할 수 있겠는가? (그러한 이치란) 있어도 도움이 되는 것이 없고, 없어도 부족할 게 없어서, 살에 붙어있는 혹이나 천리마에 붙어있는 파리에 불과하니, 아! 가련하다! 그 이유를 궁구해보면 '탄다'라는 말이 그 본뜻을 잃어 번번이 리가 가벼워지고 기가 무거워지다가 곧바로 기가 이치의 자리를 빼앗아 모든 일의 본령이 된 다음에야 그치게 된 것이다. 한 글자가 본뜻을 잃자, 그 재앙이 여기에 이르게 되었다.

한유 : "그 기틀이 스스로 그러하지 시키는 것이 있지 않다"라는 두 구절과 '승(乘)'이란 한 글자는 하사(下沙)가 선생의 본문을 잘못 풀이했다는 것은 이미 위에서 드러났다. 남의 글을 보면서 지은 이의 본뜻을 제쳐두고 오로지 자신의 생각만으로 잘못 풀이해서 공격한다면, (주돈이의) 무극에 대한 주장도 온당치 않고 『맹자』라는 책도 비난할 수 있을 것이다. 그러나 주자와 맹자의 말은 그들의 말이 정말로 이해하기 어렵기에 어쩌다 의심하는 이들이 있다. 하지만 선생의 말은 명백하고 통쾌해서 조금이라도 문리를 이해하는 이라면 다 파악할 수 있다. 무슨 까닭으로 이처럼 급하게 흔적 없는 곳에서 흔적을 찾고, 흠이 없는 곳에서 흠을 찾는 것인가? 정말이지 이해할 수 없다.

5.

율곡은 말했다. : 리는 형이상이요, 기는 형이하이다.[21] 리는 무형이요 기는 유형이다. 그러므로 리는 통하고 기는 국한된다. 리는 함이 없

21 이이, 『율곡전서』 권10(표점영인 한국문집총간 vol. 44), 「답성호원」, 204쪽.

고 기는 함이 있다. 그러므로 기가 발현하고 리가 탄다.[22]

또 말했다. : 발현하는 것은 기이고, 발현하게 하는 소이는 리이다. 기가 아니면 발현할 수 없고, 리가 아니면 발현하게 할 것이 없다.[23]

[외필] 기를 리와 짝지어 이기(理氣)라고 부른 것은 언제 시작되었는가? 나는 이것이 결코 성인의 말이 아니라고 생각한다. 어째서 이렇게 말하는가? 리는 존귀하여 그에 짝할 것이 없거늘 기가 어떻게 리와 짝할 수 있겠는가? 리는 존귀하여 짝할 것이 없기에, 기는 리에게 본래 짝도 아니고 적도 아닌데, 짝지어 제시하는 것은 어째서인가? 본원을 말하는 것은 공자만한 이가 없다. 공자는 "한번 음이 되고 한번 양이 되는 것이 도"라고 하고, "태극이 음과 양 양의를 낳는다"라고 했다. 설명이 매우 타당하여 물샐 틈이 없으니, 어찌 한 곳에서 대립시켜 둘을 거론한 경우가 있었는가? 그러나 '형이상·하는 짝으로 제시되지 않았는가?' 이렇게 묻는다면, "이 구절의 착안점은 '상하(上下)'자에 있고, 상하는 분명히 대립시킨 것이지만, 먼 후세를 위해 도기를 분별하는 방법을 제시하려고 어쩔 수 없기 그렇게 말한 것이다. 그렇기는 하지만 '이상(而相)'과 '이하(而下)'라는 표현은 '형(形)'자를 첫머리로 삼았으니, 나눌 수 없다는 뜻이 그 속에 담겨 있다. 어찌 지금처럼 각자 고정된 틀을 세우고 각자 두뇌로 삼은 적이 있었는가?'라고 대답할 것이다. 지금 사람들은 '리'자를 보자마자 반드시 기를 찾아 짝으로 만들려고 한다. 이 때문에 리의 유행이라는 한 가지 큰 일이 모두 '기'자의 영역에 속하게 되고, 남은 것이라고는 혼륜하다느니, 충막하다느니 하는 말 뿐이다. 이것이 두 가지 본령을 세운 시초이니, 아 슬프다!

한유 : '리는 존귀해서 짝할 것이 없다'라고 했는데, 「외필」의 말이 옳다. 그러나 리를 명명하는 의론은 횡간(橫看)·수간(竪看)을 해야 한다. 수

22 같은 책, 「답성호원」, 211쪽.

23 위의 책, 「답성호원」, 200쪽 참조.

간하면 리는 본래 짝할 것이 없다. 횡간하면 리라고 한들 어떻게 짝할 것이 없겠는가? 이제 공자의 말을 기준으로 삼자면 "태극이 양의를 낳는다"라는 것은 수간한 것이요, 리에는 짝할 것이 없다고 여기는 것이다. '형이상·하'라고 한 것은 횡간한 것이요, 리와 기를 짝지어 제시한 것이다. "한 번 음이 되고 한 번 양이 되는 것을 도라고 한다"라는 말은 횡간·수간을 겸한 것이요, 리와 기를 합쳐서 말했다. 그러므로 정자는 "천하 만물의 리는 홀로인 것이 없고 반드시 짝이 있다"[24]라고 했다. 주자는 '도는 본래 짝할 것이 없다. 그러나 형이상·하로 말하자면 어떻게 짝이 없겠는가?'[25]라고 했다. 이미 짝할 것이 없는 줄을 알고, 또 짝이 없을 수 없음을 안 다음에야 함께 도와 기(器)를 논할 수 있을 것이다. 짝할 것이 없는 줄만을 안다면 이것은 세로로 보면 봉우리를 이룬다는 것만 알고 가로로 보면 산줄기를 이룬다는 것을 알지 못하는 것이니, 괜찮겠는가?[26] 또한 이기를 짝지어 제시하는 것을 성인의 말이 아니라고 한다면, 공자가 형이상·하라고 한 것도 이미 매우 도를 알지 못한 것이다. '형'자 하나를 앞에 둔 것 때문에 적[對]도 짝[偶]도 아니라고 한다면 「태극도설해」에 나타난 '상으로부터 본다[自象]'거나 '리로부터 본다[自理]'라는 주장,[27] 『논어혹문』에 나타난 기로 말하고 리로 말한다는

24 정호·정이, 『하남정씨유서』 권11(『이정집』 vol. 1), 121쪽.

25 주희, 『회암선생주문공문집』 권42(『주자전서』 vol. 22), 「答胡廣仲」, 1904쪽.

26 주희, 『주자어류』 권20(『주자전서』 vol. 14), 698쪽 참조.

27 주희는 「태극도설해」에서 "그 드러난 것으로부터 본다면[自其著者而觀之] 움직임과 고요함은 때가 같지 않고, 음양은 위치가 같지 않지만, 태극은 (그 가운데) 있지 않은 적이 없다. 그 은미한 것으로부터 본다면[自其微者而觀之] 아득하게 조짐이 없지만, 음양이 움직이고 고요하는 이치는 이미 모두 그 가운데 갖춰져 있다"라고 말했다. 한편 정이의 『주역정씨전』 서문에서는 "지극히 은미한 것은 리(理)이고 지극히 드러난 것은 상(象)이다"라고 말하고 있다. 이 둘을 합치고 축약해서 본문에서는 '自象', '自理'라고 표현한 것이다. 주희, 『주자전서』 vol. 13, 「태극도설해」, 72~73쪽·정호·정이, 『周易程氏傳』(『이정집』 vol. 2), 「易

것,[28] 주자(周子)가 말한 무극과 음양 이기 및 오행, 정자가 말한 지극히 은미한 것[至微]과 지극히 드러난 것[至著][29] 등 성현의 수많은 말들이 짝지어 제시해서 문장을 이룬 것이 대부분이다. 이것이 어떻게 '형'자 하나를 앞에 둔 것이었으며, 또한 어찌 리에 짝할 것이 없다는 것을 몰라서였겠는가? 사노(沙老)는 이것을 모르지 않았을 텐데 이제 율곡을 이유로 아울러 리와 기를 대립시키고 짝지은 것을 배척해서 성인이 아니라고 하니, 어째서 남을 공격하는 데 급급해서 의리의 근원을 돌이켜 보지 못하는 것인가? 아니면 곧바로 리가 정말로 짝할 것이 없다는 데서 그칠 뿐이어서, 주·정·주자 이후로는 아울러 성인의 문도가 되지 못한다고 여기는 것인가? 율곡선생은 또 "리는 기의 주재"[30]라고 했고, 또한 "리는 뿌리와 지도리"[31]라고 했다. 이와 같은 데도 선생이 리에는 짝할 것이 없는 줄을 몰랐다고 할 수 있겠는가?

6.

[외필] 이전 성인들이 고심하고 정성을 다해 세상에 가르침을 세운 취지는 '도' 한 글자 이외에 다른 것이 없다. 옛날 도라고 부른 것은 오늘날 리라고 부른다. 성인들은 유행하여 발현하며, 변화하고 환히 드러나는 것이 모두 이 도가 하는 것임을 분명히 알았다. 사물의 조야한 자

傳序」, 689쪽 참조.

28 "명(命)은 하나이지만 성현의 말에 리로 말하는 경우도 있고, 기로 말하는 경우가 있을 뿐이다." 주희, 『논어혹문』(『주자전서』 vol. 6), 642쪽.

29 "지극히 은미한 것[至微者]은 리이고, 지극히 드러난 것[至著者]은 상징[象]이다. 본체와 작용은 근원이 같고 드러난 것과 은미한 것 사이에는 간격이 없다." 정호·정이, 『周易程氏傳』(『이정집』 vol. 2), 「易傳序」, 689쪽.

30 이이, 『율곡전서』 권10(표점영인 한국문집총간 vol. 44), 「답성호원」, 199쪽 참조.

31 같은 책, 같은 곳.

취, 구름이 떠다니고 비가 내리며, 솔개가 날고 물고기가 뛰노는 것일지라도, 말하려고 할 때는 곧 도를 밝히려는 것이었다.

지금 사람들은 도리(道理) 두 글자를 아득하니 생각도 논의도 할 수 없는 곳으로 몰아내고, 밝게 드러난 것들이 있자마자 한결같이 기에 소속시킨다. 헛된 이름과 지나간 말로 도를 말하고 리를 말하지만, 그 실상이란 기가 리의 자리를 빼앗아 모든 일의 본령이 될 뿐이다. 이와 같다면 세상에 다시는 '피음사둔'이 없을 것이니, 전도되고 창피함이 무슨 일엔들 있지 않겠는가? 작은 힘으로 교정하려고 한다면 저들이 반드시 '이전 현자들도 이렇게 말했다'라고 할 것이다. 어린 학생들도 한결같이 나를 이길 수 있거늘, 전현이 살아있다면 질정을 받고 싶지만 이미 그럴 수 없으니, 질문할 만한 이들은 후현들뿐이다.

한유 : 「외필」에서 꾸짖는 것이 정확하게 선생의 어떤 말을 가리키고 있는지는 알 수 없다. 그러나 내가 보자면 선생의 『문집』 가운데 때를 씻고 흉터를 찾으려 해도 처음부터 이러한 피둔음사에 해당하는 주장이 없는데, 어떤 소견 때문에 이렇게 말하는지를 모르겠다. 「외필」이란 글이 선생을 꾸짖고 배척하며 이르지 못하는 곳이 없으면서 '헛된 이름뿐 실상이 없다', '큰 뜻을 이미 잃어버렸다', '아, 가련하다!', '그 화가 여기에 이르렀다', '말한 것이 지나치게 통쾌하다', "기'자의 영역이다', '끝내 모순될 것이다', '천명이 이미 그쳐버렸다', '두 가지 본령이다', '기가 리의 자리를 빼앗았다', '주인을 손님으로 인식한다'라고 하더니, 여기에 이르러서는 곧장 '피음사둔'과 '전도되고 창피하다'라는 것으로 귀결시켰다. 그러나 배척하는 뜻을 파헤쳐보면 어떤 경우에는 선생의 주장으로 선생을 공격하고, 또는 선생의 주장을 이해하지 못하고서 자기의 뜻으로 경솔하게 욕하고 업신여기며, 결국에는 후대의 모든 리를 등지고 기에만 일임하는 주장을 모두 (율곡)선생에게 뿌리를 두고 있다고 추측했다. 무슨 까닭으로 이처럼 심한 문장와 가혹한 법을 이용해서 억

지로 실상이 없는 옥안을 만들며, 실정이 없는 죄를 덧붙이면서 오직 미치지 못할까 걱정하는 것인가? '피음사둔'은 맹자가 고자를 배척하려는 것이었고, '전도창피'는 주자가 선학을 배척하려는 것이었다. 아! 차마 이런 것을 (율곡선생에게) 더할 수 있다는 것인가? 또한 율곡선생은 동방에 도학을 열어젖힌 선조이다. 설령 그의 말에 논의할 만한 실상이 있더라도 후학으로서 의심스러운 것을 의심스러운 채로 전해야지, 공공연하게 물리치고 노골적으로 배척하는 것은 마땅치 않을 것이다. 정자는 평생 손태산(孫泰山 : 孫復, 992~1057)과 석조래(石徂徠 : 石介, 1005~1045)를 비판하지 않았고 주자 또한 "이전 현자들의 잘못은 깊이 논할 필요가 없다"라고 했으며, 퇴계선생도 선유들의 주장에 대해 횡간·직간(直看)했음에도 곧장 통할 만한 설명이 없을 경우에 이른 다음에야 비로소 일단 제쳐두었다. 이것이 우리 유학이 서로 전하는 직절(直截)한 문호 가운데 충후한 한 법도이다. 하물며 선생의 말이 본래 밝게 빛나고 정밀해서 조금이라도 의심할 만한 창피한 내용이라고는 없음에랴! 아니면 듣기로는 금강(錦江) 기효간(奇孝諫, 1530~1593)이 우재(尤齋)의 문하에 출입하면서 율곡학의 단서를 얻었다고 한다. 하사의 학문은 가전(家傳)을 얻었고 또한 하사가 일찍이 환성재(喚醒齋) 하락(河洛)이 율곡을 옹호한 상소문을 곧장 '천지에 참여하고 성쇠에 관계되며, 호연하게 원기와 함께 흐른다'[32]라고 인정했으니, 그가 평소에 굳세게 율곡을 존경했던 것이다. 만일 율곡이 정말로 「외필」에서 배척하는 대로라면, 이것은 바로 양자운(揚子雲)이 말한 "내 집 문 앞이나 담장에서 묵자의 책을 읽고 있다면 쫓아버리겠다"라는 격이다. 평소에 존경했다는 것은 또한 헛되지 않는가?

이런 까닭에 「외필」은 하사가 한 때의 부질없는 행동에서 나온 것임

32 기정진, 『노사집』 권20(표점영인 한국문집총간 vol. 310), 「喚醒齋遺稿序」, 451쪽 참조.

을 알 수 있다. 또한 글의 말미에서 "조월고(趙月臯 : 趙性家)의 편지로 인해 마음을 단단히 먹고 이 글을 지었지만, 월고에게도 감히 부치지 않았다"라고 했으니, 이것은 틀림없이 자신의 주장이 잘못인 줄을 알았기에 남에게 보여주지 않으려 한 것이다. 이제 그 자손과 문인들이 부서진 상자와 버려진 글들에서 이것을 얻어 아버지이자 스승이 스스로 그 잘못을 알고 있던 것을 문집에 넣어 간행하려고 하니, 아버지이자 스승이 감히 남에게 보이지 않으려던 것을 후세에 공공연한 것으로 만들려는 것이다. 이것이 그 학문을 대대로 익히면서 그 전수를 얻었다고 말할 수 있겠는가?

讀奇蘆沙猥筆

韓愉

1.

栗谷先生答牛溪先生書曰，氣發而理乘者何謂也？陰靜陽動，機自爾也，非有使之者也．其所以陰靜陽動者理也．云云．◯ 猥筆曰，陽動陰靜，深原其實，則一是天命使之然也．今曰其機自爾，則自爾，雖不俟勉强之謂，而已含由己不由他之意．又申言之曰，非有使之者，說自爾時，語猶虛到，非有使之，語意堅確．只此兩句已不可曉．非有使之一句內，天命已息矣．天命爲萬事本領，今有自行自止，不由天命者，則天命之外，又一本領也．兩箇本領，各自樞紐，則造化必無此理，猶夫繼之曰，所以然者理，則架出所以然之上，復有何所以然也？豈非有虛名而無實事歟？論以愚見，自爾二字與所以然三字，恰是對敵．今欲兩存而竝用，其貌樣頗似魏延楊儀同在丞相府，安能免畢竟乖張乎．云云．

今按，栗谷先生此一段，蓋以明理氣之不離不雜也．故此書之首，直以不離不雜說來，而此數條者，指出不離不雜之妙，尤明且切者也．竊嘗思之，使之云者，以此使彼之名也，以上使下之謂也．一彼一此，東西相形，一上一下，階級已著．理氣之間，著此一字，而理氣始相離矣．欲其不相離也，故曰非有使；欲其不相雜也，故曰所以然．上下數句，宛轉成文，非使之中，乃見其至使；至使之中，乃見其非眞有使之者也．

古之聖賢明此氣之爲理所使，故曰皇降惟衷，曰人受天地之中，曰天生烝民，曰莫不與之，是所謂使之者也．明此氣之不離此理，故又曰非眞有降者受者生者與者．—又曰以下，朱子說.— 是所謂非有使之也. 曰降曰受曰生曰與, 是先生所謂所以然, 而非降非受非生非與, 是先生所謂非有使者也. 旣知其所以然, 則理爲氣主, 氣爲理僕者, 已昭然矣. 又知其非有使之, 則理不離氣, 氣不離理者, 亦躍如矣. 然此非先生之言, 程先生固已言之, 而—程子曰一動一靜, 非有使者, 機自爾耳.—朱先生於中庸或問·孟子集註, 亦詳著之. —中庸或問曰, 王氏所謂天使我有是者猶曰上帝降衷云爾, 豈眞以爲有使之者哉? 孟子集註曰, 曰天使者, 天理當然, 若使之也.— 先生特表而出之耳. 其曰自爾者, 非謂其機之自作主宰自行自止也. 特言其不犯人力自然流行, 而又所以申釋夫非有使之一言耳.

蓋自朱門以後, 吾儒之爲此學者, 其說理氣, 不相離則必相雜矣. 是以有以理氣爲一物者, 有以理氣爲二物者, 是於朱先生合下法門大義已乖矣. 先生之一生所講者, 不過不離不雜四字, 而曰自爾曰非有使, 則可見理氣之二而實一矣. 曰所以然, 則可見理氣之一而實二矣. 然則朱門以後, 的見理氣者, 惟先生是已. 先生之言至明且切者, 惟此數言者是已. 今以自爾二字, 梗作自行自止之意, 與所以然三字看作對敵, 而直斥之以兩箇本領, 則是於先生之旨有所未達矣. 又以非有使之一言斥之以爲天命旣息, 則是於理氣之妙有所未喩矣. 又以陰陽動靜謂果眞有使者, 則是於冥漠之中別有一箇無位眞人呼喚指揮者矣. 其貌樣誰, 爲似魏延楊儀同在丞相府者乎?

昔羅整菴之徒疑朱子不離不雜之說曰, 天下之物不相離則必相雜矣, 不相雜則必相離矣. 夫安有不離而又不雜者乎? 當時陸氏之徒, 皆以爲名言, 而先儒駁之曰, 不離中尤見不雜, 不雜中尤見不離. 愚請繼之曰, 非有使之中, 尤見所以然, 所以然之中, 尤見非有使也.

2.

栗谷先生書又曰, 四七之發, 以人乘馬喩之, 人則性也; 馬則氣質也. 馬之性, 或馴良或不順者, 氣稟淸濁之殊也. 出門之時, 或有馬從人意而出者, 或有人信馬足而出者. 其下又曰, 若如來喩, 則是未 出門之時, 人馬異處, 出門之後, 人乃乘馬, 名理俱失, 不成說話矣. 雖然, 人馬或有相離, 不若器水之親切也. 水亦有形, 又非理無形之比, 此當活看. 云云. ◯ 猥筆曰, 一名爲理, 便有所乘, 乘非絲毫犯氣力字, 而今人看所乘字, 與此異, 有若太極漫無主張, 忽見馬匹當前趫捷而騰上樣, 然則是馬也, 終 是塞翁之得, 非自家元來所乘, 騰上後事, 又可知矣. 勢必之東之西, 唯馬首是瞻. 嗚呼, 危矣! 又曰乘字不作元來所乘看, 而作隨遇輒乘看. 不惟認主爲客, 安在其無蠢動乎? 大旨已失. 云云

今按, 先生於乘字, 果看作犯氣力, 果看作趫捷而騰上, 果看作隨遇輒乘, 果不作元來所乘, 則猥筆所譏當矣, 亦不足爲栗谷先生也. 然先生之平生所講明者, 不過不離不雜, 而猥筆所譏之言, 亦先生之所甚惡而甚斥者也. 只於此一段看之, 其譏牛溪先生者, 卽其說也. 此等說, 果不作元來所乘看耶? 所謂以夫子之道反害夫子者, 殆近之矣.

3.

栗谷先生曰, 陽之動, 則理乘於動而非理動; 陰之靜, 則理乘於靜而非理靜 云云

猥筆曰, 氣之順理而發者, 氣發卽理發也. 循理而行者, 氣行卽理行也. 理非有造作, 自蠢動, 其發其行, 明是氣爲, 而謂之理發理行, 何也? 氣之發與行, 實受命於理, 命者爲主, 而受命爲僕, 僕任其勞, 而主居其功, 是以言逝者如斯時, 直言逝者, 未嘗言乘氣如斯. 言乾道變化時, 直言乾道, 未嘗言乘氣變化. 濂溪圖說, 傳法於此, 故劈頭言, 太極動靜, 非遺却氣機也. 主之所向, 僕豈有不逞者乎? 又曰太極動靜, 本是平坦語, 而朱子之爲後世慮周矣. 却怕學者誤以太極爲不待氣機, 自動自靜哉. 於註解中, 著所乘之機四字. 又曰近世之論, 大槪以混淪一塊, 無適莫沒主張者爲理, 故理發二字, 爲今日學士家一大 禁避語. 云云.

今按, 退溪先生以四端爲理發, 栗谷先生以四七皆爲氣發理乘, 二說皆本於朱子. —朱子曰, 四端理之發, 退溪本於此. 朱子又曰, 氣之一出一入, 理乘載在氣上, 栗谷本於此.— 所謂相須義備者, 此也. 爲後學者, 當兩存之, 不可遽執一而攻一也. 今以猥筆所論言之, 僕任其勞, 而主居其功者, 退溪之說也. 其發其行, 明是氣爲者, 栗谷之說也. 曰乾道變化者, 退溪之說也. 曰逝者如斯者, 栗谷之說也. —逝者如斯, 本以天地之氣化言, 非直指道體也. 集註之說, 分明如此. 今以爲直指道體, 則恐未然.— 其實退溪先生直言理發, 故栗谷先生明言氣發, 正如濂溪直言太極動靜, 故朱子又著所乘之機四字耳. 栗谷嘗曰, 無形無爲而爲有形有爲之主者, 理也; 有形有爲而爲無形無爲之僕[33]者, 氣也. 先生見處如此.

4.

猥筆曰, 我東方說氣說理, 何其滯也? 才見有段落行變化成條理者, 則曰氣也. 問孰主張是, 則曰其機自爾, 非有使之者. 問所謂理者, 落在何方, 則曰乘之矣. 初旣無使之然之妙, 末又非有操縱之力, 寄寓來乘, 做得甚事, 有之無所補, 無之無所闕, 不過爲附肉之疣, 隨驥之蠅, 嗚呼, 可憐矣! 究厥端由, 原於乘字, 失其本旨, 駸駸致得理輕而氣重, 直至氣奪理位, 爲萬事本領而後已, 一字之失其本旨, 其禍乃至於此乎. 云云.

今按, "其機自爾, 非有使之." 二句, 及乘之一字, 下沙之錯解先生本文, 已見於上. 夫看人文字, 舍置作者本旨, 專以己意錯解而攻之, 則無極之說, 果爲未安, 而孟子之書, 果可非之矣. 然周子孟子之說, 其言果爲難曉, 故或有疑之者矣. 至於先生之言, 則明白痛快, 粗解文理者, 擧能見之, 不知何故索瘢於無瘢, 覓疵於無疵, 若此之汲汲也?

33 器: 저본에서는 '僕'으로 썼다. 『율곡전서』의 원문에 근거해서 '器'로 고쳤다.

誠不可曉也.

5.

栗谷曰, 理, 形而上者也; 氣, 形而下者也. 理無形而氣有形, 故理通而氣局. 理無爲而氣有爲, 故氣發而理乘. 又曰發之者, 氣也; 所以發之者, 理也. 非氣不能發, 非理無所發. 云云 ○ 猥筆曰, 把理與氣對擧, 喚作理氣, 始於何時. 愚意此必非聖人之言, 何以言之? 理之尊無對, 氣何可與之對偶? 理本無對, 非偶非敵而對擧之, 何也? 說本原宜莫如孔子. 孔子曰, 一陰一陽之謂道, 曰, 太極生兩儀. 十分停當, 罔有滲漏, 曷嘗見一處對峙, 而兩擧者乎? 形而上下, 非對擧乎? 曰此節眼在上下字, 上下乃的對也. 欲爲千萬世, 分開道器[34]之門戶, 其言不得不爾. 然而上而下, 以形字爲冒頭, 不可分開之意自在何, 嘗如今人各立窠窟, 各自頭腦耶? 今人才見理字, 便覓氣來作對偶, 於是理之流行一大事, 盡被氣字帶去作家計. 所餘者, 只混淪也, 沖漠也, 此雙本領之履霜也. 悲夫!. 云云.

今按, 理尊無對之云, 猥筆之言是也. 然名理之論, 當橫竪看. 竪看則理固無對, 橫看則理亦安得無對乎? 今以孔子之言準之, 曰太極生兩儀者, 是竪看而以理爲無對者也. 曰形而上下者, 是橫看而以理與氣對擧者也. 曰一陰一陽之謂道者, 是兼橫竪看而合理與氣說者也. 故程子曰, 天下萬物之理, 無獨, 必有對. 朱子曰, 道固無對, 然自形而上下言之, 安得無對? 旣知其無對, 又知其不能無對, 然後方可與論道器矣. 若但知其無對而已, 則是徒知直看之成峯, 而不知橫看之成嶺也, 其可乎? 且以理氣對擧謂非聖人之言, 則孔子所謂形而上下, 已爲不知道之甚者也. 如以一形字冒頭, 謂非對偶, 則自象自理之說, 見於太極之解, 以氣以理之言, 著於或問之編, 而周子所謂無極二五, 程子所

---

34 器 : 저본에서는 '理'로 썼다. 「외필」 원문에 근거해서 '器'로 고쳤다.

謂至微至著, 凡聖賢之千言萬語, 擧多對擧而成文. 是曷嘗以一形字冒頭而亦豈不知理之無對耶? 沙老非不知此, 而今以栗谷之故, 幷斥理氣對偶者, 謂之非聖人, 則豈其急於攻人, 義理源委, 有不暇顧邪? 抑直以爲理果無對而止, 而自周程朱子以下, 幷不得爲聖人之徒也邪? 是未可知也. 栗谷先生又曰, 理者, 氣之主宰也. 又曰, 理, 是樞紐根柢. 若此者謂先生不知理之無對, 可乎?

6.

猥筆曰, 前聖苦心血誠, 垂世立敎之旨, 一道字之外無它. 古所謂道, 今所謂理也. 聖人的見流行發 見, 變化昭著, 莫非此理之爲. 雖事物粗迹, 雲行雨施, 鳶飛魚躍, 才說著時, 便所以明道. 今人驅道理二字, 於冥漠不可思議之地, 而才有發見昭著, 一屬之氣. 雖以虛名過去說, 說道說理, 而其實則氣 奪理位, 爲萬事本領而已. 若是則天下更無詖淫邪遁矣. 顚倒昌披, 何事不有? 設或以瑣力矯救, 則 彼必曰前賢亦嘗云爾. 童行學者, 一能勝余, 前賢尙在, 實有奉質之願, 而旣不可, 得則所可質者, 後賢而已. 云云.

今按, 猥筆所譏, 不知其的指先生何等語, 而以愚見言之, 先生集中, 雖洗垢而索瘢, 初無此等淫詖之說, 不知何所見而云爾也. 蓋猥筆之書, 譏斥先生, 無所不到曰虛名無實, 曰大旨已失, 曰嗚呼可憐, 曰其禍至此, 曰發之太快, 曰氣字家計, 曰畢竟乖張, 曰天命已息, 曰兩個本領, 曰氣奪理位, 曰認主爲客, 而至此則直以詖淫邪遁顚倒昌披歸之. 然究其所以斥之之意, 或執先生之說以攻先生, 或於先生之說有所不達, 而但以己意輕加詆侮, 終則以末世之一切背理任氣之說, 皆推本於先生, 不知何故用如此之深文苛法, 勒定無實之案, 誣加非情之罪, 唯恐其不及也. 詖淫邪遁者, 孟子之所以斥告子也. 顚倒昌披者, 朱子之所以斥禪學也. 嗚呼! 尙忍以此加之哉? 且栗谷先生卽東方肇開道學之祖也. 設使其言眞有可議之實, 爲後學者, 固當以疑傳疑, 不當公排顯斥也. 程子平生不敢非孫泰山石徂徠, 而朱子亦曰, 前賢之失, 不須深論. 退溪先生於先儒之說, 橫看直看, 直至無說可通, 然後方始姑置. 此吾儒相傳直截門中, 忠厚之一法也. 況先生之言, 本自光明精密, 無纖毫猖披之可疑者乎? 抑又聞奇錦江孝諫出入尤齋之門, 得聞栗谷之緖, 下沙之學, 得之家傳, 而且下沙嘗以河嗅醒齋洛扶護栗谷之疏, 直許以參天地關, 盛衰浩然, 與元氣同流, 則其平日之尊慕栗谷固也. 若使栗谷果如猥筆所斥, 則是正揚子雲所謂在門墻而揮之者, 其平日尊慕, 不亦虛乎? 是故知猥筆出於下沙一時之漫爲, 且其末有曰因趙月皐書, 銳意及此, 而於月皐猶不敢寄云爾, 則是必自知其說之非, 而不敢以示人也. 今其子孫門人, 拾此於敗篋廢棄之餘, 父師之所自知其非, 而乃刊之於文集, 父師之所不敢示人, 而乃公之於後世. 是可謂能世其學而得其傳也耶?

기노사의 「외필」을 읽고

하우식

이 글은 하우식이 기정진의 「외필」을 읽고 비판적 감상을 서술한 것이다. 가문으로는 남명학파의 후학에 해당되지만, 연재 송병선 및 간재 전우의 문하에서 수학한 영남 기호학파의 일원이기도 하다. 같은 제목의 글을 쓴 한유와는 절친한 친구이자 훗날 사돈 관계를 맺은 사이였다. 이 글은 모두 5조목으로 이루어져 있고, 이이와 「외필」의 진술을 먼저 인용하고 '근안(謹按)'이란 표현 뒤에 자신의 비판적 견해를 덧붙였다. 저술 시기는 한유의 글과 비슷한 시기에 쓴 것으로 추정되고, 「외필」을 '율옹을 꾸짖고 업신여기는' 글이라고 단언하고 있다. 『담산집(澹山集)』 권5에 실려 있다.

1.

율곡선생이 우계에게 답하는 편지에서 말했다. : '기가 발현하면 리가 탄다(氣發而理乘)'라는 것은 무슨 뜻입니까? 음이 고요하고 양이 움직이는 것은 기기(氣機)가 스스로 그런 것이지 (그렇게) 시키는 것이 있지 않습니다. 음이 고요하고 양이 움직이는 소이(所以)는 리입니다.[35]

[외필] '양이 움직이고 음이 고요하다'라는 것은 겉면만 언뜻 보면 … 소이연(所以然)이 아니면 무엇인가?[36]

하우식 : 율옹의 이 편지는 불리부잡(不離不雜)의 오묘함을 밝히려는 것이다. '그 기틀이 스스로 그런 것이지 (그렇게) 시키는 것이 있지 않다'라고 한 것은 움직임과 고요함의 기틀은 스스로 그러함에서 나오고, 따

35 이이, 『율곡전서』 권10(표점영인 한국문집총간 vol. 44), 「答成浩原」, 211쪽.

36 소이연이 … 무엇인가 : 「외필」의 본문에 의하면 '소이연(所以然)'은 '사지연(使之然)'의 착각이다.

로 움직이고 고요하도록 시키는 한 물건이 있지 않음을 말하려는 것이었다. '음이 고요하고 양이 움직이는 소이(所以)는 리이다'라고 한 것은 '이것은 비록 움직이게 고요하게 만드는 것이 있지 않지만, '그 소이연의 까닭'은 곧 리이다'라고 말하는 것이다.

'사지(使之)' 두 글자와 '소이연(所以然)' 세 글자는 말의 뜻이 같지 않다. '그렇게 시킨다(使之)'라고 하는 것은 이것이 저것을 시킨다는 명칭이다. 이미 이것과 저것이 있다면 두 물건이 서로 떨어져 있다는 뜻이다. 또한 '그렇게 시킨다'라고 하는 것은 리에 함이 있다는 뜻이다. '소이연'이라고 말하는 것은 서로 떨어지지 않는 가운데에서 그 본연의 오묘함을 추론해서 리와 기에 '함이 있음'과 '함이 없음', 능(能)과 소(所)의 구분이 있음을 밝힌 것이다. 리와 기는 떨어지지도 않고 뒤섞이지도 않으며, 하나이면서 둘이요, 둘이면서 하나다. 그렇게 시키는 것이 있지 않다고 말하지 않으면 이것을 둘이지 하나가 아니어서, 떨어지지 않는 실상을 알 수가 없다. 소이연을 말하지 않으면 이것은 하나일 뿐 둘이 아니어서 서로 뒤섞이지 않는 오묘함을 알 수가 없다. 그러므로 이 두 가지 뜻은 하나라도 빠트려서는 안 된다. 여기에서 더욱 선생이 이기의 오묘한 관계를 통찰했음을 알 수 있으니, 그 주장은 마치 가득 찬 물이 머물 곳을 얻은 것과 같다.

이제 양이 움직이고 음이 고요한 것을 '천명이 시키는 것'이라고 하고, 선생이 말한 '소이연'을 소이연 위에 다시 하나의 소이연을 덧붙이는 격이라고 하면서 두 개의 본령이 된다고 배척했다. 내 소견에 의하면 옛날 '바보 앞에서 꿈을 얘기한다'라는 말이 있었는데, 불행하게도 여기에 가까운 것 같다. '천명'이라고 한 것은 옛사람들의 뜻에는 또한 소이연을 추론해서 말하는 것에 불과할 뿐이었다. 어떻게 따로 한 물건이 아득한 지경에 홀로 서 있으면서, 이것으로 저것을 시키는 것이 마치 사람이 명령하고 지휘하는 것과 같다는 것이겠는가? 이런 까닭에 주자는 "'하늘이 시킨다[天使]'라고 하는 것은 실리(實理)의 저절로 그러한 것이 마치 그렇게 시키는 것과 같다" — 『맹자집주』의 주에 나온다.[37] — 라고 했다. 또한 "천명이라고 하는 것이 어떻게 정말로 그렇게 시키는 것이 있다는 것이겠는가?" — 『중용혹문』에 나온다.[38] — 라고도 했다. 이것을 보면 그 뜻은 이미 명확하다. 율곡의 뜻은 실제로 여기에 뿌리를 두고 있으니, '시키는 것이 있지 않다'라고 하고 '소이연'이라고 한 것은 실제로 (주자의 말과) 서로 발명하고 있는데 어디에 '덧붙여 낸 것'이 있다는 것인가? 어떻게 두 개의 본령이 있다는 것인가? 옛날 나정암의 문도들이 주자의 떨어지지도 뒤섞이지도 않는다는 주장을 의심하면서 "세상의 만물은 서로 떨어지지 않는다면 틀림없이 서로 뒤섞인다. 서로 뒤섞이지 않는다면 틀림없이 서로 떨어진다. 어떻게 떨어지지도 않고 또 뒤섞이지 않는 것이 있겠는가?"라고 했다. 선유가 이를 반박하면서 "떨어지지 않는 가운데 더욱 뒤섞이지 않음을 볼 수 있고, 뒤섞이지 않는 가운데 더욱 떨어지지 않음을 볼 수 있다"라고 했다. 나도 이렇게 말하고 싶다. "그렇게 시키는 것이 있지 않은 가운데 더욱 소이연을 볼 수 있고, 소이연의 가운데서 더욱 그렇게 시키는 것이 있지 않음을 볼 수 있다."

2.

율곡선생은 '사단과 칠정의 발현을 "사람이 말을 탄 것에 비유하면, 사람은 성(性)이고 말은 기질입니다. … 혹 말이 사람의 뜻을 따라 나가

37 "저절로 그러한 이치이지만 마치 하늘이 그렇게 시키는 것과 같다[自然之理, 若天使之然也.]"·"천리의 당연함이 마치 그렇게 시키는 것과 같다.[天理當然, 若使之也.]" 주희, 『맹자집주』(『주자전서』 vol. 6), 319·378쪽.

38 주희, 『중용혹문』(『주자전서』 vol. 6), 553쪽.

는 경우도 있습니다'[39]라고 했다.

또 말했다. : 만일 보내신 편지대로라면 아직 문을 나서기 전에는 사람과 말이 각각 처소를 달리하다가 … 형체 없는 리와 비교할 수 있는 것이 아닙니다. 비유한 것은 융통성 있게 살펴보아야 합니다.[40]

[외필] 귀인이 길을 나서면 … 아, 위태롭다!

○ '승(乘)'자를 원래 타고 있는 것으로 보지 않고 … 연나라와 월나라가 그렇듯이 본뜻과는 거리가 먼 것이다.

하우식 : 선생이 '승'자를 정말로 기의 영역을 침범하는 것으로 보았고, 말들이 뛰노는 것을 보고서 갑자기 올라탄다고 보았으며, 경우에 따라 갑자기 탄 것으로 보았고, 원래부터 타고 있는 것으로 보지 않았다면 「외필」이 비난하는 것도 당연하다 할 것이다. 그러나 선생이 평소에 강론하며 밝힌 것은 '불리부잡'에 불과하니, 「외필」에서 비난하는 주장은 또한 선생도 매우 싫어하며 깊이 배척한 것이다. 편지에서 우계선생의 주장을 비판했는데, 그것이 바로 이 병폐를 논파하려는 것이었다. 내가 보기에 「외필」이 말하고 있는 것은 '스스로 원고와 피고가 되려고 하면서' 선생의 말을 다 살필 겨를이 없었던 것이 아닌가?

3.

율곡선생이 말했다. : 양이 움직이면 리가 움직임에 타지만 리가 움직이는 것이 아니고, 음이 고요하면 리가 고요함에 타지만 리가 고요한 것은 아닙니다.[41]

또 말했다. : 무형무위(無形無爲)하면서 유형유위(有形有爲)한 것의 주

---

39 이이, 『율곡전서』 권10(표점영인 한국문집총간 vol. 44), 「답성호원」, 205쪽 참조.

40 같은 책, 「답성호원」, 206쪽 참조.

41 이이, 『율곡전서』 권10(표점영인 한국문집총간 vol. 44), 「답성호원」, 211쪽.

재가 되는 것은 리이고, 유형유위하면서 무형무위한 것의 그릇이 되는 것은 기이다.[42]

[외필] 기가 리를 따라 발현한다는 것은 … 그 재앙이 여기에 이르게 되었다.

하우식 : 리는 함이 없고 기는 함이 있다. 그러므로 움직이고 고요한 것은 기이고 리가 움직이고 고요할 수 있는 것은 아니다. 주자는 이렇게 말했다. "태극은 본연의 오묘함이요, 동정(動靜)은 (태극이) 타는 기틀이다."[43] 또 말했다. '기가 한 번씩 드나들 적에 리가 기 위에 타고 있으면서 느끼지 못하는 사이에 움직였다가 고요하고, 고요했다가 움직인다.'[44] 이것이 율곡의 주장이 뿌리를 둔 곳이다. 그러므로 뿌리라는 측면에서 말하자면 기의 움직임과 고요함은 반드시 리에 뿌리를 두고 리는 본래 기의 주재이다. 그러므로 선생도 "누가 그 기틀을 주재하는가? 아! 태극이로다!"[45]라고 했고, 또한 "모든 정이 리에서 발현한다"[46]라고도 했다. 하나는 유행을 따라 말했고 하나는 근원을 따라 말해서 남김없이 갖춰 들었기에 둘 사이에 장애가 없다고 할 것이다. 어디에 「외필」에서 꾸짖는 가부도 주장도 없는 살갗의 혹이나 천리마 꼬리의 파리와 같은 것이 있다는 것인가? 또 어디에 기가 모든 일의 본령이 된 적이 있다는 것인가? 내가 보기에 이것은 '스스로 그런 것이지 (그렇게) 시키는 것이 있지 않다'라는 한 구절 때문에 허다한 내용들을 연역하고 억

---

42 같은 책, 같은 글, 210~211쪽.

43 주희, 『太極圖說解』(『주자전서』 vol. 13), 72쪽 참조.

44 『주자어류』의 원문은 이 인용과는 조금 다르다. "그 움직이고 고요함이란 기 위에 올라 타 있으니, 느끼지 못하는 사이에 움직였다가 고요하고, 고요했다가 움직인다.[其動靜者, 乃乘載在氣上, 不覺動了靜, 靜了又動.]" 주희, 『주자어류』 권94(『주자전서』 vol. 17), 3121쪽.

45 이이, 『율곡전서』 권1(표점영인 한국문집총간 vol. 44), 「理一分殊賦」, 12쪽.

46 이이, 『율곡전서』 권9(표점영인 문집총간 vol. 44), 「答成浩原」, 195쪽 참조.

측해서 여기에 이르러 곧바로 선현의 말을 이끌어 도리를 갖추지 못하게 만들고, 반드시 자기의 주장을 펼쳐서 그를 굴복시키려고 했기 때문이다. 나로서는 그가 무슨 의도인지를 알 수 없지만, 리가 기의 주재가 된다는 것은 스스로 그렇다고 말하는 것에 불과할 뿐, 실제로 시키거나 조종하는 힘이 있다는 것이 아니다. 선생이 '스스로 그런 것이지 (그렇게) 시키는 것이 있지 않다'라고 한 것은 실은 리와 기의 서로 떨어지지 않는 오묘함을 밝히려는 것이었지, 기가 독자적으로 유행함을 말하는 것이 아니다. 「외필」이 리를 시키고 조종한다는 의미에 귀결시키고, '시키는 것이 있지 않다'라는 것을 매우 배척하는 것은 도체는 함이 없다는 뜻에 어긋나는 점이 없겠는가?

4.

율곡선생이 말했다. 발현하는 것은 기이고, 발현하게 하는 소이는 리이다. 기가 아니면 발현할 수 없고, 리가 아니면 발현하는 것이 없다.[47]

[외필] 리와 기를 이기로 짝지어 부르고 … (두 가지) 본령을 세운 시초이니, 아 슬프다!

하우식 : '리는 존귀해서 짝할 것이 없다'라고 했는데 「외필」의 말이 옳다. 천하에 리 밖의 물건이란 없으니, 천하의 사물을 든다고 한들 과연 (리와) 짝할 것은 없을 것이다. 그러나 리의 의미에 대한 주장은 횡간·수간해야 한다. 수간하면 리는 본시 짝할 것이 없지만 횡간하면 리에 어떻게 짝이 없겠는가? 이런 까닭에 주자는 "오직 도는 짝할 것이 없다. 그러나 형이상·하로 말하자면 어떻게 짝이 없겠는가?"[48]라고 했다. 그렇다면 한갓 리에 짝할 것이 없는 줄만 알고서 리에 짝이 없을

47 이이, 『율곡전서』 권10(표점영인 한국문집총간 vol. 44), 「답성호원」, 200쪽 참조.
48 주희, 『회암선생주문공문집』 권42(『주자전서』 vol. 22), 「答胡廣仲」, 1904쪽.

수 없음을 모른다면 이것은 가로로 보면 봉우리를 이루는 줄만 알 뿐, 세로로 보면 산줄기를 이루는 줄은 모르는 격이다. 이제 공자의 말에 비춰보자면 "태극이 양의를 낳는다"라는 것은 짝할 것이 없다는 주장이다. 그러나 형이상·하는 짝한 것이 아니라면 무엇인가? '형' 한 자를 앞에 두었기에 짝을 이루지 않는다고 한다면 '리로부터[自理]'라고 하고 '상으로부터[自象]'라고 한 것이 「역서(易序)」[49]에 보이고, '리로 말하고', '기로 말한다'라는 것이 『논어혹문』에 실려 있다.[50] 이것이 어떻게 짝지어 제시한 것이 아닌가? 또한 언제 '형' 한 글자를 앞에 두었는가? 리는 기가 아니면 의지할 것이 없고, 기는 리가 아니면 뿌리를 둘 곳이 없으니, 둘은 반드시 서로를 필요로 해서 (어느 하나라도) 없어서는 안 된다. 그러므로 어쩔 수 없이 짝지어 제시하는 경우가 있다고 해서 또한 리가 근본이 되지 않은 적은 없었기에 애초부터 리의 존귀함에 지장이 있는 것도 아니다. 어떻게 '기'자의 영역이 되고 두 가지 본령이 되겠는가?

5.

[외필] 내가 여기에서 한 말들이 … 한 없이 탄식할 뿐이다.

하우식 : 「외필」은 제일 먼저 '자이(自爾)', '비사(非使)'라는 말을 들고, '천명이 이미 그쳤다', '두 가지 본령이다'라고 했다. 돌고 돌아 "승(乘)'자가 뜻을 잃었다'라고 하고, '그 화가 여기에 이르러 기가 리의 자리를 빼앗아 모든 일의 본령이 되었다'라고 했다. 곧바로 '피음사둔'과 '전도되고 창피함'을 말했으며, 마지막으로 '말한 것이 지나치게 통쾌하여 말단의 폐해가 여기에 이르렀다'라고 단정했다. 율옹을 꾸짖고 업신여기

49 주희, 『주자전서』 vol. 13, 「태극도설해」, 72~73쪽·정호·정이, 『周易程氏傳』(『이정집』 vol. 2), 「易傳序」, 689쪽 참조.

50 주희, 『논어혹문』(『주자전서』 vol. 6), 642쪽 참조.

는 것이 아니라고 하지만, 나는 믿을 수 없다. 그렇지만 율옹의 뜻은 본래 그 자체로 명백해서 때를 씻고 흉터를 찾으려고 하지만, 처음부터 의논할 만한 이런 것이 없으니, 「외필」의 잘못된 이해와 망발일 뿐이다. 율옹에게 무엇이 해롭겠는가?

讀奇蘆沙猥筆

河祐植

1.

栗谷先生答牛溪先生書曰, 氣發而理乘者, 何謂也? 陰靜陽動, 其機自爾, 非有使之者 止 其所以陰靜陽動者, 理也. ◯ 猥筆曰, 陽動陰靜, 驟看皮面 止 非所以[51]然而何?

謹按, 栗翁此書, 蓋以明不離不雜之妙也. 其曰機自爾, 非有使之者, 蓋曰動靜之機, 出於自然, 而非別有一個物使之動靜也. 其曰所以陽動陰靜者理也者, 蓋曰此雖非有使之動靜者, 而其所以然之故則理也. 使之二字與所以然三字, 語義不同. 蓋使之云者, 是以此使彼之名也. 旣有彼此, 則是二物而相離者也. 且曰使之, 則是理爲有爲也. 所以然云者, 卽其不相離之中, 而推原其本然之妙以明理氣之有爲無爲能所之分也. 蓋理與氣不離不雜, 一而二, 二而一者也. 不言非有使之, 則是二而非一, 而無以見不離之實也. 不言所以然, 則是一而非二, 而無以見不雜之妙也. 故此二義者, 闕一不可, 而益見先生之洞見於理氣之妙, 其說之盛水得注也.

今以陽動陰靜謂天命之使之, 而以先生所謂所以然者, 謂於所以然之上復架出一個所以然, 斥之以爲兩個本領. 以愚所見, 古所謂痴人前說夢, 不幸而近之矣. 夫天命云者, 古人之意, 亦不過推原其所以然而云矣. 何嘗別有一物, 獨立於冥漠之間, 以此而使彼, 若人之命令指揮者乎? 是故朱子曰, 天使云者, 實理自然, 若使之也.—出孟子註.— 又

51 所以 : 「외필」 본문에 의하면 '使之'의 착각이다.

曰天命之云者，豈眞有使之者哉?—出中庸或問.— 觀於此，而其意已躍如矣. 栗谷之意，實原於此，則其曰非有使之與所以然，實互相發明，而何嘗有架出者乎? 何嘗有兩個本領者乎? 昔羅整菴之徒，疑朱子不離不雜之說曰，天下之物不相離，則必相雜矣; 不相雜則必相離矣. 安有不離而又不雜者乎? 先儒駁之曰，不離之中，尤見其不雜; 不雜之中，尤見其不離. 愚亦謂非有使之之中，尤見其所以然; 所以然之中，尤見其非有使之也.

2.

栗谷先生以四七之發，以人乘馬喩之，人則性也; 馬則氣也. 止. 或人信馬足而出者. 又曰若如來喩 則是未出之時，人馬異處. 止 又非理無形之比，此可以活看.

◯ 猥筆曰，貴人之出. 止 嗚呼危哉! ◯ 乘字不作元來所乘. 止 本旨燕越矣.

謹按，先生於乘字，果看作犯氣力. 果看作趫捷而騰上，果看作隨遇輒乘，果看作非元來所乘，則猥筆之譏當矣. 然先生之平日所講明者，不過不離不雜，而猥筆所譏之說，亦先生之所甚惡而甚斥者也.書中所譏牛溪先生之說，正破此病也. 以愚觀之，猥筆之云，無乃所謂自作元隻，而於先生之言，有未暇盡考者歟.

3.

栗谷先生曰，陽之動則理乘於動，而非理動; 陰之靜則理乘於靜，而非理靜. 又曰無形無爲而爲有形有爲之主者，理也; 有形有爲而爲無形無爲之器者，氣也. ◯ 猥筆曰，氣之順理而發 止 其禍乃止於此乎.

謹按，理無爲而氣有爲，故動靜者氣，而非理能動靜也. 朱子曰，太極者，本然之妙也; 動靜者，所乘之機也. 又曰氣之一出一入，理乘載在氣上. 不覺動了靜; 靜了動. 此栗谷說之所本也. 若從根柢處言, 則氣之動靜, 必本於理, 而理固爲氣之主也. 故先生亦嘗曰, 孰尸其機, 嗚呼太極. 又曰萬般之情, 發於理, 一則從流行說, 一則從源頭說, 可謂備擧無漏而兩不相礙也. 何嘗有如猥筆所譏無適莫沒主張爲肉疣騈蠅者乎? 又何嘗有氣之爲萬事本領者乎? 以愚觀之, 此蓋因自爾非使一句語, 而演出許多曲折, 推而至此, 直驅率先賢之言, 使不成道理, 而必欲伸己而屈彼也, 吾不知其何意也, 雖然所謂理爲氣主者, 不過曰自然而然, 實非有使令操縱之力也, 先生之所謂自爾非使者, 實明理氣不相離之妙, 而非謂氣之獨自流行也. 猥筆之必欲歸理於使令操縱, 而深斥非使之說者, 得無有違於道體無爲之旨耶?

4.

栗谷先生曰, 發之者, 氣也; 所以發者, 理也. 非氣不能發, 非理無所發.

◯ 猥筆曰, 理與氣喚作理氣 止 履霜悲夫.

謹按, 理之尊爲無對之云, 猥筆之言是也. 天下無理外之物, 則擧天下之物, 果無以對者矣. 然理義之說, 當橫竪而看. 竪看則理固無對, 橫看則理亦安得無對乎? 是故朱子曰, 惟道爲無對, 然自形而上下言之, 安得無對? 然則徒知理之無對, 而不知理之不能無對, 是徒知直看之成峯, 而不知橫看之成嶺也. 今以孔子之言準之, 太極生兩儀, 是無對之說, 而形而上下, 非對而何? 如以一形字冒頭而非對云, 則自理自象之說, 著於易序. 以理以氣之說, 載於或問. 是何嘗不以對擧, 而亦何嘗以一形字冒頭乎? 夫理非氣無所資; 氣非理無所本, 二者必相須, 而不可相無也. 故有不得不對擧者, 而亦未嘗不以理爲本, 則初不害爲理之尊也. 安有所謂氣字帶去, 而爲雙本領者耶?

5.

猥筆曰，凡此所言 止 曠然一欷也.

謹按，猥筆首擧自爾非使之語，而謂天命旣息，兩箇本領. 輾轉說出乘字失旨，其禍至此，氣奪理位，萬事本領. 直謂之詖淫邪遁，顚倒猖披，而終以發之太快，末弊至斯斷之. 則雖謂之非譏侮栗翁，吾不信也. 雖然，栗翁之意，本自明白，雖洗垢索瘢，初無此等之可議，則直不過猥筆之錯認而妄發矣. 其何傷於栗翁乎?

「외필문목」의 변론[52]

기우승

이 글은 기우승(奇宇承, 1858～1907)이 「외필문목」의 내용을 변론하는 글이다. 오늘날 「외필문목」이라는 저술은 발견되지 않고 있지만 그 흔적은 권운환(權雲煥, 1853～1918)[53]이 1902년 6월 즈음에 정의림과 기우만에게서 보내는 편지에서 발견된다.[54] 이 글이 인용하고 있는 「외필문목」의 내용을 검토해보면 하우식(河祐植, 1875～1943)의 「독기노사외필(讀奇蘆沙猥筆)」 1조목과 대부분이 중복되고 하우식의 글은 같은 제목을 가진 한유의 글과 논점이 겹침과 동시에 한유가 1901년 하반기에 권재규에게 보낸 편지에도 「독기노사외필」과 같은 내용이 서술되어 있다. 이것은 1901년 하반기의 시점에 영남 노론계에 「외필문목」이라고 불리는 텍스트가 존재하고 있었고, 이것이 하우식과 한유 등에 의해 공유되어 같은 제목을 가진 비슷한 내용의 두 글이 존재하게 되었을 것이라는 추론을 가능하게 한다. 즉 두 편의 「독기노사외필」은 「외필문목」이라는 같은 출처를 가진 글에 영향을 받았을 확률이 높다. 이 글의 정확한 저술 시기는 알 수 없지만 기우승이 권운환을 통해 「외필문목」의 존재를 알게 된 것이 1902년 6월 즈음이라면, 대략 그 직후의 시기에 쓴 것으로 추정할 뿐이다. 여기에서는 한유와 하우식의 글과의 연관성을 고려해서 그 뒤에 실어 두었다. 모두 19조목으로 이루어져 있는데, 18조목에 걸쳐 「외필문목」의 내용을 인용한 뒤 그 논지를 비판하고 있고, 마지막 19조목은 인용을 생략한 채 자신의 총론을 전개하고 있다. 18조목의 경우 '박(駁)'이란 표현의 뒤에 「외필문목」의 내용을 인용하고, '근안(謹按)'이라고 쓴 뒤에 자신의 견해를 밝혔다. 『보산선생유고(普山先生遺稿)』 권1에 실려 있다.

---

52 원래 이 글의 제목은 '「외필」을 반박하는 「문목」의 변론'이라고 읽어야 한다. 그러나 1902년 권운환(權雲煥)이 정의림(鄭義林)에게 보내는 편지에서 이미 「외필문목」이라는 표현이 발견되기에 일관성을 위해 '「외필문목」의 변론'으로 옮겼다.

53 권운환은 경남 산청군 단성면 강누리 출신으로 정재규의 대표적인 제자이자, 기정진의 문인이었다. 기정진-정재규-권운환으로 이어지는 재전제자에 해당함과 동시에 조성가의 동생인 조성우의 딸과 혼인을 해서 혼맥으로도 노사학파와 연결된다.

54 權雲煥, 『明湖文集』 권3, 「與鄭季方(義林)」, 41후～42후면·『명호문집』 권4, 「與奇會一(壬寅)」, 11후～12후면 참조.

1.

[외필문목] 움직임과 고요함의 기틀은 인력과 상관없고 따로 움직이고 고요하도록 시키는 한 물건이 있지 않다.

기우승 : 양이 움직이고 음이 고요함은 「태극도설」로 추론하자면 천지의 큰 근원으로, (음양 이기의) 교감(交感)과 (만물의) 화생(化生)이 일어나기 이전의 일이다. 여기에 '인물(人物)'이라는 글자를 쓸 수 없다는 것을 알 수 있다. ―생각건대, 주자가 이 구절을 풀이하면서 처음으로 '성(誠)은 성인의 근본이요, 만물의 시작과 끝이다'[55]는 말을 인용해서 천명이 유행하는 도를 미루어 밝혔다. 이 구절 아래에서는 모두 '인물'이란 한 글자를 써서 말하지 않았다는 것에서 알 수 있다.[56]― 또한 설령 "움직임과 고요함의 기틀은 인력과 상관없고 따로 움직이고 고요하도록 시키는 한 물건이 있지 않다"라고 한다고 하더라도, 어떻게 말을 기다린 다음에야 알 수 있겠는가? 그렇다면 지금 말하는 것은 '스스로 그런 것이지 (그렇게) 시키는 것이 있지 않다'라는 두 구절을 풀이하는데 밀접한 것 같지만 돌이켜 보면 일 없는 가운데 일을 만들어 내는 것에 가깝지 않은가?

나도 진실로 사람의 힘과는 상관이 없고, 따로 어떤 물건이 있지 않다고 생각한다. 그 위에 실제로 존재하는 하나의 '그렇게 시키는 것[使之然]'이란 곧 '천명'이라고 하는 것일 뿐이다. 천명이 그렇게 시키지 않고, '기틀[機]'에만 맡겨둔다면 움직임과 고요함이 어떻게 단서가 없을 것이며, 음과 양이 어떻게 시작이 없겠는가? 나는 음이 고요하고 양이 움직이는 기틀이 이로부터 막혀버리는 때가 있게 될까 두렵다.

---

55 주희, 『태극도설해』(『주자전서』 vol. 13), 72쪽 참조.

56 주희가 『태극도설해』에서 「태극도설」의 "太極動而生陽 … 兩儀立焉"까지를 풀이하면서, '人物'이라는 글자를 사용하지 않은 것의 의미를 강조하고 있다.

살피건대, 『주자어류』에서 주귀경(周貴卿)이 질문을 하자 이렇게 말했다. "기틀이란 관려자(關捩子)이다. 움직임의 기틀을 밟으면 곧 저 고요한 것을 돋우어 일으키고, 고요함의 기틀을 밟으면 저 움직이는 것을 돋우어 일으킨다."[57] '움직임의 기틀을 밟고', '고요함의 기틀을 밟는' 것이 태극이 아니라면 누구인가? '저 고요한 것을 돋우어 일으키고', '저 움직이는 것을 돋우어 일으키는' 것이 그렇게 시키는 것이 아니라면 무엇인가? 그러므로 인력과 상관이 없고 따로 어떤 것이 있다고 하지 않는 것이다. 그 윗면에는 원래 '그렇게 시키는 것이 있으니, 곧 천명이다. 우재(尤齋) 노선생(老先生)은 "주자를 법도로 삼는다"라고 했으니 지극한 말이라고 할 것이다. 어찌 나를 속이는 것이겠는가?

2.

[외필문목] 이것은 움직이고 고요하게 만드는 것이 있지 않지만, '그 소이연의 까닭'은 곧 리이다.

기우승 : 「외필」을 반박하는 이는 이미 리를 '어떤 물건이 있다'라는 것으로 간주하지 않으면서 유독 죽은 것[死殺者]으로 간주하는 것은 어째서인가? 소이연이 그렇게 시키는 것 아니라고 한다면 이것이 죽은 것이 아니라면 무엇인가? 이처럼 풀이하고도 과연 스스로 율옹의 뜻을 바르게 얻었다고 할 수 있겠는가? 내가 보기에 그 비천함이 매우 심해서 딱 둔사(遁辭)에나 어울릴 뿐이다. 다시 생각해 보기를 바라니, 율옹의 뜻이 이와 같은가? 감히 알 수 없다.

3.

[외필문목] '사지(使之)' 두 글자와 '소이연' 세 글자는 모습과 제목이

57 주희, 『주자어류』 권94(『주자전서』 vol. 17), 3129쪽.

같지 않다.

기우승 : 모습과 제목이 같지 않지만 실제 서로 안팎이 되는 것들이 있다. 예를 들어 "인은 편안한 집이요, 의는 바른 길이다"라고 하는데, 인과 집, 의와 길이 면목이 과연 같은가? 「태극도해」에서는 "태극에 움직임과 고요함이 있는 것은 천명의 유행이다"라고 했다. 태극을 믿으면서 천명을 의심하는 것은 진실로 안 되는데 또한 움직임과 고요함이 유행이 아니라고 하는 것이 어떻게 가능하겠는가? '사지'와 '소이연'은 글자의 모습이 같지 않지만, 실체를 찾아보면 '사지연'이 곧 '소이연'의 면목이다.

살피건대, 『주자어류』에서 곽형(郭兄)이 '소이연지고(所以然之故)'를 묻자 말했다. "'소이연지고'는 곧 그 위의 한 층이다."[58] 그 아래에서 말했다. "아버지가 자애롭고 아들이 효도하는 것은 저절로 그렇게 되기를 기약해서 그렇게 된 것이 아니다"라 하고 곧바로 "나머지 대륜(大倫)이 모두 그러하니, 모두 하늘의 이치가 시켜서 이와 같게 된 것이다"[59]라고 했다. 주자가 정녕스레 이와 같이 시키는 것을 '소이연지고'라고 단언한 것이 아니겠는가? 그러므로 '내가 전수받은 것이 있다'[60]라고 하는 것이다.

예전에 듣기로 화서(華西) 이선생(李先生)이 '소이연'의 '이(以)'자를 '용(用)'자의 뜻으로 보고서, 『주역』「대상(大象)」에서 말하는 "군자이(君子以)"[61]의 뜻과 같다고 여겼고,[62] '리의 큰 근원이 그렇게 시킨다'라고 생

---

58 주희, 『주자어류』 권17(『주자전서』 vol. 14), 584쪽 참조.

59 같은 책, 585쪽 참조.

60 『맹자』, 「등문공 상」 2장.

61 「주역」 건괘(乾卦)의 「대상전」에서 "하늘의 운행이 굳세니 군자가 보고서 스스로 힘쓰고 쉬지 않는다[天行健, 君子以自彊不息.]"라고 했는데, 정이는 『주역정씨전』에서 "'군자가 보고서 스스로 힘쓰고 쉬지 않는다'라는 말은 하늘의 운행이 굳셈을 본받는 것이다[法天行之健也.]"라고 풀이했고, 주희 또한 이를 따라서 '군

각했다. 또한 주자의 취지를 깊이 얻었고, 우리 선사(先師)와도 기약하지 않고 일치했다.

손지(遜志) 홍재구(洪在龜, 1845~1898)[63] 공은 김중암(金重菴)의 고제인데, 그의 말에 "'소이연' 세 글자를 단지 곡절(曲折)이나 연유(緣由)로만 본다면 매우 잘못된 것이다"라고 했다. 또한 전해 받은 것을 알 만 하니, 어떻게 근세의 말이라고 소홀히 하겠는가?

4.

[외필문목] '그렇게 시킨다'라는 것은 이것이 저것을 시키고, 윗사람이 아랫사람을 시킨다는 말이다.

기우승 : 그 형체가 없다고 하고, 그 일이 없다고 하는 것은 괜찮지만, 이 리가 없고, 이 묘용이 없다고 해서는 안 된다. 하늘이 싣고 있는 소리도 냄새도 없는 것이 지도리와 뿌리가 되어 이처럼 시키는 실체와 묘용이 있다. 만일 그렇지 않다고 한다면, 내가 보기에는 죽은 지도리

자가 본받는다[君子法之]'라고 풀이했다. 주희, 『주역본의』(『주자전서』 vol. 1), 105쪽 참조.

62 "사람들이 입버릇처럼 하는 말이 모두 소이연이 리라고 하는데, '이(以)'자는 '용(用)'의 뜻이다. 반드시 하나의 주재를 가정한 다음에야 비로소 '용(用)'이네 '불용(不用)'이네 말할 수 있을 것이다. … 64괘의 「대상전」에서도 반드시 '군자이(君子以)'라는 세 글자에 착안해서 역을 사용하는 오묘함을 밝혔으니, '이(以)'라는 한 글자에 『주역』 전체의 안목이 놓여 있다.[人有恒言, 皆曰所以然者理也, 以之爲言用也, 須有一箇做主而言然後, 始言其用與不用矣. … 六十四卦之大象, 必著君子以三字而明用易之妙, 以一字乃其全書眼目之所在也.]" 이항로, 『화서집』 권24(표점영인 한국문집총간 vol. 305), 「以字說」, 150쪽 참조.

63 자는 사백(思伯), 호는 손지(遜志), 본관은 남양(南陽)이다. 이항로의 문인이면서, 이항로 사후에는 김평묵을 좇아서 학문을 익혔고, 동시에 김평묵의 사위가 되었다. 저술로는 『손지유고(遜志遺稿)』가 있는데, 현재 그의 글은 대부분 사라진 것으로 추정된다.

와 살아있지 못한 뿌리일 뿐이다.

삼가 살피건대, 주자는 이렇게 말했다. "하늘이 하늘다울 수 있는 까닭은 리일 뿐이다. 하늘은 이 도리가 있지 않으면 하늘이 될 수 없다. 그러므로 푸른 것도 즉 이 도리의 하늘이다. 그러므로 '그 본체는 곧 하늘이라 하고, 그 주재는 곧 제라고 한다'라고 하는 것이다. 이는 마치 '아버지와 자식 간에 친함이 있고, 임금과 신하 간에 의리가 있다'라는 것은 비록 리가 이와 같지만 또한 반드시 위쪽에 하나의 도리가 있어 이렇게 가르쳐야 비로소 가능한 것이다. 다만 도가에서 말하는 것처럼 참으로 하나의 '삼청대제(三淸大帝)'라는 이가 옷을 입고 이렇게 앉아있는 것과 다를 뿐이다!"[64] '주재'란 곧 리의 큰 근원이 영원토록 이와 같고, 그렇지 않은 사물이 없으며, 그렇지 않은 일이 없으니, 하늘이 이렇지 않다면 또한 하늘다울 수 없을 것이요, 음양의 움직임과 고요함만이 그 윗면에 이처럼 시키는 것이 없다는 것이 가능하겠는가? 나는 그러므로 '그 형체가 없다고 하고, 그 일이 없다고 하는 것은 괜찮지만, 이 리가 없고, 이 묘용이 없다고 해서는 안 된다'라고 하는 것이다. 또한 어떻게 '참으로 하나의 삼청대제(三淸大帝)라는 이가 옷을 입고 이렇게 앉아있다'라고 하겠는가?

5.

[외필문목] 소이연이라고 한 것은 말로 할 만한 위와 아래, 이것과 저것이 있다는 것이 아니다. 나눌 수 없는 것 가운데 저절로 '소이연지고'가 있다는 것일 뿐이다.

기우승 : '사지연'이 곧 '소이연'의 바른 해석이다. 반드시 그 면목을 같게만 하려고 그 바른 해석을 버리는 것은 그것을 소이연으로 되돌려

64 주희, 『주자어류』 권25(『주자전서』 vol. 14), 900쪽.

풀이하는 것에 불과할 뿐이니, 참으로 물로 물을 다스리려는 것이니, 그 의미를 풀이하기에 또한 어렵지 않겠는가?

또 살피건대, '소이연지고'는 '한 층 더 윗면'에 해당한다. 곽형은 '소당연지칙(所當然之則)'과 아울러 질문을 했기에 주자가 이처럼 대답한 것이다. '소이연'은 리이고, '소당연'은 일이다. '소당연지칙'에서 '소이연지고'를 가리키면 안 되니, 도와 기, 위와 아래의 구분이 없어지기 때문이다. 또한 나눌 수 없는 곳에서 나누어 설명하면 '소이연' 세 글자는 오로지 리에만 속하게 되어, 조금의 기를 섞어서는 안 된다. 안팎·정추·선후·거세·다과라고는 없으니, 어찌 위와 아래, 이것과 저것에만 그치겠는가? 이제 '나눌 수 없는 가운데 저절로 소이연지고가 있다고 한다면, 이것은 나눌 수 없는 가운데 이미 리와 기를 합친 것이니, 소이연지고라는 것은 무엇인가? 리인가? 기인가? 하나의 소이연 안에서 나는 그들이 지나치게 뒤섞인 줄을 알겠으니, 아마도 다시 한 층 더 윗면을 말할 수는 없을 것이다.

6.

[외필문목] 리와 기는 떨어지지도 않고 뒤섞이지도 않으며, 하나이면서 둘이요, 둘이면서 하나이다.

기우승 : 주자가 떨어지지도 않고 섞이지도 않는 오묘함을 논한 것은 「태극도설해」처럼 상세한 것이 없다. 주된 것을 말하면 태극인가? 음양인가? 분명히 주된 것이 음양이 아니고 태극이라면 떨어지지도 섞이지도 않는 오묘함에서 리가 언제나 주가 되니, 오로지 기기만을 가리켜 말한다고 해서는 안 된다는 것은 명백하다. 독서와 강의는 주인과 손님을 구분해야 하니, 반드시 재빨리 변별하고, 정밀하게 선택한 다음에 손님이 주인에 올라타는 폐단에서 벗어날 수 있을 것이다. 하물며 리와 기는 진실로 주인과 종, 장수와 병졸과 같다. 어떻게 조금이라도 어긋

날 수 있겠는가? "하나이면서 둘이요, 둘이면서 하나이다"라고 말하는 곳 또한 마찬가지다. 이제 '음이 고요하고 양이 움직이는데 스스로 그러할 뿐, (그렇게) 시키지 않는다'라는 구절을 풀이하면서 줄곧 '떨어지지도 섞이지도 않고 하나이면서 둘이고, 둘이면서 하나이다'라는 말만 장황하게 반복한다면 이것은 마치 떨어지지도 섞이지도 않는 오묘함을 오로지 기기에만 소속시키는 것과 비슷하니, 「태극도설해」의 취지와 비교해 어떨지 모르겠다. 근본을 헤아리지 않고 말단을 파헤치려고 하니 괜찮겠는가?

또 살피건대, 「정자상에게 답함」에서 말했다. "리에 움직임과 고요함이 있기에 기에 움직임과 고요함이 있다. 리에 움직임과 고요함이 없다면, 기는 무엇에 근거해서 움직이고 고요하겠는가?"[65] 이것은 주자가 간곡하게 수필로 남겼으니, 『대전』에서 분명히 알려졌고 해나 별처럼 환히 드러났다. 떨어지지도 않고 섞이지도 않는 오묘함이 모두 밝고, '사지연'의 내력이 더욱 명백하다. 또 이어서 말했다. "우선 눈앞의 것을 가지고 논해 보면, 인(仁)은 움직임이요 의(義)는 고요함이니, 이것들이 어찌 기와 관계가 있겠는가?"[66] 위의 두 구절과 비교하면 말과 뜻이 더욱 확연하고 엄하며 밝으니, 반박하는 이가 보기에는 또한 너무 지나치게 나누었다고 말할 수 없겠는가? 또한 판이하게 둘로 만들어 다시는 하나라고 할 수 없는 면이 없겠는가? 서로 떨어지지 않기에 음에 갖춰지고, 양에서 운행하니, 움직임과 고요함은 진실로 (리가) 타는 기틀이다. 낳는 이는 아버지이고, 태어난 이는 자식이며, 타는 것은 주인이고, 태우는 것은 종이라는 것은 본래 바꿀 수 없다. 아버지는 자식을 명하고, 주인은 종을 거느리니 그 나뉨은 어지럽힐 수 없다. 그러므로 리의 움직임과 고요함은 기와 상관이 없다는 것은 본래 그렇다고 하는 것이

65 주희, 『회암선생주문공문집』 권56, 『주자전서』 vol. 23, 「答鄭子上」, 2687쪽.
66 같은 책, 같은 곳.

다. 기의 움직임과 고요함이 리와 관계가 없다면, 이것은 자식과 종이 아버지와 주인을 천단하는 것이니, 반박하는 이 또한 틀림없이 잘못이라고 할 것이다. 이 말이 잘못이라고 하면서 이제 '떨어지지 않고, 섞이지 않아서 하나이면서 둘이고, 둘이면서 하나이다'라는 것을 큰 감투라고 여겨 즐겨 말하면서도 처음부터 낳는 것[生]과 태어난 것[所生], 타는 것[乘]과 태우는 것[所乘]의 큰 구분을 섞어서는 안 되는 줄을 살피지 못했으니, 이것은 유독 어째서인가?

또한 살피건대, 「채계통(蔡季通 : 蔡元定)에게 답함」에서 말했다. "맹자가 밤에 자라난 맑은 기운을 말했지만, 그가 보존하고 싶었던 것은 곧 인의의 마음에 있는 것이지, 다만 이 밤에 자라난 맑은 기운만을 위주로 한 것은 아니다. 맹자가 '기운을 기른다'라고 말했지만, 그가 힘을 쓴 것은 의리를 모으는 데 있었지, 바로 이 기운 가운데로 나아가서 지나침과 미치지 못함이 없는 것을 가려서 기른 것은 아니다."[67] 그리고 "(채계통이) '기'자를 너무 지나치게 주장한다"[68]라고 꾸짖었으니, "성인의 계책은 위대하고 훌륭한 말은 밝게 드러난다"[69]라고 할 것이다. 이 가르침을 살펴보면 이전 성현들의 으뜸가는 가르침을 일관되게 살펴볼 수 있다.

7.

[외필문목] 하나이면서 둘이기에 '소이연'이라고 한다. 둘이면서 하나이기에 '시키는 것이 있지 않다'라고 한다.

기우승 : 이 말은 혹 글이 뛰어나다고는 하겠지만, 이치가 뛰어난지는 모르겠다. '사지연'이 정말로 '소이연'의 면목이 아니라고 한다면, '소

---

67 주희, 『회암선생주문공문집』 권44(『주자전서』 vol. 22), 「答蔡季通」, 1990쪽.

68 같은 책, 같은 곳 참조.

69 『상서』, 「상서·이훈(伊訓)」 8장.

이연'은 과연 어떤 모양인가? 그 풀이를 듣고 싶다. 내 생각에 '하나이면서 둘이고, 둘이면서 하나'란 바로 떨어지지도 섞이지도 않는 오묘함을 밝히려는 것이지, 소이연을 말할 수 있는 것이 아니다. 또한 '시키는 것이 있지 않다'라는 것을 말할 수 있는 것도 아니다. 원래 리 밖의 기가 없고, 기 밖의 리도 없다. 그러나 리가 기를 제어해야 하고 리가 기를 이끌어야 하며, 기는 이 리를 싣고서 유행변화하면서 리에서 말미암고 명령을 듣는다[關聽]. 은미함을 말하자면 이것이 '소이연'이고, 드러남을 말하자면 '사지연'이라고 하는 것이다. 받들어 싣고 있다[承載]는 것만을 알 뿐 처음부터 제어하고 이끄는[御率] 묘용이 없다면 마른나무나, 식은 재일뿐이니, 어떻게 '리'라고 하기에 충분하겠는가? 어떻게 조화의 지도리라고 하기에 충분하겠는가? 어떻게 만물의 뿌리라고 하기에 충분하겠는가?

8.

[외필문목] 위아래 두 구절이 이리저리 교차해서 가득찬 물이 머물 곳을 얻은 것과 같으니, 이것은 선생이 전해지지 않던 비밀스러운 뜻을 전하려는 것이다.

기우승 : 정자의 글에 '마음은 이발을 가리킨다'라는 의론이 있는데, 주자는 "한 때의 말로서 작은 잘못에서 벗어나지 못했다"[70]라고 했다. 또한 스스로 '그 본체를 역이라고 한다'라고 할 때의 체(體)자를 형체(形體)로만 간주했다가,[71] 나중에 '실(實)'자로 바꿔서 풀이한 적도 있었다.[72]

---

70 주희, 『회암선생주문공문집』 권56(『주자전서』 vol. 23), 「答方賓王」, 2654쪽·정호·정이, 『하남정씨문집』 권9(『이정집』 vol. 1), 「與呂大臨論中書」, 609쪽 참조.

71 주희, 『주자어류』 권56(『주자전서』 vol. 16), 1271쪽 참조.

72 주희, 『주자어류』 권120(『주자전서』 vol. 18), 3777쪽 참조.

내 생각에 선생의 이 말도 바로 이와 같은데, 나중에 다시 바꾸지 못했을 뿐이다. 자하씨(子夏氏)의 말에 "큰 덕이 한계를 넘지 않으면, 작은 덕은 드나들어도 괜찮다"[73]라고 했다. 으뜸가는 가르침은 큰 덕이요, (특정) 어구는 작은 덕이다. 선생이 언제 대가(大家)를 훼손하고 굳이 왜곡하면서 풀이하려고 한 적이 있었기에, 이 말을 '전해지 않았던 비의를 전한 것'이라고 단정하는 것인가? 결국 선생의 으뜸가는 가르침이 정말로 '기'자를 주장하는 데로 귀결된 것처럼 하니, 선생을 존경한다면서 (이러고도) 편안할 수 있겠는가?

삼가 살피건대, 선생이 전한 비의는 진실로 천박한 내가 감히 의론할 수 있는 것이 아니다. 그러나 으뜸가는 가르침으로 찾아보면 진실로 (의도가) 따로 있는 곳이 있지, 아마도 이 문단에서 말할 수 있는 것에 달려있지 않을 것이다. 생각건대, 포저(浦渚) 조상공(趙相公 : 趙翼)의 선생을 무함하는 것을 변론한 상소문을 보니,[74] 반복해서 인용한 수 천 마디의 말 가운데 단 한 마디도 이 단락을 언급하지 않았다. 그가 드러내어 칭찬한 것이라고는 사단칠정을 논한 것과 이통기국 등의 가르침을 선현들이 발명하지 못한 것을 발명한 것이라고 한 것이었으니, 이것은 으뜸가는 가르침이 있는 곳을 깊이 알았다고 할 것이다. 또한 현자를 존중하는 법을 참으로 알았다고 할 것이다. 우리 선사 또한 여기에서 발휘하셨고, 높이 존중하고 믿었으니, 무엇을 의심하랴!

9.

[외필문목] 양이 움직이고 음이 고요한 것을 '천명이 시키는 것'이라

73 『논어』, 「자장」 11장.

74 조익이 올린 「卞柳櫻欺罔疏」를 가리킨다. 趙翼, 『浦渚集』 권6(표점영인 한국문집총간 vol. 85), 「卞柳櫻欺罔疏」, 112~117쪽 참조.

고 하고, (율곡)선생이 말한 '소이연'을 소이연 위에 다시 하나의 소이연을 덧붙이는 격이라고 하면서 두 개의 본령이 된다고 배척했다 …

기우승 : 주기론자가 한 때의 말을 잘못 인식했기 때문에, 그의 개인적인 견해를 구제하려고 나아가 극언하면서 율옹의 취지는 결코 그렇지 않음을 밝히려고 한 것인데, 어째서 '배척했다'라고 하는 것인가? 이 한 글자의 어디에서 법을 전했다는 것인가? 놀랄만한 말이다.

생각건대, 주자가 장횡거의 '마음은 작고 본성은 크다'라는 말을 논하면서 이렇게 말했다. "마음과 성은 하나인데 어떻게 크다느니 작다느니 하겠는가? 게다가 횡거 스스로 '마음이 성정을 통괄한다'라고 했는데 또 어째서 이처럼 말한 것인지 모르겠다."[75] 이것은 일반적으로 횡거의 말을 논한 것이다. 만일 당시에 어쩌다 마음이 작고 성이 크다는 학설을 힘껏 주장하면서, '마음이 성과 정을 통괄한다'라는 정론을 빠트린 이가 있었더라면 그를 물리치되 틀림없이 이렇게 하지 않고, 다만 그만두었을 것이다. 이렇게 추론한다면, 우리 선사께서 무탈하신 때에 율옹의 학설을 토론하게 되었더라면, 또한 "기는 리에 명령을 받는다'라고 하셨지, 어떻게 '시키지 않는다'라고 했겠는가? 율옹 또한 스스로 '리는 통하고 기는 국한된다', '모든 정이 리에서 발현한다', '사단 칠정이 두 가지 정이 아니다', '리와 기에는 호발이 없다'라고 했으니, '어째서 이처럼 말한 것인지 모르겠다'라고 하셨을 것이다. 「외필」의 끝 단락에서 '선현의 이 말이 지나치게 명쾌하다[先賢此語, 發之太快]'라는 여덟 글자야말로 바로 이런 뜻이요, 바로 율옹을 논한 것일 뿐이다. 이 외에 모든 것은 기를 주장하고 취지에 미혹된[主氣迷旨] 이들의 폐해를 깊이 배척한 것이다. 그러므로 '나아가 극단적인 말로 율옹이 결코 이 말과 같지 않음을 밝힌 것이다'라고 한 것이다.

75 주희, 『주자어류』 권97(『주자전서』 vol. 17), 3287쪽.

10.

[외필문목] 음이 고요하고 양이 움직인다는 것을 천명이 그렇게 시키는 것이라고 하는 것은 옛사람에게도 이런 주장이 있었다.

기우승 : 주자는 말했다. "『대전』에서는 이미 '형이상(形而上)의 것을 도(道)라 한다'라고 했고, 또 '한 번 음이 되고 한 번 양이 되는 것을 도라 한다'라고 했지만, 이것이 어찌 참으로 음양을 형이상의 것이라고 여긴 것이겠습니까? (이렇게 말한 것은) 바로 한 번 음이 되고 한 번 양이 되는 것이 형기에 속하는 줄은 알지만, 한 번 음이 되고 한 번 양이 되는 까닭은 바로 도의 본체[道體]가 그렇게 하기 때문입니다."[76] 이것은 도체가 곧 태극이요, 태극이 곧 천명임을 안 것이다. '도체가 그렇게 한다'라는 것은 천명이 그렇게 시킨다는 주장의 원천이요 정맥이 아니겠는가?

또 살피건대, 『주자어류』에서 말했다. "하루를 갖고 말하자면 낮은 양이고 밤은 음이다. 한 달을 갖고 말하면, 보름 전은 양이고 보름 후는 음이다. 일 년을 갖고 말하면, 봄 여름은 양이고 가을 겨울은 음이다. 예로부터 지금까지 이렇게 굴러 가는 것은 단지 음양일 뿐이다. 누가 그렇게 만드는가? 바로 도이다. 이 기의 움직임이 사람과 사물이 되니 혼연한 하나의 도리이다."[77] 도라고 하는 것은 천명이 아닌가? 천명이 도가 아니라면 이미 도라고 하고서 음이 고요하고 양이 움직이는 것을 천명이 그렇게 시키는 것이라고 한 것은 주자가 아닌가? 반박하는 이가 가리키는 옛사람은 진실로 그가 누구인지 알 수 없지만, 내가 존경하고 독실하게 믿는 이로는 공자 이후로 다만 주자만을 알 뿐이요, 주자의 정법안장을 얻어서 이미 끊어진 단서를 이어받은 이는 주자 이후로 나

---

76 주희, 『회암선생주문공문집』 권36(『주자전서』 vol. 21), 「答陸子靜」, 1568쪽.

77 주희, 『주자어류』 권74(『주자전서』 vol. 16), 2523쪽.

는 우리 선사의 「외필」과 「납량사의」를 알 뿐이다. 선사의 이 의론을 비난하는 이는 이미 주자의 이 가르침을 배반하는 것이다. 주자를 배반한 자라면 또 무엇을 꾸짖겠는가?

11.

[외필문목] 그러나 명(命)이라 하는 것이 어찌 따로 한 물건이 아득한 사이에 홀로 있으면서 이것으로 저것을 부리고, 위에서 아래를 부리며, '(안에서는) 얼굴빛으로 가부를 결정하고, (밖에서는) 턱으로 지휘하는'[78] 것이겠는가?

기우승 : 누가 이렇게 말했길래 저와 같이 반박하며 말하는 것인가? 그렇지만 그가 말한 '이것이 저것을 부리고, 위가 아래를 부리며, 얼굴빛으로 가부를 결정하고 턱으로 지휘한다는 것은 사물이라면 그런 것이 있지만 요컨대 이 또한 리일 뿐이다. 만일 이 리가 없다면 무엇으로부터 이런 것이 있을 수 있겠는가? 리는 형상도 없고 조작도 없기에, '사지연'이란 바로 천명의 스스로 그러함일 뿐이다. 본래 이렇게 말해도 안 된다. 그러나 이렇게 말하는 것이 오히려 주재의 뜻을 잃지 않으니, 천하에 천명으로부터 말미암지 않은 스스로 주재가 되는 기가 있겠는가? 그런 것이 있어서 천하를 이끌면 인의를 해치고, 선왕의 복식을 훼손하며, 부모의 머리카락을 깎아 버리고, 북쪽 오랑캐처럼 서양 오랑캐처럼 하다가, 또 그들을 따라서 창을 거꾸로 들고 스스로를 공격하고, 도학을 없애버리려고 하면서 미치지 못할까를 걱정하는 것은 틀림없이 이 기일 것이니, 슬프다!

---

78 "內間張后色可否, 外間李父頤指揮." 黃庭堅, 『山谷集』 권8(경인 문연각 사고전서 vol. 1113), 「書磨崖碑後」, 63쪽 참조.

12.

[외필문목] 이런 까닭에 주자는 "하늘이 시킨다고 한 것은 실리의 저절로 그러한 것으로 그렇게 시키는 것 같다"라고 했고, 또한 "천명이라고 하는 것이 어떻게 참으로 시키는 이가 있겠는가?"라고도 했다.

기우승 : 이 두 가르침을 인용해서 '그렇게 시키는 것이 있지 않다'라는 증거로 삼으려고 하는데서 또한 견해가 거칠다는 것을 알 수 있다. 내가 보기에 이 두 가르침은 바로 '사지연'과 일치한다. 어째서 그렇게 말하는가? 삼가 살피건대, '마치 시키는 것 같다'라는 것은 이 리가 있고, 이 묘용이 있음을 말한다. 어떻게 참으로 시키는 것이 있겠는가? 그 형상이 없고, 그 일이 없음을 말하는 것이다. '사지연'이라고 말하는 것은 그 뜻이 참으로 이와 같을 뿐이다. 이 두 가르침의 윗면에는 모두 실리가 있다. '천명'자를 말하면서 기기라는 측면에서 말하면, 말과 뜻이 갑자기 달라진다. 이를 가져다 증거로 삼는 것이 가능하겠는가?

13.

[외필문목] 이것이 어찌 일찍이 명(命)이 스스로 하나의 물건이 되고, 음양이 스스로 하나의 물건이 되어, 이 한 물건이 다른 한 물건을 부리는 것이겠는가?

기우승 : 이윤(伊尹)은 성인으로 자임한 이다. 그의 말에 "하늘이 백성을 낳을 때, 먼저 안 사람으로 하여금 늦게 아는 사람을 깨우치게 했고, 먼저 깨달은 이로 하여금 뒤늦게 깨닫는 자를 깨우치게 했다"[79]라고 했다. 먼저 깨달은 이가 뒤늦게 깨닫는 이를 깨우치는 것은 분명 사람의 일인데, 이를 일러 '하늘이 시켰다'라고 했으니, 하물며 음양은 천명이

---

79 『맹자』 「만장 상」 7장.

유행하는 서리[吏]임에야 더 말할 나위가 있겠는가? 처음부터 끝까지 이것이 저것을 부리고, 위에서 아래를 부린다고 하면서 그치지 않고 떠들어대니 그렇다면 맹자가 말한 '순이 천하를 소유하신 것은 하늘이 그에게 준 것이다'[80]라고 할 때의 '준다[與]'는 말로 이것이 저것에게 주고, 왼쪽이 주고 오른쪽이 받는다는 말이겠는가? 이윤이 이미 제멋대로 말했고, 맹자가 또한 잘못이라는 것인가? 주자의 "태극은 그 자체로 태극이요, 음양은 그 자체로 음양이다"[81]라는 가르침도 과연 이것이 하나의 물건이요, 저것이 하나의 물건이라고 말할 수 없겠는가?

14.

[외필문목] 진실로 이와 같다면 리와 기는 판이한 두 물건으로, 하나는 저기에 하나는 여기에 있고, 하나는 말하고 하나는 명을 받아서 위아래가 서로의 형세를 이루기는 하지만, 동쪽과 서쪽으로 서로 떨어져 있는 격이니, 다시는 하나의 물건이라고 할 수 없을 것이다. 어떻게 이것이 가능하겠는가?

기우승 : 반박이 여기에 이르렀으니 이윤은 진실로 제멋대로였고, 맹자는 진실로 잘못이었으며, 주자는 진실로 믿을 수 없게 되었다. 무엇이 이보다 더 심하게 놀랄 일이겠는가?

삼가 살피건대 선과 성은 모두 형이상으로 두 물건이라고 말할 수 없다는 것은 분명하다. 이어받고, 이루는 것이 각각 변화와 품수에 속한다는 것으로 말하자면 오히려 둘로 보는 변론이 있을 수 있다. —'이것을 이어받는 것이 선하다'라는 것은 음양의 변화로 말하자면 양의 움직임이다. '이것을 이루는 것이 성이다'라는 것은 사람과 사물이 품수하

80 『맹자』, 「만장 상」 5장 참조.

81 주희, 『주자어류』 권5(『주자전서』 vol. 14), 222쪽.

는 것으로 말했으니, 음의 고요함이다.— 하물며 천명과 음양을 위아래로 분명히 절단하면 반박하는 말의 오류에야 이르지 않는다지만, 어떻게 하나의 물건으로 간주할 수 있겠는가? 주자는 '리와 기는 분명 두 가지 물건이다'[82]라고 했다.

15.

[외필문목] 하나이면서 둘이기 때문에 시키는 것이 있지 않지만 진실로 소이연이 있다. 둘이면서 하나이기 때문에 진실로 소이연이 있지만 정말로 시키는 것이 있지 않다.

기우승 : 처음부터 끝까지 이것이 큰 제목이다. 이런 까닭에 성인은 말주변이 좋은 이를 싫어하셨다. 그렇지만 이 말이 과연 옳다면 소이연은 결국 죽은 물건이 아닌가? 주부자(朱夫子)가 정녕스레 '사지여차(使之如此)'를 '소이연지고'로 바꿔 대답한 것을 잘못이라고 하면서 믿지 않는 것인가? '편벽된 말에서 그 가린 것을 안다'[83]라는 경우를 반박하는 이에게서 본다.

16.

[외필문목] 아! 리와 기의 오묘함에 통달치 못한 이라면 누가 여기에 참여할 수 있겠는가?

기우승 : 리와 기의 오묘함에 통달하는 것이 정말 다른 곳에 달려 있고, 기필코 여기에 달려 있지 않는 줄을 안다는 구절에 대해서는 앞 단락에서 이미 변론했다. 이것으로 지금의 무리들에게 죄를 얻을지언정

82 "所謂理與氣, 此決是二物." 주희, 『회암선생주문공문집』 권46(『주자전서』 vol. 22), 「答劉叔文」, 2146쪽.

83 『맹자』, 「공손추 상」 2장.

진실로 율옹 문하의 말주변이나 좋은 문도가 되기를 원치 않는다.

17.

[외필문목] 「외필」이 장황하게 공격하고 논파하려는 것도 당연한 일이다.

기우승 : 더욱 말하는 투가 교활함을 알 수 있으니, 선현이 으뜸가는 가르침을 발명한 올바르고 확고한 의론을 '공격하고 논파했다'라고 하니 이것이 어떤 처사의 멋대로 논의하는 어긋난 습속인가? 이야말로 우리 유학에서 듣지 못한 법문이다.

18.

[외필문목] 옛날 나정암의 문도들이 운운했는데 … 나도 이어서 이렇게 말하고 싶다. "그렇게 시키는 것이 있지 않은 가운데 더욱 소이연을 볼 수 있고, 소이연의 가운데서 더욱 그렇게 시키는 것이 있지 않음을 볼 수 있다."

기우승 : 생각건대 소이연은 비유하자면 본문이요, 사지연은 비유하자면 각주이다. (이 말은) 내가 전수받은 적이 없는 사사로운 말이 아니다. 주자를 믿지 않고, 멋대로 빙자하고 말주변이 좋다면 어째서 스스로 한 구절을 말해서 통렬하게 소이연의 본뜻을 풀이하지 않는 것인가? 어째서 처음부터 끝까지 애매모호한 주장만 하는 것인가? 이것은 '태극을 믿으면서 천명을 의심한다'라는 격이요, '움직임과 고요함을 옳다고 하면서 유행을 잘못이라고 하는' 격이다. 이치에 닿겠는가?

떨어지지 않고 섞이지 않는 것은 그 자체로 두 가지 일이요, 오묘함은 그 가운데 있기에 두 가지로 설명할수록 더욱 그 오묘함을 알 수 있다. 소이연의 경우에는 움직임과 고요함을 꿰뚫고 분리와 일치에 통하며, 본체와 작용을 하나로 합치고, 드러남과 감춰짐을 일관하며, 예나 지금이나 만물을 시작하고, 만물을 끝맺는 그렇지 않을 수 없는 까닭이다. 이미 '그렇지 않을 수 없다'라고 했다면, 그렇게 시키는 것이 있음을 알 수 있다. '그렇게 시키는 것이 있지 않다'라고 한 것은 주재가 없기 때문이다. 주재가 없다면, '그럴' 수도 있고 '그렇지 않을' 수도 있다. 그렇지만 여기에서 '그렇지 않을 수 없다'라는 것은 다시 있을 수 없다. 그러려고 하면 그렇고, 그러려고 하지 않으면 그렇지 않아서, 한 번 움직이고 한 번 고요한 것이 모두 기틀이 스스로 하는 것에서 (명을) 듣는다면, 태극의 본연이 가진 오묘함이란 이미 공적에 빠져버릴 것이다. 다시 무슨 소이연이 있겠는가? 그렇다면 그렇게 시키는 것이 있지 않다는 것을 말할 때 소이연을 말할 수는 없고, 소이연을 말할 때 그렇게 시키는 것이 있지 않다고 말할 수도 없다. 이 이치는 매우 분명한데 어째서 이처럼 근거 없는 말에 집착하면서 주자의 바꿀 수 없는 가르침을 어렵지 않게 등지는 것인가?

태극은 형상이 없고, 음양은 기가 있다. 그러므로 리는 소연(所然)이요 기는 능연(能然)이며, 형이상·형이하의 구분이 있다. 이렇다면 리는 기에게 원래 저절로 그렇게 시키는 오묘함이 있지만, '시킨다[使]'는 것은 조금도 기력(氣力)이란 글자의 영역을 침범하지 않는다. 그러므로 "의지는 기의 장수"라고 하는 것이다. 그러므로 "기는 의지의 병졸"이라고 하는 것이다. 그러므로 "실리의 스스로 그러함이 그렇게 시키는 것 같다"[84]라고 하는 것이다. 그러므로 "한 번 음이 되었다 양이 되는 것이 바로 도체가 하는 것"[85]이라고 하는 것이다. 그러므로 "리에 움직임과 고요함이 없다면, 기는 무엇에 근거해서 움직이고 고요하겠는가?"[86]라

84 주희, 『맹자집주』(『주자전서』 vol. 6), 378쪽 참조.
85 주희, 『회암선생주문공문집』 권36(『주자전서』 vol. 21), 「答陸子靜」, 1568쪽 참조.
86 주희, 『회암선생주문공문집』 권56, 『주자전서』 vol. 23, 「答鄭子上」, 2687쪽.

고 하는 것이다. 이들에서 모두 '사지연'의 묘맥과 내력을 알기에 충분하다. 심지어 『주자어류』에서 소이연 및 '한 번 음이 되고 한 번 양이 되는 것을 도라고 한다'라는 질문에 대답한 것은 적확할 뿐만 아니라, 다시 남아있는 여지라고는 없다. 감히 혀를 붙잡는 이가 없다는 것을 믿고서 다시 떠들어댈 수 있겠는가?

19.

「외필문목」의 이 부분 다음부터는 반박하는 것들이 더욱 어긋났고, 이치에 닿지 않는 것을 억지로 떠들어대고 있기에 다시 조목을 거론하지 않는다.

「외필」의 저술을 어떻게 그만둘 수 있었겠는가? 공자 문하의 여러 제자들도 직접 성인에게 오랫동안 배웠음에도 그 진전을 잃은 이들이 있었다. 하물며 (율옹의) 이 구절은 한 때의 말일 뿐이다. 훗날 율옹을 존경한다고 이름난 이들조차 미혹에 집착하기를 그치지 않아서, 점점 재앙을 낳았다. 아울러 으뜸가는 가르침이 따로 있음에도 (이 구절에) 매몰되어 이처럼 그 진전을 잃었다. 이것은 깊이 생각지 않아도 이미 눈으로 목격했던 것이다. 이 때문에 어쩔 수 없이 변석하지 않을 수 없었으니 (상황이) 이와 같지 않았더라면 틀림없이 「외필」을 저술하지 않았을 것이다. 이 구절은 선현의 말이지만, 미혹에 집착한 것은 오늘날 사람들이요, 재앙을 낳은 것도 오늘날 사람들이다. 이런 까닭에 반드시 '금왈(今曰)'이란 두 글자를 사용해서 구별했으니, 미혹에 집착한 것을 깊이 불쌍히 여긴 것이다. 그러므로 변론하지 않았더라면 이것을 밝힐 수 없었다. 재앙을 낳는 것이 컸기에 어쩔 수 없이 절실하게 경계할 수밖에 없었다. '금왈' 아래에서 '지금 사람들(今人)'을 말한 것이 네 번이요, '근세(近世)'와 '금일(今日)'을 말한 것이 각각 한 번인데, 모두 현재를 가리켜서 말했지, 조금도 선현의 영역을 넘어서지 않았다. 글의 끝에 이르러서야 비로소 선현을 언급했는데, 제일 먼저 '어구를 침범하고 간섭해서, (내 행동이) 옳지 않은 줄이야 잘 알고 있다'라고 했다. 이것이 '함부로 굴었다(猥)'라고 한 이유다. 이윽고 또한 (선현의 어구를) 머리에 진 자를 보잘것없는 힘으로 구제하려는 어려움을 말했다. 또한 '생각건대 이 의론이 지나치게 명쾌해서 그 말류의 폐해가 여기에 이를 줄 미처 자세히 생각지 못했던 것 같다'라고 했으며, 이어서 '선현이 살아있다면 질정을 받고 싶다'라고 했다. 조리가 정치하고 분명하며, 단락이 높고 고결하니, 거칠게라도 구독을 분별하는 이라면 처음부터 알기에 어렵지 않다. 그 마지막 몇 구절에서 사려의 일체를 더욱 알 수 있다. 반복된 간곡한 말은 모두 (선현의 어구를) 머리에 진 자 때문에 나온 것으로, 그 말단의 폐해를 깊이 구제하려는 것이었다. 또한 반복해서 질정하려는 바람을 가지고서 가없는 탄식을 하지 않을 수 없었으니, 위로 선현을 저버리지 않고, 가운데로는 자기를 그르치지 않으며, 아래로는 후학을 미혹시키지 않으려는 했다는 것 또한 환하게 의심할 수 없다.

그런데 이제 반박하면서 '우리 동방'이라고 하고, '근세'라고 하며, '지금 사람들'이라고 한 것이 모두 율옹을 가리키며 배척하지 않는 것이 없다고 하고, 그 법도가 실로 주자가 사마공과 범충선의 잘못을 논하면서 '근세의 명경과 대유'라고 한 곳에서 나왔다고 하니 아! 얼마나 교묘한가? '지금 사람'이 정말로 율옹을 가리킨다면 '선현'은 다시 어느 현인을 가리키는 것인가? 지금 사람은 그 자체로 지금 사람이요, 선현은 그 자체로 선현인 것이지, 또한 어떤 심장이길래 율옹을 기어코 근세에 귀속시키려 하고, 율옹을 '지금 사람'으로 낮추려고 하면서 주자가 사마공과 범충선공을 논한 사례를 가져다 해당시키려고 하는 것인가? '명경과 대유'는 진실로 사마공과 범충선공을 논할 수 있다. 그런데 유독 율옹만은 '지금 사람'으로 논한다는 것인가?

내 생각에 '선현'이란 두 글자는 주자의 이 의론을 본받은 것이다. 그러나 반박하는 이는 잘못된 견해를 굳게 붙잡고서 여기에 이르렀으니, 이것은 그 스스로가 율옹을 선현에 두려고 하지 않는 것이다. 이 뿐만이 아니라, 또 다시 저 말단의 모든 폐단으로 지금 사람들에게 경계한 말을 기꺼이 율옹의 몸에 옮겨 두고서 이리저리 피음사둔과 전도되고 창피한 영역으로 들이고서야 그치려는 것이다. 이것은 「외필」을 구실로 삼는다지만 스스로의 손으로 율옹을 넘보는 것일 뿐이다. 이것이 안으로는 모반을 도모하면서 바깥으로는 임금 곁의 악인을 제거한다는 것을 명분으로 삼는 것과 무엇이 다르겠는가? 이것은 바로 전자명(田子明)이 그 스승의 옳지 않은 점을 알고서도 김중암의 제문에 가탁해서 건마다 지적하면서 겸하여 전현의 잘못에까지 미친 것과 똑같다고 할 것이요, 기량도 흉험하다고 할 것이다. 저들 무리는 업신여기는 것이 습관이 되어 '(너에게서 나온 것이) 너에게 돌아간다'라는 지경에 빠진 것을 알지 못하니, 슬퍼할 만하다.

김중암 선생이 「외필」을 읽고서 마음으로 기뻐하면서 발문을 썼는데, 그 맺는말에서 이렇게 말했다. "이것은 화옹이 홀로 우뚝 서서 두려워하지 않은 것과 일치하니, 우리 동방에서 율옹을 존경할 줄 아는 이로는 기·이 두 선생만한 분이 없다. 이것은 아는 이와 함께 말할 수는 있어도 알지 못하는 이와 함께 말하기는 어렵다." 이 말이야말로 진실하다! 저 무리들이 어떻게 알기에 충분하겠는가?

삼가 살피건대, 『주자어류』에서는 "태극은 사람, 움직임과 고요함은 말과 같다. 말은 사람을 태우는 것이요, 사람은 말을 탄다. 말이 한 번씩 드나들면 사람도 역시 말과 함께 한 번씩 드나든다. 움직임과 고요함이 반복적으로 전개되면 태극의 오묘함은 언제나 거기에 있는 것이다."[87] 이것은 (리가) 타는 기틀로 본연의 오묘함을 밝힌 것이다. '말이

87 朱熹, 『朱子語類』 권94(『朱子全書』 vol. 17), 3218~3219쪽. 주희, 『주자어류』 권94(『주자전서』 vol. 17), 3218~3219쪽.

사람을 싣고, 사람이 말을 탄다'라고 하는데, 리는 원래 이와 같다. 원래 이와 같기 때문에 말이 드나드는 것은 헛된 것도 아니요, 스스로 그러는 것이 아니라 함께 드나드는 이가 틀림없이 사람인 줄을 알 수 있다. 그러므로 '말이 한 번 드나듦에 사람 또한 함께 드나든다'라고 하지, 사람이 처음부터 스스로 드나들지 못하고, 오로지 말을 따라서 드나든다고 말하는 것이 아니다. 쉽게 볼 수 있는 일로 밝히기 어려운 것을 비유하는 까닭에 어세가 그런 것일 뿐, 그 실제로는 말의 한 번 드나듦은 처음부터 원래 타고 있는 사람에 매여 있지 않은 적이 없는 것이다. 그러므로 "움직임과 고요함이 반복적으로 전개되면 태극의 오묘함은 언제나 거기에 있다"라고 하니, 그렇지 않다면 태극은 어떻게 오묘함이 되기에 충분하겠는가? 오묘함이란 주재하고 운용한다는 뜻이니, 나는 진실로 이것을 회암부자(晦菴夫子)에게 들었다.

용서(龍西) 유장(柳丈 : 柳基一, 1845~1904)[88]이 이 조목을 매우 자세하게 논한 적이 있었는데, 이렇게 말했다. "'태극은 사람, 움직임과 고요함은 말과 같다'라고 했는데, 말은 본래 죽은 말이 아니고, 사람 또한 죽은 사람이 아니다. 말이 움직이고 고요할 수 있는데, 사람이 홀로 움직임과 고요함이 없겠는가? 사람이 타고 말이 싣는 곳에 간다[行]는 것이 있다. 말이 움직이면 사람 또한 움직이고, 말이 고요하면 사람 또한 고요함이 본래의 모습이다. 말이 이미 이 사람이 타는 기틀이고 처음부터 멍에에서 벗어나 멋대로 내달리는 말은 없다면 그 움직임과 고요함은 참으로 스스로 그러해서 시키는 것이 있지 않는가? 움직이고 고요한 것은 말이고, 움직이고 고요하게 하는 것은 사람이다. 태극과 양이 움직

88 유기일(柳基一, 1845~1904)로, 조선 말기 학자이자 위정척사운동가이다. 자는 성존, 호는 용계(龍溪)·용서(龍西), 본관은 문화(文化), 출신지는 경기도 포천(抱川)이다. 부친은 동지돈녕부사 문녕군(文寧君) 유병철(柳秉喆)이다. 이항로(李恒老)의 문하에서 수학하였다. 『용서고(龍西稿)』·『척양록(斥洋錄)』 등의 저서가 있다.

이고 음이 고요한 것의 관계도 바로 이와 같다. 그러므로 '태극이란 본연의 오묘함이요 동정이란 (태극이) 타는 기틀이다'라고 하는 것이다. 오늘날 태극에 움직임과 고요함이 없다고 힘껏 주장하면서, 마침내 기기를 스스로 움직이고 고요하면서 하지 못하는 것이 없는 물건으로 인식하는 이들은 바로 오임천(吳臨川 : 吳澄, 1249~1333)이 인승마 비유를 오해한 사설의 영향이니, 주부자가 처음에 비유를 말한 본뜻이 아닐 것이다."[89] 누구든지 이 노인이 화서·중암의 심법을 독실하게 지키는 것을 안다면 '높은 나무에서 내려와 어두운 골짜기로 들어가는 잘못된 흐름'에 조금도 흔들리지 않았음을 믿을 수 있을 것이다.

삼가 살피건대, 주자가 리와 기를 말한 곳에 본래 짝지어 거론한 것이 많다. 그렇지만 짝지어 거론한 가운데 짝지을 수 없는 존귀함이 찬연하다는 것도 숨길 수 없다. 「역서」와 『혹문』이 모두 그렇지 않은 것이 없다. 어떻게 지금 사람처럼 반드시 대적하는 짝으로 간주한 적이 한 곳이라도 있었는가? 봉우리와 재들이 상하 좌우로 오연하게 둘러 앉아 있는데, 어떻게 '이상'과 '이하'의 앞에 '형'자를 붙인 묘계(妙契)를 더불어 의론할 수 있겠는가? '방촌의 나무를 높은 건물보다 높게 만들 수 있다'라는 것만 알 뿐이니, 또 어떻게 본원의 뜻을 말한다 한들 알겠는가? 우리 선사의 일평생 간절한 마음은 멀리 미루어 공자·맹자를 조술하고, 가까이는 정자·주자를 헌장하는 것이었다. 또한 가까이로는 정암·퇴계·율곡·우암 등 여러 선생의 연원과 종지를 강론해서 밝히는 것이 사도(斯道)를 어둡지 않게 하고, 이적을 화하(華夏)로 변화시킬 수 있는 것이라고 여겼다. 짐승이 사람을 잡아먹을 수 있다면 건곤은 그쳐버릴 것이다. 건곤이 그치면 인류는 사라지고 말 것이다. 이 때문에 세상을 근심하는 뜻에 간절했고, 도를 자임하려는 책임에 급급해했던 것입

89 柳基一, 『龍西稿』 제4책(국립중앙도서관 전자자료jpg), 「讀遜志所述朱門心說卷之六(見語類者)」, 50~51쪽.

니다. 생각해서 얻지 못하면 그만두지 않았고, 변론해서 밝지 않으면 그만두지 않았으며, 논설의 같고 다름에 자질구레하게 얽매지 않았고, 스스로 전통의 오묘한 가르침에 어긋나지 않았으니, 실로 이전 성현들을 바랐을 뿐이다. 또한 존중하고 경외하는 뜻에 무슨 지장이 있겠는가?

임녹문(任鹿門 : 任聖周, 1711~1788)의 말 한 문단을 찢긴 종이에서 얻었는데 본원과 종지를 정치하고 진실하게 설명했기에 (또한) 드러내서 표출했다. 이것은 오직 세상에 전해지지 않을까 두려워했기 때문이요, 감춰진 것을 천명한 지극히 공정한 한 가지 사례이니, 또한 그 연원의 올바름을 충분히 알 수 있다. 어떻게 억지로 쉬지 않고 떠들면서, 이를 위해 때를 씻고 흉터를 찾는 다른 말을 하겠는가?

'「외필」에서 꾸짖은 것은 모두 (율곡)선생이 싫어하고 매우 배척하는 것이다.' 「문목」 가운데 어째서 이 말이 있는 것인가? 선생이 싫어하는 것을 싫어하고, 선생이 배척하는 것을 배척하는 것은 「외필」이 선생을 크게 존중하는 것이다. 이와 같은 줄을 알면서 반박하는 것은 어째서인가? 그 이유를 알 만 하다. 이와 같은 줄을 아는 것은 양심이 사라지지 않은 것이다. 이와 같은 줄을 알면서도 반박하는 것은 바깥으로는 선생을 존중하는 체하면서 안으로는 실제로 기꺼이 「외필」을 시기하고 욕하려는 때문이다. 그러므로 저 사라지지 않은 양심이 끝내 흉험함이 쌓인 것을 이겨내지 못한 것이다.

반박하는 조목이 한 둘이 아니고 변고가 갖가지로 나오지만, 그 안에 담긴 것은 '천명이 그렇게 시킨다'라는 한 구절에서 교묘하게 근사하게 말을 만드는 것들이다. 사람들을 현혹시키기에 충분한 면이 있기 때문에 대략이나마 주자의 가르침을 인용해서 우선 그 종지와 내력을 앞에서처럼 밝힌 것이다.

마지막에 덧붙이면서 운운했는데, 어째서 『춘추』에서 '(임금을 시해한) 적도를 토벌하지 못하고, (부모를 죽인) 원수를 갚지 못했으면 장례를 치렀다고 기록하지 않고, 상복을 벗지 않는다. 언제나 거적 위에서 창을 베고 잔다'라고 한 것을 살펴보지 않는가? 호선생(胡先生: 胡安國)이 이미 큰 글씨로 종무(鍾巫)의 변에 써 둔 것이 전하고 있다.[90] 적도를 끝내 토벌하지 못하고, 원수를 끝까지 갚지 못했다면, 이 의리를 잊어서는 안 된다. 노인이라고 한들 단지 이 큰 의리를 잊지 않을 뿐이다. 나는 스스로 지킬 수 없다고 하면서, 따라서 비난한다면 결단코 그 사람에게 이런 의리가 없는 줄을 알 것이다.

반박하는 이는 백모(白帽)를 알기에 넉넉한데, 관(管)을 관(灌)으로, 영(寧)을 영(嬰)으로 바꾸는 것은 어째서인가? 머리를 감추고 얼굴을 바꾸려고 하지만, 안에 있는 간과 폐가 이미 여기에 다 드러났다. 이미 「외필」을 반박했으니, 진실로 내가 그에게 무엇을 탓하겠는가? 나는 진실로 율옹도 이 무리들에 의해 존중받기를 원치 않을 것이라고 생각한다. 그렇지만 이것을 창도하는 이는 한 사람이지만, 화답하는 이는 무려 백을 헤아리니, 천하가 원하지 않는다고 한들 현금의 세계에서 가능하겠는가? 진실로 입에 올리기에 부족하지만, 그 악함은 경계하기에 충분하기에 특별히 논했다. 이미 안으로 반성해보았지만, 또한 천하 후세가 유자의 이름으로 오랑캐의 행실을 하게 될까 부끄러울 뿐이다.

90 胡安國, 『胡氏春秋傳』 권3(경인 문연각 사고전서 vol. 151), 37쪽 참조.

駁猥筆問目辨

奇宇承

1.

駁：動靜之機, 不犯人力, 而非別有一個物使之動靜也.

謹按, 陽動陰靜, 以圖說推之, 則天地之大原頭, 交感化生以前事, 決知於此人物字不容說.—按, 朱子解此節最切, 因誠者聖人之本, 物之終始, 推明天命流行之道, 而自此以下都不曾更下人物一箇字說去, 則可見.— 此使容說動靜之機, 不犯人力, 而非別有一個物使之者, 何待言而後知之耶? 然則今所云爾者, 於解自爾非使二句似密矣, 而顧非近於無事中生事乎? 愚竊以爲固不犯人力矣, 固非別有物矣. 上面實有一箇使之然者, 卽所謂天命是已, 苟不有天命之使之, 而任機而已, 則動靜安得以無端乎? 陰陽安得以無始乎? 吾懼夫陰靜陽動之機, 便自此而有闔殺了時節矣.

謹按, 語類周貴卿問. 曰機, 是關捩子. 踏著動底機, 便挑撥得那靜底; 踏著靜底機, 便挑撥得那動底. 其踏著動底機·踏著靜底機者, 非太極而誰乎? 便挑撥那靜底·便挑撥那動底者, 非使之然而何耶? 故曰不犯人力, 非別有物也. 上面元有使之者, 卽天命是已, 尤齋老先生嘗曰, 法朱子, 可謂至矣. 豈欺我哉?

2.

此雖非有一箇物使之動靜, 而其所以然之故則理也.

駁者, 旣以理不作有物看, 而獨作死殺看, 曷故哉? 謂所以然非使之然, 則此非死殺看而何? 以此解說, 果自謂正得栗翁之旨乎? 吾見其卑賤殊甚, 適足爲遁辭. 而請更思之, 栗翁之意如此否乎? 未敢知也.

3.

使之二字與所以然三字, 面目不同.

面目不同, 而實相表裏者, 固有之. 如說仁安宅也, 義正路也. 仁義之於宅路, 面目果同乎? 圖解曰, 太極之有動靜, 是天命之流行也. 信太極而疑天命, 固不得, 且是動靜而非流行, 則奚可哉? 若夫使之與所以然字, 面雖不同, 以實體求之, 使之然, 卽所以然之面目也.

謹按, 語類郭兄問所以然之故, 曰所以然之故, 卽是更上面一層, 其下仍說父子恩愛, 自有不期然而然者, 而直曰其它大倫皆然, 皆天理使之如此, 是非朱子丁寧以使之如此斷言所以然之故乎? 曰吾有所受之也.

昔者竊聞之, 華西李先生嘗以所以然之以字作用字看, 如易大象所謂君子以之意, 而謂理之大原使之然. 蓋亦甚得朱子之旨, 而與吾先師不約而合者也.

遜志洪公在龜, 金重菴高弟, 其言曰所以然三字, 只作曲折緣由看, 則失之遠也. 亦有所受可知. 豈以近世而忽乎?

4.

使之云者, 以此使彼, 以上使下之謂也.

謂之無其形無其事則可也; 謂之無是理無是妙則不可. 上天之載, 本無聲臭, 謂之樞紐根底者, 以其有使之如此底實體妙用也. 如曰不然, 則吾見其有死樞紐無活根底也.

謹按, 朱子嘗曰, 天地所以爲天者, 理耳已. 天非有此道理, 不能爲天, 故蒼蒼者卽此道理之天. 故曰其體卽謂之天, 其主宰卽謂之帝, 如父子有親, 君臣有義, 雖是理如此, 亦須上面有箇道理敎如此始得. 但非如道家說眞有箇三淸大帝著衣冠如此坐耳. 夫所謂主宰者, 卽理之大原, 萬古如此, 無物不有, 無事不然. 若天非如, 亦不能爲天. 至於陰陽動靜, 獨無上面敎如此而得乎? 吾故曰謂之無其形無其事則可也; 謂之無是理無是妙則不可. 亦豈眞有箇三淸大帝著衣冠如此坐之謂哉?

5.

所以然云者, 非有上下彼此之可言, 而不可分開之中, 自有所以然之故耳.

使之然, 卽是所以然之正釋也, 而必欲同其面目, 舍其正釋, 而不過還它所以然之眞. 是以水濟水, 其於訓義, 不亦難乎?

又按, 所以然之故, 卽是更上面一層者. 蓋郭升與其所當然之則者爲問, 故朱子答之如此. 此蓋所以然理也; 所當然事也. 於其所當然之則, 而指其所以然之故則不得, 無道器上下之分故也. 亦不可分開處分開底說話, 然則所以然三字, 專屬理原, 雜一毫氣不得, 固無內外無精粗, 無本末無先後, 無巨細多寡, 何但上下彼此而已哉? 今言不可分開之中, 自有所以然之故云爾, 則是其不可分開之中, 已理與氣合, 所謂所以然之故者, 是甚麽耶? 理耶氣耶? 一所以然之內, 吾見其雜甚矣, 恐不得復言更上面一層矣.

6.

理與氣不離不雜, 一而二, 二而一者也.

謹按, 朱子論不離不雜之妙, 莫詳於圖解. 所主而言者, 太極乎? 陰陽乎? 的是所主, 非陰陽乃太極, 則不離不雜之妙, 理常爲主, 而不可專指氣機而言也, 明矣. 夫讀書講義, 當分主客而必辨之早·擇之精, 然後可以免以客乘主之弊矣. 況理之於氣, 實猶主之於僕·帥之於卒也. 豈可毫髮僭差哉? 其言一而二·二而一處亦然. 今也方且解說陰靜陽動·自爾非使之句, 而終始以不離不雜, 一而二二而一者, 張王反覆, 則是有似乎不離不雜之妙, 專屬氣機, 未知其與圖解之旨, 何如也. 不揣其本, 而欲齊其末, 可乎?

又按, 答鄭子上之問曰, 理有動靜, 故氣有動靜. 若理無動靜, 則氣何自而有動靜乎? 此乃朱子丁寧手筆, 垂之大全, 昭知日星, 其見不離不雜之妙, 方爲明盡, 而使之然之來歷, 尤躍如矣. 又繼之曰, 以目前論之, 仁便是動, 義便是靜, 此又何關於氣乎? 較上兩句, 語意確然, 尤爲嚴明. 駁者見之, 無亦謂分別太甚乎? 無亦謂判然爲二, 不復可謂一物乎? 蓋有不離也, 故具乎陰行乎陽, 而動靜實爲所乘之機, 生者爲父, 而所生爲子, 乘者爲主, 而所乘爲僕, 其本不可易也. 父以命子, 主以御僕, 其分不可亂也. 故謂理之動靜, 無關於氣固也. 如或謂氣之動靜, 無關於理, 則是子可以專父, 僕可以擅主, 駁者亦必否. 否於斯言也, 今徒知以不離不雜, 一而二·二而一者爲大霾頭, 而樂言之, 而初不察夫生與所生, 乘與所承者之大分, 有不可混也, 亦獨何哉?

又按, 答蔡季通書曰, 孟子雖言夜氣, 而其所欲存者乃在乎仁義之心, 非直以此夜氣爲主也. 雖言養氣, 而其所用力乃在乎集義, 非直就此氣中擇其無過不及者而養之也. 而責其主張'氣'字太過. 可謂聖謨洋洋, 嘉言孔彰. 觀此訓, 則先聖賢宗旨, 斷斷可尋.

7.

一而二, 故曰所以然. 二而一, 故曰非有使者.

此說或詞勝則有矣, 未知於理爲勝也. 謂使之然, 果非所以然之面目, 則所以然, 果是何樣耶? 願聞其釋. 竊謂一而二二而一者, 正所以明不離不雜之妙也. 非可以言所以然也, 尤非可以言非有使也. 盖元無理外之氣, 又無氣外之理, 然嘗理以御氣, 理以率氣, 而氣能承載此理, 以之流行變化, 無不關聽. 微言之, 則此乃所以然也; 顯言之, 則所謂使之然也. 若徒有承載之名, 而初無御率之妙, 則枯木耳寒灰耳, 何理之足云，何足以爲造化之樞紐乎？何足以爲品彙之根底乎？

8.

上下兩句，宛轉成交，盛水得住，此先生所以傳不傳之秘者也.

謹按，程子嘗有心指已發之論，而朱子斷謂一時言語，不免小差. 亦嘗自以其體謂之易之體字，只作形體看，後乃更張以實字解之. 竊意先生此語便是如此，而但未及更張者耳. 子夏氏之言曰，大德不踰，小德出入，可也. 盖宗旨大德也，語句小德也. 此於先生何嘗大家虧損，而必欲曲爲解說，斷以此語，謂傳不傳之秘，遂使先生之宗旨，眞若主張氣字之歸，其於尊先生也，果安乎？

謹按，先生所傳之秘，固非淺薄所敢容議. 然以宗旨求之，則固別有在處. 恐不在此段能有說乎？竊嘗讀浦渚趙相公辨誣先生疏，反覆援引，累數千言，未嘗一語及於此段. 但所表章，則乃在四七所論，及夫理通氣局等訓，以爲發先賢未所發，是可謂深得宗旨之有在處矣. 亦可謂眞知所以尊賢者矣. 吾先師亦嘗於此發揮而尊信之，尙何疑焉？

9.

以陽動陰靜謂天命之使之，而以先生所謂所以然者，謂於所以然之上復架出一個所以然，斥之以爲兩個本領. 云云.

蓋因主氣者，錯認一時語句，力濟其私見，故就而極言之，以明栗翁之旨決不如，何謂斥之？此一字，何處傳法，可駭也已.

竊嘗觀朱子論橫渠心小性大之說而曰，心性則一，豈有小大？橫渠卻自說‘心統性情’，不知怎生卻恁地說？此正泛論橫渠說也. 若使當時有或力主心小性大之說，而遺却心統性情之正論者則闢之，必不如此，但已矣. 以此推之，則吾先師居無事之時，而討論栗翁說，則亦當曰氣命於理，曷言非使？栗翁却自說理統氣局，萬情發理，四七非兩情, 理氣無互發, 不知怎生卻恁地說. 末段所謂先賢此語發之太快八字, 正是此意, 正是論栗翁耳. 此外皆所深闢主氣迷旨者之害也, 故曰就而極言之, 以明栗翁決不如此語.

10.

以陰靜陽動謂天命使然者, 古人亦有此說.

謹按, 朱子曰, 大傳旣曰形而上者謂之道矣, 而又曰一陰一陽之謂道, 此豈直以陰陽爲形而上者哉? 正所以見一陰一陽, 雖屬形氣, 然其所以一陰而一陽者, 是乃道體之所爲也. 是知道體卽太極也, 太極卽天命也, 其曰道體之所爲也者, 非卽天命使然之的源正脈乎?

又按, 語類或問一陰一陽之謂道曰, 以一日言之, 則晝陽而夜陰; 以一月言之, 則望前爲陽, 望後爲陰; 以一歲言之, 則春夏爲陽, 秋冬爲陰. 從古至今, 恁地滾將去, 只是箇陰陽, 是孰使之然哉? 乃道也. 此氣之動爲人物, 渾是一箇道理. 所謂道也者, 非天命乎? 天命非道, 則已謂之道也, 則以陰靜陽動, 謂天命使然者, 非朱子乎? 駁者所指之古人, 固未知其何人, 而吾所尊之至信之篤, 則自孔子後, 但知有朱子而已. 得朱子之正法眼藏, 繼千載旣絶之緖者, 自宋子來吾知有先師猥筆納涼私議而已. 詆先師此論者, 卽叛朱子典此也. 於畔朱子者, 又何難焉?

11.

然其謂命者, 何嘗別有一物, 獨立於冥漠之間, 以此而使彼, 以上而使下, 色可否 而頤指揮者乎?

孰謂之如此, 而駁說如彼耶? 雖然所云此之使彼, 上之使下, 色之可否, 頤之指揮, 物則有然者. 要之, 是亦理而已. 若合下無此理, 則何從而有此乎? 但理無刑象無造作, 使之然, 乃天命之自然也. 故如此說不得. 然如此說, 猶爲不失主宰之意. 天下寧有不由天命自作主宰之氣乎? 如有之, 則率天下而禍仁義, 至於毁先王服, 祝父母髪, 北虜之西洋之, 而又從而倒戈自攻廝殺道學, 如恐不及者, 必此氣也. 哀哉!

12.

故朱子曰, 天使云者, 實理自然, 若使之也. 又曰天命之云者, 豈眞有使之者哉?

欲以此兩訓援作非有使之證案乎? 亦見其疎矣. 以愚見之, 則此兩訓正是使之然之合符也. 何以言之? 謹按, 若使之也者, 言有是理有是妙也. 豈眞有使之哉者? 言無其形無其事也. 使之然云者, 其意正猶是已矣. 況此兩訓上面皆有實理. 天命字說下來, 與氣機上說話, 語意頓殊, 援作證案, 可乎?

13.

是何嘗以命自爲一物, 陰陽自爲一物, 以此一物使此一物乎?

伊尹聖之任者也. 其言曰, 天之生斯民也, 使先知覺後知, 使先覺覺後覺也. 先覺覺後, 明是人事, 而謂之天吏, 則況乎陰陽乃天命流行之吏也. 謂非天使, 可乎? 終始以此使彼, 以上使下, 而呶呶不已, 則孟子曰, 舜有天下, 天與之與也. 獨非以此與後, 左授右捧之謂乎? 伊尹旣妄, 孟子亦誤矣. 朱子嘗有太極自是太極, 陰陽自是陰陽之謂, 果不可謂此爲一物 , 彼爲一物乎?

14.

誠如是也, 是理氣似判爲二物, 一在彼一在此; 一出言一受命, 上下相形, 東西相懸, 不復可謂一物矣, 惡乎可哉?

駁之至此, 伊尹誠妄矣, 孟子誠誤矣, 朱子誠不可信矣. 可駭孰甚焉?

謹按, 善之與性, 俱是形上, 而不可謂二物, 明矣. 然以繼成之各屬於變化稟受而言, 則尙有二者之辨. ―'繼之者善', 以陰陽變化而言也, 陽之動也. '成之者性', 以人物稟受而言也, 陰之靜也.― 況是天命陰陽截斷得上下分明, 雖不至如駁說之醜差, 夫安得硬做一物乎? 朱子曰, 理與氣, 決是二物.

15.

一而二也, 故非有使者而實有所以然; 二而一也, 故實有所以然而非眞有使之者.

終始是大曬頭說, 是以聖人惡夫佞者. 雖然, 此言果是, 則所以然, 終非死物乎? 朱夫子丁寧, 以使之如此省作所以然之故, 果以爲誤而不之信耶? 詖辭知其所蔽, 於駁者見之.

16.

嗚呼! 非達於理氣之妙者, 孰能與此哉!

達理氣之妙, 正在別處期, 期知其不在, 此句上段, 已辨之矣. 雖以此得罪於時輩, 實不願爲栗門佞臣.

17.

宜乎猥筆之所張皇而攻破也.

益見口氣轉猾, 發明先賢宗旨之確實正論, 謂之攻破, 是何處士橫議之悖習? 大是吾儒所未有之法門.

18.

昔羅整菴之徒云云, … 愚請繼非之曰非有使之之中, 尤見其所以然;

所以然之中，尤見其非有使之也.

竊謂，所以然，譬則本經也；使之然，譬則註脚也，吾非無所受之私言也. 不信朱子，而肆騁利口如此，何不自下一句語痛解所以然本旨如何，而自始至終，硬作鶻崙呑棗之說耶？是所謂信太極而疑天命者也；是所謂動靜而非流行者也，於理得乎？

蓋不離不雜，自是兩項事，而妙在其中，故亦作兩項說，而愈見其妙. 乃若所以然， 則貫動靜通離合·一體用徹顯微·恒古恒今·始萬物終萬物底不得不然之故也. 夫旣言不得不然，則其有使之然，可知. 如曰非有使之者，則是無主宰也. 無主宰，則然亦得，不然亦得，而不得不然者，於是乎不復有矣. 然而然，不欲然而不然，一動一靜，一聽機之所自，則太極本然之妙，已淪於空寂矣. 復有何所以然乎？然則說非有使時，說所以然不得，說所以然時，說非有使不得，此理甚明. 奈何硬着如此無稽之說，無難背馳朱子不易之訓乎？

夫太極無象，而陰陽有氣，故理爲所然，氣爲能然，而有形而上下之分焉. 是則理之於氣，原來自有使之然之妙，而但使非絲毫犯氣力字，故曰志氣之帥也，故曰氣爲志之卒徒也. 故曰實理自然，若使之也，故曰一陰而陽者，是乃道體之所爲也. 故曰若理無動靜，氣何自而有動靜乎？此皆足見使之苗脈來歷矣，而至於語類答所以然及一陰一陽謂道之問，不啻的的確確，而更無餘蘊矣. 敢悖莫捫其舌，而能復喧豗乎？

19.

駁目，自此以下，轉益絶悖，强聒無理，故不復條擧其目.

蓋猥筆之作，豈得已者哉？孔門諸子，親學聖人，尙有久而失其眞者矣. 況此一時語句，後之名尊栗翁者，執迷不已，浸以生禍. 幷與其有在之宗旨，埋沒乃爾，失其眞也，不待遠慮，而已目見之矣. 是以不得不爲之辨析焉. 不如是則猥筆必不作矣. 蓋是雖先賢語句，而以其執迷者，今人也；生禍者，今人也. 是以必下今曰二字以別之，而憫其執迷也深, 故辨之不待不明, 懼其生禍也大, 故戒之不得不切. 自今曰以下言今人者凡四, 言近世與今日者各一, 而皆指目見而言, 未嘗毫涉先賢分上矣. 及其篇終始, 乃說到先賢, 而首言干犯語句, 極知不韙, 此乃所以爲猥也. 旣而又言頭載者之難, 以瑣力矯救, 旣而又言竊意此語發之太快, 末弊之至斯, 容有未之細思. 卽又繼之曰, 前賢若在, 實有奉質之願, 其條理精明, 段落峻潔. 粗辨句讀者, 初不難識, 而惟其末後數節, 又見其一切慮患, 反復丁寧之言, 皆爲頭載者而發, 以深救其末弊, 而又復深致奉質之願, 而不能不爲之曠然一欷, 則其上不負先賢, 中不誤自己, 下不迷後學者, 灼然無可疑. 今駁之言曰, 我東方, 曰近世, 曰今人者, 莫非指斥栗谷, 而其法實出於朱子論司馬公·范忠宣之非, 而曰近世名卿大儒耳. 噫! 何巧也. 今人果指栗翁, 則先賢更指何賢乎? 今人自是今人, 先賢自是先賢, 抑何心腸必欲歸栗翁於近世, 泌欲降栗翁於今人, 而乃引朱子論范馬之例以實之耶? 名卿大儒, 固可以論范馬也. 顧栗翁獨可以今人論者哉? 愚意先賢二字, 正法朱子此論, 駁者硬執左見, 乃爾至此, 是則渠自不以先賢處栗翁矣. 非惟此也, 又復都將那慮末弊戒今人底說話來, 甘心移冒於栗翁身上, 轉而納諸詖淫邪遁, 顚倒昌披之域而後已. 是雖藉口猥筆, 直自手犯之耳. 顧何異於內謀不軌, 而外以除君側之惡爲聲者乎? 正與田子明自見其師之不是處, 乃假金重菴祭文, 而件件指的, 兼及於前輩疵累, 恰是一般, 伎倆凶險哉. 若輩簡侮手滑, 不知自陷於反爾之科, 可哀也哉.

金重菴先生, 嘗讀猥筆, 而心悅之, 乃爲之跋, 其結語曰, 此與華翁, 獨立不懼一揆, 我東知尊栗翁者, 莫如奇·李二先生, 此可與知者道, 難與不知者道. 誠哉是言, 若輩何足以知之.

謹按, 語類曰太極猶人, 動靜猶馬. 馬所以載人, 人所以乘馬. 馬之一出一入, 人亦與之一出一入. 蓋一動一靜, 而太極之妙, 未嘗不在焉. 此以所乘之機明本然之妙者也. 其曰, 馬所以載人, 人所以乘馬者, 此理之元來如此也. 元來如此, 故知馬之出入, 非空爾, 非自爾, 而與之出入者, 必是人也, 故曰馬之一出一入, 人亦與之一出一入, 非謂人初不能自會出入, 而專聽馬之出入也. 蓋以易見之事喩其難明之, 故語勢則然耳, 其實馬之一出一入, 未始不繫乎元來所乘載之人也. 故曰一動一靜, 而太極之妙, 未嘗不在焉. 不然, 太極何足爲妙乎? 妙是主宰運用之意, 吾實聞諸晦菴夫子.

龍西柳丈嘗論此條甚詳. 其言曰, 太極猶人, 動靜猶馬, 馬固非死馬, 人亦非死人. 馬能有動靜, 而人獨無動靜乎? 人乘馬載而有行也. 馬動則人亦動; 馬靜則人亦靜, 固也. 而馬旣爲是人所乘之機, 而初非 脫駕橫走之班, 馬則其動其靜, 果眞自爾而非有使之者乎? 動焉靜焉者, 馬也; 動之靜之者, 人也. 太極之於陽動陰靜, 正亦猶是, 故曰太極者, 本然之妙也; 動靜者, 所乘之機也. 今之力主太極無動靜之說, 而遂以氣機認爲自會動靜無所不能之物者, 乃吳臨川誤解人馬譬喩之邪說, 餘波殊非朱夫子當初立言之本意也. 孰聞此丈篤守華重心法, 不少移奪於滔滔下喬之流信矣.

謹按, 朱子說理氣處, 固多對擧. 然對擧之中, 自有無對之尊, 粲然不可掩也. 易序或問, 莫不皆然. 曷嘗有一處如今人之必作敵偶看也. 橫竪峯嶺, 傲然坐大, 安足與議於而上而下形字冒頭底妙契乎? 但見方寸之木, 可使高於岑樓, 則又奚以知說本原之義乎? 蓋吾先師一生, 血誠所在, 直推遠而祖述孔孟, 近而憲章程朱. 又近而講明靜退栗尤諸先生之淵源宗旨, 以爲斯道不明, 夷可以變夏, 獸可以食人, 而乾坤息矣. 乾坤息, 則人類滅矣. 是以惓惓乎其憂世之志, 汲汲乎其任道之責. 思之以不得弗措也, 辨之以不明不措也. 不屑屑於論說之異同, 而自不違於傳統之妙旨, 則實惟先聖賢之所願望, 亦何傷於尊畏之義乎? 若任鹿門一段語, 雖得之寂寥破碎中, 而於本原宗旨說得精實, 故表而出之. 惟恐不傳於世, 乃闡幽至公之一事, 亦足以見其淵源之正也. 奈何强聒不舍, 爲此洗垢索瘢之異言乎?

猥筆所譏, 皆先生之所惡而甚斥者. 駁中何以有此言乎? 先生所惡惡之, 先生所斥斥之, 猥筆之尊先生也大矣. 知其如此而駁之, 何也? 其故可知耳. 知其如此者, 良心之未泯也. 知其如此而駁之者, 外雖陽尊先生, 而內實甘心於猜毁猥筆, 故彼未泯之良心, 終不能勝於其凶險之積耳.

凡駁目不一, 變怪百出, 然其包藏最在天命使然一句, 而爲說巧近, 有足以眩人, 故略引朱訓, 姑明其宗旨來歷如右.

末附云云, 何不考諸春秋賊不討, 讐不復, 而不書葬, 則服不除也, 寢苫枕戈, 無時而終事矣. 胡先生已大書特書于鍾巫之傳矣. 賊終不得討, 讐終不得復, 此義不可忘也. 戴白只是不忘此大義而已. 吾自不能守耳, 從而非之者, 決知其人之無此義也.

駁者優能知白帽, 而乃變管作灌, 喚寧做嬰, 何也? 外雖藏頭換面, 在內之肺肝, 已盡露於此矣. 駁猥筆則眞可謂於渠何誅? 吾實爲栗翁不願爲此輩所尊也. 雖然, 此猶爲一唱之雄, 和之者無慮百雌, 天下雖不欲爲, 目今世界而可得乎? 固無足以掛牙, 然其惡, 足以爲戒, 故特論之. 旣以內省, 又以愧天下後世之爲儒名而夷行者也.

세 사람의 태극설을 변론함

전우

이 글은 전우가 1903년에 조단(曹端, 1376~1434)의 「태극도설술해(太極圖說述解)」, 이항로(李恒老, 1792~1868)의 「임천 오씨의 태극설에서 의심스러운 것을 기록함[臨川吳氏太極說錄疑]」, 기정진의 「외필」에 나타난 「인승마」 은유에 대한 진술을 비판적으로 다루는 것이다. 6조목으로 이루어진 「외필」에서 2조목과 4조목이 주희의 「인승마」 은유를 인용해서 서술하고 있기 때문에, 전우는 이에 대한 비판을 따로 저술하는 과정에서 이들 세 사람의 견해를 논하게 되었다. 외필논쟁이 파생적으로 생산한 문헌 가운데 하나라고 할 수 있다. 그의 핵심 논점은 두 가지이다. 첫째 리가 이미 기의 소이연이라면 그것이 만물의 근원에서 그렇게 시키는[使之然]의 오묘함이라고 하는 데 아무런 지장이 없다. 둘째 비판의 대상이 된 세 사람의 주장은 분명히 리를 함이 있는 살아있는 것[活物之有爲者]이라고 여기는 것이다. 『간재집·전편속』 권3에 실려 있다. 「외필후변」의 논의로 이어지기에 1904년 1월에 쓴 「외필후변」의 바로 앞에 두었다.

조월천(曺月川 : 曹端)이 「태극도설」을 변론하면서 이렇게 말했다. : 『주자어류』에서는 '태극은 스스로 동정하지 않고 음양의 동정을 타고서 동정할 뿐이다'라고 한 다음에 드디어 '리가 기를 타는 것은 사람이 말을 타는 것과 같다'라고 했다. 즉 말이 한 번 드나들면 사람도 그와 함께 드나든다는 것으로 기가 한 번 움직이고 고요하면 리도 그와 함께 움직이고 고요하다는 것을 비유한 것이다. 그렇다면 이런 경우를 생각해 보자. 사람이 죽은 사람일 경우에는 만물의 영장이라고 할 수 없고, 리가 죽은 리[死理]일 경우에는 모든 변화의 근원이라고 할 수 없을 것이니, 리라고 한들 무엇 때문에 숭상할 것이며, 사람이라고 한들 무엇 때문에 귀하게 여기겠는가? 또 가령 산 사람이 말을 탄다고 하더라도 그가 드나들고, 가다 서고, 혹은 빨리 혹은 늦게 가는 것은 모두 사람이 어떻게 말을 모는가에 달려있을 뿐이다. 살아있는 리[活理]도 또한 이러할 것이다.[91]

이화서(李華西)가 임천 오씨(臨川吳氏 : 吳澄)의 태극설을 변론하면서 이렇게 말했다. : 태극이란 한 번 움직이고 한 번 고요함의 도이고, 기기(氣機)란 한 번 움직이고 한 번 고요함의 기틀이다. 태극에 이미 움직임과 고요함이 없다면, 움직임과 고요함은 모조리 기기에 귀결된다. 그렇다면 태극은 공적에 빠지고 기기의 본원이 되기에 불충분할 것이요, 기기가 전권을 휘둘러 도리어 태극의 주재가 된다는 의심을 받을 것이다. 태극에 이미 움직임과 고요함이 없다면, 움직임과 고요함의 주재란 오로지 기기에 귀결될 것이 때문이다. 그렇다면 천지 사이에 움직이던지 움직이지 않던지 하나의 기기만 있으면 충분한데, 무엇하러 태극을 기다리겠는가? 리를 해치고 기를 높이는[害理尙氣] 주장들이 많이 있지만 그들이 어긋난 근원을 찾아보면, 임천의 '태극에는 움직임도 고요함도 없다'라는 주장이 그 조짐이 아니었다고 할 수 없을 것이다.[92]

○ 유치정(柳穉程 : 柳重敎)이 보낸 편지의 「별지」에서 이렇게 말했다. : 그 움직임과 고요함이 하나같이 기(氣)가 행하는 것을 따른다.[其動其靜一隨氣之所爲]"라는 한 문단은 말이 간절하면 할수록 이해하기가 더욱 어렵습니다. 잠시 비유 하나를 들면 리가 기를 타는 것은 사람이 말을 타는 것과 같습니다. 사람이 말 위에 있으면서 가거나 멈추거나 하는 것을 하나같이 말이 가는 때로 따라간다면, 동쪽으로는 황폐한 고원을 내달리거나 서쪽으로 남의 밭에 들어가는 데서 벗어날 수 있겠습니까? 다

91 曹端, 『太極圖說述解』(경인 문연각 사고전서, vol. 697, 臺北 : 商務印書館, 1988), 13쪽.

92 李恒老, 『華西集』 권23(표점영인 한국문집총간 vol. 305), 「臨川吳氏太極說錄疑」, 127쪽.

시금 깊이 생각해 보십시오.[93]

기노사의 「외필」에서는 이렇게 말했다. : 한 번 리라고 명명하면 곧 (리가) 타는 것[所乘]이 있게 되니, 탄다[乘]는 것은 기의 힘을 결코 침범하는 글자가 아니다. 요즘 사람들은 '소승(所乘)'이란 글자를 이와 다르게 본다. 태극이 아무런 주장이 없는 것 같다가 갑자기 말들이 앞에 있는 것을 보고서 재빨리 올라타는 모양으로 본다. 그렇다면 이때의 말이란 결국 변방의 늙은이가 (어느 날 갑자기) 얻은 것으로 자기가 본래 타던 말이 아니니, 올라탄 뒤의 일도 알 만하다. 그 형세가 이쪽저쪽으로 휘둘리면서 말 머리만을 쳐다보는 격이니, 아, 위태롭다! … 애초에 이미 그렇게 되도록 시키는 신묘함이 없고 결국 조종하는 힘도 없으니, 의지하고 붙어서 탈 뿐 무슨 일을 할 수 있겠는가? (그러한 이치란) 있어도 도움이 되는 것이 없고, 없어도 부족할 게 없어서, 살에 붙어있는 혹이나 천리마에 붙어있는 파리에 불과하니, 아! 가련하다!

주자의 말 가운에 '태극에 동정이 있다'라거나 '리에 동정이 있다'라는 말이 없지 않다. 그러나 『주자어류』 동수의 기록에서는 "태극은 리이고 동정은 기이다"[94]라고 했고, 진순의 기록에서는 "이 움직임의 리가 있으면 바로 움직여서 양을 낳을 수 있으며, 이 고요함의 리가 있으면 곧 고요해서 음을 낳을 수 있다. … 움직임과 고요함은 기인데 이러한 리가 있어 기를 주재함으로, 기가 이렇게 할 수 있는 것이다"[95]라고 했다. 주모의 기록에서는 "(음양의) 움직임과 고요함은 태극이 움직이고

93 柳重教, 『省齋集』 권14(표점영인 한국문집총간 vol. 323), 「答田子明別紙(甲戌四月)」, 319쪽.

94 주희, 『주자어류』 권94(『주자전서』 vol. 17), 3128쪽.

95 이 구절은 『주자어류』 권94의 37조목인데 여기에서는 모두 주희의 말처럼 인용을 했지만, 실제로는 말줄임표 앞부분이 주희의 말이고, 뒷부분은 진순의 질문에 해당하는 부분이다. 같은 책, 같은 글, 3125쪽.

고요한 것이 아니다"[96]라고 했고, 섭하손의 기록에서는 "태극은 (리이다. 리는) 움직임과 고요함으로 말할 수 없다"[97]라고 했으며, 황순의 기록에서는 "움직임과 고요함, 그리고 음양은 모두 형이하자일 뿐이다. 그러나 움직임 또한 태극의 움직임이고 고요함 또한 태극의 고요함이다. 움직임과 고요함이 태극이 아닐 뿐이다"[98]라고 했다.

내 생각에 이 여러 기록에 근거하면 분명히 움직임과 고요함을 기에 소속시키고, 움직임과 고요함의 소이연을 리에 소속시켰다. 리가 이미 기의 소이연이라면 그것이 만물의 근원에서 그렇게 시키는[使之然] 오묘함이라는 데 무슨 지장이 있겠는가? '공적에 빠져 있어 보탬이 되지 않는다'라는 혐의에 어찌 구애를 받겠는가? (주자가) '태극에 움직임과 고요함이 있다'라고 한 것은 태극에 이 기가 움직이고 고요한 리가 있다는 것일 뿐, 스스로 움직이고 고요할 수 있다는 말이 아니다. 스스로 움직이고 고요한 것이 아니기에 주자는 '태극은 움직이거나 고요하지 않다'라고 한 것이다. 초려(草廬 : 吳澄)는 "태극에는 움직임과 고요함이 없다"라고 했고, 율옹은 '움직임과 움직임이 있는 것은 기이고, 움직임과 고요함 (두 측면 모두)에 존재하는 것은 리이다'[99]라고 했다. 그리고 우옹(尤翁 : 宋時烈)은 "리에 정의와 조작이 없다는 것은 본체와 작용에 간격이 없다는 뜻이다"[100]라고 했다. 지금 월천을 비롯한 세 사람의 주장은 분명히 리를 함이 있는 살아있는 것[活物之有爲者]이라고 여겨서 그러는 것이니, 어떨지 모르겠다. 화서가 곧장 '리를 해치고 기를 높이는 근원'이라고 물리친 것은 초려만을 사례로 들었다. 그러나 천하의 배우

---

96 위의 책, 위의 글, 3126쪽.

97 위의 책, 위의 글, 3121쪽.

98 위의 책, 위의 글, 3120쪽.

99 이이, 『율곡전서』 권12(표점영인 한국문집총간 vol. 44), 「答安應休」, 250쪽 참조.

100 송시열, 『송자대전』 권104(표점영인 한국문집총간 vol. 111), 「答金仲固」, 469쪽.

는 이들이 그의 학설을 독실하게 믿는다면 주자·율옹·우옹 등도 저절로 '리를 해치고 기를 높였다'라는 부류로 귀결되지 않을 수 없을 것이다. 여기에 어찌 가로막고 핍박한다는 혐의가 없겠는가? 사람을 놀라고 두렵게 만드는데, 지금 그의 문인들은 크게 온 나라 안에 크게 써서 널리 퍼뜨리니 모르겠으나 이 몇 분에게 편치 못한 뜻이 없겠는가?

○ 또 살피건대, 리는 형상이 없고 조짐이 없으니, 처음부터 죽었네 살았네[死活]라고 말할 수 있는 것이 아니다. 이제 '죽은 리[死理]', '산 리[活理]'라고 하니 너무 거친 것 같다. 초려가 말한 '기가 움직이면 태극도 움직인다'라는 몇몇 구절은 모두 주자에게서 나왔으니 꾸짖을 것이 없을 것이다. 게다가 스스로 '태극은 이 기를 주재한다'라고 했으니 화서가 '주재를 기기에 귀결시킨다'라고 비난하는 것은 연어(衍語)인 것 같다. 심지어 '움직임과 고요함이 기기에만 귀결된다'라는 한 구절은 애초에 오징의 말이 아니다. 그런데도 '이제 태극에 움직임과 고요함이 없다'라는 구절의 아래에 곧장 이어 붙여서 마치 본문에 있는 것처럼 했으니, 또한 의심스럽다. (유중교는) "그 움직임과 고요함이 하나같이 기가 행하는 것을 따른다[其動其靜一隨氣之所]"(라는 구절을 의심했는데) 이 구절은 주자의 '기에 혼탁이 있으면 리 또한 따라서 간격이 있게 된다', 우옹의 '유행을 따라서 말하자면 리는 기 가운데 있어서 기가 이루는 것을 따른다는 것일 뿐이다'라는 말로 살펴보자면, 원래 의심할 것이 없다. 그런데도 유씨(柳氏)가 반박을 하니, 이것은 리를 살아있는 것[活物]으로서 조종할 수 있고 (말에게) 멍에를 메어 제어할 수 있다고 여겨 그러는 것이 아닌가? (아니면) 이미 원래 (리가 기를) 원래 타고 있어서 영원토록 한 순간도 말이 이리저리 가는 잘못이라고는 없다고 여겨는 그러는 것이 아닌가? 요임금이 수해를 만나고, 탕임금이 가뭄을 만나며, 문왕이 유리에 갇히고, 공자가 광 땅에서 곤란을 겪은 것 등이 어찌 변방의 늙은이처럼 (어느 날 갑자기) 얻은 것이어서 그런 것이겠는가?

三家太極說辨

田愚

曺月川太極圖說辨戾文略曰, 朱子語錄, 謂太極不自會動靜, 乘陰陽之動靜而動靜耳. 遂謂理之乘氣, 猶人之乘馬. 馬之一出一入, 而人亦與之一出一入, 以諭氣之一動一靜, 而理亦與之一動一靜. 若然則人爲死人, 而不足以爲萬物之靈, 理爲死理, 而不足以爲萬物之原, 理何足尙而人何足貴哉? 今使活人騎馬, 則其出入行止疾徐, 一由乎人馭之如何爾. 活理亦然.

李華西辨臨川吳氏太極說略曰, 太極者, 一動一靜之道也; 氣機者, 一動一靜之機也. 今曰太極無動靜, 而動靜全仰於氣機. 然則太極淪於空寂, 而不足爲氣機之本源矣. 氣機疑於專擅, 而反作太極之主宰矣. 太極旣無動靜, 則動靜之主宰者, 專歸於氣機固也. 然則天地之間, 動不動, 只有一箇氣機足矣, 尙何待於太極也哉? 百家害理尙氣之說, 無所不備, 苟求其所差之源, 則臨川太極無動靜之說, 未必不爲之兆. ◯附柳穉程與人書, 略曰, 其動其靜一隨氣之所爲一節, 語益丁寧而益難領解矣. 謾設一譬云, 理之乘氣, 猶人之乘馬. 人在馬上, 其行其止, 一隨馬之所爲, 則其能免東走荒原, 西入人田乎? 請更入思.

奇蘆沙猥筆略曰, 一名爲理, 便有所乘, 乘非絲毫犯氣力字, 而今人看所乘字, 與此異, 有若太極漫無主張, 忽見馬匹當前趫捷而騰上樣. 然則是馬也, 終是塞翁之得, 非自家元來所乘, 騰上後事, 又可知矣. 勢必之東之西, 惟馬首是瞻. 嗚呼, 危哉! 又曰初旣無使之然之妙, 末又非有操縱之力, 寄寓來乘, 做得甚事? 有之無所補, 無之靡所闕, 不過爲附肉之疣, 隨驥之蠅, 嗚呼, 可憐矣!

朱子說中，非無太極有動靜，理有動靜之云．然語類銖錄曰，太極，理也，動靜，氣也．淳錄曰，有這動之理，便能動而生陽，有這靜之理，便能靜而生陰．動靜是氣也，有此理爲氣之主，氣便能如此．謨錄曰，動靜非太極動靜．賀孫錄曰，太極不可以動靜言．僩錄曰，動靜陰陽，皆只是形而下者．然動亦太極之動，靜亦太極之靜，但動靜非太極耳．

愚按據此諸錄，則分明以動靜屬氣，以動靜之所以然屬理．理旣爲此氣之所以然，則其於萬物之原使之然之妙，何所損乎？其於淪於空寂有之無補之嫌，何所拘乎？其曰太極有動靜者，只是太極有這氣動靜之理，非自能動靜之謂也．夫非自能動靜，故朱子曰，太極非動靜．草廬曰，太極無動靜．栗翁曰，有動有靜者，氣也，在動在靜者，理也．尤翁曰，理之無情意造作，無閒於體與用也．今觀月川以下諸說，分明以理爲活物之有爲者然，未知如何？而華西之直斥爲害理尙氣之源者，雖單擧草廬．然而使天下學者，篤信其說，則朱子栗尤諸聖賢，自不得不歸於害理尙氣之科矣．是豈無掜逼之嫌乎？使人皇恐，而今其門人，大書顯刻，布之國中，未知以爲無些子未安之意歟？

◯ 又按理無形象，無兆眹，初非可以死活言者．今曰死理活理，恐太麤在矣．草廬所謂氣動則太極亦動數句，皆出於朱子，恐無可謫．况又自言太極是主宰此氣者，則華西所譏主宰歸於氣機之云，恐屬衍語．至於動靜專仰於氣機一句，初非吳語．而直接於今曰太極無動靜之下，有若本文者然，更屬可疑．其動其靜，一隨氣之所爲．此以朱子氣有昏濁，理亦隨而閒隔，尤翁從流行言，則理在氣中，隨氣之所成而已者觀之，原無可疑．而柳氏駁之，無乃亦認理爲活物之能操縱駕馭者耶？旣是元來所乘，則千古萬古，絶無一霎時東西惟馬之失耶？且如堯水湯旱文羑孔匡之類，豈或塞翁之得而然歟？

猥筆論爭 2

1904–1941

외필후변
윤운서에게 답함
전자명에게 답함
전우가 쓴 「외필변」를 변론함
외필변변
「외필변」 소차
『주자어류』 반시거의 기록을 읽고
노화이동변
노한이동변
심석 송선생—병순—에게 올림
간재 전선생에게 올림
외필기의
기노사의 「외필」 및 「납량사의」 변론
전장령—우—에게 보냄
외필변
주리주기문
동지정지문답
이성원에게 보냄
「외필변」을 읽고
만록
권순경에게 보냄
「외필」을 묻고 설명함
『정백헌집』의 「외필변변」을 보고
정씨의 「외필변변」에 쓰다
노사의 「신도비」를 보고

외필후변

전우

이 글은 전우가 1904년에 1월에 쓴 「외필」 비판이다. 그에게는 이미 1902년에 저술한 「외필변(猥筆辨)」[101]이 있었는데, 본문에 따르면 "말이 간략하고 기운이 평이해서 보는 이들이 세유(世儒)의 기상이 없다"라는 주변의 비판을 받고서 다시 쓰게 되었다. 모두 16조목으로 이루어져 있는데, 마지막 16조목은 한 칸을 낮춰서 본문과 구별하고 있고, 그 내용도 저술 의도를 포함하는 총론에 해당한다. 『간재집·전편』 권13에 실려 있다.

1.

율곡선생은 "양의 움직임과 음의 고요함은 기틀이 저절로 그런 것이지 그렇게 시키는 것이 있지 않다"[102]라고 했다. 이 말은 앞 문장의 '기발(氣發)' 두 글자의 뜻을 풀이한 것이다.[103] "양이 움직이면 리는 움직임에 타고, 음이 고요하면 리는 고요함에 탄다"[104]라고 했다. 이 말은 앞 문장의 '이승(理乘)'이란 두 글자의 뜻을 풀이한 것이다. 대단히 명쾌해서 틈이라고는 없다. 그런데 기씨(奇氏)는 '자(自)'자를 착각해서 '홀로 스스로[獨自]'라는 뜻으로 간주했고, '승(乘)'자를 '갑자기 올라탄다[揵騰]'라는 뜻으로 간주했다. 마침내 붓을 들어 멋대로 매도하면서 조금도 존경

101 田愚, 『艮齋集·前編』 권13, 「猥筆辨」, 79~82쪽 참조.

102 李珥, 『栗谷全書』 卷10(표점영인 한국문집총간 vol. 44), 「答成浩原」, 211쪽. 이이, 『율곡전서』 권10(표점영인 한국문집총간 vol. 44), 「答成浩原」, 211쪽.

103 "氣發而理乘者, 何謂也?" 같은 책, 같은 곳.

104 같은 책, 같은 곳.

하고 신중하게 살피는 모습을 다시 찾아 볼 수 없었다. 이것은 후학이 선현을 섬기는 예에 비춰보면 자기 소견이 모두 옳더라도, 오히려 순종치 않는 제자라고 할 것인데, 하물며 반드시 옳지도 않은 경우야 더 말할 나위가 있겠는가? 내 생각에 선비가 이기설을 논하고자 한다면, 반드시 먼저 공경함과 방자함의 절도를 살펴야 한다. 예의가 공손하고 말이 옳다면 마음에 담아둔 것이나 말로 발표한 것이나 모두 법도에 들어맞는다. 견해가 차이가 나더라도 말이 공손하다면 또한 질문하는 법도에 잘못이 아니다. 그렇지만 소견도 옳지 않은 데다 공손하게 예의도 갖추지 않는다면 어떻게 사류들의 의론에서 벗어날 수 있겠는가? 이제 그 주장으로 논해보자면 (이에 해당하는 이는) 공·맹 이후로 주부자(朱夫子) 한 사람이 있을 뿐이다.

66세에 편찬한 『초사집주』에는 이렇게 말한 대목이 있다. "한 번 움직이고 한 번 고요하며, 한 번 어두워졌다 한 번 밝아지는 것은 모두 음양이 하는 것이지 시키는 것이 있지 않다."[105] 이것이 율옹의 '기틀이 저절로 그런 것이지 그렇게 시키는 것이 있지 않다'라는 가르침과 조금이라도 차이가 나는가? 또한 진북계(陳北溪 : 陳淳)는 주자의 61세에서 69세까지의 말을 기록했는데, 이런 말이 있다. "굽히고 펼치며 가고 오는 것은 두 기가 자연스럽게 이와 같이 할 수 있다."[106] 이것은 또한 음이 고요하고 양이 움직인 것이 기틀이 스스로 그렇다는 증거이다. '자이(自爾)'란 스스로 그러함(自然)을 말한다. 이제 '자기에게서 말미암지 다른 것에서 말미암지 않는다'라고 하고, 또한 '스스로 운행하고 스스로 그쳐서 천명에서 말미암지 않는다'라고 하니 글을 보는 것이 어찌 이리도 거칠고 성근 것인가? 또한 이윤과 맹자에게는 모두 '하늘이 시켰다'라는 말이 있다. 그런데 『맹자집주』에서는 모두 말하기를 '마치 시키는 것

105 주희, 『楚辭集注』 권3(『주자전서』 vol. 19), 65쪽.

106 주희, 『주자어류』 권63(『주자전서』 vol. 16), 2089쪽.

같다[若使之]'라고 했다. 그 의미는 바로 후인들이 '사(使)'자를 정말로 그렇게 시킨다는 뜻으로 착각한다면, 도체는 함이 없다는 이치를 해칠까 걱정했기 때문이다. 그러므로 그렇게 말한 곳마다 주를 달아 밝혀서 의심이 없도록 한 것이다. 그럼에도 오히려 오늘날의 변고가 생겼으니 크게 탄식할 일이다.

『중용혹문』에서는 또 분명하게 말했다. "(왕안석이) '하늘이 나에게 이것을 가지도록 했다'라고 한 것은 '상제가 충을 내려주었다'라고 말하는 것과 같을 뿐이다. 어떻게 정말로 그렇게 시키는 것이 있다고 하겠는가?"[107] 여기에서 남김없이 다 드러내어 다시 남은 것이라고는 없다고 할 것이다. 그가 이것을 살피지 못하고 운운했으니, 본래 견문이 부족한 잘못에서 벗어나지 못할 것이다. 이러한 정론이 있는 줄을 알고서도 일부러 운운한 것이라면 이는 바로 (선종에서) 부처를 꾸짖고 조사를 매도하는 관행일 뿐이다. 사람들이 어찌 미워하지 않겠는가? 나로서는 그가 이미 율옹을 경시하고 업신여겼다지만, 주자 또한 기가 리의 자리를 빼앗았다고 지목하면서 두 개의 본령을 만들었다고 꾸짖을지 모르겠다. 하물며 율옹은 스스로 '기가 하는 것에는 반드시 리의 주재가 있다'라고 했다. 또한 '누가 그 기틀을 주장하는가? 아! 태극이로다!'라고도 했다. 이것들 또한 본원을 따라서 말한 것이다. 유행에 근거해서 말하는 저절로 그러하고 시키는 것이 있지 않다는 말과 처음부터 조금의 장애도 없다. '모두 음양이 하는 것'이라고 하고, '음양 두 기가 저절로 이와 같을 수 있다'라고 하며, '시키는 것이 있지 않다'라고 하지만, 함이 없는 함과 저절로 그러한 시킴이 또 태극이 주재라는 데 무슨 지장을 주겠는가? 이와 같은 것이 또 어떻게 「외필」에서 말하듯이 위연·양의가 승상부에 함께 있으면서 서로 어긋나는 것과 같은 근심이 있겠는

107 주희, 『중용혹문』(『주자전서』 vol. 6), 553쪽.

가? 내 생각에 이 한 문단에서 깨달은 이라면 그 뒤의 많은 주장은 없다고 하더라도 또한 어그러지는 일이 없을 것이다. 「외필」만이 아니라 근세에 '마음을 리'라고 하고, '리에도 지각과 능력이 있다'라고 주장하는 것들도 얼음이 녹듯이 풀리지 않는 것이 없을 것이다. 세상의 군자들이 함께 강론하고 변론하면서 가르침을 아끼지 않기를 바란다.

2.

어떤 이는 「외필」의 "움직임과 고요함은 기요, 움직이고 고요하게 하는 것은 리이다"라는 한 문단을 들어 '율옹의 「대책」[108]과 일치하는데 어째서 세상 사람들은 이것을 살피지 못하고 멋대로 의심하는가'라고 한다. 내 생각에 이것은 참으로 말이 비슷할수록 뜻은 서로 어긋나는 곳이니, 명확하게 밝히지 않을 수 없다. 「대책」에는 참으로 '움직이고 고요하게 하는 것이 리이다'라는 말이 있다. 그러나 그 앞 문장에 또한 "저절로 그러한 기"[109]라고 말한 것이 있으니, '기틀이 스스로 그렇다'라고 한 것과 처음부터 서로 방해가 되지 않는다. 예를 들어 말에 타고 주재하는 이는 사람이지만, 네 발굽이 앞으로 갔다 뒤로 가는 것은 저절로 말이 하는 일에 속하는 것이다. 그가 율옹의 가르침에 어긋남이 없다면 어째서 이것을 들어 증거로 삼지 않는 것인가? 듣지 못한 사람처럼 '스스로 그렇다', '시키는 것이 있지 않다'라는 두 구절만으로 꾸짖고 매도하는 것인가? '움직이게 하고 고요하게 한다'라고 말하는 것은 (두 사람이) 똑같다. 하지만 율옹에게는 뿌리와 자연의 의미일 뿐인데, 그는 오히려 '조종한다' '일을 한다'라고 주장하니, 어떻게 구절과 말이 우연히 같다고 해서 그 취지의 큰 차이를 규명하지 않을 수 있겠는가?

---

108 이이, 『율곡전서』 권14(표점영인 한국문집총간 vol. 44), 「易數策」, 306쪽 참조.

109 "夫形而上者, 自然之理也; 形而下者, 自然之氣也." 같은 책, 같은 곳.

3.

태극의 동정을 「외필」에서는 '본래 평이한 말'이라고 한다. 그 뜻은 아마도 곧장 동정을 태극의 동정으로 여기기에 그런 것이다. 이것이 그가 잘못된 이유이다. 『어류』 동숙중의 기록은 주자 69세 이후의 것이다. 그 가운데 "태극은 리이다. 동정은 기이다"[110]라는 말이 있다. 이것은 세밀하게 분석해서 정밀한 저울을 거쳐 나온 것과 같다고 할 수 있다. — 주자의 설명 가운데 천명의 유행, 도체의 발현, 리에 동정이 있음, 리에 지식이 있음, 리가 극치에 도달함, 리의 발현, 이 리의 광명이 찬란함을 말한 것들은 모두 이처럼 변별해서 인식해야 한다. — 이처럼 정밀하게 규명하지 않는다면 기를 가리켜 리라고 하지 않을 이가 드물 것이다. 격물치지하려는 이들이 진실로 사색해서 여기에 도달할 수 있다면, '기기가 스스로 그렇다'라고 말하는 것도 괜찮고, '태극이 동정한다'라고 말해도 괜찮을 것이다. 그렇게 할 수 없는 이라면 성현의 말에 대해 가로막히지 않는 이가 없을 것이다. 한 마디로 하자면 '태극동정'이란 네 글자를 청초하게 파악하고, 주장에 귀결처가 있다면, 여러 학설들이 어지러운 것은 눈이 녹듯이 풀리지 않는 경우가 없을 것이다.

4.

동수의 기록에서 그 다음 문장은 사람이 말을 타고 드나든다는 비유가 실려 있다.[111] 이것은 리와 기가 떨어질 수 없음을 말한 것일 뿐이다. 말이 제 멋대로 굴고 사람이 멍에를 매고 통제한다는 것은 언급하지 않았다. 명나라 유학자인 조월천(曹月川 : 曹端)은 이렇게 말했다. "죽은

110 주희, 『주자어류』 권94(『주자전서』 vol. 17), 3128쪽 참조.

111 같은 책, 같은 글, 3128~3129쪽 참조.

사람이 말을 타면, 가거나 멈추거나, 빠르거나 늦거나 모두 말에서 말미암게 된다."[112] 그의 주장은 「외필」이 율옹을 꾸짖는 것과 비슷하다. 어떻게 말을 고집하면서 뜻에 어두운 폐단이 아니겠는가? 나는 세 사람의 태극변(太極辨)을 이미 다 변론했다.[113] 사람이 말을 통제한다는 주장에 이르러서는 단지 심지가 기를 통솔한다는 데에 적용할 수 있을 뿐, 태극·성·도의 스스로 그러함이 주재가 되지만 지각과 능력이 없다는 것과 함께 언급해서는 안 된다. 꼭 이렇게 하려고 하면 어찌 천지가 유감을 가지는 것과 현자의 지혜에 치우침이 있는 것도 이 리가 선처할 수 없는 허물 때문일 뿐만 아니라, 묵특(冒頓)의 음험함과 난적의 재앙도 이 리 때문일 것이니, 모두 그 죄에서 도망칠 수 없을 것이다. 이것이 어떻게 리이겠는가? 한 가지 의리가 밝지 못하게 되자, 그 해로움이 여기에 이르렀다. 이것은 독서하는 이가 마땅히 명확하게 규명하고 신중하게 생각해야지, 거칠고 얕은 견해로 파악하면서 멋대로 말해서는 안 된다.

5.

「외필」에서는 요즘 사람들은 '승(乘)'자를 보기를 마치 갑자기 말을 보고서 훌쩍 올라타는 것처럼 간주한다고 했다. 요즘 사람이란 누구인가? 율옹이라고 말하는 이들이 있다. 『율곡전서』에 어찌 조금이라고 이러한 의도와 맥락이 있기에 감히 그러는 것인가? 만일 '근세의 선배'를 말하는 것이라면, 근세의 선배 또한 어찌 일찍이 이렇게 괴리된 견해를 가진 이가 있었는가? 지금의 글에도 없고 과거의 글에도 없는데 이렇게

112 曹端, 『太極圖說述解』(경인 문연각 사고전서, vol. 697), 13쪽 참조.

113 전우, 『간재집·전편속』 권3(표점영인 한국문집총간 vol. 333), 「三家太極說辨」, 427~429쪽 참조.

운운했으니, 어쩌면 또한 스스로 원고와 피고를 만든 것이다. 지금과 옛날, 남과 나를 막론하고 그 견해가 이처럼 어긋남이 심하다. 이 어긋난 견해는 어떤 태극으로부터 왔는가? 어쩌면 원래 말을 타고 있어서 기를 이처럼 부리는 것인가? 아니면 새옹이 말을 얻은 것처럼 스스로 어쩔 수 없어서 그러는 것인가? 다만 이 한 가지 어려움일 뿐이니, 곧 깨달을 수 있을 것이다.

6.

「외필」에서 '기가 리를 따라 발현하는 것은 기발이니, 즉 이발이다'라는 몇 구절은 그렇지 않다고 말할 것은 아니다. 그러나 율옹이 말하는 '기기가 스스로 그렇다'라는 것이 또한 어떻게 반드시 리에 거슬려 움직이고, 리에 거슬려 고요하다는 것인 줄로 알아야 하는 것인가? 그러므로 음양이 리를 따라 움직이고 고요하다는 것은 또한 '태극의 동정'이라고 말할 수 있다. 이것은 뿌리라는 측면을 좇아서 통합해 말한 것이다. 그러나 이와 같을 뿐 다시 능(能)과 소(所)의 경계를 자세히 구분하지 않는다면, 신통과 묘용을 가리켜 도라고 하는 불교, 지각과 운용을 성으로 인식하는 고자, 광휘가 찬란한 것을 지목해서 리라고 하는 금계(金谿 : 陸九淵), 시청언동을 들어 리라고 하는 요강(姚江 : 王守仁) 등은 모두 우리 성문과 한 가지가 되어, 같고 다른 점이 사라지게 된다. 그 리를 해치고 진실을 어지럽히는 근심은 이루 다 말할 수 없을 것이다. 이것이 주자가 '태극동정'이란 네 글자에서 또한 리와 기를 나누되 서로 뒤얽히는 것을 용납하지 않는 이유이다. 나는 여기에서 또한 '이발' 두 글자에서도 리는 리로 '발'은 기로 인식해야 이 안목을 갖춘 이라고 말한다. 비단 이것뿐만이 아니다. 예를 들어 맹자가 말한 성이라고 할 때의 성은 본시 성이지만, '성지(性之)'는 오히려 기의 영역에 속하는 일이다. 하물며 기발을 '곧 이발'이라고 하고, 음양동정을 곧 태극동정이라고 한다면 어찌 맥락을 살려 정밀하게 변별하지 않고서 뭉뚱그려서 리라고만 할 수 있겠는가? 이제 스스로는 기발을 말하면서 율옹의 '기틀이 스스로 그렇다'라는 말은 금지해서 설 수 없도록 만드는 것은 어째서인가? 율옹은 '태극이 기틀을 주재한다'라고 했는데 받들어 주선하지 않고서, 오히려 '명령하는 이가 주인'이라는 한 구절을 스스로 독단한다는 표현으로 간주하는 것은 또 어째서인가? 그 마음에 먼저 선현을 경시하는 싹이 있었기 때문이 아닌가? 그러므로 그 취지를 상세히 살피지 못하고 멋대로 꾸짖고 욕한 것이 아닌가? 구도에 뜻을 둔 사람에게 가장 중요한 것은 먼저 심술을 바로잡은 뒤에 이기설을 강론하고 변별할 수 있을 것이니, 그 차례를 어지럽혀서는 안 된다. 효제와 예의는 마땅히 행하면서 늦춰서는 안 되는 것이다. 태극과 천명은 소이연으로서 뛰어넘어서는 안 된다. 우리 유학자로서 스스로를 다스리고 남을 가르치려는 이들은 모두 이런 뜻을 학문을 하는 제일 중요한 핵심처로 삼기 바란다.

7.

「외필」에서는 말했다. "지나치거나 부족한 곳에 이르러서는 어쩔 수 없이 기를 말할 때가 있다. '넘어지거나 내달리는 것은 기다'라고 한 것이 이것이다. 지나치거나 부족한 것도 리에 뿌리를 둔 것이지만, 말류에 가서는 리를 해치게 되니, 구별이 없을 수 없다."

이 또한 그렇지 않다고 말할 것은 아니다. 그러나 또한 다 그렇지 못한 점이 있다. 맹자는 넘어지거나 내달리는 기를 말했지만, 호연지기를 말하지 않은 적이 없었다. 이것이 어찌 지나치거나 부족한 것으로 인해 어쩔 수 없이 말한 것이겠는가? 또한 말류가 리를 해친다는 것도 본래 구별이 없을 수 없다고 해서 기라고 하지만, 그 본체는 호연하고 의와 도에 짝하는 것이다. 어떻게 뒤섞어서 곧장 리라고 할 수 있겠는가? 결국에는 기라고 하지 않을 수 없을 뿐이다.

8.

「외필」에서는 "근세에 리를 말하면서 대개 가부[適莫]도 없는 것을 리라고 한다"라고 했다. 내가 듣기로 적(適)은 오로지 주장함[專主]이요, 막(莫)은 수긍하지 않는 것[不肯]이다. 그러므로 군자의 마음은 천하의 일에 대해 이 두 가지 병폐가 없고, 오직 의리만을 따르는 뿐이다. 이제 리에 오로지 주장함이나 수긍하지 않음이 있다고 한다면 어떻게 가능하겠는가? 어쩌면 마음을 리로 인식했기에 저절로 깨닫지 못하는 사이에 그 말이 여기에 이르게 된 것인가? 알 수 없다. 살피건대 노사가 남에게 대답한 편지에서 '명덕과 도심을 리라고 여기는 것은 온당치 않다'라고 했으니, 이제 이 마음을 리로 인식한다는 한 구절은 마땅히 '신(神)을 리로 인식한다'라는 것으로 바꿔야 한다. 노사는 이미 명덕을 기라는 하는 것을 수긍하지 않고, 또 리라고 말하는 것도 수긍하지 않는다. 어쩌면 말없는 운용과 오묘한 작용의 신을 리라고 여기는 것인가? 다시 살펴보아야 할 것이다. 을사년(1905) 2월 추가로 적는다.

9.

「외필」에서는 말했다. "'이발' 두 글자가 오늘날 학자들이 일대 금기하고 회피하는 용어가 되었다" '오늘날의 학자'란 누구인지 모르겠다. 율옹을 가리키는 것이라면 그 말이 무례하고 어긋난 것은 잠시 논하지 않더라도, 율옹의 말과 의론으로 살펴보아도 또한 크게 옳지 않은 점이 있다. 천지가 이미 리와 기가 갈마들며 변화하는 이치가 없고, 또한 태극과 음양이 동정을 바꿔가는 이치도 없다면 인심에 홀로 리와 기가 호발하는 이치가 있겠는가? 그러므로 율옹은 퇴계의 이발설에 매번 그렇지 않다고 했다. 그러나 곧장 근원을 따라 말한다면 『전서』 가운데 태극의 동정, 성이 발해서 정이 된다는 등의 말은 모두 거리낌 없이 이어받아 사용했다. 성의 발과 리의 발은 애초부터 다른 뜻이 없는데, 언제 이 두 글자를 금기하고 회피했다는 것인가? 훗날 율옹을 존신하는 여러 현자들로 말해도 그들의 말 또한 이렇지 않은 적이 없었는데, 어떻게 '금일학사가(今日學士家)'라는 다섯 글자로 다 묶을 수 있다는 것인가?

어떤 이가 단락이 있고 변화를 일으키며 조리를 이루는 것을 인용해서 율옹에게 "이것은 주장하는 것이 없습니까?"라고 묻는다면 율옹은 틀림없이 '태극이 주재가 된다'라고 했을 것이다. 이것은 얼마나 명백한가? 그런데도 그는 스스로 대답하면서 "기틀이 스스로 그러하지 (그렇게) 시키는 것이 있지 않다"라고 한다. 이것은 곧장 선현의 말을 이끌어 도리를 이루지 못하게 만들고 틀림없이 스스로에게 굴복시키려는 것이다. 이것이 무슨 강학이며, 무슨 마음인가? 마지막에 이르러서는 또한 '조종하는 힘이 없다'라는 몇 구절은 전혀 이치에 닿지 않는다. 태극이란 원래 기를 타고 있는 것이다. 그렇다면 장차 일을 만드는 기력도 있을 것이다. 이와 같이 생각했다면 지난번에 말류에 가서 리를 해치는 기는 또 어째서 조종하고 검속하지 못해서 이런 지경에 이르게 했다는 것인가? 자신의 방패가 견고하다고 과장하는 초나라 사람은 "어떤 것도 이것을 뚫지 못한다"라고 했고, 또한 자신의 창이 날카로움을 자랑하면서 "어떤 것도 뚫지 못하는 것이 없다"라고 했다. 어떤 이가 "당신의 창으로 당신의 방패를 뚫으면 어떻게 되는가?"라고 하자 그 사람은 대꾸하지 못했다. 이제 「외필」의 위아래 문장들이 서로 부합하지 않는 것도 진실로 이와 같다.

10.

「외필」에서는 말했다. "'승'자가 본뜻을 잃은 데서 말미암아 점점 리가 가벼워지고 기가 무거워지다 곧장 기가 리의 자리를 빼앗아, 모든 사물의 본령이 되었다. 한 글자의 잘못이 그 재앙이 여기에 미친 것이다." 삼가 『전서』를 살펴보면, 애초부터 리가 준동해서 따라서 깃들이고 갑자기 올라타는 의도와 맥락이란 없으니, '그 본뜻을 잃었다'라는 것은 누구를 가리켜 말하는 것인가? 이상하다. 이제 본뜻을 잃지 않았다고 하더라도 원래 타고 있는 것으로 말하자면, 도란 원래 함이 없는 것이다. 어떻게 기를 검속할 수 있겠는가? 그러므로 율옹의 이전에 주자에게 이미 '기는 강하고 리는 약하다[氣强理弱]', '기는 거칠고 리는 은미하다[氣麤理微]'라는 의론이 있었다. 또한 '비유하자면 자식이 못났는데 아버지 또한 그를 관장하지 못하고, 임금이 행하려는 것을 신하가 막아서도 임금 또한 일일이 독려하고 책임을 따지지 못한다'[114]라고 했다. 이것은 주자가 64세 이후에 한 말이다. 이제 어떤 이가 이것을 들어 기씨에게 '「외필」로 보자면 주자 또한 자식이 아버지의 자리를 빼앗고, 신하가 군주의 권세를 행하는 만세 난적의 재앙을 열어 젖혔다는 (비난에서) 벗어나지 못할 것이다. 이것은 어떻게 물리치려는 것인가?'라고 묻는다면 그는 어떻게 대꾸하려는 것인가?

11.

「외필」에서는 말했다. "리와 기를 짝지어 '이기'라고 부른 것은 언제 시작했는가? 이것은 결코 성인의 말이 아닐 것이다." 이제 맹자의 성명(性命) —'성이지만 명에 달려 있고, 명이지만 성에 이 있다.'[115] — 주자(周子) 진정(眞精)[116], 명도(明道)의 성기(性氣) —"성이 곧 기이고, 기가 곧

114 주희, 『주자어류』 권4(『주자전서』 vol. 14), 200~201쪽 참조.

115 『맹자』, 「진심 하」 24장 참조.

116 「태극도설」에서 '無極之眞, 二五之精'이라고 한 구절을 축약한 것이다.

성이다."[117] 그리고 "성을 논하고 기를 논하지 않는다"[118]라고 말한 것. — 이천의 이상(理象) — "지극히 은미한 것은 리요, 지극히 드러난 것은 상이다."[119]— 주자의 심성 —"성은 태극과 같고 마음은 음양과 같다."[120]— 은 모두 리와 기를 짝지은 것이다. 거슬러 위로 가면 우제(虞帝)가 마음을 논하면서 인(人)과 도(道)라고 했고—인은 형기(形氣)요, 도는 성명(性命)이다. — 공자는 학문을 논하면서 인(人)과 도(道)라고 했으며— 인은 심각(心覺)이요, 도는 성리(性理)다. — 역을 논하면서는 도(道)와 기(器)라고 했다. 이 또한 모두 리와 기를 짝지운 것이다. 『어류』에서도 곧장 태극을 말하면서, 곧 음양과 짝지웠다. 또 형이상을 말하면서 형이하와 짝지웠다. 이러한 것들을 그는 모두 보지 못했는가? 어찌 그 말이 제멋대로인가? 그는 또 "오늘날 사람들은 '리'자를 보자마자 반드리 기를 찾아서 짝지운다. 이에 리의 유행이라는 한 가지 큰 일이 모두 기자의 영역에 속하게 된다"라고 하고는 드디어 '두 본령의 시작이 되었다'라고 탄식했다.

살피건대, 주자의 말 가운데 예를 들어 "천명이 있자마자 곧 기질이 있다."[121] "이 리가 있으면 곧 이 기가 있다"[122]라는 것이 어찌 리를 보자마자 기를 찾아 짝지운 견해가 아니란 말인가? 그렇다면 두 개의 본령의 시작이라는 것은 주자에게 해당시킬 수 있다. 또한 그 근본을 추론해 보면 순·공·맹·정자가 모두 여기에서 벗어날 수 없고, 율옹에 이르면 두꺼운 얼음처럼 되었다고 할 수 있을 것이다.

내가 듣기로 한쪽 사람이 기씨를 추존하면서, 우리 동방의 500년 이

---

117 정호·정이, 『하남정씨유서』 권1(『이정집』 vol. 1), 10쪽.
118 정호·정이, 『하남정씨유서』 권6(『이정집』 vol. 1), 81쪽 참조.
119 정호·정이, 『주역정씨전』(『이정집』 vol. 2), 689쪽.
120 주희, 『주자어류』 권5(『주자전서』 vol. 14), 222쪽.
121 주희, 『주자어류』 권4(『주자전서』 vol. 14), 192쪽.
122 주희, 『주자어류』 권1(『주자전서』 vol. 14), 114쪽.

래 제일가는 위대한 현자라고 하면서 이화서(李華西) 한 사람만이 그와 덕을 같이하고 서로 부합한다고 하니, 정암·퇴계 이하 여러 선생은 원래 헤아리기에 부족하다지만, 그의 말이 위대한 순과 공자와도 모두 어긋났으니 또한 어찌된 이치인가? 나는 차라리 주기라고 배척을 당할지언정 4,000년 이래의 여러 성현을 등지면서 주리의 명칭을 거짓으로 뒤집어쓰지 않겠다.

12.

「외필」에서는 말했다. "성인은 유행하고 발현하며 변화가 환히 드러나는 것이 이 도의 작용임을 분명히 보았다." 기씨는 정말로 이 도가 스스로 유행 발현하고, 변화가 환하게 드러난 것이 태극의 동정을 논한 견해와 같다고 생각하는 것인가? 주자는 이미 태극을 리라고 했고, 동정을 기라고 했으니, 천명의 유행, 도체의 드러남, 천리의 발현이 환하게 드러남, 도리의 광명이 찬란한 것 등을 말한 것 모두에서 이 윗면은 리이고 아랫면은 기인 것이다. 이런 곳들은 자세하게 음미해야만 그 의미가 끝이 없지, 거칠고 얕은 설명으로 지나가면서 편안히 여겨서는 안 된다. 이미 도리에서 나온 것으로 말한다면 사특함과 망령됨, 잘못과 악행은 정·주 또한 그것들을 가리켜 리에서 나왔다고 할 것이니, 하물며 천리가 유행 발현한다고 말하는 경우이겠는가? 그렇지만 우리 유학의 종지는 도체를 함이 없다고 여기고, 함이 있는 것들은 모두 기에 소속시킨다. 그러므로 물을 뿌려 쓸고 응대하는 것에 대해 정자는 '바로 형이상이다'[123]라고 했고, 주자는 풀이하면서 "그 뜻은 여기에서 떨어지지 않는다는 것일 뿐, 이것을 형이상이라고 여기는 것이 아니다"[124]라

123 정호·정이, 『하남정씨유서』 권13(『이정집』 vol. 1), 139쪽.

124 주희, 『논어혹문』(『주자전서』 vol. 6), 905쪽.

고 했다. 또한 아래에서 인사를 배우는 것이 어떻게 리에서 벗어나겠는가? 주자는 소자유(蘇子由)의 '배움의 바깥에 따로 형이상이 있지 않다'라는 주장을 변론하면서 "이와 같다면 일이 있을 뿐 이치는 없다는 것이요, 아래에서 배울 뿐 위에 다다를 수는 없다는 것"[125]이라고 했다. 이처럼 요점을 잡아 분석하지 못하고 평범하게 천지의 조화와 성현의 행실과 능력을 가리켜 모두 리라고 한다면, 배우는 이들이 신통과 묘용을 착각하게 만들고, 곧장 성체(性體)로 간주해서 부처의 문으로 기어가도록 만들 것이다. 이것은 리를 해치고 진실을 어지럽히니, 어떻게 할 것인가? 오당(吾黨)의 선비들이 진실로 주리의 학문을 원한다면 여기에서 더욱 굳세게 정신을 차리고 터전을 살펴야 할 것이다.

13.

「외필」에서는 이렇게 말했다. "지금 사람들은 도리를 아득한 곳으로 몰아내고 조금이라도 발현해서 환히 드러난 것이 있으면 한결같이 기에 소속시킨다. 이러한 사람은 이기를 안다고 하고 이렇지 않은 사람은 이기를 모른다고 하니, 헛된 이름과 과거의 학설로 도와 리를 말하지만, 그 실상은 기가 리의 자리를 빼앗아 모든 일의 본령이 될 뿐이다. 이와 같다면 천하에는 다시는 '피음사둔'이 없을 것이요, 뒤집히고 창피함이 어디엔들 있지 않겠는가?"

요즘 여러 사람이 대부분 이것이 율옹을 가리킨 것이라고 한다. 그러나 나는 늘 속으로 '설령 자신의 재기를 자부하는 이가 있다고 한들 어떻게 감히 이럴 수 있을까' 하는 생각을 품고 있었다. 그러므로 앞뒤로 의심난 내용을 기록하면서도 여러 사람을 따라 (노사를) 배척하지 않았다. 최근 『율곡전서』의 「안응휴에게 답함」을 살펴보았는데, "리가 어떻

125 주희, 『회암선생주문공문집』 권70(『주자전서』 vol. 23), 「讀蘇氏紀年」, 3389쪽.

게 유행하는가? 기가 유행할 때 리가 그 기기를 타기 때문이다. … (주자는) '리는 본래 함이 없는데 기를 타고 유행하여 변화가 갖가지이며, 비록 유행하여 변화하여도 그 함이 없는 본체는 그대로이다'라고 했다. 그대가 이 리가 기를 타고 유행하여 변화가 많은 것을 보고 '리가 움직이는 곳이 있고 함이 있다'라고 하는데, 이것은 이기를 모르기 때문이다"라고 했다.[126] 이제 「외필」로 이것을 재어보면 '도리를 아득한 곳으로 내몬다'라는 것은 아마도 '리는 본래 함이 없다'라거나 '함이 없는 본체는 본래 그대로이다'라는 등의 말을 가리키는 것 같다. '조금이라도 발현해서 환히 드러난 것이 있으면 한결같이 기에 소속시킨다'라는 것은 아마도 '리는 어떻게 유행하는가? 기를 타고 유행한다'라고 한 말을 가리키는 것 같다. '이렇지 않은 사람은 모른다'라고 한 것은 '그대가 이기를 알지 못한다'라고 한 것을 가리켜 말한 것 같다. 이미 이와 같다고 한다면 '피음사둔'과 '뒤집히고 창피하다'라고 한 것은 누구에게 귀결된다는 것인가? (어떤) 훌륭한 변론을 하더라도 (율곡을 모함했다는 비판에서) 벗어나기 어려울 것이다. 이 때문에 '율옹을 존경하고 사모하기로는 우리 기노사와 이화서 두 선생만한 분이 없다'라는 말—이 두 구절은 김감역(金監役 : 金平默, 1819~1891)의 「외필후제(猥筆後題)」[127]에 나온다—은 부자께서 '내가 누구를 속이랴? 하늘을 속이겠는가?'라고 하신 경우에 해당한다. 아마도 두려운 마음으로 속히 고치지 않아서는 안 될 것이다.

14.

「외필」에서는 이렇게 말했다. "작은 힘으로나마 바로잡고 구제하려

---

126 이이, 『율곡전서』 권12(표점영인 한국문집총간 vol. 44), 「답안응휴」, 250쪽.

127 김평묵, 『중암집』 권8(표점영인 한국문집총간 vol. 320), 「書蘆沙奇先生猥筆後」, 628쪽.

하면 저들은 틀림없이 '전현도 이렇게 말했다'라고 할 것이다. 어린 학생도 한결같이 나를 이길 수 있을 것이다."

나는 이렇게 생각한다. 주인이 향하려는 곳을 종이 어찌 가지 않는 경우가 있겠는가? (이와 마찬가지로) 리가 오로지 주재하는 것이라면 기가 어떻게 따르지 않는 경우가 있겠는가? 리가 수긍하지 않는 것을 기가 어떻게 스스로 행하겠는가? 정말로 기씨의 논의대로 천지 사이에 진실로 이런 리와 이런 기가 있다면 율옹 또한 틀림없이 이 리와 이 기에서 생겨났을 것이다. 무슨 까닭으로 이런 망발을 했겠는가? 후인 또한 틀림없이 이 리와 이 기에서 생겨났을 터인데, 무슨 까닭으로 율옹을 잘못 믿는 것인가? 또한 기씨의 말이 그 자체로 정정당당해서 천지 사이에 곧게 서서 뒤집히지 않는다면 아무리 많은 사람이라도 감히 그와 논쟁할 수 없을 것이다. 어째서인가? 율옹의 발명이 지나치게 명쾌해서 후세에 말류의 폐단을 낳은 것도 기 때문이고, 후인들이 전현을 머리에 이고 기씨를 성토하는 것도 기 때문이다. 리라는 것이 정말로 기를 통제할 수 있고, 기가 정말로 리를 어길 수 없는 것이라면, 어째서 이러한 말류의 폐단과 성토하는 변고가 있을 수 있단 말인가? 이렇게 그의 학설이 이치에 닿지 않음을 헤아려보면 손바닥을 보는 것이나 마찬가지일 것이다. 세상에서 기씨를 높이는 이들은 변론해 보라.

15.

내가 보기에 기씨가 80년 동안 품었다는 안타까운 생각이란 이치를 잘못 안 것에 불과하다. 그가 입을 열어 분명하게 말하려 하지 않았던 것이 오히려 의리를 두려워하는 상징이다. 이제 그 후인들이 큰 글씨로 깊이 목판에 새겨 온 세상에 드날리려는 것은 어찌 거리낌이 없는 것에 가깝지 않겠는가? 여기에서 기가 리를 어기는 때도 있고, 리가 기를 통제하지 못한다는 것을 징험할 수 있다. 그렇지만 기씨가 그 당시 열정적으로 쏟아낸 마음이 바로 오늘날 대담하게 간행해서 반포하려는 (행동의) 뿌리이다. 안타깝다! 선조와 후손, 스승과 학생이 평생토록 허투루 말하기를 '태극에는 저절로 가부가 있고, 음양은 감히 그것을 따져 묻지 못한다'라고 했으면서 스스로 그 마음을 점검하고, 그 기를 자제한 적이 없어서 위로 선조와 스승을 망치고, 가운데서는 자기를 망치며 아래로 후진을 오도하는 죄를 저지르고 말았다. 아! 우리 유학은 마음을 그 자체로 성스럽다고 여길 수 있는가? 어떻게 일각이라도 기를 검속하려는 노력을 더하지 않을 수 있겠는가? 태극과 성명의 오묘함은 더욱 경솔하게 의론을 세울 수 있겠는가? 효제와 공손의 도리를 어찌 심력을 다해 체현하지 않을 수 있겠는가?

16.

내가 예전에 김감역(金監役 : 김평묵)에게 직접 듣기로 '율곡·우암의 이기설 가운데 옳다고 할 수 없는 것이 상당히 있으니 반박해서 바로잡아야 한다'라고 했다.[128] 유치정(柳穉程 : 柳致明, 1777~1861)도 남에게 보낸 편지에서 내가 (이런 말을) 날조한다고 했는데[129], 이것은 김평묵에

128 "지난 날 제가 산앙여와 중암(重菴)을 뵈었는데, '율곡·우암의 전체와 대용을 겸비한 학문은 진실로 의심할 것이 없지만, 심성론에는 오히려 옳다고 할 수 없는 것들이 있다'라고 했습니다. 산앙여는 나중에 제게 편지를 보내 '중암의 말은 망발이다'라고 했습니다." 전우, 『간재집·전편』 권2(표점영인 문집총간 vol. 332, 「擬與柳穉程」, 81쪽.

129 "지난 번에 받은 편지에서 유치정은 제가 '김평묵이 주자의 사법(死法)은 지킬 필요가 없고, 율곡·우암의 심론은 좇아서는 안 된다'라고 말한 것을 트집을 잡고 억누르려는 것이라고 여긴다고 했습니다. 이 말은 매우 놀랍습니다. 유치정의 속내가 이와 같을 줄 생각지 못했습니다. (김평묵이) '율옹·우암이 … '라고 말한 것은 산앙여가 저와 같이 들었던 내용입니다." 전우, 『간재집·전편』 권1(표점영인 문집총간 vol. 332, 「答沈參判」, 41쪽.

게 속아서 그런 것이다. (이 말은) 신앙여(申仰汝 : 申斗善)와 내가 함께 들었다. 그러므로 (신앙여는) 김평묵의 편을 들려 했지만, 이것을 숨길 수 없었기에 한 때의 망발로 돌렸을 뿐이었다. 이제 김평묵이 쓴 「외필」의 발문을 보니, "선정을 존경하고 경외한다고 하면서 천하 후세에 그들의 과실을 들춰내려고 한다"라고 꾸짖었다. 이것은 사계·우암 이하 여러 현자가 율옹을 조술한 것을 가리켜 말한 것이다. 또한 "이것을 안다면 선정을 존경하는 이로서 우리 기·이 두 선생만한 분이 없다"라고 했다. 이것은 노사·화서가 스스로 문호를 세워 한결같이 율곡을 반대하는 것으로 정론을 삼은 것을 가리켜 말한 것이다. 여기에 근거하면 김평묵이 했던 지난날의 말은 나의 날조가 아니라는 것이 분명하고, 그가 평생토록 고수한 것이지 한 때의 망발이 아니라는 것도 분명하다. 또 내게 유감스러운 것이 있으니, 왕년에 노사의 신도비가 나왔을 때 개인적으로 동지들과 말하기를 "면태(勉台 : 崔益鉉)가 잘못 '화산과 덕을 같이 한다'라는 한 구절을 집어넣어서, 아울러 사람들의 의심을 받게 만들었다. 김평묵·유치명이 있었더라면 틀림없이 크게 면태를 꾸짖었을 것이다"라고 했다. 그런데 이제 김평묵의 발문을 보니 또한 스스로 말하기를 "우리 화서 선생과 기약하지 않았어도 서로 부합했다"라고 했다. 이것은 그들 사우(師友) 사이에서 틀림없이 전해진 은밀한 부탁이 있었던 것이다. 내가 예전에 김평묵의 말로 인해 "새로운 학술이 바야흐로 들끓어 율옹이 의심을 받는다"[130]라고 말한 적이 있었다. 김평묵은 스스로 감당할 수 없다고 여겨 화서에게 받들어 올리면서 장황하게 웅변을 토했다. 지금 살펴보자면 어떻게 귀를 막고 종을 훔치려는 데로 귀결되지 않겠는가?

130 전우, 『간재집·후편』 권7(표점영인 한국문집총간 vol. 336), 「告先師墓文」, 310쪽.

내가 이 글을 썼더니 어떤 이가 이렇게 말했다. "그대의 처음 변론은 말이 간략하고 기운이 평이해서 보는 이들이 세유(世儒)의 기상이 없다고 탄식했다. 그런데 두 번째 변론에서는 말이 긴절하고 의론은 갖추어졌지만, 배척하는 것인 더욱 엄격해졌다. 마음이 뒤흔들려서 말속의 풍조에서 벗어나지 못한 것이 아닌가?"

나는 이렇게 말했다. "아니다. 그렇지 않다. 그의 「외필」이 본래 사람의 지혜와 사색을 어지럽히기에 충분한 것이었다. 그러므로 내가 조목별로 분석하면서도 그 말을 간략하게 했던 것은 서로 아끼려는 마음이 있었기 때문이었다. 그런데 이제 김평묵의 발문을 얻고 보니, 기씨를 높이려는 뜻이 이미 심했고, 율옹을 꾸짖고 업신여기려는 표현이 극렬했다. 그의 뜻은 후세의 수재들이 그의 학설을 독실하게 믿게 하려는 것이었다. 그리고 『율곡전서』는 높은 건물에 묶어두고 다시는 세상에 드러나지 않게 하려는 것이었다. 이것이 사문에 해로움을 끼치는 것이 어떻게 육·왕 두 사람이 했던 것에 그치겠는가? 나는 이 때문에 어쩔 수 없이 다시 변론해서 배척하게 된 것이다. 이것은 바로 주부자가 말한 '저들의 미혹이 깊을수록 우리도 변론에 더욱 힘써야 한다'라는 것이다. 그러나 이 또한 리의 소당연이어서 감히 객기를 멋대로 부리거나 부박한 변론에만 기대지 않았으니, 어떻게 마음의 평정을 다잡고 의리를 적절함을 판단하는 데 지장이 있겠는가? 우리 당의 선비들이 저기에 현혹되지 말고 저들의 후인들도 여기에서 깨달음이 있기를 바라는 것일 뿐, 내가 어떻게 그 사이에 사사로운 마음을 둘 수 있겠는가!

갑진년(1904) 정월 대보름[上元].

猥筆後辨

田愚

1.

栗谷先生, 嘗以陰陽動靜, 機自爾也, 非有使之, 釋上文氣發二字之義. 陽之動則理乘於動, 陰之靜則理乘於靜, 釋上理乘二字之義. 大小大明快, 無可閒然. 而奇氏錯認自字, 爲獨自之義, 乘字爲捷騰之義. 遂奮筆肆罵, 而無復少有尊敬審愼之象. 此於後學事先賢之禮, 雖所見皆是, 猶爲不順之弟子, 況未必是乎? 愚謂士之欲論理氣之說者, 須先審敬肆之節. 夫禮恭而言是, 是所存所發, 皆合於法. 見差而言孫, 猶不失爲質疑之道. 若夫所見未正而執禮不恭者, 烏得免士類之議也乎? 今且以其說論之, 朱夫子, 孔·孟以後一人而已. 而其六十六歲所定楚辭集註有曰, 一動一靜一晦一朔, 皆陰陽之所爲, 非有爲之者. 此與栗翁機自爾非有使之指, 有毫髮差爽乎? 又陳北溪錄朱子六十一歲六十九歲語, 有云屈伸往來是二氣自然能如此. 此又陰靜陽動機自爾之左契也. 夫自爾者, 自然之謂也. 今曰由己不由佗. 又曰自行自止, 不由天命. 看文字何其麤踈也? 且伊尹·孟子, 皆有天使之語. 而集註卻皆言若使之也, 其意正慮後人有錯將使字爲眞能使之之意, 則有害於道體無爲之理. 故逐處註明, 使之無疑. 而猶有今日之變, 大可歎也. 中庸或問又分明說, 所謂天使我有是者, 猶曰上帝降衷云爾. 豈眞以爲有或使之者哉? 此尤可謂和盤托出, 而無復餘蘊矣. 使彼未考乎此, 而有所云云, 固未免於謏寡之失矣. 如知有此等定論, 而故爾云云, 直是呵佛罵祖之習, 人孰不惡之? 吾未知彼旣輕慢栗翁, 則其於朱子, 亦將指爲氣奪理位, 而誚以兩本領耶? 況栗翁自言, 氣之所爲, 必有理爲之主宰, 又曰孰尸其機, 嗚呼太極! 此又從本原說者, 與所謂自爾非使之據流行言者, 初無毫髮相礙也. 雖曰皆陰陽之所爲, 曰二氣自然能如此, 曰機自爾也. 然其所以爲所以能所以自爾者, 非理而何? 雖曰非有爲之者, 曰豈眞有使之者, 曰非有使之也. 然其無爲之爲自然之使, 又何損於太極之爲主歟? 夫如是, 又安有魏延·楊儀同府乖張之患, 如猥筆之云乎? 愚謂人能於此一段, 有所領悟, 後面許多說話, 雖無之, 亦無所虧矣. 非惟猥筆, 凡近世認心謂理, 而謂理亦有知有能之說, 無不冰釋. 請世之君子, 與之講辨, 而不惜指誨焉.

2.

或人擧猥筆動者靜者, 氣也, 動之靜之者理也一段, 以爲與栗翁對策脗然契合, 柰何世人不考乎此而妄疑之也? 愚以爲此正語愈相似而意愈相悖處, 不可以不明覈也. 夫對策, 固有動之靜之者理也之語. 然其上文, 又有自然之氣云者, 則與機自爾者, 初不相妨. 如騎而主者雖是人, 而其四蹄之一前一卻, 自屬馬事也. 使彼於栗翁之指, 無所差互, 則何不擧而爲證? 乃若不聞也者, 而只將自爾非使兩語, 以譏罵之也? 夫動之靜之之云一也. 而栗翁只是根柢自然之意, 而彼則卻是操縱做事之說也. 惡可以其句語之偶同, 而不覈其指意之懸別乎?

3.

太極動靜, 猥筆以爲本是平坦語. 其意似直認動靜, 爲太極動靜者然. 此其所以誤也. 語類董叔重錄, 在朱子六十九歲以後. 而其言曰, 太極理也, 動靜氣也. 此可謂毫分縷析, 而從分金秤上秤出來者. —凡朱子說中, 言天命流行, 道體發見, 理有動靜, 理有知識, 理詣其極, 理之發, 此理光明燦爛之類, 皆要如此辨認.— 若不如此精覈, 其不爲指氣爲理者幾希. 格致家, 苟能思索到此, 說氣機自爾, 也得, 說太極動靜, 也得. 其不能然者, 於聖賢之言, 將無所不窒礙矣. 蔽一言, 太極動靜四字, 看得清楚, 說有歸宿, 則凡諸說之紛紜者, 無不冰釋矣.

4.

董錄下文, 有人馬出入之諭, 此但言理氣不離而已. 若馬之橫逸, 人之駕馭, 則未之及焉. 明儒曹月川乃曰, 死人騎馬, 行止疾徐, 一由乎馬. 其說一似猥筆之譏栗翁者, 豈不爲執言迷指之弊乎? 愚於三家太極辨, 辨之已盡矣. 至於人能馭馬之說, 則只可施於心志之率氣, 不當並及於太極性道之自然爲主而靡所知能者也. 必欲如是, 則豈惟天地之有憾, 賢智之有偏, 爲此理不能善處之咎而已, 雖冒頓之淫, 亂賊之禍, 爲此理者, 並不得逃其罪矣. 是豈理乎哉? 一義未明, 其害至此. 此讀書者所宜明核審愼, 而不可麤淺看得·胡亂說過而已也.

5.

猥筆謂今人看乘字, 有若忽見馬匹, 趫捷騰上. 今人誰也? 有謂指栗翁. 栗翁全書, 何嘗有一點半畫恁麼意脈而乃敢爾乎? 若曰指近世前輩, 則近世前輩, 亦何曾有此乖見? 今文無, 古文無, 而曰云云, 豈亦自爲元隻乎. 無論今與古人與己, 其見直是乖甚. 此箇乖見, 從甚麼太極來? 豈原來乘馬底, 使得氣如此? 抑如塞翁之得, 而自不得不爾歟? 只此一難, 便可覺悟.

6.

猥筆所謂氣之順理而發者氣發卽理發數句, 非曰不然. 而栗翁所謂機自爾, 亦安知其必爲逆理而動·逆理而靜者乎? 然則陰陽之順理而動靜, 亦可曰卽太極之動靜也. 此是從根柢上統合說下來者. 然若但如此, 而更不細分其能所界至, 則指神通妙用爲道之釋氏, 認知覺運用爲性之告子, 目光輝燦爛爲理之金谿, 擧視聽言動爲理之姚江, 皆得與吾聖門爲一轍, 而靡所異同. 其害理亂眞之患, 有不可勝言者. 此朱子所以於太極動靜四字, 亦界破理氣, 而不容混淆者也. 愚於是亦曰, 理發兩字, 亦須認得理爲理而發爲氣, 方是具眼者. 非惟是已. 如孟子言性之性固是性, 而性之卻是氣分事, 况氣發而曰卽理發, 陰陽動靜而曰卽太極動靜者, 尤何可不精辨活看, 而槩曰理而已耶? 今自家言氣發, 而栗翁之機自爾, 則禁之使不得立, 何也? 栗翁言太極尸機, 而不曾奉以周旋, 卻將命者爲主一句, 認做自家獨擅之詞, 又何也? 無乃其心先有輕視先賢之根苗? 故不及細察其指趣, 而妄肆其譏誚歟? 有志求道者, 最要先正心術而後, 可以講辨乎理氣之說, 其序不可亂也. 凡孝弟禮義, 是所當行而不可緩者. 太極天命, 是所以然而不可躐者. 請吾儒諸公之自治與敎人者, 咸以此意, 爲爲學第一大主腦焉.

7.

猥筆言, 到過不及處, 不得已而有說氣時, 蹶者趨者氣也是也. 蓋過不及, 雖亦本於理, 而末流之害於理, 則不可無區別. 此亦非曰不然, 而又有不盡然處. 孟子雖說蹶趨之氣, 然未嘗不言浩然之氣, 此何曾因過不及而不得已而言者耶? 且末流之害理者, 固不可無區別而謂之氣, 然其本體浩然而配義與道者, 亦何可混淪而直喚做理, 畢竟不得不謂之氣耳.

8.

猥筆言, 近世說理, 槩以無適莫者爲理. 吾聞適爲專主, 莫爲不肯. 故君子之心, 於天下之事, 無此二病, 而惟義理之是從也. 今謂理爲有專主, 有不肯, 則奚可哉? 豈或認心爲理, 故自不覺其言之至此歟? 未可知也. 按蘆沙答人書, 謂以明德道心爲理者爲未安. 則今此認心爲理一句, 當改云認神爲理. 蓋蘆沙旣不肯言明德是氣, 又不肯言是理. 則豈或認以爲默運妙用之神, 爲理歟? 更詳之可也. 乙巳二月追識.

9.

猥筆言, 理發二字, 爲今日學士家一大禁避語. 今日學士, 未知爲誰? 若是指栗翁, 則其言之悖慢無禮, 姑無論已. 雖以栗翁言議觀之, 亦有大不然者. 蓋天地旣無理氣迭化之理, 並無太極陰陽替動替靜之理, 則人心獨有理氣互發之理乎? 故栗翁於退翁理發之說, 每謂其未然. 然若直從根源說, 則全書中太極動靜性發爲情等語, 皆不嫌而承用矣. 性發理發, 初無異議, 何嘗禁避此二字來? 雖以後來羣賢之尊信栗翁者言之, 其言亦未嘗不如此, 何可槩以今日學士家五字了之耶? 有人擧有段落行變化成條理者, 問於栗翁曰, 此無所主張者乎? 必將曰太極爲之主矣. 此何等明白, 而彼乃自爲答語曰機自爾, 非有使之者. 是直驅率先賢之言, 使不成道理, 而必欲見屈於自家. 這是甚麽講學? 甚麽心腸? 至於末, 又無操縱之力數句, 全然無理. 所謂太極是元來乘氣者, 然則將有做得事底氣力矣. 審如是也, 曩所謂末流害理之氣, 又何不到底操束, 而乃使之至此哉? 楚人有誇其盾之堅者曰物莫能陷. 又譽其矛之利曰物無不陷. 或曰以子之矛, 陷子之盾何如? 其人無以應. 今猥筆上下文之不相副, 正如是矣.

10.

猥筆言, 由乘字失其本旨, 駸駸致得理輕氣重. 直至氣奪理位, 爲萬事本領. 一字之失, 其禍至此. 謹按全書, 初無理能蠢動隨寓輒乘底意脈, 則所謂失其本旨, 指誰而言? 可異也. 今雖以不失本旨, 元來所乘者言之, 所謂道者, 從來是無爲底. 如何能撿攝得氣? 故栗翁之前, 朱子已有氣強理弱，氣麤理微之論，而曰譬如子不肖，父也管佗不得．君所欲行，臣下沮格，君亦不能一一督責．此爲朱子六十四歲以後語也．今有人擧以問於奇氏曰，以猥筆觀之，朱子也未免啓子奪父位，臣行君權，萬世亂賊之禍矣．此宜如何排闢？彼將如何對？

11.

猥筆曰，把氣與理對，而喚做理氣，始於何時，此必非聖人之言，今按孟子之性命，—性也有命，命也有性.— 周子之眞精，明道之性氣，—性卽氣，氣卽性，論性不論氣．云云.— 伊川之理象，—至微者理，至著者象.— 朱子之心性，—性猶太極，心猶陰陽.— 皆理氣之對擧者也．溯而上之，虞帝之論心而曰人道，—人是形氣，道是性命.— 孔子之論學而曰人道，—人是心覺，道是性理.— 論易而曰道器，亦皆理氣之對擧者也．至於語類，又直言太極，便與陰陽相對．又直言形而上，便對形而下．此類彼皆未之見歟？ 何其言之妄也？ 彼又謂今人纔見理字，必覓氣作對．於是，理之流行一大事，盡被氣字帶去作家計，遂歎其爲雙本領之履霜．今按朱子說中如言纔有天命，便有氣質．有是理，便有是氣者．豈非纔見理字覓氣做對之見乎？ 然則雙本領之履霜，朱子可以當之．又推其本，則舜·孔·孟·程皆不得免，而至栗翁則可謂堅冰矣．吾聞一邊人推尊奇氏，爲我東五百年來第一大賢，而僅有一李華西，與之同德相符，則靜退以下諸先生，原不足數，而其言乃與大舜·孔子一切與之相貳，抑何理也？ 吾則寧被主氣之斥，而不欲負四千年以來諸聖賢，以假冒主理之名也．

12.

猥筆言，聖人的見流行發見，變化昭著，莫非此道之爲．愚謂奇氏，眞謂此道自能流行發見，變化昭著，如論太極動靜之見耶？ 朱子旣以太極爲理，動靜爲氣，則凡言天命流行，道體呈露，天理發見昭著，道理光明燦爛之類，皆是上面是理，下面是氣也．此等處子細咀嚼，其味無盡，未可麤淺說過便休也．若槩以出於道理言之，則邪妄過惡，程·朱且指爲出於理，況天理流行發見之云乎？雖然，吾聖門宗旨，以道體爲無爲，而凡有爲者，皆屬乎氣．故灑掃應對，程子謂便是形而上，而朱子釋之曰，其意蓋曰不離乎是耳，非卽以此爲形而上者．又如下學人事，豈外於理？而朱子辨蘇子由非學之外別有形而上者之說云，如此則是但有事而無理，但有下學而無可上達也．若不如此綜核辨析，泛指天地造化，聖賢行能，皆謂之理，則將使學者，有錯認神通妙用，直做性體，而匍匐於佛子之門者矣．是其害理亂眞，爲何如哉？凡吾黨之士，眞欲爲主理之學者，於此宜猛著精采，而審著脚跟也．

13.

猥筆言，今人驅道理於冥漠，纔有發見昭著，一屬之氣．如此者，爲識理氣，不如此者，爲不識理氣．雖以虛名過去說，說道說理，其實氣奪理位，爲萬事本領而已．若是則天下更無詖淫邪遁矣，顚倒猖披，何事不有？

近日諸公，多謂此指栗翁．愚每隱之於心，縱有恃才騁氣之人，亦何敢乃爾？故前後記箚，不曾隨衆詆斥．近檢全書答安應休書，言理何以流行乎，氣之流行，理乘其機故也．理本無爲，而乘氣流行．變化萬端，雖流行變化，而其無爲之體，固自若也．吾友見此理之流行變化，乃以理爲有動有爲，此所以不知理氣也．今以猥筆準此，則其所謂驅道理於冥漠者，豈或指理本無爲，無爲之體，固自若等語耶．其所謂纔有發見昭著，一屬之氣者，豈或指理何以流行乘氣而流行之云耶．其所謂不如此者，不識理氣，卽是指吾友不知理氣而云也．此旣如是，則詖淫邪遁，顚倒猖披，將何所歸？雖有善辨，殆難爲之出脫矣．以此而謂之尊慕栗翁，無如我奇·李二先生，—此兩語，出金監役猥筆後題.— 則夫子所謂吾誰欺欺天乎者. 恐不可不惕念而亟改之也.

14.

猥筆言, 欲以瑣力矯救, 則彼必曰前賢亦嘗云爾, 童行學子, 一能勝余. 愚按主之所往, 僕焉有不往? 理之所專主, 氣焉有不從? 理之所不肯, 氣何敢自行? 果如奇論, 而天地間誠有此理此氣, 則栗翁亦必生於此理此氣, 何緣有此妄發? 後人亦必生於此理此氣, 何緣誤信栗翁? 且奇氏之言, 亦自亭亭當當, 直立不倒於天地之閒, 而千人萬人, 自不敢與之爭衡矣. 何者? 栗翁之發之太快, 而流弊後世者, 亦氣也, 後人之頭戴前賢, 而聲討奇氏者, 亦氣也. 如使所謂理者, 果能管攝乎氣; 所謂氣者, 果不能違悖乎理, 則何以有此流弊聲討之變哉? 以此究勘彼說之無理, 如視諸掌矣. 世之尊奇氏者, 請置辨.

15.

以愚觀於奇氏, 其八十年內抱耿耿者, 不過見理之誤也. 其不敢發口明言者, 猶有畏義之象也. 今其後人, 大書深刻, 以橐揚於天地閒者, 豈非近於無忌憚耶? 於是乎氣之有時乎違理, 理之不能管攝乎氣者, 亦可驗矣. 雖然, 奇氏當日銳意寫出之心, 卽今日放膽印布之源也. 惜乎! 其祖孫師生, 生平謾說太極自有適莫, 陰陽莫敢誰何, 而不曾自檢其心, 自制其氣, 以致上謾祖師, 中誤自己, 而下迷後進之罪矣. 嗚呼! 吾儒之於心, 其可自聖? 其於氣, 又豈可一刻不加撿束之功乎? 其於太極性命之妙, 尤何可輕易立論? 其於孝悌恭遜之道, 尤何可不盡心力以體之乎?

16.

愚昔親聞金監役言, 栗尤理氣之說, 未敢以爲是者, 頗有駁正矣. 柳穪程與人書, 謂愚捏造, 此被金所欺而爾也. 申仰汝則與愚同聽, 故雖爲金左袒, 然不敢諱之, 只歸之一時妄發, 今觀金猥筆跋語, 已譏其尊畏先正者, 爲纍揚其過失於天下後世, 此指沙·尤以下羣賢之祖述栗翁者言也, 又曰知此則尊先正者, 莫如我奇·李兩先生, 此指蘆沙·華西之自立門戶而一反栗翁定論者言也. 據此則知金前日之言, 非愚之捏造明矣. 知其爲平生所執, 非一時妄發更明矣. 抑余又有所感者, 往年蘆碑之出. 私與同志語云, 勉台謾入華山同德一句, 而使之並受人疑, 使金·柳而在者, 必厚誚勉台矣. 今見金跋, 亦自言我華西不約而相符, 是其師友之閒, 必有單傳密囑者矣. 愚曾因金語, 而有新學方熾, 栗翁見疑之云. 金不以自當, 乃奉以納諸華西, 而大張雄辯矣. 由今觀之, 豈不爲掩耳盜鐘之歸也耶?

余旣爲此篇, 或言子之初辨, 言略而氣平, 觀者歎其無世儒氣象, 及此再辨, 則言之切, 論之備, 而斥之較嚴, 無乃有所激而不免於末俗之習歟? 余曰, 否, 不然也, 彼之猥筆, 固足以亂人知思, 故余爲之條析, 而略其辭者, 蓋猶有爲之相惜者矣, 及得金監役題跋, 其尊尙奇氏之意已甚, 譏侮栗翁之辭更極, 其意將使後來之秀, 無不篤信彼說, 而栗谷全書, 則欲束之高閣, 而不復宣露於世, 是其爲害斯文, 豈止於陸·王二氏而已哉, 余故不得已而再加辨斥, 此正朱夫子所謂彼之惑愈深, 而此之辨愈力者也, 然是亦理之所當然, 而不敢肆其客氣, 騁其浮辯, 則又何損於持心之平·裁義之中也乎? 蓋亦欲使吾黨之士, 無眩於彼, 彼之後人, 有悟於此而已, 吾何容私於其閒哉! 甲辰上元.

윤운서에게 답함

갑진년(1904) 6월 21일

유인석

이 글은 유인석(柳麟錫, 1842~1915)[131]이 1904년 6월 21일 동문인 윤석봉(尹錫鳳, 1842~1910)[132]에게 답하는 편지다. 「외필」에서 시작된 논란은 최익현이 지은 기정진의 「신도비명」을 둘러싼 논쟁으로 확대되고, 이어서 이항로의 성리학에 대한 비평으로 이어지는 1904년의 상황을 보는 화서학파 내부의 관점이 표현되어 있다. 유인석은 「외필」에서 내용이 아닌 이이의 발언을 다루는 태도를 문제 삼는 한편, 최익현의 「신도비명」을 비판하는 것이 이항로에 대한 비판으로 연결되는 것은 부당하다고 주장하고 있다. 또한 이 편지를 통해 이항로의 성리학적 독창성을 "태극에 주재가 있다는 것, 명덕을 리로 말하는 것, 제통(帝統)에서 원대(元代)를 삭제하자는 것, 시론에서 이적과 사설을 물리치자는 것"이라는 네 가지로 입장으로 요약하고 있다는 것도 특징적이다. 『의암집(毅菴集)』 권7에 실려 있다.

세상의 혼란이 끝이 없으니, 서로 호응하면서 구제하려는 마음도 끝이 없을 것입니다. 그러나 쓸쓸히 떨어진 채로 힘을 합치지 못하고 그

131 자는 여성(汝聖) 호는 의암(毅庵) 본관은 고흥(高興)이다. 강원도 춘천 출신으로 이항로·김평묵·유중교의 문인이다. 1876년 병자수호조약을 반대하고, 명성황후 시해사건 이후인 1895년 전국적인 의병활동을 주도했으며, 1910년 경술국치 이후에도 국내·외를 오가며 국권 회복 운동을 펼치다 만주 봉천에서 질병으로 세상을 떠났다. 저술로 『의암집(毅菴集)』 및 『화동속강목(華東續綱目)』, 『소의신편(昭義新編)』 등이 있다.

132 자는 운서(雲瑞) 호는 삼희당(三希堂) 본관은 파평(坡平)이다. 유인석과 동문으로 경기도 양주 지역에서 활동하다 충남 보령군 웅천으로 낙향해서 후학을 가르쳤다. 1906년 홍주의병에 가담했다 체포되어 옥고를 치렀다. 저술로 『삼희당유고(三希堂遺稿)』가 있는데, 2008년 보령문화원에서 『삼희당선생집(三希堂先生集)』 상·중·하 3권으로 영인 발간했다.

리워할 뿐입니다. 말이 여기에 이르니 어찌 탄식하지 않겠습니까? 작년 가을에 형이 채씨(蔡氏) 친구 편에 편지를 보내셨습니다. 저는 마침 고향으로 가고 있던 터라 가정(柯亭)[133]에 이르러서 읽었습니다. 천 리나 멀리 떨어져도 목소리와 용모가 완연해서 제 마음에 많은 위안이 되었습니다. 그러나 바쁘고 번잡한 와중인지라 한 번 보고서 큰 강령을 대략이나마 깨달을 수 있었지만, 얼마 후에 잃어버리고 말았습니다. 편지도 이미 잃어버렸고, 읽은 지도 오래되어 얼굴을 마주하더라도 말할 만한 것을 상세히 대답할 수도 없으니, 대단히 잘못된 일이라고 매우 한탄합니다. 나중 인편에 다시 편지의 부본을 보내주시겠습니까?

편지에서 남쪽 지방의 소란을 언급하면서 노사가 꾸짖음을 당하고 있고, 면암은 비방을 받고 있다고 했으며, 이윽고 선사이신 화옹(華翁)도 언급된다고 했습니다. 스승을 위해 무함을 변론하는 것은 예로부터 법도가 있습니다.

저보고 변론하라고 한다면, 제 생각에 노사의 「외필」은 강학의 득실을 우선 제쳐 두더라도 (선현을) 존중 경외하는 체제에 잘못이 있습니다. 면암의 「신도비명」은 잘못 지은 것이 없지 않아서 꾸짖음을 당하고 비방을 받을 만한 단서가 본래 있다지만, 화옹(華翁)이 무슨 이유로 함께 배척을 당하는지 모르겠습니다. 화옹에게는 「외필」과 같은 글이 없고, 우리나라에서 율옹을 존중하는 것으로는 진실로 화옹만한 이가 없습니다. 면암의 「신도비명」에 "같은 시대에 동덕이 있어 화산이 우뚝 솟았다"라는 한 구절이 있어서 (비방을 받는) 것이라면, 이 또한 타당치 않습니다. 어떻게 제자의 말 한 마디로 인해 이러한 지나친 비난을 받아야 하겠습니까?

보통 사람이라도 칭찬과 비난에 신중해야 하는데, 하물며 화옹은

---

133 유인석의 고향인 춘천시 남면 가정리(柯亭里)를 가리킨다.

대명현(大名賢)의 지위에 있습니다. (어째서) 조금도 헤아려보지 않고 갑자기 비방을 가하는 것입니까? 이것은 그들의 뜻에 '화옹의 일파가 형세가 미약한 것을 틈타서 내가 비방을 하려는 것인데 비방하지 말아야 할 어떤 곤란이 있다는 것인가'라는 것이니, 저들에게 어찌 길상(吉祥)의 도라고 하겠습니까?

(그렇다고 선사를) 위해서 변론하려는 것도 안 될 말입니다. 우리 화옹이 스스로 주장한 것은 네 가지이니, 태극에 주재가 있다는 것, 명덕을 리로 말하는 것, 제통(帝統)에서 원대(元代)를 삭제하자는 것,[134] 시론에서 이적과 사설을 물리치자는 것입니다. 이것은 공자·증자·정자·주자·율곡·우암의 뜻을 이어받아서 말한 것으로 주변 사람들의 시비를 돌아보지 않고, 당대에서 알아주기를 기대하지 않고 주장한 것입니다. 이제 (선사의) 문도라면 마땅히 선사의 마음을 체득할 것이지 어떻게 남들이 알아달라고 하면서 시끄럽게 일을 변론하겠습니까? 다만 후대의 식견 있는 이를 기다릴 뿐입니다.

후세의 식견을 갖춘 이가 있어서, 그가 옳다고 한다면 우리 선사께서 옳은 것이요, 그가 그르다고 하면 우리 선사께서는 그른 것입니다. 후세에 식견을 갖춘 이가 없다면 또한 어찌할 수 없으니, 이와 같을 뿐입니다. 우리들이 바깥에 있는 분란을 걱정하는 것은 타당치 않으니, 진

---

134 이항로가 김평묵과 유중교의 손을 거쳐 편찬한 『송원화동사합편강목(宋元華東史合編綱目)』에서 제시한 입장을 가리킨다. 유인석은 이 책의 의의를 이렇게 요약했다. "중국의 상로·만안 제공이 『속강목』을 편수할 때 오랑캐인 원을 '정통'으로 처리하였으니, 이는 이적이 정통을 범하는 변란이 천지를 뒤엎는 결과를 가져온다는 것을 생각지 못한 것으로, 중화와 이적의 구별과 존양의 의리를 갖추지 못한 것이다. 선생은 선정 우암 송부자의 뜻을 계승해서 그 잘못을 바로잡고 '무통(無統)'으로 처리하였으니, 무릇 화이의 구분에 관계된 것에 대해 그 요점을 지극히 밝힌 것이다. 이것이 이 책을 편찬하면서 주장하고자하는 대의다." 柳麟錫, 『毅菴集』 권42(표점영인 한국문집총간 vol. 339), 「宋元華東史合編綱目序」, 136쪽.

정으로 걱정할 것은 안으로 내실이 없는 것이기 때문입니다. 선사가 남기신 단서를 만에 하나라도 이을만하다면, 이것은 곧 생전 며칠이라도 마땅히 서로 책려하면서 힘을 더해야 합니다. 통탄하고 한탄할 만한 것은 오늘날이 어떤 시대인가 하는 것입니다. 음사와 이적, 짐승의 무리가 모든 곳에 그득하고 장구한 성인의 도가 사라지고 있으며, 장구한 중화의 맥이 끊어지고, 장구한 인류가 다 없어지고 있으니, 원통함과 애통함을 어떻게 해야겠습니까? 책을 읽는다는 이[讀書種子]들은 외롭고 약해져서 있는 듯 없는 듯하니 형세가 매우 가련합니다. 서로 함께하면서 오월동주처럼 힘을 합치고, 왼손과 오른손처럼 서로를 구제하려고 해도 어찌할 수 없습니다. 고개를 숙인 채로 숨을 쉬고 엎드린 채로 헐떡거리면서 머리는 조금도 들어 올리지도 못합니다. 그러다 조금 틈이라도 생기면 곧장 서로를 공격해서 해치려 하면서 전력을 기울이니, 스스로 그 기세를 고립시키는 것을 장차 어떻게 되겠습니까? 하물며 화옹은 오늘날 세상이 존양위척(尊攘衛斥)의 대의를 주장한 사람이요, 이 세상을 부지하는 것은 오로지 그 덕입니다. 노사와 면암의 존양위척도 모두 높이 빛나지만, 불행하게도 「외필」과 「신도비명」의 실수로 인해서 이제 한 덩어리로 사람들에게 매장을 당하고 있습니다. 천지가 기울고 망하는 것은 이 일에서 시작되었다고 지목되고 있습니다. 그러나 이 일이 어떻게 오로지 사람에게서만 발단한 것이겠습니까? 하늘의 마음이 그렇다고는 할 수 없겠지만, 생각해보면 조화의 기수(氣數) 중간에 한 못된 귀신이 있어서 사악한 이적과 짐승들의 땅을 만들어 한바탕 소란을 불러일으킨 것이니, 아! 슬퍼할 일입니다.

듣기로 우리 형께서는 궁핍한 형편에도 경암(敬庵)[135]을 위해 그 자식을 거두시고 길러 주셨다니, 이것은 어떤 융성한 덕인 것입니까? 감동

135 경암 : 경암(敬庵) 서상렬(徐相烈, 1854~1896)로 추정된다.

해서 눈물이 흐릅니다. 저는 벗의 죽음을 따라서 죽지도 못하고 살아남아 벗들 사이에서 먹고 살고 있지만, 생각은 죽은 벗의 가족들에게 미치지 못했습니다. 사람의 이치가 여기에 이르렀으니 더 이상 무엇을 말하겠습니까? 다행스럽게도 동남 지역의 벗들이 죽은 벗의 집안을 위해 사안을 발의했고, 우리 형께서 여러 사람과 함께 힘을 내었습니다만, 불행하게도 세상의 혼란이 점점 더 심해져, 일이 여태 결실을 보지 못하고 있습니다. 저 또한 사사로이 스스로 의론해서 벗들에게 언급하고자 합니다만, 혼란으로 인해 미치지 못하고 있으니, 참으로 공교롭습니다. 저는 날이면 날마다 달이면 달마다 죽은 벗의 집안과 강계(江界)의 의병총(義卒塚)을 옮기는 일을 생각하고는 있습니다만, 결국 어찌해야 할지는 모르겠습니다.

『중암집(重庵集)』의 간행은 대충 두서를 이루기는 했습니다만 병사들이 어지럽히는 바람에 정지되었습니다. 중요하고 시급한 일인데 이처럼 지지부진하고, 문생들의 도리와 정세가 어떤지는 말하지 않아도 형 또한 들으셨을 터이니, 매우 개탄스럽기만 합니다.

늦여름 무더위가 괴로운데, 형께서는 도체(道體)를 보중하시고, 두 분 부모님도 평안하십니까? 경암의 부인은 아직도 수원의 본댁에서 늘 안녕하십니까? 고아는 몸이 날래고 독서에 힘을 쓰며 듣기로는 이미 혼사를 의논하고 있다는데, 일은 성사되었습니까? 김중일(金仲一 : 金華植)은 편안히 지내는지 어떤지 평소에도 잊어버릴 수 없습니다.

저는 봄에 석계(石溪)에서 와서 산두재(山斗齋)에서 지내고 있습니다. 요즘은 또 은률(殷栗)로 옮겨서 지내고 있습니다. 노둔한 사람의 만년에 학질에 시달리니, 형편이 정말로 가련합니다. 홍봉곡(洪鳳谷 : 洪鍾善, 1838~?)[136]이 선사의 집안일을 하느라 나이를 잊고 무더위를 무릅쓰고

---

136 자는 봉여(鳳汝)이고 호는 봉곡(鳳谷)이며 본관은 남양(南陽)이다. 김평묵의 문인으로 거주지는 경기도 가평군 도성(道成)이었다.

먼 길을 다니는데 경탄스럽습니다. 생각건대 남쪽으로 가서 형을 방문할 것입니다. 병을 무릅쓰고 힘들게 불러 부치느라 제대로 갖추지 못했습니다. 헤아려 살펴주십시오.

答尹雲瑞

甲辰六月二十一日

柳麟錫

世亂罔極, 相應相求之心, 宜無不極, 而落落未合, 只有相思. 興言到此, 寧不於邑? 去年秋, 兄因蔡友便寄書, 弟時作故鄕行, 至柯亭承讀之. 完然千里音容, 多慰我心. 然在忽撓中, 只一閱領畧大綱, 旋又見失. 書本旣失, 長時奉披, 以敵承顔, 又無以詳對, 以適其可, 大是欠事, 多少恨歎. 後便可更錄送書本否? 示喩南中紛紜, 蘆沙見討, 勉菴被謗, 轉及於先師華翁. 爲師辨誣, 古有成法, 欲使麟錫有辨, 以愚思量, 蘆沙猥筆, 講學得失且置, 有欠尊畏之體, 勉庵碑銘, 不無做錯. 見討被謗, 固有其端, 不知於華翁, 緣何而幷斥? 華翁不有如猥筆文字, 我國尊栗翁, 實莫如華翁. 特以勉庵碑銘, 有時有同德華山屹屹句而爲然, 則亦不得當. 安有因弟子一句語而爲此重難之事者耶? 雖於尋常人, 當愼與奪, 况華翁大名賢地位, 不少商量而遽加之? 是其意華翁一派乘勢微弱, 我欲加之, 何難而不加, 在彼豈爲吉祥之道耶? 若爲之辨焉則不可. 我華翁所自主者有四件, 曰太極有主宰, 明德以理言, 帝統削元代, 時義斥夷邪. 是盖承述孔曾程朱栗尤之意, 而不顧傍人之是非, 不求當時之見知而爲之. 今爲門徒者, 當體先師之心, 豈可求知於人而呶呶事辨乎? 只得百世以俟知者. 百世有知者, 知者是之, 吾師是矣, 知者非之, 吾師非矣. 百世無知者, 亦無可奈何, 其如斯而已矣. 惟吾輩不當憂外有紛紜, 正憂內無其實. 可以承先師緖餘之萬一者, 是則生前幾日, 所宜相責勵而加力也. 所可痛恨者, 今日何時? 淫邪夷狄禽獸, 充斥偪塞, 萬古聖道見滅, 萬古華脉見絶, 萬古人類見盡, 哀痛憤寃, 當如何哉? 所謂讀書種子, 孤子殘弱, 若存若亡, 勢極可憐. 雖相偕相與, 如胡越同風舟, 相救如左右手, 莫可奈何. 顧俯息伏喘, 頭不少檯. 苟得小隙, 輒相攻擊殘破, 不遺餘力, 自孤其勢, 其將奈何? 況華翁是今天地, 尊攘衛斥大義主人, 扶持斯世, 專賴其力. 蘆沙·勉菴, 其衛斥尊攘, 亦皆軒耀, 不幸有猥筆碑銘之失, 今乃一弁爲人埋殺. 天地傾陷, 目此事始, 然此事豈專由人乎哉? 不可曰天心爲然, 意者造化氣數中間, 有一惡鬼神, 爲淫邪夷獸地, 生出一場波動, 嗚呼其可痛也. 聞吾兄以若窘力, 爲敬庵收其孤, 養之敎之, 此何盛德, 令人感泣, 麟錫不隨死友死, 生而喫着於士友間, 念不及死友家眷. 人理到此, 寧復可言? 幸而東南士友爲死友家, 有發議事, 吾兄與諸君子, 皆已出力, 不幸世亂加劇, 事姑未實. 愚亦欲私自議及於士友間, 而因搶攘未及焉, 誠亦巧矣. 麟錫日心月心, 未嘗不在死友家與江界義卒塚移理事, 而未知竟得如何也. 重菴集印出, 略成頭緖, 被兵撓停止, 莫重莫急事, 差遲如此, 門生輩道理情勢, 無謂如何, 兄亦聞之, 當極慨恨也. 伏惟季夏苦炎, 兄道體萬重, 寶眷均慶. 敬庵室內, 尚依水原本宅而常安寧云耶? 孤兒身健勒讀, 聞已議婚, 果成否? 願聆金仲一亦安過否, 尋常不能忘也. 弟春自石溪來, 住山斗齋. 近又移留殷栗, 勞頓餘方患瘧疾, 形摸眞可憐. 洪鳳谷爲先師家事, 忘老衝暑而踏遠, 爲之驚服. 謂將南行訪兄, 力疾艱呼以付, 不成次第, 伏惟恕照.

전자명에게 답함

갑진년(1904) 8월 29일

송병순

이 글은 송병순(宋秉珣, 1839~1912)이 1904년 8월 전우(田愚, 1841~1922)에게 보내는 답장이다. 전우가 1903년 연말과 1904년 초 사이에 보낸 것으로 추정되는 「송동옥에게 답함[答宋東玉]」[137]에 대한 답장이다. 편지의 첫 단락에서 '(최익현이) 지은 노사 「신도비명」이 김평묵의 「발문」의 취지를 표현한 것'이라는 전우의 말을 인용하고 있는 데서 알 수 있다. 『심석재집』 권6에 실려 있다.

앞 편지의 14조목은 조목마다 읽어 보고서 마음속 깊이 새겨두었습니다. '(최익현이 지은) 노사의 「신도비명」이 김평묵이 지은 「발문」의 취지를 표현한 것'이라는 지적은 정말로 타당합니다. 나머지 사정과 절목의 진위를 분석한 것도 매우 자세하고 철저합니다. '리는 살아 있고 기는 죽었다', '주인이 향하려는 곳으로 종이 따른다'라는 것을 '마음을 성으로 여기는 (이단의 가르침과) 길을 달리할 뿐 귀결은 마찬가지일 것'이라고 한 것은 더욱 직절하고 명쾌합니다. 요즘 시끄럽게 떠들면서 도를 어지럽히고 잘못 아는 이들의 마음과 간담을 서늘하게 할 만합니다.

'기틀이 스스로 그렇다'라는 것을 기발(氣發)의 각주라고 여기고, '리가 움직이는 것이 아니요, 리가 고요한 것이 아니다'라는 것을 이승(理乘)의 각주라고 여긴다고 했는데,[138] 제 생각에는 옳지 않은 것 같습니

137 전우, 『간재집·전편』 권2(표점영인 한국문집총간 vol. 332), 「答宋東玉」, 50~52쪽 참조.

138 같은 책, 같은 글, 51쪽 참조.

다. 율옹이 이론을 제창한 본뜻으로 찾아본다면 음양은 기이고, 고요하고 움직이는 소이는 리입니다. 기틀[機]은 기이자 리가 타고 있는 것입니다. 기발을 말하자마자 리는 이미 타고 있는 것입니다. 만일 앞뒤 구절을 나누어 각주로 여긴다면 아마도 기가 앞서고 리가 뒤이며, 리와 기가 서로 떨어진다는 혐의가 있을 듯합니다. 아마도 두 구절로 끊어 보아서 그 본뜻을 잃어서는 안 될 것 같습니다. 다시 생각해 보십시오.

또한 '리는 지각도 능력도 없다[理無所知能]'라고 했는데[139], '조작과 행위가 없다[無所作爲]'라고 고치는 것이 좋겠습니다. 편지 가운데 우계에게 답하는 편지에서 '스스로 그렇다[自爾]'라고 한 뜻과 「천도책」에서 '스스로 그렇다[自然]'라고 한 뜻에 편전의 차이가 있다고 했는데[140], 제대로 살피지 못한 것 같습니다. 그 취지는 리와 기가 하나라는 것이니, 표현이 조금 다르다고 해서 또한 그 본뜻을 의심해서는 안 됩니다. 당신은 어떻게 생각할지 모르겠습니다.

주자가 「반겸지(潘謙之 : 潘柄)에게 답함」에서 지(智)를 논한 뜻은 그 뒤의 문장을 살펴보지는 못했습니다만, 세 귀퉁이가 반응한다는 의미로 의심할 수 있겠습니까? 사랑·공경·마땅함·분별은 정입니다. 사랑하는 소이로서의 이치가 곧 인입니다. 공경하는 소이로서의 이치가 예입니다. 마땅한 소이·분별하는 소이가 의와 지입니다. 이것으로 유추하자면 깨달을 수 있을 것입니다.

『주서차의(朱書箚疑 : 『주자대전차의(朱子大全箚疑)』)』의 편찬을 완성하고 간행한 시기에 대해 말하자면, 우리 선자(先子 : 송시열)께서 무오년

---

139 이 구절은 전우가 송병순에게 이 편지를 보내면서 따로 보낸 「율곡선생이 우계에게 답한 편지를 읽고[讀栗谷先生答牛溪先生書]」에서 말한 내용이다. 전우, 『간재집·전편』 권14(표점영인 한국문집총간 vol. 333), 「讀栗谷先生答牛溪先生書」, 121쪽.

140 전우, 『간재집·전편』 권2(표점영인 한국문집총간 vol. 332), 「답송동옥」, 51쪽 참조.

(1678) 장기(長鬐)에 있을 때 비로소 편찬을 완성했습니다. 기사년(1689)에 탐라(耽羅 : 제주도)에 갈 때 서문의 원고를 한수재(寒水齋 : 權尙夏, 1641~1721)에게 주었고, 정조(正祖) 임진년[141]에 왕명으로 간행했습니다. 대산(臺山) 김공(金公 : 金邁淳, 1776~1840)이 정정이 미진한 곳을 따라서 『표보』를 지었으니, 이것은 후세 사람들에게 매우 훌륭한 공을 세운 것입니다. 주자의 글 가운데 충주의 이씨[忠州之李]에 대해서는 『차의』를 따라서 또한 '자세하지 않다[未詳]'라고 했습니다.[142] 그에 관해서는 고찰할 것이 없어서 감히 질문에 대답하지 못합니다.

지(知)·인(仁)·용(勇)은 마음의 기능[能]이고, 지·인·용의 리가 성의 덕이라고 했는데, 편지의 말이 옳은 것 같습니다. 주자의 시에서 "나고 들 때 기의 기틀을 탄다"[143]라고 한 것은 마음이 (기기를) 타고 있다는 뜻입니다. 「태극도설해」에서 "움직임과 고요함이 리가 타는 기틀이다"라고 한 것은 리가 타고 있다는 뜻입니다. 문장을 따라서 의미를 찾아보아야 비로소 귀결을 알 수 있습니다. '기(機)'자가 같다고 해서 증거로 삼을

141 『주자대전차의』는 언제 간행되었는지에 대한 정확한 기록이 없다. 송병순은 '正廟壬辰'이라고 말하고 있지만 정조(正祖)는 재위기간이 1776~1800년으로 그의 재위 기간에는 '임진년'이 없었다. 임진년을 기준으로 하면 숙종 38년(1712)이거나, 영조 48년(1772)년 둘 가운데 하나로 추정되고, 그렇다면 원문의 '正'은 '肅' 아니면 '英'의 착각으로 보인다. 한편 이항로의 다음 진술을 참조하면 '숙'의 오자일 확률이 높다. "『차의』는 우암 선생이 거제로 귀양갔을 때 편찬하기 시작했다. 숙종이 선색(宣索)하여 간행하였다." 李恒老 編著·李埈 參訂, 『朱子大全箚疑輯補』 vol. 1(연세대 한국학 연구원 영인본, 1995), 「諸家箚註書目」, 7쪽.

142 『주자대전』 권82에 「발이충주가제첩(跋李忠州家諸帖)」이 실려 있는데, 『주자대전차의』에서는 "이충주에 대해서는 살펴 보아야 한다[李忠州, 當考.]"라고 말하고 있다. 김매순의 『표보』에서는 『차의』를 좇아서 '자세하지 않다[未詳]'라고 주를 달고 있다는 뜻이다. 송시열, 『주자대전차의』(보경문화사 영인본, 1984), 530쪽 참조.

143 주희, 『회암선생주문공문집』 권4(『주자전서』 vol. 20), 「齋居感興二十首」, 360쪽.

수는 없을 듯하니, 다시 깊이 생각해 보십시오.

선조인 우옹(尤翁)의 큰형님은 나이 36세에 오랑캐의 난리 통에 화를 당했고, 부인도 같은 해에 세상을 떠났습니다.[144] 후사를 세우지 않았던 것은 이어받을 사람이 없었기 때문이었습니다. 요즘에는 대부분 양자를 들이는 법도가 물려주는 이가 없는데도 스스로 후사로 자처하는 경우가 있다고 하니, 패륜이 극에 달했습니다.

---

144 송시열은 아버지 송갑조(宋甲祚)와 어머니 한산 이씨(韓山李氏) 사이에서 태어난 다섯 형제 가운데 셋째인데, 그의 큰형인 송시희(宋時熹)는 1601년 생으로 1627년에 27세로 세상을 떠났고, 그의 부인 또한 같은 해에 세상을 떠났다. 송병순이 '36세'라고 한 것은 '27세'의 착각으로 보인다.

答田子明

甲辰 八月小盡日

宋秉珣

前書十[145]四條, 逐條擎讀, 深刻肺腑. 蘆碑爲金跋之傳神, 所論果是的當. 其他剖析情節之眞僞者, 極出於精核. 以理活氣死·主向僕往爲認心爲性之殊塗同歸者, 尤直截明快, 使近時喙喙爭鳴亂道而誤人者, 可破膽絶腔矣. 以機自爾爲氣發之註脚, 以非理動·非理靜爲理乘之註脚者, 瞽見恐不然. 竊以栗翁立論之本旨求之, 則陰陽是氣也, 而所以靜所以動者理也. 機是氣也, 而乃理之所乘也. 纔言氣發理已乘矣. 若以上下句分爲註脚, 則似有氣先理後彼此相離之嫌, 恐不可作兩截看以失其本旨也. 更合商量. 且理無所知能云者, 改以無所造爲恐好. 所諭中以答牛溪書自爾之義與天道策自然之意爲偏全之不同者, 恐失照管. 盖其指理氣一也, 而合下文辭之小異, 亦不可疑其本旨也. 未知高見以爲如何? 朱子答潘謙之書論智之義, 抑未及察其下文, 三隅反之指而疑之歟? 蓋愛恭宜別是情也, 而所以愛之理則仁也, 所以恭之理則禮也, 所以宜·所以別者義與智也. 以此推之, 則可曉然矣. 朱書箚

145 十 : 『간재집·전편』 권3에 실린 「답송동옥(答宋東玉)」에는 송병순의 「변외필설」에 대한 4조목의 질문이 실려 있을 뿐이다. 두 가지 해석 가능성이 있는데, 원래 14조목인데 알 수 없는 이유로 10조목의 질문이 빠졌거나, 아니면 그저 '十'이 오자일 가능성이다. 이 편지의 후반부에 『주자대전』 권82에 「이충주 집안 여러 첩의 발문[跋李忠州家諸帖]」의 내용에 대해 『차의』와 『표보』를 인용하면서 자료 부족을 이유로 전우의 질문에 대답할 수 없다고 말하는 구절이 실려 있는데, 이와 관련된 질문이 전우의 편지에서 언급되지 않고 있는 것으로 미루어보면, 현재 『간재집』에 실린 「답송동옥」이 완전한 글이 아닐 가능성도 높아 보인다.

疑成編與入印年月, 蓋吾先子於戊午長鬌時始成編, 己巳耽羅之行, 乃草序文以授寒水齋, 至正廟壬辰自上命印出, 臺山金公隨其訂正之未盡處著標補, 此甚有功於嘉惠也. 朱子書中忠州之李, 隨箚亦云未詳, 他無所考處, 不敢質告耳. 知仁勇, 是心之能; 知仁勇之理, 乃是性之德, 所諭似得矣. 朱子詩出入乘氣機, 是心之所乘也, 太極解動靜所乘之氣, 則理之所乘也. 因文究義, 始可得歸趣, 機字雖同, 恐不可爲證左, 更可覃思焉. 先祖尤翁伯氏年三十六, 被害於虜亂, 配位亦同年下世. 不立後, 卽以無受者而然也. 近世率養法無與受者而有自行者, 敗倫極矣.

전우가 쓴 「외필변」을 변론함

정의림

이 글은 정의림(鄭義林, 1845~1910)이 1904년 전우의 「외필변」을 변론한 것이다.[146] 정의림은 '노문삼자'로 손꼽혔던 기정진의 대표적 문인으로 외필논쟁에도 적극적으로 참여했다. 그는 이미 1902년에 「동지들에게 써서 보이다[書示諸同志]」를 비롯한 다수의 글을 썼고, 1904년에 전우의 「납량사의기의」와 「외필변」을 반박하는 두 편의 글을 썼다. 이 글은 모두 8조목으로 이루어져 있는데, 앞 7조목은 「외필변」을 인용한 후 자신의 견해를 덧붙이고 있다. 마지막 8조목은 현행 「외필변」에 실리지 않은 내용을 인용한 다음 비판하고 있다. 인용문의 경우에는 먼저 '전우왈(田愚曰)'이라고 표기한 다음, 한 칸을 낮추어 썼고, 자신의 견해는 별다른 표기 없이 한 칸을 올려 써서 구분했다. 『일신재집』 권11에 실려 있다.

1.

[외필변] 율옹이 "음양의 움직임과 고요함은 기틀이 저절로 그런 것이지 시키는 것이 있지 않다"라고 했는데, 노사는 「외필」에서 이것을 매우 공박했다. 그러나 내가 보기에 주자는 평소 '리는 조작(造作)이 없다'라고 말했는데, 움직임과 고요함은 조작이다. 그래서 (율옹은) '저절로 그런 것이다'라고 말한 것이다.[147] 공자는 분명히 "하늘이 만물을 낳

146 裵錫冕 編, 『日新齋先生淵源錄』 권1(국립중앙도서관, 古2513-386), 36전면 참조.

147 주자는 … 것이다 : 현재 『간재집』에 실린 「외필변」과 내용이 약간 다르다. "주자는 평소 '작용이 있자마자 곧 형이하이다'라고 했으니, 움직임과 고요함이란 작용이다. 그래서 (율곡은) '저절로 그런 것이다'라고 한 것이다.[朱子雅言, 纔有作用, 便是形而下者, 動靜者, 作用也, 故曰機自爾也.]" 전우, 『간재집·전편』 권13(표점영인 한국문집총간 vol. 333), 「외필변」, 79쪽.

으면서 … 심어진 이는 북돋아 주고 기울어진 이는 엎어버린다"라고 했다. 주자는 이에 대해 오히려 '이것은 어떤 물건이 있어 그렇게 하는 것이 아니다. 다만 만물이 생겨날 때 저절로 자라나지만 마치 어떤 물건이 그것을 부지해 주는 것과 같고, 쇠약할 때에 저절로 닳아 없어지지만 마치 어떤 물건이 이것을 밀어서 뒤엎어버리는 것과 같다. 리가 저절로 이와 같다'라고 했다. 또한 맹자는 분명하게 "하늘이 만물을 낳으면서 근본이 하나이도록 했다"라고 말했다. 그러나 주자는 오히려 "저절로 그러한 이치이지만 마치 하늘이 그렇게 시키는 것과 같다"라고 했다. 이윤은 분명하게 '하늘이 백성을 낳으면서 먼저 아는 이가 나중에 아는 이를 깨우치게 했다'라고 했다. 그러나 주자는 "천리의 당연함이 마치 그렇게 시키는 것과 같다"라고 했으니, 이것은 어찌 된 까닭인가? 단지 사람들이 '사(使)'자를 작용의 뜻으로 착각한다면, 도에 크게 해로울까 걱정한 것일 뿐이다. 그러므로 '약(若)', '흡사(恰似)', '비유물사지연(非有物使之然)' 등의 글자를 쓴 것이다. 그렇게 해서 작용의 부림이 없는 것을 드러내었다. 그러므로 '시키는 것이 있지 않다'라고 한 것이다. 율옹이 어찌 전수받은 것이 없이 멋대로 말한 것이겠는가? 또 예를 들어 "사람이 도를 넓힐 수 있다"라는 것은 기틀이 저절로 그러한 것이요, "도가 사람을 넓히는 것이 아니다"라는 것은 그렇게 시키는 것이 있지 않다는 것이다.

"인심에 지각이 있다"라는 것은 음양이 움직이고 고요한 기틀이고, "도체는 함이 없다"라는 것은 태극의 저절로 그러한 오묘함이다. 주자는 『논어집주』에 장자(張子)의 말을 싣고 있는데, 후대의 학자가 '성이 마음을 검속할 줄 모른다'라는 것을 천명이 이미 그쳤다고 여기고, '마음이 성을 다할 수 있다'라는 것을 천명 바깥에 또 하나의 본령이라고 여긴 것이라고 여겨 붓을 놀려 제멋대로 매도하는 것을 들어본 적이 없다. 리가 기의 주재이고 성이 마음의 근본이라는 것을 논하자면, 율옹은 또한 "기가 하는 것은 반드시 주재가 되는 리가 있다"라고 했다. 또한 '함이 없이 함이 있는 것의 주재가 되는 것은 리이다'라고 했다. 또한 "누가 그 기틀을 주재하는가? 오호라! 태극이로다!"라고 했다. 이런 것들은 이루 다 헤아릴 수 없다. 사람이 진실로 이것을 알았다면 '저절로 그런 것이다'라고 했을지라도 저절로 그러한 소이연은 여전히 이 리이고, '그렇게 시키는 것이 있지 않다'라고 했을지라도 시키지 않으면서 시키는 것은 여전히 이 리인 것이다. 「외필」에서 말하듯이 위연과 양의가 함께 승상부에 있으면서 서로 어긋나는 것과 같은 변고가 생겨난 적이 있었단 것인가?

정의림 : 동정(動靜)을 곧바로 조작과 작용으로 바꿔 보는 것이 괜찮겠는가? 동정은 음양이라는 두 기의 양능(良能)이다. 주돈이가 말한 '움직이되 움직임이 없는 것',[148] 주자가 '고요한 가운데 움직임이 있고, 움직임 가운데 고요함이 있다'라고 한 것,[149] 이러한 곳에서의 동정이라는 글자는 모두 리로서 말한 것이 아니겠는가? 리란 형체가 없는 것인데 어떻게 조작이 있을 수 있겠는가. 그러나 리가 이러하면 기 또한 이러하고, 리가 저러하면 기 역시 저러하다. 기의 동정, 운행, 형체와 흔적 등은 모두 리가 만든 것이다. 이것이 바로 함이 없는 함[無爲之爲]이며, 시키지 않는 시킴[不使之使]이다. 사람들이 지나치게 리를 유추해서 작용이라고 여겼기에 (율곡은) '시키는 것이 있지 않다'라고 했고, 요즘 세상에서 기를 지나치게 중시하여 제멋대로 하기에 이르렀기에 (노사는) '그것을 부리는 것이 실제로 있다'라고 한 것이다. 율곡의 글과 노사의

---

148 "움직이되 움직임이 없고, 고요하되 고요함이 없는 것은 신(神)이다." 주돈이 지음, 주희 주석, 권정안·김성래 역주, 『통서해』(청계, 2000), 186쪽.

149 주희, 『주자어류』 권94(『주자전서』 vol. 17), 3160쪽 참조. 여기뿐만 아니라 『주자어류』 권96, 『어류』 권120, 『회암선생주문공문집』 권44, 권56 등에서도 반복적으로 유사한 표현이 발견된다.

글은 모두 시대에 따라 리를 설명한 것이다.

모르긴 하지만, 오늘날 본지를 혼동한 상태에서 자기 말만 고집하면서 바꾸려고 하지 않는 이들 역시 그 마음은 모두 리를 밝히려는 것 아니겠는가? '사람이 도를 넓히고', '마음이 본성을 검속한다'라고 할 때 이 마음(心)이라는 글자는 신명(神明)과 주재(主宰)를 이르는 것이다. 사람의 신명은 리와 기가 합해져서 있는 것이 사실이다. 그러나 그 근본은 리에 있고 그 핵심은 리에 있으니, 이른바 신명과 주재가 어떻게 기(氣)라는 한 글자로 이해될 수 있겠는가?

오늘날 마음을 전적으로 기기(氣機)로 바꿔 봄으로써 기가 리를 제어할 수 있다는 주장을 논증하려 하니, 참으로 성인의 말을 크게 모독하는 것이다. 사람이 도를 넓힌다는 것은 사람의 몸에서 설명한 것이고, 그 기틀이 스스로 그렇다는 것은 조화의 측면에서 설명한 것이다. 오늘날 '사람이 도를 넓힌다'라는 말을 '그 기틀이 스스로 그렇다'라는 말과 대비시켜 '기틀이 도를 넓힐 수 있다'라고 하고, '도가 사람을 넓히는 게 아니다'라는 말을 '그렇게 시키는 것이 있지 않다'라는 말과 대비시켜 '도가 기를 부리는 게 아니다'라고 하니, 과연 말이 되는가?

2.

[외필변] 만물의 생성은 '스스로 자라고 스스로 사라진다'라고 하지만, 스스로 자라고 스스로 사라지는 것도 필경 이 리가 저절로 이와 같은 것이다. 음양의 기틀도 스스로 움직이고 스스로 고요하다고 하지만, 스스로 움직이고 스스로 고요한 것은 또한 리가 이와 같기 때문이다. 이것이 어찌 깨닫기 어려운 이치겠는가? 어떤 이는 이렇게 말한다. "주자는 '스스로 자라고 스스로 사라진다'라는 구절 아래에 '리가 저절로 이와 같다'라는 말을 이어 붙였다. 그러나 율옹은 (따로) 말 한마디를 덧붙이지 않았다. 이 때문에 노사의 의심을 불러온 것이다." 이것 또한 그

렇지 않다. 주자는 이렇게 말한 적이 있다. “일기(一氣)가 유행하면 모든 것들이 스스로 생기고, 스스로 자라며, 스스로 형체화되고, 스스로 색을 갖는다. 이것이 어찌 하나하나 분 바르듯이 가꾸고서야 이렇게 되는 것이겠는가?” ‘어떻게 하나하나 분 바르듯이 가꾸고서야 이렇게 되겠는가’라고 한 것이 바로 율옹이 ‘그렇게 시키는 것이 있지 않다’라는 말이기에 다시 ‘리가 저절로 이와 같다’라고 말하지 않은 것이다. 이것 또한 스스로 운행하고 스스로 그치는 것이 천명에서 나오지 않는다고 매도할 수 있는 것이겠는가? 또한 ‘나는 기가 리의 자리를 빼앗아 모든 일의 본령이 될까 걱정한다’라고 배척하겠는가?

노사는 이렇게 말한다. : 움직이고 고요한 것은 기요, 움직이고 고요하게 하는 것은 리이다. 움직이게 하고 고요하게 한다는 것이 그렇게 시키는 것이 아니라면 무엇이겠는가?

나는 이렇게 생각한다. : 리가 ‘그렇게 시킨다[使]’라고 하는 것은 뿌리를 말할 뿐이지, 기에 감정과 의지가 있다는 것과 같은 것이 아니다. 그러므로 우옹(尤翁)은 심명중(沈明仲 : 沈世熙)이 “‘움직이게 하고 고요하게도 한다’라고 하니 어떻게 조작이 없다고 하겠습니까”라는 질문에 대답하면서 “‘이 또한 스스로 그렇다’라고 말하는 것에 불과할 뿐, 음양과 오행이 운용하는 것과는 다르다”라고 했다. 지금 노사의 견해는 바로 심씨와 같다. 어찌 ‘기를 리로 인식하는’ 데로 귀결되지 않겠는가?

리는 주재라고 말한다 하더라도 실제로는 스스로 존재할 뿐이요, 기는 움직이고 고요하다고 할지라도 실제로는 리에 뿌리를 두고 있다. 이것은 천지의 앞이든지 뒤든지, 천 년 전이든 만 년 전이든 변할 수 없는 정해진 도리이다. 그러므로 율옹은 “무형무위(無形無爲)하면서 유형유위(有形有爲)한 것의 주재가 되는 것은 리이고, 유형유위하면서 무형무위한 것은 그릇[器]이 되는 것은 기다”라고 하고서, 다시 “유형유위하면서 움직임과 고요함이 있는 것은 기이고, 무형무위하면서 움직임과 고요함 (두 측면 모두)에 존재하는 것은 리이다"라고 했다. 이것은 근본과 말단을 모두 다 발휘했고, 본체와 작용에 빠트린 것이 없다고 할 수 있으니, 도체를 환하게 아는 이가 아니라면 누가 여기에 함께할 수 있겠는가!

이제 이처럼 간파하거나, 이처럼 체득하지 못하고 오히려 주재라는 한 가지 뜻만을 주장하면서 거의 리에 조종하는 힘이 있고, 다시 이 기를 검속하지 않으면서 리의 본연만을 따르려고 한다면, 그 공부가 어찌 거칠고 틈이 벌어지지 않겠는가? 또한 그의 말대로라면 말하거나 침묵하는 것은 입이요, 말하게 하고 침묵하게 하는 것은 성이다. 나는 성이 말하거나 침묵하는 리이고, 입과 혀는 (성을) 따라서 말하거나 침묵한다고 들었지, 성이 스스로 말하고 침묵할 수 있다고는 듣지 못했다. 이런 까닭에 고자·불교의 '지각 작용이 곧 성이다'라는 주장, 양명의 양능(良能)과 '보고 듣고 말하고 움직이는 것이 모두 천리이다'라는 주장은 모두 기를 리로 인식하는 데로 귀결되니, 우리 성인과는 다른 것이다.

주자의 「호계수(胡季隨 : 胡大時)에게 답하는 편지」에 '자신의 마음을 스스로 살핀다'라는 말이 있다. 이것이 어찌 살피는 리가 성에서 나오지만, 살필 수 있는 것은 마음이지 성이 아니라는 것을 모르는 것이겠는가? 그러므로 이처럼 말한 것이요, 글의 문리도 모두 갖추어 조금의 흠도 없다. 「외필」의 주장에 물든 후학들이 잘못 이해해서 '스스로 행하고 스스로 그칠 뿐이요, 성명에서 말미암지 않으며, 두 개의 본령이요, 각각 지도리가 된다'라는 주장을 주자에게 묻게 된다면, 내 생각에 노사의 혼령은 또한 지하에서나마 얼굴이 붉어질 것이다.

정의림 : 주자가 '하나하나마다 … '라고 말한 곳은 한 군데가 아니다. 예를 들면, '만물에 맡길 뿐 자신은 수고롭지 않았다'[150]라고 했고, 또

150 주희, 『논어집주』(『주자전서』 vol. 6), 108쪽 참조.

'하늘이 모든 사물들을 하나하나 조각한 것이 아니다'[151]라고 했다. 이 모두는 하나의 근본이라는 관점에서 말한 것으로 주재의 오묘함이 이미 첫머리에 있으니, 어찌 주재가 없이 스스로 생겨나고 스스로 자라는 것을 이르는 것이겠는가? 그래서 '하나하나마다 … '라는 구절 아래에 '대본(大本) 대원(大原)에서 흘러나온다'라는 한 구절을 덧붙여 두었는데, 이제 그 아래의 한 구절은 쏙 빼버리고서 자기의 주장을 펼치고 남의 말을 막으려는 구실을 삼는 것인가? 리에 작위(作爲)함이 없다는 점으로 말하면, '움직이고 고요한 것은 리이고 움직이고 고요하게 하는 것은 기이다'라고 말한다. 리가 주재하는 것으로 말하면, '움직이고 고요한 것은 기이고 움직이고 고요하게 하는 것은 리이다'라고 한다. 말하는 곳에 따라 각기 합당함이 있는 것이다. 하물며 율곡은 「천도책」 및 「역수책(易數策)」에서 '움직이고 고요하게 하는 것이 리이다'라고 말했다. 이것이 또한 율곡이 기를 리로 오인해서 그랬겠는가? 지금 율곡을 옹호한다면서 도리어 율곡을 기를 리로 오인한 부류로 만들어버리니, 어찌 이다지도 정론(定論)이 없단 말인가?

'리에 동정(動靜)이 있다.'[152] 이 동정이란 글자는 무체(無體)의 동이며, 무체(無體)의 정이다. 이런 까닭에 주돈이는 『통서』에서 "움직이되 움직임이 없고, 고요하되 고요함이 없는 것은 움직이지 않거나 고요하지 않는 것이 아니다"[153]라고 했다. 주자는 "리의 동정을 말하자면, 움직임 가운데 고요함이 있고 고요함 가운데 움직임이 있는 건 그 본체[體]이고, 고요하면서도 능히 움직이고 움직이면서도 능히 고요한 것은 그 작용[用]이다"[154]라고 했다. 이와 같이 말한 곳이 한둘이 아니다. 그런데 지

151 주희, 『논어집주』(『주자전서』 vol. 6), 203쪽 참조.

152 주희, 『회암선생주문공문집』 권56, 『주자전서』 vol. 23, 「答鄭子上」, 2687쪽.

153 주돈이 지음, 권정안·김성래 역주, 『통서해』, 186쪽.

154 주희, 『주자어류』 권94(『주자전서』 vol. 17), 3160~3161쪽.

금은 '리에 동정이 있다'라는 말에서 리의 동정을 기의 동정으로 바꿔 버린다. 그렇다면 리란 유명유실한 것이 아니겠는가? 많은 독자들이 자세히 살피지 못하고 천고의 탁견이라고 여기니, 리를 쫓아내고 기를 위주로 하는 학문이 옛날에 과연 있었단 말인가? 이를 천고의 탁견이라 이를 수 있는가?

주재(主宰)의 의미를 어찌 하찮게 여기겠는가? 이는 천지의 대일통(大一統)이며 과거와 현재를 꿰뚫고 있는 매우 엄중한 도리이다. 이제 "주재라는 한 가지 뜻만을 주장하면서 리에 조종하는 힘이 있다고만 하고, 다시 이 기를 검속하지 않는다"라고 하니, 이것은 주재를 하찮고 아무런 중요성이 없는 것으로 보는 것이다. 어째서 중점을 기에 두고서 그러는 것인가?

리를 위주로 하는 것은 곧 이 기를 단속하자는 것이요, 기를 위주로 하는 것은 바로 그 자신이 하고자 하는 대로 따르자는 것인데, 이것을 '검속한다'라고 할 수 있겠는가? 리를 위주로 해야 소루(疏漏)함이 없을 것이요, 기를 위주로 하면 도리어 본원을 빠뜨리게 되니, 소루함이 없다고 할 수 있겠는가? '때에 맞은 뒤에야 말한다'[155]라는 구절에서, 말하는 것은 입이고 말하게 하는 것은 리의 주재이다. '예가 아니면 말하지 말라'[156]는 말에서, 침묵하는 것은 입이고 침묵하게 하는 것은 리의 주재이다.

불교에서 기를 성으로 인식하고, 양명이 마음을 리로 인식한 것은 선악이 나타나는 곳을 가리지 않고 대충 성이라 한 것이니, 참으로 말이 안 된다. 선에서 생겨나는 지각과 작용, 보고 듣고 말하고 행동하는 것이라면 리라고 불러도 되지 않겠는가? 선악을 가리지 않고 성이라고 부르는 것은 옛날의 고자와 석가 그리고 양명과 같은 부류들이다. 이치와

---

155 『논어』, 「헌문」 14장.

156 『논어』, 「안연」 1장.

욕망(理欲)을 구분하지 않고 대충 기라고 부르는 것은 요즈음 천고의 탁견을 자신이 얻었다고 여기는 이들이다. '자기의 마음을 스스로 살피는 것', 이는 마음을 한 군데 집중하여 분산시키지 않는 것[主一無適]을 말하는 것이니, 아무런 주장도 없이 스스로 행하고 스스로 그친다는 의미이겠는가. 아! 지하에서 다시 돌아오지 않더라도, 주자께서는 아무 말 않으실 것이다.

3.

[외필변] 리는 하나일 뿐이지만, 기에 타면 나뉘어 갖가지로 달라진다. 이것이 율옹의 주장이다. "어떻게 리가 하나일 때는 처음에 타는 것이 없다가, 갖가지 리가 되었을 때에 비로소 기틀에 올라타는가?"라고 한다넌 그렇지 않다고 하겠다. 이제 기틀 위에 있는 태극만을 단독으로 말한다면 '이일(理一)'이라고 할 뿐이지만, 네 계절의 기운을 겸하여 원형이정(元亨利貞)이라고 한다면 '기에 타서 그 나뉨이 갖가지로 달라졌다'라는 것일 뿐이다. 어떻게 어제는 걸어가다가 오늘에서야 말에 올라탔다는 말이겠는가?

이제 「외필」에서는 '이것은 마치 태극이 아무런 주장이 없다가 문득 말이 앞에 있는 것을 보고서 재빨리 위로 올라타는 것과 같다'라고 하는데, 이것은 결코 율옹의 본뜻이 아니다. 또한 "이 말은 변방 늙은이가 얻은 말과 같아서 원래 타고 있던 것이 아니요, 이 뒤에 형세가 틀림없이 이리저리 쏠릴 때에 오직 말머리만을 보는 격이다"라고 하니, 이 말 또한 자세히 다뤄야지 소홀하게 지나쳐서는 안 된다. 사람은 모두 태극을 갖고 있지만, 기품이 이미 다르기에 욕심이 움직이고 감정이 날뛰며 이해가 서로 공격하는 근심이 종종 있게 된다. 이때 원래 말을 타고 있는 주인이 이미 조종하는 힘을 가지고 있다면, 또한 가부가 없지 않을 것이다. ―'조종한다[操縱]'와 '가부[適莫]'는 모두 「외필」에 있는 말이다

— 어떻게 이렇게 동쪽으로 서쪽으로 쏠리는 것이 오직 말의 잘못이겠는가? 이 또한 분명히 밝혀서 살피고 논파해야 한다. 그렇지 않다면 '주인이 지향하는 것을 종복이 어떻게 가지 않겠는가'라고 하는 것도 사람들은 믿지 않을 것이니, 오호라! 위태롭구나!

정의림 : 일리(一理)는 사람의 한 몸과 같고, 만리(萬理)는 몸의 모든 부분과 같다. 하나[一]여도 부족하지 않고, 만(萬) 가지라고 남아도는 게 아니다. 그래서 이제 '리는 하나일 뿐이다'라고 말하고 사계절의 기를 함께 거론하여 말할 때는 원형이정이라고 한다. 그렇다면 하나는 나뉨[分]이 없는 하나이니, 반드시 함께 거론한 다음에야 만리(萬理)가 된다. 앞에서 말했던 '나뉨이란 본연의 나뉨이다[本然之分]'라는 것은 어디에 있단 말인가? 태극은 참으로 주재이지만, 발현하는 욕망과 끓어오르는 감정은 기습(氣習)의 폐단이다. 기습의 폐단이 있다고 하여 태극이 주재하지 않는다고 의심하는 것은 물이 거꾸로 튀어 올라 이마를 쳤다고 해서 아래로 흐르는 물의 성질을 의심하는 것과 무엇이 다른가? 발현하는 욕망과 끓어오르는 감정 가운데, 그것을 불만스럽게 부족하다고 하고 불안하게 여기는 뜻은 그 속에 있지 않은 적이 없으니, 이것은 심령을 속일 수 없는 것이요 리가 주재하기 때문이다. 어찌 이것을 인용해서 리를 위주로 하는 이를 비난하면서 '어떻게 동서남북으로 휩쓸리는 것이 말의 잘못이겠는가'라고 하는 것인가?

4.

[외필변] 「외필」에서는 또 이렇게 말했다. : 이발(理發)이란 두 글자가 오늘날 학자들에게 일대 금기하고 회피하는 용어가 되어버렸다. 그리하여 변화를 일으키거나 조리를 이루는 것을 보면 '기'라고 말한다. '누가 이 기를 주장하는가?'라고 물으면 '기틀이 스스로 그러할 뿐 시키는 것이 있지 않다'라고 대답하고, '이른바 리란 어디에 떨어져 있는가?'라

고 물으면 '기를 타고 있다'라고 대답한다. 처음부터 이미 그렇게 시키는 오묘함이란 없고 끝에도 조종하는 힘이 없으니, 의지하고 붙어서 탈 뿐 무슨 일을 할 수 있겠는가? 있어도 도움이 될 것이 없고, 없어도 부족할 게 없으니, 아! 가련하다. 그 유래를 따져보면 '승(乘)'자에서 본뜻을 잃은 데 뿌리를 두고서 점점 리가 가벼워지고 기가 무거워지다가 곧바로 기가 리의 자리를 빼앗고서 모든 사물의 본령이 된 다음에야 그칠 것이다. 한 글자가 본뜻을 잃자 그 재앙이 결국 여기에 미친 것이다.

나는 이렇게 생각한다. : 율옹 또한 "누가 그 기틀을 주장하는가? 아! 태극이로다"라고 했다. 이것이 어떻게 기를 온갖 일의 본령이라고 간주한 적이 있었다는 것인가? 또한 '성이 발현해서 정이 된다'라고 했으니 「외필」에서 운운한 것은 율옹이 이미 환하게 알고 있었던 것이다. 다만, 이발을 잘못이라고 한 것은 오히려 곡절이 있으니, 사실은 이기호발설 때문에 (그렇게) 말한 것일 뿐이다. 리가 뿌리가 된다는 면을 따라서 말하자면 기는 리의 작용이다. 그러므로 기발이라고 하더라도 또한 이발이라고 할 수 있다. 이것은 마치 가는 것은 말이지만, 주인은 사람인 것과 같기 때문에 통틀어 말할 때는 '사람이 간다'라고 하는 것이다. 기가 작용할 수 있다는 측면에 근거하자면 리는 실제로 감정도 의지도 없기 때문에 선한 정이라고 해도 '기발'이라고 말할 수 있을 뿐이다. 이것은 마치 탄 것은 사람이지만 가는 것은 말이기에 변별해서 밝히면서 '말이 간다'라고 하는 것과 같다. 모두 리를 위주로 하더라도 일에 작용하는 측면[用事處]에 이르러서 또한 '기발'이란 말을 쓰지 말아야 한다고 금지한다면 실정에 어긋날 것이다. 비유하자면 신하가 군주의 명령을 시행하는 것과 같으니, 시행해야 하는 것이야 본래 군주에게서 나왔지만 그것을 시행하는 것은 결국 신하이지 군주가 아닌 것이다. 반드시 시행해야 하는 것이 군주의 명이라고 해서 신하가 시행하는 것을 가리켜 군주가 시행한다고 한다면 명목이 올바르지 않고, 말이 순조롭지 못할 것이다. 하물며 갑자기 '신하가 행한다[臣行]'라는 두 글자를 신하가 군주의 자리를 빼앗은 것이라고 여겨 죽인다면, 이것이 어떻게 법리에서 나올 것이겠는가?

정의림 : 변화하는 것은 기이니 '건도(乾道)가 변화한다'라고 할 적에 유행하는 것은 기이다. '천리가 유행한다'라고 말했다고 해서 어찌 이것을 이유로 이름이 올바르지 않고 말이 도리에 어긋난다고 한 적이 있었는가? 기가 올바른 궤도를 따르면 리의 유행 아닌 것이 없다. 기가 궤도를 벗어난 뒤에 비로소 기질을 말할 수 있다. 그러므로 전우가 말한 '신하의 행위[臣行]'란 아마도 올바른 궤도를 따르지 않은 신하가 아니겠는가?

율옹은 "누가 그 기틀을 주재하는가? 아! 태극이로다"[157]라고 했고, 또 "무형무위하면서 유형유위한 것의 주재가 된다"[158]라고 했으며, 또 '모든 감정은 리에서 나온다'[159]라고 했다. 이 모두는 바뀔 수 없는 정론이다. 『외필』의 말 또한 어찌 율곡이 이미 분명하게 아는 것이 아니겠는가? 다만 후세 사람들이 평일의 정론을 버리고 유행하는 측면의 한 조목만을 특별히 거론하면서 자신의 주기(主氣)를 위한 증거로 삼고, 마침내 '성체기용(性體氣用)' '동체이용(同體異用)'의 주장까지 만들어 사람과 사물이 처음 생겨날 적에는 정해진 나뉨[分]이 없다고 하고 음양오행은 본연이 아니라고 한다. 횡설수설하지만, 그 요점은 기(氣)라는 한 글자를 벗어나지 않는데도 꼭 율곡의 말을 인용하여 자신의 말을 증명하려 한다. 오호라! 율곡의 평소 주리(主理)의 주장이 어떻게 하여 후세 사람들에 의해 억지로 꿰맞추어져 도리어 마치 주기(主氣)와 같은 부류가 되어 버렸는가? 그렇다면 율곡을 위해 조목조목 설명하는 이들 가운데

---

157 이이, 『율곡전서』 권1(표점영인 한국문집총간 vol. 44), 「理一分殊賦」, 12쪽.
158 이이, 『율곡전서』 권10(표점영인 한국문집총간 vol. 44), 「답성호원」, 210~211쪽.
159 이이, 『율곡전서』 권9(표점영인 문집총간 vol. 44), 「답성호원」, 195쪽 참조.

율곡의 죄인이 되지 않을 사람이 몇이나 되겠는가?

5.

[외필변] 「외필」에서 인용한 “한 번 음이 되고 한 번 양이 되는 것을 도라고 한다”, “태극이 양의를 낳는다”라는 두 구절은 누군들 그렇게 말하지 않겠는가? “사람이 도를 넓히지 도가 사람을 넓히지 않는다”라고 한 것은 오직 공자의 말이 아니겠는가? 하나를 고집하면서 하나를 버릴 필요는 없을 것이다. 생각건대 시골 사람에서 성인과 현인이 되는 데 이르기까지 어찌 천지의 조화를 빼앗은 것이 아니겠는가? 공부란 마음에 보존된다 하더라도 그 본원은 하나 같이 성에서 나온다. 그런즉 도가 사람을 넓힐 수 있다고 하는 것이 또한 어떻게 불가할 것인가? 그러니 성인의 말이 이와 같은 것은 또한 그 까닭을 깊이 생각해 보아야 한다. 도란 지극히 존귀한 실재요, 만물의 주재가 되는 것이다. 그것을 끌어내려 작용하는 것과 같은 것으로 취급한다면 도와 기, 위와 아래의 구분이 어지러워질 것이요, 이 마음이 (성을) 넘보는 맹아를 막을 수 없을 것이다. 아! 성인의 가리킴이 은미하도다! —이것으로 마음을 지키려 해도 후세에 오히려 이 마음이란 큰 이치가 작은 이치를 갖추었다고 자칭하는 경우가 있을 것이다.—

또 생각해 보면 마음이 일에 능해서 덕성을 공경하고 존중하며, 의리로 세교(世敎)를 부식하고, 평범한 이를 성인으로 만들며, 보잘것없는 사람이 하늘에 참여하는 데 이르게 하니, (마음이) 사람에게 공을 세운 것이 그 얼마인가? (마음이) 형상의 이름을 빌렸다지만 여기에 안타까이 여길 만한 점이라고는 없는데, 성인은 무슨 까닭에 마음을 도와 나란한 것이라고 말하려고 하지 않았던 것인가? 불교는 리가 도인 줄을 모르고 ‘천상천하에 마음만이 존귀하다’라고 하니, (그들이 말하는) 나란 마음 스스로가 (주장하는) 나(心自我)이다. 마음이란 지극하게 정치하게 연마했다고 해도 충막무짐한 도와 비교하면 결국 은미하다고는 하지만 자취가 있으니, 신령함[靈]과 참됨[眞]은 원래 저절로 분별이 있어서 그런 것이다. 성인은 마음을 가리켜 도라고 여기고 싶지 않았으니, 근엄한 뜻이 어찌 이 때문이 아니겠는가? 이것이 우리 유학의 첫째 도리요, 또한 가장 먼저 유의해야 할 것이다. 옛 철인에게 묻고 싶지만 이미 할 수 없으니, 또한 이 시대와 후세의 현자들과 함께 바로잡기를 원하는 것이다.

정의림 : 사람은 기(氣)이고, 사람이 사람된 까닭은 바로 리이다. 그러므로 '넓힐 수 있다'라는 것은 리에 있지 기에 있지 않음이 분명하지 않은가? 이제 마음을 전적으로 기의 영역[氣分]이라고 간주하고서 멋대로 하지 못하게 금지하고, 도를 지극히 존엄한 것으로 삼아 그 의미를 폄하하거나 깎아내리지 않도록 하는 것은 그 의도가 근엄하다 할 것이다.

그러나 마음이 기(氣)라는 것만 알고 리(理)의 측면은 알지 못하니, 주재(主宰)와 묘용(妙用)의 권한이 한결같이 기로 돌아가고, '지극히 존엄하다'라는 것도 도리어 겉으로만 존엄한 데서 벗어나지 못하게 된다. 권한을 기로 귀결시켜 기로 하여금 분수를 벗어나게 해 놓고서는 분수를 벗어나지 않기를 바라고, 겉으로만 그 지위를 존중하면서 그 지위를 폄하하고 깎아내리고서도 그것을 폄하하거나 깎아내리지 말기를 바란다면 되겠는가?

성인이 마음을 가리켜 도라고 하려 하지 않았는데, 맹자는 왜 '인(仁)은 인심(人心)이다'[160]라고 했으며, 소자(邵子 : 邵雍)는 왜 '마음은 태극이다'[161]라고 했으며, 정자는 왜 '마음은 생도(生道)'[162]라고 했고, 또 '하늘에 있으면 명(命)이 되고, 사람에게 있으면 마음이 되며, 몸을 주재하는

160 『맹자』, 「고자 상」 11장.

161 "마음은 태극이다. 또 말했다. '도는 태극이다.'[心爲太極, 又曰道爲太極.]" 邵雍, 『皇極經世書』 권14(경인 문연각 사고전서 vol. 803), 「觀物外篇」 下, 1075쪽.

162 정호·정이, 『하남정씨유서』 권21하(『二程集』 vol. 1), 274쪽.

것은 마음이다'[163]라고 한 것인가? 주자는 왜 '인(仁)이란 천지가 만물을 낳는 마음으로, 사람이 이를 얻어 마음으로 삼는다. … '[164]라고 하면서 그것을 리와 함께 동등하게 취급했겠는가? 맹자·소옹·정자·주자가 유독 우리 유학의 제일 중요한 의리와 가장 중요한 금기를 몰라서 그랬겠는가? 리를 버리고 기를 위주로 하는 것을 제일가는 의리로 삼는다면, 옛 철인들에게 질문하고자 하고, 또 지금 세상 사람들에게 바로잡고자 하고, 후세 사람들을 기다린다 하더라도 쓸데없이 힘만 소비하는 것이다. 또한 형이상 형이하라는 명칭 또한 어찌 사람이 거짓으로 얻은 것이겠는가?

6.

[외필변] 정자는 "천지 만물의 리는 홀로인 것이 없고 반드시 짝이 있다"[165]라고 했다. 그런데 어떤 이가 주자에게 태극은 무엇과 짝이 되는가라고 하자 "태극은 음양과 짝이 된다"[166]라고 했다. 「외필」의 다섯 번째 단락은 이 뜻을 논하면서 기를 리와 짝지은 것을 들어 "이것은 성인의 말이 아니다. 요즘 사람들은 '리'자를 보자마자 반드시 기를 찾아서 짝으로 만들려고 한다. 이 때문에 이치가 유행하며 만들어 내는 큰일들이 모두 기자의 영역에 속하게 된다. 그 나머지는 혼륜함이요, 고요함으로 이것이 두 가지 본령의 시초이니 슬프다"라고 했다.

나는 이렇게 생각한다. : 노사의 뜻은 리를 높이려는 것이었기에 이렇게 말한 것이다. 그러나 말하는 투가 지나치게 짓밟고 깔아뭉개려고 해서, 성현을 경외하는 체모를 크게 손상시켰다. 이것이 어찌 기운이

163 정호·정이, 『하남정씨유서』 권18하(『이정집』 vol. 1), 204쪽 참조.
164 주희, 『회암선생주문공문집』 권67(『주자전서』 vol. 23), 「仁說」, 3279쪽.
165 정호·정이, 『하남정씨유서』 권11(『이정집』 vol. 1), 121쪽.
166 주희, 『주자어류』 권95(『주자전서』 vol. 17), 3201쪽.

리를 잃어버린 곳이 아니겠는가? 하물며 주자가 언제 성인을 비난했는가? 언제 본령이 하나가 아니라고 했는가? 그런데도 음양과 태극을 짝지었다. 이 또한 리가 유행하는 큰일을 빼앗아 기자와 두 본령을 이루는 시작이라고 해서 노사의 슬픈 탄식을 받아야겠는가?

정의림 : 정자는 '마음에 존망(存亡)과 출입이 없다는 것은 성인의 말이 아니다'[167]라고 했다. '꽉 붙잡으면 보존되고 놓으면 없어지며 일정한 때가 없이 드나든다'라고 했는데, 이것은 공자의 말이 아닌 것인가? 그러나 정자가 말한 것은 리에 근거해서 말한 것일 뿐, 공자의 말을 정론(正論)한 것은 아니다. 지금 노사선생님의 말도 리에 의거해서 말한 것일 뿐 주자의 말을 정론한 것이 아니다. 정자의 말 역시 공자를 업신여겨 능멸하려는 것인가? 또한 기가 그 리를 잃어버린 것이라 할 수 있겠는가? 천하에는 짝이 없을 정도로 존엄한 것이 있다. 예를 들면, 나라의 임금, 가정의 아버지가 그것이다. 그러나 꼭 그 짝을 찾아서 말하고자 한다면, 임금에게는 신하, 아버지에게는 자식이 짝이 아니라 할 수는 없을 것이다.

오직 마음만이 짝할 것이 없으며, 오직 도만이 짝할 것이 없으며, 오직 의로움만이 짝할 것이 없다. 이들 모두 주자의 말이 아닌가? 이제 '짝이 있다'라는 주자의 한마디 말에 의거하여 노사선생께서 이것을 정론했다고 하며, '슬프다'는 탄식을 주자에게 가했다고 함정에 빠뜨리려고 계획하니 군자가 어찌 이렇듯이 마음을 쓰는 것인가? 맘속 몰래 계략을 꾸며 교묘하게 사람을 속이니, 참으로 두렵다.

7.

[외필변] 「외필」에서는 "성인들은 유행하고 발현하며 변화가 환히 드

167 정호·정이, 『河南程氏外書』 권12(『이정집』 vol. 1), 425쪽.

러나는 것이 모두 이 도가 하는 것[此道之爲]임을 분명히 알았다"라고 했다. '모두가 이 도가 하는 것[此道之爲]'이란 네 글자는 잘 헤아려 보아야 할 것이다. 주자는 『논어집주』에서 이미 "도체는 함이 없다"라고 했고, 우옹은 어떤 이에게 보내는 편지에서 "이 리는 그 본체가 정의와 조작이 없다가, 작용에 이르러서 정의와 조작이 있다고 말하는 것이 아니다"라고 했다. 두 선생이 어찌 도의 유행 발현을 알지 못해서 그 말이 이와 같겠는가? 이것은 다시 생각해 보아야 할 것이다. ―"이 도가 하는 것이 아님이 없다[莫非此道之爲]"라는 구절에 몇 글자를 덧붙여서 "이 도가 뿌리와 지도리가 되지 않음이 없다[莫非此道爲之根柢樞紐]"라고 한다면 아마도 더욱 상세하고 분명할 듯한데, 어떨지 모르겠다.―

정의림 : 스스로 그러하다[自然], 그래야 한다[當然], 반드시 그러하다[必然], 그렇게 할 수 있다[能然]라고 할 때의 '그러함[然]'이란 도가 하는 것이다. 왜 하필 손발을 움직이고 작용을 한 이후라야 그것을 '함[爲]'이라고 하겠는가? 주자는 '한 번 음이 되고 한 번 양이 되는 까닭이 바로 도의 본체가 하는 것이다'[168]라고 했고, 또 '하나의 사물 가운데, 처음에서부터 끝에 이르기까지 모두 실리(實理)가 하는 것이다'[169]라고 했다. 이러한 '함'이라는 글자 역시 다시 생각해보아야 하는가?

8.

[전우] 최근 김계운(金溪雲 : 金洛鉉, 1817~1892)[170] 어른이 보여준 변설(辨說)을 보다가 기노사 어른의 이기설이 한두 곳에서 율곡선생과는 입

168 주희, 『회암선생주문공문집』 권36(『주자전서』 vol. 21), 「답육자정」, 1568쪽 참조.

169 주희, 『중용혹문』(『주자전서』 vol. 6), 598쪽.

170 본관은 광산(光山), 자는 정여(定汝), 호는 계운(溪雲)이다. 유신환(兪莘煥)의 문인으로, 『계운유고(溪雲遺稿』가 있다.

각처가 매우 달라 이해할 수 없는 곳이 있었다. 그 본래의 의도는 리(理)를 높이고자 한 것이겠지만, 깨닫지 못하는 사이에 도리어 폄하하고 깎아내리는 혐의가 있었다.

나는 이렇게 생각한다. : 기가 하는 것에는 반드시 그렇게 해야 하는 까닭으로서의 리가 있어야 비로소 이 일이 있게 된다. 이렇게만 말해도 리가 기의 주인이 된다는 뜻이 이미 충분하다. 그런데 지금 리를 논하면서, '가부[適莫]가 없다'라고 하고, 또 '조종하는 힘이 있다'라고 하고, 또 '일을 해낸다'라고 한다. 그렇다면 그것은 유위(有爲)의 사물임이 분명하다. 어떻게 유위자(有爲者)가 만물을 주재할 수 있겠는가? 설령 그 가설대로 하더라도, 그것은 다음과 같은 사실조차도 논증하지 못한다. 당은(唐殷)의 시대에 왜 가뭄이 들었는가? 공자와 맹자는 왜 빈천(貧賤)한 삶을 살았는가? 백이(伯夷)와 유하혜(柳下惠)는 왜 청렴함과 화목에 치우쳤는가? 안연(顔淵)과 염구(冉求)는 왜 인도(仁道)에 이르지 못했는가? 이러한 경우에서 리라는 것은 어디에 있으며, 무슨 일을 하고 있는 것인가? 가부도 없고 조종할 힘도 없어서 한결같이 기가 스스로 하는 대로 맡겨두는 것이라면 이상하고 이상한 일이다.

안연의 마음은 게다가 성을 위주로 하여 날마다 힘썼고, 명도는 그 온화한 기운이 자연스럽다고 일컬었다.[171] 공자조차 그 마음이 일어나는 본원을 찾아가면 한결같이 여기에 근본하지만, (그렇게) 자처한 적이 없었을 뿐이었다. 그럼에도 주자는 오히려 '그 마음이 하고 싶은 대로 하여도 자연스럽게 법도를 넘어서지 않았다'[172]라고 하였고, 『초사(楚

171 "중니는 원기(元氣)이고, 안자는 봄의 생성하는 기운[春生]이며, 맹자는 여기저기서 가을의 소멸하는 기운을 다 드러내보였다. 중니는 감싸지 못하는 것이 없었고, 안자는 "어기지 않는 것이 마치 어리석은 사람 같았다"는 학문적 태도를 후세에 보여주었다. 자연스러운 온화함을 가졌고 말없이 교화되는 사람이었던 것이다. 맹자는 그 재기를 드러냈지만 또한 시대로 인해 그런 것일 뿐이었다." 정호·정이, 『하남정씨유서』 권5(『이정집』 vol. 1), 76쪽.

辭)』의 「천문(天問)」을 주석하면서 "'한 번 양이 되고 한 번 음이 되며, 한 번 기울었다 한 번 차오르는 것은 (음양) 이기의 스스로 그러함이 이와 같은 것이지 (따로) 함이 있는 것이 아니다"[173]라고 했고, 『음부경(陰符經)』의 '사람의 마음이 기틀이다[人心機也]'라는 구절을 해설하면서 곧바로 '사람 마음의 저절로 그러한 것이 기틀이다'[174]라고 했다.

정자와 주자, 두 선생이 기(氣)자, 심(心)자 위에 그렇게 하도록 하는 까닭인 리(理)가 있음을 알지 못해서 '스스로 그러하다[自然]'라고 말했겠는가? 또 공자는 안연을 일컬으며 '인이 마음을 시켜 어기지 못하도록 했다'라고 하지 않고 '그 마음이 인을 어기지 않았다'라고 했을 뿐이니, 이는 어기지 않는 까닭이야 성(性)에서 나왔다지만, 어기지 않는 그 기틀은 단지 마음에 있기 때문이 아니겠는가?

노사의 주장대로라면 인을 어기지 않고 있을 때, 이 리는 또 어떻게 이처럼 시킨다는 것인가? 또 인을 어긴 줄을 깨닫고서 인에 의거하는 것을 '스스로의 마음이 스스로 깨달아 스스로 의지한다'라고 말할 수 있겠는가? — 이것은 「구방심명(求放心銘)」의 "누가 잃어버리고 누가 찾는가? 반복하는 것은 손에 달려 있을 뿐이다"[175]라는 말로 살펴보면 알 수 있다. — 아니면 '리라는 것이 이 마음이 의지하고 어기는 사이에서, 그렇게 하고자 하는 뜻도 있고 그렇게 하지 않고자 하는 뜻도 있어 이와 같이 조종하는 것일 뿐이다'라고 말할 수 있겠는가? 이것으로 반복해서 추론해보면 노사의 주장에 잘못이 없지 않음을 알 것이다.

정의림 : 형체가 있는 일을 가지고 형체가 없는 신묘함을 형용하려

---

172 주희, 『논어집주』(『주자전서』 vol. 6), 75쪽 참조.

173 주희, 『초사집주』(『주자전서』 vol. 19), 65쪽.

174 "사람의 마음이 저절로 그러해서 그러하되, 그러한 까닭을 알 수 없는 것이 기틀이다.[人之心自然而然, 不知其所以然者, 機也.]" 주희, 『음부경주』(『주자전서』 vol. 13), 512쪽.

175 주희, 『회암선생주문공문집』 권85(『주자전서』 vol. 24), 「求放心齋銘」, 3992쪽.

하기 때문에 말을 이와 같이 하지 않을 수 없다. 아울러 무형의 신묘함을 없다고 하는 것은 도리를 공적(空寂)에 빠뜨리는 것 아닌가? 리는 조종하는 형상은 없지만 조종하는 신묘함이 있고, 가부의 자취가 없지만 가부의 신묘함이 있으며, 일을 이루는 힘이 없지만 일을 완성하는 신묘함이 있다. 선한 이에게 복을 주고 음란한 이에게 화를 내리는 것이 조종이 아닌가? 콩 심은 데 콩 나고, 팥 심은 데 팥 나는 게 가부가 아닌가? 사계절이 운행하고 온갖 만물이 생육하는 게 일을 이루는 것 아닌가? 음양오행으로 만물의 종류를 구별 짓는 것을 본연의 나뉨[分]이 아니라고 한다면, 조종도 없고 가부도 없으며 일을 완성함도 없다고 해야 마땅할 것이다. 당은 시대의 가뭄이나 공자와 맹자의 빈천을 리의 본연이라 할 수 없다고 하더라도, 이치의 추세(理勢)가 그렇게 하도록 한 것이 아니라고 해서도 안 된다. 이치의 추세가 그렇게 하도록 한 것을 선철(先哲)들은 하늘이라 불렀다. 안연의 온화한 기운이나, 공자의 마음을 따르는 것 또한 의리가 충만하고 축적되어 그런 것이다. 어찌 리가 주인 노릇을 하지 않고 한결같이 기에 맡긴 것을 말하는 것이겠는가? 리가 기를 주재하지 않는데도 기가 스스로 이와 같이 한다면, 어떻게 도척(盜跖)의 마음에만 법도를 어기지 않으려는 마음이 없다고 하겠는가? 안연조차 때로 인을 어기고서 자신의 마음을 스스로 반성하는 때가 있으니, 이 또한 리가 주재하는 것이다.

(전우)는 이미 나라가 제대로 통치되지 않고 사람들이 선하지 않은 것은 리가 기를 주재하지 못한 증거로 삼고, 또 당은 시대의 가뭄이나 공자·맹자의 빈천도 리가 기를 주재하지 못한 증험으로 여긴다. 당은 시대의 가뭄이나 공자·맹자의 빈천은 한 시대의 기수(氣數)의 변고일 뿐이다. 한 시대의 변이를 가지고 만고불변의 상도(常道)를 의심하는 것은 성인의 수많은 말씀 모두를 시험과 증험을 거치지 않은 책으로 보는 것이다. 리는 진실로 주재함에도 때로는 리를 배신하고 인습으로 혼

란을 일으키는 변고가 있는 것이다. 하물며 기를 위주로 해서 어떤 주재도 없이 변고를 일으키는 경우야 어떻겠는가? 주자는 선비들의 글이 경박한 것을 세상의 근심이라 했는데, 하물며 도리와 심술(心術)에 관한 논의는 어떻겠는가? '사람이 옳고 그름의 근원에 대해 조금이라도 착오가 있으면, 그 재앙이 수많은 사람이 목숨을 잃고 피가 천 리에 이른다'라고 했는데, 누군들 이것이 오늘의 근심거리가 아니라고 하겠는가?

근래에 주기설이 한둘이 아니다. 태극을 '분수가 없는 하나[無分之一]'라 하는 경우도 있고, 오성(五性)을 기를 가진 사물이라 하는 경우도 있고, 명덕(明德)을 형이하라 하는 경우도 있다. 일본만수(一本萬殊)를 말하면 만수를 기(氣)라 하고, 대본달도(大本達道)를 말하면 달도를 기라 한다. 어떤 이는 음양오행을 본연(本然)이 아니라고 하기도 하고, 어떤 이는 사람과 사물의 편전(偏全)은 정분(定分)이 아니라고도 하며, 주재와 묘용 및 조리와 관련한 단락들을 모두 기(氣)로 귀결시킨다. 논의의 전개가 이와 같은데도 오히려 '기가 리의 자리를 빼앗았다'라고 말할 수 없는가? 기가 리의 자리를 빼앗는 것은 신하가 임금의 자리를 빼앗고, 자식이 부모의 자리를 빼앗으며, 아내가 남편의 자리를 빼앗고, 소인이 군자의 자리를 빼앗으며, 오랑캐가 화하(華夏)의 자리를 빼앗는 것 등이 그 하나의 사례이다.

노사선생께서 오직 이를 걱정하시어 잘못된 부분을 제거하고 순서를 절충하여 이리저리 수만 갈래로 얽힌 것들을 하나로 귀결시켰다. 그러나 한쪽의 의론은 오히려 '작용이 성'이라거나 '좌선 등을 통해 마음을 고요하게 해야 한다'라는 말들을 인용해서 비판했다. 도체의 본연을 밝히고 태극의 주재성을 보존하는 것은 작용인가? 마음의 고요함인가? 도리는 한쪽의 의론으로 바꿀 수 있는 것이 아니며, 공정한 견해 역시 한때의 말로 현혹시킬 수 없는 것이니, 그들의 역량이 미치지 못함을 드러낼 뿐이다. 하물며 시기심을 가지고 허물을 찾으려고 하니 그 말이나 논의의 전개가 어찌 치우침이 없이 공평할 수 있겠는가? 아! 지금이 어떤 시대인가? 지금이 어떤 시대인가? 선비라면 마땅히 마음을 하나로 하여 성찰하고 닦아 만의 하나라도 있다면 그 실낱같은 맥을 이어가야 할 것인데, 거꾸로 이와 같이 한단 말인가? 참으로 한탄할 일이다.

辨田愚所著蘆沙先生猥筆辨

鄭義林

1.

栗翁嘗言, 陰陽動靜, 機自爾也, 非有使之也. 蘆沙猥筆, 深駁之. 然以愚觀之, 朱子雅言, 理無造作. 動靜者, 造作也. 故曰機自爾也. 朱子又言纔有作用, 便是形而下者. 動靜者, 作用也. 故曰機自爾也. 孔子分明說, 天之生物, 栽者培之, 傾者覆之. 而朱子卻言此非有物使之然. 但物之生時, 自長將去, 恰似有物扶持佗. 及其衰也, 自消磨去, 恰似箇物推倒佗, 理自如此. 孟子分明說, 天之生物, 使之一本. 而朱子卻言自然之理, 若天使之然也. 伊尹分明說, 天之生民, 使先知覺後知. 而朱子卻言天理當然, 若使之也. 此何以故? 只是恐人錯認使字爲作用之意, 則害道大矣. 故另下若字恰似字, 非有物使之然字, 以見其無作用之使也. 故曰非有使之也. 栗翁豈無所受而妄言之哉? 且如人能弘道, 機自爾也; 非道弘人, 非有使之也. 蓋人心有覺, 是陰陽動靜之機也; 道體無爲, 是太極自然之妙也. 朱子於集註載張子語, 而未聞後賢以性不知檢其心爲天命已息, 心能盡性爲天命之外又一本領, 而奮筆肆罵也. 若論理爲氣主, 性爲心本, 則栗翁又嘗言氣之所爲, 必有理爲之主宰. 又曰無爲而爲有爲之主者, 理也. 又曰孰尸其機, 嗚呼太極! 此類不一而足矣. 人苟有見於此, 雖曰機自爾也, 而其自爾之所以然, 則依舊是理也. 雖曰非有使之, 而其不使之使, 則依舊是理也. 何曾有魏延·楊儀同府乖張之變, 如猥筆之謂乎?

以動靜, 直喚做造作作用看, 可乎? 動靜是二氣之良能, 豈造作作用, 犯氣力費排置之比哉? 況周子所謂動而無動, 靜而無靜. 朱子所謂靜中有動, 動中有靜. 此等動靜字皆非以理言之耶? 理旣無形, 安有造作? 然理之如此, 氣亦如此; 理之如彼, 氣亦如彼. 氣之動靜運行成形著迹, 皆理之所爲也. 此是無爲之爲, 不使之使也. 見人之推理太過而認爲作用, 則曰非有使之; 見世之主氣太甚而至於獨擅, 則曰實有使之. 然則栗谷之書蘆沙之筆, 皆所以因時明理之言也. 未知今日之執言迷旨而斷斷不置者, 其心亦皆出於明理否耶? 人能弘道, 心能檢性. 此心字, 是神明主宰之謂. 人之神明, 固是合理與氣而有者也. 然所根在理, 所重在理, 則所謂神明主宰者, 豈一氣字所能了當乎? 今以心專喚做氣機看, 以證其氣能制理之說, 其爲侮聖言大矣. 人能弘道, 是人身上說也; 其機自爾, 是造化上說也. 今以人能弘道, 對其機自爾曰機能弘道, 以非道弘人對非有使之曰非道使氣, 則果可成說乎?

2.

物之生, 雖曰自長自消, 而其自長自消, 究是理自如此. 陰陽之機, 雖曰自動自靜, 而其自動自靜, 亦是理當如此. 此豈難曉之理乎? 或言朱子於自長自消下, 繼以理自如此. 而栗翁無此一轉語, 所以來蘆沙之疑. 此又不然. 朱子嘗言, 一氣流行, 萬物自生自長自形自色, 豈是逐一糚點得如此? 豈是逐一糚點得如此, 卽栗翁非有使之之謂. 而更無理自如此之云, 此亦將以自行自止不關由天命罵之乎? 亦將以吾懼夫氣奪理位而爲萬事本領斥之乎? 蘆沙曰, 動者靜者, 氣也; 動之靜之者, 理也. 動之靜之, 非使之然而何? 竊謂理使云者, 只是根柢之謂, 非如氣之有情意者. 故尤翁於沈明仲使動使靜豈無造作之問, 曰此不過曰自然而已, 不似二五之運用也. 今蘆沙之見, 正與沈氏同. 則豈不歸於認氣爲理乎? 大抵理雖曰主宰, 而實則自在. 氣雖曰動靜, 而實本於理. 此前天地後天地千古萬古不易之定理. 故栗翁旣曰, 無形無爲而爲有形有爲之主者, 理也; 有形有爲而爲無形無爲之器者, 氣也. 又曰有形有爲而有動有靜者, 氣也; 無形無爲而在動在靜者, 理也. 此可謂本末兼盡，體用無漏. 非洞見道體者，其孰能與於此哉！今不能如是看破，如是體得，卻只主主宰一義而幾於理有操縱，不復撿束此氣，以循乎理之本然，則其工夫豈非有所疎漏處乎？且如其說，則語者默者，口也；語之默之者，性也. 吾聞性爲語默之理，而口舌從而語默，未聞此性自會語默也. 是故，告子·釋氏之知覺作用是性，陽明之良能，視聽言動便是天理，皆歸於認氣爲理，而與吾聖人異矣. 朱子答胡季隨書，有自心自省語. 豈不知省之之理出於性，而其能省之者心而非性？故立語如此. 詞理俱到，無些子疵纇. 而後人有習聞猥筆之說者，誤以自行自止·不由性命·兩箇本領·各自樞紐等說，奉疑於朱子，則竊意蘆沙有靈，亦應蹙頞於泉下也.

朱子曰豈是逐一粧點云云，如此說處不一. 如曰付與萬物，而已不勞焉. 又曰天之於衆形，非物物刻而雕之. 此皆從一本上說來，而主宰之妙，已壓在上頭，豈漫無主宰而自生自長之謂哉？是故豈逐一粧點得下文，其只是大原大本中流出一句. 今乃刪去下文，單摘一句以爲伸己禦人之話欛也？以理無作爲者言，則曰動靜者理也，動之靜之者氣也，以理爲主宰者言，則曰動靜者氣也，動之靜之者理也，隨其地頭，語各有當也. 況栗谷天道及易數策，有動之靜之者理也之語，栗谷亦嘗認氣爲理而然乎？今爲栗谷分疏，而反以栗谷爲認氣爲理之科，何其無定論若是乎？理有動靜，此動靜字，是無體之動，無體之靜，是以通書曰，動而無動，靜而無靜，非不動不靜，朱子曰，言理之動靜，則動中有靜，靜中有動，其體也靜而能動，動而能靜，其用也. 如此說不一而多. 今曰理有動靜，而以理之動靜，喚作氣之動靜，然則所謂理者，非有名無實之物耶？謂前後讀者，皆不能察，而自許以千古之獨見. 夫黜理主氣之學，古果有之乎？此可謂千古之獨見也？主宰之義，豈可小之者哉？此是天地大一統，貫古貫今，至重至嚴底道理也. 今曰只主主宰一義，而幾於理有操縱，不復檢束此氣云，視主宰藐然，若一箇沒緊要底物事，豈所重在氣而然耶？主理乃所以檢束此氣，主氣而聽其自爲，乃可謂檢束乎? 主理乃可以無疏漏, 主氣而遺却本原乃可謂無疏漏乎? 時然後言, 則語者口, 而語之者理之主宰也. 非禮勿言, 則默者口, 而默之者理之主宰也. 釋氏之認氣爲性, 陽明之認心爲理, 是不擇所發之善惡, 而槪以謂性也, 其不可也固矣. 若其知覺作用視聽言動之由於善者, 亦不可謂之理乎? 不擇善惡而槪謂之性者, 古之告子釋氏及陽明之流也. 不分理欲而槪謂之氣者, 今之自謂得千古之獨見者也., 自心自省, 此是主一無適之謂, 亦豈爲漫無主張而自行自止之意耶? 噫! 九原不作, 朱子無語也.

3.

理一而已矣, 而乘於氣則其分萬殊, 此栗翁說也. 曰豈一之時, 初無所乘, 至萬之時, 始上著機歟? 曰不然. 今單言機上之太極, 則曰理一而已矣, 兼擧四時之氣而言元亨利貞, 則曰乘於氣, 而其分萬殊云耳. 豈昔日徒行, 而今日跨馬之謂乎? 今猥筆乃曰, 此若太極謾無主張, 忽見馬匹當前, 趫捷而騰上者然. 此決非栗翁之本意也. 又曰是馬爲塞翁之得, 非元來所乘, 此後勢必之東之西, 惟馬首是瞻. 此亦須消詳, 未可草草打過. 蓋人皆有太極, 而氣稟旣異, 則欲動情勝, 利害相攻之患, 往往而有. 是時所謂元來乘馬之主人, 旣有操縱之力, 而亦非無適莫者, —操縱適莫, 皆猥筆中語.— 柰何有此東西惟馬之失也? 此宜明核而勘破. 不然, 則其曰主之所向, 僕焉有不往者, 人將不之信矣. 嗚呼殆哉!

一理如人之一身, 萬里如身之百體, 一非不足, 萬非有餘, 今曰理一而已矣, 而兼擧四時之氣而言元亨利貞, 然則一爲無分之一, 必待兼擧而後爲萬里也, 前所謂分殊固是本然之分者, 顧安在耶? 太極固主宰, 而欲動情勝者, 氣習之敝也, 以氣習之敝, 而疑太極之不爲主宰, 何異於見水之過顙, 而疑其性之不潤下也? 雖在欲動情勝之中, 而其歉然不足, 索然不安之意, 未嘗不在其中, 此心靈之不可欺, 而理之所以爲宰也. 豈可引此而譏主理者曰, 奈何有東西南北馬首之失也?

4.

猥筆又曰, 理發二字, 爲今日學士家一大禁避語. 而纔見有段落行變化成條理者, 則曰氣也. 問孰主張是? 則曰其機自爾, 非有使之者. 問所謂理者, 落在何方? 則曰乘之矣. 初旣無使之然之妙, 末又非有操縱之力, 寄寓來乘, 做得甚事? 有之無所補, 無之靡所闕. 不過爲附肉之疣·隨驥之蠅. 嗚呼! 可憐矣! 究厥端由, 原於乘字, 失其本旨, 駸駸致得理輕而氣重, 直至氣奪理位, 爲萬事本領而後已. 一字之失其本旨, 其禍乃至於此乎! 愚按, 栗翁亦嘗言孰尸其機, 嗚呼太極! 此何嘗以氣爲萬事本領乎? 又言性發爲情, 則猥筆云云, 栗翁已見之昭陵也. 但其以理發爲非者, 卻有曲折. 實由理氣互發而云爾. 蓋從理爲根柢上說, 則氣爲理之用. 故雖氣發, 亦可謂之理發. 如行者雖馬, 而主者是人, 故統而言之曰人行也. 若據氣能作用上說, 則理實無情意, 故雖善情, 但可謂之氣發. 如乘者雖人, 而行者是馬, 故辨而明之曰馬行也. 若都欲以理爲主, 而至於用事處, 亦禁不下氣發字, 非其情實也. 譬如臣行君令, 其所行固出於君. 然其行之, 畢竟是臣而非君. 如必以所行是君命, 指臣行爲君行, 則名不正而言不順矣. 况遽指臣行二字, 爲臣奪君位而誅之, 則豈法理之所當出乎?

栗翁嘗曰, 孰尸其機, 嗚乎太極! 又曰無形無爲而爲有形有爲之主. 又曰萬般之情, 皆出於理. 此皆不易之定論也. 猥筆之言, 亦豈非栗翁之已見之昭陵乎? 但後之人舍平日之定論, 而特擧流行邊一條說, 以爲自己主氣之證案, 至有性體氣用同體異用之說, 以人物之生謂無定分, 陰陽五行謂非本然. 橫說竪說, 要不出於氣之一字, 而必引栗翁語以實之. 嗚乎! 栗翁平日之主理, 顧何如而爲後人所傳會, 反若不免爲主氣之科? 然則爲栗翁分疎者, 幾何不爲栗翁之罪人也耶?

5.

猥筆所擧一陰一陽之謂道，太極生兩儀兩句，誰曰不然? 但人能弘道，非道弘人，獨非孔子之言乎? 恐不必執一而棄一也. 竊嘗思之，自鄕人而至於爲聖爲賢，豈非奪天地之造化者乎? 其功夫雖存乎心，而其本源一出於性. 然則謂之道能弘人，亦何不可? 而聖人之言如此，此宜深思其故. 夫道是至尊之實，而爲萬物之主者. 若乃降而與有作用者同科焉，則道器上下之分亂，而無以杜此心覬覦之萌矣. 嗚呼! 聖人之指微矣哉!—以此防心， 後世猶有此心自稱大理具小理者.— 抑又思之，心之能事，至於敬尊德性，義扶世教，鑄凡作聖，豎人參天，其有功於人，何如哉? 雖假以形上之名，宜若無可惜者，而聖人之於心，乃不肯與道齊頭幷腳，是又何故? 釋氏不知理之爲道，而天上天下惟我獨尊，我是心自我也. 心雖磨鍊得極精細，比之沖漠無眹之道，畢竟微有迹. 蓋靈之與眞，原自有辨而然也. 聖人不欲指心以爲道，其謹嚴之意，豈不以是歟? 此是吾儒第一義理，亦第一防閑. 欲以奉質於曩哲，而旣未可得，則亦願幷世與後來之賢者，與之是正.

人固氣也，而其所以爲人者，乃理也，然則所謂能弘者，是在於理，而不在於氣，不其明矣乎?，今以心專作氣分而禁不得覬覦，以道爲至尊，而俾不欲貶降，其意可謂勤矣. 然徒知心之爲氣而不知爲理，則是主宰妙用之權，一歸於氣，而所謂至尊者，還不免爲陽尊矣. 歸權於氣，使之覬覦而欲其不覬覦，陽尊其位，使之貶降而欲其不貶降，得乎? 聖人不欲指心爲道，則孟子何以曰仁人心也? 邵子何以曰心太極也? 程子何以曰心生道也? 又何以曰在天爲命，在人爲心，主於身爲心? 朱子何以曰仁者天地生物之心，人得之以爲心云云，而使之齊頭幷脚也? 孟邵程朱，獨不念吾儒第一義理第一防閑而然耶? 以遺理主氣爲第一義理，而欲以質於曩哲，又欲正於倂世，又欲俟於來後，可謂枉用心力矣. 且形上形下之名，豈人所得以假之者哉?

6.

程子曰，天地萬物之理，無獨必有對．有問於朱子，曰太極便對甚底？曰太極便與陰陽相對．猥筆第五段，正論此義，云把氣與理對擧，此非聖人之言．今人纔見理字，必覓氣來作對偶．於是理之流行一大事，盡被氣字帶去作家計．所餘者，只混淪也，沖漠也．此雙本領之履霜也．悲夫！愚按，蘆沙意欲尊理，而有此云云．然辭氣之間，陵轢過越，大損尊畏聖賢之體，此豈非氣之失理處乎？况朱子何嘗非聖人？何嘗非一本領？然而把陰陽太極做對．此亦謂奪卻理之流行一大事，以與氣字而爲雙本領之履霜，而受蘆沙悲夫之歎者耶？

程子曰，心有存亡出入，非聖人之言．夫操則存舍則亡，出入無時，此非孔子之言耶？然而程子云然者，但據理而言，非正論孔子之言也．今先師之言，但據理而言之，非正論朱子之言也．程子之言，亦可謂陵轢過越耶？亦可謂氣失其理耶？天下固有無對之尊，如國之有君家之有父是也．然必欲究言其對，則君之於臣，父之於子，亦不可謂非對也．惟心無對，惟道無對，惟義無對，此皆非朱子之言耶？今也單擧朱子有對之一言，而謂先師正論此義，欲使悲夫之歎，加於朱子之身，爲陷人之計，君子而用心如是乎？其機關籠絡，令人可怕．

7.

猥筆曰，聖人的見流行發見，變化昭著，莫非此道之爲云云．此道之爲四字，恐合商量．朱子於論語集註，旣云道體無爲．尤翁之答人書，又云非謂[176]此理其體則無情意造作，而至於用則有情意造作也．二先生豈不知道之流行發見，而其言如此耶？此宜再入思議看也．—莫非

176 謂 : 『간재집』에는 ‘謂’자가 누락되었다. 『송자대전』 권104, 「答金仲固」의 원문에 의거해서 보충했다.

此道之爲，若添數字云，莫非此道爲之根柢樞紐，則似更詳明，未知如何.—

自然當然必然能然之然，是道之所爲也，何必運手運脚有作有用而後，乃謂之爲耶？朱子曰，所以一陰一陽者，是皆道體之所爲．又曰一物之中，自始至終，皆實理之所爲．此等爲字，亦可再入思議看耶？

8.

田愚曰，蘆沙奇丈理氣說，近因溪雲金丈所示辨說，概見一二顯與栗谷先生角立極有不可曉處．大抵其意，本欲尊理字，而不覺其反有貶降之嫌矣．愚竊意凡氣有所爲，必有所以爲之理，然後乃有是事，只如此說，其於理爲氣主之義，已自綽有裕矣，今論理字而曰有適莫，又曰有操縱之力，又曰做得事，然則其爲有爲之物明矣，何以爲有爲者之主乎？設如其說它姑無論只如唐殷之水旱，孔孟之貧賤，夷惠之偏於清和，顔冉之未及仁道此等處，所謂理者，却去何處？句當甚事，而乃若無適莫沒操縱，而一任其氣之所自爲者然，可怪可怪！顔子之心，方且以性爲主而日勉焉，而明道稱其和氣自然，雖吾夫子，苟原其心之所發，則亦一本於此，而未嘗自用也．而朱子却謂其從心所欲，而自然不踰矩．至其註楚辭天問則曰，一動一靜，一晦一朔，皆陰陽之所爲，非有爲之者．解陰符經人心機也之語，又直云人心自然而然者機也．程朱二先生豈不知氣字心字以上，更有所以然之理，而謂之自然也哉？且聖人之稱顔子不曰仁使心不違，而但曰其心不違仁，此無乃不違之所以然，則雖出於性，而其不違之機，却只在於心故歟？若如蘆沙之說，則其不違仁之時，此理又何爲使之如此，又其覺違而依仁也，謂自心自覺而自依之可乎？—此以求放心銘，孰放孰求覆惟手等語觀之，可見．— 抑謂之所謂理者，於此心依違之間，有適有莫之意，而操縱之如是云爾可乎？以此反覆推究，見其說之不能無失也耶．

以有形之事，形容無形之妙，其言不得不如此．若併與其無形之妙而無之, 則是道理不其淪於空寂乎? 理無操縱之形而有操縱之妙, 無適莫之跡而有適莫之妙, 無做得之力而有做得之妙. 福善禍淫, 虧盈益謙, 非操縱乎? 種豆得豆, 種瓜得瓜, 非適莫乎? 四時運行, 百物生成, 非做得之妙乎? 今以陰陽五行萬物庶類謂非本然之分, 則宜乎謂無操縱無適莫無做得事也. 唐殷之水旱, 孔孟之貧賤, 雖不可謂此理之本然, 而亦不可謂非理勢之使然也. 理勢使然, 先哲亦謂之天. 顔子之和氣, 夫子之從心, 亦義理充積而然, 豈理不爲主而一任於氣之謂耶? 理不爲主而氣自如此, 則盜跖之心, 奚獨無不踰矩乎? 顔子之或有所違而自心自省, 亦理之爲主也. 旣以國之不治, 人之不善, 爲理不主氣之證. 又以唐殷之水旱, 孔孟之貧賤, 爲理不主氣之驗. 夫唐殷之水旱, 孔孟之貧賤, 乃一時氣數之變耳. 以一時之變而疑萬古不易之常, 聖人千言萬語, 皆爲不試無驗之書矣. 理固爲主, 而猶有背理習亂之變. 況以氣爲主, 漫無主宰, 其爲變, 顧何如哉? 朱子以士者文體浮薄, 爲世道憂, 況道理心術邊說話乎? 所謂人於是非之原, 毫釐有差, 則其禍至於伏尸百萬流血千里者, 誰謂非今日之憂也? 近來主氣之說不一. 有以太極爲無分之一, 有以五性爲帶氣之物, 有以明德爲形而下. 言一本萬殊, 則萬殊爲氣, 言大本達道, 則達道爲氣, 或以陰陽五行謂非本然, 或以人物偏全謂非定分, 使主宰妙用, 條理段落, 一歸於氣. 立論如此, 而猶不曰氣奪理位得乎? 氣奪理位, 則臣之奪君, 子之奪父, 妻之奪夫, 小人之奪君子, 夷狄之奪華夏, 亦其一例事也. 先師惟是之憂, 發揮剔刮, 次第折衷, 使千橫萬決, 庶歸于一矣. 而一邊之論, 猶復齗齗, 至引作用是性求心習靜之語以譏之, 明道體之本然, 存太極之主宰者, 是作用歟? 是習靜歟? 然道理必不爲一邊之論所可移易, 公論必不爲一時之言所可眩惑, 多見其不知量也. 況以忌克之心, 爲吹覓之計, 則其出言立論, 安得公平通達無所偏倚乎? 嗚乎! 此何時也? 此何時也? 爲士者, 所宜同心修省, 以扶如綫之脈於萬分有一之中, 而乃反齗齗如是耶? 誠可歎也.

외필변변

황철원

이 글은 황철원(黃澈源, 1878~1932)[177]이 1904년 10월 무렵 전우의 「외필변」을 변론하는 글이다. 전우의 「외필변」 이후에 노사학파에서는 「외필변」을 반론하는 글이 다수 생산되었는데, 이 글도 그 가운데 하나다. 모두 10조목으로 구분할 수 있고, 다시 이것을 세 부분으로 나눌 수 있다. 첫째 8조목은 「외필변」을, 둘째 9조목은 전우의 알려지지 않은 저술인 「공림소지(空林所識)」[178]를, 셋째 10조목은 수신인을 알 수 없는 전우가 보낸 두 통의 편지를 인용해서 모두 비판적으로 논하고 있다.[179] 『중헌집(重軒集)』 권7에 실려 있다.

1.

[외필변] 율옹이 "음양의 움직임과 고요함은 기틀이 저절로 그런 것이지 시키는 것이 있지 않다"라고 했는데, 노사는 「외필」에서 이것을 매우 공박했다. 그러나 내가 보기에 주자는 평소 '작용이 있자마자 곧 형이하이다'라고 했으니, 움직임과 고요함이란 작용이다. 그래서 (율곡은) '저절로 그런 것이다'라고 한 것이다. 공자는 분명히 말했다. "하늘

177 자는 경함(景涵) 호는 중헌(重軒)이고 본관은 장수(長水)다. 전남 화순 능주 출신으로 기정진의 재전제자로서 기정진-정의림/정재규-황철원으로 이어지는 학맥에 속해 있다.

178 '소지'라는 제목으로 보아 짧은 글로 추정되는데, 현재 『간재집』에는 이 글이 실려 있지 않다.

179 「외필변」을 인용하는 경우에는 별다른 표기 없이 한 칸을 낮춰서 쓰고, 자신의 견해는 한 칸을 높여 써서 구별했다. 반면, 「공림소지」와 편지는 '所識曰' '與人第○ 書曰' 등으로 표기했다.

이 만물을 낳으면서 … 심어진 이는 북돋아 주고 기울어진 이는 엎어버린다." 주자는 이에 대해 오히려 '이것은 어떤 물건이 있어 그렇게 하는 것이 아니다. 다만 만물이 생겨날 때 저절로 자라나지만, 마치 어떤 물건이 그것을 부지해 주는 것과 같고, 쇠약할 때에 저절로 닳아 없어지지만 마치 어떤 물건이 이것을 밀어서 뒤엎어버리는 것과 같다. 리가 저절로 이와 같다'라고 했다. 또한 맹자는 분명하게 "하늘이 만물을 낳으면서 근본이 하나이도록 했다"라고 말했다. 그러나 주자는 오히려 "저절로 그러한 이치이지만 마치 하늘이 그렇게 시키는 것과 같다"라고 했다. 이윤은 분명하게 '하늘이 백성을 낳으면서 먼저 아는 이가 나중에 아는 이를 깨우치게 했다'라고 했다. 그러나 주자는 "천리의 당연함이 마치 그렇게 시키는 것과 같다"라고 했으니, 이것은 어찌 된 까닭인가? 단지 사람들이 '사(使)'자를 작용의 뜻으로 착각한다면, 도에 크게 해로울까 걱정한 것일 뿐이다. 그러므로 '약(若)', '흡사(恰似)', '비유물사지연(非有物使之然)' 등의 글자를 쓴 것이다. 그렇게 해서 작용의 부림이 없는 것을 드러내었다. 그러므로 '시키는 것이 있지 않다'라고 한 것이다. 율옹이 어찌 전수받은 것이 없이 멋대로 말한 것이겠는가? 또 예를 들어 "사람이 도를 넓힐 수 있다"라는 것은 기틀이 저절로 그러한 것이요, "도가 사람을 넓히는 것이 아니다"라는 것은 그렇게 시키는 것이 있지 않다는 것이다.

"인심에 지각이 있다"라는 것은 음양이 움직이고 고요한 기틀이고, "도체는 함이 없다"라는 것은 태극의 저절로 그러한 오묘함이다. 주자는 『논어집주』에 장자(張子)의 말을 싣고 있는데, 후대의 학자가 '성이 마음을 검속할 줄 모른다'라는 것을 천명이 이미 그쳤다고 여기고, '마음이 성을 다할 수 있다'라는 것을 천명 바깥에 또 하나의 본령이라고 여긴 것이라고 여겨 붓을 놀려 제멋대로 매도하는 것을 들어본 적이 없다. 리가 기의 주재이고 성이 마음의 근본이라는 것을 논하자면, 율옹은 또한 "기가 하는 것은 반드시 주재가 되는 리가 있다"라고 했다. 또한 '함이 없이 함이 있는 것의 주재가 되는 것은 리이다'라고 했다. 또한 "누가 그 기틀을 주재하는가? 오호라! 태극이로다!"라고 했다. 이런 것들은 이루 다 헤아릴 수 없다. 사람이 진실로 이것을 알았다면 '저절로 그런 것이다'라고 했을지라도 저절로 그러한 소이연은 여전히 이 리이고, '그렇게 시키는 것이 있지 않다'라고 했을지라도 시키지 않으면서 시키는 것은 여전히 이 리인 것이다. 「외필」에서 말하듯이 위연과 양의가 함께 승상부에 있으면서 서로 어긋나는 것과 같은 변고가 생겨난 적이 있었단 것인가?

황철원 : 주자가 '리에는 조작이 없다'라고 했지, 언제 '리에 사지연(使之然)의 오묘함이 없다'라고 했는가? 주자가 '작용이 있자마자 곧 형이하라'라고 했지, 언제 '사지연의 오묘함이 있자마자 곧 형이상'이라고 했는가? 또한 조작이 기(氣)라고는 하지만, 기가 이처럼 조작할 수 있는 소이는 그 리의 묘용으로서 신(神)이 주재가 되기 때문이다. 기가 작용이라고 하지만 기가 작용할 수 있는 소이는 그 리에 준칙이 있어 (기가) 절제되기 때문이다. 기는 이 리가 유행 운용하는 손발이라고 한다면 그 뜻이 어찌 분명하지 않겠는가? 조작과 작용에 기의 힘[氣力]이 있고, 감정과 의지가 있으며, 계획이 있다는 것도 오히려 리에 주재의 묘용이 있어서 이와 같은 것이다. 하물며 움직임과 고요함이 저절로 그러한 것도 리가 아니면 무엇이겠는가? 그렇다면 '동정'과 '조작', '작용'이란 글자는 각자의 분수(分數)가 멀리 떨어져 있는데, 이제 억지로 가져다 비교하는 것인가? 양이 움직이고 음이 고요한 것은 스스로 움직이고 고요한 것 같지만 한같이 천명이 그렇게 시키는 것의 실체이다. 이것이 아니라면 천명은 말할 만한 영역이 없어질 것이다. 이제 움직임과 고요함을 스스로 조작하고 스스로 작용하는 것이라고 여기고 따로 텅 빈 곳에 천명을 세우려고 하니 (이것은) '공하여 하나의 법도 없다[空無一法]'[180]라

는 것의 존칭이 아닌가?

태극과 음양을 짝을 지워 말한다면 태극은 리이고 음양은 기라고 하지 않을 수 없다. 그러나 이것은 오히려 겉면만을 보고서 말하는 것일 뿐이다. 그 내면의 실체를 말한다면 음양이 움직이고 고요한 것은 태극이 움직이고 고요한 것의 모상(貌象)으로서 서로 뒤섞이지도 않고 또한 실제로 서로 떨어지지 않는다.

명하는 것은 주인이요, 명을 받는 것이 종이다. 그러므로 주자는 리로 움직임과 고요함을 말한 것이 상당히 많다. "본체로 말하면 태극은 움직임과 고요함을 함축한다. 유행으로 말하면 태극에는 움직임과 고요함이 있다."[181] "우선 눈앞의 것을 가지고 논해 보면, 인(仁)은 곧 움직임이요 의(義)는 곧 고요함이다"[182]라고 했다. 이미 '함축했다[涵]'라고 하고, 또 '있다[有]'라고 했으며, 또한 '바로 … 이다[便是]'라고 했으니, 이것은 과연 기틀이 스스로 그러하다는 것인가? 이 또한 조작과 작용으로 비난할 수 있는가? 또한 「태극도」로 말하면 조화와 유행의 측면을 따라서 말했기에 도출할 수 없는 것을 도출해서 공공연한 하나의 본원으

---

180 주희가 불교에 심취한 이종사(李宗思)와 토론하던 도중에 "천명을 성이라 하는데 그대는 이 구절을 공(空)하여 하나의 법도 없다[空無一法]라고 생각하십니까, 아니면 모든 이치가 다 갖추어졌다고 생각하십니까? 만약 공하다면 불가가 이기는 것이고, 과연 실(實)하다면 유학이 옳은 것이니, 이것은 또한 두말할 필요 없이 결정되는 것입니다"라고 한 말에서 유래했다. 그러나 황철헌이 이러한 표현을 쓴 것은 이미 기정진이 다음과 같이 말한 적이 있었기 때문이다. "형은 "기(氣)와 합하면 만(萬)이고 기와 떨어지면 일(一)이다"라고 했는데, 나는 이 일(一)이 어떤 일(一)인지 모르겠습니다. 공(空)하여 하나의 법도 없다[空無一法]는 것의 존칭이 아닙니까?" 주희, 『회암선생주문공문집』 권31(『주자전서』 vol. 21), 「答張敬夫」, 1331쪽·기정진, 『노사집』 권4(표점영인 한국문집총간 vol. 310), 「擬與權信元」, 100쪽.

181 주희, 『회암선생주문공문집』 권45(『주자전서』 vol. 22), 「答楊子直(方)」, 2072쪽 참조.

182 주희, 『회암선생주문공문집』 권56(『주자전서』 vol. 23), 「답정자상」, 2687쪽.

로 삼았다. 음양의 움직임과 고요함은 곧 그 본색이며 실체이다. 「태극도설해」에서는 제1도에서 도출한 것을 가리켜 이렇게 말했다. "음양과 떨어져 있는 것이 아니라, 음양을 마주해서 그 본체가 음양과 뒤섞이지 않는다는 것으로 말한 것일 뿐이다."[183] 제2도를 가리켜 말했다. "움직여 양이 되고, 고요해서 음이 된다. 그 한 가운데는 그 본체이다."[184] 또한 "역에 태극이 있다"는 말로 태극도를 총괄했으니[185], '움직여 양을 낳고 고요해서 음을 낳는다'라는 것으로부터 한 편의 끝에 이르기까지 모두 태극이란 권역 안의 일이다. 이것이 과연 태극과 음양을 짝을 지워 말하면서 각자 한 등급의 자리를 차지해서 지금 사람의 견해처럼 제멋대로 리가 허공에 있고, 기가 스스로 작용한다고 주장하는 것인가?

질문하는 이는 '심어진 이는 북돋아 주고 기울어진 이는 엎어버린다'라는 구절을 가져다 따로 한 사물이 있어 사적으로 애증을 갖기도 하고 취사선택의 힘을 갖기도 해서 천리가 보답하고 베풀어주는 필연성을 잊어버리게 될까 의심했다. 이 때문에 주자는 "어떤 물건이 있어 그렇게 하는 것이 아니다"라고 한 것이지 지금 사람의 견해처럼 리를 그렇게 시키는 묘용이 없는 것으로 생각한 것이 아니다. 또한 사물이 스스로 자라고 사라지는 것도 사물이 저절로 그러한 것 같지만 실제로는 이 리가 그렇게 하는 것이다. 그러므로 두 '자(自)' 자를 합쳐서 "리가 저절로 이와 같다"라고 한 것이니, 스스로 자랐다 사라진다는 뜻의 '자'는 곧 '리가 저절로 이와 같다'라고 할 때의 '자'인 것이지 지금 사람의 견해처럼 따로 있는 어떤 사물의 '자'도 아니요, 또 따로 한 층 위에 있는 리의 '자'도 아니다. 사물이 스스로 사라지고 자라남이 사물이 스스로 그러할 뿐 그렇게 시키는 리가 있는 것이 아니고, '허공의 리가 스스로

183 주희, 『태극도설해』(『주자전서』 vol. 13), 70쪽.
184 같은 책, 같은 곳.
185 위의 책, 위의 글, 71쪽 참조.

이와 같다'라고 할 때의 리만 있다면 주자의 본뜻과는 얼음과 불의 거리보다 더 멀어지게 될 것이다. 성인의 눈에는 도가 아닌 것이 없기에 사물의 스스로 사라지고 자라남을 곧바로 '리가 저절로 이와 같다'라고 말해도 의심할 것이 없다. 그러나 지금 사람의 눈에는 기가 아닌 것이 없기에 사물이 스스로 자라고 사라짐을 사물이 저절로 그러한 것으로 볼 뿐이요, '리의 저절로 이와 같은 지위'를 아득한 곳으로 뽑아내 버린다. 맹자는 분명하게 "하늘이 만물을 내면서 근본을 하나가 되도록 했다"[186]라고 했고, 주자는 분명하게 "저절로 그러한 이치가 하늘이 시키는 것 같다"[187]라고 했지, 언제 '기가 저절로 그러하고 시키는 것이 있지 않다'라고 했는가? 이윤은 분명히 '하늘이 백성을 낳으면서 먼저 아는 이를 시켜 뒤늦게 아는 이를 깨닫게 한다'라고 했고, 주자는 또 분명하게 "천리의 당연함이 마치 그렇게 시키는 것 같다"[188]라고 했다. 언제 이 밖에 따로 아득한 곳에 소이연을 세웠는가? 이미 '저절로 그러한 리'라고 했으니, 기가 스스로 그렇다는 것이 아니라는 것이 명백하다. 또한 '천리의 당연함'이라고 했다면 어떻게 '그렇게 시키는 것이 있지 않다'라고 말할 수 있는가? 주자가 말한 '흡사(恰似)' 및 '약(若)'자는 어쩌면 후세 사람들이 곧바로 리를 작용으로 간주할까 걱정했기 때문일 것이다. 또한 유형의 (구체적인) 유지함[扶持]을 빌려서 리가 재배함을 형용했고, 유형의 구체적인 시킴[使]을 빌려서 이 리가 무형의 시킴을 밝혔으니, 그 말이 어쩔 수 없이 그런 것이다. "한 번 리라고 명명하면" 반드시 그렇게 시키는 묘용이 있다는 것이니, 주자가 말한 "천리가 그렇게 시키는 것이 이와 같다"라는 말이 이것이라면 '시킨다[使]'는 것은 조금도 '기의 힘[氣力]'이란 글자의 영역을 침범하지 않는다. 지금 사람은 '사(使)'

186 『맹자』, 「등문공 상」 5장.

187 주희, 『맹자집주』(『주자전서』 vol. 6), 319·378쪽 참조.

188 주희, 『맹자집주』(『주자전서』 vol. 6), 319쪽.

자를 보자마자 다만 '억지로 시킨다(强使)'라고 할 때의 '사(使)'로 인식하니 결코 주자의 뜻이 아니다. '사'자에는 두 가지 양상이 있으니 리로 말하면 주재의 묘용이요, 기로 말하면 작용하는 형체이다.

어떤 이는 이렇게 말한다. : '그렇게 시키는 것이 있지 않다'라는 것은 리가 그렇게 시킴이 없다는 말이 아니라, 다만 억지로 시키는 물건이 있지 않음을 말할 뿐이다. 예를 들자면 주자가 '시키는 물건이 있지 않다'라고 한 것이 이런 경우다. 그런데 지금은 주자의 말을 훌륭하다고 하면서 '그렇게 시키는 것이 있지 않다'라는 말은 크게 옳지 않다고 하는 것은 어째서인가?

나는 이렇게 말하겠다. : 주자가 리를 말한 곳에서는 기와 뒤섞지 않고 말했지만, 리를 관찰하는 곳에서는 곧 기와 떼어놓지 않았다. 그러므로 사물이 저절로 자라고 사라짐을 곧바로 리가 스스로 그렇다고 하면서 숨기지 않았다. 이미 '사물이 그렇게 시키는 것이 아니다'라고 말했다면 리가 그렇게 시킨다는 것을 분명히 알 수 있다. 음양이 움직이고 고요한 것에 이르러서는 사물의 측면에서 한 걸음을 더 나아가고 한 층을 더 깊이 들어가야 지극히 정미하고 오묘한 지점에서 천명이 그렇게 시키는 묘용이 여기에 존재하는 것이다.

간재는 태극과 음양을 대립시켜 말하면서 하나의 리와 하나의 기가 각각 터를 잡고 어둑하고 아득한 곳에서 태극을 도출하고, 음양이 스스로 그러하다고 높인다. 그렇다면 그가 말하는 '그렇게 시키는 것이 있지 않다'라는 것은 바로 그렇게 시키는 리가 있지 않음을 말한다. 이것은 주자가 '그렇게 시키는 물건이 있지 않다'라는 것과 모순된다. 또한 마음을 형이하의 한 측면으로 간주하고 그 한 몸을 주재하고 온갖 일의 강령이 되는 것을 오로지 형이하의 저절로 그러한 것으로 높이니, 공자가 '사람이 도를 넓힐 수 있다'라고 한 것을 '기틀이 스스로 그러하다'라고 여기고, 주자가 "인심(人心)에 지각이 있다"[189]라고 한 것을 음양이 움직이고 고요한 기틀이라고 여기면서 '그렇게 시키는 것이 있지 않다'라고 하니, 그가 성현의 말을 절취하고 천착하며, 자신의 견해에 나아가 자신의 말을 높이는 것은 매우 이상한 일이다.

아! 마음이 기의 영역에 속하는 일이지만 참된 본체와 묘용은 지극히 신령하고 측량할 수 없으니, 이 리가 주재하는 실질이기 때문이다. 그래서 '사람이 도를 넓힐 수 있다'라고 하고, '인심에 지각이 있다'라고 하는 것이다. 이것이 과연 기틀이 저절로 그러한 것인가? 이것이 과연 음양이 스스로 움직이고 고요한 것인가? 하늘에서 조화의 측면을 말하면 기가 유행하는데 성이 주재가 된다고 하니, 이것은 음양의 움직이고 고요함은 결코 스스로 그런 것이 아니기 때문이다. 사람에게서 온갖 변화에 대응하는 것을 말하자면 성이 유행하는 데 마음이 주재가 된다. 그러므로 '도가 사람을 넓히는 것이 아니다'라고 하고, '도체는 함이 없다'라고 하는 것이다. 성은 마음의 본체이고, 정은 마음의 작용이며, 마음은 성과 정을 통합하고서 주재하는 것이다. 정신·혼백·정상(精爽)은 마음의 지반이요 경계이니, 그 주재의 본래 뜻을 말한다면 리의 묘용이지, 기의 일이 아니라는 것이 분명하다. 이제 '인(人)' 자를 기(氣)라 하고, '홍(弘)' 자를 '사(使)'라고 한다면 공자의 말은 '기가 리를 부릴 수 있다'라는 것일 뿐, '리가 기를 부릴 수 있는 것이 아니다'라는 것인가? 진실로 이와 같다면 리는 기의 주재가 아니요, 기가 바로 리의 주재이니 가능하겠는가? 불가능하겠는가? 이것을 알았다면 장자(張子)가 말한 "마음이 성을 다 할 수 있다"[190]라는 한 단락의 말도 이 리가 주재하는 묘용을 밝히려는 것이 매우 분명하다.

"주자는 '성은 태극과 같고, 마음은 음양과 같다'라고 했다. 간재가 '마음이 음양이 움직이고 고요한 기틀'이라는 것을 '기가 저절로 그러한

---

189 주희, 『논어집주』(『주자전서』 vol. 6), 208쪽.

190 같은 책, 같은 곳.

것'으로 여긴 것들도 바로 이 말 속에 갖춰져 있는데 지금 그대가 잘못이라고 하는 것은 어째서인가?'라고 한다면, 이렇게 말하겠다. : 마음에 움직임과 고요함이 있는 것은 천지에 움직임과 고요함이 있는 것과 같다. 그 본체와 작용, 움직임과 고요함이 모두 그 안에 갖춰진 것으로 말하면 '마음은 태극'이라고 한다. 그 본체의 고요함이 음의 오묘함[妙] —'묘(妙)'는 신(神)을 말하니, 신은 리의 작용이다.— 이 되고, 작용이 운행해서 양의 오묘함이 되는 지점으로부터 말하면 '마음은 음양과 같다'라고 한다. 태극이 한 번 움직이고 한 번 고요함은 곧 음양의 측량할 수 없는 신이다. 신이란 리의 묘용이다. 기에 뒤섞이지도 않고, 기에 국한되지도 않는다. 이것이 (「태극도」) 제2도에서 '움직여 양이 되고 고요해서 음이 되는데, 그 한 가운데는 본체'라고 한 것이다. '마음이 음양과 같다'라는 것도 바로 그 본체를 가리키면 곧 태극이다. 양의 움직임은 태극의 작용이 운행하는 것이요, 음의 고요함은 태극의 본체가 확립된 것이다. 마음이 성과 정을 통합하지만 성이 그 본체이기 때문에 그 가운데 나아가 절반을 들어서 '지극히 고요한 가운데 온갖 이치가 모두 갖춰진 것'을 '성은 태극과 같다'라고 표현한 것이다. 이것이 마음이 성과 정의 총명이라고 하는 까닭이요, 이것이 마음이 음양과 같다고 하는 까닭이다. 한 번 고요하고 한 번 느끼는 어느 것인들 이 리의 묘용으로서 신이 아니겠는가? 이와 같기 때문에 도를 넓힐 수 있는 것이다. 이제 마음을 단지 음양이 움직이고 고요한 기틀로 간주해서 '기틀이 스스로 그러하다'라고 하니 괜찮겠는가?

'마음에 지각이 있다'라는 것이 곧 '마음은 음양과 같다'라는 것이요, '도체는 함이 없다'라는 것은 곧 '성은 태극과 같다'라는 것이다. 주자는 '원형이정은 천지가 만물을 낳는 마음으로 사람이 얻어서 마음으로 삼는 것이다. 미발의 상태에서는 네 덕이 갖춰져 있고, 이발의 때에는 사단이 드러난다'라고 했다. 또한 「장경부(張敬夫 : 張栻)에게 답함」에서는 성정의 덕과 중화의 오묘함을 논하면서 마음을 주재로 여겼다.[191] 또한 "인으로 사랑하고, 의로 미워하며, 예로 사양하고, 지로 아는 것은 마음이다"[192]라고 했다. 이것은 마음을 리로 여기고 도를 넓힐 수 있는 실재임을 밝힌 것이다. 어째서 여기에서 자세하게 사색하고 헤아리지 않는가? 「외필」이 세속 유자들의 폐단을 구제하고 율곡의 뜻을 밝히려는 것이지, 어찌 '기가 하는 것에 반드시 리가 주재가 된다'라고 했고, '함이 없으면서 함이 있는 것의 주재가 리이다'라고 했으며, "누가 그 기틀을 주재하는가? 아 태극이로다"[193]라고 했던 말들을 의심하려는 것이겠는가? 또한 이런 말들은 율옹의 입에서 나와서 본시 믿을 수 있는 것이니, 간재가 인용한 의도가 오히려 의심할 만한 것이다.

간재는 양의 움직임과 음의 고요함을 논하면서 '기틀이 스스로 그러하다'라는 것과 '그렇게 시키는 것이 있지 않다'라는 것만 중시하면서 그 실체에는 어두웠다. 그래서 오히려 스스로 가탁해서 "기가 하는 것에는 반드시 리가 주재가 된다"라고 했다. 그렇다면 '기가 하는 것'이 '저절로 그러한 것'인데 '저절로 그러한' 기에 다시 무슨 주재하는 리가 있다는 것인가? 설령 그런 것이 있다고 해도 '스스로 그러하다'라는 것이 머리를 양보하고 존위를 되돌려주겠는가? '함이 없는 함이요 함이 있는 있는 것의 주재'라고 한 것은 본시 옳다. 그러나 간재는 이미 함이

191 "이러한 이치는 모름지기 마음[心]을 위주로 하여 논의해야 성정의 덕과 중화의 오묘함이 모두 조리 있고 어지럽지 않다는 것을 알게 되었습니다. 사람의 몸에서 지각의 운용은 마음이 하는 것 아닌 것이 없으니, 마음이란 실로 몸을 주재하는데, (몸이) 움직이든 정지해 있든 간에 그리고 말하고 있든 침묵하고 있든 간에 어떤 간격도 없습니다.[得見此理須以心爲主而論之, 則性情之德·中和之妙, 皆有條而不紊矣. 然人之一身, 知覺運用, 莫非心之所爲, 則心者, 固所以主於身, 而無動靜語默之間者也.] "주희, 『회암선생주문공문집』 권32(『주자전서』 vol. 22), 「答張欽夫」, 1419쪽.

192 주희, 『회암선생주문공문집』 권67(『주자전서』 vol. 23), 「元亨利貞說」, 3254쪽.

193 이이, 『율곡전서』 권1(표점영인 한국문집총간 vol. 44), 「理一分殊賦」, 12쪽.

있는 것을 음양이 스스로 움직이고 고요하고 그렇게 시키는 리가 있지 않다고 여겼다. 그렇다면 '그렇게 시키는 것이 있지 않다'라는 것 위에 다시 어떤 함이 없는 주재가 있다는 것인가? 어떻게 실제로는 하는 일 없이 헛된 이름만 얻은 것이 아니겠는가? '기틀이 스스로 그러하다'라는 것과 '그렇게 시키는 것이 있지 않다'라는 것만 중시하면서 그 실체에는 어두웠다. 그래서 오히려 스스로 (율곡의 말에) 가탁해서 "누가 그 기틀을 주재하는가? 아 태극이로다!"라고 한다. 그렇다면 '주재한다[尸]'라는 것은 과연 어떤 일인가? 또한 '저절로 그러한 것의 소이연'이라고 한다면, 여전히 이 리이다. 또한 '그렇게 시키는 것이 있지 않고, 그렇게 시키지 않으면서 시키니 이 또한 여전히 리일 뿐이다'라고 한다면, 이 것은 머리 곁에 머리를 두는 격이니 반드시 어긋나는 변고가 있을 것이다. 위연(魏延)과 양의(楊儀)가 함께 승상부에 있는 모순에서 벗어날 수 있겠는가?

2.

[외필변] 만물의 생성은 '스스로 자라고 스스로 사라진다'라고 하지만, 스스로 자라고 스스로 사라지는 것도 필경 이 리가 저절로 이와 같은 것이다. 음양의 기틀도 스스로 움직이고 스스로 고요하다고 하지만 스스로 움직이고 스스로 고요한 것은 또한 리가 이와 같기 때문이다. 이것이 어찌 깨닫기 어려운 이치겠는가? 어떤 이는 이렇게 말한다. "주자는 '스스로 자라고 스스로 사라진다'라는 구절 아래에 '리가 저절로 이와 같다'라는 말을 이어 붙였다. 그러나 율옹은 (따로) 말 한마디를 덧붙이지 않았다. 이 때문에 노사의 의심을 불러온 것이다." 이것 또한 그렇지 않다. 주자는 이렇게 말한 적이 있다. "하나의 기(氣)가 유행하면 모든 것들이 스스로 생기고, 스스로 자라며, 스스로 형체화되고, 스스로 색을 갖는다. 이것이 어찌 하나하나 분 바르듯이 가꾸고서야 이렇게

되는 것이겠는가?" 어떻게 하나하나 분 바르듯이 가꾸고서야 이렇게 되겠는가라고 한 것이 바로 율옹이 '그렇게 시키는 것이 있지 않다'라는 말이기에 다시 '리가 저절로 이와 같다'라고 말하지 않은 것이다. 이것 또한 스스로 운행하고 스스로 그치는 것이 천명에서 나오지 않는다고 매도할 수 있는 것이겠는가? 또한 '나는 기가 리의 자리를 빼앗아 모든 일의 본령이 될까 걱정한다'라고 배척하겠는가?

황철원 : 주자는 '리와 기를 말하면 기는 오로지 형이하이다. 사물을 말하면 리와 기를 포괄하기에 오로지 형이하로 말할 수 없다'라고 했다. 그렇다면 '만물이 생성하면서 스스로 자라고 스스로 사라지지만, 스스로 자라고 스스로 사라지는 것도 이 리가 저절로 이와 같다'라고 하는 것은 사물 바깥에 하나의 리가 있다고 말하지 않는 것이 분명하다. '음양의 기틀도 스스로 움직이고 스스로 고요한 것 또한 리가 당연히 이와 같기 때문이다'라고 말한 것을 정말 이와 같이 본다면 이것은 바로 주자가 '(『주역』「계사」에서) '역(易)에 태극이 있다'라고 했는데 이 태극은 음양의 가운데 있는 것이지 음양의 바깥에 있는 것이 아니다. 건곤(乾坤)이 나누어지지 않고 대연(大衍)이 나누어지지 않았을 때로 말하는 것은 잘못이다'[194]라고 한 것이요, 율곡이 "이와 기가 서로 떨어질 수 있다면 정자가 '음과 양은 처음이 없다'라는 말은 빈말이 되고 만다"[195]라고 한 것이다. 율곡의 말은 이처럼 말한 것이 한둘이 아니니, 충분히 완전하다고 할 것이다. '기기가 스스로 그러하지 그렇게 시키는 것이 있지 않다'라는 한 문단은 잘 살펴보면 유행이란 측면에서 설명하는 말이라고 하기에 지장이 없는데, 지금 사람들은 말에 얽매이고 뜻에 어두운 채로 '스스로 그러하다'라는 것 위에서 따로 소이연을 찾는다. 그렇다면 큰 뜻이 타당치 못하게 되어 어쩔 수 없이 스스로 이와 같은

194 주희, 『회암선생주문공문집』 37(『주자전서』 vol. 21), 「答程可久」, 1642쪽.
195 이이, 『율곡전서』 권10(표점영인 한국문집총간 vol. 44), 「답성호원」, 203쪽.

리를 스스로 자라고 사라지는 (사물의) 바깥에서 찾게 될 것이다. 이것은 바로 주자가 "노자는 '도가 먼저 하나를 낳고 난 다음에 (하나가) 둘을 낳는다'[196]라고 했으니, 그 이치를 살피는 것이 또한 정밀하지 못하다"[197]라고 한 것이다. 그러므로 「외필」에서 특별히 그것을 말해서 말류의 폐단을 구제하려 했고, 애타는 마음을 품고서 물어보려는 뜻을 가졌던 것이다.

'하나의 기가 유행한다'[198]라는 한 문단은 주자의 본래 말이 과연 이렇게만 끝났더라면 본래 속일 만한 수단이 되고, 밝힐 수 없는 상황이 되었을 것이다. 그러나 주자는 이미 '천(天)' 자를 첫머리에 두고서 "하늘은 하나의 기가 유행할 뿐이다 … "라고 했다. 그렇다면 사물이 저절로 생기고 자라나는 것도 하늘이 주재하는 것이 아님이 없는 것이다. 또 결론을 맺으면서 "성인은 단지 하나의 커다란 근본 가운데서 나온다"[199]라고 했고, 또한 "많은 도리도 단지 이 하나를 가지고 관통해 나간다"[200]라고 했다. 이것은 성인의 일관(一貫)으로 천리의 일관을 밝혔으니, 만물이 스스로 형과 색을 이루는 것도 모두 천리가 일관하는 곳이다. 어떻게 이 바깥에서 다시 별도의 하늘이 하는 것을 찾겠는가? '분바르듯이 가꾼다'라고 운운한 것은 손가락이 부러진 공수(工倕)가 조각하는 것과 다르고, 한결같이 상천이 주재하는 묘용일 뿐임을 말한다. 성인이 박람강기에 힘쓰지 않는 것으로 천리가 억지로 힘쓰지 않음을 비유했기 때문이다. 억지로 힘쓰지 않아도 그 필연의 묘용과 능연의 법칙은 진실로 시키지 않는 가운데 시키고 함이 없는 가운데서 한다는

---

196 도가 … 낳는다 : 『도덕경』 42장.

197 주희, 『회암선생주문공문집』 37(『주자전서』 vol. 21), 「答程可久」, 1642쪽.

198 주희, 『주자어류』 권45(『주자전서』 vol. 15), 1585쪽.

199 같은 책, 같은 곳.

200 위의 책, 위의 곳.

것이니, 어떻게 만물이 낳고 자라며 형과 색을 갖추는 것을 '(리로부터) 연유함이 없이 스스로 그렇다'라고 하겠는가?

3.

[외필변] 노사는 이렇게 말한다. : 움직이고 고요한 것은 기요, 움직이고 고요하게 하는 것은 리이다. 움직이게 하고 고요하게 한다는 것이 그렇게 시키는 것이 아니라면 무엇이겠는가?

나는 이렇게 생각한다. : 리가 '그렇게 시킨다[使]'라고 하는 것은 뿌리를 말할 뿐이지, 기에 감정과 의지가 있다는 것과 같은 것이 아니다. 그러므로 우옹(尤翁)은 심명중(沈明仲 : 沈世熙)이 "'움직이게 하고 고요하게도 한다'라고 하니 어떻게 조작이 없다고 하겠습니까"라는 질문에 대답하면서 "'이 또한 스스로 그렇다'라고 말하는 것에 불과할 뿐, 음양과 오행이 운용하는 것과는 다르다"라고 했다. 지금 노사의 견해는 바로 심씨와 같다. 어찌 '기를 리로 인식하는' 데로 귀결되지 않겠는가?

리는 주재라고 말한다 하더라도 실제로는 스스로 존재할 뿐이요, 기는 움직이고 고요하다고 할지라도 실제로는 리에 뿌리를 두고 있다. 이것은 천지의 앞이든지 뒤든지, 천 년 전이든 만 년 전이든 변할 수 없는 정해진 도리이다. 그러므로 율옹은 "무형무위(無形無爲)하면서 유형유위(有形有爲)한 것의 주재가 되는 것은 리이고, 유형유위하면서 무형무위한 것은 그릇[器]이 되는 것은 기다"라고 하고서, 다시 "유형유위하면서 움직임과 고요함이 있는 것은 기이고, 무형무위하면서 움직임과 고요함(두 측면 모두)에 존재하는 것은 리이다"라고 했다. 이것은 근본과 말단을 모두 다 발휘했고, 본체와 작용에 빠트린 것이 없다고 할 수 있으니, 도체를 환하게 아는 이가 아니라면 누가 여기에 함께할 수 있겠는가!

이제 이처럼 간파하거나, 이처럼 체득하지 못하고 오히려 주재라는 한 가지 뜻만을 주장하면서 거의 리에 조종하는 힘이 있고, 다시 이 기를 검속하지 않으면서 리의 본연만을 따르려고 한다면, 그 공부가 어찌 거칠고 틈이 벌어지지 않겠는가? 또한 그의 말대로라면 말하거나 침묵하는 것은 입이요, 말하게 하고 침묵하게 하는 것은 성이다. 나는 성이란 말하거나 침묵하는 리이고, 입과 혀는 따라서 말하거나 침묵한다고 들었다. 이것이 주자가 말한 "리에 동정이 있다"라는 말의 뜻이다.— 리에는 이 기가 동정하는 리가 있음을 말하지, 리가 스스로 먼저 동정한다고 말하는 것이 아니다. 이 구절의 앞뒤를 읽는 이들은 대부분 살펴서 이해하지 못한다.[201]— 이 성이 스스로 말하고 침묵할 수 있다고는 듣지 못했다. 이런 까닭에 고자·불교의 '지각 작용이 곧 성이다'라는 주장, 양명의 양능(良能)과 '보고 듣고 말하고 움직이는 것이 모두 천리이다'라는 주장은 모두 기를 리로 인식하는 데로 귀결되니, 우리 성인과는 다른 것이다.

주자의 「호계수(胡季隨)에게 답하는 편지」에 '자신의 마음을 스스로 살핀다'라는 말이 있다. 이것이 어찌 살피는 리가 성에서 나오지만, 살필 수 있는 것은 마음이지 성이 아니라는 것을 모르는 것이겠는가? 그러므로 이처럼 말한 것이요, 글의 문리도 모두 갖추어 조금의 흠도 없다. 「외필」의 주장에 물든 후학들이 잘못 이해해서 '스스로 행하고 스스로 그칠 뿐이요, 성명에서 말미암지 않으며, 두 개의 본령이요, 각각 지도리가 된다'라는 주장을 주자에게 묻게 된다면, 내 생각에 노사의 혼령은 또한 지하에서나마 얼굴이 붉어질 것이다.

황철원 : '움직이고 고요하게 하는 것이 리'라는 것은 옛 성현들도 이런 뜻으로 말한 것이 많았다. 「역대전(易大傳)」에서는 "한 번 음이 되고 한 번 양이 되는 것을 도라고 한다"라고 했다. 주자는 "음양은 기이다. 한 번 음이 되고 한 번 양이 되는데, 이것이 순환하는 까닭이 바로 도라

---

201 이것이 주자가 … 못할 뿐이다 : 현재 『간재집』에 실린 「외필변」에는 이런 구절이 없다.

는 것이다"[202]라고 했다. 그렇다면 '움직이게 하고 고요하게 한다'라는 것이 바로 '순환하는 까닭'이다. 주자는 또 말했다. "봄·여름은 양이고, 가을·겨울은 음이다. 예로부터 지금까지 이렇게 굴러가는 것은 단지 음양일 뿐이다. 누가 그렇게 만드는가?"[203] 또 말했다. "아버지와 아들이 동일한 기에 뿌리를 두어 그 은애(恩愛)가 서로 이어진 것이니, 저절로 그렇게 되기를 기약해서 그렇게 된 것이 아니다. 그 밖의 큰 윤리들도 모두 그러하니, 모두 하늘의 리가 시켜서 이와 같게 된 것이니 어떻게 억지로 할 수 있겠는가?"[204] 「외필」에서 "움직이게 하고 고요하게 한다는 것이 그렇게 시키는 것이 아니라면 무엇이겠는가"라고 한 것도 한결같이 주자의 뜻이다. 한 번 음이 되고 한 번 양이 되는 것을 그렇게 시켜서 그렇다[使之然]라고 하는 것과 '움직이고 고요하게 하는 것'을 그렇게 시켜서 그렇다[使之然]라고 하는 것에 무슨 차별이 있는가? 하물며 곧장 '사람의 은애를 천리가 시켜서 이와 같다'라고 하는 경우임에랴! 주자의 설명 또한 리에 조종함이 있음에도 다시 이 기를 검속하지 못한다고 꾸짖을 수 있겠는가? 「대전」에서는 '(끊임없이) 생성하는 것[生之]을 역이라 한다'라고 했고, 주자는 '리가 저절로 이와 같다[理自然如此]'라고 했다.[205] 그렇다면 '(끊임없이) 생성하는 것'은 기요, '생성하게 하는 것'은

202 주희, 『주자어류』 권74(『주자전서』 vol. 16), 2522쪽.

203 같은 책, 같은 글, 2523쪽.

204 주희, 『주자어류』 권17(『주자전서』 vol. 14), 585쪽.

205 이 구절은 황철원의 착각이다. 『주역』 「계사 상」 5장에서는 "(끊임없는) 생성을 역이라 한다[生生之謂易]"라고 말하고 있는데, 주희의 『주역본의』는 "음은 양을 낳고, 양은 음을 낳으니 그 변화가 끝이 없다. 역의 이치와 역이란 책이 모두 그렇다.[陰生陽, 陽生陰, 其變无窮. 理與書皆然也.]"라고 풀이하고 있을 뿐이다. 정작 이 구절을 '리가 저절로 이와 같다'라는 말과 연결시킨 것은 『하남정씨유서』 권18의 173조목에서 발견되고, 이 말이 다시 『주역전의대전』에 재인용되고 있다. 이 때문에 황철원이 이정의 발언을 주희의 말로 착각한 것으로 보인다.

리이다. 「대전」에서는 "상(象)을 이룬 것을 건이라 하고, 법(法)을 드러냄을 곤(坤)이라 한다"[206]라고 했는데, 주자는 "이치는 본래 이와 같고, 본래 서로를 기다리지 않는다"[207]라고 했다. 이렇다면 '상(象)'과 '법(法)'은 음양이고, '이뤄주고' '드러내 주는' 것은 리이다. 주자는 또 말했다. "사시는 단지 자연의 순환운동과 같다. 모두 리의 필연일 뿐이다."[208] 이렇게 본다면 더욱 분명하다. 이제 이것을 알지 못하고 다만 "리는 지도리일 뿐이다"라고 한다면 이것은 도의 본체가 본래 함이 없는 줄만 알고, 순환하면서 번갈아 운행하는 곳에 그렇게 시키는 도가 있고, 필연의 리가 있는 줄을 모르는 것이다. '지도리'라고 하는 것도 실질이 없는 헛된 이름이요 주재가 되지 못할 것이다.

리가 움직이게 만들고, 고요하게 만드는 것이 곧 '리가 저절로 이와 같다'라고 하는 것이다. 그런데 심명중은 '사(使)'자를 '조작'으로 간주했기에 우옹은 '스스로 그러하다'라고 대답했으니, 바로 주자가 말한 '그렇게 시키는 것'이다. 그런데 이제 '사'자를 조작으로 본다면 이것은 다시 심씨의 견해에 떨어지는 것이요, 율옹을 배척하고 주자를 등지는 것이다. '발현하는 것은 기이고[發之者, 氣.], 발현하게 하는 소이는 리'라는 것은 본래 율옹의 말이다. '발현은 기이고[發者, 氣.], 발현하는 소이는 리'다는 말도 율옹이 말이다 하나는 '지(之)'자가 있고 하나는 '지'자가 없으니, 율옹이 '지'자에 깊이 유의하지 않고 썼음을 알 수 있다. '지'자가 없는 곳에서 또 무슨 말로 「외필」을 변론 반박하겠는가? 유행이란 측면에서 추론해서 그 본원을 말한다면, '발현하는 것은 기요 발현하게 하는 소이는 리'라고 하는 데 지장이 없다. 실체라는 측면에서 그렇게 시키는 리를 정확하게 가리킨다면 이는 바로 '움직임과 고요함은 기이고,

---

206 『주역』, 「계사 상」 5장.

207 주희, 『주자어류』 권74(『주자전서』 vol. 16), 2530쪽.

208 같은 책, 같은 곳.

움직이고 고요하게 하는 것은 리'라는 것이다. '움직이게 하고 고요하게 한다'라는 것은 곧 '소이(所以)'이니, 곧 율옹이 말한 '발현하게 하는 소이(所以發者)'이다. 또한 '움직임과 고요함은 기이고, 움직이고 고요하게 하는 것은 리이다'라는 말이 본래 율옹의 말인데 —「역수책」 및 「천도책」에 보인다. — 이제 꾸짖고 배척하는 것은 어째서인가? 참으로 "그 사람이 입각한 곳을 따라 공격할 뿐이다"[209]라는 격이니 어찌 정론이 있었겠는가?

움직임과 고요함은 음양의 내면에서 그 자취의 정치함을 말한 것이요, 말하고 침묵하는 것은 사람의 행동거지에서 그 자취의 거칠음을 말한 것이다. 그런데 오히려 이것을 가져다 반박하니, 이것은 바로 율옹이 "정치한 곳에서는 반드시 억눌러 낮춰서 거칠게 만들고, 거친 곳에서는 반드시 끌어 올려서 정치하게 만든다면 이것이 어찌 공평하고 올바른 도리이겠는가?"[210]라고 한 것이다. 그렇지만 리가 정치함과 거칠음에 상관없이 모두 있다면 또한 설득력이 있다고 할 것이다. 리는 저절로 그러한데다, 필연·당연·능연의 바꿀 수 없음과 그만둘 수 없음이 있기에 반드시 말하고 반드시 침묵하며, 말해야 하고 침묵해야 한다면 곧 말할 수 있고 침묵할 수 있으니, 이와 같이 말할 때라야 '말하거나 침묵하는 것은 입이요, 말하게 하고 침묵하게 하는 것은 성이다'라고 할 수 있다. 말하게 하고 침묵하게 한다는 것은 그렇게 시키는 묘용과 그렇게 하지 않을 수 없는 까닭을 말하지, 조작이 있음을 말하지 않는다. 주자는 "도는 일찍이 기(器)를 떠나본 적이 없고 도 또한 기의 리일 따름이다. 사람의 몸은 기이며 말과 동작은 곧 사람의 리이다"[211]라고 했다. 이 또한 기를 리로 인식하는 것인가? 주자는 또 "리에 움직임과

---

209 주희, 『회암선생주문공문집』 권27(『주자전서』 vol. 21), 「答詹帥書」, 1201쪽.
210 이이, 『율곡전서』 권9(표점영인 한국문집총간 vol. 44), 「上退溪先生問目」, 183쪽.
211 주희, 『주자어류』 권77(『주자전서』 vol. 16), 2614쪽.

고요함이 있기 때문에 기(氣)에 움직임과 고요함이 있다"라고 했고, 또 그 말을 뒤집어 "리에 움직임과 고요함이 없다면 기가 무엇에 근거하여 움직이고 고요함이 있겠는가"[212]라고 했으니, 앞의 '움직임과 고요함'은 리를 중심으로 한 말이고 뒤의 '움직임과 고요함'은 기를 중심으로 한 말이다. 두 가지 '움직임과 고요함'이 있지 않지만 저절로 주인과 종의 나뉨이 있으니, 리의 움직임과 고요함은 곧 '그렇게 시키는 것'이다. 공자는 "태극이 양의를 낳는다"라고 했으니 '낳는다[生]'는 말은 리의 움직임과 고요함이다. 염계는 이 뜻을 조술해서 "움직여 양을 낳고, 고요해서 음을 낳는다"라고 했다. 주자는 이것을 풀이하면서 '태극은 곧 움직이고 고요할 수 있다'[213]라고 했으니, 그 뜻은 이미 분명하다. 어째서 억지로 견해를 만들어 리에는 움직임과 고요함이 없고, 움직임과 고요함은 오로지 기에 의지한다고 하는가? 이렇게 한다면 기는 거꾸로 리의 주재가 될 것이다. 이와 같은데도 스스로는 '홀로 살펴서 깨달았다'라고 하니 진정으로 가소롭다.

지각 작용이 형기에서 생기는 것을 가리켜 성이라고 한다면 기를 리로 인식한다고 지목할 수 있다. 그러나 그 지각 가운데 양지(良知), 작용 가운데 양능(良能) 및 지(智)가 발현해서 시비지심이 되고, 예에 따라 행동하는 것 또한 성으로 말할 수 없는가? 예가 아닌데도 보고 듣고 말

---

212 주희, 『회암선생주문공문집』 권56(『주자전서』 vol. 23), 「답정자상」, 2687쪽.

213 주희가 정확하게 '태극이 움직이고 고요할 수 있다[太極便會動靜]'라고 말한 적은 없다. 다만 「태극도설」의 첫 구절을 풀이하면서 "태극에 움직임과 고요함이 있으니, 이것이 천명의 유행이다[太極之有動靜, 是天命之流行也.]"라고 했을 뿐이다. 그러나 조선 후기의 이항로나 전우 같은 성리학자들은 주희의 이 구절을 인용문과 같은 의미로 받아들였고, 상투적으로 이것이 주희의 말이라고 간주하곤 했다. 주희, 『주자전서』 vol. 13, 「태극도설해」, 72쪽·이항로, 『화서집』 권5(표점영인 한국문집총간 vol. 304), 「答李長汝」, 141쪽·전우, 『간재집·전편』 권14(표점영인 한국문집총간 vol. 333), 「華西雅言疑義」, 137쪽 참조.

하고 행동하는 것은 기를 성으로 인식한다고 지목할 수 있다. 그렇다고 예를 회복하고서 보고 듣고, 말하고 행동하는 것을 성으로 말할 수 없는가? 주자는 "보면 자연히 밝게 보이고, 들으면 자연히 밝게 들리며, 안색은 자연히 온화하고, 용모는 자연히 공손하며, 큰 근본 가운데에서 흘러나온다"[214]라고 했다. 큰 근본 가운데에서 흘러나온 것이 성이 아닌가? 주자는 또 "사욕(私慾)을 이기면 동용(動容)하고 주선(周旋)함에 예(禮)에 맞지 않음이 없어서 일상생활에 천리의 유행이 아닌 것이 없을 것이다"[215]라고 했으니, '천리의 유행'이란 성이 아닌가?

(주자는) '자신의 마음을 스스로 살펴서 (마음의) 당체(當體)가 바로 이것(인 줄을 안다)'[216]라고 했다. 주자가 어찌 기가 저절로 그러해서 발현한 것이라고 한 적이 있는가? 주자는 "이 경(敬)자를 따로 하나의 물건으로 여기고, 또 (다른) 하나의 마음[一心]으로 지키려고 하기 때문에 이런 병이 생긴 것이다"[217]라고 했으니, '자신의 마음을 스스로 살핀다'라고 한 것은 공경함이 곧 마음이요, 마음 밖에 공경함이 있지 않음을 말한 것이다. 맹자는 '공경하는 마음이 예'라고 했으니 예는 성이 아닌가? 장자는 "마음이 성과 정을 통괄한다"라고 했고, 주자는 '마음이란 성과 정에 오묘하게 작용하는 덕이요 천지의 주재'[218]라고 했다. 과연 이런 말들이 기가 스스로 살핀다고 말하는 것인가? 마음은 주재이고, 성은 조리이며, 성의 유행은 마음이 주재가 되니 마음과 성이 과연 두 가지 물건인가? 마음의 지반은 (기의) 정상이지만 그 주재는 리이다. 리로 말하면 마음은 태극이 네 덕을 통합하고, 성은 이정(利貞)이며, 정은 원형

---

214 주희, 『주자어류』 권45(『주자전서』 vol. 15), 1585쪽.

215 주희, 『논어집주』(『주자전서』 vol. 6) 167쪽.

216 주희, 『회암선생주문공집』 권53(『주자전서』 vol. 22), 「답호계수」, 2520쪽.

217 같은 책, 같은 곳.

218 주희, 『회암선생주문공문집』 권67(『주자전서』 vol. 23), 「太極說」, 3274쪽 참조.

(元亨)인 것과 비슷하다. 이것이 리의 전체이고 마음과 성은 혼연히 뒤섞여 피차와 안팎의 차이가 없다. 간재에게 이런 뜻을 들려주어 멋대로 선배를 의심하는 고질을 고칠 수 없는 것이 한스러울 뿐이다.

4.

[외필변] 리는 하나일 뿐이지만, 기에 타면 나뉘어 갖가지로 달라진다. 이것이 율옹의 주장이다. "어떻게 리가 하나일 때는 처음에 타는 것이 없다가 갖가지 리가 되었을 때에 비로소 기틀에 올라타는가?"라고 한다면, 그렇지 않다고 하겠다. 이제 기틀 위에 있는 태극만을 단독으로 말한다면 '이일(理一)'이라고 할 뿐이지만, 네 계절의 기운을 겸하여 원형이정(元亨利貞)이라고 한다면, '기에 타서 그 나뉨이 갖가지로 달라졌다'라는 것일 뿐이다. 어떻게 어제는 걸어가다가 오늘에서야 말에 올라탔다는 말이겠는가?

이제 「외필」에서는 '이것은 마치 태극이 아무런 주장이 없다가 문득 말이 앞에 있는 것을 보고서 재빨리 위로 올라타는 것과 같다'라고 하는데, 이것은 결코 율옹의 본뜻이 아니다. 또한 "이 말은 변방 늙은이가 얻은 말과 같아서 원래 타고 있던 것이 아니요, 이 뒤에 형세가 틀림없이 이리저리 쏠릴 때에 오직 말머리만을 보는 격이다"라고 하니, 이 말 또한 자세히 다뤄야지 소홀하게 지나쳐서는 안 된다. 사람은 모두 태극을 갖고 있지만, 기품이 이미 다르기에 욕심이 움직이고 감정이 날뛰며 이해가 서로 공격하는 근심이 종종 있게 된다. 이때 원래 말을 타고 있는 주인이 이미 조종하는 힘을 가지고 있다면 또한 가부가 없지 않을 것이다. —'조종한다[操縱]'와 '가부[適莫]'는 모두 「외필」에 있는 말이다— 어떻게 이렇게 동쪽으로 서쪽으로 쏠리는 것이 오직 말의 잘못이겠는가? 이 또한 분명히 밝혀서 살피고 논파해야 한다. 그렇지 않다면 '주인이 지향하는 것을 종복이 어떻게 가지 않겠는가'라고 하는 것도 사람들은 믿지 않을 것이니, 오호라! 위태롭구나!

황철원 : 「외필」에서는 분명하게 "지금 사람들은 '소승'이란 글자를 태극이 아무런 주장이 없는 것처럼 본다"라고 했다. 또한 "선현들의 어구를 침범하고 간섭했으니, (내 행동이) 옳지 않은 줄이야 잘 알고 있다"라고 했다. 조금이라도 문장의 뜻을 아는 이라면 오히려 '지금 사람'이 율옹이 아닌 줄을 구별할 수 있는데, 간재는 '지금 사람[今人]'을 말한 곳에서 율옹을 머리에 이고 율옹의 말로 반박을 하는 것은 어째서인가? 남이 자신의 아버지를 욕되게 하지 않았는데 자식된 이가 스스로 욕설을 만들어 그 아버지에게 귀결시키는 것이 괜찮겠는가?

리는 하나지만 기를 타면 갖가지로 달라진다는 것은 바로 『노사집』에서 "잘 관찰하는 사람은 유행이란 측면의 말인 줄을 안다" —「답인문」 제2[219] — 라고 한 것이다. 이제 "이일'이라고 할 뿐이지만, 네 계절의 기운을 겸하여 거론한다면 원형이정이라고 한다면 '기에 타서 그 나뉨이 갖가지로 달라졌다는 것일 뿐이라고 한다면 이것은 결코 율옹의 본뜻이 아니다'라고 하니, 『중용혹문』에서 '천명의 원형이정과 네 계절의 오행, 온갖 사물의 모든 변화가 여기에서 나오지 않는 것이 없다'[220]라는 말도 헛소리가 될 것이다. 사람의 온전함과 사물의 치우침이 오로지 기에 의지할 뿐이어서 리가 '분수가 없는 하나[無分之一]'가 되고, 그가 말한 태극 가운데 갖추어진 원형이정 또한 결국에는 죽은 물건[死物]이 될 것이니, 이것이 바로 『노사집』에서 "그 뜻을 그르쳐서 '리는 본래 준칙이 없어 동서남북을 정하면서 오직 기를 따를 뿐이다'라고 한다면 이것은 리가 기의 주재가 되지 못하고, 도리어 기의 명령을 듣는 격이다"— 또한 「답인문」 제2에 보인다.[221] — 라는 말이다. 그렇다면 간재가

219 기정진, 『노사집』 권16(표점영인 한국문집총간 vol. 310), 「答人問」 제2, 360쪽.

220 주희, 『중용혹문』(『주자전서』 vol. 6), 550쪽.

221 기정진, 『노사집』 권16(표점영인 한국문집총간 vol. 310), 「答人問」 제2, 360쪽.

스스로 '예전에는 걸어다니기만 하다가 오늘에서야 말을 올라탄 것이 아니다'라고 한 것을 나는 믿을 수 없다. '뒤엎는 말도 사람이 다루는 데 달려 있을 뿐'이라고 하니, 말을 다루는 것이 정상이요, (말이) 뒤엎는 것은 변고이다. 정상이 본연이요, 변고가 말류의 폐단이다. 예로부터 오늘날까지 머리를 얽지 않은 말이 없지 않았고, 탈 수 있는 말이 없지 않았지만, 정상은 반드시 펼쳐졌고 변고는 틀림없이 굴복했다. 굴레와 고삐를 쓰는 것이 사람에게 달려 있다는 것을 알지만, 굴레와 고삐가 말에게서 말미암아 생겨난다는 것을 모른다는 게 가능한 것인가?

사람과 말은 두 물건이기에 오히려 긴절한 비유가 되지 못한다. 천지의 조화와 본연의 성은 있지 않는 곳이 없고, 주재가 되지 않음이 없다. 예를 들어 걸주가 악행을 저지른 것은 마치 리가 없는 것 같다. 그러나 악행을 저지르면 반드시 망하니 (이것이) 천리의 정상이 아니겠는가? 악행을 저지르고도 망하지 않는다면 악이 있다는 것도 천리 때문인가? 악행을 저지르는 때는 변고의 시대이다. 정상을 중시하면서 변고를 다스린다면 변고가 어떻게 다스려지지 않을 이치가 있겠는가? 욕망이 움직이고 감정이 날뛴다고 한들 공경함으로 곧게 한다면 이 마음이 늘 보존된다. 이해가 서로 공격하는 경우가 있더라도 그 감정을 단속한다면, 중(中)에 합치시키고 천리의 본연을 모두 보존하며 인도의 당연함을 지킬 수 있을 것이다. 주인이 향하는 곳을 종이 어찌 명을 듣지 않는 경우가 있겠는가? 주자가 '음양의 측량할 수 없는 것을 신(神)이라 한다'—이 '신(神)' 자는 리의 묘용으로서 기로 말해서는 안 된다.—라는 구절을 논하면서 말했다. "이 한 물사(物事)가 이리저리 왔다 갔다 하며 있지 않은 곳이 없는 것일 뿐이다."[222] 이미 '물사'라고 했고, 또 '이리저리 왔다 갔다 한다'라고 했으니, 그 측량할 수 없음을 형용한 것이지, 말이 이리저

222 주희, 『주자어류』 권74(『주자전서』 vol. 16), 2529쪽.

리 오고 가는 것처럼 참으로 형상을 가진 물건이 있다고 말하는 것이 아니다. 그렇다면 '적막' '조종'과 같은 글자도 또한 보이는 것을 빌려서 보이지 않는 것을 형용한 것일 뿐이니, 이것은 맹자가 인간사에서 마땅히 있어야 할 인의(仁義) 등의 글자를 가져다 성의 이름을 말한 것과 같다. 말하는 취지를 이해하지 못하고 갑자기 꾸짖고 배척하는 것이 괜찮겠는가?

선을 행하는 이를 하늘이 복으로 보답하고, 악을 저지르는 이에게 재앙으로 보답하며, '하늘이 서쪽 땅을 돌아본다'[223], '하늘이 주벌로서 공격을 시작한다'[224], '상제가 충을 내려 주었다'[225], '제가 이에 진노했다'[226]라고 하는 것이 조종의 오묘한 작용이 아닌가? 나뭇잎으로 보자면 모자란 것은 늘 모자라고, 둥근 것은 늘 둥글며, 긴 것은 늘 길고 짧은 것은 늘 짧아서, 조금의 착오도 없는 것이 곧 적(適)이다. 콩에서 콩을 얻지 참외[苽]를 얻지 못하는 이치, 복숭아 나무에서 복숭아꽃을 피우지 오얏꽃을 피우지 않는 이치가 막[莫]이다. 공자가 말한 '가부[適莫]가 없다'라는 것은 도모하고 계획함이 없음을 말한다. 여기에서 말하는 '적막'은 그 묘용이 있음을 말한다. 주자는 "아무런 조짐도 없는 가운데로부터 무궁한 수가 이미 갖추어져 있어 인위적으로 안배하지 않아도 그 추세가 그치지 않는다"[227]라고 했다. 이미 '인위적으로 안배하지 않는다'라고 하고 또 '추세가 그치지 않는다'라고 했으니, '적막'에 해당

---

223 "상제가 이루고자 하시면 …이 에 서쪽 땅을 돌아본다.[上帝耆之,…乃眷西顧.]" 『시경』, 「대아·皇矣」.

224 "황천이 재앙을 내려 천명을 소유한 우리 탕왕의 손을 빌려 명조로부터 공격을 시작했다.[皇天降災, 假手于我有命, 造攻自鳴條.]" 『상서』 「상서·伊訓」 2장.

225 "훌륭하신 상제가 하민들에게 충을 내려주었다.[惟皇上帝降衷于下民.]" 『상서』, 「상서·湯誥」 2장.

226 『상서』, 「주서·洪範」 3장.

227 주희, 『주자어류』 권67(『주자전서』 vol. 16), 2211쪽.

하는 일이 없이도 적막에 해당하는 묘용이 있다고 하는 것이 어째서 불가하겠는가? 이러한 묘용이 없다고 한다면 이것은 율옹이 "도리에 이미 이러한 것이 있고 또 저러한 것이 있다고 한다면, 이는 단 것도 쓰다고 말할 수 있고 흰 것도 검다고 말할 수 있다"[228]라고 한 것과 마찬가지다. 처음에는 그렇게 시키는 묘용[使之然之妙]이 없고, 마지막에는 조종하는 힘이 있지 않다면 과연 이것은 「외필」의 말이요, 「외필」의 뜻인가? '리의 당초 면목은 정확히 그렇게 시키는 묘용이 있지만, 그 마지막에는 또한 조종하는 힘이 있지 않다고 한 것은 리의 실제 일이 본래 이와 같기 때문이다'라고 한다면 이렇게 답하겠다. '지금 사람처럼 기를 중시한다면 이것은 당초에 있던 그렇게 시키는 묘용이 이미 사라져 버리고, 마지막에 오는 실사(實事)에는 또 조종하는 힘이 있지 않다는 것은 여전히 시비가 있게 된다. 당초에 있던 것은 이미 없어지고, 평소에 있지 않던 것은 또한 있지 않다면, 이것이 어찌 의지하고 붙어만 있는 것이 아니겠는가? 이것이 「외필」이 주장하는 본뜻이지 리를 처음부터 조종하는 힘이 있다고 한 것이 아니다. 이미 '처음에도 이미 없다[初旣無]'라고 했다가, 또한 '마지막에도 있지 않다[末又非有]'라고 했으니, '우(又)'자와 '비유(非有)'자가 그 뜻이 어찌 명백하지 않겠는가? 그럼에도 억지로 의심을 만들어내니 자못 이해할 수 없다.

5.

[외필변] 「외필」에서는 또 이렇게 말했다. : 이발(理發)이란 두 글자가 오늘날 학자들에게 일대 금기하고 회피하는 용어가 되어버렸다. 그리하여 변화를 일으키거나 조리를 이루는 것을 보면 '기'라고 말한다. '누가 이 기를 주장하는가?'라고 물으면 '기틀이 스스로 그러할 뿐 시키는

228 이이, 『율곡전서』 권10(표점영인 한국문집총간 vol. 44), 「답성호원」, 202쪽.

것이 있지 않다'라고 대답하고, '이른바 리란 어디에 떨어져 있는가?'라고 물으면 '기를 타고 있다'라고 대답한다. 처음부터 이미 그렇게 시키는 오묘함이란 없고 끝에도 조종하는 힘이 없으니, 의지하고 붙어서 탈 뿐 무슨 일을 할 수 있겠는가? 있어도 도움이 될 것이 없고, 없어도 부족할 게 없으니, 아! 가련하다. 그 유래를 따져보면 '승(乘)'자에서 본뜻을 잃은 데 뿌리를 두고서 점점 리가 가벼워지고 기가 무거워지다가 곧바로 기가 리의 자리를 빼앗고서 모든 사물의 본령이 된 다음에야 그칠 것이다. 한 글자가 본뜻을 잃자 그 재앙이 결국 여기에 미친 것이다.

나는 이렇게 생각한다. : 율옹 또한 "누가 그 기틀을 주장하는가? 아! 태극이로다"[229]라고 했다. 이것이 어떻게 기를 온갖 일의 본령이라고 간주한 적이 있었다는 것인가? 또한 '성이 발현해서 정이 된다'[230]라고 했으니 「외필」에서 운운한 것은 율옹이 이미 환하게 알고 있었던 것이다. 다만, 이발을 잘못이라고 한 것은 오히려 곡절이 있으니, 사실은 이 기호발설 때문에 (그렇게) 말한 것일 뿐이다. 리가 뿌리가 된다는 면을 따라서 말하자면 기는 리의 작용이다. 그러므로 기발이라고 하더라도 또한 이발이라고 할 수 있다. 이것은 마치 가는 것은 말이지만, 주인은 사람인 것과 같기 때문에 통틀어 말할 때는 '사람이 간다'라고 하는 것이다. 기가 작용할 수 있다는 측면에 근거하자면 리는 실제로 감정도 의지도 없기 때문에 선한 정이라고 해도 '기발'이라고 말할 수 있을 뿐이다. 이것은 마치 탄 것은 사람이지만 가는 것은 말이기에 변별해서 밝히면서 '말이 간다'라고 하는 것과 같다. 모두 리를 위주로 하더라도 일에 작용하는 측면[用事處]에 이르러서 또한 '기발'이란 말을 쓰지 말아야 한다고 금지한다면 실정에 어긋날 것이다. 비유하자면 신하가 군주의 명령을 시행하는 것과 같으니, 시행해야 하는 것이야 본래 군주에게

229 이이, 『율곡전서』 권1(표점영인 한국문집총간 vol. 44), 「理一分殊賦」, 12쪽.
230 이이, 『율곡전서』 권10(표점영인 문집총간 vol. 44), 「答成浩原」, 201쪽 참조.

서 나왔지만 그것을 시행하는 것은 결국 신하이지 군주가 아닌 것이다. 반드시 시행해야 하는 것이 군주의 명이라고 해서 신하가 시행하는 것을 가리켜 군주가 시행한다고 한다면 명목이 올바르지 않고, 말이 순조롭지 못할 것이다. 하물며 갑자기 '신하가 행한다[臣行]'라는 두 글자를 신하가 군주의 자리를 빼앗은 것이라고 여겨 죽인다면, 이것이 어떻게 법리에서 나올 것이겠는가?

황철원 : '이발은 실제로 이기호발에서 말미암는 것이 아니다'라고 하는 것은 율옹의 뜻을 제대로 파악한 것이다. 유행이란 측면에서 보자면 기발이승을 말하는데 (아무런) 지장이 없다. 기발을 말하더라도 리가 실제로 타고 있다면 '탄 것'이 주재가 된다. 『노사집』에서 '기를 타고 유행한다는 학설은 폐기해야 하는가'라는 질문에 '아니다. 유행의 측면에 나아가서 잘 관찰해야 괜찮을 것이다'[231]라고 한 것이 이것이다. 이제 잘 관찰하지도 못하고, 그 뜻에 어두운 채로 리를 과거의 뿌리이자 아득한 지경의 헛된 물건[虛物]으로 만들어 버리고, '변화를 행하고, 조리를 이루는' 것을 보자마자 기가 스스로 전단하는 것으로 간주해서 드디어 리에는 작용이 없고, 기를 빌려서 작용하는 것이라고 해버리니 「외필」을 짓지 않으려 해도 그럴 수 있었겠는가? '요즘의 학사가'라고 했으니 옛날의 율옹가(栗翁家)는 결코 아닌 것이다. 이미 '하나의 큰 금기하고 회피하는 말'이라고 했다면 분명히 '요즘 학사가'들이 '율옹가'의 통쾌한 이론을 잘못 보고서 '이발' 두 글자를 말하는 사람을 보자마자 율옹에게서 벗어났다고 하면서 (이발이란 말을) 금지하고 회피하도록 만든다는 뜻이다. '금지하고 회피한다'라는 것은 율옹을 머리에 이고서 이발을 크게 금지하고 회피할 것으로 간주하는 것을 말한다. '요즘 사람'을 율옹이라고 한다면 '금지하고 회피했다'라는 것은 어느 선현을 회피한다는

---

231 기정진, 『노사집』 권16(표점영인 한국문집총간 vol. 310), 「答人問」 제2, 360쪽 참조.

것인가? 율옹이 '성이 발현해서 정이 된다'라고 하고, '온갖 종류의 정이 어느 것인들 리에서 발현하지 않겠는가?'라고 한 것이 모두 이발의 실사(實事)다. '기가 본연의 리에 따른다'라고 하는 것은 기가 리에게 명령을 받기 때문에 리를 중심으로 말하는 것이니, 곧 「외필」에서 말한 "기의 발현과 운행은 실제로 리에게서 명령을 받기에, 명하는 것은 주인이요 명령을 받는 이는 종이다"라는 것이다. 기가 본연의 리에서 변화한다면 본래 리에 뿌리를 두고 있는 것이니, 이것은 기를 중심으로 말하는 것이다. 이것은 곧 「외필」에서 말했던 "지나치거나 부족한 곳에 이르면 어쩔 수 없이 기를 말할 때가 있다"라는 것이다. 「외필」은 진실로 율옹의 도를 밝히려는 것이요, 배척하려는 이는 '요즘 사람'일 뿐이다. 곧바로 신하가 시행하는 것을 보고 군주가 시행한다고 여긴다면 이것은 명목이 순조롭지 못한 것이다. 그러나 이것은 오히려 겉으로만 말한 것이니, 남이야 곁에서 본다면 이와 같기 때문이다. 신하의 몸이라는 측면에서 말하면 그가 시행할 때 그의 마음에는 한 순간도 군주의 명령을 잊은 적이 없다. 한 순간이라도 잊으면 이것은 스스로 시행하고, 스스로 그만두는 것이요 군주의 명령과는 상관이 없다. 그렇다면 시행하는 것은 신하이지만, 시행하게 하는 것은 군주의 명령이 아니겠는가? 그러나 군주와 신하는 두 사람이요, 오히려 비유를 핍진성있게 하기가 힘들다. 이것이 율옹이 '형체 있음으로 형체 없음을 비유한 것은 융통성 있게 살펴보아야 하니, 비유에만 얽매여서는 안 된다'[232]라고 한 이유이다. 리와 기가 하나이면서 둘이고 둘이면서 하나이며, 기가 리를 따라서 발현한다면 기발은 곧 이발이다. 리를 따라서 운행한다면 기행(氣行)은 곧 이행(理行)이다. 그 사이에서 움직이고 고요함과 움직이게 하고 고요하게 함을 잘라낼 수 있을 뿐이다.

232 이이, 『율곡전서』 권10(표점영인 한국문집총간 vol. 44), 「답성호원」, 256쪽.

6.

[외필변] 「외필」에서 인용한 "한 번 음이 되고 한 번 양이 되는 것을 도라고 한다", "태극이 양의를 낳는다"라는 두 구절은 누군들 그렇게 말하지 않겠는가? "사람이 도를 넓히지 도가 사람을 넓히지 않는다"라고 한 것은 오직 공자의 말이 아니겠는가? 하나를 고집하면서 하나를 버릴 필요는 없을 것이다. 생각건대 시골 사람에서 성인과 현인이 되는 데 이르기까지 어찌 천지의 조화를 빼앗은 것이 아니겠는가? 공부란 마음에 보존된다 하더라도 그 본원은 하나 같이 성에서 나온다. 그런즉 도가 사람을 넓힐 수 있다고 하는 것이 또한 어떻게 불가할 것인가? 그러나 성인의 말이 이와 같은 것은 또한 그 까닭을 깊이 생각해 보아야 한다. 도란 지극히 존귀한 실재요, 만물의 주재가 되는 것이다. 그것을 끌어내려 작용하는 것과 같은 것으로 취급한다면 도와 기, 위와 아래의 구분이 어지러워질 것이요, 이 마음이 (성을) 넘보는 맹아를 막을 수 없을 것이다. 아! 성인의 가리킴이 은미하도다! ―이것으로 마음을 지키려 해도 후세에 오히려 이 마음이란 큰 이치가 작은 이치를 갖추었다고 자칭하는 경우가 있을 것이다.―

또 생각해 보면 마음이 일에 능해서 덕성을 공경하고 존중하며, 의리로 세교를 부식하고, 평범한 이를 성인으로 만들며, 보잘것없는 사람이 하늘에 참여하는 데 이르게 하니, (마음이) 사람에게 공을 세운 것이 그 얼마인가? (마음이) 형상의 이름을 빌렸다지만 여기에 안타까이 여길 만한 점이라고는 없는데, 성인은 무슨 까닭에 마음을 도와 나란한 것이라고 말하려고 하지 않았던 것인가? 불교는 리가 도인 줄을 모르고, '천상천하에 마음만이 존귀하다'라고 하니, (그들이 말하는) 나란 마음 스스로가 (주장하는) 나[心自我]이다. 마음이란 지극하게 정치하게 연마했다고 해도 충막무짐한 도와 비교하면 결국 은미하다고는 하지만 자취가 있으니, 신령함[靈]과 참됨[眞]은 원래 저절로 분별이 있어서 그런 것이다.

성인은 마음을 가리켜 도라고 여기고 싶지 않았으니, 근엄한 뜻이 어찌 이 때문이 아니겠는가? 이것이 우리 유학의 첫째 도리요, 또한 가장 먼저 유의해야 할 것이다. 옛 철인에게 묻고 싶지만 할 수 없기에, 또한 이 시대와 후세의 현자들과 함께 바로잡기를 원하는 것이다.

황철원 : 공자가 말한 "사람이 도를 넓힐 수 있다[人能弘道]"라고 할 때의 '인(人)'자와 "사람은 천지의 마음이다[人者天地之心]"[233]라고 할 때의 '인(人)'자는 같다. 리를 위주로 볼 수는 있어도 기를 위주로 보아서는 안 된다. '기가 도를 넓힐 수 있다.' 성현들에게 과연 이 말이 있었는가? '넓힌다[弘]'는 것은 넓히고 키운다는 뜻이니, 주재한다는 뜻이다. 기가 넓히고 키운다면 곧 기가 주재라는 뜻이다. 기가 도의 주재라는 이 말을 성현이 한 적이 있었는가? 하늘에서 그 주재를 말하면 제(帝)라 하고, 사람에서 그 주재를 말하면 마음이라고 한다.—주자는 말했다. "'인(人)'자는 '천(天)'자와 비슷하고, '심(心)'자는 '제(帝)'자와 비슷하다."[234]— 마음은 이 리가 주재하는 묘용이요 이것을 가리켜 기라고 한다면 제 또한 기로써 이름을 붙일 수 있을 터이니, '상제가 충을 내렸다'라는 것이 '기가 충을 내릴 수 있다'라는 것이겠는가? 건(乾)은 성정이요, 주재하는 것은 제(帝)이다. 도는 성이요, 이를 넓히는 것은 마음이다. 장자는 "성이 유행하는데 마음이 주재가 된다"라고 했다. 주재가 되는 것으로 이 유행하는 것을 검속하는 것이 '넓힐 수 있다[能弘]'라는 말의 뜻이다. 호연한 정기(正氣)의 경우라면 맹자는 단지 "의와 도에 짝한다"라고 했을 뿐이다. '짝한다[配]'는 말은 합쳐서 돕는다는 뜻이 있으니, '넓힌다[弘]'는 글자와는 거리가 멀다.

---

233 "그러므로 사람은 천지의 마음이며 오행의 단이니, 음식을 먹고 소리를 구별하고 색이 있는 것을 입고 사는 것이다.[故人者天地之心也, 五行之端也, 食味別聲被色而生者也.]" 『예기』, 「禮運」.

234 주희, 『주자어류』 권1(『주자전서』 vol. 14), 117쪽.

또한 '의와 도에 짝한다'라고 할 때의 '의(義)'자는 인심이 제재하고 기는 거기에 짝할 수만 있다는 뜻이니, 마음은 '기' 한 글자로 배당할 수 없다는 것이 분명하다. 이제 기기(氣機)를 거기에 덮어씌우고 도를 넓히는 물건이라고 간주한다면, 그 본체와 주재의 묘용이 없어져 버릴 것이다. 하나가 도리어 둘이 되고, 손님이 도리어 주인이 되며, 사물에 명을 받는 것이 도리어 사물을 명하는 것이 된다. — 주자는 말했다. "마음이란 사람이 자신의 몸을 주재하는 것으로, 하나일 뿐 둘이 아니다. 주인이지 손님이 아니다. 사물을 명하는 것이지 사물에게서 명을 받는 것이 아니다."[235] — 위아래의 구분이 어지러워지고, 아래가 위를 넘보는 재앙이 극에 달하게 된다. 이와 같은 데도 오히려 도를 높인다는 명목으로 서로 눈을 깜빡이며 말없이 있다가 '도체는 함이 없지만 지극히 높고 존귀하다'라고 한다. 그러나 궁구하고 살피지 못한다면 아마도 그 작용이라고 하는 것은 의제(義帝)라는 호칭이 귀하다고 하지만 실제로는 (신하들에게) 명조차 내릴 수 없는 것과 같으니, 괜찮겠는가? 도란 사물과 나에게 공공연한 자연의 이치다. 그러므로 '함이 없다'라고 하니, 그 자취가 없음을 말하지, 어찌 그 묘용이 없음을 말하는 것이겠는가?

도체에 고유한 것이 함이 없는 것의 묘용과 같다면, 이 마음의 묘용이 '넓힐 수 있는' 것이란 무슨 일인가? 장자는 "기가 유행하면 성이 주재가 된다"[236]라고 했으니, 이것은 도체의 묘용이다. 마음이란 형기(形氣)와 신리(神理)를 포함한다. 형기는 마음의 지반이요 당체(當體)다. 신리는 마음의 주재이고 묘용이다. 그러나 지반과 당체는 마음의 겉가죽

---

235 주희, 『회암선생주문공문집』 권67(『주자전서』 vol. 23), 「觀心說」, 3278쪽.

236 황철원은 이 인용문의 발언자를 장재(張載)라고 말하고 있지만, 실제로 이 구절은 주희의 「명도논성설(明道論性說)」에서 발견된다. 주희, 『회암선생주문공문집』 권67(『주자전서』 vol. 23), 「明道論性說」, 3275쪽.

을 말한다. 그러므로 예로부터 성현들을 마음을 말하면서 주재와 묘용을 중심으로 했다. '주재'란 이 성과 정을 주재함을 말한다. 장자는 "마음이 성과 정을 통괄한다"라고 했고, 주자는 "성은 마음의 리이고, 정은 마음의 작용이며, 마음은 성과 정의 주재다"[237]라고 했다. 또 "성은 고요함이고 정은 움직임이다. 마음은 움직임과 고요함을 아울러 말한 것이다. 통(統)은 병사를 통괄한다고 할 때의 '통(統)'과 같으니 주재할 수 있다는 것을 말한다. 움직이거나 고요하거나 모두 주재하니, 고요할 때에는 주재하는 것이 없다가 움직일 때가 되어서야 바야흐로 주재함이 있다는 것이 아니다"[238]라고 했다. 또한 "마음은 성과 정의 총체적 이름이다"[239]라고도 했으니, 이들은 마음의 실리(實理)가 아님이 없다. 성현들도 바깥은 둥글고 가운데는 구멍 난 것이 마음의 형체라는 것을 모르지 않았다. 또한 정신과 혼백이 바탕과 도움이 되고, 운용이 된다는 것을 모르지 않았다. 그러나 그 묘용의 신은 곧 리의 주재이니, 마음이 이름을 갖게 된 것은 그 중점이 리에 있지 기에 있지 않다. '신(神)'자에는 두 가지 양상이 있으니, 기로 말하면 기기의 움직이고 고요함이 이것이지만 리로 말하면 리의 묘용이 이것이다. 그러나 그 실제는 판이하게 (다른) 두 물건이 아니다. 그 가운데 나아가 리를 따라 본다면 리의 묘용이요, 기를 따라 본다면 기의 정상이어서, 위와 아래, 주인과 종의 구분이 판연하게 나뉘어 어지럽지 않게 된다. 이제 '신'자를 '기(氣)'자로 간주해서 본다면, 그 바탕이자 도움이 되는 것을 붙잡고서 실체를 가리고 물리치면서 스스로는 성인의 은미한 뜻을 얻었다고 하니, 어떻게 이

---

237 주희, 『주자어류』 권5(『주자전서』 vol. 14), 224쪽.

238 황철원은 『맹자집주대전』의 주에 실린 주희의 말을 인용하고 있는데, 이 구절은 사실 『주자어류』의 서로 다른 두 구절을 합친 것이다. '性是靜' 이하는 권62의 133조목에서, '統兵之統' 이하는 권98의 41조목에서 인용했다.

239 주희, 『주자어류』 권98(『주자전서』 vol. 3306쪽.

리 잘못된 것인가? 불교가 마음을 스승으로 삼는 것은 그 그림자를 보았을 뿐, 수많은 도리가 내면에 있음을 알지 못하고, 물을 나르고 나무를 운반하는 것을 신통과 묘용으로 간주해서, 황홀하게 희롱하면서 스스로는 '마음이란 머무르는 곳이 없다'라고 한다. 이미 마음의 본체를 잃어버렸고, 마음 밖에 리가 있다는 격이다. 리를 밖이라 하고 홀로 존귀하다고 한다면 결국 무엇을 이루겠다는 것인가?

우리 유학은 그렇지 않다. 이미 마음과 리가 하나일 줄을 알고, 홀로를 삼가고 두려워하면서 기욕(氣欲)에 얽매이고 가리지 않게 한다면, 대본을 세우고 달도를 행할 수 있을 것이다. 리를 밖이라 하고 홀로 존귀하다고 하는 것은 본래 불교의 잘못이지만, 기를 집착하면서 마음을 마주하고서 스스로는 '홀로 아는 것이 있다'라고 한다면 그 폐단은 또한 말로 다할 수 없을 것이다. '영(靈)' 한 글자도 깊이 생각해야 한다. 기로 그 체단(體段)을 말하면 (기의) 정상(精爽)이 엉긴 것이다. 리로 그 주재를 말하면 묘용이 드러난 것이다. 정상으로 말하면 희미하지만 자취가 있다고 할 수 있다. 주재로 말하면 이것은 천리의 전체가 나에게 있는 것이니, 곧 진원(眞原)이다. 성과 정의 본체와 작용이라는 관계가 마음의 본뜻이니 마음 바깥에 따로 리가 있는 것이 아니다. 리는 진원이 아닌가? '사람만이 그 빼어난 것을 얻어 가장 신령하다'라고 했으니, 곧 인극(人極)이다. 이것이 오히려 진원이 아닌가? 정신과 혼백이 근거로 삼기도 하고 도움으로 삼기도 하는 기틀을 아울러 리라고 하는 것은 본래 안 된다. 그러나 이 리의 전체와 묘용 및 주재로 말하면 리이니, 그 덕을 말하면 '온갖 리를 갖추었다'라고 하고, 그 신(神)을 말하면 '온갖 리에 오묘하게 작용한다'라고 하니, 갖출 수 있고, 오묘하게 작용할 수 있는 것이 마음의 실질임을 알 수 있다. 주자는 "리는 비록 만물에 흩어져 있지만, 그것이 미묘하게 쓰이는 것은 실로 한 사람의 마음을 벗어나지 않는다. 리는 비록 사물에 있으나, 쓰임은 실제로 마음에 있다"[240]라고 했다. '쓰임[用]'이란 리의 작용이다. '쓰임이 실제로 마음에 있기' 때문에 도를 넓힐 수 있으니, 이 '용(用)'자 또한 기로 볼 수 있겠는가? 정자는 '마음은 비유하자면 곡식의 종자와 같고, 싹을 틔우는 성[生之性]이 곧 인이다. 양기의 발현은 정이다'[241]라고 했다. 마음이 곡식의 종자와 같다고 말하자마자, 이미 끊임없는 생성하는 성을 함축한다. 홀로 텅 빈 껍질을 곡식의 종자로 여기는 것이 아니다. 그 가운데서 조건을 분별하고 도출해서 말했기 때문에 '싹을 틔우는 성'이라고 한 것이다. 도출해서 말했다고는 하지만 곡식 종자의 본체는 이 생리(生理)의 묘용을 함축하고 있는 것이 그 자체로 이와 같은 것이다.

'큰 이치가 작은 이치를 갖추었다'라고 하는 것은 벽계(蘗溪 : 이항로)를 꾸짖고 배척하는 것이 아닌가? 벽계의 논의를 들어서 밝혀보자면 벽계는 이렇게 말했다. "마음은 리로 말하자면 성과 정의 주재이고 적(寂)과 감(感)이 모인 것이요, 기로 말하자면 음과 양의 정수이고, 움직임과 고요함의 기틀이다."[242] 또 말했다. "마음은 본래 리지만 타고 있는 것은 기다. 그러므로 성현들이 마음을 말하면서 리를 말하면 반드시 기를 말했고, 기를 말하면 반드시 리를 말했지, (어느 것 하나를 빠트리지 않았다.) 하나를 빠트리지 않은 가운데서 또한 반드시 하나는 위이고, 다른 하나는 아래이며, 하나는 존귀하고, 하나는 낮은 실상을 밝혔다."[243] 또 말했다. '마음은 주재와 근본, 전체라는 측면에서 말한다. 리는 발용과 영쇄(零碎)라는 측면에서 말한다. 『중용』에서 말하는 대본(大本)과 달도(達道), 대덕(大德)과 소덕(小德)은 모두 이것을 가리킨다. 그러므로 마음을

240 주희, 『주자어류』 권18(『주자전서』 vol. 15), 627~628쪽.

241 정호·정이, 『하남정씨유서』 권18(『이정집』 vol. 1), 184쪽.

242 이항로, 『화서집』 권17(표점영인 한국문집총간 vol. 304), 「鳳岡疾書」, 441쪽.

243 이항로, 『화서집』 권22(표점영인 한국문집총간 vol. 305), 「讀退陶先生集」, 92쪽.

말하면서 리를 빠트리는 것은 훌륭한 말이 아니다.'[244] 또 말했다. "명덕이란 사람의 방촌(方寸)에서 그 천명의 본체를 가리켜 말하는 것일 뿐이다. 신명(神明)과 허령(虛靈), 주재와 통섭으로부터 말하면 마음이라고 한다. 명목과 조리, 영쇄와 계파(界破)로부터 말하면 리라고 한다. 마음을 말하면서 리를 빠트리면 눈금없는 저울과 같고, 마디 없는 자와 같아서 모호하게 뒤얽혀 그 마음을 다하기에 부족하다. 리를 말하고 마음을 빠트리면 벼리 없는 그물과 같고, 키 없는 배와 같아서 거친데다 지리멸렬해서 그 리를 온전히 할 수 없다."[245] 바라건대, 이 말들을 가지고 마음을 안정시키고 기운을 가라앉힌 채로 음미해 보라.

7.

[외필변] 정자는 "천지 만물의 리는 홀로인 것이 없고 반드시 짝이 있다"라고 했다. 그런데 어떤 이가 주자에게 태극은 무엇과 짝이 되는가라고 하자 "태극은 음양과 짝이 된다"라고 했다. 「외필」의 다섯 번째 단락은 이 뜻을 논하면서 기를 리와 짝지은 것을 들어 "이것은 성인의 말이 아니다. 요즘 사람들은 '리'자를 보자마자 반드시 기를 찾아서 짝으로 만들려고 한다. 이 때문에 이치가 유행하며 만들어 내는 큰일들이 모두 기의 영역에 속하게 된다. 그 나머지는 혼륜함이요, 고요함으로 이것이 두 가지 본령의 시초이니 슬프다"라고 했다.

나는 이렇게 생각한다. : 노사의 뜻은 리를 높이려는 것이었기에 이렇게 말한 것이다. 그러나 말하는 투가 지나치게 짓밟고 깔아뭉개려고 해서, 성현을 경외하는 체모를 크게 손상시켰다. 이것이 어찌 기운이

---

244 이항로, 『화서집』 권15(표점영인 한국문집총간 vol. 305), 「溪上隨錄」 2, 393쪽 참조.

245 이항로, 『화서집』 권5(표점영인 한국문집총간 vol. 305), 「與任容叔」, 154쪽.

리를 잃어버린 곳이 아니겠는가? 하물며 주자가 언제 성인을 비난했는가? 언제 본령이 하나가 아니라고 했는가? 그런데도 음양과 태극을 짝지었다. 이 또한 리가 유행하는 큰일을 빼앗아 기자와 두 본령을 이루는 시작이라고 해서 노사의 슬픈 탄식을 받아야겠는가?

황철원 : 율옹의 말을 본 적이 있었는데 "성현의 말은 횡(横)으로 논하기도 하고 종(縱)으로 논하기도 하는데, 각기 가리키는 것이 있다. 그러므로 종으로 논한 것을 횡에 맞추려 하거나 횡으로 논한 것을 종에 부합시키려 하면 때로 그 취지를 잃게 된다"[246]라고 했다. 이제 이것으로 정자·주자의 말을 살펴보면, 더욱 나를 속이지 않았음을 알게 된다. 정자는 '홀로인 것은 없고 짝이 있다'[247]라고 했고, 주자는 '태극은 음양과 짝이 된다'[248]라고 했다. 이들은 곧바로 횡간(横看)해서 공자가 형이상·하를 짝지어서 말한 것과 같다. 주자는 "도는 본래 짝이 없다"[249]라고 했고, 또한 「태극도설」에서 '가운데 비어있는 것이 바로 태극이다. 양변에서 생기는 것은 음이 양에 뿌리를 두고 양은 음에 뿌리를 두니 이것은 짝이 있는 것이다. 가운데 (태극에서) 나오면 짝이 없는 것이다'[250]라고 했다. 이것은 수간(竪看)한 것으로 존귀함과 비천함, 장수와 병사의 구분을 밝힌 것이다. 횡간하면 계지(界至)가 매우 분명해지고, 수간하면 명칭과 지위가 매우 엄격해진다. 율옹이 '각각 가리키는 것이 있다'라고 한 것은 이 때문이다. 이제 남이 수간한 것을 보고서 횡으로 합치려 하고, 횡간한 것을 수직적으로 파악하려고 한다면 이것은 바로 율옹이 '그 취지를 잃어버린다'라고 한 것이다. 주자는 하나의 태극과

---

246 이이, 『율곡전서』 권9(표점영인 한국문집총간 vol. 44), 「답성호원」, 194쪽.
247 정호·정이, 『하남정씨유서』 권11(『이정집』 vol. 1), 121쪽 참조.
248 주희, 『주자어류』 권95(『주자전서』 vol. 17), 3201쪽 참조.
249 주희, 『회암선생주문공문집』 권33(『주자전서』 vol. 21), 「答呂伯恭」, 1426쪽.
250 주희, 『주자어류』 권65(『주자전서』 vol. 16), 2169쪽.

음양을 논하면서 한 번은 '짝과 함께'라고 말했고, 한 번은 '짝이 없다'라고 했다. 그렇다면 주자의 말 하나를 들어 주자의 다른 말 하나를 배척하는 것이 괜찮겠는가?

「외필」은 앞뒤에서 수설(竪說)하면서 명위가 엄하게 나누어짐을 밝혔다. 그러므로 "리의 존귀함은 짝이 없다"라고 했고, 또한 "광활해서 짝이 없다"라고도 했다. 그러나 (수직적으로는 짝이) 없는 가운데 또한 횡으로는 짝이 없을 수 없으므로 그 경계를 밝혀서 형이상·하로 정확하게 짝지었으니 오랜 세월 동안 도와 기를 분별하는 문호란 하나는 주자가 말했듯이 '가운데 (태극에서) 나온 것은 짝이 없다'라는 말이요, 다른 하나는 주자가 말했듯이 '태극과 음양이 짝이 된다'라는 말이다. (이렇게 해야) 횡간과 수간이 남김없이 겸비된다. 반드시 수간에 근거를 두고 횡간해야 (태극이) 조각나는 일이 없을 것이다. 이것이 주자의 뜻이요 율옹의 가르침이다. 「외필」이 말하는 순서는 하나같이 여기에서 나온 것이다.

이제 주자가 짝이 있다고 말한 것으로 짝이 없음을 배척하면서 '이 뜻을 바르게 논했다'라고 하니, 성인의 말을 절취해서 말의 구실로 삼아 사람을 상대하는 방법으로 삼은 것이요, 또한 '(주자가) 어찌 성인이 아니었던가'라는 말을 이용해 '슬픈 탄식'을 자양과 비교했으니 마음 씀씀이가 매우 교묘하고 음험하다. 그의 마음 씀씀이에 나아가 여러 조목에서 인용한 주자의 말을 보면, 주자가 말한 내용이 일단 그의 입을 거치면 이미 본뜻을 잃어버렸으니, 주자의 말이 아니라고 해도 될 것이다. 주자는 "하늘은 하나의 기가 유행하는 것일 뿐이요, 만물은 스스로 태어난다[天只是一氣流行, 萬物自生.]"[251]라고 했다. 그런데 간재는 '천지시(天只是)' 세 글자를 빼버리고 '기가 저절로 유행한다[氣自流行]'라는 말로

251 주희, 『주자어류』 권45(『주자전서』 vol. 15), 1585쪽.

만들었는데, (이것은) 틀림없이 주자의 말이 아니다. 주자는 '성은 기질에 (떨어져) 있기 때문에 그 등급이 한결 같지 않다'라고 했는데, 이것은 보통 사람들의 성은 본래 온전하지만, 기에 구애되기 때문에 그 발현이 곧장 이뤄지지 않는 것을 말한 것이다. 그런데 간재는 이 구절의 맥락을 사람과 사물이 본연의 성을 치우치게 혹은 온전하게 품부받은 것으로 (논점을) 옮겼다. 이 또한 주자의 말이 아니다. 이것뿐만이 아니다. '움직이고 고요한 것은 기이고, 움직이고 고요하게 하는 것은 리이다'라는 것은 율옹의 말이다. 그런데도 오히려 여지를 남기지 않고 꾸짖고 배척하면서 스스로는 율옹을 머리에 인 사람이라고 하면서, 모두 말에 사로잡혀 뜻에 혼미하니 이것도 틀림없이 율옹의 도리는 아니다. 이러한 의리를 가지고 또한 "가장 먼저 유의해야 할 것이요 옛 철인에게 묻고 싶다"라고 하니 가소롭기만 하다.

8.

[외필변] 「외필」에서는 "성인들은 유행하고 발현하며 변화가 환히 드러나는 것이 모두 이 도가 하는 것[此道之爲]임을 분명히 알았다"라고 했다. '모두가 이 도가 하는 것[此道之爲]'이란 네 글자는 잘 헤아려 보아야 할 것이다. 주자는 『논어집주』에서 이미 "도체는 함이 없다"라고 했고, 우옹은 어떤 이에게 보내는 편지에서 "이 리는 그 본체가 정의와 조작이 없다가, 작용에 이르러서 정의와 조작이 있다고 말하는 것이 아니다"라고 했다. 두 선생이 어찌 도의 유행 발현을 알지 못해서 그 말이 이와 같겠는가? 이것은 다시 생각해 보아야 할 것이다.—"이 도가 하는 것이 아님이 없다[莫非此道之爲]"라는 구절에 몇 글자를 덧붙여서 "이 도가 뿌리와 지도리가 되지 않음이 없다[莫非此道爲之根柢樞紐]"라고 한다면 아마도 더욱 상세하고 분명할 듯한데, 어떨지 모르겠다.—

황철원 : 성인이 가르침을 남긴 뜻은 지극하고 극진했다. 불교가 그

런 것처럼 사람들이 도를 작용이라고 여길까 걱정했기에 '함이 없다[無爲]'라고 했다.— 이 '위(爲)'자는 그 자취가 없음을 말한다.— 또한 사람들이 노자의 함이 없음처럼 도가 주장이 없다고 볼까 걱정했기에 '함이 있다[有爲]'라고 말한 곳도 많다.— 이 '위(爲)'자는 주재와 묘용을 말한다. — 어떻게 하나만을 붙잡고 그 둘을 의심하겠는가? "도의 본체가 함이 없다"라는 것은 『논어집주』의 말이고, "천하의 만물이 모두 실리가 하는 것이다"[252]라는 말은 홀로 『중용장구』의 말이 아니란 말인가? 주자는 또 말했다. '이러한 리가 있으면 이러한 사물이 있으니 처음부터 끝까지 모두 실리가 하는 것이다.'[253] 또 말했다. "성인에게는 하늘이 하듯이 할 수 없는 것이 있다."[254] 또 말했다. "세상의 일은 사람이 하는 것 같지만, 그렇게 할 수 있는 소이는 하늘이 하는 것이 아님이 없다."[255] 또 말했다. "변화의 도는 신이 하지 않음이 없다."[256] 또 말했다. "하나의 사물에서 처음부터 끝까지 모두 실리가 하는 것이다."[257] 이와 같은 곳은 모두 다 기록할 수 없다. 이 또한 마땅히 헤아리고 다시 생각해야 할 것이지, 몇 글자를 더 넣은 다음에야 비로소 상세히 밝혀지겠는가? —선현의 글에서 이렇게 말했다. "인의 자연스러운 생성 의지는 막을 수 없고, 예의 찬란한 명석함은 어지럽힐 수 없으니, 이것은 건이 하는 것이기 때문이다. 의로움을 저버리지 않으니 가부가 마땅하고, 지혜가 어둡지 않으니 시비가 구별되는 것은 순순히 따르기 때문이다."[258] —

252 『중용』 25장.

253 주희, 『주자어류』 권64(『주자전서』 vol. 16), 2126쪽.

254 이 구절은 주희의 말이 아니라, 이정 형제의 말이다. 황철원의 착각으로 보인다. 정호·정이, 『하남정씨유서』 권2상(『이정집』 vol. 1), 22쪽 참조.

255 주희, 『중용혹문』(『주자전서』 vol. 6), 596쪽.

256 주희, 『회암선생주문공문집』 권67(『주자전서』 vol. 23), 「易精變神說」, 3256쪽.

257 주희, 『중용혹문』(『주자전서』 vol. 6), 598쪽.

258 眞德秀, 『西山讀書記』 권5(경인 문연각 사고전서 vol. 705), 162쪽.

리는 지극히 비었으면서도 지극히 차있고, 함이 없으면서도 함이 있다. 그러므로 위대한 『역』에서부터 많은 문자가 없었던 때에도 이미 그 두 측면을 발명해서 '생각함이 없다', '함이 없다'라고 했을 뿐이었다. '함이 없다'라는 것은 작위가 없음을 말한다. 또한 "변화의 도를 아는 이는 신이 하는 줄을 알 것이다"[259]라고 했다. 이것은 리에 주재의 묘용이 있음을 말한 것이다. 이제 다만 함이 없다는 한 길만을 중시하면서 주재의 실질을 묻어버린다면, '함이 없다'라고 하는 것은 바로 노자의 함이 없음인 것이지 성인의 함이 없음이 아니다. 뿌리와 지도리라고 하는 것도 '공해서 하나의 법도 없는 것[空無一法]의 존칭'일 것이니 정말로 이상하다.

고요한 가운데 천기(天機)가 늘 움직이는 것은 함이 없으면서 실제로는 함이 있는 것이 그러는 것이다. 감응하는 즈음에도 본원은 늘 고요한 것은 함이 있으면서 실제로는 함이 없는 것이 그러는 것이다. 이것이 참으로 근본과 말단을 겸비하고, 조금의 소루함도 없는 것이다. 우옹의 말을 살펴보면 또한 리가 진실로 함이 없다고 하는 것이 아니요 조작이 없음을 말할 뿐이다. 그 뜻은 '이 리는 그 본체가 감정도 의지도 조작도 없을 뿐만 아니라 작용에 이르러도 또한 감정과 의지, 조작이 없다'라고 하는 것일 뿐이다. 간재의 성은 본체이고, 기는 작용이라는 주장으로 추론하자면, 본체에는 감정과 의지, 조작이 없다고 할 뿐 작용에는 감정과 의지, 조작이 있다는 것과 같으니 이와 같다면 결코 우옹의 뜻이 아닐 것이다.

요즘 전간재가 지은 「납량사의기의」와 「외필변」을 얻어서 읽고서, 그의 평생 학문이 쌓아온 것을 개괄할 수 있었으니 얼마나 다행인가! 「기의」의 말과 취지는 겸손해서 진실한 마음으로 강론하고 토론하려는

259 『주역』, 「계사 상」 9장.

면이 있었으니, 이것은 또한 괜찮았다. 그러나 「외필변」의 말은 객기를 더해서 붓을 들고 장황하게 「외필」에서 말한 '요즘 사람의 폐해'를 곧장 율옹에게 귀속시키고, 또 주자에게 귀속시켰다. 번갈아 가며 토론하면서 잘못이 없는 곳에서 잘못을 찾아내려고 하는 것이 진실로 내가 평소에 바라던 것이 아니었다. 본시 제쳐두고 말하지 않는 것이 마땅했지만, 그의 말이 한 번 나와 사방이 휩쓸리듯이 따르게 되자, 내가 종유하는 선비들도 간혹 소문에 동요되어 본래 들었던 정법안장에 어두워지는 일이 생기게 되었다. 폐해가 적지 않았기에 공소함을 무릅쓰고 조목별로 변론해서 방안에서 생각하는 구실로나 삼으려고 했다. 그의 말이 지나치게 번거롭고, 인증하는 것들이 너무 많은 것들은 살펴볼 겨를이 없었다. 보는 이들이 큰 뜻만을 취할 수 있다면 다행일 것이다.

간재에게는 또 「공림소지」와 어떤 이에게 보낸 편지 두 통이 있는데, 대략적인 내용은 이미 변론한 내용인데, 또한 그 사이에 어쩔 수 없이 변론해야 하는 내용이 있다. 이것을 뒤에 기록해 둔다. 갑진(甲辰, 1904) 맹동(孟冬, 10월) 상휴(上休, 上旬)에 운곡서실(雲谷書室)에서 쓰다.[260]

9.

[공림소지] 노사 기장(奇丈)이 '리'자를 높이려고 했는데, 깨닫지 못하는 사이에 도리어 폄훼하고 낮춰버리는 측면이 생겼다. 내 생각에 모든 함이 있는 것에는 반드시 그렇게 되는 소이로서 리가 있다. 그런 다음에 이 일이 있게 된다. 이와 같아야만 리가 기의 주재가 되고도 이미 여유가 있게 된다. 이제 '가부와 조종하는 힘이 있다'라고 하고 또한 '일

260 이 단락은 이어지는 전우의 「공림소지」와 똑같이 한 칸을 내려서 썼다. 즉 이 단락 앞에서 일단 「외필변」에 대한 변론이 끝나고, 다시 새로운 글을 시작하면서 서론격으로 썼다는 뜻이다.

을 한다'라고 한다면 (이것은 리가) 함이 있는 물건이라는 것이 분명하다. 그의 말대로라면 요임금 시대의 홍수, 은나라의 가뭄, 공자·맹자의 빈천 같은 경우, 리라고 하는 것은 오히려 어디에서 어떤 일을 하고 있었다는 것인가? 가부도 없고 주장도 없이 하나같이 기가 스스로 하는 것에만 맡겨두었다는 것인지 이상하기만 하다. 안자의 마음이 방정하다지만, 또한 성을 주재로 삼고 날마다 힘쓰면서 도를 밝혔는데, 그의 온화한 기운이 스스로 그렇다고 칭했다. 우리 부자라고 한들 진실로 그 마음의 발현을 파헤쳐보면 스스로 작용한 적이 없는 리에 뿌리를 두고 있다. 그럼에도 주자는 오히려 '그 마음이 원하는 것을 따라도 저절로 법도를 넘지 않았다'[261]라고 했다. 『초사』「천문」의 주에서는 이렇게 말했다. '한 번 양이 되고 한 번 음이 되며, 한 번 기울었다 한 번 차오르는 것은 음양이 하는 것이지 (따로) 함이 있는 것이 아니다.'[262] 또한 『음부경』의 "인심은 기틀이다"는 말을 풀이하면서 곧장 '인심이 저절로 그러해서 그런 것이 기틀이다'[263]라고 했다. 정자와 주자가 어찌 '기'자와 '심'자 위에 '소이연의 리'가 있는 줄을 몰라서 '스스로 그렇다'라고 했겠는가? 성인께서 안자를 일컬으면서 '인이 마음을 어긋나도록 하지 않았다'라고 하지 않고, 다만 '그 마음이 인을 어기지 않았다'라고만 했으니, 어기지 않은 소이연은 성에서 나왔지만, 그 어기지 않은 기틀은 오히려 마음에만 달려있기 때문이 아닌가? 만일 노사의 말대로라면 어기는 일이 있을 때 이 리는 또 무엇을 위해 이렇게 시키는 것인가? 또한 어긴 줄을 깨닫고서 인에 의지하게 되면 '마음으로부터 스스로 깨달아 스스로 의거했다'라고 하는 것이 가능하겠는가? 아니면 리라고 하는 것이 이 마음이 인에 의지하는 사이에 가부가 있고, 이처럼 조종을 했다고

261 주희, 『주자전서』 vol. 6, 『논어집주』, 75쪽 참조.
262 주희, 『초사집주』(『주자전서』 vol. 19), 65쪽.
263 주희, 『음부경주』(『주자전서』 vol. 13), 512쪽.

하는 것이 가능하겠는가? 반복해서 추론해 보아도 잘못이 없을 수 없음을 알게 될 뿐이다.

황철원 : 논한 내용에서 '모든 함이 있는 것에는 반드시 그렇게 되는 소이로서 리가 있다'라는 말은 옳다. 평범하게 이처럼 논할 때 간재의 견해에는 의심할 것이 없어 보인다. 알 수 없는 것은 '함이 있는 것과 떨어지지 않은 채로 함이 있는 것에 마주하고 있는 리가 존재하는 것인가? 아니면 리는 단지 과거의 뿌리일 뿐 모든 함이 있는 곳에서 기 홀로 주장한다고 하면 리를 폄훼하고 낮추기 때문에 함이 있는 것의 바깥에서 그렇게 되는 소이로서의 리를 높이는 것인가' 하는 것이다. 내 견해는 이 함이 있는 것에 마주하고 있는 것은 바로 그렇게 되는 소이의 자취다. 간재의 생각은 나와는 다르다.

그의 변론 가운데 '리에는 움직이고 고요하게 하는 것이 없다'라는 말로 본다면 '그렇게 하는 소이로서의 리가 있다'는 것은 분명 그렇게 하는 것의 바깥에 있다는 것이 분명하다. (리를) 이렇게 높인들 틀림없이 천리마의 꼬리에 붙은 파리 신세에서 벗어나지 못할 것이다. 그가 존중한다는 것 또한 폄훼하기에나 적당할 뿐이다. 가부라거나 조종한다는 말도 제 자리를 맴돌 필요는 없고 심지어 '일을 한다[做得事]'라는 것도 알기 어려운 것이 아니다. 리가 일을 하는 자취야 없지만 일을 하도록 하는 묘용이 있으니 이 '일을 한다'라는 것에서 그 묘용을 알 수 있다는 것일 뿐, 이 일을 하는 것 위에 다시 따로 한 층의 일을 하게 하는 묘용이 있다고 말하는 것이 아니다. 이것이 '상천의 실음[上天之載]'이라고 한 것이다.

9년 동안의 수해에 천하가 다스려지지 않아서, 하늘이 성인을 낳았고, 요는 근심하면서 순을 등용했고, 우를 시켜 다스리게 했다. 하늘이 주재한다는 것은 여기에 있는 것이다. 7년의 가뭄은 걸왕의 영향이었지만, 탕은 기도해서 비를 내리게 했다. 선행은 복을 받고 악행을 화를 당하는 것이 이와 같았으니, 그 주재한다는 뜻이 어떠한가? 공자와 맹자는 궁핍한 채로 낮은 자리에 있었지만, 한 몸에 중화를 이룰 수 있었으니 천하는 혼란스러웠지만 한 몸의 천지만물은 방해받지 않고 편안했었다. 종묘의 아름다움과 백관의 부유함, 대도의 실행과 바른 자리에 서는 것, 후세에 가르침을 드리운 것 등은 어떤 종류의 부귀함인가? 변고를 말하면서 정상을 말하지 않는 것은 큰 혼란에 이르는 길이라고 할 수 있다. 하물며 변고에 집착해서 정상을 묻어 버리려는 듯이, 요·순·우·탕·공자·맹자의 사적을 모두 기가 스스로 하는 것에 맡겨버리니, 이것은 무엇을 위해 그런 것인가?

공자가 '법도를 넘지 않은 것'은 그의 마음이 본체이고 원하는 것[欲]이 작용이며, 본체는 도이고 작용은 의로움이었기에 그랬던 것이다. 마음을 본심(本心)이라고 하면 본심은 바로 리이니, 마음 바깥에 따로 리가 있는 것이 아니다. 간재는 이 '심'자를 오로지 '기'자로만 보았기 때문에 '마음이 하고자 하는 대로 따르는 것'을 '기기가 저절로 그러한 것'으로 여겼다. 견해의 차이가 이와 같이 심한 것인가? 인용한 『초사』「천문」편의 주 한 단락에서 이 리가 주재라는 실상을 더욱 잘 알 수 있다. 움직임과 고요함, 기울고 차는 것만을 말했다면 움직임과 고요함, 기울고 차는 것은 도라고 할 수 없다. 그런데 이제 '한 번 양이 되고 한 번 음이 되며, 한 번 기울었다 한 번 차오른다'라고 했으니, 이 순환하는 소이가 바로 도이다. 그렇다면 음양이 하는 것이 바로 도가 하는 것이지, 음양의 위에 따로 한 층의 소이연으로서 리가 있지 않다. 그러므로 '하는 것이 있지 않다'라고 하는 것이다. 주자는 "만약 '음양을 도라고 한다'라고 말해 버리면 음양이 도이다"[264]라고 했다. 이제 '한 번 음이 되고 한 번 양이 된다'라고 했으니 이것은 순환하는 소이가 바로 도인

264 주희, 『주자어류』 권74(『주자전서』 vol. 16), 2522쪽.

것이다. '한 번 닫히고 한 번 열리는 것을 변(變)이라고 한다'라는 말도 마찬가지이다. 주자의 이 한 단락을 뒤집어 보게 되면 『초사집주』 또한 분명하지 않겠는가? 이미 분명하게 '한 번 움직이고 한 번 고요했다면, 바로 도이다'라고 해버리면 모두 음양의 하는 것에서 벗어나지 않기 때문이다. 주자가 "(『주역』에서는) '한 번은 음이 되고 한 번은 양이 되는 것을 도라고 한다'라고 했는데, 음양을 왜 도라고 합니까?"라는 질문에 "마땅히 떼어놓고, 또한 합쳐서 봐야 한다"[265]라고 대답한 것이 이런 사례이다. 주자의 말은 이처럼 상세하고 치밀한데 오히려 살피지 못하는 것인가? 마음이 타는 것은 움직임과 고요함의 기틀이다. 그러므로 그 타는 곳에 나아가 말하면 '인심은 기틀이다'라고 한다. 그러나 이 움직임과 이 고요함은 결코 기가 스스로 작용하는 것이 아니라, 반드시 움직이고 고요하게 하는 리가 있어서 주재가 된다. 그러므로 주자는 그 취지를 발휘해서 '인심이 저절로 그러해서 그런 것이 기틀이다'라고 한 것이다. 이 기틀에 즉해서 저절로 그러한 주재를 알 수 있으면 '심'자 위에 다시 어떤 소이연으로서의 리가 있겠는가? '기틀이 스스로 그렇다'라고 하지 않고, '저절로 그러한 것이 기틀이다'라고 했으니, 기틀이란 저절로 그러한 것이 타고 있는 것이 아니겠는가? 이제 마음이 홀로 기를 가리키는 것이라 하고, 고요함과 감응함, 움직이고 고요함을 기틀이 저절로 그러한 것이라고 한다. 마침내 '헛된 이름과 과거의 학설'로 근본이 되는 리를 세우려고 한다. 일곱 성인이 길을 헤매는 곳에서 오척의 교활한 이가 오히려 그 오류를 변별해서 많은 변론을 하고 있으니, 오히려 사족임을 알 수 있다.

성인은 안자를 칭찬하면서 "그의 마음이 석 달 동안 인을 어기지 않았다"라고 했다. 이미 '마음'이라고 했고, 또한 '인'이라고 했으며 '석 달

265 같은 책, 같은 곳.

동안 어기지 않았다[三月不違]'라는 네 글자를 또 그 사이에 두었으니, 알지 못하는 이가 보기에는 마치 이쪽의 한 마음이 저쪽의 한 인을 어기지 않는 것 같지만, 성인의 뜻은 그렇지 않다. 마음은 인과 본래 하나여서, 어겼는지의 여부는 애초부터 말할 필요가 없었다. 사욕이 끼어들 때만 마음과 인이 둘이 되고, 사욕이 없으면 본분에 의거해서 하나가 된다. 그러므로 어제 하나였던 것이 도리어 둘이 되는 곳에 나아가 오늘 둘이 다시 하나가 되는 뜻을 밝힌 것이니, 그 말의 기세가 어쩔 수 없었던 것이다. 마음이 인이요, 인이 마음이어서 다시 분별이 없기 때문에 주자는 "인은 마음의 덕이다"[266]라고 했다. 마음이 본래 인하다면 '심'자 위에 따로 하나의 인이 있는 것이 아니다. 또한 '어기지 않았다는 것은 사욕이 없어 그 덕을 간직한 것이다'[267]라고 했다. '그 덕[其德]'에서 '기(其)'자는 '마음'이다. 사욕이 없으면 본래 있던 덕이 저절로 간직되니 사욕이 없어진 뒤에 또 따로 하나의 덕을 찾아서 그 마음에 간직한다는 말이 아니다.

마음의 내면에 있는 뼈대[骨子]는 리이니, 곧 인이요 본심이다. 그 타고 있는 것을 말하면 기기다. 기가 간혹 스스로 작용하면서 그 궤도를 따르지 않으면 사욕이 끼어든 폐해가 생기니, 이에 내면의 뼈대를 잊어버리게 된다. 기기를 주장하면서 '심시기(心是氣)' 세 글자를 명맥(命脈)으로 삼는 것이 어떻게 가능하겠는가? 소주에서 주자는 말했다. "인과 마음은 본래 한 가지다. 사욕이 한 번 떼어놓으면 마음은 곧 인을 어기게 되고 오히려 둘이 된다. 사욕이 이미 없다면 마음과 인은 서로 어긋나지 않게 된다. 마음은 거울과 같고, 인은 거울의 밝음과 같다. 거울은 본래 밝지만 한 번 때가 끼게 되면 결국 밝지 않게 된다. 그러나 때를 제거하면 거울은 (다시) 밝아진다."[268] 이 한 문단이 분명치 않는가? 어

---

266 주희, 『논어집주』(『주자전서』 vol. 6), 111쪽.

267 같은 책, 같은 곳.

째서 그들이 본래 하나인 줄을 알지 못하고 둘이라는 측면만을 보고서 스스로 논의를 세워 다른 사람을 꾸짖고 배척하는 것인가? 사사로운 뜻에 의해 틈이 벌어져서 그런 것이 아닌가? 마음이 거울과 같다고 말하자마자 밝음이란 거울에 있는 것이다. 거울이면서 밝지 않다면 어떻게 거울다울 수 있겠는가? 이제 거울을 가지고서 그 밝음을 알지 못하고 거울 바깥에서 (따로) 하나의 밝음을 토론하려고 한다면 거울을 살피면서 거울 면을 잊은 것에 가깝지 않겠는가?

생각건대 하늘이 나에게 부여한 것과 내가 하늘에서 받은 것은 인의예지 바깥에 다른 것이라곤 없다. 이 네 가지에서 그 명목과 조리를 말하면 성이라 하고, 이 네 가지에서 그 주재와 전체를 말하자면 마음이라 하니, 이들은 둘이 아니요 두 갈래가 아니다. 마음은 성의 전체이고, 인은 또한 마음의 온전한 덕이다. 사욕이 끼어들게 되면 그 어긋남을 깨닫는 것은 시비지심이니 지혜의 발현이요 인의 교제이다. 어긋남을 깨달았다면 바로 어기지 않고, '바로 어기지 않는 것'에서 계근(戒謹)과 공구(恐懼)를 말하면 공경지심(恭敬之心)이니, 예의 발현이요 인의 드러남이다. (바로 어기지 않는 것에서) 끊어버리고 제어하는 것을 말하면 수오지심이니 의로움의 발현이요 인의 확립이다. 어긋남을 깨닫고 계근하고 공구한다는 것은 당체(當體)를 자각해서 스스로 의지하는 것이니, 이것은 바로 공경함이 스스로 주재가 되어서 그런 것이다. 시비를 알고서 공경하고, 주재하고 제재한다면 가[適]가 있고 부[莫]가 있으며, '조(操)'가 있고, '종(縱)'이 있다고 말하는 데 지장이라고는 없다. '있다[有]'라고 하는 것이 어떻게 그 일이 있다는 것이겠는가? 또한 어떻게 그 공(功)이 있다는 것이겠는가? 이 오묘한 작용이 있다는 것일 뿐이요, 이 오묘한 작용이 있기 때문에 이 일이 있다는 것일 뿐이다. 이 오묘한 작

268 주희, 『주자어류』 권31(『주자전서』 vol. 15), 1109쪽.

용이 없다면 천하에 어떻게 주인이 없는 종이 있겠는가? 어떻게 군주가 없는 신하가 있겠는가? 이 마음을 버리고서 그 인을 찾고, 이 일을 붙잡고서 그 오묘한 작용에 어둡다면, 마음을 기 한 측면으로 인식하는 병폐이다. 진실로 이와 같다면 한 몸의 주재이면서 온갖 일의 강령이란 모두 기가 하는 것이니, 위태롭다!

10.

[권교리에게 답함] 공자는 하나의 인을 말했을 뿐이요, 맹자는 또 야기와 호연지기를 말했습니다. 정자는 또 "군자에게 그 기를 바르게 하는 것보다 큰 것이 없다"[269]라고 했습니다. 장자는 "학문을 하는 커다란 보탬은 스스로 기질을 변화시키려는 데 있다"[270]라고 했습니다. 주자는 이런 말들이 '유학에 공이 매우 많고 후학들에게 보탬이 된다'[271]라고 했습니다. 이로부터 논하자면 성의 본래적인 선은 본시 기의 혼탁에 얽매이지 않습니다. 그러나 성이 바르게 실현되려면 오히려 기의 청명에서 말미암아야 합니다. 이것이 맹자·정자·장자·주자 네 분이 우리 유학의 언어 바깥의 가르침을 발휘해낸 것이요, 율옹도 곧장 "성현들의 수많은 말들도 사람에게 그 기를 검속해서, 그 기의 본래 모습을 되찾으라는 것일 뿐이다"[272]라고 한 이유입니다. 그 기가 본래 모습을 되찾으면 성은 (본래 모습을) 되찾기를 기다리지 않아도 되찾게 됩니다. 이것이 어찌 율옹의 허공에서 만들어낸 것이며, 성현의 으뜸가는 가르침에 작은 차이라도 있는 것입니까? 노사의 견해대로라면 이 네 분을 모두

---

269 정호·정이, 『하남정씨유서』 권25(『이정집』 vol. 1), 321쪽.

270 張載, 『張載集』, 「語錄 中」, 321쪽.

271 주희, 『주자어류』 권4(『주자전서』 vol. 14), 199쪽.

272 이이, 『율곡전서』 권10(표점영인 한국문집총간 vol. 44), 「답성호원」, 211쪽.

'기가 리의 자리를 빼앗고, 스스로 운행하다 멈추면서 천명으로부터 말미암지 않는다'라는 데로 내모는 것이니, 매우 놀라운 일입니다.[273]

황철원 : 인은 곧 마음의 덕이요, 마음 밖에 따로 인이 있는 것이 아니다. 그런데 이제 마음은 기라고 하면서, 마음이 인을 어기지 않는 것도 '기가 인을 어기지 않는 것'이라고 한다면, 공자가 말하는 인이 아닐 것이다. 맹자는 인의의 마음을 간직하라고 했는데, 이제 마음이 기라고 한다면 야기를 간직한다는 것은 무엇인가? 이것은 기로 기를 간직한다는 것인가? 호연지기는 의와 도에 짝한다고 했다. '짝한다[配]'라는 말이 합쳐서 돕는다는 뜻이라면 도의가 주된 것이요, 호연지기는 보좌하는 것이다. 이제 사람이 도를 넓힐 수 있다는 것을 기가 도를 넓힐 수 있다고 한다면 이것은 기가 주된 것이라는 뜻이다. 이와 같은 데도 그 기를 바르게 하겠다고 하고 이와 같은 데도 기질을 변화시키겠다고 한다면 장자가 말한 '그 기를 바로잡는다', '기질을 변화시킨다'라는 것은 아닐 것이다. 하물며 본성에서 얻은 물성의 치우침을 성이 아니라고 하고, '배워서 아는 이'보다 아랫사람들에게서 선의 단서가 치우치게 발현하는 것을 본연이 아니라고 하면서 이를 바로잡고 변화시키려고 한다. 그렇다면 사물이 성의 바깥에 있게 되고, 한쪽만을 치우치게 이루어[致曲] 성실함에 이르지 못할 것이니, 더욱 이해할 수 없다.

성은 본체이고 기는 작용이라고 하고, 본체는 같고 작용은 다르다고 하며, 성은 말하거나 침묵할 수 없다고 하고, 움직이고 고요하게 하는 것은 리가 아니라고 하며, 인심이 저절로 그러한 것은 기가 저절로 그러한 것일 뿐 리가 아니라고 한다. 이와 같으면서도 그 바깥에서 따로 성의 본선을 세우려 하고, 그 위에서 따로 성이 곧바로 이뤄지는 것을 찾으려고 하면서 스스로 율옹의 '그 기를 검속한다'라는 말의 참된 의

---

273 전우, 『간재집 전편』 권2(표점영인 한국문집총간 vol. 332), 「答權校理(壬寅)」, 52~53쪽 참조.

미를 터득했다고 한다면 율옹의 뜻에도 더욱 어두워질 것이요, 성도 회복되는 날이 없을 것이다. 이와 같은 까닭에 (노사는) '기가 리의 자리를 빼앗았다'라고 하는 것이요, 이와 같은 까닭에 '스스로 운행하고 스스로 그치면서 천명과는 아무런 상관이 없다'라고 한 것이다. 슬피 탄식하며 괴로워하는 뜻이 이런 주장들로 인해서 나온 것임을 알 수 있다. 이러한 지경에 이르러 (자신의 뜻을) 굽혀 네 선생에게 기대서 확증을 삼으려고 하지만, 이것은 불행하게도 주자가 말한 "그저 기대려는 생각이지만 같지 않다"[274]라는 것에 가까울 것이다.

11.

전우[275] : 율곡선생은 마음은 기에 속하고 성은 리이며, 리는 함이 없고, 기는 유위라고 해서 학자들에게 마음을 다스려 리를 따르고, 기를 검속해서 성을 회복하게 했다. 이것은 바로 예로 마음을 제어하고 기를 길러 도에 짝지으려는 정신으로서 수백 년 동안 감히 고치려는 이가 없었는데, 어째서 근세에 갑자기 마음을 도로 높이고, 늘 깨어있는 활동하는 본체[活體]를 태극이라고 하면서, 리를 가리켜 지각이 있다고 하는 의론이 나타나게 되었는가?

황철원 : 주자는 "마음은 기의 정상이다"[276]라고 했는데, 이것은 움직이고 고요한 기틀이 마음의 바탕을 이루는 지반에 나아가 말한 것이다. 율옹의 '마음은 기이다'라는 말 또한 이 뜻이다. 그러나 마음의 전체와 묘용을 통론하는 데 이르러서는 언제 마음을 기로만 보았는가? 율옹은

---

274 주희, 『주자어류』 권126(『주자전서』 vol. 18), 3948쪽.

275 현재 『간재집』에 실려 있지 않아서, 누구에게 보내는 편지인지 출처를 알 수 없다기에 '전우'라고만 표기했다.

276 주희, 『주자어류』 권5(『주자전서』 vol. 14), 219쪽.

"미발은 성이요, 이발은 정이다"[277]라고 했다. 마음은 성과 정의 주재이기 때문에 미발과 이발은 모두 마음이라고 말할 수 있다. 또 "성은 마음의 본체요, 정은 마음의 작용이요, 심은 미발과 이발의 총체적 이름이다"[278]라고도 했다. 또한 마음과 성을 두 갈래로 나누는 병폐를 잘못이라고 하면서 말했다. "성은 마음속의 리이다."[279] 또한 인을 본심의 전체라고도 했다. 이러한 여러 조목이 성과 정, 본체와 작용을 합쳐서 그 본뜻을 말하지 않은 것이 없다. 이것들 또한 '근세에 갑자기 나타난 것'이라고 비난할 수 있겠는가?

'리를 가리켜 지각이 있다'라고 하는 비난에도 변론할 것이 있다. 비난하는 대로라면 지각은 기의 한 측면에서만 (일어나는 일일) 뿐이라는 것인가? 알고 깨닫는 것은 기다. 그러나 앎과 깨달음[知者覺者]이란 기이고, 알게 하고 깨닫게 하는 것[知之覺之]은 마음이이며, 알려지고 깨달아지는 것[所知所覺]은 성이다. 기는 마음이 타고 있는 것이요, 마음은 리의 주재가 늘 일정한 것이며, 성은 리가 서로 다르게 발현한 것이다. 늘 일정한 주재가 저 서로 다르게 발현해서 나오는 것을 알고 깨닫는데 무엇을 의심할 것인가? 이런 까닭에 주자는 그 타고 있는 것에 나아가 지각을 기라고 한 적이 있다. 장자가 '성과 지각을 합쳐서 마음이란 이름이 있다'라고 한 것을 논하면서 '마음의 지각은 저 기의 허령한 것이다"[280]라고 한 것이 이것이다. 간혹 리의 주재가 늘 일정한 것에 나아가 말한 것이 있고, 간혹 서로 다르게 리가 발현해서 나오는 것에 나아가 말하기도 했다. 주자는 「반겸지에게 답함」에서 말했다. "성은 리일 뿐이요, 정이란 (성이) 흘러나와 운용하는 곳이다. 마음의 지각이란 곧

277 이이, 『율곡전서』 권9(표점영인 한국문집총간 vol. 44), 「답성호원」, 194쪽.
278 이이, 『율곡전서』 권14(표점영인 한국문집총간 vol. 44), 「人心道心圖說」, 284쪽.
279 이이, 『율곡전서』 권9(표점영인 한국문집총간 vol. 44), 「답성호원」, 195쪽.
280 주희, 『주자어류』 권60(『주자전서』 vol. 16), 1942쪽.

이 리를 갖추고서 이 정을 운행한다. 지(智)라는 면에서 말하자면 옳고 그른 이치를 아는 까닭이 바로 지(智)이니, 성이다. 옳고 그름을 알아서 옳다 그르다고 하는 것은 정이다. 이 리를 갖추고 그것이 옳고 그름을 깨닫는 것은 마음이다."[281] 이미 '옳고 그른 이치를 안다'라고 했는데 어떻게 성에 지각이 없다고 하겠는가? 이것이 '서로 다르게 발현해서 나오는 것'이다. 지각의 리를 갖추고서 이것이 옳고 저것이 그르다고 지각하는 것은 지각이 지(智)의 본체와 작용을 통괄하는 것으로 말한 것이다. 지의 본체와 작용을 통괄하는 것이 이 마음의 주재가 늘 안정된 리가 아닌가? 맹자는 '시비지심은 지이다'라고 했고, 장자는 '마음이 성과 정을 통괄한다'라고 했으니 그들의 말이 간략하고 극진하다.

281 주희, 『회암선생주문공문집』 권55(『주자전서』 vol. 23), 「答潘謙之」, 2590쪽.

猥筆辨辨

黃澈源

1.

栗翁嘗言, 陰陽動靜, 機自爾也, 非有使之也, 蘆沙猥筆, 深駁之. 然以愚觀之, 朱子雅言, 纔有作用, 便是形而下者. 動靜者, 作用也. 故曰機自爾也. 孔子分明說, 天之生物, 栽者培之, 傾者覆之. 而朱子卻言, 此非有物使之然. 但物之生時, 自長將去, 恰似有物扶持佗. 及其衰也, 自消磨去, 恰似箇物推倒佗, 理自如此. 孟子分明說, 天之生物, 使之一本. 而朱子卻言自然之理, 若天使之然也. 伊尹分明說, 天之生民使先知覺後知. 而朱子卻言, 天理當然, 若使之也. 此何以故? 只是恐人錯認使字爲作用之意, 則害道大矣. 故另下若字恰似字, 非有物使之然字, 以見其無作用之使也. 故曰非有使之也. 栗翁豈無所受而妄言之哉? 且如人能弘道, 機自爾也; 非道弘人, 非有使之也. 蓋人心有覺, 是陰陽動靜之機也. 道體無爲, 是太極自然之妙也. 朱子於集註載張子語, 而未聞後賢以性不知檢其心爲天命已息, 心能盡性爲天命之外又一本領, 而奮筆肆罵也. 若論理爲氣主, 性爲心本, 則栗翁又嘗言氣之所爲, 必有理爲之主宰. 又曰無爲而爲有爲之主者, 理也. 又曰孰尸其機, 嗚呼太極! 此類不一而足矣. 人苟有見於此, 雖曰機自爾也, 而其自爾之所以然, 則依舊是理也. 雖曰非有使之, 而其不使之使, 則依舊是理也. 何曾有魏延·楊儀同府乖張之變, 如猥筆之謂乎?

朱子言理無造作, 而曷嘗言理非有使之然之妙乎? 朱子言纔有作用, 便是形而下者, 而曷嘗言纔有使之然之妙, 便是形而下者乎? 且造作雖氣, 而氣之所以若是造作者, 以其理妙用之神爲之主宰故也.作用雖氣, 而氣之所以作用者, 以其理有準則爲之節制故也. 蓋氣只是此理流行運用之手脚, 則其意豈不躍如乎? 以若造作作用之有氣力·有情意·有謀畫者, 猶有理爲主宰之妙者如此. 況動靜自然而然者, 亦非理而何? 然則動靜字與造作作用等字, 逈有分數, 而今乃强取而比況耶? 陽動陰靜, 雖似自動自靜, 而一是天命使之然之實體也. 非此則天命無可言之地矣. 今以動靜爲自造作自作用, 而別立天命於空蕩蕩地, 非空無一法之尊稱歟? 蓋太極陰陽對待說去, 則不得不曰太極是理; 陰陽是氣, 然猶是皮面過去說, 乃若言其裡面之實體, 則陰陽動靜是太極動靜之貌象, 實不相雜, 而亦實不相離, 命者爲主, 而受命爲僕, 故朱子以理言動靜處, 頗多有曰以本體言, 太極涵動靜; 以流行言, 則太極有動靜. 又曰以目前言之, 仁便是動; 義便是靜. 旣曰涵, 又曰有, 又曰便是, 此果機自爾者乎? 此以造作作用譏之乎? 且以太極圖言之, 蓋從造化流行邊說去, 故挑出其不可挑出者, 以爲公共一箇本領, 陰陽動靜, 卽其本色實體, 圖解第一圈之挑出者, 曰非有以離乎陰陽也, 卽陰陽而指其本體, 不離乎陰陽而爲言耳. 指第二圈, 曰動而陽靜而陰中其本體也. 又以易有太極爲一圖之摠結, 則自動而生陽, 靜而生陰以下至終篇, 皆是太極圈內事也. 此果以太極陰陽對待說去, 而各占一位, 層級橫生, 理在懸空, 氣自作用, 如今人之見乎? 問者以栽培傾覆疑其別有一物, 有愛憎之私, 取舍之力, 而忘却天理報施之必然, 故朱子曰非有物使之然, 非以理爲無使之然之妙, 如今人之見也. 且物之自長自消者, 雖若物之自爾, 而實是理之使然, 故合兩自字而曰理自如此自消自長之自, 卽理合如此之自, 非別有物之自, 又別有上一層理之自, 如今人之說也. 若曰物之自消自長是物自爾, 非有使之然之理, 而特有懸空理自如此之理云爾, 則其去朱子之意, 不啻氷炭也. 蓋聖人眼中無非道, 故以物之自消自長, 直謂理自如此而無疑. 今人眼中無非氣, 故以物之自長自消, 硬作物之自爾, 而挑出理自如此之位於冥漠之間, 孟子明言天之生物, 使之一本, 而朱子又明言自然之理, 若天使之然, 何曾說氣之自爾，非有使之然乎？伊尹明言天之生民，使先知覺後知，而朱子又分明說 天理當然，若使之也，何曾外此而別立所以然於冥漠耶？旣曰自然之理，非氣自爾也明矣．又言天理當然，則安可謂非有使之也乎？朱子言恰似字，及若字者，或恐後人直以理爲作用看故也．又欲借有形之扶持以形容此理之裁培，借有形之使以明此理無形之使，其言不得不爾．蓋一名爲理，必有使之然之妙．朱子所謂天理使之如此者，是矣，則使非絲毫犯氣力字，而今人才見使字，只認作强使之使，決非朱子之意也．使字有兩樣，以理言則主宰之妙；以氣言則作用之形也．或曰所謂非有使之者，非謂理無使之也，只是謂非有强使之物，如朱子非有物使之之語，而今以朱子說爲好，而非有使之之語爲大不然，何也？曰朱子言理處，雖不雜氣言，而觀理處，便不離乎氣，故以物之自長自消，直謂理自而不隱．蓋旣曰非物之使，則可見其理之使然也，明矣．至如陰陽動靜，是於物上進一步深一層，極靜處極妙處，天命使之然之妙，於是乎在焉．艮齋乃以太極陰陽大敵說去，一理一氣，各立窩位，挑出太極於玄茫，尊陰陽以自爾，則其所謂非有使之者，正是非有理使之之謂，而與朱子非有物使之之語，矛盾矣．且以心硬作形而下一邊看，而其主宰一身爲萬事之綱領者，專仰於形而下之自爾，以孔子所謂人能弘道爲機自爾，朱子所謂人心有覺，爲陰陽動靜之機，而曰非有使之，其所以竊取聖賢之語，穿鑿以就己見以尊己言者，爲大可怪也．噫！心雖氣分事，而其眞體妙用，至神而不測者，乃此理主宰之實，故曰人能弘道，曰人心有覺，此果機自爾，此果陰陽之自動自靜乎？在天言造化邊，則曰氣之流行，性爲之主，是則陽動陰靜，決非自爾，而在人言酬酌萬變者，則性之流行，心爲之主，故曰非道弘人，曰道體無爲．蓋性者，心之體也；情者，心之用也，心統性情而主宰者也．精神也，魂魄也，精爽也，是心之地盤界至，言其主宰之本旨，則乃理之妙用而非氣底事也，明矣．今以人字謂氣，弘字謂使，則孔子之言，只是謂氣能使理，非理能使氣者乎？苟如是則理非氣之主，氣乃理之主，可乎？不可乎? 有見乎此, 則張子所謂心能盡性一段語, 所以明此理主宰之妙者, 至謂明甚. 曰朱子曰性猶太極, 心猶陰陽. 艮齋以心爲陰陽, 動靜之機爲機自爾者正內乎此, 而今子非之, 何也? 曰心之有動靜, 猶太極之有動靜也. 自其體用動靜, 悉具乎其中而言, 則曰心爲太極, 自其體之靜而爲陰之妙—妙, 謂神也, 神, 是理之用.— 用之行而爲陽之妙處言之, 則曰心猶陰陽, 太極之一動一靜, 卽陰陽不測之神, 神也者, 理之妙也, 不離於氣, 而不囿於氣者也. 卽所謂第二圈動而陽, 靜而陰, 而中其本體者也. 心猶陰陽, 正指其本體, 卽太極也, 陽之動也, 而太極之用行; 陰之靜也, 而太極之體立. 心統性情, 而性其本體, 故就其中擧一半言, 其至靜之中, 萬理畢具者曰性猶太極. 此心之所以爲性情之總名也. 此心之所以猶陰陽也. 一寂一感, 孰非此理妙用之神乎? 如是故能弘道, 今以心只作陰陽動靜之機, 而謂機自爾, 可乎? 人心有覺, 卽心猶陰陽者; 道體無爲, 卽性猶太極者, 朱子所謂元亨利貞, 天地生物之心, 而人得之爲心, 未發而四德具; 已發而四端著. 又答張敬夫書, 論性情之德, 中和之妙, 而以心爲主. 又謂以仁愛, 以義惡, 以禮讓, 以智知者, 心也. 此莫非以心爲理, 而明其能弘道之實者也. 盍於此仔細思量乎? 猥筆所以救世儒之弊, 而明栗谷之意者, 曷嘗以氣之所爲, 必有理爲之主宰, 及無爲而爲有爲之主者理, 及孰尸其機? 嗚呼太極等語, 亦爲可疑耶? 且此等語出於栗翁之口, 固爲可信, 而艮齋引用之意, 則還多可疑者矣. 艮齋論陽動陰靜, 專主機自爾, 專主非有使之, 而昧其實體, 猶自託曰氣之所爲, 必有理爲之主宰, 則氣之所爲, 是自爾也, 自爾之上, 復有主宰之理乎? 雖或有之, 所謂自爾者, 肯讓頭歸尊乎? 曰無爲而爲有爲之主者, 固然, 而艮齋旣以有爲者爲陰陽之自動自靜, 非有使之之理, 則非有使之之上, 復有何無爲之主耶? 豈非無實事而得虛名歟? 專主機自爾, 專主非有使之之語, 而昧其實體, 猶自託曰孰尸其機, 嗚呼太極, 所謂尸者, 果何事? 又曰自爾之所以然, 則依舊是理, 又曰非有使之, 而其不使之使, 則依舊是理, 皆莫非頭邊安頓, 必有乖張之變, 欲免延儀之同府, 得乎?

2.

物之生, 雖曰自長自消, 而其自長自消, 究是理自如此. 陰陽之機, 雖曰自動自靜, 而其自動自靜, 亦是理當如此. 此豈難曉之理乎? 或言朱子於自長自消下, 繼以理自如此. 而栗翁無此一轉語, 所以來蘆沙之疑. 此又不然. 朱子嘗言, 一氣流行, 萬物自生自長自形自色, 豈是逐一粧點得如此? 豈是逐一粧點得如此, 卽栗翁非有使之之謂, 而更無理自如此之云, 此亦將以自行自止不關由天命, 罵之乎? 亦將以吾懼夫氣奪理位而爲萬事本領, 斥之乎?

朱子曰, 言理與氣, 則氣專是形而下; 言物, 則包理與氣, 不可專以形而下言. 然則物之生, 自長自消, 而其自長自消, 理自如此者, 非謂物外有箇理也, 明矣. 陰陽之機, 自動自靜, 亦是理當如此云者, 果如是看, 則正朱子所謂易有太極, 則是太極乃在陰陽之中, 而非在陰陽之外, 若以乾坤未判, 大衍未分之時論之, 則非也云云者, 栗谷所謂理氣可以相離, 則程子所謂陰陽無始, 爲虛語云云者也. 栗谷之言, 如此處不一, 可謂十分完全矣. 若氣機自爾, 非有使之一段, 善觀則不害爲流行邊說話, 而今人乃執言迷旨, 却就自爾之上, 別求所以然, 則大義乖當, 而不得不求自如此之理於自消自長之外, 正朱子所謂老子乃謂道生一而後乃生二, 則其察理亦不精云者, 故猥筆特言之以救末弊, 而致耿耿奉質之意者也. 大抵所謂一氣流行一段, 朱子本語, 果止如此而已, 則固爲可欺之方, 難明之狀, 旣以天字爲冒頭, 而曰天只是一氣流行云云, 則自生自長, 莫非天之所主宰處. 又結之曰聖人只是一箇大本大原裡出, 又曰許多道理, 只是這箇一便貫將去. 此蓋以聖人一貫明天理一貫, 則萬物之自形自色, 莫非天理一貫處也. 豈可外此而更求別天爲耶? 粧點云云, 只是謂不似攦工倕之雕刻, 而一是上天主宰之妙. 蓋以聖人之不務博比天理之不勉强. 雖不勉强, 而其必然之妙, 能然之則，實有使之於不使之中，爲之於無爲之裡者，豈可以萬物生長形色，謂無所關由而自爾耶?

3.

動者靜者，氣也；動之靜之者，理也. 動之靜之，非使之然而何? 竊謂理使云者，只是根柢之謂，非如氣之有情意者. 故尤翁於沈明仲使動使靜豈無造作之問，曰此不過曰自然而已，不似二五之運用也. 今蘆沙之見，正與沈氏同，則豈不歸於認氣爲理乎? 大抵理雖曰主宰，而實則自在. 氣雖曰動靜，而實本於理. 此前天地後天地千古萬古不易之定理. 故栗翁旣曰，無形無爲而爲有形有爲之主者，理也；有形有爲而爲無形無爲之器者，氣也. 又曰有形有爲而有動有靜者，氣也；無形無爲而在動在靜者，理也. 此可謂本末兼盡，體用無漏. 非洞見道體者，其孰能與於此哉! 今不能如是看破，如是體得，卻只主主宰一義而幾於理有操縱，不復撿束此氣，以循乎理之本然，則其工夫豈非有所疎漏處乎? 且如其說，則語者默者，口也；語之默之者，性也. 吾聞性爲語默之理，而口舌從而語默. 此朱子所謂理有動靜.—謂理有此氣動靜只理，非謂理先自有動靜也. 此句前後，讀者多不察而領會也.— 未聞此性自會語默也. 是故告子·釋氏之知覺作用是性，陽明之良能，視聽言動便是天理，皆歸於認氣爲理，而與吾聖人異矣. 朱子答胡季隨書，有自心自省語. 豈不知省之之理出於性，而其能省之者心而非性? 故立語如此. 詞理俱到，無些子疵纇. 而後人有習聞猥筆之說者，誤以自行自止·不由性命·兩箇本領·各自樞紐等說，奉疑於朱子，則竊意蘆沙有靈，亦應蹙頞於泉下也. 動之靜之者理，古聖賢語，蓋多此意. 易大傳曰，一陰一陽之謂道. 朱子曰，陰陽是氣；一陰一陽，則是所以循環者，乃道也. 然則動之靜之，卽所以循環者也. 朱子又曰，春夏爲陽，秋冬爲陰. 從古至今，恁地滚將去，只是這箇陰陽，是孰使之然哉? 乃道也. 又曰父子本同一氣，其恩愛相屬，自有不期然而然者. 其他大倫皆然，皆天理使之如此，豈容强爲哉！猥筆所謂動之靜之，非使之然而何云者，一是朱子意也. 一陰一陽之謂使之然，動之靜之之謂使之然，有何差別乎？況直以人之恩愛謂天理使之如此者乎？朱子說亦果以理有操縱不復檢束此氣責之乎？大傳曰，生生之謂易，朱子曰理自然如此，是則生生者，氣也；生生之者，理也. 大傳曰成象之謂乾，效法之謂坤. 朱子曰，理自如此，本無相待，是則象者法者，陰陽也；成之效之者，理也. 朱子又曰且如四時，亦只是自然迭運，皆是理之所必然者耳. 以此看，尤爲分明. 今不如此，而但曰理只是根柢云，則是但知道之體本無爲，而不知循環迭運處有使之然之道. 所必然之理，所謂根柢者，乃無實之虛名，而不得爲主宰矣. 理之使動使靜，卽是理自然如此者，而沈明仲以使字作造作看，故尤翁答之以自然，卽朱子所謂使之然者也. 今乃以使字硬作造作看，則是復隨沈氏之科，而斥栗翁背朱子者也. 發之者，氣；所以發者，理，故栗翁語也. 發者，氣；所以發者，理，亦栗翁語也. 一則有之字，一則無之者，則栗翁於之字，不甚留意而用之，可知也. 於其無之字處，又將何辭而辨駁猥筆乎？蓋自流行上推言其本源，則不妨說發之者氣所以發者理；自實體上的指其使之然之理，則正是動者靜者氣動之靜之者理，動之靜之，卽所以也，卽栗翁所以發者也. 且動者靜者氣也，動之靜之者理也，是本栗翁語 —見易數及天道策— 而今加譏斥何也？ 眞所謂視其人之所在而攻之耳，何嘗有定論者也？動靜，就陰陽裡面，言其迹精；語默，人身動止，言其迹粗，而却取而駁之，正栗翁所謂於其精底，必抑而卑之，使爲粗；於其粗底，必引而高之，使爲精，則豈是平正底道理者也. 然理無精粗而皆在，則亦有說得行者矣. 理者，自然也，而有必然當然能然之不可易不容已，故必語必默，當語當默，則便能語能默，說得如此時不妨說. 語者默者，口也；語之默之者，理也. 語之默之，謂其使之然之妙，不得不然之故，非謂有造作也. 朱子曰，道未嘗離乎器，道只是器之理. 這人身是器，語言動作便是人之理. 此亦將以爲認氣謂理乎？朱子曰，理有動靜 故氣有動

靜 又反其語曰，理無動靜 則氣何自而有動靜乎云云，則上動靜主乎理，下動靜主乎氣．雖非有兩箇動靜，而自有主僕之分．理之動靜，卽使之然也．孔子曰，太極生兩儀，所謂生者，理之動靜也．濂溪祖述此意，直言太極動而生陽，靜而生陰．朱子釋之，曰太極便會動靜，其義已躍如矣．何曲生見解，以爲理無動靜，而動靜專仰於氣，然則氣反作理之主宰矣．如此而自謂獨察而領會，誠可好笑．指知覺作用之生於形氣者爲性，則可目之以認氣爲性．若言其知覺中良知·作用中良能，及智之發而爲是非之心者，及動作以禮者，亦不可以性言乎？非禮而視聽言動者，可目之以認氣爲性．能復其禮而視聽言動者，亦不可以性言乎？朱子曰，視自然明，聽自然聰，色自然溫，貌自然恭，從大本中流出．從大本中流出者，非性乎？朱子曰，私勝，則動容周旋無不中禮，而日用之間莫非天理之流行．天理流行者，非性乎？自心自省，當體便是云者，朱子曷嘗爲機自爾而發耶？朱子曰，只爲將此敬字別作一物，而又以一心守之，故有此病．若能自心自省云云，此言敬卽心也，非心外有敬也．孟子曰，恭敬之心，禮也，禮非性乎？張子曰，心統性情，朱子曰，心也者，妙性情之德也．天理之主宰也．是果以氣能自省言之乎？心是主宰，性是條理，性之流行，心爲之主，心與性，果二物乎？心之地盤是精爽，而其主宰則理也，以理言，則心猶太極之統四德，性猶利貞，情猶元亨，此理之全體，而心與性渾然，無彼此內外之殊．恨無以此義得聞於艮齋，以醫其妄疑前輩之痼者也．

4.

理一而已矣，而乘於氣則其分萬殊，此栗翁說也．曰豈一之時，初無所乘，至萬之時，始上著機歟？曰不然．今單言機上之太極，則曰理一而已矣，兼擧四時之氣而言元亨利貞，則曰乘於氣，而其分萬殊云耳．豈昔日徒行，而今日跨馬之謂乎？今猥筆乃曰，此若太極謾無主張，忽見馬匹當前，趫捷而騰上者然．此決非栗翁之本意也．又曰是馬爲塞翁之得, 非元來所乘, 此後勢必之東之西, 惟馬首是瞻. 此亦須消詳, 未可草草打過. 蓋人皆有太極, 而氣稟旣異, 則欲動情勝, 利害相攻之患, 往往而有. 是時所謂元來乘馬之主人, 旣有操縱之力, 而亦非無適莫者, ―操縱適莫, 皆猥筆中語.― 柰何有此東西惟馬之失也? 此宜明核而勘破. 不然, 則其曰主之所向, 僕焉有不往者, 人將不之信矣. 嗚呼殆哉!

猥筆分明言 今人看所乘字, 若太極漫無主張. 又曰干犯先賢語句, 極知不韙云, 則稍知文義者, 尙辨今人之非栗翁, 而艮齋言今人處, 輒頭戴栗翁以栗翁言駁之, 何? 人不辱其父, 而爲子者自做辱說以歸其父, 可乎? 理一而乘氣, 則萬殊者正是. 蘆沙集中, 所謂善觀者, 知其爲流行邊說話者也.―答人問第二條.― 今曰理一而兼擧四時之氣, 言元亨利貞, 則乘於氣, 而其分萬殊云, 則決非栗翁之意. 中庸或問言天命之元亨利貞, 而四時五行, 庶類萬化, 莫不由是者爲虛語, 而人全物偏, 專仰於氣, 理爲無分之一, 而其所稱太極中所具元亨利貞, 畢竟爲死物, 正是蘆沙集中所謂若迷厥旨, 以爲理本無準則, 東西南北, 惟氣之從, 是理不爲氣之主, 反聽命焉者也.―亦見答人問第二條― 然則艮齋雖自謂非昔日徒行, 今日跨馬, 吾不信也. 覂駕之馬, 亦在御之而已, 則御之者爲常, 而覂駕者爲變. 常, 謂本然也; 變, 其末弊也. 古今無不可絡首之馬, 無不可乘之馬, 常者必伸, 而變者必屈矣. 知羈的之作在乎人, 而不知羈的之生由於馬, 可乎? 人與馬二物也, 猶不爲切譬, 乃若天地之化, 本然之性, 則無所不在, 無不爲主, 如桀紂爲惡, 似若無理, 然爲惡則必亡非天理之常乎? 若爲惡而不亡, 則惡在其爲天理乎? 方其爲惡之時, 則變也, 主常而治變, 變豈有不可治之理乎? 雖曰欲動情勝, 而敬以直之, 則此心常存. 容有利害相攻, 而約其情, 則能合於中, 無非存天理之本然, 守人道之當然也. 主之所向, 僕豈有不聽命者乎? 朱子論陰陽不測之神―此神字, 理之妙用, 不可以氣言.―曰, 便是這一箇物事, 走來走去, 無處不在, 旣曰物事, 又曰走來走去者, 蓋極形容其不測也, 非謂眞有形狀之物, 如馬之走來走去也. 然則適莫操縱等字, 亦只是借可見者而形容其不可見, 如孟子取人事上合有底仁義等字, 以言性之名也. 不諒立言之意, 而輒加譏斥, 可乎? 爲善者, 天報之以福; 爲惡者, 天報之以禍. 天眷西土, 天誅造攻, 上帝降衷, 帝乃震怒, 非操縱之妙乎? 以木葉觀之, 缺者常缺, 圓者常圓, 脩者常脩, 短者常短, 無一毫差錯者, 適也. 種豆得豆, 無得菽之理, 桃生桃花, 無生李花之理者, 莫也. 孔子所謂無適莫者, 謂無謀畫也. 此所謂有適莫者, 謂有其妙也. 朱子曰, 無朕之中而無窮之數已具, 不待安排而其勢有不容已者. 其曰不待安排, 而猶云勢不容已, 則雖無適莫之事, 而有適莫之妙, 有何不可乎? 若曰無是妙, 則正栗翁所謂道理旣如此, 而又有如彼者, 則是甘亦可喚做苦, 白亦可喚做黑者也. 初旣無使之然之妙, 末又非有操縱之力, 果是猥筆中語? 猥筆之意? 蓋曰理之當初面目, 的有使之然之妙者也. 其末則又非有操縱之力者也. 理之實事本如是也. 若如今人之主氣, 則是當初有使之然之妙者, 旣無矣. 其末來實事, 又非有操縱之力者, 依舊是非有矣. 當初有者旣無, 素來非有者, 又非有, 則豈非寄寓者乎? 此猥筆立言之本意也. 非以理爲初有操縱之力也. 旣曰初旣無, 又曰末又非有, 則又字非有字, 其意豈不明白乎? 而强生疑難, 殊不可曉也.

5.

猥筆又曰, 理發二字, 爲今日學士家一大禁避語. 而纔見有段落行變化成條理者, 則曰氣也. 問孰主張是? 則曰其機自爾, 非有使之者. 問所謂理者, 落在何方? 則曰乘之矣. 初旣無使之然之妙, 末又非有操縱之力, 寄寓來乘, 做得甚事? 有之無所補, 無之靡所闕. 不過爲附肉之疣·隨驥之蠅. 嗚呼! 可憐矣! 究厥端由, 原於乘字, 失其本旨, 駸駸致得理輕而氣重, 直至氣奪理位, 爲萬事本領而後已. 一字之失其本旨, 其禍乃至於此乎! 愚按, 栗翁亦嘗言孰尸其機, 嗚呼太極! 此何嘗以氣爲萬事本領乎? 又言性發爲情, 則猥筆云云, 栗翁已見之昭陵也. 但其以理發爲非者, 卻有曲折. 實由理氣互發而云爾. 蓋從理爲根柢上說, 則氣爲理之用. 故雖氣發, 亦可謂之理發. 如行者雖馬, 而主者是人, 故統而言之曰人行也. 若據氣能作用上說, 則理實無情意, 故雖善情, 但可謂之氣發. 如乘者雖人, 而行者是馬, 故辨而明之曰馬行也. 若都欲以理爲主, 而至於用事處, 亦禁不下氣發字, 非其情實也. 譬如臣行君令, 其所行固出於君. 然其行之, 畢竟是臣而非君. 如必以所行是君命, 指臣行爲君行, 則名不正而言不順矣. 况遽指臣行二字, 爲臣奪君位而誅之, 則豈法理之所當出乎?

所謂以理發爲非實由理氣互發云者, 得栗翁之意矣. 蓋自流行上看, 則不妨說氣發而理乘, 雖曰氣發而理實乘焉, 則乘者爲主也. 蘆沙集中或問乘氣流行之說, 可廢乎? 曰否. 就流行上善觀, 可也者, 是矣. 今乃不善觀而迷其旨, 以理只作過去之根柢, 冥漠之虛物, 而纔見行變化, 成條理者, 則便做氣之自擅看, 遂以爲理無用而借氣爲用, 猥筆雖欲無作, 得乎? 旣曰今日學士家, 則非前日栗翁家決矣. 旣曰一大禁避語, 則分明謂今日學士家, 誤看前日栗翁家之快論, 纔見有言理發二字之人, 便謂携貳栗翁而使之禁避也. 禁避, 謂頭戴栗翁, 而以理發作一大禁避, 若以今人作栗翁看, 則所禁避者, 避何賢耶? 栗翁所謂性發爲情, 及萬般之情, 夫孰非發於理者, 皆理發之實事也. 所謂氣順本然之理者, 氣聽命於理, 故以主理言者, 卽猥筆之所言氣之發與行, 實受命於理, 命者爲主, 而受命者僕者也. 所謂氣變乎本然之理, 則固是源於理, 而以主氣言者, 卽猥筆所言到過不及處, 不得已而有說氣時者也. 猥筆實所以明栗翁之道, 而所斥者今人耳. 且若直指臣行爲君行, 則名果不順, 然猶是皮殼說. 蓋以他人在傍見之則如是也. 若直就臣身上言, 則於其行時, 其心未嘗一刻忘君命也. 一刻忘則便是自行自止, 不關由君命, 然則行者是臣, 而行之者非君命乎? 然君與臣有二身, 有難得以逼譬, 栗翁所謂以有形比無形, 可以活看, 不可泥著者也. 乃若理與氣, 一而二, 二而一, 氣之順理而發者, 氣發卽理發也, 順理而行者, 氣行卽理行也, 只於其間截斷得動者靜者動之靜之而已.

6.

猥筆所擧一陰一陽之謂道, 太極生兩儀兩句, 誰曰不然? 但人能弘道, 非道弘人, 獨非孔子之言乎? 恐不必執一而棄一也. 竊嘗思之, 自鄕人而至於爲聖爲賢, 豈非奪天地之造化者乎? 其功夫雖存乎心, 而其本源一出於性. 然則謂之道能弘人, 亦何不可? 而聖人之言如此, 此宜深思其故. 夫道是至尊之實, 而爲萬物之主者. 若乃降而與有作用者同科焉, 則道器上下之分亂, 而無以杜此心覬覦之萌矣. 嗚呼! 聖人之指微矣哉!

—以此防心, 後世猶有此心自稱大理具小理者.— 抑又思之, 心之能事, 至於敬尊德性, 義扶世敎, 鑄凡作聖, 豎人參天, 其有功於人, 何如哉? 雖假以形上之名, 宜若無可惜者, 而聖人之於心, 乃不肯與道齊頭幷脚, 是又何故? 釋氏不知理之爲道, 而天上天下惟我獨尊, 我是心自我也. 心雖磨鍊得極精細, 比之沖漠無眹之道, 畢竟微有迹. 蓋靈之與眞, 原自有辨而然也. 聖人不欲指心以爲道, 其謹嚴之意, 豈不以是歟? 此是吾儒第一義理, 亦第一防閑, 欲以奉質於曩哲, 而旣未可得, 則亦願幷世與後來之賢者, 與之是正.

孔子所謂人能弘道, 此人字與人者天地之心人字同. 可以主乎理而看, 不可主乎氣而看. 氣能弘道, 聖賢果有是語耶? 弘, 廓而大之也, 卽主宰也. 氣能確而大之, 則氣爲主也. 氣爲道之主, 聖賢亦有是語耶? 在天言其主宰則曰帝; 在人言其主宰則曰心.—朱子曰, 人字似天字, 心字似帝字.— 心是此理主宰之妙, 而指之爲氣, 則帝亦可名之以氣, 而上帝降衷, 乃氣能降衷者耶? 乾是性情而主宰者帝也; 道是性而弘之者心也. 張子曰, 性之流行, 心爲之主, 以爲之主者而檢此流行者, 所謂能弘也. 以若浩然之正氣, 而孟子只曰配義與道. 配, 合而有助之意，與弘字遠矣．且配義與道之義字，是人心裁制，而氣但配之，則心不可以一氣字當之，明矣．今乃以氣機冒之，作弘道之物，則其本體主宰之妙，滅矣．而一者反二，客反爲主，命於物者，反命物—朱子曰，心者，人之所以主乎身者也，一而不二者也，爲主而不爲客者也，命物而不命於物者也．— 上下之分亂，覬覦之禍，極矣．如此而猶以尊道爲名，相瞬而噤黙，曰道體無爲，至高至尊，無或窮省，恐其作用云，則義帝之稱雖貴，其實不用命也，可乎？道是物我公共，自然之理，故曰無爲．蓋言無其迹，豈曰無其妙耶？道體之固有者，若無爲之之妙，則此心之妙用，所能弘者，何事耶？張子曰，氣之流行，性爲之主，此道體之妙也．大抵心包形氣神理者也．形氣，其地盤也，當體也．神理，其主宰也，妙用也．然地盤當體，是心之皮殼說，故從古聖賢言心，莫不以主宰妙用爲主．主宰，謂主宰此性情也．張子曰，心統性情．朱子曰，性者，心之理；情者，心之用．心者，性情之主，又曰性是靜，情是動，心兼動靜而言．統，如統兵之統，心有以主宰之也．動靜，皆主宰非是靜時無所主，及至動時方有主宰也．又曰心者性情之總名，此莫非心之實理也．聖賢非不知圓外竅中爲心之形體，亦非不知情神魂魄爲資助運用．然其妙用之神，則乃理之主宰，心之得名，其所重在乎理而不在乎氣也．神字有兩樣，以氣言則氣機動靜，是也；以理言則理之妙用，是也．其實非判然二物，只就其中從理看，則理之妙用；從其看則氣之精爽，上下主僕之分，有判然不可亂者．今乃以神字硬作氣字看，執其資助，掩却實體，自以爲得聖人之微旨，何其謬也？釋氏之師心，只見其影子，不見許多道理在內，而運水搬柴，便作神通妙用，弄得恍惚，自謂心無所住，則已失心之體，而心外有理者也．外理而獨尊，畢竟成箇甚語？儒則不然．旣知心理之一，懼謹獨，氣欲不使拘弊，可以立大本行達道矣．外理獨尊，固爲釋氏之非，而執氣當心，自以爲獨見者，其弊亦有不可勝言者矣．靈之一字，亦宜深思．蓋以氣而言其體段，則精爽之湊也．以理而言其主宰，則妙用之著也．以精爽言，則謂之微有迹，可也; 以主宰言, 則此是天理全體之在我者, 卽所謂眞源也. 性情體用爲心字本旨, 不是心外別有箇理, 理非眞原乎? 惟人也, 得其秀而最靈, 卽人極也. 此猶非眞原乎? 若以情神魂魄資助之機, 而竝謂之理, 固不可. 若以此理之全體妙用主宰而言則理也; 言其德則曰具衆理; 言其神則曰妙衆理, 能具能妙, 心之實, 可見矣. 朱子曰, 理雖散在萬物, 而其用之微妙, 不外乎一人之心, 理雖在物, 而用實在心.—止— 所謂用者, 卽理之用, 用實在心, 故能弘道. 此用字亦可以氣看耶? 程子曰, 心如穀種, 生之性, 便是仁. 陽氣發處, 乃情也. 蓋才曰心如穀種, 則已含生生之性, 不獨以虛殼爲穀種也. 就其中分別條件, 而挑出言之, 故曰生之性. 雖挑出言之, 而穀種之本體含此生理之妙, 則自如也. 大理具小理之云, 無乃譏斥蘗溪者耶? 請擧蘗溪論以明之. 蘗溪曰, 心以理言則性情之主, 寂感之會; 以氣言則陰陽之精, 動靜之機. 又曰心固理也, 而所乘者氣也. 故聖賢說心, 說理則又必說氣; 說氣則又必說理, 未嘗闕一之中, 又必明一上一下一尊一卑之實. 又曰心以主本全體言; 理以發用零碎言. 中庸所謂大本達道大德小德, 皆指此也. 是故言心而遺理, 非善言也. 又曰明德者, 就人方寸中, 指言其天命之全體. 由其神明虛靈主宰統攝而言則謂之心, 由其名目條理零碎界破而言則謂之理. 言心而遺理, 則如秤之無星, 尺之無寸, 混淪儱侗, 不足以盡其心. 言理而遺心, 則如網之無綱, 舟之無柁, 鹵莽滅裂, 不能以全其理. 請把此說, 平心降氣以涵泳也.

7.

程子曰, 天地萬物之理, 無獨必有對, 有問於朱子曰, 太極便對甚底, 曰, 太極便與陰陽相對, 猥筆第五段, 正論此義云, 把氣與理對擧, 此非聖人之言, 今人纔見理字, 必覓氣來作對偶, 於是理之流行一大事, 盡被氣字帶去作家計, 所餘者, 只混淪也, 沖漠也, 此雙本領之履霜也, 悲夫. 愚按, 蘆沙意欲尊理, 而有此云云, 然辭氣之間, 陵轢過越, 大損尊畏聖賢之體, 此豈非氣之失理處乎, 況朱子何嘗非聖人, 何嘗非一本領, 然而把陰陽太極做對, 此亦謂奪却理之流行一大事, 以與氣字而爲雙本領之履霜, 而受蘆沙悲夫之歎者耶?

嘗見栗翁之言曰, 聖賢之說, 或橫或竪, 各有所指. 欲以竪準橫, 以橫合竪, 則或失其旨矣. 今以是而觀程子之言, 則益見其不我欺也. 程子所謂無獨有對, 朱子所謂太極便與陰陽對, 直是橫看, 而與孔子形而上下之對擧言者同. 朱子曰道固無對, 又論圖說曰, 中間虛者, 便是太極, 他兩邊生者, 卽是陰根陽陽根陰, 這箇有對, 從中出者無對. 此以竪看而明其尊卑帥役之分也. 橫看而界至甚明; 竪看而名位甚嚴. 栗翁所謂各有所指者以是也. 今乃見人言竪處, 以橫合之; 見人言橫處, 而竪看之, 正栗翁所謂失其指者也. 朱子只論一太極陰陽, 而一曰與對, 一曰無對, 然則擧朱子一說以斥朱子一說, 可乎? 猥筆先後竪說, 以明名位之截嚴, 故曰理之尊無對. 又曰其闊無對, 無中亦不然橫對, 故明其界至, 以形而上下爲的對, 謂千萬世開分別道器之門戶, 一則朱子所謂從中出者無對之說也, 一則朱子所謂太極與陰陽對之說也. 橫竪兼盡, 方無遺漏. 又必據竪而看橫, 方不成分片, 此朱子之意, 栗翁之訓, 而猥筆立言之序, 一出於此者也. 今特取朱子言有對處, 以斥無對, 曰正論此義, 其竊取聖人之言, 以作口給爲應當人之術, 而且以何嘗不是聖人爲言, 而擬悲夫之歎於紫陽, 甚矣! 用心之矯險也. 就其用心而觀其諸條所引朱子之言, 則朱子所言, 一經其口, 已失本旨, 謂非朱子之言, 可也? 朱子曰, 天只是一氣流行, 萬物自生云云, 而艮齋去天只是三字, 而看作氣自流行, 則必非朱子之言也. 朱子曰, 性之在氣質者, 其品不一云者, 是謂象人之性本全, 只是拘於氣而發不直遂者, 而艮齋便移之於人物所稟偏全本然之性, 則亦必非朱子之言也. 不寧, 惟是動者靜者氣; 動之靜之者理一段, 是栗翁之言, 而反譏斥之, 不遺餘力, 則自謂頭戴栗翁者, 皆執言迷旨, 必非栗翁之道也. 以此義理, 亦以爲第一防閑, 而欲奉質於囊哲, 可笑.

8.

猥筆曰，聖人的見流行發見，變化昭著，莫非此道之爲云云，此道之爲四字，恐合商量．朱子於論語集註，旣云道體無爲，尤翁之答人書又云，非謂[282]此理其體則無情意造作，而至於用則有情意造作也．二先生豈不知道之流行發見，而其言如此耶？此宜再入思議看也．—莫非此道之爲，若添數字云，莫非此道爲之根柢樞紐，則似更詳明，未知如何．—

聖人垂教之意，至矣盡矣．恐人以道作作用看，如佛氏之爲，故曰無爲．—此爲字，謂無其迹也．— 又恐人以道爲沒主張，如老子之無爲看，故謂有爲處又多，—此爲字，謂主宰妙用．— 此豈可執一而疑其二耶？道體無爲，果是論語集註，天下之物，皆實理之所爲，獨非中庸章句耶？朱子又曰，有是理，則有是物，徹頭徹尾，皆實理之所爲．又曰聖人有不能爲天之所爲處．又曰天下之事，雖若人之所爲，而其所以爲之者，莫非天地之所爲．又曰變化之道，莫非神之所爲．又曰一物之中，自始至終，皆實理之所爲．如此處不可殫記．此亦恐合商量，再入思議，添得數字然後，始得詳明耶？—先儒說曰，仁之油然生意，不可遏；禮之燦然明盛，不可亂．健之爲也．義不拂乎？可否之宜；智不外乎？是非之別，順之爲也．— 理者，至虛而至實，至無爲而至有爲者也．故自大易，無許多文字時，已發明極其兩端，有曰無思也，無爲也．無爲，言其無作爲也．有曰知變化之道者，其知神之所爲乎？此言理有主宰之妙也．今乃只主無爲一途，埋却主宰之實，則所謂無爲者，是老子之無爲，非聖人之無爲，而所謂根柢樞紐，乃空無一法之尊稱，誠可怪也．蓋寂然之中，天機常動，無爲而實有爲者然也．感應之際，本原常靜，有爲而實無爲自然也．此正本末兼盡，無有疎漏，竊觀尤翁之言，亦非謂理眞無爲，只言其無造作，其意蓋曰，此理非但其體無情意造作，至

282 謂 : 『간재집』에는 '謂'자가 누락되었다. 『송자대전』 권104, 「答金仲固」의 원문에 의거해서 보충했다.

於用, 亦無情意造作云爾. 以艮齋性體氣用之說推之, 似只以體謂無情意造作, 而用則便謂有情意造作, 果如是則決非尤翁之意矣. 近得田艮齋所著, 凉議記疑及猥筆辨而讀之, 其生平學問築底處, 可概矣. 何幸何幸! 但記疑辭旨謙遜, 有若實心講討者然, 此猶可也. 至若辨言, 加以客氣, 奮筆張皇, 以猥筆所言今人之弊, 直屬之栗翁, 又屬之朱子, 交互遷就, 求有過於無過之地, 實非區區平日之所望也. 固當置之不言, 而其說一出四方, 靡然從之, 顧余從遊之士, 或不免爲風聲所動, 昧其本來所聞之正法眼藏, 則其害不細, 故不揆空疎, 逐條與辨, 以爲屋下商確之資. 若其下語之太煩, 證引之或剩, 則有不暇顧彦. 覽者之取其大意, 幸甚. 艮齋又有空林小識及與人書二度. 大概是已辨之語, 而亦於其間有不得不辨者. 玆又錄在下方. 甲辰孟冬上休 黃澈源書于雲谷書室.

9.

小識曰, 蘆沙奇丈欲尊理字, 不覺反有貶降. 竊疑凡有所爲, 必有所以爲之理. 然後乃有是事. 只如此於理爲氣主而裕餘. 今曰有適莫操縱之力, 又曰做得事, 則爲有爲之物, 明矣. 說如其說, 如唐殷水旱, 孔孟貧賤, 所謂理者, 却去何處句當甚事, 而乃若無適莫沒主張, 一任氣自爲, 可怪. 顔子之心, 方且以性爲主, 而日勉焉. 明道稱其和氣自然, 雖吾夫子, 苟原其心之所發, 則本於理, 未嘗自用, 而朱子却謂其從心所欲, 而自然不踰矩. 註楚辭天問曰, 一動一靜, 一晦一朔, 皆陰陽之所爲, 而非有爲之者. 解陰符經人心機也之語, 直云人心自然而然者, 機也. 程朱豈不知氣字心字以上, 更有所以然之理, 而謂之自然哉? 且聖人稱顔子, 不曰仁使心不違, 但曰其心不違仁, 無乃不違之所以然, 雖出於性, 其不違之機, 却只在心故歟? 若如蘆沙說其有違時, 此理又何爲使之如此? 又其覺違而依仁也,. 謂自心自覺, 而自依之, 可乎? 抑謂理者於此心依仁之間, 有適莫操縱如是云爾, 可乎? 反復推究, 見其不能無失.

所論凡有所爲, 必有所以位之理云者, 是矣. 泛論若此時, 艮齋之見似無可疑. 但未地不離有所爲者, 而卽有爲之之理存焉耶? 抑所謂理只是過去之根柢, 而凡有所爲處, 氣獨主張, 恐理之或貶降, 故尊其所以爲之理於有所爲之外耶? 以吾所見, 卽此有爲者, 便是所以爲之迹也. 艮齋之意, 則與吾異矣. 蓋以辨中理無動之靜之之說觀之, 所謂有所以爲之理者, 分明在於有所爲之外矣. 假尊如此, 必不免隨驥之蠅, 其所以尊之者, 適所以貶之也. 適莫操縱之說, 不須踏磨驢, 而至若做得事則亦不難知也. 理雖無做得事之迹, 而有做得事之妙, 只此做得事中, 便可見其妙, 非謂做得事之上, 更別有一層做得事之妙也. 此所謂上天之載也. 九年之水, 是天下猶未平者, 而天生聖人, 堯憂擧舜, 使禹治之, 天之主宰在此矣. 七年之旱, 桀之餘烈, 而湯禱得雨. 天之福善禍淫如此, 其主宰之義, 何如也? 孔孟窮而在下, 而但能致中和於一身, 則天下雖亂, 而吾身之天地萬物, 不害爲安泰. 其宗廟之美, 百官之富, 大道之行, 正位之立, 垂敎於萬世者, 何等富貴也? 語變而不語常, 猶謂大亂之道. 況執變而埋常, 以堯舜禹湯孔孟之事, 一任於氣自爲, 此何爲而然也? 孔子之不踰矩, 蓋以其心卽體; 欲卽用, 體卽道; 用卽義. 心謂本心, 本心便是理, 非心之外別有箇理也. 艮齋以此心字專作氣看, 而以從心所欲爲氣機自爾. 所見之差, 如此之甚耶? 所引楚辭天問註一段語, 益可見此理主宰之實. 蓋只言動靜晦朔, 則動靜晦朔不可謂道. 今曰一動一靜, 一晦一朔, 則是所以循環者, 乃道也. 然則陰陽之所爲, 便是道之所爲, 非陰陽之上, 別有一層所以然之理. 故曰非有所爲. 朱子曰若只言陰陽之謂道, 則陰陽是道. 今曰一陰一陽, 則是所以循環者, 乃道也. 一闔一闢謂之變亦然. 以朱子此一段一瓻看, 則楚辭集註, 不其犂然乎? 蓋已分明言一動一靜則乃道也, 而皆不出陰陽之所爲者也. 朱子曰一陰一陽之謂道, 陰陽, 何以謂之道? 當離合看者, 此也. 朱子說如此詳密, 而猶不省耶? 心之所乘者, 動靜之機也.

故就其所乘處而言之, 曰人心機也. 然是動是靜, 決非氣自作用, 必有動之靜之之理爲之主宰. 故朱子又發揮其旨, 曰人心自然而然者, 機也. 卽此機上便可見其自然之主宰, 則心字以上, 更有何所以然之理也? 不曰機自然而曰自然者機, 則機自然者之所乘耶? 今乃以心作單指氣, 以寂感動靜作機自爾, 而遂以虛名過去說立所本之理. 於七聖皆迷之地, 五斥之黠, 猶辨其差, 多爲之辨, 還覺其贅也. 聖人稱顏子曰, 其心三月不違仁, 旣曰心又曰仁, 而三月不違四字, 又在其間, 以不知者看之, 果似以此邊一箇心不違, 那邊一箇仁, 乃若聖人之意, 則不然. 心與仁本一, 不違與否初不必言, 而惟是私欲間之, 則心與仁爲二, 無私欲則依本分爲一, 故就其昔曰一者反二處, 以明今曰二者還一之義, 其語勢不得不爾. 仁卽心, 心卽仁, 更無分別, 故朱子曰, 仁者心之德, 可見心之本仁, 悲心字以上, 別有箇仁也. 又曰不違者, 無私欲爾有其德, 其德之其字, 心也. 無私欲則固有之德自存, 非謂無私欲而後, 又別求一德來存於其心也. 蓋心之裡面骨子, 理也, 卽仁也, 卽本心也. 言其所乘則氣機也. 氣或自用而不循軌, 則有私欲間之之弊, 乃忘却其裡面骨子. 主張其機, 以心是氣三字爲命脈, 奚可哉? 小註朱子曰, 心與仁本是一物. 被私欲一隔, 心便違仁去, 却爲二物. 若私欲旣無, 則心與仁便不相違, 合成一物. 心猶鏡, 仁猶鏡之明. 鏡本來明, 被塵垢一蔽, 遂不明. 塵垢去則鏡明矣. 此一段, 豈不明的乎? 奈之何不見其本爲一物, 而只見其却爲二物處, 以自立論, 譏斥他人? 無乃被私意之隔而然耶? 才說心猶鏡, 則明便在鏡中. 鏡而無明則何以鏡爲? 今乃執鏡而不見其明, 欲討一箇明於鏡之外, 不幾乎窺鏡而忘其面乎? 竊嘗思之, 天之所以與乎我, 我之所以受於天, 仁義禮智之外無他. 由此四者, 言其名目條理, 則謂之性, 由此四者, 言其主宰全體, 則謂之心, 非二物也, 無二岐也. 心是性之全體, 而仁又心之全德. 及其私欲間之也, 覺其違者, 是非之心, 智之發而仁之交際也. 覺其違, 卽便不相違, 取其便不相違中, 言其戒謹恐懼, 則恭敬之心, 禮之發而仁之著也. 言其截然斷制，則羞惡之心，義之發而仁之立也．覺其違而戒懼者，自覺自依當體，便是敬之所以自作主宰者然也．知是非而恭敬焉，宰制焉，則不妨說有適有莫·有操有縱．所謂有者，豈謂有其事耶？亦豈謂有其力耶？特言有是妙也．有是妙，故有是事．若曰無是妙，則天下寧有無主之僕·無君之臣也？捨此心而求其仁，執此事而昧其妙，大抵認心爲氣一邊之病．信如是，則一身之主宰，萬事之綱領，皆氣之爲也．危哉！

10.

與人第一書曰，孔子只說仁，而孟子又說夜氣浩氣．程子又說君子莫大乎正其氣．張子又說爲學大益，在自求變化氣質．而朱子以爲極有功於聖門，有補於後學．由此論之，性之本善，固不繫於氣之昏翳．而性之直遂，卻有由乎氣之清明．此孟·程·張·朱四夫子，所以發揮出聖門言外之指．而栗翁又直言聖賢千言萬語只要人撿束其氣，使復其氣之本然而已．夫氣復其本，則性不待復而自復矣．此豈栗翁之白空撰出，而一毫有異於聖賢宗旨乎？若如蘆沙之見，則其將併四夫子，驅之爲氣奪理位，而自行自止，不關由天命者歟．大可駭也．

仁卽心之德，非心外別有仁．而今曰心氣也，心不違仁，是氣不違仁云爾，則非孔子之所謂仁矣．孟子以仁義之心存焉．今曰心氣也，則夜氣之所存者，何物耶？抑是以氣存氣耶？浩氣配義與道．配，合 而助之者，則道義爲主，浩氣爲輔．今曰人能弘道，只是氣能弘道，則是氣爲主矣．如是而欲正其氣，如是而欲變化氣質，則非張子之所謂正其氣，所謂變化氣質也．況以物性之偏得於本性爲不性，又以學知以下，善端發見之偏爲非本然，而欲正之欲變化之．則物在性外，致曲必不至誠，尤不可曉矣．曰性體而氣用，曰體同而用異，曰性不會語默，曰動之靜之者非理，曰人心自然，只是機自爾而非理．如是而別立性之本善於其外，別求性之直遂於其上，自以爲得栗翁檢束其氣之眞詮，則栗翁之旨益昧矣，而性無可復之日．如是故曰氣奪理位，如是故曰自行自止, 不關由天命. 悲夫之嘆, 苦痛之意, 決知其爲此等處發也. 到此地位, 枉欲靠傍四夫子以爲確證, 朱子所謂只這靠傍底意思, 便是不同云者, 不幸而近之矣.

11.

與人第二書曰, 栗谷先生謂心屬氣而性爲理, 理無爲而氣有爲, 使學者治心以循理, 檢氣以復性. 此正以禮制心·養氣配道之傳神, 數百年來群賢莫之有改. 奈何近世忽有尊心爲道, 認惺猩活體爲太極, 指理爲有知覺之論也?

朱子曰, 心者氣之精爽. 蓋就動靜之機爲心之資助地盤者而言. 栗翁心是氣之說, 亦是此義. 而至於統論心之全體妙用, 則何嘗以心專作氣也? 栗翁曰, 未發則性; 已發則情也. 心爲性情之主, 故未發已發, 皆可謂之心. 又曰性是心之體; 情是心之用, 心是未發已發之總名. 又以心性二岐之病爲非而曰, 性則心中之理. 又以仁爲本心之全體. 此等諸條, 莫非合性情體用而言其本旨者也. 此亦可以近世之忽有者譏之耶? 且其所謂指理爲有知覺之譏, 亦有可辨者. 果如所譏, 則知覺只是氣一邊而已耶? 知者覺者, 氣也; 知之覺之, 心也; 所知所覺, 性也. 氣是心之所乘; 心是理之主宰常定者; 性是理之發出不同者. 以主宰常定知覺那發出不同者, 有何疑乎? 是以朱子或就其所乘者, 而以知覺謂之氣. 其論張子所謂合性與知覺有心之名曰, 知覺是那氣之虛處, 是也. 或就理之主宰常定言; 或以理之發出不同言. 朱子答潘謙之書曰, 性只是理, 情是流出運用處, 心之知覺, 卽所以具此理而行此情者也. 以智言之, 所以知是非之理則智也, 性也. 所以知是非而是非之者, 情也. 具此理而覺其爲是非者, 心也. 旣曰知是非之理, 則惡可謂性無知覺乎? 此所謂發出不同者也. 具知覺之理, 而知覺得此爲是彼爲非者, 以知覺之統智之體用而言也. 統智之體用, 非此心主宰常定之理乎? 孟子曰, 是非之心, 智也. 張子曰, 心統性情. 其言約而盡矣.

「외필변」 소차

권운환

이 글은 권운환(權雲煥)이 전우의 「외필변」을 요약 인용한 다음, 자신의 비판적 견해를 서술한 것이다. 모두 12조목으로 이루어져 있는데, 11조목은 「외필변」을 인용한 후 자신의 견해를 피력했고, 마지막 12조목은 별도의 인용이 없이 한 칸을 낮춰써서 결론을 맺는 부분임을 드러냈다. 정확한 저술 시기는 알 수 없는데, 12조목에서 "이 「외필변」을 나는 간공(艮公)이 지은 것이 아니요, 어쩌면 당시 누군가의 위작이라고 의심한다"라고 하면서 간재의 문인들에게 묻고 싶다고 말하고 있는 것으로 추정하면 「외필변」이 저술되고 상당한 시간이 흐른 뒤의 것이라는 인상을 받는다. 「외필변」에 대한 노사학파의 반론에 해당하기에 황철원의 「외필변변」 뒤에 두었을 뿐이다. 인용하는 「외필변」의 내용이 현재 『간재집』에 실려 있는 「외필변」의 본문과 정확하게 일치하지 않는 부분들이 발견된다. 『명호집(明湖集)』 권9에 실려 있다.

1.

[외필변] 주자는 평소 '리는 조작(造作)이 없다'라고 말했는데, 움직임과 고요함은 조작이다. 그래서 (율옹은) '기틀이 저절로 그런 것이다'라고 말한 것이다.[283] 주자는 또 '작용이 있자마자 형이하이다'라고 했다. 그런데 동정은 작용이기 때문에 '기틀이 스스로 그러하다'라고 말했던 것이다.

---

283 주자는 … 것이다 : 현재 『간재집』에 실린 「외필변」과 내용이 약간 다르다. "주자는 평소 '작용이 있자마자 곧 형이하이다'라고 했으니, 움직임과 고요함이란 작용이다. 그래서 (율곡은) '저절로 그런 것이다'라고 한 것이다.[朱子雅言, 纔有作用, 便是形而下者, 動靜者, 作用也, 故曰機自爾也.]" 전우, 『간재집·전편』 권13(표점영인 한국문집총간 vol. 333), 「외필변」, 79쪽.

권운환 : 움직임과 고요함은 곧 리가 (그렇게) 하지 않을 수 없는 곳에서 저절로 그런 것이다. '스스로 그렇다'라는 것으로 말한다면 본래 '기틀이 스스로 그렇다'라고 말할 수 있다. 그러나 이제 움직임과 고요함을 곧장 작용이라고 간주해서 '기틀이 스스로 그렇다'라고 한다면, '자이'와 '작용'이란 글자는 그 의미가 상반되지 않겠는가? 기의 작용에서 그렇게 되는 '소이연'은 리이다. '자이'의 '자'자를 기틀이 그 자체로 기틀이라는 측면에서 본다면 이것은 리가 그 자체로 리라는 것에 짝지어 말한 것이다. 리가 그 자체로 리이고 기틀이 그 자체로 기틀이라면 리와 기는 도무지 상호 관계란 없을 것이니, 어디에서 그 소이연의 실상을 보겠는가? '소이' 두 글자는 또한 율곡이 평소에 하던 말이 아닌가?

2.

[외필변] 공자는 분명히 말했다. "하늘이 만물을 낳으면서 … 심어진 이는 북돋아 주고 기울어진 이는 엎어버린다." 주자는 이에 대해 오히려 '이것은 어떤 물건이 있어 그렇게 하는 것이 아니다. 다만 만물이 생겨날 때 저절로 자라나지만, 마치 어떤 물건이 그것을 부지해 주는 것과 같고 쇠약할 때에 저절로 닳아 없어지지만, 마치 어떤 물건이 이것을 밀어서 뒤엎어버리는 것과 같다. 리가 저절로 이와 같다'라고 했다. 또한 맹자는 분명하게 "하늘이 만물을 낳으면서 근본이 하나이도록 했다"라고 말했다. 그러나 주자는 오히려 "저절로 그러한 이치이지만 마치 하늘이 그렇게 시키는 것과 같다"라고 했다. 이윤은 분명하게 '하늘이 백성을 낳으면서 먼저 아는 이가 나중에 아는 이를 깨우치게 했다'라고 했다. 그러나 주자는 "천리의 당연함이 마치 그렇게 시키는 것과 같다"라고 했으니, 이것은 어찌 된 까닭인가? 단지 사람들이 '사(使)'자를 작용의 뜻으로 착각할까 걱정해서 '약(若)', '흡사(恰似)' 등의 글자를 쓴 것이다. …

권운환 : 공자·맹자·이윤의 말에는 마치 그렇게 시키는 물건이 있는 것 같다. 그러므로 주자는 사람들이 '사'자를 '작용'의 뜻으로 잘못 인식하는 것을 걱정해서, '약', '흡사', '비유물사지연' 등의 글자를 써서 작용으로서의 시킴이라는 것은 없다는 뜻을 드러낸 것이다. 이제 곧바로 '기틀이 스스로 움직였다 고요하고, 원래 그렇게 시키는 것이 없다'라고만 한다면 주자의 뜻과 다른 점이 없겠는가? 아마도 율곡의 뜻은 움직임이 극에 이르면 고요해지고, 고요함이 극에 이르면 다시 움직인다는 것이 스스로 그렇다는 것을 형용하려는 것일 뿐이었기에 '비사'란 글자를 쓰게 되었을 것이다. 그러나 훗날 말만 고집하고 뜻에 어두운 이들은 마침내 기의 움직임과 고요함에 정말로 그렇게 시키는 것이 없다고 여기게 되어 기는 뿌리로 삼는 것이 없고, 리는 (기에) 앞서 갖춰지지 않게 되어 리가 지도리이고 근저라는 것이 빈 말이 되어버렸다. 이것이 「외필」을 지은 이유이고, 그래서 "그 말류의 폐해가 여기에 이를 줄 미처 자세히 생각지 못했던 것 같다"라고 한 것이다.

3.

[외필변] 또 예를 들어 "사람이 도를 넓힐 수 있다"라는 것은 기틀이 저절로 그러한 것이요, "도가 사람을 넓히는 것이 아니다"라는 것은 그렇게 시키는 것이 있지 않다는 것이다. …

권운환 : 사람이 도를 넓힐 수 있지 도가 사람을 넓히지 않는다는 것은 바로 군자가 작은 일을 곡진히 하고[致曲], 도를 체득하는 측면에서 말한 것이다. 근원의 생성이라는 측면에서 말하자면 '사람이 하늘을 부릴 수 있다지만 하늘이 아니라면 사람을 낳을 수 있는가'라고 말할 수도 있고, '사물이 도를 빠트리지 않는다지만 도가 아니면 사물의 본체가 되겠는가?'라고 할 수도 있다. 또한 '넓힌다'라는 것은 힘을 쓴다는 뜻의 글자이니, 어떻게 '자이'자와 서로 가깝겠는가? 그런데도 이렇게

말하니, 자못 이해할 수 없다. 마음이란 그 자체로 도리가 몸을 주재하는 총체이다. 그러므로 '이 생리(生理)를 갖추어 저절로 지각이 있다'라고 하니 그렇다면 마음 또한 도리를 바깥에 두고 말할 수 있겠는가?

4.

[외필변] 주자는 이렇게 말한 적이 있다. "일기(一氣)가 유행하면 모든 것들이 스스로 생기고, 스스로 자라며, 스스로 형체화되고, 스스로 색을 갖는다. 이것이 어찌 하나하나 분 바르듯이 가꾸고서야 이렇게 되는 것이겠는가?" 이것이 바로 율옹이 '그렇게 시키는 것이 있지 않다'라는 말이다.

권운환 : '하나의 기가 유행한다'라는 말은 주자가 말한 본문의 처음과 끝을 살펴보기만 해도 어찌 '리가 저절로 이와 같다'라는 말이 아니겠는가? 리는 극이 없는 극이요, 함이 없는 함이며, 지극히 비었으면서도 실하고, 지극히 넓으면서도 간단한 것이다. 만물을 주장하되 또한 하나하나의 사물을 만들지는 않는다. 하나하나의 사물을 만들어 가는 것은 아니지만 그 주장의 오묘함은 또한 만물을 두루 채우지 않은 적이 없으니, 이것을 일러 리라고 하는 것이다. 사람이 입으로 물을 뿜어 물방울이 흩어지는 경우, 물방울이 수 천 가지 형상으로 나타나는 것이야 일일이 헤아릴 수 없지만, 요컨대 이처럼 되는 것과 이처럼 할 수 있는 것은 어찌 사람의 입이 내뿜어서 그런 것이 아니겠는가?

5.

[외필변] (노사의) '움직이고 고요하게 하는 것이 리이다'라는 말은 율옹의 '발현하는 것은 기'라는 말과 맥락이 똑같으니 어찌 '기를 리로 인식하는' 데로 귀결되지 않겠는가?

권운환 : "움직이고 고요한 것은 기이고, 움직이고 고요하게 하는 것은 리이다." 이것은 율곡의 말을 인용해서 '그렇게 시키지 않는다'는 말을 밝힌 것이지, 율곡의 정견이 아니다. 이제 저것을 주장하면서 이것을 버리고서 기를 리로 인식한다는 데로 귀결시키니 깊이 생각하지 못한 것 같다.

6.

[외필변] 주자가 "리에 움직임과 고요함이 있다"라고 한 것은 리에 이 기가 움직이고 고요한 이치가 있다는 것이지, 리가 먼저 저절로 움직이고 고요하다는 말이 아니다. 예를 들어 말하고 침묵하는 것에서 성은 말하거나 침묵하는 리이고, 입과 혀는 (성을) 따라서 말하거나 침묵한다고 들었지, 이 성이 스스로 말하고 침묵할 수 있다고는 듣지 못했다. 주자의 「호계수(胡季隨)에게 답하는 편지」에 '자신의 마음을 스스로 살핀다'라는 말이 있는데, 살필 수 있는 것은 마음이지 성이 아니다. …

권운환 : 기의 움직임과 고요함은 곧 리의 움직임과 고요함이 이미 그러한 곳이지, 본래 두 가지 움직임과 고요함이 있는 것이 아니다. 그러나 '리가 움직이고 고요할 수 없다'라고 한다면 리에 이 기가 움직이고 고요한 리가 있다고 하더라도 그들이 서로 관련되어 있다는 실상을 파악할 수 있는 곳이라고는 없을 것이다. (주자는) "지극히 고요한 때에는 능지(能知)와 능각(能覺)만 있다"[284]라고 했으니, 이것은 성으로 말한 것이 아니겠는가? 능지와 능각 또한 움직이고 고요할 수 있고, 말하고 침묵할 수 있다는 뜻이 아니라는 것인가? '자신의 마음을 스스로 살핀다'라는 것은 경(敬)으로 말한 것이다. 경이 마음 바깥 별도의 것이 아니라고 한다면, 마음이 스스로를 살피는 지점이란 이미 처음부터 성과 대

284 주희, 『회암선생주문공집』 권48(『주자전서』 vol. 22), 「答呂子約」, 2221쪽.

비시켜 말한 것이 아니다. 그런데 이제 (위와 같이) 말하니 자못 이해할 수 없다.

7.

[외필변] 사람은 모두 태극을 갖고 있지만, 기품이 이미 다르기에 욕심이 움직이고 감정이 날뛰며 이해가 서로 공격하는 근심이 종종 있게 된다. 이때 원래 말을 타고 있는 주인이 이미 조종하는 힘을 가지고 있다면 또한 가부가 없지 않을 것이다. 어떻게 이렇게 동쪽으로 서쪽으로 쏠리는 것이 오직 말의 잘못이겠는가?

권운환 : (맹자는) 뜻이 전일하면 기가 따른다고 했으니[285], 이것은 주인이 향하는 곳을 종이 간다는 것이 아닌가? (범준(范浚)의 「심잠(心箴)」에서는) "천군은 태연해지고 백체는 그 명령을 따른다"라고 했다. 이것이 주인이 향하는 곳을 종이 간다는 것이 아니겠는가? 이것은 틀림없이 '사람이 도를 넓힐 수 있다'는 것에 해당한다. 그러나 정자는 말했다. "하늘에 있으면 명이 되고, 의에 있으면 리가 되고, 사람에게 있으면 성이 되며, 몸을 주재하는 것은 마음인데, 실제로는 하나이다."[286] 여기에서 마음은 성과 명 밖에 따로 있는 물건이 아니요, 바로 성과 명이 몸을 주재하면서 지각하는 것임을 알 수 있다. 주자는 「서명」의 "천지를 이끄는 것을 내가 성으로 삼는다"라는 구절을 풀이하면서 말했다. "건의 씩씩함과 곤의 순순히 따르는 것, 이것이 천지의 의지요 기의 장수인데, 사람과 사물이 얻어서 성으로 삼는 것이다."[287] 그렇다면 의지를 또한 알 수 있다. 어떤 이는 '성과 명이 몸을 주재하는 것이 마음이라면

---

285 『맹자』, 「공손추 상」 2장 참조.

286 정호·정이, 『하남정씨유서』 권18(『이정집』 vol. 1), 204쪽.

287 주희, 『주자전서』 vol. 13, 「西銘解」, 141쪽.

마음은 곧 도다. 그런데 주자는 '사람의 마음에는 지각이 있고, 도체에는 함이 없다'라고 했다. 도체와 인심이 판이하게 두 가지 물건인 듯한 것은 어째서인가?'라고 한다.

인심에 지각이 있다는 것은 주재가 늘 일정한 것으로 말하는 것이 아닌가? 도체는 함이 없다는 것은 사물에 흩어져 있는 것으로 말하는 것이 아닌가? 이것을 일러 '사람이 도를 넓힐 수 있는 것이지 도가 사람을 넓히는 것이 아니다'라고 하는 것이다. 성인은 이것을 말해서 사람들이 늘 깨어 각성한 채로 이 도리를 발휘하면서, 형기에 부림을 당하지 않도록 하려는 것이었다. 사람은 이 형기를 가지고 있기 때문에 쉬이 외물에 유혹을 당하고, 쉬이 욕심에 어두워진다. 성현의 수많은 말들은 무엇이든 형기의 손쉬운 움직임을 대비하려는 것이었다. 형기가 궤도를 따르지 않으면 적자와 난손이라고 하지 않겠는가! 반신과 역도라고 하지 않겠는가! 전전긍긍하면서, 얇은 얼음을 밟는 것처럼 조심하면서 작은 것이라도 반드시 살피고, 반걸음을 걷더라도 반드시 삼가면서 오히려 어쩌다 어긋날까 두려워하는 것이다. 그런데 이제 기의 기틀을 위주로 삼아 리와 기, 주인과 종의 한결같은 분수에 도리어 꾸짖고 힐책하는 말을 더하니 그렇다면 도심이 주재가 되고 인심이 명을 받는다는 것도 잘못이라는 것인가? 율곡은 "인심을 절제해서 형색이 각기 그 법칙을 따르게 한다"[288]라고 했다. 여기에서 말한 '절제한다'라는 것이 조종한다는 말이 아닌가?

리에 조종하는 힘이 있는 것은 아니지만 저절로 함이 없는 함이 있으니, 그 조종하는 표준은 진실로 없을 수 없는 것이다. 그러므로 리는 지각하게 하는 오묘한 작용이 있고, 기는 교유해서 변화시키려는 노력을 이루려고 하는 것이다. 이 때문에 성인은 사람들을 가르치면서 반드

---

288 이이, 『율곡전서』 권10(표점영인 한국문집총간 vol. 44), 「답성호원」, 204쪽.

시 리를 위주로 해서 기를 제어하도록 했지, 언제 기를 위주로 삼아 사람의 본연의 지각을 좀먹도록 했는가? 도를 걱정하는 군자라면 그 말이 이와 같을 수 있는가?

8.

[외필변] 율옹 또한 "누가 그 기틀을 주장하는가? 아! 태극이로다"라고 했다. 또한 '성이 발현해서 정이 된다'라고 했으니 「외필」에서 운운한 것은 율옹이 이미 환하게 알고 있었던 것이다. 다만, 이발을 잘못이라고 한 것은 오히려 곡절이 있다.

권운환 : "리는 기의 주재이고, 기는 리가 타는 것이다"[289]라고 했다. "갖가지로 다른 것 또한 리가 마땅히 이와 같은 것이지, 리가 이와 같지 않은 데 기 홀로 이와 같은 것이 아니다"[290]라고 했다. "리는 통하고 기는 국한된다"[291]라고 했다. "한 번 움직이고 한 번 고요한 것은 기이다. 움직이고 고요하게 하는 것은 리이다"[292]라고 했다. "발현하는 것은 기이고 발현하게 하는 소이는 리이다"[293]라고 했다. "마음은 미발과 이발의 총체적 이름이다"[294]라고 했다. 이런 것들은 모두 우리 율곡선생이 큰 근원을 통찰하고서 동방의 백세에 걸친 진정한 안목을 갖춘 곳이다. 대략 세었을 뿐이지만 이미 이와 같으니, 어찌 "누가 그 기틀을 주재하는가? 아, 태극이로다!"라고 하거나 "성이 발현해서 정이 된다"라는 두 마디에만 그치겠는가? 또한 온갖 정이 어느 것인들 리에서 발현한 것이

289 이이, 『율곡전서』 권10(표점영인 문집총간 vol. 44), 「답성호원」, 199쪽.
290 같은 책, 같은 곳.
291 이이, 『율곡전서』 권10(표점영인 문집총간 vol. 44), 「답성호원」, 210쪽.
292 이이, 『율곡전서』 권14(표점영인 문집총간 vol. 44), 「易數策」, 306쪽.
293 이이, 『율곡전서』 권14(표점영인 문집총간 vol. 44), 「人心道心圖說」, 284쪽.
294 같은 책, 같은 곳.

아니겠는가? 이 구절의 말은 가장 간단하고 핵심적이면서 정확하니, 민락(閩洛) 이후로 관건을 열어젖힌 것이다. 이 여러 가지 주장에 근거하면 '스스로 그렇지 시키는 것이 있지 않다'라는 말은 한때 우연히 자세히 살피지 못했기에 한마디 말을 실수한 것일 뿐이다. 한마디 말의 실수는 비록 염락관민(濂洛關閩)이라고 해서 없을 수 없었다. 오늘날 사람들은 자신이 존경하는 이에게 실수한 말이 있으면 반드시 곡진하게 풀이하면서 전하고 서술해야하는 데, 존경하지도 않을 뿐만 아니라 도리어 그 실상을 무고하면서 그 참된 것을 어지럽히는 일이 많다. 그러므로 노사선생은 '온갖 정이 리에서 발현한다'라는 말을 문인들에게 보여주고 깨우치면서 '이것은 참으로 정확한 정론인데, 오직 후학들이 평범하게 보면서 버려두었을 뿐이다. 여기에만 근거하면 의심이 없을 수 없기에, 힘을 내어 주장하는 것이 점점 어긋나게 되면 그 폐해를 이루 말할 수 없다'라고 했다. 이것이 「외필」을 짓지 않을 수 없었던 이유였다. 「외필」 가운데 '후유(後儒)'와 '금인(今人)'을 논한 곳은 곧바로 율곡에 해당한다고 여겼는데, 문리가 과연 이와 같은가? 공정한 마음으로 이치를 논했던 이에게 이런 것이 있었단 말인가?

9.

「외필」에서 인용한 "한 번 음이 되고 한 번 양이 되는 것을 도라고 한다", "태극이 양의를 낳는다"라는 두 구절은 누군들 그렇게 말하지 않겠는가? "사람이 도를 넓히지 도가 사람을 넓히지 않는다"라고 한 것은 오직 공자의 말이 아니겠는가? 하나를 고집하면서 하나를 버릴 필요는 없을 것이다. 생각건대 시골 사람에서 성인과 현인이 되는 데 이르기까지 어찌 천지의 조화를 빼앗은 것이 아니겠는가? 공부란 마음에 보존된다 하더라도 그 본원은 하나 같이 성에서 나온다. 그런즉 도가 사람을 넓힐 수 있다고 하는 것이 또한 어떻게 불가할 것인가? 그러나 성인의 말이 이와 같은 것은 또한 그 까닭을 깊이 생각해 보아야 한다. 도란 지극히 존귀한 실재요, 만물의 주재가 되는 것이다. 그것을 끌어내려 작용하는 것과 같은 것으로 취급한다면 도와 기, 위와 아래의 구분이 어지러워질 것이요, 이 마음이 (성을) 넘보는 맹아를 막을 수 없을 것이다.

권운환 : 도는 사람의 일상과 모든 일의 당연한 법칙이다. 그 소이연을 탐구해 보면 명(命)인데, 사람은 이것을 얻어서 태어난다. 그 본체는 성이라 하고, 그 작용은 정이라 하며, 성과 정을 통합해서 마음이라고 한다. 사람과 도는 이것과 저것이 머리를 맞대고 있는 것으로 보아서는 안 된다. 그러므로 "도는 잠시라도 떨어질 수 없으니, 떨어질 수 있다면 도가 아니다"[295]라고 하는 것이다. 또한 "인이란 사람이다"[296]라고도 하는 것이다. 사람과 도는 혼연일체이지만 사람에게는 형기가 있어 가리고 막힘이 없을 수 없기에 사람과 도는 비로소 둘로 나뉜다. 오직 하늘의 본심을 얻어 스스로 권도와 준칙을 두고 스스로 주재할 수 있기에 열어젖히고 확충할 수 있을 뿐이다. 이것이 '넓힌다'라는 말의 의미이다. '넓힌다'라는 것은 일부분을 더하고 보탠다는 말이 아니다. 사람으로부터 말한다면, 이 도를 얻어서 마음으로 삼으면 저절로 본연의 지각이 있게 되어 일에 따라 살피고 반성할 수 있기에 "사람이 도를 넓힐 수 있다"라고 한다. 도로부터 말한다면, 일상과 모든 일의 법칙이 온통 한 마음에 갖춰지고 주재의 오묘함이 이미 사람에게 확립되어 처음부터 '넓힌다'라고 말할 만한 것이 없기에 "도가 사람을 넓히지 않는다"라고 하는 것이다. 앞뒤 구절에서 위주로 삼는 것은 모두 도여서 처음부터 대비시켜 말하지 않았다. 대비시켜 말했다면 '사람은 도를 넓힐 수 있지만 도는 사람을 넓힐 수 없다[人能弘道, 道不能弘人.]'라고 해야 한다. 그러나 (공자는) "사람이 도를 넓힐 수 있지 도가 사람을 넓히지 않는다

295 『중용』 1장.

296 『맹자』, 「진심 하」 16장.

[人能弘道, 非道弘人.]"라고 했다. 그렇다면 그 말의 기세가 어찌 곧장 합일시켜 말하려는 것이 아니겠는가? 또한 '스스로 그러하지 그렇게 시키는 것이 있지 않다'라는 말도 결코 기가 도를 시킨다는 말이 아니라, 오히려 기에 스스로 독단하는 면이 있게 되면 폐해가 없지 않을까 걱정한 것이다. 그런데 이제 '도를 넓힌다[弘道]'라는 말을 '도를 시키는 것[使道]'으로 보아서 율옹의 주장에 대한 증거를 삼으려고 하는데, 율옹의 뜻이 과연 이와 같았는가? 율옹이 말한 '도심을 채워 넓히고 인심을 절제해서 형색이 각각 그 법칙을 따르게 한다'라는 것이 도를 넓힌다는 뜻이 아닌가? 지금 논한 것과 율옹의 주장은 결코 가깝지 않을 것이다. 사람이 이 도를 얻어서 마음을 삼고, 이 마음을 얻어서 도를 넓히는 것은 신하와 군주 사이에서 신하가 군주의 명을 얻어 병권을 삼고, 이 병권으로 군주의 명을 펼치는 것과 같다. 마음이 이미 덕성을 존중하고 공경하며, 의리로 세교를 부식하고, 보통 사람을 성인으로 만들고, 어린 애를 장정으로 키워내니, 마음이 일에 작용하는 것이 과연 극진하다. 그러나 기의 기틀을 심체(心體)에 배당하고서 '이와 같으면 기가 전제하게 되고 천하의 모든 법도가 모두 기를 따라서 생긴다'라고 말하는 것이 가능하겠는가?

10.

[외필변] 정자는 "천지 만물의 리는 홀로인 것이 없고 반드시 짝이 있다"라고 했다. 주자는 "태극은 음양과 짝이 된다"라고 했다. 「외필」의 다섯 번째 단락은 이 뜻을 논하면서 기를 리와 짝지은 것을 들어 "이것은 성인의 말이 아니다"라고 했다. 말하는 투가 지나치게 짓밟고 깔아뭉개려고 해서, 성현을 경외하는 체모를 크게 손상시켰다. …

권운환 : '도는 짝할 것이 없지만, 형이상·하를 논하자면 짝할 것이 없을 수 없다'라는 것은 유독 정·주의 주장이 아닌가? 「외필」의 학설이

이런 뜻을 주장했기에 이미 '짝할 것이 없다'라고 하고, 그 뒤에서 다시 "위·아래는 이에 대적한다"라고도 했다. 짝이 있다고 하고 짝이 없다고 하는 것은 각각 의미를 가지는데, 이제 짝이 있다는 주장에만 치우쳐 정주를 끼고서 남몰래 죄안을 만들려고 하니, 이것이 과연 공정함 마음 가짐인가? 오히려 후학과 소년들이 그 속을 들여다볼까 두렵다.

11.

[외필변] '모두가 이 도가 하는 것[此道之爲]'이란 네 글자는 잘 헤아려 보아야 할 것이다. 주자는 『논어집주』에서 이미 "도체는 함이 없다"라고 했다.

권운환 : '도체는 함이 없다'라는 말이 참으로 작위(作爲)라고 할 때의 함[爲]이 없다는 뜻이라면, 또한 '함이 없는 것의 묘용'이라거나 '함이 없는 것의 실상'을 말할 수 있겠는가? 맹자는 "함이 없이 하는 것은 하늘이다"[297]라고 했다. 『중용장구』의 "성실함이 없으면 사물은 없다"라는 구절에 대해 주자는 "천하의 사물은 모두 진실한 리가 하는 것이다"[298]라고 했다. 장자(張子)는 "'호천(昊天)이 매우 밝으사 너의 출왕(出往)하는데 미치며, 호천(昊天)이 매우 밝으사 너의 유연(游衍)하는데 미치는 것'[299]은 한 가지 물건에도 본체(體)가 되지 않음이 없다는 뜻이다"[300]라고 했다. 주자는 "이미 노자의 무위도 아니고 또 인위적으로 하는 것도 없다면, 이는 곧 천명(天命)이 유행해서 소리개가 날고 물고기가 뛰노는 전체이다"[301]라고 했다. 이것이 모두 유행 발현해서 변화가 환하게 드

---

297 『맹자』, 「만장 상」 6장.

298 주희, 『중용장구』(『주자전서』 vol. 6), 51쪽.

299 『시경』, 「생민지십·판(板)」.

300 장재, 『장재집』, 「정몽·天道」, 13쪽.

301 주희, 『회암선생주문공문집』 권43(『주자전서』 vol. 22), 「答林擇之」, 1982쪽.

러나는 것이 이 도가 하지 않는 것이 없다는 뜻이 아닌가? 선철들은 도에 '묘(妙)'라 하고, '상·하'라 하고, '위(爲)'라고 한 곳이 많았다. 그런데 이제 논하는 것을 보면 도리어 한 주장을 얻으면 한 주장을 고수하려고만 하면서 다시는 여러 주장을 참조해서 생각하고 함께 비교해서 생각하려 하지 않으니, 천하의 책을 읽고 천하의 이치를 궁구한다면서 이렇게 할 수 있는가? 정말로 의심스럽다.

12.

이 「외필변」을 나는 간공(艮公)이 지은 것이 아니요, 어쩌면 당시 누군가의 위작이라고 의심한다. 그렇지 않다면, 어떻게 한 시대의 중망을 지고 백세의 공론을 판단하면서, 이렇게 문리에 닿지 않고 사태의 실정에 닿지 않는 것들이 많은 것인가? 이뿐이 아니다. 증거를 인용하는 사이에도 마치 어축(語縮)에 쫓겨 단지 급하게 대꾸하려는 것이 또한 많으니, 처음부터 어린아이조차도 속이기에 충분치 못한데, 하물며 한 시대의 이목을 뒤덮을 수 있겠는가? 견해가 이미 다르다면 각자 자기의 뜻을 잘못 보고 말하는 데서 혹 벗어나기 어려울 것인데, 종종 당치도 않은 곳에서 억지로 죄안을 만들기도 하니, 간공이 과연 이랬을까? 그 문하에 한번 묻고 싶기에 각 조목의 아래에 대략 표지를 하고 그들의 대답을 기다릴 뿐이다.

猥筆辨小箚

權雲煥

1.

朱子雅言, 理無造作. 動靜者, 造作也, 故曰機自爾. 朱子又言纔有作用, 便是形而下者. 動靜者, 作用也, 故機自爾也.

動靜, 卽是理之不容已處, 自然而然者. 以自然而然言, 則固可曰機自爾也. 今以動靜直做作用看而曰機自爾, 則自爾字與作用字, 其意不相反也歟? 氣之作用, 其所以然, 則理也. 自爾自字, 若以機自機看, 則是理自理之對說的. 理自理, 機自機, 則理與氣都不相關, 何處見其所以然之實? 所以二字, 亦非栗谷之所雅言者乎?

2.

孔子分明說, 天之生物, 栽者培之, 傾者覆之, 而朱子却言, 此非有物使之然. 孟子分明說, 天之生物, 使之一本, 而朱子却言自然之理, 若天使之然也. 伊尹分明說, 天之生民使先知覺後知, 而朱子却言天理當然, 若使之也. 此何以故? 恐人錯認使字爲作用之意, 故另下若字恰似字. 云云.

孔子孟子伊尹之言, 有若有物使之然. 故朱子恐人錯認使字爲作用之意, 另下若字·恰似字·非有物使之然字, 以見其無作用之使也. 今直云機自動靜, 而原無使之者, 則無乃與朱子之意不同乎? 恐栗谷之意, 祗是形容動極而靜, 靜極復動, 是自然而然, 故至有非使字. 而後之執言迷旨者, 遂以爲氣之動靜眞無使之者, 則氣無所本, 而理無先具, 理之爲樞紐根柢, 乃虛語也. 此猥筆所以作, 而謂末弊之至斯, 容有未之細思者也.

3.

且如人能弘道, 機自爾也. 非道弘人, 非有使之也. 云云.

人能弘道, 非道弘人, 乃君子致曲體道上說. 自源頭生成上說, 亦可曰人能使天, 非天生人乎? 亦可曰物不遺道, 非道體物乎? 且弘是用力的字, 豈是與自爾字相近? 而乃以此言之, 殊未可曉也. 心自是道理主於身之總體者. 故有曰具此生理, 自然有覺. 然則心亦豈可外道理而言?

4.

朱子嘗言一氣流行, 萬物自生自長, 自形自色, 豈是逐一粧點得如此? 卽栗翁非有使之之謂. 云云.

一氣流行, 第攷朱子本文首尾, 豈非理自如此之謂也? 蓋理是無極之極, 無爲之爲, 至虛而實, 至闊而簡者也. 主張萬物, 而亦非逐物去做. 非逐物去做而其主張之妙, 亦未嘗不充周萬物, 此之謂理也. 如人以口噴水, 飛散交滴. 其出約然, 千百其狀. 雖非一一費商量, 要做其如此而其能如此, 豈不是人口之噴之爲耶?

5.

動之靜之者理, 與栗翁發之者氣, 同一語勢[302], 則豈不歸於認氣爲理乎? 云云.

動者靜者, 氣也; 動之靜之者, 理也. 卽是誦栗谷之言, 以明非使之

302 『간재집』에 실린 「외필변」에는 "動之靜之者理, 與栗翁發之者氣, 同一語勢."라는 구절이 없다. "今蘆沙之見, 正與沈氏同."으로 되어 있을 뿐이다. 그러나 박로술의 「辨田艮齋猥筆辨」 또한 이 구절을 「외필변」의 발언으로 인용하고 있다.

語, 非栗谷之定見也. 今欲主彼而廢此, 乃歸之於認氣爲理之科, 恐不思之甚也.

6.

朱子所謂理有動靜, 謂理有此氣動靜之理, 非謂理先自有動靜也. 如語默, 性爲語默之理, 而口舌 從而語默, 未聞此性自會語默也. 朱子答胡季隨有自心自省語. 其能省之者, 心而非性.[303] 云云.

氣之動靜, 卽是理之動靜已然處, 固非有兩個動靜. 然若謂理不會動靜, 則雖曰理有此氣動靜之理, 恐無處見其相關之實. 曰至靜之時, 有能知能覺, 此非以性言者歟? 其能知能覺, 亦非會動靜, 會語默會底義乎? 自心自省, 是以敬言. 如云敬非心外別有底, 心之自省處, 是已初非對性而言者, 今乃云云, 殊不可曉.

7.

人皆有太極, 而氣稟旣異, 則欲動情勝, 利害相攻之患, 往往而有. 是時所謂元來乘馬之主人, 旣有操縱之力, 而亦非無適莫. 奈何有此東西, 惟馬之失也? 云云.

曰志壹氣隨, 此非主之所向, 僕無不往乎? 曰天君泰然, 百體從令. 此非主之所向, 僕無不往乎? 此必以人能弘道當之. 然程子曰在天爲

---

303 현재 『간재집』에 실리 「외필변」과 내용이 다른데, 정의림의 「외필변변」에서 인용된 「외필변」에는 이곳과 앞뒤의 순서가 바뀐 유사한 구절이 있다. "且如語者默者, 口也, 語之默之者, 性也. 吾聞性爲語默之理, 而口舌從而語默, 此朱子所謂理有動靜 —謂理有此氣動靜之理, 非謂理先自有動靜也. 此句, 前後讀者, 多不察而領會也.— 故氣有動靜者也.—上下兩動靜, 皆指氣言, 非一屬理一屬氣, 而有兩箇動靜也.— 未聞此性自會語默也. … 朱子答胡季隨書, 有自心自省語, 豈不知省之之理出於性, 而其能省之者心而非性? 故立語如此." 정의림 『노백헌집』 권29(한국역대문집총서 vol. 510), 「외필변변」, 488~489쪽.

命, 在物爲理, 在人爲性, 主於身爲心, 其實一也. 是知心非性命外別物, 卽是性命之主於身, 而知覺底. 朱子解西銘天地之帥, 吾其性, 而曰乾健坤順, 此天地之志, 爲氣之帥, 而人物之所得以爲性者. 然則志亦可知矣. 或曰性命之主於身爲心, 則心卽道也. 而曰人心有覺, 道體無爲. 有若道體與人心判爲二物者然, 何也? 曰人心有覺, 非以主宰常定者言歟? 道體無爲, 非以散在事物者言歟? 是之謂人能弘道, 非道弘人. 聖人之言此, 要人常須提撕警覺發揮此道理, 而不爲形氣所使也. 蓋人有此形氣, 易爲物所誘, 易爲欲所昏. 聖賢千言萬語, 何莫非以形氣之易決而爲之防也. 如形氣之不循軌, 則不曰悖子亂孫乎! 不曰畔臣逆徒乎! 雖使戰兢臨履, 毫釐必察, 跬步必謹, 猶懼其或差. 而今欲以氣機爲主於理氣主僕之常分, 反加譏切之語, 然則所謂道心爲主, 人心聽命者, 亦非耶? 栗谷曰, 節制人心, 使形色各循其則. 此所謂節制, 非操縱之謂乎? 蓋理雖匪有操縱之力, 自有無爲之爲, 其操縱之準, 則實不能無也. 故理有覺之之妙, 氣欲致矯揉變化之功. 所以聖賢教人, 必使之主理而御氣, 奈何以氣爲主, 欲蝕人本然之知覺? 憂道之君子, 其言如此乎?

8.

栗翁亦嘗言孰尸其機, 嗚呼太極! 又言性發爲情, 則猥筆云云, 栗翁已見之昭陵也, 但其以理發爲 非者, 却有曲折. 云云.

曰理者, 氣之主宰也; 氣者, 理之所乘也. 曰參差不齊者, 亦是理當如此. 非理不如此而氣獨如此也. 曰理通氣局. 曰一動一靜者, 氣也; 動之靜之者, 理也. 曰發之者, 氣也; 所以發者, 理也. 曰心者, 未發已發之總名. 凡此皆我栗谷先生之洞見大源頭, 而爲東方百世眞正眼目處也. 槪數之已如此, 豈獨孰尸其機, 嗚呼太極, 性發爲情, 兩語而已? 又萬般之情, 夫孰非發於理. 此句語最是簡要的確, 爲洛閩以來, 抽關啓鍵者也. 據此諸說, 則可知自爾非使之語, 不過一時偶未細思一語之差失也. 夫一語之差失, 雖濂洛關閩, 亦不能無也. 今之人於其所尊, 則雖差失之語, 必曲解而傳述之, 不惟不得爲尊之, 反誣其實而亂其眞也, 大矣. 故蘆沙先生, 嘗以萬情發理之語, 指示門人以喩之, 曰此眞的確定論, 惟是後儒尋常遺却之. 特據此不能無疑者, 而出氣力主張之輾轉差謬, 則弊不可言. 此猥筆所以不得不作也. 猥筆中凡論後儒與今人處, 直以栗谷當之者, 文理果如是乎? 曾謂公心論理者, 亦有是乎?

9.

猥筆所擧一陰一陽之道, 太極生兩儀兩句, 誰曰不然? 但人能弘道, 非道弘人, 獨非孔子之言乎? 恐不必執一而棄一也. 竊嘗思之, 自鄕人而至於爲聖爲賢, 豈非奪天地之造化者乎? 其功夫雖存乎心, 而其本源一出於性, 然則謂之道能弘人, 亦何不可? 而聖人之言如此, 此宜深思其故. 夫道是至 尊之實, 而爲萬物之主者. 乃降而與有作用者同科焉, 則道器上下之分亂, 而無以杜此心覬覦之萌. 云云.

道, 是人生日用萬事當然之則也. 究其所以然, 卽命也, 而人得之以生者. 其體則謂之性, 其用則謂之情, 統性情則謂之心. 人與道不可作彼此對頭看也. 故曰道不可須臾離也, 可離非道也. 又曰仁也者, 人也. 人與道渾然一體, 而但人有形氣, 不能無蔽障, 則人與道始貳而爲二矣. 惟得於天之本心, 自有權度準則, 而自能主宰, 故能開廓而擴充之耳. 是所謂弘也. 弘, 非一分加益之謂也. 自人而言, 則得此道以爲心自有本然之知覺, 而可以隨事省撿, 故曰人能弘道. 自道而言, 則日用萬事之則, 渾具於一心, 而其主宰之妙, 已立於人, 初無弘之之可言, 故曰非道弘人. 上下句, 其所主皆道也, 初非對頭說也. 若是對頭說, 則當曰人能弘道, 道不能弘人. 而曰人能弘道, 非道弘人. 則其語勢, 豈非爲直下來合一底說也? 且自爾非使之語, 決非以氣使道之謂, 而猶或有氣自獨擅之慮, 則恐不能無弊也. 今直以弘道作使道看, 以證栗翁之說, 栗翁之意, 果如是乎? 栗翁所謂充廣道心, 節制人心, 使形色各循其則, 此非弘道之意乎? 竊恐與今所論, 絕不近似耳. 蓋人得此道以爲心, 以此心弘此道, 正如臣之於君, 得君命以爲柄, 以此柄布君命也. 心旣敬尊德性, 義扶世敎, 鑄凡作聖, 暨人參夫, 則心之能事, 果盡矣. 然以氣機當心體, 而曰如是則是氣得專制, 而天下萬法, 皆從氣而生, 可乎?

10.

程子曰, 無獨必有對. 朱子曰, 太極便與陰陽相對. 猥筆第五段正論此義云, 把氣與理對擧, 此非聖人之言. 云云. 辭氣之間, 陵轢過越, 大損尊畏聖賢之體. 云云.

惟道無對, 以形而上下論之, 則未嘗不有對也. 獨非程朱之說乎? 猥筆之說正主此義, 故旣曰無對, 其下又曰, 上下乃敵對也. 曰有對曰無對, 各有其意, 今偏主有對之說, 挾程朱陰做罪案, 此果公正心法乎? 還恐後生少年, 或竊其中也.

11.

此道之爲四字, 恐合商量. 朱子於論語集註旣云道體無爲. 云云.

道體無爲, 固是無作爲之爲也, 亦可謂無爲之之妙, 無爲之之實耶? 孟子曰, 莫之爲而爲者, 天也. 中庸不誠無物章句曰, 天下之物, 皆實理之所爲也. 張子曰, 昊天曰明, 及爾出往, 昊天曰旦, 及爾游衍, 無一物之不體也. 朱子曰, 旣不爲老子之無爲, 又非有所作爲, 則此便是天命流行, 鳶飛魚躍之全體. 此皆非流行發見, 變化昭著, 莫非此道之爲之意耶? 先哲於道, 妙上下爲字處, 不爲不多矣. 今觀所論, 却似才得一說, 祗守一說, 更不思參衆說, 而比竝較量者, 謂之讀天下之書, 窮天下之理, 而乃如是耶? 誠甚可疑.

12.

此所謂猥筆辨者, 以愚見疑非艮公之爲, 或是時輩之贋作也. 不然, 豈以負一時之重望, 斷百世之公論者, 而多有此不近文理, 不近事情處耶? 不惟此也. 其於援證之際, 有若迫於語縮, 祇從急地酬應然者亦多, 初不足以瞞五尺之童觀, 況可以塗一世之耳目乎? 夫知見旣異, 則各以已意錯看言, 容或難免, 往往勒做罪案於萬不近情之地, 艮公而果如是乎? 爲欲一質其門下, 各於條下略爲標識, 以俟之云爾.

『주자어류』 반시거의 기록을 읽고

갑진년(1904)

전우

이 글은 전우가 1904년에 쓴 것이다. 『주자어류』 권4 64조목에 실린 반시거(潘時擧)의 기록을 근거로 「외필」의 논점을 반박하고 있다. 특히 주희가 인정한 이약기강(理弱氣强)을 인용해서 '리무위, 기유위(理無爲, 氣有爲)'에 기초한 이이의 성리학적 사유를 주기론적이라고 비난하는 것이 외필적 사유의 특징이라고 강조하고 있다. 『간재집·전편』 권14에 실려 있다.

반겸지가 물었다. "천지의 기가 어두움과 밝음이 어지러이 섞여 있을 때는 리 또한 따라서 어두움과 밝음이 섞여 있습니까?" 주자는 대답했다. "리가 이와 같을 뿐이기에 기도 저절로 이와 같을 따름이다."[304] 이제 '이 기가 저절로 이와 같다'라고 한 것은 바로 어지러이 섞인 것으로 말한 것이다. 그것을 '기틀이 스스로 그러하다'라는 구절이 동정만을 말한 것과 비교하면 의미가 더 무겁다. 모르겠으나 노사는 또 뭐라 할 것인가? 율옹은 다만 동정이 스스로 그러함을 말했을 뿐, 리가 그와 같은데 기가 저절로 어지러이 섞였다고 말한 적이 없다. 『주자어류』에서 가리키는 것과 비교해도 어찌 더욱 가볍지 않는가? 그런데도 노사에게 심한 꾸짖음을 당하니 어찌 이상하지 않는가?

'기가 강하고 리가 약하다'[305]라는 것은 주자의 말이다. 「외필」은 율곡을 꾸짖으면서 이 어구를 인용해서 "나는 기가 리의 자리를 빼앗을까

304 주희, 『주자어류』 권4(『주자전서』 vol. 14), 200쪽.

305 같은 책, 같은 곳.

두렵다"라고 했다. 내 생각에 '기가 강하고 리는 약하다'라는 말은 원래 이런 이치가 없다면 그만이다. 그러나 이제 진실로 이런 이치가 있으니, '기틀이 스스로 그렇다'라는 말이 아니더라도 '리가 그것을 관장할 수 없다'—이 또한 주자의 말이다.—라는 것은 여전히 변함없는데, 어찌 반드시 율옹을 허물하겠는가? '주인이 향하는 곳을 종이 반드시 따라간다'라는 것도 과연 이런 이치가 있다면 천하의 모든 사람들이 날마다 '기틀이 스스로 그렇다'라는 세 글자를 외운다고 한들, 리가 기를 조종해서 이리저리 가지 못하도록 만들며, 천지의 한서와 재상(災祥)이 늘 올바르고, 사람과 사물의 청탁과 편색 또한 걱정할 것이 없다는 것은 또한 진실로 그러할 것이다. 세간에 율옹의 망언이 있다고 하더라도 또한 어찌 반드시 마음속으로 애가 탈 것인가? 주자는 또 "일용의 운용이 모두 이 기에서 말미암는다"[306] — 일용(日用)'이란 글자는 '천지'로 바꿔도 된다. — 라고 했다. 노사의 관점에서 보자면 어찌 '이 기가 천명에서 말미암지 않고 스스로 운행한다면 이는 바로 두 개의 본령이다'라고 하지 않겠는가? 화서의 관점에서 보자면 어찌 "천지 사이에 움직이던지 움직이지 않던지 하나의 기기만 있으면 충분한데, 무엇 하러 태극을 기다리겠는가?[307]"라고 하지 않겠는가? 내 생각을 말하자면 리는 무위이기 때문에 운용은 전적으로 기에 의지하지만, 기는 거친 부류이기에 본원은 실재로 리에 있는 것이다.— 이 몇 구절은 아마도 모두 정당한 것 같다.— 어찌 반드시 리가 살아서 능력을 가진 다음에야 주재라고 하겠는가? 또 어찌 반드시 기가 죽어서 힘이 없는 뒤에야 종복이라고 할 수 있겠는가?

주자는 또 기는 거칠고 리는 미약하다는 것을 논하면서 말했다. "예

306 위의 책, 위의 곳.

307 이항로, 『화서집』 권23(표점영인 한국문집총간 vol. 305), 「臨川吳氏太極說錄疑」, 127쪽.

를 들어 부자 사이라도 자식이 못나면 아버지는 그를 어떻게 할 수 없다. 성인이 가르침을 세운 이유는 바로 이 몇몇 사람들을 구제하려는 것이었다."[308] 이제 이 아버지가 자식을 어떻게 하지 못한다는 것은 '기틀이 스스로 그렇다'라는 것과 비교하면 말이 더욱 무겁다. 모르겠으나 노사는 또 무슨 말을 할 것인가? 또한 이 몇 가지를 구제하려면 반드시 '리는 살았고 기는 죽었다' — 화서의 「아언」— '주인이 향하는 곳을 종복은 따른다' — 노사의 「외필」— 라고 한 뒤에 가능하겠는가? 그러나 『주자어류』의 말로 보자면 기는 사물(死物)인 적이 없었고—운용이 모두 기에서 말미암는다면 사물이 아니라는 것이 분명하다.— 아버지가 자식을 어떻게 하지 못한다면 — 이와 같다면 종복이 반드시 주인을 따른다고 하기는 어려울 것이다. — 「아언」과 「외필」에서 말한 것은 아마도 '기는 거칠고 리는 미약하다'라는 데 보탬을 주지 못하는 폐단이 있다. 또한 어떻게 율옹이 '그 기를 검속해서 이 리가 저절로 드러난다'라는 것만 하겠는가? 세상은 이것을 주기(主氣)라고 하는데, 나는 무슨 말인지를 모르겠다.

308 주희, 『주자어류』 권4(『주자전서』 vol.14), 200쪽.

讀語類時擧錄

甲辰

田愚

謙之問, 天地之氣, 當其昏明駁雜之時, 則其理亦隨而昏明駁雜否? 朱子曰, 理卻只恁地, 只是氣自如此. 今此氣自如此, 正以駁雜言. 其視機自爾之只言動靜者, 語意更重. 未知蘆沙又有何語? 蓋栗翁只言動靜之自然, 未嘗謂其理如彼而氣自駁雜. 則視朱語其所指, 豈不尤輕? 而乃厚受蘆沙之譏, 豈不異哉? 氣強理弱, 此朱子語. 猥筆之譏栗谷也, 引此句而曰吾懼夫氣奪理位. 愚謂氣強理弱, 元無此理則已, 今實有此理, 雖靡機自爾之云, 理之管攝佗不得, —此亦朱子語.— 依舊自如. 何必尤栗翁乎? 主之所向, 僕必往焉, 亦果有此理, 則雖天下萬人, 日誦機自爾三字, 理之操縱乎氣, 使之不敢之東之西, 而天地之寒暑災祥, 恒得其正, 人物之濁駁偏塞, 亦無可憂者, 又固自如矣. 世閒雖有栗翁妄言, 亦何必耿耿爲哉? 朱子又言日用閒運用, 都由這箇氣. —日用字, 代以天地亦得.— 試使蘆沙見之, 豈不曰這箇氣不關由天命, 而自運自行, 便是雙本領云爾乎? 試使華西見之, 豈不曰天地之閒動不動只有這箇氣足矣, 尙何竢於理云爾乎? 竊以愚見言之, 理無爲, 故運用專藉乎氣; 氣屬麤, 故本源實在乎理. —此數句, 似儘精當.— 何必言理活有能, 然後乃可謂之主乎? 又何必氣死無力而後, 乃可謂之僕乎? 朱子又論氣麤理微云, 如父子, 若子不肖, 父亦管佗不得. 聖人所以立教, 正是要救這些子. 今此父不能管子, 視機自爾, 語益深重. 未知蘆沙又有何語? 且欲救這些子, 則必曰理活氣死, —華西雅言— 主向僕往 —蘆沙猥筆—, 而後可乎? 然據朱語觀之, 氣未嘗死, —運用都由氣, 則不死明矣.— 父未管子, —如此則恐難謂僕必從主矣.— 則雅猥云云, 恐無補於氣麤理微之弊矣. 又孰若栗翁撿束其氣而此理自顯之爲得歟? 世方以是爲主氣, 吾不知其何謂也.

노화이동변

갑진년(1904)

전우

이 글은 전우가 1904년 기정진과 이항로 성리학설의 동이를 논한 것이다. 「외필」이 나타난 뒤에 화서학파에 속하는 세 명의 학자 즉 이인구, 김평묵 및 최익현에게서 일관되게 기정진과 이항로를 동격에 두고 「외필」을 우호적으로 받아들이려는 경향이 나타나자, 전우는 기정진의 성리학설에 대한 비판을 넘어서 기정진과 이항로, 나아가 기정진과 이진상의 동이에 대한 논의로 논쟁을 확장했다. 이 글에서는 기정진과 이항로의 명덕설과 심론을 소재로 그 동이를 논하면서 리는 '무위로서 주재'라는 율곡학파의 관점을 강조하고 있다. 『간재집·전편』 권13에 실려 있다.

노사는 "명덕과 도심을 말한 것은 모두 마음이란 영역에서 말하는 것인데, 이제 명덕이 리요, 도심 또한 리라고 하니, 마음을 곧장 리라고 하는 것은 온당치 못한 것 같다"라고 했다. 이것은 기경도(奇景道 : 奇弘衍)에게 답하는 편지에 보이는데[309], 말의 뜻이 명확해서 가부를 논할 곳이 없다. 화서와 문생들의 의론을 본 적이 있었는데, 모두 명덕과 도심을 곧장 리라고 했으니, 그들의 의견은 만 길 절벽에 서있는 것 같다고 할 수 있다. 이제 노사의 말이 이와 같은데, 화서의 문인들은 오히려 이를 인용하면서 '같은 덕이 서로 부합한다'[310]라고 한다. 명덕과 도심은 우리 유학의 의론 가운데 긴요한 것이니, 달라서는 안 된다. 그런데

309 현재 『노사집』 권15에는 기홍연(奇弘衍)에게 답하는 편지 6통이 실려 있는데, 이 글에서 전우가 인용하고 있는 내용을 담고 있는 구절은 없다.

310 기정진, 『노사집·부록』 권2(표점영인 한국문집총간 vol. 310), 「神道碑銘」, 656쪽 참조.

피차의 견해가 저렇게 남과 북처럼 차이가 나니, 자못 알 수 없다.

리가 주재라는 면에서는 두 사람이 같지만 한 사람은 마음을 리라고 하고, 한 사람은 마음을 리라고 하지 않으니, 이것이 같지 않다. 그러나 두 사람 사이에는 서로 가로막힌 것도 있으니, 어째서 이렇게 말하는가? 한 사람은 명덕과 도심이 지각과 정의를 가진다는 것을 가리켜 리라고 하면서 '리는 주재'라고 말한다. 이것은 분명 리가 유위(有爲)라는 견해이다. 다른 한 사람은 명덕과 도심을 가리켜 리라고 하는 것은 수긍하지 않지만, 조종과 가부가 있는 것을 리라고 여기면서 또한 '리는 주재'라고 말한다. 이 또한 분명히 리가 유위라는 견해이다. 이것이 같은 것 가운데 차이가 있고, 차이 가운데 다시 같은 것이 있다는 것이다. 이 한 가지 뜻은 리를 강론하는 이들이 명확하게 알아야지, 소홀히 지나쳐서는 안 된다. 내 생각은 리는 무위이면서 주재라고 해야만 전체적으로 십분 정당한 의론이라는 것이다.

蘆華異同辨

甲辰

田愚

蘆沙言, 明德道心, 皆此心上說話, 今曰明德理也, 道心亦理也, 以心直謂之理, 恐未安. 此見答奇景道書, 而語意明確, 無可非議處. 曾見華西師生議論, 皆以明德道心, 直謂之理, 而其意見則可謂壁立萬仞矣. 今蘆沙之言如此, 而華門人卻援之, 以爲同德相符. 夫明德道心, 是吾儒議論之緊要, 而不可不同處. 彼此所見, 一南一北乃如彼, 殊不敢知也. 理是主宰, 兩家之所同, 而一則以心爲理, 一則不以心爲理, 此卻不同也. 然而兩家有礙, 何以言之? 一則指明德道心之有知覺有情意者以爲理, 而曰理是主宰. 分明是理有爲之見也. 一則雖不肯指明德道心爲理, 而乃認有操縱有適莫者以爲理, 而亦曰理是主宰. 亦分明是理有爲之見也. 是則同中有異, 異中卻復有同. 此一義講理家之所宜明核, 而不可草草放過也. 鄙見須是言理是無爲而爲主者, 纔是十分亭當之論也.

노한이동변

전우

이 글은 전우가 기정진과 이진상 성리학설의 동이를 논한 것이다. 저술 연대가 기록되어 있지 않는데, 비슷한 성격의 「노사와 화서의 동이를 변론함[蘆華異同辨]」이 1904년의 저술이고, 『간재집』에서도 그 글에 뒤이어 편집한 것으로 미루어 보면 같은 해에 쓴 것으로 추정된다. 외필논쟁이 기정진의 성리학설에 대한 비판을 넘어서, 기정진과 이항로, 나아가 기정진과 이진상의 동이에 대한 논의로 논쟁을 확장되고 있다는 사실을 확인할 수 있다. 『간재집·전편』 권13에 실려 있다.

노사는 이렇게 말했다. "움직이고 고요한 것은 기이나, 움직이고 고요하게 하는 것은 리이다." 또 말했다. '배우는 사람들이 태극이 기기를 기다리지 않고 스스로 움직이고 스스로 고요하다고 잘못 생각할까 두렵다.' —「외필」—

또 말했다. '명덕과 도심은 모두 마음이란 영역에서 말하는 것인데 곧장 리라고 한다면, 온당치 않은 것 같다.' — 기경도에게 보낸 편지 —

한주는 말했다. "발현하는 것은 리이고, 발현하게 하는 것은 기이다." — 장신재(張新齋 : 張錫愚)·곽명원(郭鳴遠 : 郭鍾錫) 등에게 보낸 편지[311] —

또 말했다. '이제 움직이게 하고, 고요하게 하는 것을 태극이라 하고, 발하게 하는 것을 리라고 한다면, 대본이 바르지 못한 것이다.' — 최해암(崔海菴 : 崔永祿)에게 보낸 편지[312] —

---

311 이진상, 『한주집』 권5(표점영인 한국문집총간 vol. 317), 「上張新齋」, 121쪽·『한주집』 권9, 「答郭鳴遠疑問」, 428쪽 참조.

312 출처가 분명하지 않다.

또 말했다. "발현하는 것이 기이고, 발현하게 하는 것이 리이다고 한다면, 기가 대본이 된다" — 곽명원에게 보낸 편지[313] —

또 말했다. "리가 스스로 움직이지 않는다면, 양은 어디에서 생겨나겠는가? 리가 스스로 고요하지 않는다면 음은 어디에서 생겨나겠는가?" — 이기여(李器汝 : 李種杞)에게 보낸 편지[314] —

또 말했다. "명덕은 태극과 달도의 총명이니, 리의 본체와 작용이다." — 친척 숙부(族叔 : 李源準)에게 보낸 편지[315] —

또 말했다. "고금의 사람들이 마음을 논한 것에서 심즉리보다 좋은 것이 없고, 심즉기보다 나쁜 것이 없다." — 「심즉리설」[316] —

노사·한주 두 사람은 근원적인 이론이 남과 북처럼 달라서 같지 않은데, 정씨(鄭氏 : 鄭載圭)는 '심시리(心是理)'라는 주장으로 한주에게 부화뇌동했다. 그런데 한주는 또 극구 칭찬하면서 "리도(理到)라는 주장이 기학이 어지러운 시대에 갑자기 들려오니 사문의 다행입니다"[317]라고 했다. 냉정하게 곁에서 살펴보다 깨닫지 못하는 사이에 한 번 웃음이 났다. 한주는 정재규에게 보낸 편지에서 또 "노사 문하의 지결(旨訣)은 내 생각과 깊이 일치합니다"[318]라고 했다.

모르겠으나 태극이 스스로 움직이고 고요하다고 하고, 스스로 움직이지도 고요하지도 않다고 하며, 명덕과 도심을 리에 소속시키거나 기

313 이진상, 『한주집』 권5(표점영인 한국문집총간 vol. 317), 「上張新齋」, 121쪽·『한주집』 권9, 「答郭鳴遠疑問」, 428쪽 참조.

314 이진상, 『한주집』 권6(표점영인 한국문집총간 vol. 317), 「答李器汝」, 371쪽.

315 이진상, 『한주집』 vol. 7(표점영인 한국문집총간 vol. 317), 「答族叔心墅」, 161쪽 참조.

316 이진상, 『한주집』 vol. 32(표점영인 한국문집총간 vol. 317), 「心卽理說」, 141쪽.

317 이진상, 『한주집』 vol. 17(표점영인 한국문집총간 vol. 317), 「答鄭厚允別紙」, 387쪽.

318 같은 책, 같은 곳.

에 소속시킨다는 것을 제외하고 따로 깊이 일치하는 두 사람의 지결이 있는가? 노사는 기의 '정상(精爽)은 피상적인 말'[319]이라고 여겼으니, 이것은 한주가 기의 정상은 리를 가리킨다는 말과 얼음과 불처럼 어긋난다. 그런데 한주는 정재규에게 답하는 편지에서 노사의 '정밀한 저울로 단 것 같다'[320]라는 말을 칭찬했으니, 어쩌면 정씨가 자신에게 부화뇌동하는 것에 감동되어 이 치우친 말을 한 것인가?

---

319 기정진, 『노사집』 권6(표점영인 한국문집총간 vol. 310), 「答朴瑩壽(甲戌)」, 149쪽 참조.

320 이진상, 『한주집』 vol. 17(표점영인 한국문집총간 vol. 317), 「答鄭厚允」, 384쪽.

蘆寒異同辨

田愚

蘆沙曰, 動者靜者, 氣也, 動之靜之者, 理也. 又曰怕學者誤謂太極不待氣機而自動自靜.— 猥筆. — 又曰明德道心, 皆是心上說話, 若直以爲理, 則恐未安. — 奇景道書. —

寒洲曰, 發者, 理也; 發之, 氣也. — 張新齋·郭鳴遠諸書.— 又曰今以動之靜之爲太極, 發之爲理, 則大本不端矣.— 崔海菴書.— 又曰若云發者氣, 發之者理, 則氣爲大本. 云云. — 郭鳴遠書.— 又曰理不自動, 陽何從生, 理不自靜, 陰何從生.— 李器汝書.— 又曰明德, 卽大本達道之總名, 所謂理之體用也.— 族叔書.— 又曰古今人論心, 莫善於心卽理, 莫不善於心卽氣.— 心卽理說.—

蘆·寒二家, 其本源之論不同, 正如朔南之判, 而鄭氏以心是理之說, 和同於寒. 而寒又極口贊之, 曰理到之言, 忽聞於氣學擾攘之世, 斯文之幸也. 冷眼傍觀, 不覺一笑. 寒答鄭書又云蘆門旨訣, 深契鄙懷. 不知太極自動靜不自動靜, 明德道心屬理屬氣之外, 別有兩家旨訣之深相契者耶? 蘆以精爽爲皮殼說話, 此與寒之謂精爽是指理之詞者, 直冰之與炭. 而寒答鄭書, 贊蘆語金秤上稱出來, 豈亦有感於鄭之附己, 而用此偏伯之術邪?

심석 송선생 — 병순 — 에게 올림

을사년(1905) 정월

황병중

이 글은 황병중(黃炳中, 1871~1935)[321]이 1905년 정월에 송병순에게 보내는 편지다. 외필논쟁과 관련한 자신의 생각을 송병순에게 편지로 알린 후에 꾸짖는 내용의 답장을 받고 다시 회신하는 내용이다. 『고암집』 권2에 실려 있다.

제 논변이 모호해서 문하(門下)께 꾸지람을 받았습니다. 보낸 편지를 읽고서 깨닫지 못한 사이에 며칠 동안 온몸이 새파랗게 되었습니다. 제 앞 편지는 이런 내용이었습니다. '율옹은 후세의 주자로서 그 분의 덕과 정성스러움은 후세를 기다릴 만합니다. 요즘 한쪽에서 '그 기틀이 저절로 그런 것이지 그렇게 시키는 것이 있지 않다'라는 말로 '천명이 이미 그쳤다'라고 하면서 마침내 율옹을 의심하고 모욕하는 제목을 삼았습니다. 문하와 간재는 모두 율옹을 연원으로 두고 「외필」을 변론해서 이치를 밝혔으니 율옹의 도가 다시 광명을 되찾았습니다. 그러나 '기틀이 스스로 그렇다'라고 할 때의 기틀[機]이 리를 겸하는지, 기를 단독으로 가리키는지의 논의에는 결국 하나의 결론에 이르지 못했습니다.'

후학이 실제 미혹을 풀기 어려웠기에 감히 제 생각을 아뢴 것이었습니다. 그런데 엄한 꾸지람을 받고 보니 황공해서 어쩔 줄을 모르겠습니

321 전남 광양군 진상면 출신으로 자는 정유(靜有), 호는 고암(鼓巖)이고, 본관은 창원(昌原)이다. 신득구(申得求)·최익현·전우 등의 문하에 출입했고, 황현이 아끼는 문인이기도 했다.

다. 제가 편지에서 '율옹·우옹의 도가 세상에서 의심을 받는다'라고 한 것은 (이) 한쪽을 가리켜 말한 것입니다. 또한 '이 몇 구절이 분열의 단서'라고 한 것은 리를 겸한다거나 기를 단독으로 가리킨다고 해서 일치하지 않는다는 것을 가리킨 것이지, 어떻게 스스로 율옹·우옹의 도를 의심하는 것이겠으며, 또한 어떻게 감히 문하께서 「외필」을 변론한 것을 의심하는 것이겠습니까? 제 글에서 '사람들에게 주었다[授人]'라고 할 때의 '인(人)'과 '저들의 (기세를) 늘려주었다[增彼]'라고 할 때의 '피(彼)'자가 주장하려는 뜻이 어디에 있는지를 본다면 또한 알 수 있습니다. 문장의 뜻을 보는 것이 서로 다른 것은 정자·주자 때부터 이미 그랬습니다. 강론해서 밝힘으로써 지극한 정치함을 추구하는 것은 진실로 리를 궁구하는 방법입니다. 다만 주장이 너무 조급한데다, 모호한 어휘를 사용해서, 문하에 거슬렸으니, 굽어 살피기를 바랍니다.

上心石宋先生 秉珣

乙巳 正月

黃炳中

炳中以論辨模糊，受責於門下．伏讀下書，不覺渾身俱靑者累日也．炳中前書，蓋爲栗翁是後朱子也，其進德立誠，可以俟百．近來一邊以其機自爾非有使之謂天命旣息，遂爲疑侮栗翁之題目．而門下與艮齋俱以栗翁淵源，辨其猥筆以明其理，栗翁之道，益復光明．然惟機自爾之機，兼理單氣之論，終未歸一．後生實難解惑，故敢陳管見，以致嚴責，惶恐不知所措．炳中書所謂栗尤之道，見疑於世者，指一邊而言．又有此數句携貳之端云者，指兼理單氣之不一，豈敢自疑栗尤之道？又敢致疑於門下辨猥之說哉？觀於下文授人之人增彼之彼字主義所在，亦可知矣．大抵觀文義之不同，自程朱已然．講而明之以求其至精，實窮理之道也．但恐發得太早，且措語模糊，有忤尊鑑，伏乞俯察．

간재 전선생에게 올림

을사년(1905) 6월

황병중

이 글은 황병중이 1905년 6월에 전우에게 보내는 편지다. 『고암집』 권2에 실려 있다.

저는 여러 선생에게 이렇게 들었습니다. '전옹(全翁 : 任憲晦, 1811~1876)이 일처리를 할 때면 반드시 매산(梅山 : 洪直弼, 1776~1852)이 어떻게 했을지를 생각한 다음에 결정했다.' 제 생각에 제자는 선생에게 이치상 마땅히 이와 같아야 합니다. 스스로 배운 것을 돌이켜 보면 집안일에 얽매이고, 그사이 가르침을 저버려 두려울 뿐입니다. 심성을 두고 왕복했던 주장들은 어떻게 결론을 내야 합니까? 선생이 논한 성이 마음의 주재라는 뜻이 벗들과 주고받은 글에서 보이는 것은 명백한 데서만 그치지 않으니, 이런 말이 있다고 해서 그 주장이 더 많아지는 것도 아니고, 이런 말이 없다고 해서 그 주장이 더 적어지는 것도 아닙니다. 그러므로 이것을 거듭 진달하면서 살펴주시기를 바랐습니다.

제가 심장(心丈 : 송병순)에게 올린 편지에서 기틀(機)이란 글자가 리를 겸한 것인지, 기를 단독으로 가리키는 것인지를 변론했습니다. 그 끝부분에서 '현재 율옹·우옹의 도가 세상에서 의심을 받고 있습니다. 그런데 선생은 이 몇 구절에 분열의 단서가 있다면서 사람들에게 틈을 내주고, 저들의 기세를 늘려 줄 것이다'라고 했습니다. 제 생각은 '노사가 이미 율곡의 이 구절을 의심했으니, 율곡에게도 이 구절에 대한 서로 다른 의론이 있다면 저들의 비웃음을 살까 두렵다'라는 것이었습니다.

그런데 심장은 그 뜻을 다 알아차리지 못했기에 저는 그 뜻을 발명하면서 '이것은 세상의 한쪽을 가리켜 말한 것이지 율옹·우옹의 연원을 가리키는 것이 아니다'라고 했습니다. '세(世)'라는 한 글자는 의미가 매우 넓으니 뒤섞어 보아서는 안 됩니다. 우옹이 '비방이 세상에 가득하다[仇謗溢世]'라고 한 것은 윤휴의 도당을 가리켜 말한 것입니다. 윤휴의 도당이 '망녕되이 세상의 화단을 끌어들였다[妄攖世禍]'라고 한 것은 우옹을 가리켜 말한 것입니다. 세도(世道)와 세교(世敎)를 겸해서 말하는 것도 의도가 서로 멀 것입니다. 남의 글을 보면서 글 전체의 주된 뜻을 버리고 한 구절의 말을 따서 병폐라고 한다면 말이 되지 않는 것이 많을 것입니다. 어찌 제 한 마디만 그렇겠습니까? 그러나 심석은 학문이 높고 리가 분명하니, 다른 사람의 말을 다하지 못할 이치가 없을 것이요, 틀림없이 제가 말의 병폐를 모르는 것일 겁니다. 아울러 살펴주시기 바랍니다.

정자는 "사람이 태어나면서 기를 부여받는 데 리에는 선악이 있다"[322]라고 했습니다. 주자는 "이 리(理)자는 '이치상 마땅히 이와 같다[理當如此]'라고 하는 것과 같다."[323] "'합(合)'자의 뜻으로 보아야 한다"[324]라고 했습니다. 율곡은 정자의 말을 인용하면서 "(이 구절에서) '리'라고 하는 것은 기를 타고 유행하는 리를 가리키고, 리의 본래 모습을 가리키지 않는다"[325]라고 했습니다. 율곡의 이 풀이와 주자의 설명은 일치하지 않는 점이 있는 것 같습니다. 밝은 가르침을 바랍니다.

322 정호·정이, 『하남정씨유서』 권1(『이정집』| vol. 1), 10쪽.
323 주희, 『주자어류』 권95(『주자전서』 vol. 17), 3191쪽.
324 같은 책, 같은 곳.
325 이이, 『율곡전서』 권9(표점영인 한국문집총간 vol. 44), 「답성호원」, 196쪽.

上艮齋田先生

乙巳 六月

黃炳中

炳中嘗聞諸先生，全翁臨事，必思梅山爲之與否，然後決之云. 炳中竊思之，弟子之於先生，理當如此. 自顧所學，爲家務所縻，間負勤教，只切悚悚. 性心往復說，何以究竟也? 蓋先生所論性爲心宰之義，見於知舊往復者，不啻昭然，則有此說不見其爲多; 無此說不見其爲少. 故敢此疊陳，下燭伏望. 炳中所上心丈書，論機字兼理單氣之辨. 而末云方今栗尤之道見疑於世. 而先生脚下有此數句携貳之端，則將恐授人以隙而增彼之氣. 蓋炳中之意，以謂蘆沙已疑栗谷此句之語，而栗谷脚下又以此句有不同之論，則恐爲彼邊之所笑也. 而心丈未悉其意，故炳中發明云此是指世之一邊而言，非指栗尤淵源也. 夫世之一字甚闊，不可泥看. 尤翁所謂仇謗溢世者，指鐫黨而言. 鐫黨所云妄攖世禍，指尤翁而言也. 與兼言世道世教者，志意之相去遠矣. 凡看人文字，舍全篇主意，而只摘句語以病之，則不成說者多矣. 奚獨炳中之一言而已哉? 然心石學高理明，似無不能盡乎人言之理，必是炳中自不知語病也. 伏望并燭焉. 程子云人生氣稟，理有善惡. 而朱子云此理字猶云理當如此，只作合字看矣. 栗谷引程子說而曰所謂理者，指其乘氣流行之理，非指理之本然也. 栗谷此解與朱子說，似有不合焉. 敢乞明教.

외필기의

을사(1905)

전우

이 글은 전우가 1905년 「외필」의 내용에서 의심스러운 것을 비판한 것이다. 모두 13조목으로 이루어져 있는데, 12조목에 걸쳐 「외필」 본문을 인용한 다음, 자신의 견해를 제시하고 있다. 마지막 13조는 저술 의도를 서술한 것인데, 이에 따르면 한유(韓愉, 1858~1911)가 기정진이 '리의 무위'를 이해하고 있다고 주장했고, 간재는 이 주장에 이의를 제기하기 위해 이 글을 쓴 것이다. 전우의 「외필」 비판이 「외필변」-「외필후변」-「외필기의」로 이어지고 있음을 알 수 있다. 『간재집·전편』 권14에 실려 있다.

1.

[외필] 천명과 모든 일의 본령.

전우 : 명을 리로 말하는 것은 본시 옳다. 하늘을 제(帝)로 말하는데, 제와 성은 정자가 구별해서 말했으니,[326] 곧장 리라고 할 수 없다. 그러므로 주자는 '제는 주재로서의 리이다'라고 했는데, '주재로서의 리'라고 했다면 곧장 리라고 바꿔 부를 수는 없다. 또한 태극, 성, 명도 곧장 리이니, 주재로서의 리를 말하는 데서만 그쳐서는 안 될 것이다. 천은 신(神)자와 같고, 명은 '리'자와 같기 때문이다. 여기에서 경계를 구분하는 것은 매우 작은 차이를 다투기에 정밀하게 살펴야 한다.

---

326 "(하늘을) 나누어서 말하면 형체로써는 천(天)이라 하고, 주재로써는 제(帝)라 하고, 공용(功用)으로써는 귀신(鬼神)이라 하고, 묘용(妙用)으로써는 신(神)이라 하고, 성정(性情)으로써는 건(乾)이라 한다." 정호·정이, 『주역정씨전』(『이정집』 vol. 2), 695쪽.

2.

[외필] 성실함이 없으면 사물도 없다.

전우 : '성실함이 없다'라는 말은 리로 말해서는 안 될 것 같다. 이제 여기에서 인용한 것은 은근히 이 리에 신묘한 작용들이 있다는 뜻으로 인식하는 것이 아닌가?

3.

[외필] 어쩔 수 없이 그러한 까닭이란 이미 기의 나뉨에 의해 점유되었다.

전우 : '어쩔 수 없이 그러한 까닭[不得不然之故]'에서 앞의 네 글자는 기에 속하고, 뒤의 두 글자는 리에 속한다. 주자의 글을 보면 "천리가 마땅히 그러해서 내가 어쩔 수 없이 그랬다"[327]라는 말이 있는 데서 알 수 있다. 율옹이 말한 "음의 고요함과 양의 움직임은 기틀이 스스로 그렇다"라는 것이 곧 어쩔 수 없이 그런 것이다. '그 까닭'이 곧 율옹이 말한 '움직이게도 하고 고요하게도 하는 소이'으로서의 리이다. 이제 '기에 의해 점유되었다'라고 한다면 율옹이 '움직임과 고요함이 스스로 그렇다'라고 말한 몇 구절 가운데 어떤 글자가 기가 '소이연'을 점유한 실제 자취인가? 기에 그러한 실상이 없는데, 억지로 죄안을 정하는 것이 가능한 일인가?

4.

[외필] 기가 리의 자리를 빼앗는다.

전우 : '리의 자리'란 무엇인가? 스스로 움직이고 고요하지는 못하지

327 주희, 『회암선생주문공문집』 권46(『주자전서』 vol. 22), 「答呂道一」, 2122쪽.

만 움직이고 고요한 것의 주재가 되는 것이 이것이다. 이제 율옹의 설명대로라면 기는 과연 움직이거나 고요할 수 없고, 움직이거나 고요한 것의 주재가 될 수 있을 뿐이라는 것인가? 이와 같아야 (기가) 리의 자리를 빼앗았다고 할 수 있을 것이다. 그러나 율옹은 '기는 스스로 움직이고 고요하다'라고 했을 뿐인데, 갑자기 '기가 리의 자리를 빼앗았다'라고 한다면 어찌 그가 평소에 리가 스스로 움직이고 고요하다고 인식했기에 그런 것이 아니겠는가? 그렇지 않다면 어째서 이 비상한 말을 내놓아서 세 가지 큰 변고의 근본으로 삼고, 잘못을 선현에게 귀결시키려는 것인가?

5.

[외필] 이리지리 휩쓸리면서 말머리를 바라볼 뿐이다.

전우 : 사람의 마음이란 저절로 동서의 방향을 알고, 게다가 재갈을 물려 제어하는 방법도 있다. 그러므로 동서의 방향은 내 뜻이 원하는 것이다. 리 또한 이렇게 인식하고 지휘하는 능력이 있다는 것인가? 이것은 아마도 리를 함이 있는 것으로 인식하는 것 같으니, 의심스럽다.

6.

[외필] 주인이 향하는 곳을 종이 어떻게 가지 않는 경우가 있겠는가?

전우 : 종이라고 해서 반드시 주인의 뜻을 모두 따르지는 않는다. 그럼에도 '주인'이라고 하는 것은 마음을 가진 사람이어서 질책해서 명령에 따르게 할 수 있기 때문이다. 그러나 리가 언제 마음과 뜻을 가지고서 이런저런 방향을 향하라고 한 적이 있었는가? 기라는 것도 어떻게 일일이 그 향하는 것을 지켜보고 어김이 없이 반드시 갈 수 있겠는가?

7.

[외필] 근세에 가부도 없고 주장도 없는 것을 리라고 여긴다.

[간주] 이것을 보면 어찌 가부가 있는 것을 리라고 여기는 것이 아니겠는가? 주장과 가부를 같은 뜻으로 보아 리에 속하게 하는 것도 지나치게 무거운 것 같다.

8.

[외필] 단락이 있고, 변화를 운행하며, 조리를 이루는 것을 보자마자 기라고 한다.

전우 : '운행한다[行]', '이룬다[成]'라는 두 글자는 '리'자의 측면에서 너무 지나친 것이 아닌가? 여기에서 조금만 차이가 나면 신묘한 작용을 도체라고 인식하는 잘못이 있을 수 있으니, 살피지 않아서는 안 된다.

9.

[외필] 조종하는 힘이 있지 않다면 무슨 일을 하겠는가?

전우 : 이것이 어찌 리를 말하려는 것이겠는가? 노사는 스스로 '리에는 조작도, 스스로 준동하는 것도 없다'라고 했으니 이 말이 오히려 옳다. 이미 '리에는 조작도 스스로 준동하는 것도 없다'라고 했다면 조작과 스스로 준동하는 것은 여전히 기인 것이다. 그렇다면 또 어째서 기가 스스로 움직이고 고요한 것을 병폐라고 여기는가? 그 자체로 서로 모순이 아닌가? 조종하고 일을 하는 것[操縱做事]과 조작하고 준동하는 것[造作蠢動]은 어떻게 분별되는가?

10.

[외필] 리가 유행하는 큰일 한 가지를 모두 '기'자의 영역에 속하게 했다.

전우 : '리가 유행하는 큰일 한 가지'란 '리가 기의 근본으로서 기 위에 타고 있는 것을 천지 사이의 수많은 조화의 지도리로 삼는다'라는 것을 말하는 데 불과하다. 이 일에 기가 언제 개입된 적이 있었는가? '기기가 저절로 움직이고 고요하다'라고 말한들 '근본[本]', '탄다[乘]', '지도리[樞紐]' 등의 글자와는 처음부터 조금의 간섭도 없는데, '모두 … 속하게 했다[盡帶去]'라고 하니, (그 모든 것이) '기'자에 달려 있다는 것이 어찌 원통하지 않겠는가?

11.

[외필] 유행하고 발현하면서 변화가 환하게 드러나는 것은 이 리가 하는 것이다.

전우 : 이것은 신묘한 작용을 도체라고 인식하는 것이 아닌가?

12.

[외필] 배우는 사람들이 태극을 기기를 기다리지 않고 스스로 움직이고 고요한 것으로 여길까 두렵다.

전우 : 태극이 기기를 기다려 움직이고 고요하다면, 기틀이 움직이면 태극이 움직이는 것이지, 태극이 스스로 움직인다는 것이 아니다. 기틀이 고요하면 태극도 고요하지, 태극이 스스로 고요하다는 것이 아니다. 노사가 이미 이것을 알았다면, 무슨 까닭으로 다시 움직임과 고요함이 기틀이 스스로 그렇다는 것을 병폐라고 여겨 물리치는 것인가?

13.

전우 : 한희녕(韓希甯 : 韓愉)은 노사 또한 리가 무위라는 오묘함을 알았다고 했다. 이 말이 그럴 듯하지만 또한 때로 그렇지 않은 곳이 있다. 이것은 자세히 논해야 한다. 그래서 「외필」에서 몇 단락을 뽑아 「의목(疑目)」을 만들고 여러 사람에게 묻는 것이다.

猥筆記疑

乙巳

田愚

1.

天命, 萬事本領.

按, 命以理言, 固也. 天以帝言, 帝與性, 程子別而言之, 卽未可直指爲理. 故朱子言, 帝是理爲主, 曰理爲主, 則不可直喚做理. 且如太極性命直是理, 未可但言理爲主而止也. 蓋天如神字, 命如理字. 此處界分, 直是爭毫釐, 極宜精察.

2.

不誠無物.

按, 不誠, 恐未可以語理. 今此所引, 無乃隱隱地認得此理有些神用意脈否?

3.

不得不然之故, 已被氣分占取.

按, 不得不然之故一句, 上四字, 屬氣, 下兩字, 屬理. 觀朱書天理當然而吾不得不然之語, 可見也. 栗翁所謂陰靜陽動, 機自爾, 卽不得不然也. 其故, 則栗翁所謂所以動所以靜之理也. 今曰被氣占取, 則栗翁動靜自爾數句中甚字是氣占取所以然底實跡也? 氣無其實, 而勒定罪案, 可乎?

4.

氣奪理位.

按, 所謂理位者, 何也? 不能自動自靜, 而爲能動能靜者之主, 是也. 今如栗翁說, 則氣果不能動靜, 而只爲動靜者之主乎? 如此, 乃可謂之奪取理位矣. 栗翁但言氣自動靜, 而遽曰氣奪理位, 則豈非其平日認得理自動靜而然耶? 不然, 何以發此非常之言, 以爲三大變之根本, 而歸咎於先賢耶?

5.

之東之西, 惟馬首是瞻.

按, 人心自能識東西, 又有箝制之術, 故東西惟吾意之所欲也. 理亦有此識認指揮之能歟? 此似是認理爲有爲者然, 可疑也.

6.

主之所向, 僕豈有不往者乎?

按, 僕未必皆順主意. 然所謂主者, 是有心之人, 故能呵責, 而使之從令. 至於理, 何嘗有心意要向某方? 而所謂氣者, 何能一一視其所向而必往無違哉?

7.

近世以無適莫沒主張者爲理.

按, 觀此, 豈非認有適莫者爲理歟? 主張與適莫爲一意, 而屬之於理, 亦似過重.

8.

纔見有段落行變化成條理, 則曰氣也.

按, 行成兩字, 於理字分上, 無乃忒重歟? 此處纔差, 恐有認神用爲道體之失, 不可以不審也.

9.

非有操縱之力, 做得甚事?

按, 此豈所以言理歟? 蘆沙自言, 理非有造作, 自蠢動, 此言卻是. 旣曰理非有造作自蠢動, 則造作自蠢動依舊是氣. 然則又何以指氣自動靜爲病耶? 無乃自相矛盾歟? 然操縱做事與造作蠢動, 何以分別?

10.

理之流行一大事, 盡被氣字帶去作家計.

按, 理之流行一大事, 不過曰理爲氣本, 而乘在氣上, 以爲天地間許多造化之樞紐而已. 此事氣何嘗帶去? 雖曰氣機自動靜, 而其於本乘樞紐等字, 初無毫髮干涉, 而謂之盡帶去, 豈不冤在了氣字?

11.

流行發見, 變化昭著, 莫非此理之爲.

按, 此無乃認神用爲道體歟?

12.

怕學者誤以爲太極不待氣機 而自動自靜.

按, 太極待氣機而動靜, 則機動而極動, 非極自動. 機靜而極靜, 非極自靜也. 蘆沙旣已知此, 則何故復以動靜機自爾爲病而斥之?

13.

韓希甯言, 蘆沙亦嘗見得理無爲之妙. 此言似然, 而又時有不然處. 此宜細論. 故就猥筆中拈出數段, 以爲疑目, 欲質於諸公云.

기노사의 「외필」 및 「납량사의」 변론

우성규

이 글은 우성규(禹成圭, 1830~1905)[328]의 기정진 성리학을 비판한 것이다. 모두 21조목으로 구분할 수 있다. 1조목은 논의의 표준으로서 이이의 발언을 인용만 하고 있다. 2~20조목은 실제 논변에 속하는 부분으로 「외필」 10조목, 「이통설」 1조목, 「납량사의」에서 8조목 등 모두 19조목에 걸쳐 기정진의 견해를 발췌 인용한 후, 자신의 비판적 견해를 서술하고 있다. 우성규 자신은 이 19조목을 '주자와 배치되는 기정진의 15가지 주장에 대한 비판'으로 파악하고 있다. 마지막 21조목은 별도의 인용이 없는 총론으로서 송병순의 「변외필설」의 주장을 인용하면서 끝맺고 있다. 여기에서 알 수 있는 것처럼 우성규는 이이-송시열을 계승하는 연재학파의 시각에서 기정진의 성리학을 파악하고 있다. 한편 『경재집(景齋集)』 권3에 실린 「여전장령(與田掌令)」에서 우성규는 전우를 만나본 적도 없는 사이임을 밝히면서 자신이 쓴 「외필」과 「납량사의」를 변론한 글을 보내니 그 내용을 검토해 달라고 요청하고 있다. 이로 미루어 본다면 이미 전우가 「외필변」 등을 통해 기정진의 성리학을 비판했다는 사실이 경상도 지역에까지 알려진 이후의 편지이고, 그렇다면 1903~1905년 즈음에 쓴 글로 추정된다. 이 때문에 임시로 1904년에 두었다. 『경재집(景齋集)』 권9에 실려 있다.

1.

율곡선생이 "다행히 주자보다 뒤늦게 태어나 학문이 거의 어긋나지 않았다"[329]라고 말한 적이 있었으니, 일생 동안 주자를 존경하고 경외

328 자는 성석(聖錫)이고 호는 경재(景齋)·경도(景陶)이며 본관은 단양(丹陽)이다. 경북 달성 출신으로 연재 송병선 형제와 교유 관계인 영남 노론의 일원으로서 예안 현감과 단양 군수를 지냈다. 만년에는 인산정사(仁山精舍)를 세워 후학을 가르쳤다.

329 이이, 『율곡전서』 권32(표점영인 한국문집총간 vol. 45), 「어록 하·우계집」, 267

했으며 독실이 믿었다. 우계선생에게 보내는 편지에서는 "음이 고요하고 양이 움직이는 것은 기틀이 저절로 그런 것이지 그렇게 시키는 것이 있지 않다." "소이연은 리이다"[330]라고 했다. ― 모두 주자의 뜻에 뿌리를 두었다. ―

2.

「외필」 '음양의 움직임과 고요함'은 바깥에서 언뜻 보면 스스로 움직이다가 스스로 멈추는 것 같지만, 그 실상을 깊이 탐구하면 한결같이 천명이 그렇게 시킨 것이다. 천명이 그런 까닭에 그렇게 하지 않을 수 없는데, 이것을 소이연(所以然)이라고 하니, 천명 밖에 따로 소이연이 있는 것이 아니다. … 천명은 모든 일의 본령이다. 이제 (음양이) 저절로 가고 저절로 멈추면서 천명에서 말미암지 않는다면, 이것은 천명의 밖에 있는 또 하나의 본령이 있는 것이다. 두 개의 본령이 각자 중심이 된다면 … 소이연의 위에 (소이연을) 덧붙이는 격이니, 다시 무슨 소이연이 있다는 것인가?

우성규 : 기노사의 「외필」이 율옹의 학설을 배척하는 것은 단서가 많지만 귀착처를 요약하자면, '저절로 가고 저절로 멈춘다[自行自止]'라는 네 글자를 사소한 데서 흠을 찾으려는 구실로 삼아 '기틀이 스스로 그러하지 그렇게 시키는 것이 있지 않다'라는 두 구절을 공격하고 비난하려는 것일 뿐이다. 나머지 많은 말은 이 두 구절의 각주이자 (이것을) 유추하고 확장해서 말한 것일 뿐이다.

태극은 음양 가운데 있으니 움직임은 양의 리요, 고요함은 음의 리이

쪽 참조.

330 이이, 『율곡전서』 권10(표점영인 한국문집총간 vol. 44), 「답성호원」, 211쪽·이이, 『율곡전서』 권14(표점영인 한국문집총간 vol. 44), 「易數策」, 307쪽

다. 음과 양이 한 번 움직이고 한 번 고요함은 모두 천리의 스스로 그러함이다. 그러므로 '기틀이 스스로 그렇다'라고 하는 것이다. 움직임도 태극의 움직임이요, 고요함도 태극의 고요함이니 누가 그렇게 시키는 것이겠는가? 그러므로 '그렇게 시키는 것이 있지 않다'라고 한 것이다. 움직이고 고요함이 태극이 아니라, 움직이고 고요한 소이가 태극이므로 '소이연이 리이다'라고 한 것이다. 이것은 내 생각이 아니라 율옹의 생각이요, 또한 율옹의 말이 아니라 바로 주자의 말이다.

이렇게 간파한다면 '기틀이 스스로 그러하지 그렇게 시키는 것이 있지 않다'라는 것은 실제 '말미암는 것이 없고, 저절로 가고 저절로 멈추는' 것이 아니다. 그러므로 그가 '두 개의 본령'이라고 한 것도 실제로는 두 개가 아니다. 그가 '소이연의 위에 덧붙인다'라는 것도 실제로는 '덧붙이는' 것이 아니다. 어찌 명백직절하지 않는가?

리와 기는 처음부터 서로 떨어지지 않고, 리가 없는 기란 없으며, 또한 기가 없는 리도 없다. 리가 아니면 기는 주재하는 것이 없고, 기가 아니면 기는 놓일 곳이 없다. 그러므로 율옹은 리를 논하면서 기를 논하지 않은 적이 없었으니, (이것이) 또한 정자가 "갖춰지지 않고, 분명하지 않다"[331]라고 했던 취지이기도 하다. 율옹은 "무형무위하면서 유형유위의 주재가 되는 것은 리이다. 유형유위면서 무형무위의 재료가 되는 것은 기이다"[332]라고 했다. 진실로 바꿀 수 없는 의론이다. 율옹이 언제 주리의 관점에서 말하지 않았는가? 노사가 주리만을 강조하고 기라는 한 측면을 버린 것과 다를 뿐이다.

331 정호·정이, 『하남정씨유서』 권6(『이정집』 vol. 1), 81쪽.

332 이이, 『율곡전서』 권10(표점영인 한국문집총간 vol. 44), 「답성호원」, 210~211쪽.

3.

「외필」 요즘 사람들은 … 태극이 아무런 주장이 없는 것 같다가 갑자기 말들이 앞에 있는 것을 보고서 재빨리 올라타는 모양으로 본다. 그렇다면 이때의 말이란 결국 변방의 늙은이가 (어느 날 갑자기) 얻은 것으로 자기가 본래 타던 말이 아니니, 올라탄 뒤의 일도 알 만하다. 그 형세가 이쪽저쪽으로 휘둘리면서 말 머리만을 쳐다보는 격이니, 아, 위태롭다!

우성규 : 「외필」에서 '눈앞에 있는 말에 재빨리 올라타니 원래 타고 있는 것이 아니다'라고 한 말은 리와 기가 각각 다른 곳에 있는 판이하게 다른 두 가지 물건이라는 뜻이다. 율옹이 「태극도설해」를 논한 적이 있었는데, 주자가 '오묘하게 합쳐서 엉긴다'라는 구절을 풀이하면서 '본래 혼륜하여 간격이 없다'333라고 한 말을 매우 칭찬하면서 말했다. "내가 사람과 사물이 처음 생겨나는 때 무극의 진수와 음양·오행의 정수가 오묘하게 합쳐서 응결하는 줄을 잘못 알고 있었는데, 선생의 말을 듣고서 옛 견해의 잘못을 알게 되었다."334 오묘한 합일[妙合]의 뜻을 매우 찬탄한 것이 이와 같은데, 「외필」에서는 감히 '재빨리 올라탄다'라는 말로 배척을 하니, 그의 주장이 근거가 없다는 것은 많은 변론이 필요 없을 것이다.

---

333 주희, 『태극도설해』(『주자전서』 vol. 13), 74쪽.

334 이 내용은 『율곡전서』에는 실려 있지 않고, 『전암집(典庵集)』에 실려 있다. "나는 이전에는 '사람과 사물이 처음 생겨나는 때 무극의 진수와 이기 오행의 정수가 오묘하게 합쳐서 엉긴다'라고 잘못 알고 있었는데, 선생의 말을 듣고서 이전 견해의 잘못을 알게 되었다.[愚曾誤認人物始生之時, 無極之眞, 二五之精, 妙合而凝, 及聞先生之言, 乃知前見之誤也.]" 姜鼎煥, 『典庵集』 권4(표점영인 한국문집총간 속집 vol. 97), 「答愼晦叔太極圖問目」, 617쪽.

4.

「외필」 기가 리를 따라 발현한다면 기발(氣發)이 곧 이발(理發)이요, 리를 좇아 운행한다면 기행(氣行)이 곧 이행(理行)이다. 리는 조작하거나 스스로 준동하지 못하기에 그 발현과 운행이란 분명히 기의 작용인데 이발·이행이라고 하는 것은 어째서인가? 기의 발현과 운행은 실제로는 리에게 명령을 받은 것이니, 명령하는 자가 주인이고 명령을 받는 자는 종이다. 종이 수고를 하여도 주인이 그 공로를 차지하는 것이 하늘과 땅 사이에 변치 않는 질서이다.

우성규 : 리는 음양에서는 음양의 리가 되고, 오행에서는 오행의 리가 되며, 만물에서는 만물의 리가 된다. 하늘에서는 원형이정이 이것이요, 사람에게서는 인의예지가 이것이다. 수양의 측면에서 격물치지(格物致知)는 이 리를 궁구하려는 것이요, 거경명성(居敬明誠)은 이 리를 보존하려는 것이다. 온 세상의 크고 작은 것과 날짐승과 물고기 동물과 식물이 모두 리가 없는 사물이란 없다. 조금만 학문을 아는 이라면 누군들 이 리가 대적할 것이 없는 줄을 모르겠는가? 그러나 이 기가 없다면 또한 어떻게 이 리를 받들어 싣겠는가? 하늘은 기가 아니면 만물을 명령할 수 없고, 사람은 기가 아니면 하늘에서 명을 받을 수 없다. 예를 들어 형체가 있는 다음에 부자와 군신이 있으니, 아버지와 자식이 있으면 친함[親]이 있어야 하고, 군신이 있으면 의로움[義]이 있어야 한다. 부자와 군신은 형체가 있은 다음 기를 품부받은 것이다. 친함이 있고 의로움이 있는 것은 곧 (부자와 군신이) 갖춘 리이다. 부자와 군신이 아니라면 친함과 의로움의 리는 또한 어느 곳에 베풀어지겠는가? 그가 '기의 발현과 기의 운행이 실로 리에게서 명령을 받는다'라고 한 것은 「외필」의 설명이 본시 옳다. 그러나 음양과 오행의 기는 승강비양하면서 갖가지로 고르지 않다. 서로 부딪치기도 서로 모이기도 하고, 서로 합치기도 서로 어긋나기도 하며, 평평한 곳도 있고 기울어진 곳도 있다.

저절로 툭 트이고, 거칠 것 없이 흐르는 것이 그 리를 따르는 곳이라면 본시 '명령을 받았다'라고 할 수 있다. 그 리를 따르지 않는 곳이라면 또한 '명령을 받았다'라고 하겠는가? 이로 말미암아 말한다면 본시 일률적으로 '명령을 받는다'라는 데만 맡겨 두고 검속하지 않아서는 안 된다. 맹자는 "의지가 최고이고 기가 그 다음이다. 그 의지를 잘 잡고 그 기를 포악하게 하지 말라"[335]라고 했다. 「외필」의 큰 취지도 그 기를 포악하게 하지 말라는 것이 아니란 말인가?

5.

「외필」 "가는 것이 이와 같다"라고 말했을 때 … '기를 타고 이와 같이 흐른다[乘氣如斯]'라고 하지 않았다. "건도(乾道)가 변화한다"라고 할 때도 … '기를 타고 변화한다[乘氣變化]'라고 하지 않았다. "태극이 양의(兩儀)를 낳는다"라고 말할 때도 마찬가지였고, "성실함이 사물의 처음과 끝이다"라고 말할 때도 마찬가지였다. 염계(濂溪 : 周敦頤)의 「태극도설」이 여기에서 법(法)을 전했다. 그 첫 부분에서 "태극이 움직여 양을 낳고 고요해서 음을 낳는다"라고 말할 때 '기(氣)'자가 보이지 않는다고 해서 '기기(氣機)'를 버린 것은 아니다. 주인이 향하는 곳에 종이 어찌 따라가지 않겠는가?

우성규 : 노사의 견해는 '기(氣)'자를 천하에 쓸모없는 물건으로 여기기 때문에 성현이 이기를 논하는 곳에서 '리(理)'자를 볼 뿐, '기'자를 보지 않는다. "가는 것이 이와 같다"라고 했는데 '가는 것[逝者]'은 기가 아닌가? "건도가 변화한다"라고 했는데 '변화'란 기가 아닌가? "태극이 양의를 낳는다"라고 했는데 '양의'는 기가 아닌가? "성실함이 사물의 처음과 끝이다"라고 했는데, '사물[物]'은 기가 아닌가? "움직여 양을 낳고 고

335 『맹자』, 「공손추 상」 2장.

요해서 음을 낳는다"라고 했는데 '음양'은 기가 아닌가? 주자는 말했다. "기는 응결하고 조작할 수 있지만 리는 오히려 감정이나 생각이 없고 조작도 없다."[336] 노사가 '기'자의 뜻을 알지 못했기에 세상 모든 사물의 작용이 기가 하는 것이 아니라 오직 리가 하는 것이라고 여겼다. 이것이 첫 번째로 주자와 배치되는 것이다.

6.

「외필」 '승(乘)'자에는 본래 내력이 있으니, 형이상·형이하의 상(上)·하(下) 두 글자는 의미를 곱씹어 보면 나눌 수 없는 것을 나누어 말한 것이다. 요즘 사람은 경우에 따라 갑자기 타는 것으로 보니, 이것은 본래 두 개의 몸인데 합쳐서 하나로 삼자는 말이니, 연나라와 월나라가 그렇듯이 본뜻과는 거리가 먼 것이다.

○ '탄다(乘)'는 말이 그 본뜻을 잃었다.

○ 경우에 따라 갑자기 타는 것으로 보아 그 재앙이 여기에 이르렀다.

우성규 : 「외필」에서 말하는 맥락은 주자의 '소승'에서 '승'자를 '재앙의 뿌리'로 여기고, 율옹의 '이승(理乘)'에서 '리(理)'자를 '그 재앙이 여기에 이르렀다'라고 한다. 또한 '승'자의 내력을 형(形)을 기준으로 하는 상·하 두 글자를 나눌 수 없는 곳에서 나누어 말한 것이라고 한다. 그의 뜻이 어디에 있는 지 알 수 없다. 이것이 두 번째로 주자와 배치되는 것이다.

7.

「외필」 기를 리와 짝지어 제시해서 이기(理氣)라고 부른 것은 언제

336 주희, 『주자어류』 권1(『주자전서』 vol. 14), 116쪽.

시작되었는가? 나는 이것이 결코 성인의 말이 아니라고 생각한다.

우성규 : 공자가 이미 형이상·형이하로 도와 기를 나눈 시작이었다. 리와 기를 짝지어 제시한 것이 성인의 말이 아니란 것인가? 주자(周子)는 무극의 진수와 음양·오행의 정수를 짝지어 제시해서 말했고, 정자도 "성이 곧 기이고, 기가 곧 성이다"[337]라고 짝지어 제시하며 말했다. 장자는 기질의 성과 천지의 성을 짝지어 제시하며 말했고, 주자도 "리는 스스로 리이고, 기는 스스로 기이다"[338]고 짝지어 제시하며 말했다. 이 리가 있으면 이 기가 있기 때문에 리를 말할 때면 기를 말하지 않을 수 없었으니, 기를 말하는 이유는 리를 밝히기 위해서이다. 노사는 리가 존귀해서 짝지을 것이 없는 줄만 알고서 오히려 리와 기가 서로 떨어질 수 없는 오묘함을 몰랐다. 이 또한 세 번째로 주자와 배치되는 것이다.

8.

「외필」 번번이 리가 가벼워지고 기가 무거워지다가 곧바로 기가 리의 자리를 빼앗아 모든 일의 본령이 된 다음에야 그치게 된 것이다.

우성규 : 정자는 "성이 곧 기이고, 기가 곧 성이다. 타고난 것을 말한다"[339]라고 했다. 하늘이 만물을 낳으면서 리와 기가 오묘하게 합치고 엉기니 이것이 '둘이면서 하나'라고 하는 것이다. 어떻게 리의 자리와 기의 자리가 있어 서로 빼앗는다는 구분이 있겠는가? 노사는 여기에서 반드시 기의 본령과 리의 본령을 판별하려고 하니, 그 또한 정자의 말과 다르다. 어떻게 정자의 죄인이 아니겠는가?

---

337 정호·정이, 『하남정씨유서』 권1(『이정집』 vol. 1), 10쪽.

338 주희, 『맹자혹문』(『주자전서』 vol. 6), 934쪽.

339 정호·정이, 『하남정씨유서』 권1(『이정집』 vol. 1), 10쪽.

9.

「외필」 지나치거나 부족한 곳에 이르면 어쩔 수 없이 기를 말할 때가 있으니, '넘어지거나 내달리는 것이 기이다'라고 한 것이 이것이다. 지나치거나 부족한 것도 리에 근본한 것이지만 그 말류(末流)에 가서 리를 해치니, 구별하지 않을 수 없다.

우성규 : 「외필」에서 말하는 '지나침과 모자람'은 '리'자를 가리켜 말하는 것인가? '기'자를 가리켜 말하는 것인가? 이미 '지나침과 모자람도 리에 근본을 한다'라고 했으니, '리'자를 가리켜 말한 것 같다. 그런데 이어서 '말류가 리를 해친다'라고 했으니, '기'자를 가리켜 말한 것 같다. '기'자를 가리켜 말한 것이라면 어째서 가장 맑고 순수해서 지나침과 모자람이 없는 기를 말하지 않고, 넘어지거나 내달리면서 지나침과 모자람이 있는 기만을 말하는 것인가? 리가 본래 순선하다면 어떻게 지나치고 모자라는 어긋남이 있겠는가? 어쩌다 지나침과 모자람이 있는 것은 기품에 구애되어 그런 것이다. 이제 「외필」은 '기'자를 싫어해서 기질의 청탁수박을 말하지 않고, 다만 허공에서 지나침과 모자람을 말할 뿐이니, 그의 말이 어떻게 흐리멍덩하고 불분명하지 않겠는가? 주자는 말했다. '기질이 치우치면 리 또한 흠이 생긴다. (나면서부터) 아는 이는 기가 지극히 청명하고 배워서 아는 사람 아래로는 기의 맑고 흐림에 많고 적음이 있으니, 리의 온전함과 결핍이 여기에 매어있다.'[340] 노사가 기질을 제외하고 지나침과 모자람을 말하는 것 또한 네 번째로 주자와 배치되는 것이다.

10.

「외필」 근세에 이기(理氣)를 말할 때 왜 그렇게 막히게 되었는가? 그

---

340 주희, 『회암선생주문공문집』 권56(『주자전서』 vol. 23), 「答鄭子上」, 2691쪽.

들의 말은 대개 혼륜(混淪)한 한 덩어리로 가부도 없고 주장도 없는 것을 리라고 여기다 보니, '이발' 두 글자가 오늘날의 학자들에게 크게 금기시되고 회피되는 말이 되어버렸다. 그래서 단락이 있거나 변화를 일으키거나 조리를 이루는 것을 보았다 하면 '기'라고 말하게 된 것이다. "누가 이 기를 주장하는가?"라고 물으면 '그 기틀이 스스로 그러할 뿐 시키는 것이 있지 않다'라고 한다. 그렇다면 '리는 어디에 떨어져 있는가?'라고 '타고 있다[乘之]'라고 하는 것이다. 애초에 이미 그렇게 되도록 시키는 신묘함이 없고 결국 조종하는 힘도 없으니, 의지하고 붙어서 탈 뿐 무슨 일을 할 수 있겠는가? (그러한 이치란) 있어도 도움이 되는 것이 없고, 없어도 부족할 게 없어서, 살에 붙어있는 혹이나 천리마에 붙어 있는 파리에 불과하니, 아! 가련하다!

○ 리의 유행이라는 한 가지 큰일이 모두 '기'자의 영역에 속하게 되고, 남은 것이라고는 혼륜하다느니, 충막하다느니 하는 말뿐이다. 이것이 두 가지 본령을 세운 시초이니, 아 슬프다!

우성규 : 천명의 유행, 음양 이기의 서로 뒤얽힘[交錯]과 오행의 순조로운 펼쳐짐[順布], 만물의 끊임없는 생성과 변화가 끝이 없는 것은 그 운용와 계탁, 조작이 기이다. 운용하고 계탁하고 조작하는 소이는 리이다. 기의 소재지에 리가 문득 지도리가 되니, 그렇지 않은 물건[物]이란 없고, 그렇지 않은 일[事]이란 없다. 예나 지금이나 거짓이 없이 진실하고, 일정해서 변하지 않는 것은 모두 실리(實理)가 하는 것이다. 승강비양하는 기에게 그 하는 대로 맡겨 두고 리가 주재가 되지 않는다면 어떻게 모든 사물이 일정하면서 거짓됨이 없을 수 있겠는가? 네 철로 말하자면 봄에 생기고 가을에 열매를 맺으며, 여름엔 덥고 겨울엔 추운 것이 예로부터 지금까지 조금의 차이도 없다. 인사로 말하자면 인의예지신의 다섯 가지 성, 친의별서신의 다섯 가지 윤리가 진실하고 일정한 리로서, 따르면 길하고 어기면 흉한 것이 예로부터 지금까지 조금의 어

긋남도 없다. 짐승으로 말하자면 학은 다리가 길고, 오리는 다리가 짧은데, 긴 것은 늘 길고, 짧은 것은 늘 짧은 것은 예나 지금이나 똑같다. 범과 승냥이의 부자 관계, 벌들의 군신 관계, 물수리들의 만남과 헤어짐은 옛날에도 그러했고, 지금도 그러하다. 화초로 말하자면 복숭아는 붉고 오얏은 하얀데, 붉은 것은 영원히 붉고, 하얀 것은 영원히 하얗다. 매실은 시고, 생강은 쓰니 신 것은 영원히 시고, 쓴 것은 영원히 쓰다. 실리가 뿌리와 지도리가 되지 않는다면 이와 같을 수 있겠는가? 이미 모든 사물의 뿌리와 지도리가 되었다면 '무슨 일을 하겠는가'라고 하는 것은 무고가 아니면 거짓일 것이다. 이처럼 뿌리가 되고, 이처럼 지도리가 된다면 살에 붙은 혹이나, 천리마의 파리라는 비유는 무고가 아니면 거짓일 것이다. 리가 없는 기가 없고 기가 없는 리가 없는데, 이제 "기'자의 영역에 속하게 된다'라고 하니, 과연 리를 떠난 채로 '속한다(帶去)'라고 할 수 있다는 것인가? 또한 '남은 것이라고는 혼륜하다드니, 충막하다드니 할 뿐이라면' 과연 리를 떠나 '홀로 남았다'라고 할 수 있다는 것인가? 리와 기가 원래 서로 떨어지지 않는 곳에서 어떻게 '속한다'거나, '남은 것'을 말할 수 있겠는가? 이 또한 다섯 번째 주자와 배치되는 것이다.

11.

「외필」 내가 여기에서 한 말들이 선현들의 어구를 침범하고 간섭했으니, (내 행동이) 옳지 않은 줄이야 잘 알고 있다. 생각건대 이전 성인들이 고심하고 정성을 다해 세상에 가르침을 세운 취지는 '도' 한 글자 이외에 다른 것이 없다. 옛날 도라고 부른 것은 오늘날 리라고 부른다. 성인들은 유행하여 발현하며, 변화하고 환히 드러나는 것이 모두 이 도가 하는 것임을 분명히 알았다. 그러므로 말하기를 "어진 이가 그것을 보면 인(仁)이라고 하고 지혜로운 이가 그것을 보면 지(知)라고 한다"라고 했고, 사물의 조야한 자취, 구름이 떠다니고 비가 내리며, 솔개가 날고 물고기가 뛰노는 것일지라도, 말하려고 할 때는 곧 도를 밝히려는 것이었다. 지금 사람들은 도리(道理) 두 글자를 아득하니 생각도 논의도 할 수 없는 곳으로 몰아내고, 밝게 드러난 것들이 있자마자 한결같이 기에 소속시킨다.

우성규 : 도라는 이름을 얻게 된 것은 사물의 당연한 리이기 때문일 뿐이다. 천지 사이에 온갖 사물은 각각 그만둘 수 없는 소당연(所當然)이 있다. 각각 바꿀 수 없는 소이연(所以然)이 있다. 이것은 예나 지금이나 천하가 공유하는 길이요, 내가 사적으로 가지는 것이 아니다. 성인이라고 한들 따르고 실천할 뿐 더할 수 있는 것이 아니요, 후세에 폐기하고 말미암지 않으려 해도 또한 없앨 수 없다. 그 실천하고 실천하지 않는 것, 말미암거나 말미암지 않는 것은 사람에게 달려 있지만, 도의 본체는 예나 지금이나 늘 존재하면서 사라지지 않는다. 아버지가 되어서는 자애로워야 하고, 자식이 되어서는 효도해야 하며, 임금이 되어서는 어질어야 하고, 신하가 되어서는 충성해야 하는 것에서, 부부 사이나, 노소 사이, 친구 사이에서 각각 그 자체로 당연한 리가 있으니 자기를 미루어서 남에게 미치면, 남들도 이 리는 똑같은 것이다. 남에게서 미루어 사물에 이르러도 사물 또한 이 리는 똑같다. 사람이 천지 사이에 태어나 이 몸을 갖게 되면 천하의 수많은 도리는 모두 내 분수 안에서 마땅히 해야 할 것이 된다. 이것이 이 도에서 잠깐이라도 떠날 수 없는 이유다. 위대한 순은 "도심은 오직 은미하다"라고 했으니, 여기에서 도체가 은미해서 알아차리기 어려움을 알 수 있다. 공자는 "형이상을 도라고 한다"라고 했으니, 여기에서 도체의 형상이 없음을 알 수 있다. 또 말했다. "사람이 도를 넓힐 수 있지 도가 사람을 넓히는 것이 아니다." 여기에서 도체의 무위함을 알 수 있다. 무위이면서는 실제로 유위의 뿌리인 것이요, 무형이면서 실제로는 유형의 지도리인 것이다. 무

형이어서 보이지 않기 때문에 반드시 기의 측면을 따라서 리를 밝힌 뒤에야 그 발육과 유행, 변화가 환하게 드러나는 오묘함을 알 수 있다. '구름이 떠다니고 비가 내리는' 것을 보면 '만물이 형태를 갖추고 움직이는[品物流形]' 리를 알 것이요, '솔개가 날고 물고기가 뛰노는' 것을 보면 위·아래에서 환하게 드러나는 리를 알 것이다. 주자가 말한 '일과 사물에 나아가 이 도를 본다'[341]라는 말이 이것이다. 어떻게 발현해서 환히 드러나는 것을 한결같이 기에 소속시킬 수 있겠는가? 이것이 여섯 번째로 주자와 배치되는 것이다.

「외필」에서는 스스로 "선현들의 어구를 침범하고 간섭했으니, (내 행동이) 옳지 않은 줄이야 잘 알고 있다"라고 했다. 그러나 지금 살펴보자면 '침범하고 간섭한' 것이 유독 선현에서만 그치겠는가? 그가 "리와 기를 짝지어 제시한 것은 성인의 말이 아니다"라고 한 것은 곧 위대한 순이 인심과 도심을 짝지어 제시한 가르침을 침범하고 간섭한 것이다. 그가 "'승'자의 내력은 형이상·형이하의 나눌 수 없는 곳에서 나누어 말한 것"이라고 한 것은 곧 공자가 도와 기를 나눈 가르침을 침범하고 간섭한 것이다. 그가 "지나치고 모자란 곳에 이르러 어쩔 수 없이 기를 말했다"라고 한 것은 맹자의 양기(養氣)라는 가르침을 침범하고 간섭한 것이다. 그가 '리의 본령과 기의 본령을 판이하게 둘로 만들었다'라는 것은 즉 정자의 '기 또한 도이고, 도 또한 기'라는 가르침을 침범하고 간섭한 것이다. 그가 '치우치거나 온전한 성을 본연이라고 간주한' 것은 주자의 기질의 성이란 의론을 침범하고 간섭한 것이다. 그가 '경우에 따라 갑자기 타는 것으로 보아 그 재앙이 여기에 이르렀다'라고 한 것은 율옹의 '이승'이라고 할 때의 '리'자를 침범하고 간섭한 것이다. 주자 이상의 여러 사람을 침범하고 간섭한 것은 애초에 침범하고 간섭하려는 의도

341 주희, 『주자어류』 권75(『주자전서』 vol. 16), 2572쪽.

가 있어서 그런 것이 아니라, 그의 취지가 이미 어긋났기에 그의 말이 저절로 침범하고 간섭하는 데로 귀결되었던 것이다. 그러나 그가 율옹을 침범하고 간섭한 것은 의도적으로 비난하고 배척해서 심지어 피음사둔과 전도되고 창피하다는 말에서 극에 이르렀다. 어째서 일부러 간범하는 것이 이렇게 심한 것인가? 그의 주된 뜻이 기를 지극히 천하고 쓸데없는 물건이라 여겨, 처음부터 리와 기가 서로 떨어지지도 서로 뒤섞이지도 않는 오묘함을 알지 못했기에 그 옳지 못하고 침범하고 간섭하려는 뜻이 위로 순·공자·맹자·정자·주자에 이르도록 스스로 깨닫지 못한 것이다. 그의 학문은 과연 어떤 사람을 따라서 배웠단 말인가?

12.

「이통설」 내가 말하는 참다운 이통(理通)은 바로 이곳에 있으니, 신원(信元)이 말한 통(通)과는 같지 않다. 움직임은 고요함의 반대이다. 그런데 이 리의 묘용은 간격이 없어서 움직임과 분리되지 않으면서도 이른바 고요함이 내재되어 있고, 고요함과 분리되지 않으면서도 이른바 움직임이 내장되어 있으니, 사물의 움직임과 고요함이 각각 그때를 하나씩 차지한 것과 같지 않다. 이것이 움직임과 고요함의 통이다. 많음은 적음의 상대이다. 그런데 이 리의 묘용은 피차가 없어서 하나와 분리되지 않으면서도 이른바 만 가지가 갖춰져 있고, 만 가지와 분리되지 않으면서도 이른바 하나가 존재하고 있으니, 사물의 많고 적음이 각각 그 형태를 하나씩 차지한 것과는 같지 않다. 이것이 많음과 적음의 통이다. 죽음은 삶이 변한 것이다. 리의 묘용은 선후가 없어서 처음과 분리되지 않으면서도 이른바 끝이 정해져 있고, 끝과 분리되지 않으면서도 이른바 처음이 완비되어 있으니, 사물의 삶과 죽음이 각각 그 실정을 하났기 차지한 것과는 같지 않다. 이것이 삶과 죽음의 통이다.

참으로 신원이 말하는 대로라면 이와 다르다. 그는 "리만 말하면 리가 있고 만 가지 리가 없다. 그러므로 만물의 리는 모두 본래 그렇게 완전하게 갖추어진 것이 아니니, 반드시 기로써 맛을 더하고 재료를 보태야 한다. 이른바 리가 기를 타고 변화한 뒤에 바야흐로 만 가지 리를 이루게 된다"라고 한다. 본체의 통하지 않음이 이와 같은데 어떻게 발용에 두루 통할 수 있겠는가! 이른바 변화라는 것은 곧 기가 변화하면 리도 함께 변화하게 되고, 두루 통한다(圓通)라는 것은 곧 기가 두루 통하면 리도 함께 두루 통한다는 뜻이다. 통을 빼앗아 리에 돌려주고 국(局)으로 기를 명명하니, 기의 입장에서 또한 원통하지 않겠는가?

우성규 : 사물의 움직임과 고요함, 많고 적음, 삶과 죽음을 막론하고 리는 존재하지 않은 적이 없다. 그러므로 '이통'이라고 하는 것이다. 노사가 말한 '참다운 이통'도 이와 다를 것이 없다. 그러나 그가 싫어하는 것은 '기'자가 맛을 더하고 재료를 보태는 것이다. 기의 움직임과 고요함, 많고 적음, 삶과 죽음이 아니라면 어느 곳에서 그 리의 통함과 통하지 못함을 징험하겠는가? 주자는 말했다. "사람과 사물이 생겨날 때 하늘이 이 이를 부여하여 일찍이 같지 않은 것이 없다."[342] "이는 마치 틈 사이의 해는 틈의 길이와 크기는 각기 다르지만 그래도 다만 이 해일 따름인 것과 같다."[343] 틈의 길이와 크기는 각기 다른 것은 기국(氣局)이요, '다만 이 해일 따름인 것'은 이통(理通)이다. 이것은 기국을 따라서 이통을 징험하는 것이다. 노사는 '기'자를 금지하기 때문에 허공 속에서 이통을 말한다. 이것이 일곱 번째 주자와 배치되는 것이다.

13.

「납량사의」 여러 학자가 사람과 사물의 성을 언급했는데 그 귀결처

342 주희, 『주자어류』 권4(『주자전서』 vol. 14), 185쪽.

343 같은 책, 같은 곳.

가 비록 다르지만 그 폐단은 한 가지라고 생각된다. 어찌하여 폐단은 한 가지라고 말하는가? 리(理)와 분(分)을 서로 분리시키는 데 있다. 어째서 리와 분을 서로 분리시킨다고 말하는가? 여러 학자들의 의견을 살펴보면, 한결같이 모두 리를 분이 없는 것이라고 여기고 분을 기 때문에 생긴다고 여겨, 형기를 벗어난 곳에다 이일을 제한시키고, 형기에 떨어진 이후에다 분수를 국한시킨다. 이에 리는 리대로 있고, 분은 분대로 있어 성과 명이 단절된다.

○ 일과 수의 관계가 얼음과 숯의 관계처럼 상반되고 하늘과 연못의 관계처럼 멀리 끊어진다. 나는 일이 흐리멍덩한 존재가 되어 일원이 될 수 없고, 분도 임시로 배정하여 본분이 되지 못할까 두렵다. 그렇게 되면 같은가 다른가 하는 것은 오히려 둘째 문제가 되어 버린다.

우성규 : 정자는 말했다. "텅 비고 아득하여 어떤 조짐이 없는 것 같지만 모든 형상이 이미 빽빽하게 갖추어져 있다."[344] 주자는 말했다. "만물의 동일한 근원을 살펴보면, 리는 같지만 기는 다르다."[345] 이것은 온갖 만 가지로 다른 (리가) 근본이 하나인 까닭임을 가리킨다. 정자는 말했다. "형체가 바뀌면 성도 바뀐다. 성이 바뀌는 것이 아니라 기가 그렇게 만드는 것이다."[346] "말의 경우에는 말의 성이 되지 소의 성이 되지는 않는다는 뜻이다. 소의 경우에도 소의 성이 되지 말의 성이 되지는 않는다."[347] 주자는 말했다. "이 리는 같지 않은 것이 없었지만, 사람과 사물이 품부받은 것은 절로 다름이 있을 따름이다. 이를테면 강물 같은 것은 구기로 가져가면 한 구기만 얻을 뿐이고, 사발을 가지고 퍼 가면 한 사발을 얻을 따름이다. 한 통 한 항아리에 이르러도 각자 기물의 양

344 정호·정이, 『하남정씨유서』 권15(『이정집』 vol. 1), 153쪽.

345 주희, 『회암선생주문공문집』 권46(『주자전서』 vol. 22), 「答黃商伯」, 2130쪽.

346 정호·정이, 『하남정씨유서』 권25(『이정집』 vol. 1), 323쪽.

347 정호·정이, 『하남정씨유서』 권2상(『이정집』 vol. 1), 30쪽.

에 따라 다르므로 리 또한 그에 따라서 다르다."[348] 이것은 하나의 근본이 만 가지로 달라지는 까닭임을 가리킨 것이다.

정자·주자 두 선생의 말을 살펴보면 만 가지 다름은 하나의 근본에 갖춰져 있고, 하나의 근본은 흩어져 만 가지로 달라진다는 것이 의심할 것 없이 환하다. 호락(湖洛)의 학자들의 논의는 같기도 하고 다르기도 하는 차이가 있지만, 그 실상은 모두 정자·주자에 뿌리를 두고서 융통성 있게 본다면[活看] 각각 하나의 주장을 이루는 데 지장이 없다. 그런데 이제 노사는 이분(理分)이란 주장을 일체 배척하려 하니 과연 무엇을 하려는 것인가?

만 가지로 다르면서 하나의 근본을 갖추고 있는 리를 어째서 물과 숯처럼 상반된다고 할 수 있겠는가? 하나의 근본이면서 흩어져 만 가지로 달라지는 리를 어떻게 하늘과 연못처럼 멀리 끊어졌다고 하겠는가? 이것은 노사가 꺼리는 것이 '기'자요, 배척하는 것이 '형기에 떨어진 이후에 분수를 국한시킨다'라는 것이 뿐이기 때문이다. 그의 말대로라면 형기를 떠난 때라면 본시 만수(萬殊)의 리를 갖추고 있다. 그러나 형기를 떠났을 때 또한 만물이 각기 다른 본체를 얻었다고 하겠는가? 주자는 말했다. "천명과 기질은 서로 분리될 수 없다. 하나라도 빠뜨리면 사물이 생겨날 수 없다. 기질이 아니라면 갖가지로 다르거나, 하나의 근본으로서의 리가 장차 어느 곳에 머물겠는가?"[349] 주자는 만물의 일원(一原)을 말하면서도 오히려 리와 기를 짝지어 제시했는데, 노사는 만물의 분수(分殊)를 말하면서 반드시 형기를 떠나려고 하니, 또한 잘못이 아닌가? 또한 여덟 번째 주자와 배치되는 것이다.

---

348 주희, 『주자어류』 권4(『주자전서』 vol. 14), 185쪽.

349 주희, 『주자어류』 권4(『주자전서』 vol. 14), 192~193쪽 참조.

14.

「납량사의」 후학들은 말에 집착해서 본지를 미혹시켜 리를 머리와 다리도 없어 귀결될 곳이 없는 하나의 물건으로 어둡고 막막한 곳에 매달려 있다가 도중에 힘있는 이에게 부림을 받아 갑자기 안배하여 만 수를 이루어 내는 것으로 여기니, 또한 잘못이 아닌가? 뜻밖에 근세의 현명한 유학자들이 논한 것 또한 여기에 가까웠다. 분이 없는 것을 일(一)로 여겼으니, 본연의 위에다 따로 한 층의 본연을 세워 만물의 일원이라고 한 것도 이상할 것이 없고, 인의예지를 기로 인하여 각각 가리키는 성으로 여겨 사람과 사람의 성이 다르다고 논한 것도 괴이할 것이 없다. 이미 분을 기로 인하여 생긴 것이라고 여겼으니, 사람과 사물이 동일하게 오상을 지닌 것을 본연의 성이라고 하고 편전의 성은 본연이 아니라고 하여 사람과 사물의 성이 같다고 논한 것도 이상할 것이 없다. 아! '성이 다르다'라고 한 것을 내가 옳지 않다고 말하는 것은 아니지만, 다르다는 곳이 바로 오상이 기를 띠는 데 있다고 한다면 대본에 밝지 못한 점이 있다. 어쩔 수 없이 따로 일원을 세운다면 이것은 리 밖에 분을 두는 것이다. 결국 다른 것을 주로 삼아 같은 것을 폐해버리니 '성이 곧 리이다'라는 한 구절은 헛된 말이 되어버린다. '성이 같다'라고 한 것을 내가 그렇지 않다고 말하는 것은 아니지만, 편전의 성을 본연이 아니라고 한다면 이것은 분 밖에 리를 두는 것이다. 결국 같은 것을 주로 삼아 다른 것을 폐해버리니, 성은 체만 있고 용은 없는 쓸데없는 물건이 되어버린다. 리는 하나지만 실제로는 만 가지 분이니, 다르면 다를수록 더욱 같아진다.

우성규 : 노사가 호설(湖說)을 공격하면서 "'성이 다르다'라고 한 것을 내가 옳지 않다고 말하는 것은 아니다"라고 했고, "'성이 같다'라고 한 것을 내가 그렇지 않다고 말하는 것은 아니다"라고 하면서 "편전의 성을 본연이 아니라고 한다"라는 것만을 가장 싫어하고 배척했다. 성은

곧 리이다. 리는 본래 순선하니 어떻게 편전의 구별이 있겠는가? 다만 기질 가운데 떨어지면 기질의 편전을 따라서 스스로 하나의 별도의 성이 될 뿐이다. 이것이 '편전의 성'이라고 하는 것이다. 이것이 정자가 말한 '성이 아니다[不是性]'[350]라는 것이요, 장자가 '성으로 삼지 않는다[弗性]'[351]라는 것이다. 어떻게 곧바로 편전의 성을 본연이라고 여길 수 있겠는가? 주자는 말했다. "맹자가 "사람은 금수와 다른 것이 거의 없다'라 말했는데 사람이 무슨 까닭으로 금수와 다른지를 모르겠다.' 또 말했다. "개의 성은 소의 성과 같은데 소의 성은 사람의 성과 같은가?'[352]라고 했는데 모르겠거니와 사람이 무슨 까닭으로 소와 개와 다르다는 것인가? 이 두 곳은 중간에 전환되는 말이 빠진 것 같다. 모름지기 형과 기가 다르기 때문에 성 또한 다르다고 말해야 비로소 옳을 것이다."[353] 그렇다면 형기가 같지 않고 성이 이것을 따라서 달라지는 것이 어떻게 본연이겠는가? 이 편전의 성을 따라서 그 리가 기질과 섞이지 않은 것을 단독으로 가리켜 말하면 이것이 바로 본연의 성이다. 본연은 곧 리이고 편전은 곧 기이다. 노사가 기어코 편전의 성을 본연으로 여기려는 것은 리와 기를 일물로 여기는 것이 아니겠는가? 이것이 아홉 번째 주자와 배치되는 것이다.

15.

「납량사의」 '리는 하나이고 기는 다르다'라고 말했다고 하더라도 좋은 말이 아니다. 근세 여러 선생이 리(理)와 분(分)을 나누어 그 폐단은

350 정호·정이, 『하남정씨유서』 권1(『이정집』 vol. 1), 10쪽.

351 장재, 『장재집』, 『정몽』, 「성명」 제6, 23쪽.

352 『맹자』 「고자 상」 3장 참조.

353 주희, 『주자어류』 권4(『주자전서』 vol. 14), 204쪽.

기가 리에게 명령을 듣는 것이 아니라, 리가 도리어 기의 제재를 받게 되니, '하늘이 명한 것을 성이라 한다'라는 한 구절도 헛된 말이 되어버렸다. 이미 리를 모든 일의 본령이라고 했는데, 기가 어떤 물건이길래 홀로 너는 하나이고 나는 다르다고 하여 서로 배치되는 것인가?

우성규 : '리는 하나이고 기는 다르다'라는 것은 「태극도설해」의 주에서 살펴보아도 다시 의심하거나 견해가 갈릴 것이 없다. 주자는 말했다. "남녀로부터 본다면 남녀는 각각 그 성을 하나씩 가지고 남녀가 각각 하나의 태극이다. 만물로부터 본다면 만물은 각각 그 성을 하나씩 가지고 만물이 하나의 태극이다. 합쳐서 말하면 만물이 통체로서의 한 태극이요, 나눠서 말하면 하나의 사물이 각각 하나의 태극을 갖춘다."[354] 또 말했다. "태극은 하나의 리(理)[355]일 뿐이다. 맞물려서 두 개로 나뉘며, 기 가운데 움직이는 것은 양이고 고요한 것은 음이다. 이것이 다시 다섯 가지 기로 나뉘고, 또다시 만물로 갈라진다."[356] 또 말했다. "천지의 성은 태극 본연의 오묘함이요, 만 가지로 다른 것의 한 근본이다. 기질의 성은 음양 두 기가 서로 운행해서 생기니 한 근본이 만 가지로 다른 것이다."[357] 이런 여러 가지 '리는 하나이고 기는 다르다'라는 주장을 모두 '너는 하나이고 나는 다르다'라는 것으로 간주해서 서로 배치된다고 말하겠는가? 리가 하나인 것은 리의 정상이요, 기가 다른 것은 기의 정상이다. 리와 기가 합친 다음에 사물을 낳을 수 있으니, 사물마다 본연의 성이 있는 것이 리의 하나요, 사물마다 기질의 성이 있는 것이 기의 다름이다. 본연과 기질이 서로 떨어진 적이 없으니 '하

354 주희, 『태극도설해』(『주자전서』 vol. 13), 74쪽.

355 리(理) : 『주자어류』의 원문은 '氣'다.

356 주희, 『주자어류』 권4(『주자전서』 vol. 14), 163쪽.

357 "天地之性, 太極本然之妙, 萬殊之一本也; 氣質之性, 二氣交運而生, 一本而萬殊也." 『근사록』과 『사서집주대전』 등에서 주희의 말로 인용되지만, 정작 주희의 말과 글에는 정확히 이에 부합하는 표현이 발견되지 않는다.

나가 다름에 각각 갖추어졌다'라는 것이요, '다름이란 각각 그 하나를 얻은 것'이라는 것이다. 그렇다면 하나와 다름이 병행하면서 서로 어긋나지 않고 함께 그 정상성을 잃지 않을 뿐이다. 어째서 '배치된다'라고 하겠는가? 이것이 열 번째 주자와 배치되는 것이다.

16.

「납량사의」 오상이 사물에 따라 치우치거나 온전한 것은 바로 이 리의 본분이니, 어떻게 같을 수 있겠는가? 편전이 같지 않은데도 오히려 같다[同]고 하는 것은 마치 그릇이나 칼이 구리쇠임은 같다[同]는 뜻이지, 혼동해서 그릇이나 칼이 다름없이 같다고 말한 것이 아니다. 편전의 성은 본연이 아니라고 하는 것은 그릇이나 칼을 떠나서 구리쇠를 구하는 말이다. 편전은 형이하의 것이고 편전의 성은 형이상의 것이다. 형이상의 것을 본연으로 삼을 수 없다면, 공자가 말한 형이상의 도는 기질 한쪽만을 말한 것이라고 하겠는가?

우성규 : 주자는 말했다. "기질은 형이하의 것이요, '성'과 '명'은 형이상의 것이다."[358] 이 편전의 성은 바로 '기질의 성'이라는 것이다. 기질을 따라서 '성'자를 도출하되, 기질과 섞지 않고 말하면 형이상의 것이요, 본연의 성이다. 형이상의 성으로 형이하의 기질을 겸해서 말하면 기질의 성이다. 그릇과 칼이 구리와 칼로 되었다는 비유가 어떻게 본연과 기질의 오묘함을 형용하기에 충분하겠는가? 이 또한 열한 번째 주자와 배치되는 것이다.

17.

「납량사의」 주자가 「서자융(徐子融 : 徐昭然)에게 답함」에서 말했다.

358 주희, 『회암선생주문공문집』 권67(『주자전서』 vol. 23), 「明道論性說」, 3275쪽.

"기질의 성은 이 성이 기질 가운데 떨어져 기질에 따라 스스로 하나의 성이 된 것일 뿐이니, 바로 주자(周子)가 (「태극도설」에서) 말한 '각각 그 하나의 성을 타고 난다'라는 것이다."[359] 생각건대 성이 기질 가운데 떨어져서 스스로 하나의 성이 된다고 한 것은 분명히 (정자가) '성을 말하자마자 성이 아니다'[360]라고 했던 뜻이니, 이것이 곧 기질의 성의 바른 해석이다. 그런데 도리어 「태극도설」의 '각각 그 하나의 성을 타고 난다'라는 것에 해당시켰으니 바른 뜻이 아닌 것 같다. 아마도 스스로 하나의 주장을 펴기 위해 문장을 끊어 제멋대로 뜻을 취했으리라. 이 말에 근거해서 각각 타고난 하나의 성을 본연이 아니라고 여긴다면 옳은지 모르겠다.

우성규 : 주자의 「서자융에게 답함」은 기질의 성을 논하면서 「태극도설」의 '각각 그 하나의 성을 타고 난다'라는 구절만 인용한 것이 아니다. 이어서 "주자(周子), 정자(程子), 장자(張子)가 그렇게 말했을 뿐만 아니라 공자께서도, "갖추고 있는 것이 성이다"라고 하시고, 또 "각각 그 성명(性命)을 바르게 타고 난다"라고 했다"[361]라고 한 것을 말했으니, 이것이 어떻게 '스스로 하나의 주장을 펴기 위해 문장을 끊어 제멋대로 뜻을 취한' 것인가? 오행이 생겨나면서 기와 질이 다르고, 품부받은 것이 같지 않기 때문에 (물이) 아래로 흐르는 것은 불꽃이 위로 타오르는 것과 다르고, 불꽃이 위로 타오르는 것은 (나무가) 휘고 곧은 것과 다르며, 휘고 곧은 것은 (쇠가) 변하는 것과 다르고, 변하는 것은 (작물을) 심고 수확하는 것과 다르다. 어떻게 기질이 다르기 때문이 아니겠는가? 주자는 또 '이를 잇는 것을 선이라 한다'라고 했으니, 이것은 성의 선함이요, '이것을 이룬 것이 성이다'라고 했으니 여기에는 선과 악이 있

359 주희, 『회암선생주문공문집』 권58(『주자전서』 vol. 23), 「答徐子融」, 2768쪽.

360 정호·정이, 『하남정씨유서』 권1(『이정집』 vol. 1), 10쪽.

361 같은 책, 같은 곳.

다.[362] 이것으로 각각 성과 명을 바로잡는데 기질의 성이 아니라고 하니 (이것이 또) 열두 번째 주자와 배치되는 것이다.

18.

「납량사의」『중용혹문』과 『대학혹문』에서 곧바로 말하기를 '새와 짐승, 풀과 나무가 생길 때에 겨우 형기의 치우침을 얻었으나 전체를 관통하지 못했으니, 저 천하여 만물이 된 것들은 형기의 치우치고 막힌 데에 질곡 당해 그 본체의 온전함을 확충할 수 없다'라고 했다. 이것은 사람과 사물의 성이 그 일리를 동일하게 지녔다 하더라도, 리 가운데 다시 그 나뉜 한계가 없을 수 없음을 말한 것이다. 기는 이 리를 태우고 싣는 것이므로 형기를 떠나서 분을 말하지는 못한다 하더라도 일에 분이 없었던 적이 없음을 여기에서 볼 수 있다.

우성규 : 『혹문』의 뜻은 새와 짐승, 풀과 나무가 그 본체를 채우지 못하는 것은 기의 편색에 질곡을 당하기 때문일 뿐이라는 것이다. 이제 '사람과 사물의 성이 비록 이 일리를 같이 하지만, 리 가운데 분이 없을 수 없다'라고 한다면 일리인데 무슨 까닭으로 분이 있는 것인가? 여기에 중간에 전환되는 말이 빠진 것 같으니, 형과 기가 다르기 때문일 뿐이다. 주자의 말을 인용해서 리와 분을 밝히려고 하지만 실제로는 열세 번째 주자와 배치된다.

19.

「납량사의」 선유들 가운데 리 한쪽을 주장한 이가 사람과 사물의 구분이 오로지 기에 달려 있다고 했는데, 기를 말하면서 리를 주로 하지

362 주희, 『주자어류』 권94(『주자전서』 vol. 17), 3123쪽.

않는다면 정통과 편색이라고 말한 것이 모두 하나의 빈껍데기에 지나지 않으니, 어떻게 사람과 사물의 귀천이 되기에 충분하겠는가?

우성규 : 리가 기를 낳아 온갖 만물[品彙]의 뿌리가 되고, 리가 기를 타서 조화의 지도리가 된다. 사람이 귀한 이유와 사물이 천한 이유는 실리(實理)가 일정해서 변하지 않는 것이 아님이 없으니, 누가 '리가 주재가 아니다'라고 하겠는가? 그러나 진실로 이 기가 없다면 리는 의지할 곳이 없다. 리와 기가 합친 다음에야 안팎[實殼]을 이루니 이제 기 한 쪽을 버리고서 안팎을 이룰 수 있겠는가? 주자는 "이 기가 없으면 이 리도 없다"[363]라고 했다. 노사는 이것과 열네 번째로 배치된다.

20.

「납량사의」 "만일 그대의 말과 같다면 분수도 이일 가운데의 일인데, 『중용혹문』과 『대학혹문』에서 물성의 치우침을 말할 때 어째서 굳이 형기로 말한 것인가?" 대답했다. "이것이 근세의 의론이 일어난 이유인데, 도는 형이상이지만 성인은 형기를 떠나지 않고 말했으니, 『대학혹문』도 이와 같을 뿐이다."

우성규 : 이것을 살펴보면 노사도 성인이 형기를 떠나지 않고 도와 기를 말했고, 주자도 형기를 떠나지 않고 성을 말한 줄을 안 것이다. 무슨 까닭에 리일 가운데 분수라는 말로 형기를 떠나서 말하는 것을 막아서고, 지나침과 모자람이 리일에 뿌리를 둔다는 말로 형기를 떠나서 말하는 것을 죽도록 반대하며, 편전이 성의 본연이라는 말로 기질의 성을 떠나서 말하는 것을 막아서는가? 성인이 '형'이란 한 글자를 첫머리에 내세우고서 도를 말한 것은 기의 측면을 따라서 이일(理一)을 밝히려는 것이었다. 주자가 새와 짐승, 풀과 나무의 치우친 성을 말한 것

363 주희, 『회암선생주문공문집』 권59(『주자전서』 vol. 23), 「答趙致道」, 2883쪽.

도 기의 측면을 따라서 그 분수를 말한 것이다. 노사는 이것과 열다섯 번째로 배치된다.

21.

노사의 의론이 구절마다 주자와 배치되는 것은 다른 이유에서가 아니다. 주자가 평생토록 했던 주장은 리와 기를 서로 떨어트려도 서로 섞어서도 안 된다는 것이요, (리와 기는) 하나이면서 둘이고 둘이면서 하나라는 것이었다. 노사는 스스로 주리를 말하면서 '기'자를 금지한다. 기질이 있지 않으니, 편색의 성을 본연이라고 여기게 되어 그 형세가 어쩔 수 없이 배치되는 것이다. 안타깝다! 노사가 리가 짝할 것이 없는 줄만 알았을 뿐, 기품이 천리에 해가 되는 줄을 알지 못하는 것은 어째서인가? 소리와 색, 냄새와 맛, 제멋대로 사치스럽게 구는 욕망은 형기에서 나오지 않는 것이 없다. 혹은 올라타고 하늘을 날아다니고, 혹은 내려가 연못에 빠지기도 하니, 이는 마치 칼날과 같고 사나운 말과 같아서 제어하기 어렵다는 격이다. 우리 유학의 학문은 이 기질의 치우침을 살펴서 이겨내고 다스리는 데 힘을 쏟아 제어해서 이기고 중으로 돌이켜야 기질을 변화시키고 그 성의 처음 상태를 회복할 수 있다는 것이다.

마치 「고요모」에서 '너그러우면서도 장엄하다'라는 것을 비롯한 구덕(九德)[364], 자사자(子思子)의 "어리석은 이도 틀림없이 밝아지고, 유약한 이도 틀림없이 강해진다"[365]라는 말은 모두 기질을 돌이키는 방법들이다. 노사는 기질을 낮춰 보기 때문에 도무지 검속하려고 들지 않는다. 그러므로 포만(暴慢)하고 광패(狂悖)한 기운이 말과 문자의 사이에

---

364 『상서』, 「우서·고요모」, 3장 참조.

365 『중용』 20장.

드러나고 선정을 욕하고 꾸짖으면서 거리낄 줄을 모르며 정자·주자에 배치되면서도 깨닫지를 못하고 이것으로 80년 동안 애태웠던 고심거리를 삼은 것이다. 심석(心石) 송도사(宋都事 : 송병순)는 「변외필설」을 지어 말했다. "「외필」 가운데 많은 횡설·수설하는 내용은 웅변이라고 말할 만하다. 하지만 마음에서 만들어 리를 해치는 것은 가라지가 벼 싹을 어지럽히고 자주색이 붉은색을 어지럽히는 것에서만 그치지 않을 것이다."[366] 이 말이 정말로 맞는 말이라고 할 것이니, 나 또한 이것을 인용해서 글을 끝맺는다.

366 송병순, 『심석재집』 권13(표점영인 한국문집총간 vol.143), 「辨猥筆說」, 249쪽.

奇蘆沙猥筆納凉私議辨

禹成圭

1.

栗谷先生嘗曰, 幸生朱子之後, 爲學不差. 一生尊畏之篤信之. 其與牛溪先生書曰陰靜陽動, 機自爾也, 非有使之. 所以然者, 理也.—悉本於朱子之意.—

2.

猥筆曰, 陽動陰靜, 驟看皮面, 果似自行自止. 若深原其實, 則壹是天命使之然也. 天命然也, 故不得不然, 此之謂所以然, 非天命之外, 別有所以然也. 天命爲萬事本領, 今有自行自止. 不關由天命者, 則天命之外, 又一本領也. 兩箇本領, 各自樞紐, 則架出所以然之上, 復何[367]有所以然也?

奇蘆沙猥筆, 所以詆斥栗翁之說, 雖多端, 而要其歸趣, 則不過以自行自止四字爲吹毫洗垢之欛柄, 以攻機自爾非有使之兩句, 其餘諸般說, 只此兩句之註脚, 而推演爲說者也. 蓋太極在陰陽之中, 動是陽之理也; 靜是陰之理也. 陰陽之一動一靜, 皆天理之自然, 故曰機自爾也. 動亦太極之動, 靜亦太極之靜, 夫孰使之然哉? 故曰非有使之也. 動靜非太極, 而所以動靜者太極, 故曰所以然者理也. 此非愚見也, 乃是栗翁之見也. 又非栗翁之說也, 乃是朱子之說也. 如是看破, 則機自爾, 非有使之者, 實非無所關由而自行自止也. 故彼所謂兩箇本領者, 實非

367 何 : 『경재집』의 원문에는 없다. 「외필」 본문에 근거해서 추가했다.

兩箇也. 彼所謂架出所以然者, 實非架出也. 豈不是明白直截耶? 理與氣初不相離, 未有無理之氣, 亦未有無氣之理. 非理則氣無所主宰, 非氣則理無所安頓. 苦栗翁之論理也, 未嘗不論氣者, 亦程子所謂不備不明之義也. 嘗曰無形無爲而爲有形有爲之主者, 理也. 有形有爲而爲無形無爲之材料者, 氣也. 此實不易之論也. 栗翁何嘗不主理而言之耶? 但不若蘆沙之只主理, 而遺却氣一邊耳.

3.

猥筆曰, 今人看所乘字, 有若太極漫無主張, 忽見馬匹當前趫捷而騰上. 然則是馬也, 終是塞翁之得, 非自家元來所乘, 騰上後事, 又可知矣. 勢必之東之西, 惟馬首是瞻. 嗚呼, 危哉!

猥筆所謂馬匹當前, 趫捷騰上, 非元來所乘之說, 是理氣各在一處, 判爲二物之意也. 栗翁嘗論太極圖解, 至朱子解妙合而凝, 曰本混淪無間, 極贊之. 曰吾曾誤認人物始生之時, 無極二五妙合而凝, 及聞先生之言, 則乃知前見之非也. 其極贊妙合之意若是, 而猥筆乃敢以趫捷騰上之說斥之, 其說之無稽, 不在多辨矣.

4.

猥筆曰, 氣之順理而發者, 氣發卽理發也. 循理而行者, 氣行卽理行也. 理非有造作, 自蠢動, 其發其行, 明是氣爲, 而謂之理發理行, 何歟? 氣之發與行, 實受命於理. 命者爲主, 而受命爲僕. 僕任其勞, 而主居其功, 天之經地之義.

夫理者, 在陰陽則爲陰陽之理, 在五行則爲五行之理, 在萬物則爲萬物之理. 在天則元亨利貞, 是也; 在人則仁義禮智, 是也. 其在用功之地, 則格物致知, 所以窮此理也; 居敬明誠, 所以存此理也. 凡天下之洪纖巨細, 飛潛動植, 都無理外之物. 粗知學問者, 孰不知是理之無對無敵? 然苟無是氣, 亦安得承載是理耶? 天非氣無以命於物; 人非氣無以受命於天. 假如形而後有父子君臣, 而有父子則當有親; 有君臣則當有義, 父子君臣, 卽形而後之氣稟也. 有親有義, 卽其所具之理也. 苟非父子君臣, 則有親有義之理, 亦將施之於何處乎? 其曰氣之發與行, 實受命於理者, 猥筆之說固然. 而但二五之氣, 乘降飛揚, 參差不齊. 相軋相取, 相合相乖, 有平易處, 有傾側處. 自然有横決者 有奔放者, 其循理處, 則固可謂之受命也; 其不循理處, 亦可謂之受命乎? 由此言之, 則固不可一例委之以受命, 而不爲之檢束也. 孟子曰, 志至焉, 氣次焉, 持其志, 無暴其氣. 今猥筆之大旨, 則無乃非暴其氣者耶 :?

5.

猥筆曰, 逝者如斯時, 未嘗言乘氣如斯. 言乾道變化時, 未嘗言乘氣變化. 言太極生兩儀時, 亦然. 言誠者物之終始時, 亦然. 濂溪圖說, 傳法於此. 故劈頭言, 太極動而生陽, 靜而生陰, 不見氣字, 非遺却氣機也. 主之所向, 僕豈有不從者乎?

蘆使所見, 以氣字爲天下無用底物, 故就聖賢論理氣處, 只見得理者, 不見得氣字也. 逝者如斯, 逝非氣乎? 乾道變化, 變化非氣乎? 太極生兩儀, 兩儀非氣乎? 誠者物之終始, 物非氣乎? 動而生陽, 靜而生陰, 陰陽非氣乎? 朱子曰, 氣則能凝結造作, 理卻無情意, 無計度, 無造作. 蘆沙不見氣字之意, 則以爲天下萬事萬物之作用, 非氣所爲, 而惟理有爲也. 此則與朱子背馳者, 一也.

6.

猥筆曰, 乘字自有來歷. 蓋自形而上下之上下二字, 咀嚼出來, 乃不可分開處, 分開底說話. 今人作隨遇輒乘看, 則乃本是二體而合一底說話, 於本旨燕越矣. 又曰乘字, 失其本旨. 又曰隨遇輒乘, 其禍乃至於此.

猥筆語脈，以朱子所乘之乘字爲禍之本，以栗翁理乘之乘字爲其禍，乃至於此．又推乘字來歷，至於形而上下二字，不可分開處，分開說話．未知其意之所在也．此亦與朱子背馳者，二也．

7.

猥筆曰，把氣與理對擧，喚作理氣，始於何時？愚意此必非聖人之言．

孔子旣以形而上下分道器之門戶．則理氣對擧，果非聖人之言乎？周子以無極之眞二五之精，對擧言之．程子以性卽氣氣卽性，對擧言之．張子以氣質之性天地之性，對擧言之．朱子以理自理氣自氣，對擧言之．有是理則有是氣，故說理之時，不可不說氣，其所以說氣，乃所以明理也．蘆沙則只知理尊無對，而却不知理氣不相離之妙也．此亦與朱子背馳者，三也．

8.

猥筆曰，駸駸致得理輕而氣重，直至氣奪理位，爲萬事本領而後已．

程子曰性卽氣，氣卽性，生之謂也．夫天之生物也，理與氣妙合而凝，所謂二而一也．豈容有理位氣位與奪之分哉？蘆沙於此，必欲判得氣本領理本領，其亦異乎程子之說也．豈非程子之罪人乎？

9.

猥筆曰，到過不及處，不得已而有說氣時，蹶者趨者氣也，是也．蓋過不及，雖亦本於理，而末流害於理，則不可無區別．

猥筆所謂過不及，指理字而云耶？指氣字而云耶？旣曰過不及本於理，則似指理字也．繼之曰末流之害於理，則似指氣字矣．若指氣字而說，則何不說極淸至粹無過不及之氣，而只說此蹶者趨者，有過不及之氣也? 理本純善, 則豈有過不及之差哉? 其或有過不及者, 拘於氣稟而然也. 今猥筆之厭却氣字, 而不言氣質之淸濁粹駁, 只懸空說過不及, 其言安得不含糊籠罩不分明哉? 朱子曰, 氣質偏, 則理亦欠闕. 生而知者, 氣極淸. 學知以下, 則氣之淸濁有多寡. 而理之全闕繫焉. 蘆沙之外氣質而言過不及者. 其亦與朱子背馳者, 四也.

10.

猥筆曰, 近世說理說氣, 何其滯也? 理發二字, 爲今日學者[368]家一大禁避語, 而纔見有段落行變化成條理者, 則曰氣也. 問孰主張是, 則曰其機自爾, 非有使之者. 問所謂理者, 落在何方? 則曰乘之矣. 初旣無使之然之妙, 末又非有操縱之力, 寄寓來乘, 做得甚事? 有之無所補, 無之無[369]所闕, 不過爲附肉之疣, 隨驥之蠅, 嗚呼, 可憐矣! 又曰理之流行一大事, 盡被氣字帶去作家計. 所餘者, 秖[370]混淪也, 冲漠也, 此[371]雙本領之履霜也. 悲夫?

夫天命之流行也, 二氣交錯, 五氣順布, 萬物生生, 而變化無窮, 其運用計度造作者, 氣也. 所以運用計度造作者, 理也. 氣之所在, 理輒樞紐, 無物不在, 無事不然. 恒古恒今, 眞實無妄, 一定而不易者, 皆實理之所爲也. 苟使升降飛揚之氣, 任其所爲, 而理不爲之主宰, 則豈能事事物物之一定而無妄哉? 而天時言之, 則春生秋實, 夏熱冬寒, 從告至今, 無一毫之差. 以人事言之, 則五性之仁義禮智信, 五倫之親義別序信, 是眞實一定之理, 而順之則吉; 悖之則凶, 從古至今, 無一毫之差. 以禽獸言之, 則鶴脛長鳧脛短, 長者常長, 短者常短, 古今亦然. 虎

368 者 : 「외필」에서는 '士'로 썼다.
369 無 : 「외필」에서는 '靡'로 썼다.
370 只 : 「외필」에서는 '秖'로 썼다.
371 爲 : 「외필」에서는 '此'로 썼다.

狼之父子, 蜂蟻之君臣, 雎鳩之摯別, 古亦然, 今亦然. 以花草而言之, 則桃紅李白, 而紅者萬古常紅, 白者萬古常白. 梅酸堇苦, 而酸者萬古常酸, 苦者萬古常苦. 苟非實理之爲根柢樞紐, 則能如是哉? 旣爲萬事萬物之根柢樞紐, 則所謂做得甚事之說, 非誣則妄矣. 如是爲根柢, 如是爲樞紐, 則肉疣驥蠅之諭, 非誣則妄矣. 蓋未有無理之氣, 亦未有無氣之理, 而今曰氣字帶去作家計, 則其果離理而帶去云耶? 又曰所餘者, 只混淪也, 冲漠也, 則其果離氣而獨餘云耶? 理與氣元不相離之地, 何可曰帶去? 何可曰所餘者耶? 此亦與朱子背馳者, 五也.

11.

凡此所言, 或干犯先賢語句, 極知不韙. 竊以前聖苦心血誠, 垂世立教之旨, 一道字之外無佗. 古所謂道, 今所謂理也. 聖人的見流行發見, 變化昭著, 莫非此道之爲, 故曰仁者見之謂之仁, 知者見之謂之知. 雖事物粗迹, 雲行雨施, 鳶飛魚躍, 纔說著時, 便所以明道. 今人驅道理二字, 於冥漠不可思議之地, 而纔有發見昭著, 一屬之氣.

夫道之得名, 只是事物當然之理也. 凡天地之間, 萬事萬物, 莫不各有所當然而不用已; 莫不各有所以然而不可易者. 乃天下古今所共由之路, 而非我之所得以私者也. 聖人則循而行之, 而非有所增益也. 後世則廢而不由, 而亦不能殄滅也. 其行不行, 其由不由, 雖在乎人, 而道之體則萬古常存而不滅也. 假如爲父當慈; 爲子當孝; 爲君當仁; 爲臣當忠; 而至爲夫婦爲長幼爲朋友, 各自有當然之理, 推己以及人, 人亦同此理也. 推人以及物, 物亦同此理也. 人生天地間, 而有是身, 則天下之許多道理, 皆吾分內之所當爲. 則此道所以不可須臾離也. 大舜曰道心惟微, 此可見道體之微而難見也. 孔子曰形而上者謂之道, 此可見道體之無形也. 又曰人能弘道, 非道弘人. 此可見道體之無爲也. 無爲而實, 是有爲之根柢也. 無形而實, 是有形之樞紐也. 惟其無形而不可見, 故必從氣上而明理, 然後乃可以見其發育流行變化昭著之妙矣.

觀雲行雨施, 則知品物流形之理. 觀鳶飛魚躍, 則知上下昭著之理. 朱子所謂卽事卽物, 便要見得此道者, 是也. 烏在其發見昭著之一屬之氣耶? 此亦與朱子背馳者, 六也.

猥筆旣自稱干犯先賢語句, 極知不韙. 然以今考之, 則其所干犯, 豈獨止於先賢而已哉? 其曰理氣對擧, 非聖人之言者, 則干犯大舜人心道心對擧之訓也. 其曰乘字來歷, 蓋自形而上下, 不可分開處, 分開底說話者, 卽干犯孔子道器分開之訓也. 其曰到過不及處, 不得已而說氣者, 卽干犯孟子養氣之訓也. 其曰理本領, 氣本領, 判作兩箇者, 卽干犯程子器亦道·道亦器之訓也. 其曰偏全之性爲本然者, 卽干犯朱子氣質性之論也. 其曰隨寓輒乘, 其禍乃至於此者, 卽干犯栗翁理乘之乘字也. 自朱子以上諸般干犯, 初非有意於干犯, 而其旨旣差, 則其言自歸於干犯之科也. 其干犯栗翁, 則用意詆斥, 至於詖淫邪遁, 顚倒猖狂之說而極矣. 何其故犯之甚也? 蓋其主意, 認氣爲至賤無用之物, 而初不知理氣不離不雜之妙, 故其不韙干犯之意, 上及於舜孔孟程朱, 而不自覺焉. 其學果從何樣人學得耶?

12.

答權信元理通說曰, 吾所謂眞理通, 乃在此處, 非若信元之所謂通也. 動者, 靜之反也. 理之妙無閒隔, 不離乎動而所謂靜者蘊焉, 不離乎靜而所謂動者藏焉, 非如物之動靜各一其時. 此動靜, 通也. 多者, 寡之對也. 理之妙無彼此, 不離乎一而所謂萬者具焉, 不離乎萬而所謂一者在焉, 非如物之多寡各一其形. 此多寡, 通也. 死者, 生之變也. 理之妙無先後, 不離乎始而所謂終者定焉, 不離乎終而所謂始者完焉, 非如物之生死各一其情. 此生死, 通也. 信如信元之爲理通, 異於此矣. 其爲說曰單言理則有一理, 無萬理. 故萬物之理, 皆非本然完具, 必以氣加味添材. 所謂理者乘之變化然後, 方成萬理. 本體之不通若是, 何以能圓通於發用? 所謂變化者, 乃氣變化而理亦與之變化. 所謂圓通者, 乃氣圓通而理亦與之圓通. 奪通歸理, 以局命氣, 爲氣者不亦寃乎?

大抵無論物之動靜多寡生死, 而理無所不在, 故謂之理通. 蘆沙所謂眞理通, 亦與此無異. 然但其所憎者, 氣字之加味添材也. 若非氣之動靜多寡生死, 則於何處驗得其理之通不通耶? 朱子曰, 人物之生, 天賦之以此理, 未嘗不同. 如隙中之日, 隙之長短大小不同, 而却只是此日. 隙之長短大小不同者, 氣局也, 却只是此日者, 理通也. 此所以從氣局處而驗得理通矣. 蘆沙之禁却氣字, 而懸空說理通者. 其亦與朱子背馳者, 七也.

13.

納凉私議曰, 諸家言人物之性, 其歸雖殊, 竊意其所蔽一也, 曷言蔽之一? 在理分相離, 曷言理分相離? 詳諸家之意, 一是皆以理爲無分之物, 分爲因氣而有, 限理一於離形氣之地, 局分殊於墮形氣之後, 於是理自理分自分, 而性命橫決矣. 又曰一與殊之相反若冰炭, 其遼絶若天淵. 吾懼一是儱侗無物而不足爲一原, 分亦臨時排定而不得爲本分. 同與[372]異猶屬第二件事.

程子曰, 冲漠無朕, 萬象森然已具. 朱子曰, 觀萬物之一原, 則理同而氣異. 此則指萬殊之所以一本也. 程子曰, 形易則性易. 性非易也, 氣使之然也. 馬則爲馬底性, 而不得爲牛底性; 牛則爲牛底性, 而不得爲馬底性. 朱子曰, 理未嘗不同, 但人物之稟受有異耳. 如一江水, 你將杓去取, 只得一杓; 你將碗去取, 只得一碗; 至於一桶一缸, 各自隨器量不同, 故理亦隨以異. 此則指一本之所以萬殊也. 觀此程朱兩夫子之說, 則萬殊之具於一本, 一本之散爲萬殊, 曉然無疑. 而湖洛群賢之論, 雖有同不同之差別, 然其實則皆本於程朱, 苟能活看, 不害爲各備一說也. 今蘆沙以理分之說, 一切斥之者, 果何爲也? 萬殊而具於一本

372 與 : 「납량사의」에는 이 글자가 없다.

之理, 則何可謂之相反如氷炭乎? 一本而散爲萬殊之理, 則何可謂之遼絶如天淵乎? 只緣蘆沙之所忌者氣字也, 所斥者局分殊於墜形氣之後也. 假如其言, 則離形氣之時, 固具萬殊之理. 然離形氣之時, 亦能得萬物之異體耶? 朱子曰, 天命與氣質, 未嘗相離. 闕一則成物不得, 苟非氣質則萬殊一本之理, 其將湊泊於何地乎? 朱子則言萬物之一原, 而猶以理氣對擧, 蘆沙則言萬物之分殊, 而必欲離形氣, 不亦誤乎? 亦與朱子背馳者, 八也.

14.

納凉私議曰, 後學執言迷旨, 以理爲無頭腳沒著落之一物, 懸在冥漠之間, 而中道有力者驅使, 倉卒排定成出萬殊來, 不亦誤哉? 不意近世賢儒之論, 亦復近於此也. 蓋以無分爲一, 則無怪其別立一層本然於本然之上, 以爲萬物之一原. 無怪其以仁義禮智爲因氣各指之性, 而有人物性異之論, 旣以分爲因氣而有, 則無怪其以人物同五常爲本然之性, 而偏全之性爲非本然. 有人物性同之論, 噫! 性異者吾非曰不可, 而異處乃在五常之帶氣, 則大本有所不明矣. 不得不別立一原, 則是理外有分也, 遂主異以廢同, 則性卽理也一句爲虛言矣. 性同者吾不曰不然, 而以偏全之性爲非本然, 則是分外有理也. 遂主同以廢異, 則性爲有體無用之長物也. 理者一實萬分, 愈異而愈同者也.

蘆沙之攻斥湖說也, 性異者, 非曰不可, 而性同者, 亦不曰不然. 惟是偏全之性, 非本然者, 最所憎而詆斥也. 夫性卽理也. 理本純善, 則豈有偏全之別耶? 只是墜在氣質之中, 則隨氣質之偏全, 而自爲一別之性, 是所謂偏全之性也. 卽程子所謂不是性, 張子所謂弗性者也. 何可直以偏全之性爲本然耶? 朱子曰, 孟子言人之所以異於禽獸者幾希, 不知人何故異與於禽獸? 又言犬之性猶牛之性, 牛之性猶人之性歟? 不知人何故與牛犬異? 此兩處似欠中間一轉語. 須著說是形氣不同, 故性亦有異, 始得. 然則形氣不同, 而性隨而異者, 是豈本然也哉? 從此偏全之性, 單指其理之不雜於氣質者言之, 則是乃本然之性也. 本然卽理也; 偏全卽氣也. 蘆沙之必以偏全之性爲本然者, 無乃認理氣爲一物耶? 此亦與朱子背馳者, 九也.

15.

納凉私議曰, 理一氣異, 縱然說得, 亦非好語. 近世諸先生坼開理分, 其蔽也, 氣無聽命於理; 理反取裁於氣, 天命之謂性, 徒虛語耳. 理旣云萬事本領, 氣是甚樣物事, 乃獨你一我殊背馳去?

夫理一氣異之說, 考諸圖解註而更無疑貳矣. 朱子曰, 自男女而觀之, 則男女各一其性, 而男女一太極也. 自萬物而觀之, 則萬物各一其性, 而萬物一太極也. 合而言之, 萬物統體一太極也; 分而言之, 一物各具一太極也. 又曰太極只是一箇理, 迤邐做兩箇, 氣裏面動底是陽, 靜底是陰. 分做五氣, 又散爲萬物. 又曰天地之性, 太極本然之妙, 萬殊之一本也. 氣質之性, 二氣交運而生, 一本之萬殊也. 凡此諸般理一氣異之說, 皆可看作爾一我殊背馳去云耶? 理之一者, 理之常也; 氣之殊者, 氣之常也. 理與氣合然後, 乃能生物, 而物物有本然之性者, 理之一也; 物物有氣質之性者, 氣之殊也. 本然氣質, 未嘗相離, 而所謂一者各具於殊者, 所謂殊者各得其一者. 則其一其殊, 竝行不悖, 而俱不失其常而已. 何其謂之背馳乎? 此亦與朱子背馳者, 十也.

16.

納凉私議曰, 五常之隨物而偏全, 乃此理之本分, 何可同也? 偏全不同而猶謂之同者, 如盤盂刀劒爲銅鐵則同之同, 非以混同無盤盂刀劒而謂之同也. 偏全之性非本然, 離盤盂刀劒而求銅鐵之說也. 偏全形而下者, 偏全之性, 形而上者. 形而上者, 不得爲本然, 則夫子所言形上之道, 秪說得氣質一邊耶?

朱子曰, 氣質, 形而下者也; 性命, 形而上者. 今此偏全之性, 乃所謂氣質之性也. 從氣質上挑出性字, 不雜乎氣質而言之, 則是形而上者, 是本然之性也. 以形上之性, 而兼形下之氣質而言之, 則是氣質之性也. 盤盂刀劒銅鐵之諭, 何足以形容本然氣質之妙耶? 此亦與朱子背馳者, 十一也.

17.

納凉私議曰, 朱子答徐子融書曰, 氣質之性, 只是此性墮在氣質之中, 隨氣質而自爲一性, 正周子所謂各一其性者. 謹按性墮氣中, 自爲一性之云, 分明是纔說性, 不是性之義, 乃氣質之性之正釋, 而却以圖說各一其性當之, 恐非正義. 或自是一說, 斷文取義. 若執據此語, 以各一之性爲非本然, 則未知其可也.

朱子答徐子融書, 論氣質之性, 而非但引圖說之各一其性也. 繼之曰非獨周 · 程 · 張子之言爲然, 孔子言成之者性, 又言各正性命, 則此豈自是一說斷文取義者耶? 蓋五行之生也, 氣殊質異, 所稟不同, 故潤下異於炎上, 炎上異於曲直, 曲直異於從革, 從革異於稼穡. 豈非氣殊質異之故耶? 朱子又曰, 繼之者善, 是性善也, 至於成之者性, 則有善有惡. 以此各正性命, 而謂非氣質之性, 則與朱子背馳者, 十二也.

18.

納凉私議曰, 庸學或問, 卽言鳥獸草木之生, 僅得形氣之偏, 而不能有以通貫乎全體. 彼賤而爲物者, 只梏於形氣之偏塞, 而無以充其本體之全. 此言人物之性, 雖同此一理, 而理中之分限不能無也. 氣所以承載此理, 故雖不離形氣而言分, 而一之未嘗無分, 於此因可見矣.

或問之義, 則鳥獸草木之不能充其本體者, 只緣牿於形氣之偏塞也. 今曰人物之性雖同, 此一理而理中之分不能無也, 則以理一而何故有分也? 此處只欠中間一轉語, 形氣不同耳. 引朱子語, 而欲明理分之說, 然實則與朱子背馳者, 十三也.

19.

納凉私議曰, 先儒之主理一邊者, 乃謂人物之辨, 專在於氣. 夫言氣而不以理爲主, 則所言正通偏塞者, 皆不過一箇空殼, 何足以爲人物之貴賤乎?

理生氣, 而爲品彙根柢; 理乘氣, 而爲造化樞紐. 人之所以爲貴, 物之所以爲賤, 莫非實理之一定不易者, 則孰不曰理爲主宰? 然苟無是氣, 則理無所依著矣. 理與氣合然後, 方成實殼子, 則今乃遺却氣一邊, 而亦能成得實殼子乎? 朱子曰, 無是氣, 則無是理. 蘆沙之與此背馳者, 十四也.

20.

納凉私議有問曰, 審如子言, 分殊亦理一中事矣. 庸學或問, 言物性之偏, 何故必以形氣言之耶? 曰此近世議論之所由興, 道是形而上者, 聖人不離形氣而言之, 或問之意, 亦如是而已.

觀此, 則蘆沙亦知聖人之不離形氣而言道器, 朱子之不離形氣而言性. 則何故理一中分殊之說, 抵死離形氣而言之, 過不及本於理之說, 抵死離形氣而言之, 偏全性本然之說, 抵死離氣質之性而言之也? 聖人以一形字冒頭而言道者, 從氣上而明其理一也. 朱子言鳥獸椒目之偏性者, 從氣上而言其分殊也. 蘆沙之與此背馳者, 十五也.

21.

蘆沙之論, 節節與朱子背馳者, 無他也. 朱子則一生雅言, 理氣不相離, 亦不相雜, 一而二, 二而一也. 蘆沙則自謂主理, 而禁却氣字. 不有氣質, 至以偏塞之性爲本然, 則其勢不得不背馳矣. 惜乎! 蘆沙只知理之無對, 而不知氣稟之害於天理, 何也? 夫聲色臭味, 放辟奢侈之欲, 莫不出於形氣. 而或升而天飛, 或降而淵淪, 如銛鋒悍馬之難可制. 則吾儒爲學, 但當察此氣質之偏, 而用力克治, 制其勝而歸於中, 乃可以變化氣質, 而復其性初矣. 如皐陶謨寬而栗等九德, 子思子雖愚必明, 雖柔必强之訓, 皆所以反氣質之法也. 蘆沙則低視氣質, 都不檢束. 故其暴慢狂悖之氣, 畢路於言語文子之間, 詬辱先正而無所忌, 背馳程朱而不自覺, 以此爲八十年耿耿之家計也. 心石宋都事作猥筆辨, 曰猥筆許多橫竪, 可謂雄辯. 然其作於心而害於理者, 不啻若莠之亂苗·紫之亂朱也. 斯言也, 儘著題矣. 余亦誦之以終篇言.

전장령 — 우 — 에게 보냄

우성규

이 글은 우성규가 전우에게 보내는 편지다. 편지의 첫머리에 만나본 적이 없다는 사실을 밝히고 있고, 후반부에는 자신이 쓴 「기노사의 「외필」 및 「납량사의」를 변론함[奇蘆沙猥筆納凉私議辨]」을 동봉하고 있으니, 그 내용을 검토해 줄 것을 요청하고 있다. 우성규가 1905년 세상을 떠났기 때문에 1903~1905년 사이의 편지일 것이다. 이 때문에 임시로 1904년에 두었을 뿐이다. 『경재집』 권3에 실려 있다.

만나본 적이 없음에도 편지로 소통하는 것은 옛사람들의 법도였습니다. 돌이켜 보면 제가 (장령의) 덕을 사모하는 마음이 어떻게 정말로 옛사람들의 법도를 바라는 것이겠습니까? 말을 달려 문하에 나아가 흉금을 터놓고 가르침을 받으려는 것일 뿐입니다. 그러나 제 나이가 이미 70을 넘겼으니 천 리길을 말을 달려 찾아가는 것은 진실로 때가 지난 것을 어찌하겠습니까? 일찍이 명성을 들었음에도, 같은 시대를 살면서 한 번 만나질 못했기에 쓸데없이 현자를 알아보지 못한 것이 마음에 한스러울 뿐입니다. 그러므로 우선 옛사람들의 법도를 빌려 이렇게 먼저 편지를 드리게 되었습니다. 너그러이 살펴주시기 바랍니다.

삼가 생각건대 초여름에 존체는 평안하십니까? 조존하고 확충하는 공부에 나이가 들어가는 것도 잊으실 줄로 압니다. 저는 외진 고을의 말학(末學)으로 고루한 데다 식견도 부족해서 군자들의 모임에 끼기에도 부족합니다. 다만 하늘에서 부여받은 떳떳한 본성을 가진 채로 보잘것없는 소인배로 귀결되기를 원치 않았기에 남겨진 서책들에서 성현들의 찌꺼기를 거두어 만년을 보존할 방도를 생각했지만, 도를 간직한 이에게 나아가 바로잡을 수는 없었습니다. 생각 없는 눈먼 사람처럼 갈 곳을 모르고 홀로 연민에 빠졌다가 겨우 장년이 되어서야 고산선생의 문하에 나아가 여러 현자들과 절차탁마하는 자리에 함께 할 수 있었습니다. 배우지 못한 채로 늙어가는 지경에는 이르지 않겠지만, 뒤늦게 후회한들 어찌 미칠 수 있겠습니까?

다만, 의심스러운 것이 있어 우러러 묻습니다. 예전에 듣기로 기노사는 곤궁한 채로 학문에 독실해서 믿고 따르는 이들이 많다고 합니다. 이제 그가 지은 「외필」과 「납량사의」를 보니 그의 의론은 정자·주자와 배치되는 것이 한둘이 아닙니다. 옛사람들은 '함부로 자기를 믿지 말고 스승을 믿으라'라고 했습니다. 정자·주자 두 선생은 우리가 스승으로 삼는 분이요, 또한 천하 고금이 종사로 여기는 분입니다. 정자·주자와 배치되고서도 학문을 했다고 할 수 있겠습니까? 외람된 소견으로 대략 변설을 만들었는데, 별폭에 기록해 두었습니다. 가르침을 내리시어 어리석은 생각을 틔워 주신다면 다행이겠습니다. 간절히 바랍니다.

與田掌令 愚

禹成圭

不見而書，古道也．顧此戀德之誠，豈眞欲學古道也？直欲命駕造門，虛襟承誨．而賤齒已過稀年，則千里命駕，固非其時也，奈何？夙飽令名，而並世不得一見，徒抱責沈之恨．故權用古人之道，致此先書之禮，庶或鑑諒否．伏惟肇夏，經體康泰，操存擴充之功，相不知老之將至矣．成圭以窮鄕末學，孤陋寡聞，無足厠於君子之林．惟是秉彛之天，不欲歸於無狀小人，故只就殘編爛簡之中，而收拾聖賢糟粕，思所以保晩，然未克就有道而正焉，倀倀若瞽者之無相，只自憐悶，苟能及盛壯時節，負笈摳衣於鼓山先生之門，得與賢執事周旋於切磋琢磨之席，則必不至於不學便衰之境矣．追悔何及哉？第有疑晦仰質者．曾聞奇蘆沙固窮篤學，信從者衆矣．今見其所著猥筆及納凉私議，則所論與程朱背馳者，非一非再矣．古人云不敢自信，而信其師．程朱兩夫子，吾所師也，亦天下古今之所宗師也．其果背馳程朱，而亦可謂之學耶？猥以管見，略爲辨，錄在別幅．幸垂斤敎以啓蒙蔀，切仰．

외필변

병오(1906)

정세영

이 글은 전우의 문인인 정세영(鄭世永, 1872~1948)[373]이 1906년 「외필」을 변론한 것이다. 모두 19조목으로 이루어져 있는데, 1조목은 서론으로서 이이 성리학의 대전제인 '리무위 기유위'의 원칙을 천명하고 있다. 2~17조목은 「외필」의 서술을 따라가면서 자신의 비판적 견해를 진술하고 있는 본문 부분이다. 18~19조목은 결론 부분으로 별도의 인용이 없이 자신의 견해를 서술하되 모두 한 칸을 내려써서 앞 조목들과 구분했다. 18조목은 화서학파의 기정진 평가를 비판하고 있고, 마지막 19조목은 "리가 기의 근본이기는 하지만 운용하는 실제는 기에 달려 있다"라고 함으로써 다시 한번 이이 성리학의 관점에서 총평을 하고 있다. 『석천습유(石泉拾遺)』에 실려 있다.

1.

하늘이 하늘다운 까닭과 사람이 사람다운 까닭은 똑같이 이 리와 기여서, 두 근본이 있지 않다. 천명과 음양, 동정을 논하는 것은 사람의 몸에서 증명해보면 가장 절실하고 지극할 것이다. 그렇다면 사람의 마음이 한 번 움직이고 한 번 고요한 것이 바로 음양의 상징이요, 움직이고 고요한 즈음에서 체험해보면 따로 시키는 것이 있지 않다. 스스로 움직이고 고요할 수 있으며, 그 움직이고 고요하게 하는 것은 성에 뿌리를 두고 있을 뿐이다. 이것은 성에는 마음을 그렇게 시키는 능력이 없지만, 그 실체는 이 마음의 움직임과 고요함의 지도리가 된다는 데 아무런 지장이 없다는 뜻이다. 하늘이라는 측면인들 어떻게 다르겠는

373 자는 제경(濟卿) 호는 석천(石泉) 본관은 초계다. 충청북도 괴산군 지장리(智藏里) 출신이다.

가? 전성과 후현이 서로 전하는 학설은 그 뜻이 이와 같을 뿐이다. 어떻게 노사가 말하는 것과 같은 것이 있었는가? 나는 예전부터 이렇게 생각했다. '세속은 신령과 지각을 가지고 작용하는 것을 리라고 여긴다. 먼저 리는 무형무위이고, 기는 유형유위라는 실상을 분명히 안 다음에 더불어 이기를 논할 수 있다. 그렇지 않으면 한갓 분분하게 수없이 많은 말과 주장을 낭비하면서 거칠고 어긋난 이상한 것만 만들 뿐이다.'

2.

「외필」 '스스로 그러하다'라고 말할 때는 말이 오히려 허황되었으나, '시키는 것이 있지 않다'라고 해서 그 말뜻이 명확해졌고, 정말로 음과 양이 말미암는 것이 없이 스스로 움직이고 스스로 그치는 것 같다.

정세영 : 주자는 『초사집주』에서 "한 번 양이 되고 한 번 음이 되며, 한 번 기울었다 한 번 차오르는 것은 (음양) 이기의 스스로 그러함이 이와 같은 것이지 (따로) 하는 것이 있지 않다"[374]라고 했다. 율옹의 설명과 조금의 차이도 없다. 그렇다면 이 또한 '하는 것을 말할 때는 말이 오히려 허황되었으나, (따로) 하는 것이 있지 않다고 해서 그 말뜻이 명확해졌고, 정말로 음과 양이 말미암는 것이 없이 스스로 움직이고 스스로 그치는 것 같다'라고 꾸짖을 수 있겠는가? 또한 『중용혹문』에서는 "(왕안석이) '하늘이 나에게 이것을 가지도록 했다'라고 한 것은 '상제가 충을 내려주었다'라고 말하는 것과 같을 뿐이다. 어떻게 정말로 그렇게 시키는 것이 있다고 여기겠는가?"[375] 상제는 천신(天神)이니, 분명히 주재하는 이가 있는데도 오히려 '시키는 것이 없다'라고 했으니, 하물며 함이 없는 리에 거꾸로 그렇게 시키는 것이 있겠는가? 율옹이 이 문단

374 주희, 『초사집주』(『주자전서』 vol. 19), 65쪽.
375 주희, 『중용혹문』(『주자전서』 vol. 6), 553쪽.

의 뒤에서 논한 '음이 고요하고 양이 움직인 것은 그 기틀이 저절로 그러하고, 음이 고요하게 하고 양이 움직이도록 하는 것은 리이다'라는 말은 음양이 실제로 말미암는 것이 있는데, 리가 근본이 된다는 뜻이다. 노사가 오히려 살피지 못하는 것은 어째서인가?

3.

「외필」 이제 두 가지를 다 보존해두고서 함께 사용하려고 한다면 그 모양이란 위연(魏延)과 양의(楊儀)가 함께 승상부에 있는 것과 매우 유사하니, 어찌 끝내 모순됨을 피할 수 있겠는가?

정세영 : 위연과 양의가 얻어서 태어난 것은 곧 노사가 말하는 '천명이 시키는 기'와 '기를 시키는 천명'이다. 그렇다면 이 두 사람은 반드시 서로 모순되는 변고가 없어야 한다. 그런데도 끝내 이 모순에서 벗어나지 못한다면 이것은 어째서인가? 리가 권력이 없어서 기를 부릴 수 없기 때문에 이와 같은 것인가? 이상하다.

4.

「외필」 움직이고 고요한 것은 기이고, 움직이고 고요하게 하는 것은 리이다.

정세영 : 이것은 노사가 '리에 기를 그렇게 시키는 능력이 있다'라고 해서 이렇게 말한 것이다. 노사가 정말로 이기의 근원과 유행의 실상을 이해할 수 있었다면 무릎을 굽히고 율옹의 문하에서 기어 다닐 겨를이야 없겠지만, 눈은 정치하지 못하고 심기는 평온하지 못해 이와 같은 차이를 불러왔음을 두려워했을 것이다. 그런데도 오히려 자신에게 있는 리를 알지 못해 자신의 견해를 정치하게 하지도 자신의 기를 조화롭게 하지도 못했다. 그의 주장을 믿을 수 없다는 것은 지혜로운 이를

기다린 다음에야 알 수 있는 것이 아니다.

5.

「외필」 태극의 움직임과 고요함은 본래 평이한 말이다.

정세영 : 이것은 실제 노사의 잘못된 곳이다. 이 때문에 '천명이 그렇게 시킨다'라는 말로 바꾼 것이다. 그러나 태극이 이미 찾아서 붙잡을 수 없는 것이라면, 어떻게 정말로 움직이고 고요할 수 있고 기를 부리는 묘용이 있는 줄을 알겠는가? 사람에게 있는 것으로 말하면 움직이거나 고요하건, 느리거나 빠르거나, 고개를 끄덕이거나 그렇지 않거나, 어긋나거나 그렇지 않거나, 그 면모가 한 가지가 아닌데 리는 금지하지 못하고, 어긋나지 못하도록 하는 능력이 없다. 그러므로 그의 주장이 이치에 닿지 않은 줄을 손바닥을 보듯이 알 것이다.

6.

「외필」 지금 사람[今人]은 '승(乘)'자를 보면 마치 갑자기 말들이 앞에 있는 것을 보고서 재빨리 올라타는 모양으로 본다.

정세영 : '지금 사람'은 율옹을 가리킨다. 이것은 율옹의 '리와 기가 본래 서로 떨어질 수 없다'라는 주장을 모르고서 사람과 말이 각자의 곳에 있다가 올라타는 모양으로 인식한 것이다. 그러나 이 리가 있으면 이 기가 있고, 이 리가 없으면 이 기도 없다. 리와 기가 서로 떨어질 수 없다는 것은 조금이나마 두 가지 명목을 아는 이라면 모두 알 수 있는 것이다. 하물며 율옹은 도체를 분명히 알고서 매번 이기를 혼융해서 설명했고, (이기의) 발현이 분명히 한 가지임을 말한 것이 수십, 수백 마디에 그치는 않으니 더 말할 나위가 있겠는가! 율옹의 말은 본래 흠잡을 것이 없는데 능멸하고 함부로 굴면서 이르지 못하는 곳이 없으니,

어떤 태극이 이러한 기상을 만들어 낸 것인지 모르겠다.

7.

「외필」 이때의 말이란 결국 변방의 늙은이가 (어느 날 갑자기) 얻은 것으로 자기가 본래 타던 말이 아니니, … 그 형세가 이쪽저쪽으로 휘둘리면서 말 머리만을 쳐다보는 격이니, 아, 위태롭다!

정세영 : 사람이 말을 타는 것으로 리가 기를 타는 것을 비유한 것은 주자의 설명이다. 리와 기는 원래 서로 떨어지지 않지만 사람과 말은 각자의 장소에 있을 수 있다. 선생이 이것을 모르지 않았지만 그럼에도 이것으로 비유한 것은 사람들이 쉽게 알아차리도록 하려는 것이었지, 리와 기가 각자의 장소에 있는 것이 사람과 말이 때로 서로 떨어져 있는 것과 같다는 뜻이 아니었다. 또한 리가 기를 제어하는 것이 사람이 말을 제어할 수 있는 것과 같다는 말도 아니었다. 그러므로 율옹이 '리는 하나이지만 기에 타면 그 나뉨이 갖가지로 달라진다'라고 한 것이 어떻게 이일(理一)의 때에는 기에 타고 있지 않다가 갖가지로 달라질 때에야 비로소 탄다는 뜻이겠는가? 이일은 기에 구애받지 않으니, 혼연한 본체이다. 기에 타게 되면 그 나뉨이 갖가지로 달라지는 것은 기에 뒤섞인 채로 유행하는 말단의 작용[末用]이기 때문이니, 말로 하려면 어쩔 수 없이 그런 것이다. 노사는 율옹의 이 말을 보고서 리와 기를 사람과 말이 각자의 장소에 있는 것처럼 인식했다고 꾸짖고, 또 리는 사람이 말을 제어하는 것처럼 기를 제어하는 능력이 없다고 꾸짖는다. 또한 이상하지 않는가?

8.

「외필」 기가 리를 따라 발현한다면 기발(氣發)이 곧 이발(理發)이다.

정세영 : 기가 리를 따라 발현한다면 기발일 뿐이니 어떻게 이발이라 하겠는가? 위주로 삼는 것이 이와 같기에 그 주장을 장황하게 해도 이 리에 작용이 있다고 하는 혐의에서 벗어나지 못한다. 어떻게 이런 주장이 가능하겠는가? 리가 정말로 작용의 능력을 가지고 있다면 노씨의 예법을 저버리는 것, 불교의 인륜을 끊어버림, 보통 사람이 성인과 같을 수 없다는 것이 모두 이 리가 기를 시키는 능력이 없어서 그렇다는 것인가? 아니면 또한 시키기는 함에도 불구하고 그 사이에서 개인적인 사사로움(自私)을 벗어나지 못했기에 이렇게 된 것인가? 난적과 이적의 무리들이 모두 이 리와 이 기에서 나왔다면 어째서 난적들이 도리에 어긋나고, 이적들이 예의가 없는 경우가 있는 것인가? 이것이 알 수 없는 점이다.

9.

「외필」 지나치거나 부족한 곳에 이르면 어쩔 수 없이 기를 말할 때가 있으니, "넘어지거나 내달리는 것이 기이다"라고 한 것이 이것이다. 지나치거나 부족한 것도 리에 근본한 것이지만 그 말류(末流)에 가서는 리를 해치니, 구별하지 않을 수 없다.

정세영 : (그렇다면) 이 시대는 리가 조종하는 힘을 잃어버려서 기가 이와 같은 데 이르게 된 것인가? 따로 (리에) '전적으로 주재하는' 것과 '수긍하지 않는' 폐단이 있어서 그렇게 된 것인가? 이것이 매우 의심스럽다. 그렇지만 나는 '리는 기의 근본이요, 그 발용은 오로지 기에 의지한다. 그러므로 리는 은미하고 기는 거칠며, 리는 약하고 기는 강하기에 이러한 지나치거나 부족한 차이가 있는 것이다'라고는 들어 보았지만, 노사의 생각처럼 '리가 때로 힘이 없어져 그의 직분을 잃어버렸다'라는 말은 들어보지 못했다.

10.

「외필」 근세에 이기(理氣)를 말하면서 … 가부[適莫]가 없는 것을 … 리라고 여겼다.

정세영 : '적(適)'은 전적으로 주재한다는 말이고, '막(莫)'은 수긍하지 않는다는 말이다. 리에 전적인 주재와 수긍하지 않는다는 (두 가지 의미가) 있다는 것이 선을 전적으로 주재하고, 불선을 수긍하지 않는 것이라면 괜찮을 것이다. 그러나 불선을 보고서도 전적으로 주재하고 선을 보고서도 수긍하지 않는 폐해가 있다면 저 '리'라는 것은 장차 법도와 의리에 의해 죽임을 당하는 데서 벗어나지 못할 때가 있을 것이다. 이것이 과연 리인가?

11.

「외필」 '이발' 두 글자가 오늘날의 학자들에게 크게 금기시되고 회피되는 말이 되어버렸다.

정세영 : '이발' 두 글자는 주자의 학설에 뿌리를 두고 있지만, 주자의 뜻은 마음의 발용이 의리(義理) 한 측면을 위주로 한다는 것을 말한 것일 뿐이다. 리의 발용이 기와 일치해서 번갈아가며 명령하고 양립하는 권세가 있다는 말이 아니다. 옳지 않은 줄을 밝히지 않으려 하지만 그럴 수 있겠는가? 기는 리가 아니면 발현하는 것이 없지만 리는 감정도 의지도 조작의 실질도 없으니, 선성과 후현이 모두 다른 주장이 없다. 어떻게 '오늘날 학자[今日學士家]'라는 다섯 글자로 묶을 수 있겠는가?

12.

「외필」 단락이 있거나 변화를 일으키거나 조리를 이루는 것을 보았다 하면, '기'라고 말하게 된 것이다.

정세영 : 하늘에서는 해가 가고 달이 오며, 추위가 가고 더위가 온다. 사람에게서는 한 번 말하고 한 번 침묵하며, 한 번 나가고 한 번 들어온다. 이 모든 것이 단락이 있고, 변화를 일으키며 조리를 이루는 일이 아닌 것이 없다. 이들은 모두 기인가? 리인가? 리라고 한다면 천지 사이의 모든 감정과 의지를 갖고 조작하는 물건들이 모두 이럴 것이다. 그렇다면 이것은 명나라 유학자들이 태극, 리, 도의 이름이 다르지만 일기(一氣)일 뿐이라고 하는 견해와 가깝지 않겠는가?

13.

「외필」 애초에 이미 그렇게 되도록 시키는 신묘함이 없고 결국 조종하는 힘도 없으니, 의지하고 붙어서 탈 뿐 무슨 일을 할 수 있겠는가? (그러한 이치란) 있어도 도움이 되는 것이 없고, 없어도 부족할 게 없어서, 살에 붙어있는 혹이나 천리마에 붙어있는 파리에 불과하다.

정세영 : 나는 노사의 문인들에게 묻는다. 이 리와 이 기에서 태어나고, 리에 이미 그렇게 시키는 능력이 있으며, 또한 조종하는 힘이 있다면 그 동작은 태어나서 죽을 때까지, 어려서부터 늙을 때까지 저 기가 하는 데로 맡겨두는 일이 없을 것이다. 그렇다면 '돌이켜 구한다[反而求之]'[376]라는 것은 이 말에 부끄러움이 없겠는가? 그렇지 않다면, 이기의 구별에 어두울 뿐만 아니라, 전현을 침범하고 모독하며, 후인들을 그르친다는 책임에서 끝내 벗어나지 못할 것이다. 깊이 두려워할 일이다.

14.

「외필」 '탄다[乘]'라는 말이 그 본뜻을 잃어 점점 리가 가벼워지고 기

---

376 『맹자』, 「양혜왕 하」 7장.

가 무거워지다가 곧바로 기가 리의 자리를 빼앗아 모든 일의 본령이 되었다. 한 글자가 본뜻을 잃어, 그 재앙이 여기에 이르렀다.

정세영 : 『율곡전서』를 보면 처음부터 이러한 생각이나 맥락이라고는 없으니, 여기에서 말한 내용은 누구를 가리켜 말하는 것인가? 이제 가볍고 무거움으로 말하자면 리는 무겁고 기는 가볍다. 함이 없는 실체가 기를 타고서도 그대로이되 모든 변화의 본령이 되기 때문이지, 리에 기를 부리는 능력이 있어서 그렇다는 말이 아니다. 이제 '기가 리의 자리를 빼앗아 모든 일의 본령'이 된다고 했다. 이것이 기가 작용해서 리의 본분을 빼앗고 그 직분을 행한다고 말하는 것이라면 앞에서 말했던 '리는 조작하지 않고, 스스로 준동하지 않는다'라는 것은 그 자취를 드러내지 않고 조작 준동하며, 형적을 가진 기와 다르다는 것일 뿐이다. 리에 기를 부리는 능력이 없다고 말하는 것이 아니다. 그래서 나는 노사의 안목이 겨우 만물에 신묘하게 작용한다는 데에 이르렀을 뿐, 이리가 함이 없는 본체인 줄을 파헤치지 못했다고 여기는 것이다.

15.

「외필」 기를 리와 짝지어 제시해서 이기(理氣)라고 부른 것은 언제 시작되었는가? 나는 이것이 결코 성인의 말이 아니라고 생각한다.

정세영 : 리와 기를 짝지어 제시한 것은 성인의 말에 한둘이 아니다. 그런데 여기에서 '성인의 말이 아니다'라고 했으니 바로 성인을 모독한 것이 아닌가? 이제 (여태) 듣지 못한 것처럼 오로지 율옹을 배척하는 근거로 삼는 것은 그 뜻이 리를 존중한다지만 매우 공정치 못하다. 그 말이 맞더라도 오히려 온당치 못한 점이 있는데, 하물며 꼭 옳지도 않음에랴! 또한 "지금 사람들은 '리'자를 보자마자 반드시 기를 찾아 짝으로 만들려고 한다. 이 때문에 리의 유행이라는 한 가지 큰일이 모두 '기'자의 영역에 속하게 되니, 이것이 두 가지 본령을 세운 시초다"라고 했다.

나는 리와 기 두 가지는 하나라도 없으면 곧 조화를 이루지 못한다고 들었지, 리가 홀로 운행해서 온갖 일을 이룬다고 들어본 적이 없다. 리가 장수이고 기가 병사일지라도 짝지어 제시하지 않을 수 없으니 여기에 기준을 두면 후세의 성현들도 벗어날 수 없다. 또 어떻게 '지금 사람[今人]'이란 두 글자로 묶을 수 있겠는가? '두 본령의 시작'이 스스로 하는 말이라면 꼭 옳지 않다고 할 수는 없지만, 이것으로 율옹을 꾸짖는다면 조금이라도 이 둘의 명목을 이해하는 이라면 망령되다고 여기지 않을 이가 드물 것이다.

16.

「외필」 성인들은 유행하여 발현하며 변화하고 환히 드러나는 것이 모두 이 도가 하는 것임을 분명히 알았다.

정세영 : 노사는 태극이 움직였다 고요하고 건도가 변화하며 한 번 음이 되고 한 번 양이 된다는 등의 말에 기인해서 진실로 이 도가 스스로 유행할 수 있고, 변화가 환하게 드러난다고 한다. 그러나 성현들의 뜻은 음양이 유행하는 윗면에 타고 있는 리를 위주로 말한 것에 불과하다. 이러한 곳에서 곧바로 '윗면'은 리이고, '아랫면'은 기이다. 그 가운데서 자세하게 함이 없는 리를 보고서, 이것을 참으로 음양과 모든 변화의 지도리이고 뿌리로 삼되, 그 저절로 그러한 본체를 잃지 않은 다음에야 안목을 갖추었다고 할 것이다.

17.

「외필」 지금 사람들은 도리(道理) 두 글자를 아득하게 생각도 논의도 할 수 없는 곳으로 몰아내고, 밝게 드러난 것들이 있으면 한결같이 기에 소속시킨다. 이렇게 하는 이는 이기를 안다고 여기고, 이렇게 하지 못하는 이는 이기를 모른다고 여긴다. 헛된 이름과 지나간 말로 도를 말하고 리를 말하지만, 그 실상이란 기가 리의 자리를 빼앗아 모든 일의 본령이 될 뿐이다. 이와 같다면 세상에 다시는 '피음사둔(詖淫邪遁)'이 없을 것이니, 전도되고 창피함이 무슨 일엔들 있지 않겠는가?

정세영 : 오인(午人 : 남인)의 문집을 본 적이 있었는데, 사단이 이발이라는 학설을 힘껏 주장했다. 율옹의 '발현하는 것은 기이고, 발하게 하는 소이는 리이다'라는 한 단락을 논하면서, 이렇게 말했다. '율곡은 기를 리로 여기고 리를 공허(空虛)하고 명적(冥寂)한 사물로 여겼다.'[377] 이제 노사의 말은 어찌 이렇게 비슷한가? 나는 '사람은 도를 넓힐 수 있지만 도가 사람을 넓히는 것은 아니다', '사람의 마음에는 지각이 있지만, 도체는 함이 없다'라는 가르침을 제대로 이해한 사람은 이처럼 어지럽게 말하고, 거꾸로 그 진장(眞臟)을 드러내지는 않았을 것이라고 생각한다.

18.

「외필」 작은 힘으로 교정하려고 한다면, 저들이 반드시 '이전 현자들도 이렇게 말했다'라고 할 것이다. 어린 학생들도 한결같이 나를 이길 수 있다.

정세영 : 내 생각에 노사의 많은 말은 단지 '리' 한 글자를 잘못 본 것일 뿐이다. 그가 주워 모은 말이라고는 육왕(陸王)이 이미 진술한 찌꺼기이고, 꾸짖고 배척한 것은 공자·주자 이후 성현들이 이미 정론화

377 "퇴도선생이 사단칠정을 논한 편지는 영원토록 흔들리지 않을 것이다. 그런데 율곡은 곧장 '의리가 분명치 않다'라고 물리쳤다. 그의 문인들은 이를 전하면서 공공연하게 기를 리로 여기고, 리를 공허하고 명적한 사물이라고 인식하니, 그 재앙이란 말로 다 할 수 없다.[退陶先生論四端七情書, 可以俟百世不惑. 而栗谷直斥以義理不明, 其徒傳述, 公然認氣爲理, 認理爲空虛冥寂物事, 其禍不可勝言.]" 李玄逸, 『葛庵集·附錄』 권3(표점영인 한국문집총간 vol. 128), 「墓誌銘」, 563쪽.

한 가르침들이다. 그럼에도 '작은 힘으로 교정한다'라고 한다면 이것은 누구를 속이겠는가? 하늘을 속이겠는가? 아! 리가 세상에 밝지 못한지 오래다. 이 때문에 노사가 80년 동안 애타게 근심하고서도 그의 평생을 그르치는 결과를 가져온 것이다. 어찌 어린 학생조차 한결같이 나를 이길 것만을 근심하는 데 그치겠는가? 나는 틀림없이 후세에 해를 끼치고, 독이 될 것이라고 생각한다. 매우 두려운 일이다.

19.

김감역(金監役 : 김평묵)의 「외필발」에서는 사계·우암 이래 여러 선생이 율옹을 전술할 것을 '천하 후세에 선정의 잘못을 들추었다'라고 했다. 그리고는 도리어 '선정을 존중하고 사모하기로는 우리 기·이 두 선생만한 분이 없다'라고 했다. 최참판(崔參判 : 최익현)의 「신도비문」에서는 노사를 '공자·주자 이후의 제일가는 학자로서 겨우 이화서(李華西) 한 사람만이 그와 더불어 덕을 같이하고, 부절을 합친 것 같다'라고 했다. 또한 연재(淵齋 : 송병선)에게 보내는 편지에서는 '누가 노옹의 「외필」이 진실로 율옹을 존경하고 사모하는 줄을 알 것인가?'라고 했다. 이것은 앞뒤로 일관된다고 할 것이다. 그러나 (이런 식으로) 율옹을 존경하고 사모하는 이가 매번 뒤를 이어 일어난다면 율옹의 글은 장차 읽을 수 있는 곳이 사라지고, 공자·주자의 가르침은 다시 세상에 밝아지지 않을 것이다. 나는 존경하고 사모한다는 폐해가 깊어지려는 것이 두려우니, 어떻게 힘이 미치지 못한다고 해서 변론하지 않겠는가? 이것이 우리 사문에서 논한 것이 지극하고 그 내용을 두루 갖춰 남긴 것이라고는 없고, 그 밖의 글들에서 흩어져 나타나는 것들도 많은 이유이니, 도를 근심하는 간절함에 어쩔 수 없이 그런 것일 뿐이다.

나는 리와 기 두 가지는 간격이 없이 혼융하다고 들었다. 그 가운데 나아가 나누어 말하자면 무형무위와 유형유위의 실상은 서로 어지럽힐 수 없는 것이 있다. 그러므로 그 유행하는 즈음에 그 항상함을 잃지 않고 그 선함을 보존할 수 있는 것은 기가 스스로 리를 따르는 것이지, 이 리가 저 기를 붙잡아 따르도록 시키기 때문이 아니다. 그 항상함을 잃고 불선한 데로 흐르는 것은 기가 스스로 리를 따르지 않는 것이지, 이 리가 저 기를 방종하도록 내버려 두어서 따르지 않게 되는 것이 아니다. 이것이 리가 기의 근본이기는 하지만 운용하는 실제는 기에 달려 있다는 것이다. 어떻게 리에 정말로 기를 부리는 능력이 있겠는가? 리에 기를 부리는 능력이 있다면 하늘에서는 어떻게 비와 바람, 이슬과 서리가 때를 놓치는 변고가 있을 것이며, 사람에게서는 어떻게 선악과 시비가 상반되는 차이가 있겠는가? 저 도를 닦는다는 가르침도 어떻게 베풀어질 수 있겠는가? 세상의 기씨를 높이는 이들은 변론해 보라.

猥筆辨

丙午

鄭世永

1.

天之所以爲天; 人之所以爲人, 同是此箇理氣, 而非有二本. 則論天命與陰陽動靜者, 就人身上驗之, 最爲切至也. 然則人心之一動一靜, 直是陰陽之象, 而驗之動靜之際, 則非別有使之也. 只是自能動靜, 而其動之靜之, 未嘗不原於性也. 是則性雖無使心之能, 而其實體, 不害爲此心動靜之樞紐也. 其在天, 亦何以異哉? 前聖後賢, 相傳之說, 其意只如此而已. 豈有如蘆沙之所云哉? 余嘗以爲世之將神靈知覺有作用底爲理者. 合下先須分明識得理無形無爲; 氣有形有爲之實, 然後可與論理氣也. 不然, 徒爾紛紛, 費得無限辭說, 做得非常麤差云.

2.

猥筆謂說自爾時, 語猶虛到. 非有使之, 語意牢確. 眞若陰陽無所關由, 而自行自止.

朱子所定楚辭集註, 有一動一靜, 一晦一朔, 皆陰陽之所爲, 非有爲之者. 與栗翁之說, 無毫髮不同, 則此亦當以所爲時, 語猶虛到, 非有爲之者, 語意牢確, 眞若陰陽無所關由, 而自行自止責之乎? 又中庸或問曰, 天使我有是者, 猶上帝降衷云爾. 豈眞以有或使之者哉? 上帝, 是天神, 分明有所主宰, 而猶謂之無使, 況理之無爲, 反有所使之哉? 栗翁此段下文, 所論陰靜陽動, 其機自爾, 而其所以陰靜陽動者, 理也者, 陰陽實有所關由, 而理爲之本也. 蘆沙之卻不省, 何也?

3.

猥筆謂今欲兩存而幷用，其貌樣頗似魏延楊儀同在丞相府，安能免畢竟乖張乎?

吾思夫魏延楊儀所得而生者，卽蘆沙所謂天命所使之氣，與使氣之天命也. 然則此兩人必無乖張之變，而終是免不得，則是何? 理之無權力而不能使氣者，若是耶? 可異也.

4.

猥筆謂動靜者，氣也; 動之靜之者，理也.

此蘆沙所謂理有使氣之能者然也. 若使蘆沙眞能有見於理氣源頭流行之實，則將斂膝匍匐於栗翁之門之不暇，而但恐目力未精，心氣不平，致得如是差互. 而卻不知道在自家之理，不能使自家之見便精，使自家之氣便和. 則知其說之無所恃賴，不待明者而後見也.

5.

猥筆謂太極動靜，本是平坦語.

此實蘆沙所誤處. 所以喚做天命使之然之語也. 然太極旣非可摸捉之物，則何以見其眞能動靜，而有使氣之妙也? 以其在人者言之，其動其靜，或緩或急，或肯或不肯，或差或不差，其面貌不一，而理無禁，不得使差之能. 則知其說之無理，如示諸掌矣.

6.

猥筆謂今人看乘字，如有忽見馬匹蹻捷而騰上.

今人，指栗翁也. 此謂栗翁不知主張之理與氣本不相離，而認若人馬各在一處而騰上樣也. 然有是理則有是氣; 無是理則無是氣. 而理氣之本不相離，稍能解二者之名目者，皆可以知之矣．況栗翁明於道體，而每每說理氣渾融，其所發用明是一塗者，非止数十百言而已乎？栗翁之言本無可疵，而其爲凌藜靡有不至，則不知甚麼太極，教得作此氣貌也．

7.

猥筆謂是馬也，終是塞翁之得，非自家元來所乘．勢必之東之西，惟馬首是瞻．嗚呼，危哉！

以人乘馬諭理乘氣，是朱子說也．理氣之元不相離，人馬之各在一處．先生非不知此，而猶以是爲諭者，欲人之易見，而非謂理氣亦或有各在一處，如人馬之有時相離也．又非謂理之御氣，如人之能御馬也．然則栗翁所謂理一也，而乘於氣則其分萬殊者，豈是理一時，無所乘之氣，而萬殊時，如有所乘者乎？蓋理一者，是不囿於氣而渾然之本體也．乘於氣，則其分萬殊者，是雜於氣而流行之末用也，則措語不得不然矣．蘆沙見栗翁此語，譏其認理氣如人馬之各在一處，而又理無御氣之能，如人之御馬然．不亦異乎？

8.

猥筆謂氣之順理而發者，氣發，卽理發也．

氣雖順理而發，只是氣發，安得謂之理發乎？其所主者如是，故張皇其說，而不免使此理有作用之累矣．鳥在其可也？理實有作用之能，則如老氏之棄滅禮法，釋氏之悖絕倫常，凡民之不如聖人者，皆無此理使氣之能而然也邪？抑此亦有所使，而猶未免自私於其間故乃爾邪？至於亂賊之徒·夷狄之類，亦皆生於此理此氣，則是何有亂賊之悖道理，夷狄之無禮義者乎？是未可知也．

9.

猥筆謂到過不及處，不得已而有說氣時，蹶者趨者，氣也，是也. 蓋過不及，雖亦本於理，而末流害於理，則不可無區別.

蓋此時，理卻失操縱之力，而致得氣如此邪? 別有所專主與不肯之弊而然也邪? 此甚可疑也. 雖然吾聞理爲氣本，而其所發用，則專資乎氣，故理微氣麁·理弱氣強，而有此過不及之差也. 未聞理有時無力，而卻失其職，如蘆沙之意也.

10.

猥筆謂近世說理，槩以無適莫爲理.

適，謂專主也; 莫，謂不肯也. 理既有專主與不肯，則其所專主者善，而不肯於不善則可. 若或有見不善而專主，見善而不肯之弊，則彼所謂理者，將有時不免法義之誅矣. 是果理乎?

11.

猥筆謂理發二字，爲今日學士家一大禁避語.

理發二字，雖曰本於朱子之說，而朱子之意，則不過以心之發用主於義理一邊而言. 非謂理之發用與氣一致，而有交領並立之權也. 雖欲不明其不然，得乎? 氣非理則無所發，而理卻無情意造作之實，則先聖後賢，俱無異說矣. 何可以今日學士家五字了之邪?

12.

猥筆謂纔見段落，行變化，成條理者，則曰氣也.

如在天，而日往月來，寒往暑來; 在人，而一語一嘿，一出一入. 無非是段落行變化成條理之事，則此皆果是氣邪? 理邪? 若是理，則凡天地間一切有情意造作之物，皆是也. 然則此莫無近於明儒輩，太極理道爲名雖殊，只是一氣而已之見邪?

13.

猥筆謂初旣無使之然之妙，末又非有操縱之力，寄寓來乘，做得甚事? 有之無所補，無之靡所闕，不過爲附肉之疣，隨驥之蠅.

吾問蘆門諸公，生於此理此氣，而理既有使然之能，又有操縱之力，則其所動作，自生至死，自少至老，無霎時任他氣之所爲矣. 反而求之，能無愧於此語也邪? 不然，非徒昧於理氣之分，其爲侵侮前賢，謾過後人，終不得而辭其責也. 可畏之甚也.

14.

猥筆謂由乘字，失其本旨，駸駸致得理輕而氣重，直至氣奪理位，爲萬事本領，一字之失，其禍乃至於此!

按全書初無此箇意脈，則此所云云，指誰而言? 今以輕重言之，則理重而氣輕. 特以其無爲之實體，乘氣自若，而爲萬化之本領故也. 非謂彼有使氣之能而然也. 今曰氣奪理位，爲萬事之本領. 則此乃氣之有爲，奪理之本分，而行其職云，然則向所謂理非造作自蠢動者，但不露其迹，而與造作蠢動有形迹底氣異也. 非謂理無使氣之能也. 故余謂蘆沙眼力，僅到神妙萬物地位，未能究乎此理無爲之本體也.

15.

猥筆謂把氣與理作對，而喚做理氣，始於何時? 此必非聖人之言.

今按，理氣對擧者，聖人之言，不一而足. 則此云非聖人之言者，非直是侮聖言者乎? 今若不聞也者，而欲爲專斥栗翁之資，則其意雖欲尊理, 而不公之甚也. 使其所言是, 猶爲未安, 况未必是乎? 又曰今人纔見理字, 必覓氣來作對, 於是理之流行一大事, 盡被氣字帶去作家計, 是雙本領之履霜也. 吾聞理氣二者, 闕一則便不成造化矣. 未聞理能獨行而成萬事. 則理雖爲師, 氣雖爲役, 不可不對擧, 此有書契, 以後諸聖賢之所不免. 則又何可以今人二字了之邪? 雙本領之履霜, 把做自道之辭, 則未爲必不然, 而以是爲譏斥栗翁, 則雖稍解二者之名目者, 不以爲安者, 鮮矣.

16.

猥筆謂聖人的見流行變化昭著, 莫非此道之爲.

蓋蘆沙因太極動靜, 乾道變化, 一陰一陽等說, 而謂眞此道自能流行變化昭著. 然聖賢之意, 不過就陰陽流行上面, 主乘載之理而言. 則此等處, 直是上面是理; 下面是氣也. 卽其中, 細看出無爲之理, 實爲陰陽萬化之樞紐根柢, 而不失其自爾之本體, 然後方是具眼者.

17.

猥筆謂今人驅道理於冥漠, 纔有發見昭著, 一屬之氣. 如此者, 爲識理氣, 不如此者, 爲不識理氣. 雖以虛名過去說說道理, 其實氣奪理位爲萬事本領而後已. 若是則天下更無詖遙邪遁矣, 顚倒倡披, 何事不有?

曾見午人文集, 則有力主四端理發之說者. 論栗翁發之者氣也所以發者理也一段, 云栗谷以氣爲理, 以理爲空虛冥寂物事. 今盧沙之言, 何其相似也? 余以爲善領會於人能弘道非道弘人人·心有覺道體無爲之訓, 則必不應如此胡亂說去, 反露其眞贓也.

18.

猥筆謂以瑣力矯救, 彼必曰前賢亦嘗云爾. 童行學者, 一能勝余.

吾以爲蘆沙許多說語, 只是見一理字之誤也. 其所掇拾者, 陸王已陳之糟粕, 所譏斥者, 孔朱以來,諸聖賢己定之旨訣. 然而云瑣力矯救, 則此誰欺? 欺天乎? 嗚呼! 此理之不明於世久矣. 所以致得靈沙八十年耿耿之憂, 而誤其平生也. 豈止憂童行學者, 一能勝余乎? 必也貽禍於後世, 流毒於生民矣. 甚可懼也已.

19.

金監役猥筆跋. 沙尤以下, 諸先生之傳述栗翁者, 則曰暴揚先正之失於天下後世. 而反謂尊慕先正, 莫如我奇李雨先生. 崔參判碑文, 認蘆沙爲孔朱後第一流, 而僅有一李華西, 與之同德相符. 又與淵齊書, 云誰知蘆翁猥筆, 眞尊慕栗翁哉? 此可謂前後一揆. 而若尊慕栗翁者, 每每接踵而起, 則栗翁之書, 將無地可讀, 而孔朱之訓, 不復明於世矣. 吾恐尊慕之禍, 將有甚焉, 則豈可以其力之不逮, 而不辨之哉? 此吾師門所論, 極其備悉無餘, 而其他散見於筆說者, 亦多, 則蓋其憂道之切, 而不得不爾也.

吾問理氣二者, 本渾融無間. 而就其中, 分而言之, 則無形無爲與有形有爲之實有不可相奏者, 故其流行之際, 不失其常, 而能保其善者, 是氣自順於理, 非這理便把捉他氣而使之順也. 若失其常, 而流於不善者, 是氣自不順於理, 非這理便放縱他氣而致不順也. 是則理雖爲氣本, 而其運用之實, 則在於氣也. 豈理眞有使氣之能哉? 若理而有使氣之能, 則在天安有風雨霜露失時之變; 在人安有善惡是非相反之異? 而被修道之教, 亦將何所施乎? 世之尊尚奇氏者, 請置辨.

주리주기문

전우

이 글은 전우가 주리와 주기 논변을 비평한 것이다. 구체적인 저술 시기는 알 수 없다. 외필논쟁의 쟁점을 주리와 주기의 대립으로 파악하고 있다. 현재 『간재집』에는 실려 있지 않고 김로수의 『부벽록』에 근거했다. 따라서 1909년 이전에 쓰였다는 것만은 확실하다.

요즘 사류들 사이에 주리(主理)와 주기(主氣)의 논쟁이 있다. 이것은 따져서 묻고 명확히 하지 않으면 안 된다. 주리는 정학이요, 주기는 이단이다. 이단으로서는 불교와 고지, 육씨와 왕씨 만한 것이 없다. 이제 『금강경』을 살펴보면 '여래(如來)를 보는 것'을 종지로 삼는다. 여래란 그들이 말하는 '성(性)'이 이것이다. 첨부민(詹阜民)이 마음을 붙잡는 데 힘을 쏟은 지 보름 만에 갑자기 '이 마음이 이 맑고 환해짐'을 깨닫자, 상산이 눈을 돌려 바라보면서 '이 이치가 이미 드러났구나'라고 했다.[378] 양명은 '마음의 본체가 곧 천리'[379]라고 했다. 이것으로 본다면 고금의 주리는 또한 이 네 부류만한 이가 누가 있겠는가? 그런데 우리 유학에서는 거꾸로 그들을 주기라고 하는 것은 어째서인가?

우암선생은 '공자에서 송나라 유학자에 이르기까지 성을 리에, 마음을 기에 소속시켰으니, 그저 자세한 정도만이 아니다'[380]라고 했다. 이미 '공자에서 송나라 유학자에 이르기까지'라고 했다면 고금의 성현들

378 육구연, 『육구연집』 vol. 4, 이주해·박소정 역주(학고방, 2018) 512~513쪽 참조.
379 王守仁, 『王文成全書』 권5(경인문연각 사고전서 vol. 1265), 「答舒國用」, 156쪽.
380 송시열, 『송자대전』 권21(『표점영인 한국문집총간』 vol. 108), 「擬兩賢辨誣疏」, 479쪽 참조.

이 모두 그 가운데 있는데, 그 마음이 주재가 된다고 운운한 것에도 또한 이론이 없다. 그렇다면 주기로는 우리 유학만한 것이 없는데, 우리 유학이 주리라고 자처하는 것은 어째서인가?

주자는 '노자와 불교가 도리어 기(氣)에 집착해서 말하지 않은 것은 이것을 벗어난 다음에야 도가 될 수 있다고 생각하기 때문이다'[381]라고 했다. 율옹은 "성현들의 수많은 말들도 사람에게 그 기를 검속해서, 그 기의 본래 모습을 되찾으라는 것일 뿐이다"[382]라고 했다. 여기에 근거하면 노자와 불교가 주리이고 성현이 주기인가? 주기의 이름을 버리고 주리의 실질이 되려고 한다면 무엇을 따르는 것이 타당하겠는가?

381 주희, 『주자어류』 권98(『주자전서』 vol. 17), 3297쪽.
382 이이, 『율곡전서』 권10(표점영인 한국문집총간 vol. 44), 「답성호원」, 211쪽.

主理主氣問

田愚

近時士流有主理主氣之爭. 此不可不審問而明覈之. 大抵主理者爲正學, 主氣者爲異瑞. 異端宜莫如佛告陸王. 今考金剛經, 以見如來爲宗旨. 如來者, 彼所謂性也, 是也. 告子亦嘗言性生之爲性, 是也. 亦嘗循性食色性也, 是也. 詹阜民用力操存半月, 忽覺此心澄瑩. 象山目逆而視之, 曰此理已見矣. 陽明言心之本體卽天理也. 以此觀之, 古今之主理者, 又孰若四家? 而吾儒却反謂之主氣, 何也? 尤庵先生言自孔子至宋儒, 以性屬理, 以心屬氣, 不啻詳矣. 旣曰自孔子至宋儒, 則古今聖賢, 擧在其中, 而其心爲主宰之云, 又無異論. 則主氣莫如吾儒, 而吾儒乃處以主理, 何也? 朱子言老佛却不說着氣, 以爲外此然後爲道. 栗翁言聖賢千言萬語, 只要人檢束其氣, 使復其氣之本然而已. 據此則老佛爲主理, 而聖賢爲主氣耶? 欲辭主氣之名, 而爲主理之實, 宜何所適從?

동지정지문답

전우

이 글은 전우가 손님과의 대화라는 형식을 빌려 기정진의 '동지정지(動之靜之)'에 대한 견해를 비판하고 있는 것이다. 현재 『간재집』에는 실려 있지 않아서 김로수의 『부벽록』에 실려 있을 뿐이다 따라서 정확한 저술 년대는 알 수 없지만, 1909년 『부벽록』이 편집되기 이전에 쓰였다는 것만은 짐작할 수 있다.

지나가는 손님이 내게 따지면서 말했다. : 움직이고 고요한 것은 기이고, 움직이고 고요하게 하는 것은 리라는 것이 어찌 「외필」만 그렇게 말하는 것이겠는가? 율옹의 「격물책」·「천도책」 및 우옹의 과의(科義)에서도 모두 그렇게 말했다. 그런데 그대가 유독 노사를 비난하는 것은 어째서인가? 내가 듣기로 유학자가 마음을 세워 입을 열면 위로는 천지에 응답할 수 있고, 아래로는 후세의 성인을 기다릴 수 있다고 했다. 오늘날의 선비는 종종 이리저리 흔들리다가 심한 경우에는 염량세태의 풍습에 이르기도 한다. 그대는 어째서 세속의 유행에서 벗어나지 못하는 것인가?

나는 깜짝 놀라 오랜 후에 대꾸했다. : 중원에는 중원의 풍습이 있고, 외진 나라에는 외진 나라의 풍습이 있다. 한 학파에는 학파의 풍습이 있고, 한 집안에는 집안의 풍습이 있다. 시대는 고금의 다름이 있고, 산천은 여기와 저기의 차이가 있는데, 이것을 쉽사리 초탈하지 못하는 것은 어째서인가? 오로지 도에 뜻을 두기가 어렵기 때문이다. 내가 어떤 사람이기에 스스로 한 시대의 기풍에 얽매이지 않는다고 하겠는가? 「외필」을 변론하면서도 마음대로 분수를 벗어나는 꾸짖음을 더하지 않았고 바르지 못한 죄를 범하지도 않았다. 움직이게 하고 고요하게 한다고 운운한 것은 노사가 정말로 율옹·우옹 두 선생의 취지를 말없이 알아차렸다면 '기틀이 스스로 그러하지 그렇게 시키는 것이 있지 않다'라는 가르침에서도 마땅히 마음속으로 이해하느라 (다른) 겨를이 없었을 터인데, 어떻게 그 뜻을 착각해서 거꾸로 두 가지 본령이라고 비난했겠는가? 움직이고 고요하게 하는 것은 하나이다. 두 선생의 말은 다만 저절로 주재가 된다는 뜻일 뿐이다 「외필」에서 말한 것은 오히려 '조종하고' '가부가 있다'라는 뜻이니, 이것이 어찌 말은 같지만 가리키는 것은 다른 것이 아니겠는가? 아! '덕성을 높인다'라는 것은 자사와 상산이 함께 말했고, '먼저 그 큰 것을 세운다'라는 것은 맹자와 상산이 함께 말했다. '타고난 것을 성이라고 한다'라는 것도 명도와 고자가 함께 말했고, '양지'는 맹자와 양명이 함께 말했다. '본체와 작용이 근원을 같이하고 드러난 것과 감춰진 것 사이에 간격이 없다'라는 것은 이천과 청량(淸凉)[383]이 함께 말했다. 그러나 그 취지의 실상을 탐구하면 남과 북, 얼음과 숯보다 더 큰 차이가 난다. 말과 논의가 다르다면 원래 변론할 것이 못 된다. 그러나 말은 같은데 취지가 다르다면 변론이 없을 수 없다. 나는 그러므로 늘 '성인의 문하에서 사공이란 오직 뒤섞인 것을 구별하고 미묘한 차이를 밝히는 것이 가장 중요하다'라고 했던 것이다. 율옹은 매번 기가 유위라고 말했는데 노사는 문득 기가 리의 자리를 빼앗았다고 꾸짖으니, 이 한 마디에서 그가 리를 곧 율옹이 말하는 기로 인식한다는 것을 알 수 있다. 이제 유위의 기를 가리켜 무위의 리에 해당시킨다면 어떻게 이학(異學)의 견해와 스스로를 구별할 수 있겠는가? 노사의 뜻이 과연 율옹과 다르지 않다면 어째서 두 책문을 인용해서 증거로 삼지 않고, 듣지도 보지도 못한 것처럼 홀로 '기틀이 스스로 그러

383 [원주] 당나라 때의 승려다.[唐時僧].

하지 그렇게 시키는 것이 있지 않다'는 두 마디만을 들어서 멋대로 붓을 휘두르고 화를 내며 꾸짖고, 땅을 파서 묻어버리려고 하는가? 그렇다면 그가 말하는 '움직이게 하고 고요하게 한다'라는 것이 어찌 율옹의 '발현하는 것은 기이다'라고 말한 것과 같은 의미이겠는가? 오직 이와 같기 때문에 움직이고 고요하게 하는 것은 리라는 점에서는 똑같지만, 나는 율옹과 우옹을 주장하면서 노사를 잘못이라고 하는 것이다. 그것이 리의 소당연이자 어쩔 수 없이 그러는 것이기 때문이다. 세속의 염량세태라는 혐의는 그 자체로 피할 수 없는 것이다.

손님은 이 말을 듣고 기뻐하면서 말했다. "내가 이 말에 다시 의심할 것이 사라졌습니다."

動之靜之問答

田愚

客有過余而詰之者曰，動者静者，氣也；動之静之者，理也．此豈獨猥筆云然？栗翁格物·天道兩策，及尢翁科義，皆嘗言之，而吾子獨非蘆沙，何也？吾聞儒者之立心啓口，上可以荅天地，下可以俟後聖．今之士徃往隨風逐波，甚者或至炎凉之習．吾子豈不免於流俗圈套耶?

余矍然良久應之曰，中原有中原之習，偏邦有偏邦之習．一門有一門之風，一家有一家之風．時代有古今之異，山川有彼此之殊．此固未易超脫，何也？以專志於道者之難也．余以何人自謂不囿於一世風氣？至於猥筆之辨，亦未嘗妄加分外之譏，用犯不韙之罪也．夫動之静之云云，使蘆沙果能默契於栗尢两先生之指，則至於機自爾非有使之敎，宜其心領神会之，不暇，何及錯認其意，而反有兩本領之機耶？盖動之静之一也，而二先生之言，只是自然爲主之意．猥筆之云，却是操縱適莫之意，是豈非言同而指異者歟？吁！尊德性，子思象山之所同．先立乎其大者，孟子象山之所同．生之謂性，明道告子之所同．良知，孟子陽明之所同．體用一源，顯微無間，伊川清凉—唐時僧—之所同．然究其所指之實，則不啻朔南之分，氷炭之異也．夫言論不同者，原無足辨．惟語同而指異者，不得而無辨．吾故常曰，聖門事功，惟別嫌明微爲最要也．栗翁每言氣之有爲，而蘆沙輒譏其氣奪理位，卽此一語可見其所認以爲理者，卽栗翁所言之氣也．今夫指有爲之氣，而當無爲之理，則何以自別於異學之見歟？且蘆沙之意，果與栗翁不異，則何不引據兩策以爲證佐，而乃爲不聞不見也者，而单擧機自爾非有使兩語，肆筆奮罵，剗地埋煞也．然則其所謂動之静之者，豈非與栗翁發之者氣也云者同一意致乎？惟其如是，故動之静之者理也一也，而吾主栗尢而非蘆沙．盖其理之所當然而不得不然. 其於世俗炎凉之嫌, 自有不得而避者.

客聞之. 喜曰, 吾無復所疑於斯言矣.

이성원에게 보냄

전우

이 글은 전우가 이탁모(李鐸謨)에게 보내는 편지다. 정학과 이단을 "성을 존중하는 것은 정학이요, 마음을 존중하는 것은 이단"이라고 구별하고 있다. 그러나 현재 『간재집』에는 실려 있지 않고, 김로수의 『부벽록』에 근거했다. 1909년 이전에 쓴 것이라고 판단할 뿐 구체적인 저술 연대는 알 수 없다.

정자는 "성은 곧 리"라고 했는데 주자는 '유학에 공적이 있다'라고 했습니다. 율옹은 '마음은 기'라고 했는데, 우옹은 '후학들에게 공적이 있다'라고 했습니다. 나는 정자의 학설이 밝아지면 순자·양웅의 의론은 논파되고, 율옹의 말이 확립되면 육씨·왕씨의 말은 없어질 것이라고 생각합니다. 그 공적이 위대하지 않겠습니까? 그러나 이것은 정·이 두 분이 창안한 것이 아닙니다. 성이 곧 리라는 것은 실제로는 성탕의 '상제가 충을 내려주었다', 자사의 '하늘이 명한 것을 성이라 한다'라는 것에 뿌리를 두고 있습니다. 마음이 기라는 것은 실제로 공자의 '마음이 법도를 넘어서지 않는다', 안자의 '마음이 인에서 어긋나지 않는다'라는 것에 뿌리를 두고 있습니다. 그러므로 주자는 종합해서 단정하면서 '성은 태극과 같고, 마음은 음양과 같다'라고 했습니다. 아! 그 말이 진실로 팔자타개(八字打開)요 영원한 횃불과 같다고 할 것입니다. 우리 유학이란 한마디로 하자면 공경함일 뿐입니다. 공경하려면 어떻게 손을 써야 합니까? 반드시 마음의 오묘한 작용이 하나같이 성의 진실한 본체에 뿌리를 두어야 오묘한 작용과 공경함이 끝이 없다는 의미가 될 것입니다. 나는 그러므로 성을 존중하는 것은 정학이요, 마음을 존중하는 것은 이단이라고 하는 것이니, 그 변별을 살피지 않을 수 없습니다.

與李聲遠

田愚

程子曰性卽理, 而朱子稱其有功於聖門. 栗翁言心是氣, 而尤翁稱其有功於後學. 余以爲程子之說明, 則荀揚之論破矣. 栗翁之言立, 則陸王之辞廢矣. 是其爲功, 顧不大歟? 然此非程李之所創. 性卽理, 實本於成湯之上帝降衷, 子思之天命謂性也. 心是氣, 實本於孔子之心不踰矩, 顔氏之心不違仁也. 故朱子總而斷之, 曰性猶太極, 心猶陰陽也. 嗚乎! 其言眞可謂八字打開, 而萬古一炬也. 吾儒之學, 一言以蔽之曰敬. 當如何下手? 必也心之妙用, 一本於性之眞體, 乃爲妙敬無窮之意矣. 余故曰, 尊性者爲正學, 尊心者爲異端, 其辨不可以不審也.

「외필변」을 읽고[384]

박세화

이 글은 박세화(朴世和, 1834~1910)[385]가 전우의 「외필변」을 읽고 자신의 견해를 서술한 것이다. '본분(本分)'과 '실직(實職)'이라는 개념틀을 사용해서 리와 기의 관계를 묘사하는 것은 참신하지만, 여전히 리에 대한 율곡학파의 전통적인 세 가지 견해, 즉 리는 무위이고, 리는 주재이며, 리는 기의 소이연이라는 해석을 되풀이하고 있다. 1904~1910년 사이에 저술되었을 것으로 추정된다. 『의당집(毅堂集)』, 권5에 실려 있다.

리는 형이상이고 기는 형이하이다. 형이상이기 때문에 무형이고, 형이하이기 때문에 유형이다. 무형이기 때문에 무위이고 유형이기 때문에 유위다. 유형유위이기 때문에 음이 고요하고 양이 움직임에 그 기틀이 저절로 그러하고, 무형무위이기 때문에 그렇게 시키는 것이 있지 않다. 무형무위이면서 유형유위의 주재가 되는 것은 리의 본분(本分)이요 실직(實職)이다. 유형유위이면서 무형무위의 그릇이 되는 것은 기의 본분이요 실직이다. 이 둘은 서로 떨어질 수 없고, 본분과 실직도 각각에 해당하는 것이 있다.

율옹이 이발을 옳지 않다고 한 것은 본분과 실직으로 말한 것이다. 이미 무형무위하다면 어떻게 발현하겠는가? 발현했다면 기이지 리가

384 [원주] 기노사가 「외필」을 지어 율옹을 공박했기 때문에 전간재가 (「외필변」을 지어) 이를 변론했다.

385 자는 연길(年吉) 호는 의당(毅堂)이고 본관은 밀양(密陽)이다. 함경남도 고원 출신으로 송병선의 문인이다. 1910년 경술국치를 당하자 절식(絶食)을 단행해서 23일 만에 세상을 떠났다.

아니다. 발현하는 소이가 리이다. 그러므로 '기발이승'이라고 단정하면서 '기발이란 그 기틀이 스스로 그러하지 그렇게 시키는 것이 있지 않다'라고 한 것이다. '저절로 그러한' 소이연이 리이다. 이것은 본분과 실직이 각각 해당하는 것이 있어서 이처럼 서로 영역을 넘나들지 않기 때문이다. 누가 이처럼 알고 또한 어떻게 이처럼 말할 수 있겠는가? 식견이 여기에 미치지 못한 이라면 의심하고 반박하는 것 또한 이상할 것이 없다.

눈을 뜨고 감는 것이 리가 아니겠는가? 그러나 그 뜨고 감는 데는 그 기틀이 저절로 그러하니, 리가 언제 뜨라고 시키고 감으라고 시켰겠는가? 나로서는 알 수 없거니와 한 번 뜨게 만들고 두 번 감게 만들며 세 번 뜨게 만들고 네 번 감게 만든다면 하루에 몇 만 번을 뜨고 감는지 알 수 없는데, 리가 하나하나 따라가며 그렇게 시킨다는 것인가? 그렇다면 리가 유위라는 것인데 괜찮겠는가? 원래 이 리가 있어서 저절로 이러할 뿐이다.

입으로 말하는 것이 리가 아닌가? 목구멍, 어금니, 혀, 이, 입술이 흘러 움직이면서 열렸다 닫히는데, 기약하지 않고도 그러는 것은 그 기틀이 스스로 그러하지, 리가 언제 목구멍을 시키고 어금니를 시키며 혀를 시키고 이를 시키면서 그 하나하나를 시켜서 그러는 것인가? 원래 이 리가 있어서 저절로 이러할 뿐이다. 이것은 무위와 유위의 본분과 실직이 이와 같기 때문이다.

리는 기가 빼앗을 수 없으니, 이미 빼앗을 수 없고 또한 빼앗기지도 않으며, 또한 사람이 걱정할 것도 아니다. 그 본분과 실직을 정확하게 알아야 할 뿐이다. 이 (식견이) 없다면 걱정할 만하다.

'기가 리의 자리를 빼앗는다'라고 운운한 것은 말이 적당하지 않다.

「외필변」에서 "통틀어 말하면 이발이지만 변별해서 이름을 붙이자면 기발이다"[386]라고 한 것은 본래 옳다. 그러나 또한 본분과 실직으로 말한 것은 아니다. 본분의 측면에서라면 발현하는 것은 발현하고, 발현하지 않는 것은 발현하지 않을 뿐이다.

마지막 단락에서 "태극이 움직이거나 고요할 수 있다"라고 한 뒤의 몇 마디는 간재의 장난스런 어투이다.

386 이 구절은 표점영인본 『간재집』의 「외필변」에는 실려 있지 않다.

讀猥筆辨[387]

朴世和

理, 形而上者也; 氣, 形而下者也. 形而上, 故無形也; 形而下, 故有形也. 無形也, 故無爲; 有形也, 故有爲. 有形有爲也, 故陰靜陽動, 其機自爾也; 無形無爲也, 故非有使之也. 無形無爲, 而爲有形有爲之主者, 理之本分實職也. 有形有爲, 而爲無形無爲之器者, 氣之本分實職也. 二者相離不得, 而本分實職, 各有攸當. 栗翁以理發爲不然者, 以本分實職言也. 旣無形無爲, 如之何發得? 發則是氣也, 非理也. 其所以發者, 理也. 故決定氣發理乘一途, 而曰氣發者, 其機自爾也, 非有使之也. 其自爾之所以然者理也. 此則其本分實職, 各有攸當, 不相侵越者如此. 孰能恁地見得? 亦豈恁地說得? 見不到此, 則疑之駁之也, 亦無怪.

眼之有開合, 非理乎? 然其開合, 則其機自爾, 理何嘗使之開使之合耶? 吾未知一使之開, 二使之合, 三使之開, 四使之合, 一日不知幾萬開合, 理逐一使之然耶? 若爾則理有爲而可乎? 只是元來有此理, 自然如此.

口之出言語, 非理乎? 喉牙舌齒脣, 流動開合, 不期然而然者, 其機自爾, 理何嘗使喉使牙使舌使齒使脣, 以逐逐一一使之然者耶? 元來有此理, 自然如此. 此無爲有爲之本分實職者如此.

理, 氣無可奪, 旣非能奪, 又非所爲奪, 亦非人之所憂也. 但要見得其本分實職的當下落, 無是則可憂也已.

所謂氣奪理位云云, 說不着.

---

387 奇蘆沙作猥筆駁栗翁, 故田艮齋辨之.

辨中所謂統而言之曰理發，辨而名之曰氣發云云，固是. 然亦非本分實職言也. 在其分職，則發者發，不發者不發而已.

末段太極能動靜以下數語，艮齋好劇.

만록

이상돈

이 글은 이상돈(李相敦, 1841~1911)[388]의 「만록(漫錄)」 가운데 「외필」을 언급한 두 단락만을 발췌 번역한 것이다. 여기에서 「외필」을 바라보는 영남 퇴계학파의 기본적 시각을 발견할 수 있다. 앞 단락에서 이상돈은 이이 성리학을 '인기위리(認氣爲理)'의 관점에서 비평하고, 이진상과 함께 부정적으로 인식하고 있다. 반면에 「외필」을 율곡을 비판하는 글로 간주함과 동시에 그 비판이 '논변 과정에서 어쩔 수 없는 측면이 있다'라고 우호적으로 평가하고 있다. 둘째 단락에서는 자신이 전해들은 『노사집』의 중간본 간행과 관련된 개요를 요약하고 있다. 저술 연대는 대략 1902~1911년 즈음으로 추정할 수 있을 뿐이다. 『물재집(勿齋集)』 권3에 실려 있다.

정운구(鄭運球)가 이렇게 이기설을 물었다. : 퇴계와 고봉의 글을 읽었는데, 말이 서로 어긋난 곳이 많았습니다. 또한 노사의 「외필」을 보았더니 구절마다 율곡과 상반되었습니다. 퇴계의 주장을 볼 때는 퇴계의 주장이 옳았는데, 고봉의 주장을 보면 또한 (고봉도) 옳은 것 같았습니다. 「외필」을 보면 그럴듯했는데, 율곡의 주장을 보면 그 또한 그럴듯했습니다. 또한 요즘 한주(寒洲)의 주장에 무슨 모순이 있기에 논의가 어지러운 것입니까? 생각해보면 리는 리이고 기는 기여서 마땅히 이체(異體)가 없을 것 같은데, 여러 학자의 소견이 서로 시비가 엇갈리는 것은 어째서입니까?

나는 이렇게 대답했다. : 이기설은 진실로 미묘해서 궁구하기 힘들

388 성재(性齋) 허전(許傳, 1797~1886)의 문인으로, 자는 내희(乃熙) 호는 물재(勿齋) 본관은 재령(載寧)이다.

다. 그러나 반드시 리와 기를 명료하게 둘로 분석한 다음에야 말할 수 있다. 당우(唐虞)의 도심과 인심은 진실로 이기의 종지(宗旨)다. 맹자의 사단은 리를 도출했을 뿐 기를 언급하지 않았다. 정자에 이르러서 칠정을 논하면서 기를 겸해서 말했다. 주자는 이것을 계승해서 '사단은 리의 발현이요, 칠정은 기의 발현이다'[389]라고 했다. 퇴계가 '사단은 리가 발현하고 기가 따른다. 칠정은 기가 발현하고 리가 탄다'[390]라고 한 것은 정자·주자의 학설을 연역하고 (리와 기를) 갖춰서 말한 것에 불과하다. 고봉은 때로 자기 견해로 퇴계의 문하에 왕복하면서 차이가 없지 않지만 그 또한 질의하는 한 방법이었다. 율곡의 경우에는 기를 리로 인식해서 '사단과 칠정이 모두 기의 발현이다'라고 했다. 정자·주자에서 벗어나고, 퇴계를 비난한 내용을 성호원(成浩源 : 成渾, 1535~1598)에게 답하는 편지들에서 발견할 수 있다. 「외필」의 경우 율곡을 비난하는 것이 타당함을 지나친 것 같지만, 논변 과정에서 어쩔 수 없는 면이 있었다. 대포(大浦 : 李震相, 1818~1886)는 양명의 학설과 차이가 없다. 요즘 한쪽에서 노사가 율곡을 배척한다고 말하는 이들이 있는데, 그 또한 기세 때문에 나온 말들이다. 반드시 일기(一氣)와 일리(一理)를 주장하면서 스스로의 편견을 옳다고 하고, 선현을 능멸하면서 후학을 현혹시키는 것으로 죄를 묻는다면 두 이씨[391]가 똑같다고 할 것이다."

……

『노사집』은 몇 년 전에 활자로 호남에서 간행했다. 경자년(1900) 즈음에 영남에 있는 문인들이 다시 단성(丹城)의 강루(江樓)에서 판각하기로

389 주희, 『주자어류』 권53(『주자전서』 vol. 15), 1776쪽 참조.

390 이황, 『퇴계집』 권16(표점영인 한국문집총간 vol. 29), 「答奇明彦」, 419쪽.

391 두 이씨 : 이이와 이진상을 가리킨다.

계획을 하면서 자금을 마련할 논의를 시작했다. 정재규(鄭載圭, 1843~1911)가 제일 앞에 자신의 이름을 쓰면서 돈 400량이라고 적었는데, 모두들 '정재규는 아주 가난한데 너무 액수가 많지 않는가?'라고 하면서 100량으로 낮추었다. 이에 동문들 가운데 부유한 이들이 많은 액수를 적어내어, 많게는 600, 700량 적어도 300, 400량을 내려가지 않았다. 그 밖에 서인 집안에서 소식을 듣고 힘을 합쳐 어떤 이는 물자를 내어 놓고, 어떤 이는 가재를 기울여 재물이 몰려들었다. 오래지 않아 일이 끝났는데, 문집 가운데 「납량사의」·「외필」 등이 있었고, 율곡의 이기설을 논하면서 '신하가 임금의 자리를 빼앗았다. 아내가 남편의 자리를 빼앗았다.' '이것은 해구들이 우리나라로 점점 몰려올 (조짐이다)'라고 했다. 누군가 '이런 곳은 모두 율곡을 비난하는 것이니 어쩔지 모르겠다'라고 하자 정재규 등은 '이것은 선사께서 지어서 문인들에게 주신 것이다. 우리들이야 오직 문집을 간행하는 데 힘쓸 뿐 어떻게 그 사이에서 글을 남기거나 뺄 수 있겠는가'라고 하고는 마침내 문집을 간행 반포했다. 소식이 들리자 읍 사람들이 이상하게 여겼다.

漫錄

李相敦

鄭運球嘗問理氣之說, 曰曾見退溪與高峯書, 語多相左. 又見蘆沙猥筆, 則與栗谷節節相反. 而就看退說則退說是, 看奇說則亦似是. 看猥筆則似然, 而看栗說則亦似然. 且未知近日寒洲之說有何等矛盾而論議紛紛乎? 竊惟理之爲理, 氣之爲氣, 宜無異體, 而諸賢所見, 互相是非, 何也? 曰理氣之說, 固微妙難窮. 然必以理氣劈破爲二片, 然後可言. 虞書之道心人心, 實理氣之宗旨也. 孟子之四端挑出理而不及氣. 至程子論七情而兼言氣. 失子繼之曰四端理之發, 七情氣之發. 退溪所謂四端理發而氣隨之, 七情氣發而理乘之, 不過演程朱之說而備言之矣. 高峯時以已見往復師門, 不無出入, 而其亦質疑之一道也. 栗谷則認氣爲理, 謂四端七情皆氣之發. 其所以遷就程朱, 譏切退溪者, 可見於其答成浩源諸書矣. 若猥筆之譏逼栗谷, 雖似傷宜, 而其於論辨有不得不然者也. 至於大浦, 則與陽明之說無異. 近自一邊謂蘆斥栗有所云云, 其亦勢焰之所發也. 若必以一氣一理, 自是偏見, 凌駕前賢, 眩亂後學罪之, 則兩李同科矣.

……

蘆沙集, 年前以活字刊於湖南矣. 庚子年間, 其門徒在嶺南者, 更謀板刻於丹城江樓, 倡出義之論. 鄭載圭自書其名於初頭曰錢四百兩, 僉曰鄭某至貧, 無乃太過乎? 强下止百. 於是同門饒富者, 自占優, 數多者. 至六七百, 少不下三四百. 其外西論之家, 承風效力, 或出門物, 或傾家財, 輻湊竝臻. 未幾畢役. 集中有納凉私議及猥筆, 其論栗谷理氣之說, 曰臣奪君位, 妻奪夫位, 此海寇東來之漸. 或曰此等處皆逼栗谷. 未知何如? 鄭載圭等曰此乃先師所作, 以授門人者也. 吾輩惟刊集是事, 安敢有存拔於其間哉? 遂刊布. 云聞邑奇.

권순경에게 보냄

신해년(1911) 9월

정봉기

이 글은 정봉기(鄭鳳基, 1861~1915)[392]가 1911년 9월 정재규의 문인인 권운환(權雲煥, 1853~1918)에게 보내는 편지다. 이 해에 세상을 떠난 정재규의 문집 간행과 「외필」과 관련된 논란을 예로 들면서 송병선(宋秉璿, 1836~1905)의 노사학파에 대한 태도를 우호적으로 묘사하고 있다. 송병선이 1905년 순절한 이후 노사학파와 연재학파 사이의 적대적 관계가 희미해진 다음의 분위기를 발견할 수 있다. 『수재문집(守齋文集)』 권3에 실려 있다.

헤어지고 달이 이미 바뀌었습니다. 존체(尊體)는 여정 중에 더욱 강령하십니까? 함께 자리한 여러분들도 모두 평강하시고 길하십니까? 『문집』의 좋고 나쁨은 교감이 정밀하냐 그렇지 않느냐에 달려 있을 뿐입니다. 이제 (『노백헌집』을 간행하려는) 이 일은 반드시 깨끗이 하려는 노력을 다해서 한 글자 한 구절도 순수하고 조금의 흠도 없도록 만들어야 합니다. 그런 뒤에야 후대에 전하고, 온 나라 안에 퍼뜨릴 수 있습니다. 지난번 모인 자리에서 논의하는 것을 보니 지나치게 급하고 너무 혼란스러운 염려가 없지 않은 것 같습니다. 돌이켜 보면 시기가 그럴 만한 점이 있다지만, 교감하는 도리가 이와 같다면 어찌 유감이 없겠습니까? 형이 이 일에 이미 말없이 깨닫는 점이 있을 것이니, 누누이 말할

392 자는 응선(應善) 호는 회계(晦溪) 혹은 수재(守齋)이고 본관은 연일(延日)이다. 경상남도 하동 출신으로 송병선과 최익현에게 학문을 익혔지만, 노사학파의 조성가·정재규·최숙민 등과도 교유했다.

필요는 없을 듯하지만 우러러 아뢰고 싶은 한 마디가 있습니다.

제가 돌아올 때 길에서 벗을 한 사람 만났습니다. 그는 '애산(艾山 : 정재규)의 문집에는 연재 형제를 언급한 대목이 많은데, 그 말이 바르지 못한 것이 상당히 많습니다'라고 했습니다. 저는 그 말을 듣자마자 저도 모르게 눈이 휘둥그레지면서 마음이 울컥했습니다. 저는 차분하게 그에게 대답했습니다. '그대는 정말로 우리 애장을 모르십니다. 이 어른은 평소에 규모를 삼갔습니다. 어떤 글을 논할 것 없이 말 한 마디 글 한 구절이 하나도 헤아려 보지 않고 망령되이 내뱉은 것이 없었습니다. 하물며 저희 선사는 평소 덕과 행실에 애초부터 한 가지 반 가지도 논의의 대상이 될 만한 것이 없었습니다. 을사년(1905) 이후로는 큰 절개를 실천하셔서 청천백일처럼 세상에 우뚝했습니다. 나라 안의 여론도 모두들 으뜸으로 숭앙하지 않는 이가 없었습니다. 『노사집』에 실린 「외필」과 관련해서는 어쩌다 의론한 것이 있었지만, 선사께서는 통문으로 남을 모함하는 것을 '쇠퇴한 세상의 부박한 풍속'이라고 했습니다. 그래서 그 당시 이 논란에 참여했던 이들 가운데 꾸짖음을 받은 이가 없지 않았습니다. 그러니 애장이 우리 선사에게 어떻게 바르지 못한 말을 할 이치가 있겠습니까?' 이렇게 그와 함께 한바탕 논쟁을 한 다음에 그만두었습니다. 이 당시 회대형(晦臺兄 : 李宅煥, 1854~1924)[393]이 여정에 함께 했기에 그 전말을 함께 들었습니다.

아! 우리 애장은 세상에서 행실이 높고, 학문은 뭇사람들 가운데서 뛰어남에도 바깥사람에게서 이처럼 심한 의심을 받는 것입니까? 유학계가 분열된 폐해입니다. 그렇지만 '평탄한 것은 기울어질 때가 있으니'[394] 이런 일은 도의가 무너진 시대의 기수(氣數)에 일상적인 것입니

393 자는 형락(亨洛) 호는 회산(晦山) 본관은 성주(星州)이고 거주지는 화정(花亭)이다. 정재규의 문인으로 회산이대(晦山李臺), 혹은 회대(晦臺)라고 불렸다.

394 『주역』, 태괘 구삼효.

다. 일을 만들어내기 좋은 시절에는 마귀 장난이 그 뒤를 따르는 일이 없기를 보장하는 게 힘든 법입니다. 노형께서 농장(農丈 : 정면규)과 차분하게 논의하셔서 평화로운 마음가짐을 가지고서 공정한 지경에 눈을 둔 채로, 교감하는 즈음에 보존할 만한 것이라도 반드시 충분히 좋은 것이라야 보존하고, 삭제할 것은 아주 조금의 타당치 못한 점이 있더라도 삭제하신다면 다행일 것입니다. 문집을 간행하는 날에는 흠잡을 것이 하나 없고, 씻어낼 만한 것도 하나 없게 만들어서 노백헌 선생의 성덕과 대업이 우주에 해나 별처럼 빛나고 우리 유림에 태산북두처럼 우뚝하게 하시기를 바랍니다. 저는 이 일에 한결같은 마음을 갖고 있으니 순조로이 성사되기를 바랍니다. 세 번 생각하는 잘못은 도리어 지나친 염려에 미혹될 것입니다. 이와 같이 아뢰오니 형께서 이 진심을 헤아려 주실 것이라 생각합니다.

與權舜卿

辛亥 九月

鄭鳳基

奉別月已易弦矣. 不審尊體在旅增旺, 座上諸賢, 竝皆康吉. 竊念文集之善不善, 專在校勘之精不精. 則今此之役, 必當盡梳洗之力, 要使一字一句粹然無一點之疵纇. 然後可以傳之百世, 廣之一國. 而曩觀會席物議, 似不無太忙迫·太悤擾之慮. 顧以時機, 則容有然者, 而校勘之道如此, 而豈能無遺憾乎? 兄之於此, 已有默會者矣, 不須縷陳, 而第有一語仰復者. 鳳基歸時, 路逢一友人, 則其人曰艾山集中, 多有語及遠溪者, 而其語頗涉不韙. 鳳基聞之, 不覺瞠然動情. 徐應之曰子誠不知吾艾丈. 此丈平日規模謹愼. 毋論某文字, 一言一句, 無一無權衡而妄下者. 況吾師平日德行, 初無一個半個之可議者. 而至於乙巳以後, 則其成就大節, 卓然如青天白日. 一國輿論, 莫不翕然宗仰矣. 至於蘆沙集猥筆, 所關似或有所議, 然先師嘗以通文陷人, 謂之以衰世薄俗. 其時與論之人, 或不無見責者. 然則艾丈之於吾師, 豈有不韙之語之理哉? 相與一場駁論而罷. 是時晦臺兄同在行中, 亦參聽其首尾矣. 嗚呼! 以吾艾丈高世之行, 出倫之學, 而其被外人之疑也, 至於如此甚矣. 儒門分裂之弊也. 雖然無平不陂, 此是叔世氣數之常. 好事做時, 難保無魔戲之踵其後. 幸願老兄與農丈, 從容商確, 置心於平和之地, 開眼於公正之域, 其於校讎之際, 存者則必須十分恰好, 然後存之, 刪者則雖一毫未穩刪之. 及其文集刊行之日, 無毛可取, 無垢可洗, 使老柏軒先生盛德大業, 日星乎宇宙, 山斗乎吾林, 千萬千萬. 鳳基於此役, 一心注嚮, 冀有以順成. 而三思之失, 反成過慮之惑. 如是仰暴, 想兄有以諒此衷赤也.

「외필」을 묻고 설명함

정시림

이 글은 정시림(鄭時林, 1839~1912)[395]이 손님과 주고받는 문답의 형식을 빌려 「외필」을 어떻게 이해할 것인지를 서술한 것이다. 모두 12조목의 문답으로 구성되어 있는데, 주된 논점은 율곡의 성리학이 주기론이라는 퇴계학파의 관점에 반대하면서 율곡 성리학을 주리론의 관점에서 이해해야 한다는 것이다. 구체적인 저술 년대는 알 수 없지만 1912년 이전의 글이다. 『월파집(月波集)·속집』 권1에 실려 있다.

1.

손님 : 세상에는 율곡(栗谷)이 주기(主氣)를 주장했다고 하는 경우들이 있는데 믿을 만한가?

정시림 : 아니다. 그렇지 않다. 율곡은 주리(主理)설이다.

2.

손님 : 주리설이라면 노사는 왜 「외필」을 지었는가?

정시림 : 세상 사람들이 '그 기틀이 저절로 그러하여 시키는 것이 있지 않다[其機自爾非有使之者]'라는 말을 잘못 보아서 마침내 주기로써 말하는 것이다. 이 때문에 「외필」을 저술하여 후학들의 잘못된 견해의 폐단을 구제하였다.

395 자는 백언(伯彦), 호는 월파(月波)이고 본관은 광산이다. 전남 보성 출신이다.

3.

손님 : 노사의 「외필」과 율곡의 본뜻이 상반되는 것은 어째서인가?

정시림 : 노사가 말한 내용은 본래 율곡의 뜻과 같다. 율곡의 「이일분수부」에서 말하기를 "두터이 변화하는 것이 끝이 없고, 냇물이 흘러가는 것이 끝나지 않으니, 누가 그 기틀을 주관할까? 오호라, 태극일 것이다."[396]라고 하였다. 여기에서 두텁게 변화하고 냇물이 흘러간다고 했을 때의 그 흘러감은 태극이 주관한다는 뜻이지, 두텁게 변화하고 냇물이 흘러가는 것의 기틀이 스스로 그러해서 태극은 관여하지 않는다는 뜻이 아니다. 그렇다면 노사가 『외필』에서 서술한 내용은 율곡의 「이일분수부」 안에서 말한 태극이 주관하는 기틀에 근원해서 말하지 않은 것이 없는 셈이다.

4.

손님 : '저절로 그러하여 시키는 것이 있지 않다'라는 것은 정말로 기(氣)가 주재한다는 말이 아니라는 것인가?

정시림 : 여기에도 관련된 설명이 있다. 주자는 '본원으로 말하면 리가 먼저고 기(氣)가 나중이며, 품부(稟賦)로 말한다면 기가 먼저이고 리가 나중이다'라고 했다. 또한 "기가 형체를 이루면 리도 거기에 품부된다"라고 했다.[397] 유행(流行)으로써 말한다면 반드시 먼저 기를 말하고 나중에 리를 말하므로 노사는 율곡의 이 말을 '단지 유행하는 한 측면을 말했다'라고 한 것이다.

---

396 이이, 『율곡전서』 권1(한국문집총간 vol. 44), 「理一分殊賦」, 12쪽.

397 주희, 『중용장구』(『주자전서』 vol. 6), 32쪽 참조.

5.

손님 : 율곡의 주리설에 대해 상세히 들을 수 있는가?

정시림 : 율곡의 이기설은 『율곡전서』 안에 구비되어 있고, 가장 정밀한 요점을 뽑아 고른 것은 『이자성리서(李子性理書)』에 담겨 있으니, 주리를 주장한 내용들을 다 살펴볼 수 있을 것이다. 제일 앞에 실린 「이일분수부」에서 "누가 그 기틀을 주재하는가? 아! 태극이로다!"라고 했고, 「성호원에게 답함」에서 "리란 기의 주재이다."[398]라고 했으며, "리가 아니면 기(氣)에 근저가 없다"[399]라고 했고, "발현하는 것은 기이고 발현하는 까닭은 리이다"[400]라고 했으며, "형체가 없고 함이 없으면서도 형체가 있고 함이 있는 것의 주재자가 되는 것이 리이다."[401]라고 했다. 이와 같은 것들은 한 둘이 아니다. 이러한 것들로서 말한다면 기가 행하면 리가 주재자가 되고, 기의 근저가 되고, 기가 발현하는 까닭이 되고, 형체가 있고 함이 있는 것의 주재자가 된다는 것이 진실로 분명하게 드러나니, 기가 저절로 그러한 것이 아니다. 이것은 율곡이 리를 주장하는 것이요, 「외필」이 주장하려는 것도 모두 율곡의 이러한 뜻이다.

6.

손님 : 「이일분수부」 중에서 태극이 기틀의 주재라고 한 것은 리를 주재로 삼은 것이다. 이것은 본원으로 말했지, 유행으로 말하지 않았기 때문일 것이다.

정시림 : 두터이 변화하고 냇물이 흐름에 끝과 그침이 없으니, 유행

---

398 이이, 『율곡전서』 권10(한국문집총간 vol. 44), 「답성호원」, 199쪽.

399 같은 책, 같은 곳.

400 이이, 『율곡전서』 권38(한국문집총간 vol. 45), 「前後辨誣章疏」, 442쪽.

401 이이, 『율곡전서』 권10(한국문집총간 vol. 44), 「답성호원」, 210~211쪽.

이 아니겠는가?

7.

손님 : 유행할 때에 리가 주재가 된다는 것은 유행하는 측면에서 말한 것인데, 어떻게 반드시 기를 먼저 말하겠는가?

정시림 : 기가 아니면 리가 편안하게 머물 곳이 없으니, 형체에 붙여서 리를 말하면 먼저 기를 말하지 않을 수 없다.

8.

손님 : 율곡이 이미 주리설이라면, 왜 다시 '기틀이 스스로 그러해서 그렇게 시키는 것이 있지 않다'라고 한 것인가?

정시림 : 리는 함이 없고 기는 함이 있다. 리는 (할 수 있는) 능력[能然]이 없고, 기에는 능력이 있다. '시키는 것이 있다'라고 한다면, 이것은 함이 있는 것이고 능력이 있는 것이다. 이런 까닭에 이와 같이 말하였다.

9.

손님 : 리란 비록 함이 없을지라도 하게 만드는 신묘함이 있다. 리란 비록 능력이 없을지라도 능력을 발휘하게 하는 신묘함이 있다. 그렇다면 그 말이 이미 지나치게 통쾌한 점은 없다지만 또한 「이일분수부」에서 태극이 그 기틀을 주관한다고 한 말과는 다른데, 어째서 그런 것인가?

정시림 : 율곡의 이 말은 앞과 뒤가 부합하지 않으므로 노사는 「외필」에서 "전현들의 논의 중에 지나치게 통쾌하게 말한 것이 있다"라고 했다. 주자의 말에서도 역시 앞과 뒤에 서로 다른 부분이 있어서 훗날 이전에 말했던 잘못된 부분을 고친 경우가 있고, 혹은 후대의 학자들이

보충한 경우도 있다. 그렇다면 율곡의 이 말도 혹시 한 부분에 개정함이 있는 것인지, 아니면 우계에게 답하는 편지를 갑자기 쓰느라 그런 것인지, 아니면 혹시 당시에 주리설을 주장하는 이들 가운데 기는 리와 전혀 상관하지 않는다고 하는 이들이 있어서 그 편견의 폐단을 구제하기 위해서 그런 것인지 알 수 없다.

10.

손님 : 이미 주리설이라면 기를 폐할 수도 있는가?

정시림 : 모든 이러한 논설은 기가 리에게서 명령을 받아서 주인과 노예의 형세에 있음을 말한다. 예컨대 연(燕)나라 왕 쾌(噲)가 신하가 되려고 해서는 안 되고, 자지(子之)가 남면하여 왕의 일을 행해서는 안 되는 것과 같으니,[402] 왕이 신하와 백성을 폐해서는 안 된다는 것을 말한 것은 아니다. 리와 기 두 가지는 서로 떨어질 수 없으니 기가 아니면 리도 유행할 수 없다. 기를 폐할 수 있다는 말은 어찌 그리 막힌 것인가?

11.

손님 : 노사가 선현을 변론한 것은 온당치 못한 것이 아닌가?

정시림 : 의리가 얽힌 곳에서 논설을 하는 것은, 고금의 보편적인 행위였기에 선유(先儒)들이 의심하지 않았다. 이런 까닭에 이천의 논의에 대해서 주자도 따르지 않은 곳이 있고, 주자가 단언하지 못했던 글의 내용을 면재(勉齋 : 黃幹) 또한 수정하고 보충했다. 우리나라의 경우에는 퇴계의 이기설을 율곡도 취사선택했고, 율곡이 "사단이란 칠정 중에서

402 관련 고사가 『맹자』 「양혜왕하」와 「공손추하」에 나온다. 연 나라 왕 쾌는 재상인 자지(子之)에게 왕위를 양보하고 자신은 그의 신하가 되었는데, 나라가 크게 혼란에 빠져 제 나라에게 함락되었다.

중절(中節)한 것"이라고 말한 것을 우암(尤菴 : 宋時烈)은 "이곳은 온당치 않다"[403]라고 하기도 했다. 사계(沙溪 : 金長生)에게 형이상·형이하에 대한 해석이 있는데도 우암은 "문원공(文元公 : 金長生)이 형이상·형이하에 대해 다르게 해석한 것이 진실로 온당치 못하다"[404]라고 하였으니, 이런 것들은 온당치 못하다고 여길 일이 아니다.

12.

손님 : 권(權 : 權鳳熙)씨와 최(崔 : 崔東敏)씨는 「외필」을 비난한다. 반드시 주리와 주기라는 두 측면의 주장을 핵심으로 삼아서 그 시비를 가려 찬성하던지 비판한다면, 참으로 옳을 것이다. 그러나 그들은 여기에 힘쓰지 않고 지엽적인 말을 가려서 취함으로써, 보고 듣는 사람들을 현혹시키니 어떻게 된 일인가?

정시림 : 저들은 만약 주리를 옳지 않다고 한다면 그 자체로 굴복임을 알고 있기 때문에 크게 공정한 마음가짐을 갖지 못하고, 큰 공정함으로 마음을 삼지 못하고서 종횡의 언설을 아름답게 드리우고, 세상의 이목을 자극하여 후세 사람들이 말단의 폐단으로 잘못 빠져들게 한다. '피음사둔'과 '전도되고 창피하다'라는 (「외필」 구절을) 율곡을 가리키는 것이라고 무함했다. 아! 지나치다! 생각건대 공자 뒤를 이어 주자가 나왔고 주자 뒤를 이어 율곡이 나왔거늘, 우리나라에서 율곡을 존경하는 것이 어찌 저와 같아서야 되겠는가? 말하는 것이 무엇인지를 알지 못한 채로 스스로 선현에 누를 끼치는 데로 빠져들었다. 이런 까닭에 선부른 말로 사람들의 귀를 뒤흔들려고 계획한 것이다. 지혜로운 이들이 본다

---

403 송시열, 『송자대전』 권133(한국문집총간 vol. 112), 「退溪四書質疑疑義」 2, 466쪽.
404 문원공이 … 못하다 : 송시열, 『송자대전』 권133(한국문집총간 vol. 112), 「退溪四書質疑疑義」 1, 464쪽.

면 섣부른 하소연은 통할 수가 없을 것이다. 천 년 전이든 만 년 후든 의리(義理)에 관한 논의가 조금이라고 균형과 공평함을 잃어버리고, 힘의 강약이나 비교하고, 승부나 겨루는 것을 위주로 한다면 군자의 공정한 평가에서 벗어나지 못할 것이니, 두렵도다.

손님이 인사하고 물러나자, 토론한 내용을 기록했다.

猥筆相質說

鄭時林

1.

客有問者曰, 世或有栗谷主氣爲言, 信乎?

曰, 否. 不然. 栗翁主理.

2.

曰, 主理, 則蘆翁何爲著猥筆耶?

曰, 世人錯看其機自爾非有使之者之說, 遂以主氣爲言. 故著述此筆, 以救後學誤見之弊.

3.

曰, 蘆翁此筆, 與栗谷本旨相反, 何也?

曰, 蘆翁所說, 本是栗翁之意也. 栗翁理一分殊賦, 曰敦化無窮, 川流不息, 孰尸其機, 嗚呼太極! 是謂敦化川流之其流, 無非太極之所主也. 非敦化川流之其機自爾, 而太極無所與之之義也. 則蘆翁猥筆之所敍, 無非原本於理一賦中太極所尸之機者而言之也.

4.

曰, 自爾非使, 果非氣爲之主宰者耶?

曰, 此亦有說焉. 朱子曰, 以本原言之, 則理先而氣後, 以稟賦言之,則氣先而理後. 又曰氣以成形, 理亦賦焉. 夫以流行言之, 則必先言氣後言理, 故蘆翁以栗翁此言爲特是流行一邊說言之也.

5.

客曰, 栗翁主理之說, 可詳聞耶?

曰, 栗翁理氣之說, 備在栗谷全書中. 而其撮取精要, 則又在於李子性理書. 其主理爲說, 皆可見矣. 篇首理一分殊賦中, 孰尸其機, 嗚呼太極. 與夫答牛溪書曰, 夫理者, 氣之主宰也. 又曰非理則氣無所根柢. 又曰發之者, 氣也, 所以發者, 理也. 又曰無形無爲而爲有形有爲之主者, 理也. 若此之類不一而足. 以此言之, 則氣之所行, 理之爲主宰, 爲氣之根柢, 爲氣之所以發, 爲有形有爲之主, 固足以昭然, 而非氣之自爾者也. 此乃栗翁以理爲主也, 而猥筆主意, 擧是栗翁此意也.

6.

客曰, 理一賦中, 太極爲其氣之主者, 以理爲主也. 此其以本原言之, 不以流行言之故也.

曰, 敦化川流, 無窮不息, 非流行者也.

7.

客曰, 流行之時, 理爲之主, 則以流行邊言之, 何必先言氣耶?

曰, 非氣則理無所安頓處, 從形著上言理, 則不得不先言氣也.

8.

曰, 栗谷旣主理, 而何以言機自爾非有使之云耶?

曰, 理無爲也, 氣有爲也. 理則無能然也, 氣則有能然也. 如曰有使之云, 則是有爲也, 有能然也. 爲是之故, 而如是下言.

9.

則客曰, 理雖無爲, 而有爲之之妙, 理雖無能然, 而有能然之之妙, 則其言也無已太快, 而又與理一賦中太極之尸其機有異, 何爲而然耶?

曰, 栗翁此說, 有此前後不契, 故蘆翁於猥筆中, 以爲前賢之論, 或發之太快云. 第惟朱子之言, 亦有前後相殊處, 後是改其前言之有欠者, 而又或有後賢補輯者, 則栗翁此言, 亦或有一處改正者耶. 抑或所答牛溪書, 是倉卒書尺間下言而然乎. 抑或當時有主理者間, 或謂氣專無與於理云, 故救其偏見之弊而然耶. 蓋未可知也.

10.

客曰, 旣主理, 則氣或可廢耶?

曰, 凡此論說, 謂氣受命於理, 而有主僕之勢云也. 如燕王噲之不可顧爲臣也, 子之之不可南面行王事也. 非謂君可以廢臣民也. 理氣二者, 不可相離, 而非氣則理亦不得流行矣. 氣可廢之說, 何其滯滯也?

11.

客曰, 蘆翁辨說先賢, 亦非未安處耶?

曰, 凡在義論說, 古今天下共公底說話, 故先儒有所不嫌. 是以伊川論議, 朱子亦有不從處. 朱子未定之書, 勉齋亦有所修補. 至於我東, 退溪理氣之說, 栗谷亦有取捨. 栗谷之四端以七情中中節者言之之說, 尤庵曰此爲未安. 沙溪有形上形下之釋, 而尤庵謂文元公上下異釋者, 固爲未安云. 則不必以此爲未安.

12.

客曰, 權崔之論詆猥筆也, 必以主理主氣兩邊說爲大頭腦, 而辨其是不是爲左右袒, 固可也. 不此之爲務, 旦摘取其枝葉言句, 眩人視聽, 何事?

曰, 彼若以主理爲不是, 則自知見屈, 故不以大公爲心, 而以橫竪言說, 萋斐貝錦, 鼓天下之耳目, 而以後人誤見末流之獘. 詖淫邪遁, 顚倒昌披者, 誣稱指謂栗谷. 噫. 其甚矣. 竊聞後孔子朱子也, 後朱子栗谷也, 則我東之尊慕栗翁, 果如何而彼哉? 言說之不自知, 自陷於累先賢之科. 是故以膚受之說, 動人聽聞爲計, 而明者見之, 膚受之愬, 亦有以不行矣. 千世在前, 萬世在後, 凡在義理之論, 若或一毫失於稱停大公, 而惟較强弱決勝負之爲主, 則其不免於君子之公評, 爲可畏哉.

客謝而退, 因記其說.

『정백헌집』의 「외필변변」을 보고

갑인(1914)

전우

이 글은 전우가 1914년 정재규의 「외필변변」을 읽은 다음에 소감을 쓴 것이다. 정재규가 1911년에 세상을 떠나고 『노백헌집(老柏軒集)』이 1912년 사림재(士林齋)에서 간행되었는데, 이 글을 쓴 시점이 1914년이라는 것은 전우가 간행된 『노백헌집』을 통해 정재규의 글들을 접했다는 사실을 암시한다. 머리말 1조목과 본문 9조목을 합쳐 10조목으로 이루어져 있는데, 『간재집』에서는 머리말을 따로 한 줄 아래로 내려써서 나머지 9조목과 구별했다. 기정진의 「외필」-전우의 「외필변」-정재규의 「외필변변」-전우의 「『정백헌집』의 「외필변변」을 보고[觀鄭柏軒集猥筆辨辨](이하 「관외필변변」)」로 이어지고 있다. 훗날 정재규의 제자인 정기는 1939년 이 글을 비판하는 「「전간재의 「『정백헌집』의 「외필변변」을 보고」를 변론함[辨田艮齋觀鄭柏軒集猥筆辨辨]」을 썼다. 『간재집·후편』 권13에 실려 있다.

1.

정씨의 「외필변변」이 무려 수만 마디의 말이지만, 종종 퇴옹이 '지리하고 산만하며 견강부회한다'라고 꾸짖었던 내용이 많다. 그러나 원래 도리를 잃은 것이 아니기에 이제 문단마다 변론하고 분석해서 '말이 많아질수록 이치는 더욱 어두워진다'는 훈계를 넘보지는 않겠다. 다만 처음과 끝 두 문단만을 논하겠다. 이곳이 논파되면 나머지는 모두 칼날을 들이대는 대로 잘려나갈 것이기 때문이다.

2.

귀신의 조화와 성인의 작용은 모두 저절로 그런 것이다. 조금이라도 기의 힘을 침범하는 글자가 아니다. 정씨는 이런 작용을 모두 형이상의 리로 간주하는 것인가?

3.

스스로 그러한 기틀은 잡다한 기가 아니라, 신령한 기이다. 「외필변변」 제3조에서는 "'도를 넓힌다'라고 하는 것이 … 이것이 어찌 이 마음이 타는 기틀이 저절로 그럴 수 있는 것이겠는가?"라고 했는데, 이것은 율옹의 뜻을 전혀 살피지 못하고 말하는 것이다. 율옹은 우계에게 답하는 편지에서 말했다. "음이 고요하고 양이 움직이는 것은 기틀이 스스로 그렇다. … 주자는 '마음의 허령지각은 하나일 뿐이다'라고 했다. 먼저 '마음[心]' 한 글자를 앞에 두었으니, 마음은 기이다. '혹은 근원하고[或原]', '혹은 생겨나는[或生]'[405] 것도 마음의 발현이 아닌 것이 없으니 어떻게 기발이 아니겠는가?"[406] 또 말했다. "마음속의 리가 바로 성이다. 마음은 발현하는 데 성은 발현하지 않는 이치란 없으니 어떻게 '리가 타는 것'이 아니겠는가?"[407] 그렇다면 기발이라고 할 때의 '기'는 즉 "사람이 도를 넓힐 수 있다"라고 할 때의 '사람'에 해당한다. 어떻게 차이가 있겠는가? 정씨는 이미 마음을 리로 오인했기 때문에 '기'자를 만나자마자 그것을 가리켜 기질이라고 한다. 그러므로 도를 넓히는 사람과 스스로 그러한 기틀이 서로 회통하지 못하고 이처럼 지루하게 논의하게 된 것이다.

---

405 주희, 『중용장구』(『주자전서』 vol. 6), 「中庸章句序」, 29쪽.

406 이이, 『율곡전서』 권9(표점영인 한국문집총간 vol. 44), 「답성호원」, 211~212쪽 참조.

407 같은 책, 같은 글, 212쪽.

4.

움직임과 고요함은 음양이지만 또한 태극에 속한다는 것은 기를 타고 유행하는 것으로 말했지, 당체(當體)가 음양을 기다리지 않고 스스로 움직이고 고요하다는 말이 아니다. 주자는 "마음의 리가 태극"[408]이라고 했으니, 마음이 태극이 아니라는 것은 분명하다. 또한 "마음의 움직임과 고요함은 음양"[409]이라고 했으니 움직임과 고요함이 기에 속하는 것 또한 분명하다.

5.

주자는 "움직임도 태극의 움직임이요, 고요함도 태극의 고요함이다"[410]라고 했다. 이것은 기 위에 있는 태극만을 가리켜 말했다. 이제 '발현 또한 성의 발현이요, 미발 또한 성의 미발이다'라고 하는 것도 이런 뜻이다. 태극은 움직임과 고요함을 포함하고, 움직임과 고요함이 있으니, 성 또한 이처럼 말할 수 있다는 점에는 조금의 장애도 없다. 한쪽으로 태극에만 함이 있다고 인식하고, 성에는 함이 없다고 한다면 그 자체로 착각인 것이다.

6.

주자는 『통서』에서 말하는 신(神)을 가리켜 "이것은 형이상의 리를 말한다"[411]라고 했다. 정씨는 한갓 이것만을 알았을 뿐 신 또한 형이하

408 주희, 『주자어류』 권5(『주자전서』 vol. 14), 218쪽.
409 같은 책, 같은 곳.
410 주희, 『주자어류』 권94(『주자전서』 vol. 17), 3120쪽.
411 주희, 『주자어류』 권94(『주지전서』 vol. 17), 3160쪽.

라는 설명은 알지 못하는가? —『주자어류』 섭하손의 기록.[412] — 예를 들어 (『맹자』의) '형색이 천성이다'라는 구절을 말하자면 그 리가 기 위에 올라타 있다고 할 수 있다. 그러나 형색의 본성을 바로 논하자면 어떻게 다시 형이상으로 말할 수 있겠는가?

7.

주자가 '리의 움직임과 고요함을 말하면 … '[413]이라고 한 것을 정씨는 정말로 리에 움직일 수 있고, 고요할 수 있는 능력이 있다고 생각한다. 나라면 또 말을 한 번 바꿔서 '성의 움직이과 고요함이 있다고 한다면 고요함 가운데 움직임이 있고, 움직임 가운데 고요함이 있는 것은 그 본체이고, 고요하면서 움직일 수 있고, 움직이면서 고요할 수 있는 것은 그 작용이다'라고 하겠나. 이것과 앞말은 똑같고 그 뜻도 일치한다. 다만 한쪽 사람들처럼 리에는 함이 있고, 성에는 함이 없다고만 인식한다면 (그들은) 틀림없이 고개를 끄덕이지 않을 것이다. 성과 태극은 하나이고, 성과 리도 하나이기 때문이다. 한쪽 사람들이 마음과 태극, 마음과 리를 하나로 간주하기만 하고, 태극과 성, 리와 성을 하나로 간주하지 않는 것은 무슨 까닭에서인가? 태극이 함이 있다고 하고, 성은 함이 없다고 여겨서 마음만이 태극에 해당할 수 있을 뿐, 성은 태극에 해당할 수 없다고 하기 때문이다. —이씨(李氏 : 李震相)에게 '성은 태극

---

412 『주자어류』 권95 24조목에 실린 황간의 발언 즉 "10년 전 선생님의 말씀을 들었는데 '신(神) 또한 형이하의 것일 뿐[神亦只是形而下者]'이라고 했습니다"라는 구절을 가리킨다. 주희, 『주자어류』 권95(『주자전서』 vol. 17, 3186쪽 참조.

413 「외필변변」에서 정재규가 인용한 주자의 말, 즉 "리의 동정을 말하면 고요함 가운데 움직임이 있고, 움직임 가운데 고요함이 있는 것은 그 본체[體]요, 고요하면서 능히 움직이고, 움직이면서 능히 고요한 것이 그 작용[用]이다"라는 구절을 가리킨다. 주희, 『주자어류』 권94(『주자전서』 vol. 17), 3160쪽.

에 해당할 수 없다'라는 주장이 있는데, 노사와는 한참이나 거리가 먼 주장이다. 그런데 정씨는 오히려 이씨에게 부합하려 하니 무슨 까닭인지를 모르겠다. —

8.

정씨가 인용한 '도의 본체가 하는 것'이라는 몇몇 말은 내가 「외필변」에서 '이 도가 뿌리와 지도리가 되지 않음이 없다'라고 한 뜻에 불과하다. 어떻게 정말로 할 수 있는 능력이 있다는 것이겠는가? 옛날 양구산(楊龜山 : 楊時)이 왕개보(王介甫 : 王安石)의 "'하늘이 나에게 이것을 가지도록 했다는 것을 명이라 한다'라고 한 구절을 논하면서 '나에게 … (가지도록) 했다[使我]'라고 한 것은 바로 그렇게 시킨다는 뜻이다. '그렇게 시키는 것'을 명이라고 할 수 있는가?"라고 했다.[414] 주자는 『중용혹문』에서 '왕씨의 말은 '상제가 충을 내려주었다'라고 말하는 것과 같을 뿐이다. 어떻게 정말로 그렇게 시키는 것이 있다고 여기겠는가?'[415]라고 했다. 정씨 또한 '어떻게 도의 본체가 하는 것이라고 하겠는가? 어찌 작위를 말하는 것이겠는가? 소이연의 오묘함과 소당연의 법칙 때문이다'[416]라고 했다. 이 또한 뿌리와 지도리를 말하는 것과 비슷할 뿐이다. 그런데 이제는 내 주장을 가리키면서 오유선생(烏有先生)(처럼 무의미한 말이) 되고 말 것이라고 했다.[417] 이것은 아마도 함께 목욕하면서 상대

414 "莉公云天使我有是之謂命, 命之在我之謂性, 是未知性命之理. 其曰使我, 正所謂使然也, 使然者, 可以爲 命乎?" 주희, 『중용집략』 권상(경인문연각 사고전서 vol. 198), 64쪽.

415 주희, 『중용혹문』(『주자전서』 vol. 6), 553쪽.

416 이 인용은 『노백헌집』에 실린 「외필변변」의 원문과 세 글자가 다르고, 따라서 번역도 조금 달라졌지만, 전우의 견해를 존중해서 『간재집』의 현행 인용문을 따라서 번역했다.

방을 벌거벗었다고 나무라는 격이니, 주자가 구산의 잘못을 논한 것과 같다고 할 것이다.

9.

우옹의 '리의 본체와 작용은 모두 함이 없다'라는 주장을 논한 것은 설명하는 것 같지만 제대로 설명하지 못했고, 변론하려고 했지만 제대로 밝히지 못했다. "본체는 함이 없고, 작용은 함이 있다"라고 한 것은 결국 우옹이 반박하는 논지 가운데 떨어지고 말았다. 율옹은 「안응휴에게 답함」에서 "그대가 이 리가 기를 타고 유행하여 변화가 많은 것을 보고 '리가 움직이는 곳이 있고 함이 있다'라고 하는데, 이것은 이기를 모르기 때문이다"라고 했다.[418] — 우옹의 설명은 진실로 여기에 뿌리를 둔 것으로 노사문하의 스승과 제자들의 견해와도 다르다. 하필이면 견강부회해서 결국 똑같이 만들 수 없는 것을 억지로 같게 만들려고 하는 것인가?— 정씨는 여기에서 어째서 자처하면서 다른 사람이 대신 근심토록 만드는 것인가?

10.

성은 본체이고, 기는 작용이다. 어째서 주자의 「여자약(呂子約: 呂祖儉)에게 답함」에서 형이상·하는 이것이 본체이고 저것이 작용이라는

---

417 "'함이 없다[無爲]'는 글자만을 꼭 지키면서 '한다[爲]'는 낱말을 사용하는 곳이면, 모두 다 조작에 귀결시킨다면 이것은 도의 본체가 공(公)과 무(無)에 빠지는 것이니, 노자의 무위에 가깝지 않겠는가? 그렇다면 '뿌리이자 지도리'라는 말도 결국은 오유선생(烏有先生)(처럼 무의미한 말)이 되고 말 것이다." 정재규, 『노백헌집』 권29(한국역대문집총서 vol. 510), 「猥筆辨辨」, 521쪽.

418 이이, 『율곡전서』 권12(표점영인 한국문집총간 vol. 44), 「답안응휴」, 250쪽.

가르침을 보지 못했는가?[419] 본체는 같지만 작용은 다르다. 이것은 또한 리가 본체이고, 기가 작용이라는 측면에서 —「여자약에게 답함」이다. — '태극이 본체이고 이기오행이 작용이다' —『주자어류』 감절의 기록으로 계축년 이후에 들은 내용이다.[420] — '도는 본체이고, 기(器)는 작용이다' — 장주長洲 왕씨汪氏의 말이다. 앞의 『어류』의 내용과 함께 '자재천상'장에 보인다.[421] — 라는 말에서 알 수 있다. 정씨는 모두 살피지 못하고서 단지 한 마디로 단정을 했으니, 어떻게 그와 더불어 논의를 할 수 있겠는가?

---

419 "형이상의 것으로 말한다면 충막이란 본래 본체[體]가 되고, 사물들 사이에서 발현한 것이 작용[用]이 됩니다. 형이하의 것으로 말한다면 사물이 또 본체가 되고 그 이치가 발현한 것이 작용이 됩니다. 개괄적으로 형이상의 것은 도의 본체가 되고 천하에 공통된 다섯 가지의 도가 도의 작용이 된다고 해서는 안 됩니다." 주희, 『회암선생주문공문집』 권48(『주자전서』 vol. 22), 「답여자약」, 2226쪽.

420 주희, 『주자어류』 권36(『주자전서』 vol. 15), 1356쪽 참조.

421 주희, 『주자어류』 권36(『주자전서』 vol. 15), 1355쪽.

觀鄭柏軒集猥筆辨辨

甲寅

田愚

1.

鄭辨無慮數萬言，而往往多退翁所譏支離蔓延牽合附會．不是元來道理之失，今不須逐段辨析，以犯言愈多而理愈晦之戒．只就首末兩段論之，此處破則餘皆迎刃而解矣．

2.

鬼神造化，聖人作用，皆自然而然，非有絲毫犯氣力底字．鄭氏將此等作用，一切叫做形而上之理乎?

3.

自爾之機，非雜糅之氣，乃神靈之氣也．鄭辨第三條云，弘道，豈此心所乘之機所能爾乎? 此全不察栗翁之意而云爾也．栗翁答牛溪書曰陰靜陽動，機自爾也．朱子云心之虛靈知覺一而已矣．先下一心字在前，則心是氣也．或原或生，無非心之發，則豈非氣發乎? 又曰心中之理，乃性也．未有心發而性不發之理，則豈非理乘乎? 然則氣發之氣，卽人能弘道之人，曷嘗有異乎? 只被鄭氏旣誤認心爲理，則纔遇氣字，便指爲氣質．故於弘道之人，自爾之機，不能會通，而有是支離之論也．

4.

動靜是陰陽, 而亦屬之太極者, 以其乘氣流行而言, 非謂當體不待陰陽而自能動靜也. 朱子曰, 心之理是太極, 則心之非太極明矣. 又曰心之動靜是陰陽, 則動靜之屬氣, 亦明矣.

5.

朱子言動亦太極之動, 靜亦太極之靜. 此專指氣上之太極而言. 今如言發亦性之發, 未發亦性之未發, 亦是此意. 太極涵動靜, 有動靜, 性亦如此說, 毫無所礙. 但一邊認太極爲有爲, 而性爲無爲, 則自錯看了也.

6.

朱子指通書之言神, 而曰此言形而上之理也. 鄭氏徒知此而不知神亦形而下之說乎?—語類賀孫錄.— 假如言形色天性, 謂其理之載在氣上者. 然若正論形色本相, 豈復可以形上言乎?

7.

朱子曰言理之動靜云云, 鄭氏眞以爲理有能動能靜. 則吾又有一轉語云, 言性之動靜, 則靜中有動, 動中有靜, 其體也. 靜而能動, 動而能靜, 其用也. 此與前語同而一意致. 但一邊認理有爲而性無爲, 則必不肯點頭矣. 蓋性與太極, 一也, 性與理, 亦一也. 一邊卻將心與太極, 心與理喚做一, 而太極與性, 理與性, 不喚做一, 其故何也? 以太極有爲, 而性則無爲也, 以心可以獨當太極, 而性則不可獨當太極也. —性不可獨當太極, 李氏有此說, 與蘆沙逈別. 而鄭氏卻附李氏, 未知何故也.—

8.

鄭氏所引道體之所爲數語, 不過如愚辨莫非此道爲之根柢樞紐之意. 豈眞以爲有能爲者哉? 昔楊龜山議王介甫天使我有是之謂命, 云使我, 正所謂使然也. 使然者, 可以爲命乎? 朱子於或問, 以爲王氏之云, 猶曰上帝降衷云爾. 豈眞以爲有或使之然者哉? 鄭氏亦云, 豈[422]曰道體之所爲者? 亦豈作爲之謂[423]乎? 以其所以然[424]之妙, 與夫所當爲之則也. 此亦與根柢樞紐之云者, 正相似也. 今乃指鄙說, 爲烏有先生. 此似同浴而譏裸裎, 正如朱子所論龜山之失也.

9.

所論尤翁理之體用皆無爲之說, 似說不說, 欲辨未明. 而其曰體則無爲, 用則有爲者, 終不免落在尤翁所駁之中矣. 栗翁答安應休書云, 吾友見此理之乘氣流行變化, 而乃以理爲有動有爲. 此所以不知理氣也. —尤翁說, 實本於此, 而非如蘆沙師生之見也. 何必驅之牽合, 以爲強同, 而終不可同耶?— 不知鄭氏於此何以自處, 使人代悶?

10.

性體氣用. 豈不見朱子答呂子約書形而上下此體彼用之訓乎? 體同用異. 亦只於理體氣用,—呂書.— 太極是體, 二五是用,—語類節錄, 癸丑以後所聞.— 道是體, 器是用,—長洲汪氏語, 與上語類, 幷見子在川上章.—等語可見. 而鄭氏都不檢考, 只一筆句斷. 如何與之上下其論乎?

---

422 豈 : 『노백헌집』에 실린 「외필변변」에는 '其'로 썼다.
423 謂 : 『노백헌집』에 실린 「외필변변」에는 '爲'로 썼다.
424 然 : 『노백헌집』에 실린 「외필변변」에는 '爲'로 썼다.

정씨의 「외필변변」에 쓰다

갑인(1914)

전우

이 글은 전우가 1914년 정재규의 「외필변변」을 읽은 다음에 소감을 쓴 것이다. 본문의 서술 내용에 따르면 전우는 1912년 간행된 『노백헌집』을 통해 정재규의 글을 접하게 되었다. 『간재집·후편』 권18에 실려 있다.

『노백헌집』 권29 「외필변변」의 4판에서 "이제 앞뒤를 떼어내 버리고 구절만을 뽑아 … "라고 했다.[425] 그렇다면 어째서 『율곡집』의 "기틀이 스스로 그러하지 그렇게 시키는 것이 있지 않다"라는 구절의 앞에서는 '무위이면서 유위의 주재가 되는 것은 리이다'[426]라고 하고, 그 뒤에서는 "음이 고요하고 양이 움직이는 것은 그 기틀이 스스로 그러하다. 그러나 음이 고요하고 양이 움직이는 소이는 리이다"[427]라고 한 것을 살피지 않는가? 이것은 「외필변변」에서 든 주자의 '하늘은 단지[天祇是]'라고 한 것, 그리고 '단지 큰 근원에서 흘러나올 뿐이다'[428]라고 한 것과 말과 뜻이 서로 부합하고, 이치가 동일하다. 노사는 어째서 앞뒤를 떼어내 버리고 구절만을 뽑아 '스스로 운행하고 스스로 멈추면서 천명에서 말미암지 않음'을 병폐라고 하는 것인가? 모르겠으나 이것은 소홀하

---

425 인용 구절은 실제로 제4판 후면과 제5판 전면에 걸쳐 있다. 정재규, 『노백헌집』 권29(한국역대문집총서 vol. 510), 483~484쪽 참조.

426 이이, 『율곡전서』 권10(표점영인 한국문집총간 vol. 44), 「답성호원」, 210쪽.

427 이이, 『율곡전서』 권10(표점영인 한국문집총간 vol. 44), 「답성호원」, 211쪽.

428 주희, 『주자어류』 권45(『주자전서』 vol. 15), 1585쪽.

게 보는 것인가? 아니면 자신의 견해를 펼치려고 앞말을 몰아내 버린 것인가?

정씨(鄭氏)라면 멀리 있는 것은 밝게 살피면서도 가까이 있는 것조차 알아차리지 못한다라고 할 수 있다. 그가 변론한 조목들은 대부분 '진여를 흐리고 불성을 어둡게 만든다'라는 격이니 함께 변론할 것이 못 된다. 지금이나 훗날의 밝은이들이라면 저절로 알아차리고 논파할 것인데 하필이면 부녀자들이나 어린아이들이 그러는 것처럼 변론에 뒤이은 변론을 하겠는가? 이 "기틀이 스스로 그러하지 그렇게 시키는 것이 있지 않다"라는 뒤의 문장과 그가 변론하면서 거론한 주자의 말은 앞뒤로 하나라는 뜻을 명백히 분석했더라면 「외필」을 짓지 않았어도 되었을 것이다. 「외필」을 짓지 않았더라면 「외필변」과 「외필변변」도 모두 모두 한꺼번에 쓸어 없애버렸을 터이니, 얼마나 상쾌했겠는가?

29권 「외필변변」 13판에서는 말했다. "분명하게 '오늘날의 학자 선비들'이라고 했음에도 이제 율옹에게 그 말을 옮겼다." 24판에서는 말했다. "또 「외필변」을 구해서 보았더니, 「외필」에서 논한 '오늘날 사람의 폐단'을 모두 율옹에게 귀착시켰고, 혹은 주자에게도 귀착시켰다." 여기에서 말하는 「외필변」은 심석(心石)의 글인데, 정씨는 미처 알지 못하는 것처럼 "또 「외필변」을 구해서 보았다"라고 해서 보는 이들이 내가 지은 것인 줄 잘못 알도록 만들려고 했으니, 이것이 '심즉리'의 학문인가? 세속의 염양세태의 습속일 뿐이다. 그의 마음가짐과 처신이 이와 같다면 성명을 억측하고 심령을 헤아리는 견해가 어떻게 정당하겠는가? 치워두고 다시는 말하지 말아야 할 것이다.

또 한 가지 이상한 일이 있다. 『노사집』에는 어떤 이가 천지의 심성을 묻자 '태극은 성이고, 음양은 심이다'[429]라고 대답한 곳이 있다. 이것

---

429 "그 실질을 말하자면 성은 태극이고, 마음은 음양이다.[言其實則性卽太極, 心卽陰陽耳.]" 기정진, 『노사집』 권10(표점영인 한국문집총간 vol. 310), 「答羅致文」, 237쪽.

은 깊이 주자의 뜻을 터득한 것이자 후현들이 바꿀 수 없는 의론이다. 이제 정씨는 그의 고제로서 스승의 설을 버리고 심종(心宗)에 기대려고 한다. 사문에 매우 다행이라는 기림을 받다 이미 남이 대신 부끄러움을 느끼게 만들었다. 게다가 심시기(心是氣)를 주기라고 배척하면서 여력을 남기지 않으니, 부자의 도로 거꾸로 부자를 해치는 것이 아니겠는가? 내 생각에 노사는 결코 어지러운 유기(游氣)를 가리켜 마음이라고 하지 않고, 분명 음양의 정령(精靈)한 것으로 말했을 것이다. 노사가 이와 같다면 율옹·우옹 아래로 누군들 홀로 그렇지 않았겠는가? 기로 마음을 말하는 것은 하나이지만, 내 스승이라면 '이것은 음양의 리를 가리킨 것이다'라고 했을 것이니, '음양의 리[陰陽之理]'라는 네 글자는 태극이 아닌가? 그렇다면 노사는 어째서 '태극은 마음이요, 음양은 성이다'라고 하지 않았던 것인가? 다른 사람이라면 이내 '그는 잡다한 기를 가리킨다'라고 할 것이니, 모르겠거니와 이것은 공론인가? 치우친 견해인가?

첨부 : 내가 심석에게 답하는 편지

편지에서 '편지에서 '피음사둔과 전도되고 창피하다'라는 것을 현자를 모함하는 첫 번째 죄안이라고 했습니다. 제 못난 글이 우연히 이것을 언급하지 못했다고 하셨습니다. … 제 생각으로 말하자면 「외필」의 마지막 단락에서 '선현(先賢)'이라고 한 것은 율옹을 가리키고, '요즘 사람들[今人]'은 율옹의 후학들을 두루 가리킵니다. 어떻게 그런 줄을 알겠습니까? 이미 주자를 인용해서 중시했다면 — 두번 째 문단에 보입니다. — 주자를 아울러 범하는 것은 타당하지 않기 때문입니다. 또한 "전현의 의론이 지나치게 명쾌했다"라고 했으니 이것은 정확하게 율옹을 가리킵니다. 반드시 주자를 해당시키려고 한다면, 모르겠습니다만 노사가 말하는 주자의 어떤 말이 지나치게 명쾌해서 말류에 폐단이 되는 것입니까? 하물며 그 앞 단락에서는 또한 "그 이유를 궁구해보면 '탄다

乘)'는 말이 그 본뜻을 잃었기 때문이다"라고 했습니다. 이것을 가지고 살핀다면 보내신 편지에서 "그가 수레와 말이 추종한다고 한 것으로 주자가 주해한 '승'자를 비난했다"라고 한 것은 아마도 다시 생각해 보아야 할 것입니다. 저는 '금일학사(今日學士)'라는 표현은 다만 '요즘 세상의 사류들'이라고 보았기에 '학사'라는 글자는 무심히 지나쳤을 뿐이지, 저들의 잘못을 감추려는 것이 아니었습니다.[430]

430 이 편지는 「答宋東玉(癸卯)」라는 제목으로 『간재집』에 실려 있는데, 이 부분은 현재 『간재집』의 해당 편지에 없는 구절이다. 전우, 『간재집·전편』 권2(표점영인 한국문집총간 vol. 332), 「答宋東玉(癸卯)」, 49쪽 참조.

題鄭氏猥筆辨辨

甲寅

田愚

本集二十九卷四板辨云, 今截去首尾, 摘取句語. 云云. 然則何不觀於栗谷集機自爾也非有使之上文, 有曰無爲而爲有爲者之主者, 理也. 下文有曰, 陰靜陽動, 其機自爾, 而其所以陰靜陽動者, 理也之云乎? 此與鄭辨所擧朱子天祇是, 與祇是大原中流出者, 語意相符, 理致一同. 而蘆沙何爲截去首尾, 摘取句語, 以爲自行自止不由天命之病也? 未知此爲看得疏脫耶? 抑欲伸己見而驅率前言耶? 如鄭氏, 可謂明察千里, 而不見眉睫者矣. 彼辨諸條, 類多儱侗眞如, 顢頇佛性, 未足與辨, 且今與後之明者, 自應識破, 何必爲辨後之辨, 有若婦孺之爲乎? 祇此機自爾也非有使之上下文, 與彼辨所擧朱子說前後一揆之意, 剖析得明白, 則猥筆可無作也. 猥筆無作, 則猥筆辨與猥筆辨辨, 皆可以一掃掃盡, 何快如之?

同卷十三板辨云, 分明言今日學士家, 而今反移之於栗翁. 廿四板辨云, 又得其所謂猥筆辨者而觀之, 猥筆所言今人之弊, 一切歸之栗翁與朱子. 云云. 蓋此辨是心石文, 而鄭氏佯若不知, 而曰又得其所謂猥筆辨, 使見者, 知爲其吾之所述, 是其心卽理之學乎? 直是世俗炎凉之習也. 其立心處物如此, 則其懸想性命, 揣摩心靈之見, 如何得正當耶? 置之勿復道可也.

又有一怪事. 蘆集有人問天地之心性, 答曰太極性也, 陰陽心也. 此深得朱子之意, 而後賢不易之論也. 今鄭氏以其高弟, 棄其師說, 附於心宗. 而至得斯文幸甚之褒, 已令人代慚. 況又以心是氣, 爲主氣而斥之, 不遺餘力, 無乃以夫子之道, 反害夫子者乎? 吾意蘆沙決非指游氣之紛擾者爲心, 而端的是乏陰陽之精靈者言也. 蘆沙如此, 則栗尤腳下諸賢, 何獨不然? 夫以氣言心一也, 而在吾師則將曰此指陰陽之理. 陰陽之理四字, 將非太極乎? 然則蘆沙何不曰太極心也, 陰陽性也乎? 在佗人則乃曰彼指雜糅之氣矣, 不知此爲公論乎? 偏論乎?

附 鄙人答心石書

尊喩以猥筆詖淫邪遁, 顚倒猖披, 爲誣賢之第一罪案. 而謂愚瞽說, 偶不及此. 云云. 以愚見言之, 其文末段先賢, 正指栗翁, 今人, 徧指栗翁後輩賢. 何以知其然也? 蓋旣引朱子爲重,—見第二段— 則不應倂與朱子而犯之. 又謂前賢發之太快, 此的指栗翁. 如必以朱子當之, 未知蘆沙謂朱子何語, 爲太快而有流弊乎? 況其上段又曰, 究厥端由, 原於乘字失其本旨. 執此以觀之, 崇辨所謂彼以車馬騶從, 譏朱註乘字者, 似合商量. 愚於今日學士, 本祇作今世士流看, 故學士字, 無心去之, 非欲掩彼之過也.

노사의 「신도비」를 보고

병진년(1916)

전우

이 글은 전우가 1916년 『면암집』에 실린 기정진의 「신도비명」을 읽은 소감을 서술한 것이다. 1902년 「외필변」이 나온 뒤 14년이 지난 다음의 저술이라는 점을 감안하면 전우의 기정진에 대한 성리학적 비판이 확립된 다음의 것임을 알 수 있다. 3조목으로 구성되어 있다. 주로 주희와 이이의 진술에 근거를 두고 기정진의 성리학설을 비판하고 있다. 『간재집·후편』 권13에 실려 있다.

1.

『초사』「천문」편에서는 "밝음을 밝히고, 어두움을 어둡게 하는 데 무엇이 그렇게 하는가? 음양과 (하늘은) 셋이 합치는데 무엇이 근본이고, 무엇이 변화하는 것인가?"라고 했다. 주자의 『초사집주』에서는 말했다. "이 질문은 밝음이란 반드시 밝히는 것이 있고, 어두움이란 반드시 어둡게 하는 것이 있는데, 이것은 무엇이 그렇게 하는 것인가? 한 번 움직이고 한 번 고요하며, 한 번 어두워졌다 한 번 밝아지며, 한 번은 가고 한 번은 오며, 한 번은 추웠다 한 번은 더워지는 것은 모두 음양이 하는 것이지 그렇게 시키는 것이 있지 않다. 그러나 하늘이라 하는 것은 리일 뿐이다. 성탕(成湯)이 '상제가 충을 내려 주었다'라고 한 것, 자사가 '하늘이 명한 것을 성이라 한다'라고 한 말이 이것이다. 이것은 음양의 근본이요 두 가지 단서가 그치지 않고 순환하는 것이 조화인 것이다. 주자(周子)는 '무극이면서 태극이다. 태극이 움직여 양을 낳으니, 움직임이 극에 달하면 고요하고, 고요함은 음을 낳으니, 음이 극에 달하면 다시 움직인다. 한 번 움직이고 한 번 고요함이 서로 그 뿌리가 되어 음으로 나뉘고 양으로 나뉘어 음양이 성립된다'라고 한 것이 바로 이것을 말한 것이다. 그러나 (주자가) 태극이라고 한 것도 또한 리일 뿐이다."[431]

○ 이제 가설적으로 '움직임에는 반드시 움직이게 하는 것이 있고, 고요함에는 반드시 고요하게 하는 것이 있으니, 이것은 어떤 것이 그렇게 하는 것인가? 음과 양, 그리고 리 이 세 가지가 합치는데 어떤 것이 근본이 되고, 어떤 것이 변화가 되는가?'라고 한다면, 율곡선생의 말로 이렇게 대답하겠다. "음이 고요하고 양이 움직이는 것은 기의 기틀이 저절로 그러한 것이지 그렇게 시키는 것이 있지 않습니다. 양이 움직이면 리가 움직임에 타는 것이요 리가 움직이는 것이 아니며, 음이 고요하면 리가 고요함에 타는 것이요 리가 고요한 것은 아닙니다. 그러므로 주자는 '태극은 본연의 묘리이고, 동정(動靜)은 이것이 타는 기의 기틀이다'라고 말했습니다. 음이 고요하고 양이 움직이는 것은 기의 기틀이 저절로 그러한 것이고, 음이 고요하고 양이 움직이는 소이는 리입니다. 그러므로 주자(周子)는 '태극이 움직여 양을 낳고 고요해서 음을 낳는다'라고 말한 것입니다. '태극이 움직여 양을 낳고 고요해서 음을 낳는다'라는 말은 그 미연(未然)을 근원하여 말한 것이요, '움직임과 고요함은 이것이 타는 기의 기틀이다'라는 말은 그 이연(已然)을 보고서 말한 것입니다." — 우계에게 답하는 편지에 보인다.[432] — 또 말했다. "움직이고 고요한 기틀이란 누가 시키는 것도 아니요, 리와 기도 앞뒤를 말할 수 있는 것이 아닙니다. 그러나 기가 움직이고 고요한 데에는 반드시 리가 근본이 됩니다. 그러므로 태극이 움직여 양을 낳고 고요해서 음을 낳는 것입니다. 이 말에 집착해서 태극이 음양 이전에 홀로 있으며 음양은 무(無)에서 생겨난 것이라고 한다면 '음양은 처음이 없다'라고 말할 수

431 주희, 『초사집주』 권3(『주자전서』 vol. 19), 65쪽.

432 이이, 『율곡전서』 권10(표점영인 한국문집총간 vol. 44), 「답성호원」, 211쪽.

없을 것입니다. 새로운 눈으로 보고 깊이 완미하는 것이 가장 중요합니다." —『성학집요』의 '안설(按說)' 부분에 보인다.[433] —

내가 생각하기에 주자는 '한 번 움직이고 한 번 고요함이 모두 음양이 하는 것이지 그렇게 하는 것이 있지 않다'라고 했고, 율곡은 '음이 고요하고 양이 움직임은 기틀이 스스로 그러하지 그렇게 시키는 것이 있지 않다'라고 했다. 두 선생의 말이 부절을 합치듯이 똑같은데 근세의 노사는 '움직이고 고요한 것은 기요, 움직이고 고요하게 하는 것은 리이다. 움직이게 하고 고요하게 한다는 것이 그렇게 시키는 것이 아니라면 무엇이겠는가?'라고 했다. 이것은 두 선생의 말과 같은가? 율곡과 다른 것이야 노사가 꺼리지 않는 것이라지만 주자와 다른 학설을 세웠다는 것은 그로서도 편하게 여기는 것이 아닐 것이다. 그러나 주자의 가장 만년의 말이 이와 같은데, 이것을 어떻게 대처하려는 것인가? 청컨대 노사 문하의 여러 사람은 명백하게 논파해 보라.

왕개보가 '하늘이 나에게 이것을 가지도록 한 것을 명이라고 한다'라고 한 말이 있다. 양구산이 반박하면서 이렇게 말했다. "그렇게 시키는 것을 명이라고 할 수 있는가?"[434] 주자는 이것을 논하면서 '하늘이 나에게 이것을 가지도록 한 것이란 '상제가 충을 내려주었다'라고 말하는 것과 같을 뿐이다. 어떻게 정말로 그렇게 시키는 것이 있다고 여기겠는가?[435]라고 했다. — 자세하게 주자의 말을 음미하자면 구산이 '그렇게 시키는 것을 명으로 삼아서는 안 된다'는 말을 옳다고 여겼다. 이런 뜻은 읽는 이들이 알아야 한다. 그렇지 않으면 노사의 견해로 귀결되어서 도리어 율곡의 말을 의심하지 않는 이가 드물 것이다. — 또한『맹자집

433 이이,『율곡전서』권10(표점영인 한국문집총간 vol. 44),『聖學輯要』,「修己」제2상, 448쪽.

434 주희,『중용집략』권상(경인문연각 사고전서 vol. 198), 564쪽.

435 주희,『중용혹문』(『주자전서』vol. 6), 378·553쪽 참조.

주』의 두 곳에서 "천리의 당연함이 마치 그렇게 시키는 것 같다"라고 했으니, 이것은 율곡의 말과 같은가? 노사의 말과 같은가? '음이 고요하고 양이 움직이는 것은 기틀이 저절로 그러한 것이다'라고 말한 율곡의 뜻이 '이것이 천리의 당연함이다'라고 하는 뜻이 아니라면 노사의 반박을 받는 것도 당연한 일이다. 노사가 '그렇게 시킨다'는 것이 정말로 '마치 그렇게 시키는 것 같다'라는 말과 '정말로 그렇게 시키는 것이 있지 않다'라는 말과 같다면, 주자·율곡 두 사람의 말과 같은 뜻이다. 어째서 치우친 채로 율곡의 말을 비난하는 것인가? 이것이 후인이 이해할 수 없는 것이기에 감히 논하는 것이다.

2.

굴자(屈子 : 屈原)가 (『초사』「천문」에서) 말한 것에 대해 주자는 "이 질문은 '밝음에는 반드시 밝히는 것이 있고, 어두움에는 반드시 어둡게 하는 것이 있으니 이것은 무엇이 그렇게 하는 것인가?'라고 한 것이다"라고 했다. 주자는 여기에 대답하면서 "천지의 조화는 음과 양일 뿐이다. 한 번 움직이고 한 번 고요함, 한 번 어두워지고 한 번 밝아짐이 모두 음양이 하는 것이지, 그렇게 만드는 것이 있지 않다"라고 했다. ○ 이제 가설적으로 '움직임에는 반드시 움직이게 하는 것이 있고, 고요함에는 반드시 고요하게 하는 것이 있으니, 이것은 어떤 것이 그렇게 하는 것인가? 음과 양, 그리고 리 이 세 가지가 합치는데 어떤 것이 근본이 되고, 어떤 것이 변화가 되는가?'라고 한다면, 율곡선생의 말로 이렇게 대답하겠다. "음이 고요하고 양이 움직임은 기틀이 스스로 그러하지 그렇게 시키는 것이 있지 않다."

굴자(屈子 : 屈原)가 (『초사』「천문」에서) 말한 것에 대해 주자는 "이 질문은 '음과 양, 하늘은 이 세 가지가 합치는데 무엇이 근본이고, 무엇이 변화하는 것인가?'라고 한 것이다"라고 했다. 주자는 대답하면서 "하늘이라 하는 것은 리일 뿐이니 이것은 음양의 근본이요 두 가지 단서가 그치지 않고 순환하는 것이 조화인 것이다. 주자(周子)는 '무극이면서 태극이다. 태극이 움직여 양을 낳으니 … "라고 했다. ○ 이제 가설적으로 음과 양, 그리고 리 이 세 가지가 합치는데 어떤 것이 근본이 되고, 어떤 것이 변화가 되는가?'라고 한다면, 율곡선생의 말로 이렇게 대답하겠다. "음이 고요하고 양이 움직이는 것은 기의 기틀이 저절로 그러하니, 음이 고요하고 양이 움직이는 소이가 리이지만 반드시 리가 뿌리가 된다.[須是理爲根柢] — 이 여섯 글자는 『성학집요』에서 발췌해서 보충한 것이다. — 그러므로 주자(周子)는 '태극이 움직여 양을 낳으니 … '라고 했다."

내가 생각하기에, 노사는 율곡의 말을 반박하면서 "천하의 큰 변고에 세 가지가 있으니, 아내가 남편의 자리를 빼앗는 것, 신하가 임금의 자리를 빼앗는 것, 오랑캐가 중화의 자리를 빼앗는 것이다. 그러나 기가 리의 자리를 빼앗는다면 저 세 가지 변고도 그다음의 일일 뿐이다."[436] 또한 "동방의 이기를 어쩔 것인가?"라고 했다. 이제 율곡의 말은 하나같이 주자에게서 나왔으니, 노사는 율옹에게 개탄하는 것을 주자에게 적용하려고 하면, 이것을 또 어떻게 대처하려는 것인가? 노사의 「외필」을 보았더니, "리에는 가부와 조종이 있다"라고 했다. 이것은 리가 함이 있다는 말이 아닌가? 함이 있는 것은 기인데, 함이 있는 것을 가리켜 리라고 한다면 어찌 기가 리의 자리를 빼앗는 변고가 아니겠는가? 율옹의 말대로라면 무위이면서 유위의 주재가 되는 것은 리이고, 유위이면서 무위의 그릇[器]이 되는 것은 기이다. 여기에 어떻게 리가 기의 자리를 빼앗는다는 조금의 의심이라도 있단 말인가?

---

436 이 구절은 실제로 『노사집』에 실린 기정진의 저술에서는 뚜렷한 근거를 발견할 수 없고, 「연보」와 「행장」 및 최익현의 「신도비명」에서 노사의 말로 인용되고 있을 뿐이다. 다만 '氣奪理位'라는 표현은 단독으로 자주 발견된다.

3.

『면암집』에 실린 노사의 「신도비」 총론에서 '요사이 기(氣)를 주장하는 의론이 일어나자, 선생은 이해와 득실을 따지지 않고 '리(理)'자 하나만을 짊어지고 복고(復古)·반정(返正)에 나섰다'[437]라고 했다.

내가 생각건대, 면태(勉台 : 최익현)가 말하는 '기를 주장하는 의론'은 바로 마음을 기의 영역에 소속시키는 학설을 가리켜서 말한 것이다. 마음이 주재이면서 기에 속한다면 기를 주장한다는 의심을 받기 때문이다. 모르겠거니와 주재에는 자연(自然)과 능연(能然)의 구분이 있으니, 능연을 한 몸의 주재라 여기고, 자연을 한 마음의 주재로 여기는 것이 어떻게 기를 주장하는 이론이라고 하겠는가? '한 번 주재라고 이름을 붙였는데 어떻게 기에 소속시킬 수 있겠는가'라고 한다면 주자는 귀신과 호연지기에 대해 모두 주재를 말했으니, 이 또한 기를 주장한 학문이라고 지목할 수 있겠는가? 내 생각에는 유위를 리라고 여기고 궁극적인 본원의 주재라고 인식하면서 성과 명의 이치를 파헤치지 않는다면 이것이 바로 기를 주장하는 견해이다. 그렇다면 노사가 짊어지고 있다는 '리'자는 조종하고 가부가 있는 것을 가리키는 것이다. 그 위에 다시 주재가 되는 무위로서의 리가 있는 줄을 모른다면 그 의거하고 추대하는 것은 결국 형이하의 영역으로 떨어지고 말 것이다.

437 최익현, 『면암집』 권25(표점영인 한국문집총간 vol. 326), 「蘆沙先生奇公神道碑銘」, 26쪽 참조.

觀蘆沙神道碑

丙辰

田愚

1.

楚辭天問曰, 明明闇闇, 惟時何爲? 陰陽三合, 何本何化? 朱子集註曰, 此問蓋曰明必有明之者, 闇必有闇之者, 是何物之所爲乎? 陰也陽也天也, 三者之合, 何者爲本? 何者爲化乎? 今答之曰, 天地之化, 陰陽而已. 一動一靜, 一晦一朔, 一往一來, 一寒一暑, 皆陰陽之所爲, 而非有爲之者也. 然所謂天者, 理而已矣. 成湯所謂上帝降衷, 子思所謂天命之性, 是也. 是爲陰陽之本, 而其兩端循環不已者, 爲之化焉. 周子曰, 無極而太極. 太極動而生陽, 動極而靜, 靜而生陰, 靜極復動. 一動一靜, 互爲其根, 分陰分陽, 兩儀立焉. 正謂此也. 然所謂太極, 亦曰理而已矣. ○ 今設問曰, 動必有動之者, 靜必有靜之者, 是何物之所爲乎? 陰也陽也理也, 三者之合, 何者爲本? 何者爲化乎? 試擧栗谷先生語答之曰, 陰靜陽動, 機自爾也, 非有使之者也. 陽之動則理乘於動, 非理動也. 陰之靜則理乘於靜, 非理靜也. 故朱子曰, 太極者, 本然之妙也; 動靜者, 所乘之機也. 陰靜陽動, 其機自爾, 而其所以陰靜陽動者, 理也. 故周子曰, 太極動而生陽, 靜而生陰. 夫所謂動而生陽, 靜而生陰者, 原其未然而言也. 動靜所乘之機者, 見其已然而言也.—見答牛溪書.— 又曰動靜之機, 非有以使之也, 理氣亦非有先後之可言也. 第以氣之動靜也, 須是理爲根柢. 故曰太極動而生陽, 靜而生陰. 若執此言, 以爲太極獨立於陰陽之前, 陰陽自無而有, 則非所謂陰陽無始也. 最宜活看而深玩也.—見聖學輯要按說.—

愚按, 朱子曰, 一動一靜, 皆陰陽之所爲, 而非有爲之者也. 栗谷曰, 陰靜陽動, 機自爾也, 非有使之者也. 二先生之言, 如合符節. 而近世蘆沙, 則曰動者靜者, 氣也, 動之靜之者, 理也. 動之靜之, 非使之然而何? 此果與二先生說同歟? 與栗不同, 蘆沙之所不諱. 至於立異朱子, 恐亦非其所安. 而朱子最晩年說如此, 此宜如何處之? 請蘆門諸子, 明白道破. 王介甫有云, 天使我有是之謂命. 楊龜山駁之曰, 使然者, 可以爲命乎? 朱子議之曰, 天使我有是者, 猶曰上帝降衷云爾. 豈眞以爲有使之者哉? —細味朱子語, 其於龜山使然者不可以爲命之云, 未嘗不以爲然也. 此意讀者, 宜識取. 不然, 其不歸於蘆沙之見, 而反疑於栗谷之說者, 幾希.— 又於孟子註兩處, 有曰天理當然, 若使之也. 此與栗語同乎? 蘆語同乎? 陰靜陽動機自爾, 栗谷之意以爲此非天理當然云爾, 則宜被蘆駁矣. 蘆沙之曰使之然者, 誠如若使之與非眞有使之之意, 則與朱·栗二說同矣. 何爲偏譏栗谷之說也? 此後人之所未曉, 而敢議到者也.

2.

屈子云云, 朱子曰, 此問蓋曰明必有明之者, 闇必有闇之者, 是何物之所爲乎? 朱子答之曰, 天地之化, 陰陽而已. 一動一靜, 一晦一朔, 皆陰陽之所爲, 而非有爲之者也. ◯ 今設問曰, 動必有動之者, 靜必有靜之者, 是何物之所爲乎? 試擧栗翁語答之曰, 陰靜陽動, 機自爾也, 非有使之者也. 子云云, 朱子曰, 此問蓋曰, 陰也陽也天也三者之合, 何者爲本, 何者爲化乎, 朱子答之曰, 所謂天者, 理而已矣, 是爲陰陽之本, 而其兩端循環不已者, 爲之化焉, 周子曰, 太極動而生陽云云, ◯ 今設問曰, 陰也陽也理也三者之合, 何者爲本? 何者爲化乎? 試擧栗翁語, 答之曰陰靜陽動, 其機自爾, 而其所以陰靜陽動者, 理也. 須是理爲根柢.—此六字, 取輯要披語以補之.— 故周子曰, 太極動而生陽. 云云.

愚按，蘆沙駁栗語，曰天下大變有三，妻奪夫位，臣奪君位，夷奪華位. 若氣奪理位，則彼三變者，卽次第事耳. 又曰柰東方理氣何? 今栗語一出於朱子，蘆沙將以憂歎於栗翁者，移之於朱子矣，此則更當如何處之? 嘗見蘆猥，有云理有操縱適莫. 此非理有爲之說乎? 有爲者氣，而指有爲爲理，則豈非氣奪理位之變乎? 若乃栗翁之言，則曰無爲而爲有爲之主者，理也，有爲而爲無爲之器者，氣也. 是何嘗有一毫氣奪理位之疑乎?

3.

勉菴集蘆沙碑總論云，近世主氣之論起，而先生不顧利害，不計得失，擔一理字，倡言爲復古反正之擧.

愚竊意，勉台所謂主氣之論，正指以心屬氣分之說而云也. 蓋心是主宰而屬氣，則疑於主氣也. 殊不知主宰有自然能然之分，而以能然者，爲一身之主宰，以自然者，爲一心之主宰，此何可謂之主氣之論乎? 若曰一名爲主宰，則何可屬之氣乎? 則朱子於鬼神浩氣，皆言主宰，此亦目爲主氣之學乎? 愚意以有爲者爲理，而認爲極本窮源之主宰，而不復原於性命之理，則此乃爲主氣之見也. 然則蘆沙所擔底理字，是指有操縱適莫之物. 不知上頭更有無爲之理爲之主宰，其所依靠推戴者，終是落在形而下之科矣.

권자정에게 답함

병진년(1916)

권운환

이 글은 권운환이 1916년 권재춘(權載春, 1882~1952)[438]에게 보내는 편지다. 권재춘이 「외필」을 반박하는 내용의 편지를 보내자 「외필」의 저술 동기와 내용이 이이를 비판하려는 것이 아니라고 변호하고 있다. 『명호집(明湖集)』 권8에 실려 있다.

지난 겨울의 편지는 어찌 그리 진중한지, 그저 안부만 묻는 것만은 아니었네. 종이 가득 누누이 말한 내용은 명리(名理)의 학설이 아닌 것이 없었네. 또한 정을 다해 숨기는 것이 없었기에 반복해서 여러 차례 보느라 모르는 사이에 종이에서 보푸라기가 생길 지경이었네. 편지에서 '기틀이 스스로 그렇다'라는 구절을 말했는데, 내가 보기에는 율옹의 뜻을 간파했네. 이처럼 보아야 천명이 유행의 주재[主]이고 그 병권을 기의 기틀에 귀속시키지 않는다네. 그러므로 노옹은 늘 '율옹의 이 말은 유행의 측면에서 보아야 폐해가 없을 것이다. 후대 유학자들이 유행의 측면에서 보지 않았기에 드디어 기의 기틀을 모든 조화의 주재로 간주하게 되었고, '율옹의 뜻도 이와 같다'라고 여기면서 마침내 많은 정론을 버리고 겨우 이 한 구절만을 뽑아내서는 머리에 이게 되었다. 이렇게 해서 천명이라고 부르는 것은 그 병권을 빼앗기고 그 신묘함을 잃어버렸으며, 모든 조화의 생성에 참여할 수 없게 되었다. 그렇다면

438 자는 자정(子正) 호는 만재(萬齋)이고 본관은 안동(安東)이다. 문집으로 『악양집(岳陽集)』이 있다.

천명이라고 하는 것이 헛된 이름이 아니겠는가?'라고 했네. 이것이 어쩔 수 없이 「외필」을 지은 까닭이라네.

이 때문에 (「외필」의) 내용이 조금 직설적이었으니, 세속의 유자들이 혹여 깨닫기를 바랐기 때문이었다네. 자정(子貞)이 이미 율옹의 뜻을 간파했다면 또한 「외필」에 있는 말도 이해할 수 있을 텐데, 「외필」을 반박하는 어구들에서 미혹되고 말이 되지 않는 것이 많았네. 시속의 무리들이 무함하듯이 미리 「외필」이 율옹을 공격 배척하기 위해 지은 것이라고 의심해서 그러는 것이 아니겠는가? 아! 어떻게 율옹의 후학으로서 거꾸로 율옹을 공격하고 배척하려는 이가 있겠는가?

노옹이 율옹의 정론을 발명한 것이 문집에 많이 실려 있는데도, 시속의 무리들은 미리 공평치 못한 마음을 품고서 으레 상세하게 살피지도 않는다네. 시속의 무리들이야 말할 만한 것이 못된다지만 자정은 어째서 그러는 것인가? 공정한 마음과 눈으로 「외필」과 (노옹이) 발명한 다른 내용을 가져다 두고 이리저리 살펴본다면 참으로 자정에게도 기대를 할 수 있을 것이네. 다시 바라건대 자정은 많은 주장들은 우선 제쳐두고 오직 스스로 설명한 천명이 음양을 타고 운행하고, 음양이 천명에 뿌리를 두고 생기며, 리가 기를 타고, 기는 리를 싣고 있다는 몇 가지 말을 반복하면서 자세히 음미한다면 정자·주자의 여러 가지 주장에 기대지 않고도 스스로 노옹의 견해가 정말로 율옹과 어긋나지 않는 줄을 알 것이네. 자정이 이미 실상을 숨기지 않았기에 나 또한 숨기지 않았으니 이해해 준다면 다행이겠네. 부탁한 글은 간절한 부탁을 또 어기기가 어려워 어쩔 수 없이 붓을 대었네. 하지만 평소 손재주가 못나서 스스로야 힘을 다했다고 하지만 어찌 쓰기에 합당할 것이라고 기대할 수 있겠나? 한 번 보기나 하게.

答權子貞

丙辰

權雲煥

冬書一何珍重，不惟道寒暄而已．滿幅縷縷，無非名理之說，而又盡情無隱，反覆屢回，不覺紙生毛也．來喩機自爾云云，以吾觀之，可謂看得出栗翁之意，如此看則天命爲流行之主，而非歸其柄於氣機也．故蘆翁常言，栗翁此說，以流行邊看，則可無弊，而後儒不以流行邊看，遂以氣機看作萬化之主，而謂栗翁之意如此，遂遺却其許多正論，而祇摘取此一語，以爲頭戴．於是所謂天命者乃奪其柄失其妙，而無與於萬化之生成．然則謂之天命者，非虛名而已乎？此猥筆所以不得已而作也．以故其爲說稍直截，蓋欲世儒之庶或開悟也．子貞旣看得栗翁之意，則亦可以會得猥筆中語，而其駁猥筆語句處，多有迷滯，不成語，無乃先疑猥筆之作爲攻斥栗翁，如時輩之誣而然乎？噫！豈有爲栗翁後學，而反攻斥栗翁者乎？蘆翁發明栗翁正論處多載於遺集中，而時輩先懷不平之心，例不詳視之．時輩無足言，子貞豈其然也？祇以公心公眼取猥筆與其他發明處，看來看去，實有望於子貞也．更願子貞且置許多說，惟以所自爲說，天命乘陰陽而行，陰陽根天命而生，理乘氣，氣載理數語，反覆之，審驗之，則不待程朱諸說而自可知蘆翁之見果不悖於栗翁也．子貞旣無隱情，故我亦無隱情，諒之，則幸矣．俯託文字，重違勤囑，不得不下筆，素來手拙，雖自盡其力，豈望合用？惟一覽也．

술외

이직현

이 글은 기정진의 제자인 합천 무령 출신의 이직현(李直鉉, 1850~1928)[439]이 쓴 것이다. 「외필」이 이이 성리학에 대한 주리적 해석임을 강조하면서 주기적 관점에서 이이 성리학을 해석하는 것을 비판하고 있다. 글의 마지막 부분에서 전우의 「외필후변」의 내용을 인용하고 있는 것으로 미루어보면, 「외필후변」에 나타난 「외필」 비판을 재반박하고 있는 글 가운데 하나이고 저술 시기 또한 1904년 이후라고 추정할 수 있지만, 구체적인 시점을 알 수 없다. 『시암집(是庵集)』 권10에 실려 있다.

선사이신 노사선생의 『문집』이 완성되고, 한 두 사람이 그 가운데 「외필」을 율곡의 학설을 등졌다고 덮어씌우고 목판을 훼손하려고 했다. 이어서 변론을 만들어 흠을 잡고 심지어는 돌아보거나 거리낌이 없었으니. 이것이 과연 율곡을 존경 사모한다면서 할 짓인가? 율곡은 노사에게 선현으로서 후세의 노사를 기다렸고, 노사는 율곡의 후현으로서 율곡의 학문을 미루어 밝혔다. 그렇다면 노사를 존경하는 것이 곧 율곡을 존경하는 것이요, 노사를 배척하는 것은 율곡을 배척하기에나 알맞을 뿐이다.

도리란 공공연한 것으로 한 사람이 사적으로 소유할 수 있는 것이 아니다. 그러므로 선현의 학설에 발명하지 못한 것이 있으면 후현이 그

439 자는 필서(弼瑞) 호는 시암(是庵)이고 본관(本貫)은 강양(江陽 : 陝川)이다. 합천 무령 출신으로 1876년 27세 때 전남 장성으로 79세의 기정진을 방문해서 만년 제자 가운데 한 사람이 되었다. 저술로는 『시암집(是庵集)』 21권 10책이 있다.

것을 발명하고, 일치하지 않는 것이 있으면 후현이 변론하는 것이다. 그 뜻은 구차하게 전현보다 더 뛰어나려는 것이 아니라, 도리가 이와 같은 곳에서 어쩔 수 없이 이렇게 하는 것일 뿐이다. 주자는 주자·정자·장자를 일생 동안 스승으로 삼았지만, 그들의 학설이 어긋난 곳이면 변론을 했으니, 경전의 주해와 문인과의 문답에 드러난 것이 매우 많았다. 율곡도 퇴계를 깊이 존경하고 사모한 것이 또한 어떠했는가? 그럼에도 사칠·이기설에 일치하지 못하는 것이 있으면 질문하면서 변론했다. 이것이 주자가 말한 '도리를 강론해서 밝히고, 선현을 존경하고 경외하는 두 가지를 동시에 실천하면서 어긋나지 않는다'라는 것이다.

선사의 「외필」도 그 문장은 선현을 존경하고 경외하는 데서 벗어나지 않았고, 의도는 도를 밝히는 데 있었기에 말이 어쩔 수 없이 간절했다. 전현의 충신이 될지언정 전현에게 아첨하는 이가 되려고 하지 않았을 뿐이었다. 설령 율곡이 '훗날 감히 나와 어긋날 이가 없을 것이다'라고 했다고 하더라도, 선사는 의심하면서 '전현이라고 해서 구차하게 엄호하려고만 한다면 어떻게 천지와 성현의 지공무사(至公無私)한 심법이겠는가?'라고 했을 것이다. 율곡의 심법은 주자에게 얻었고, 선사의 심법은 율곡에게 얻었다. 이 심법은 반드시 선사께서 (「외필」에서) '후현'이라고 했던 이가 있은 다음에야 알아차릴 것이다.

요즘 사람들은 율곡·노사의 심법을 강론해서 밝히려고 하지 않고, 멋대로 율곡·노사의 학설을 논하면서 스스로 후현보다 뛰어나다고 자처하니, '국량을 알지 못한다'라고 할만하다. 선사는 "훗날 현자가 나온들 누가 이 글로 질정을 구할 수 있겠는가?"라고 했으니, 이 말이 어쩌면 받들어 질정하는 단서가 될 것인가? 참으로 이와 같을 수 있다면 유문의 다행이요, 또한 선사의 다행일 것이다. 어쩌다 질정을 구해도 사람이 없고 한갓 저들의 학설이 멋대로 횡행하기만 한다면 후생과 소배들의 식견이 넓고 안정되지 못해서 취사선택을 모를 것이다. 이것은 작은 걱정이 아니기에 비루함을 잊고서 대략 변론한다. 아! 선사의 학문이 세상에 받아들여지지 못한다면 내 말도 배운 것에 빠져서 좋아하는 것에만 아첨한다는 꾸지람을 초래하지 않을 것이라고 어떻게 보장하겠는가? 또한 후현이 나타나 질정하기만을 기다릴 뿐이다.

성현이 도리를 말하면서 나아가 논하는 것에 차이가 있었기에 설명도 앞뒤로 한 가지가 아니었다. 그러므로 읽는 이가 여러 말을 모아서 서로 참조해서 풀어나간 다음에야 그 종지를 비로소 밝힐 수 있을 것이다. 율곡은 「이일분수부」에서 "누가 그 기틀을 주재하는가? 아, 저 태극(太極)이로다!"[440]라고 했다. 우계에게 답하는 편지에서는 "갖가지로 고르지 않은 것이 기가 하는 것이라고 하더라도 반드시 주재가 되는 리가 있다. 그렇다면 갖가지로 다른 것 또한 리가 마땅히 이와 같은 것이지, 리가 이와 같지 않은 데 기 홀로 이와 같은 것이 아니다"[441]라고 했다. 또한 "음이 고요하고 양이 움직이는 것은 기의 기틀이 저절로 그러한 것이지 그렇게 시키는 것이 있지 않다"라고 했다.[442] 근원으로부터 논하자면 '기틀을 주재하는 것'은 태극이고, '주재'는 리이다. 유행의 측면에서 보자면 움직임과 고요함의 기틀은 또한 '저절로 그러해서 그렇다'라고 할 수 있다. 그렇지만 이미 '태극이 기틀을 주재한다', '리가 주재가 된다'라고 했다면 기의 기틀이 어떻게 저절로 그러겠는가? 율곡이 말한 것들은 나아가 논하는 것이 한 가지가 아니지만, 주장하려는 것은 리이다. 그렇다면 율곡의 종지는 근원의 측면을 말하는 데 있는 것이지, 유행을 말하는 데 있지 않다는 것이 틀림없다.

요즘 사람들이 종지를 잘못 알고서 정론을 저버리고 '스스로 그렇다', '시키지 않는다'라는 두 구절을 머리에 이고서 자신의 견해를 조정하고

440 이이, 『율곡전서』 권1(표점영인 한국문집총간 vol. 44), 「理一分殊賦」, 12쪽.
441 이이, 『율곡전서』 권10(표점영인 한국문집총간 vol. 44), 「답성호원(임신)」, 199쪽.
442 이이, 『율곡전서』 권10(표점영인 한국문집총간 vol. 44), 「답성호원」, 211쪽.

이리저리 늘려가서 마침내 기가 리의 지위를 빼앗고, 스스로 본령이 되는 데 이르렀다. 「외필」에서 말하는 '두 개의 본령의 시초'는 그 뿌리와 말류를 파헤치려는 것이었다. '피음사둔'과 '전도되고 창피하다'라고 한 것은 요즘 사람들이 '도리' 두 글자를 몰아댄다는 말의 뒤를 이어서 그 폐단을 극언한 것이다. 그러므로 "생각건대 전현의 의론이 지나치게 명쾌해서 그 말류의 폐해가 여기에 이를 줄 미처 자세히 생각지 못했던 것 같다"라고 했다. 이것은 선철이 걱정한 것을 걱정한 것이요, 같은 시대를 살면서 같이 걱정하지 못한 것을 한스러워한 것이다. "의론이 지나치게 명쾌하다"라고 표현한 것은 주자가 일찍이 정자의 궁리(窮理)와 진성(盡性)을 말한 대목에서 이미 이 말을 사용한 적이 있었다. 선사께서 말하신 것이야 어떻게 요즘 사람들의 의심을 불러오기에 충분하겠는가? '피음사둔'과 같은 말을 곧장 율곡을 배척했다고 하니 문자를 보는 것이 거칠어서 하나 같이 여기에 이르게 된 것인가?

맹자는 측은·수오·사양·시비의 마음을 인·의·예·지의 단서라고 했다. 또 측은·수오 등의 마음을 바로 인·의·예·지라고 하기도 했다. 그러므로 주자는 변론해서 "여기에서는 작용으로 인해서 그 본체를 드러낸 것일 뿐이다"[443]라고 했다. 요즘 사람의 견해와 같다면 설령 맹자의 말이라도 본체와 작용에 구별이 없은 다음에야 괜찮다고 하겠는가? 주자(周子)가 사랑[愛]을 인이라고 했다고 한유(韓愈)가 널리 사랑하는 것[博愛]을 인이라고 하는 것과 동일시해서, 정을 성이라고 한 다음에야 괜찮겠는가? 퇴계는 사단·칠정을 논하면서 주자의 말을 인용해서 리와 기가 호발한다는 증거로 삼았다. 그러나 율곡은 변론하면서 "주자가 정말로 리와 기가 호발한다고 생각했다면 주자 또한 잘못이다. 어떻게 주자라고 하겠는가?"[444]라고 했다. 리와 기를 논하는 이가 '율곡은 다만 기

443 주희, 『맹자집주』(『주자전서』 vol. 6), 399쪽.
444 이이, 『율곡전서』 권10(표점영인 한국문집총간 vol. 44), 「답성호원」, 204쪽.

틀이 저절로 그러해서 따로 시키는 것이 있지 않다는 것만 주장했을 뿐, 정말로 기틀을 주재하는 태극을 주장하지 않았다'라고 한다면 나 또한 '율곡 또한 잘못이다. 어떻게 율곡이라고 하겠는가'라고 한다면 괜찮겠는가? 그렇지 않겠는가?

"움직임과 고요함은 기이고, 움직이고 고요하게 하는 것은 리이다."[445] 이것은 율곡의 「대책」 속의 말이다. 선사는 이것을 인용해서 기의 움직임과 고요함이 스스로 움직이고 스스로 고요한 것이 아니요, 리가 움직이고 고요하게 만드는 것임을 밝혔을 뿐이다. 리는 운용하고 조작하는 힘이 없지만 운용하고 조작하는 오묘함을 실제로 갖추고 있기 때문이다. 그러므로 모든 변화의 지도리가 된다. '그렇게 시킨다[使之]'라는 것은 곧 소이연의 오묘함[所以之妙]이다. 저들은 '노사의 움직이고 고요하게 하는 것은 리이다는 말은 율곡의 발현하는 것은 기이다는 말과 어세가 동일하다'라고 하면서 기를 리로 인식한 것이라는 이유로 공격한다. 움직이고 고요하게 하는 것이 리라는 말이 정말로 기를 리로 인식한다는 데서 벗어날 수 없다면 선사가 공격 받기 이전에 유곡이 먼저 공격을 받았을 것이다. 이것은 율곡으로 율곡을 공격한 것이 아닌가? 리와 기는 서로 섞이지도 않지만 실제로 서로 떨어지지도 않기 때문이다. 기로부터 리를 말한다면 '발현하는 것은 기이고 기가 아니면 발현할 수 없으니, 이 리가 나와서 (기를) 발현하게 한다'라는 것은 어디에 의지하겠는가? 리로부터 기를 말한다면 '움직이고 고요하게 하는 것은 리요, 리가 아니면 움직이고 고요할 수 없으니 이 기가 유행하면서 움직이고 고요하다'라는 것은 어디에 뿌리를 두겠는가? 두 가지 설명을 한 번 뒤집어 본다면 서로 통할 수 있다. 그런데도 저들은 억지로 갈등을 만들어 내면서 '율곡의 말이 비록 움직이고 고요하게 하는 것은 리

---

445 이이, 『율곡전서』 권14(표점영인 한국문집총간 vol. 44), 「역수책」, 306쪽·같은 책, 「천도책」, 310쪽 참조.

라고 했지만, 그 앞 문장에서 저절로 그러한 기[自然之氣]라고 했으니[446], '기틀이 스스로 그러하다는 주장과 처음부터 서로 방해가 되지 않는다'라고 한다.

아! 요즘 사람들의 눈에는 모두 '기' 한 글자뿐이다. '기'라는 글자로 찾아보자면 율곡만이 기를 말한 것이 아니요, 과거의 성현들 가운데 리를 말하고서 기를 말하지 않는 이가 언제 있었던가? 『율곡전서』를 살펴보면 기를 말하면 반드시 리를 말했고, 또한 리를 말하지 않으면서 기를 말하는 경우가 없었다. 그런데도 리의 측면에서 말하는 것은 버려두고 — 곧 본원의 측면에서 말한 것이다. — 기를 말한 한 구절만을 뽑아내어 — 곧 유행의 측면에서 말한 것이다. — 남을 흔들려는 구실로 삼으면서 말하기를 '율곡이 (이렇게) 말했다'라고 한다. 이에 세상에서 『전서』를 보지 못한 이들은 이로 인해 율곡이 주기론을 창도했고, 주리의 종지가 거의 어두워져 버렸다고 하게 된 것이다.

선사께서 이것을 걱정해서 율곡의 말을 인용해서 그 종지를 밝혔다. 말에는 서로 차이가 있을 수 있겠지만, 그 뜻은 서로 발명하고 있다. 저들이 말하는 '비슷할수록 더욱 어긋난다'라는 것이 무엇을 말하는 지 나로서는 알 수 없다. 『주역』에서는 "건도가 변화해서 각각 성과 명을 바로 잡는다"라고 했다. (건도가) 변화할 때에 언제 기의 기틀을 의지하지 않은 적이 있었는가? 그러나 사물이 갖가지로 고르지 않은 것이 하나 같이 기가 하는 것을 따르기만 하고 리는 타고 있을 뿐이며, (기를) 따를 뿐이라면 오얏나무에서 복숭아 꽃이 필 수 있고, 수염이 뿔이 될 수 있을 터이니, 성과 명이 어떻게 바로잡히겠는가? (주인이) 드나드는데 반드시 뒤따르는 종이 있으니, 드나드는 것은 주인이 시킨 것이요,

446 「역수책」에서 "夫形而上者, 自然之理也; 形而下者, 自然之氣也."라고 한 구절을 가리킨다. 이이, 『율곡전서』 권14(표점영인 한국문집총간 vol. 44), 「역수책」, 306쪽

죽이고 살리는 데는 반드시 (담당하는) 사사(士師)가 있지만 죽이고 살리는 것은 임금이 시킨 것이다. 이제 '드나드는 것은 곧 뒤따르는 이가 스스로 그렇게 하는 것'이라고 하고, '죽이고 살리는 것은 사사가 스스로 그렇게 하는 것'이라고 한다면, 국가의 큰 법도가 흐트러지지 않겠는가? 주인이 있는데, 종이 어떻게 스스로 드나들 수 있겠는가? 임금이 있는데, 신하가 어떻게 스스로 죽이고 살릴 수 있겠는가? 그렇다면 리가 있는데 기가 어떻게 스스로 움직이고 고요할 수 있겠는가? 그러므로 공자는 "태극이 양의를 낳는다"라고 했지만, 주자(周子)는 "태극이 움직여 양을 낳고, 고요해서 음을 낳는다"라고 했다. 이것은 양의가 스스로 움직이고 고요하지 않고, 태극이 낳는다는 것을 말한 것이다. 자사는 "하늘이 명한 것을 성이라고 한다"라고 했는데, 주자는 "하늘이 음양과 오행으로 만물을 낳고 변화시킨다"[447]라고 했다. 이것은 만물이 생겨나 성을 갖추는 것이 천명이 그렇게 함을 말한다. 맹자는 "하늘이 만물을 낳으면서 근본이 하나이도록 했다"[448]라고 했으니, 이것은 만물의 한 근본이란 하늘이 그렇게 시킨 것임을 말한다.

낳고·시키며·명령한다고 할 때의 '그렇게 한다[之]'는 것을 참으로 주재로 삼을 수 있다면 공맹 이후의 여러 성현들이 누군들 리를 주재로 삼지 않았겠는가? 율곡은 '기틀이 스스로 그렇다'라는 뒷 문장에서 "음이 고요하고 양이 움직이는 소이가 리이다"라고 했다. 또한 "온갖 종류의 정이 어느 것인들 리에서 발현하지 않겠는가?"[449]라고도 했고, "리는 기의 주재이다"[450]라고도 했다. 이것은 모두 진실하게 리가 만사 만물의 주재임을 파악한 것이요, 분명하게 일원을 말한 것이다. 요즘 사람

---

447 주희, 『중용장구』(『주자전서』 vol. 6), 32쪽.

448 『맹자』, 「등문공 상」 5장.

449 이이, 『율곡전서』 권9(표점영인 문집총간 vol. 44), 「답성호원」, 195쪽 참조.

450 이이, 『율곡전서』 권10(한국문집총간 vol. 44), 「답성호원」, 199쪽.

들은 리를 파악하는 안목도 없이 모두들 '내가 주재로 삼는 것은 리이다'라고 하면서 리를 함이 없고 능력이 없는 텅 빈 자리에 놓아두고, 생성과 변화가 갖가지로 고르지 않은 것 모두를 기가 하는 것에 귀결시킨다. 그리고 리가 그렇게 시키는 것과 같다고 말하는 이가 한 사람이라도 있으면, 무리를 지어 일어나서 공격하면서 '기를 리로 간주했다'라고 하고, 주인을 끌어내려 종으로 만들어 버린다. 리가 이미 능연의 힘이 없고 게다가 그렇게 시키는 오묘함도 없다면 뱀 비늘이나 매미 허물만도 못하게 되어버리니, 어떤 주재가 있다고 하겠는가?

천지가 만물을 생성 변화시키는 것은 오직 기 하나로 충분할 뿐이라면 또 어째서 리가 귀하다고 하겠는가? 명목상으로는 주재라고 하면서 말로는 그렇지 않다고 하니, 거짓이 아닌가? 말로는 주재가 아니라고 하면서 소견은 그렇다고 하니 진실이 아닌가? 그런데도 저들은 감히 '차라리 주기라고 배척을 당할지언정 4,000년 이래의 여러 성현을 등지면서 주리의 명칭을 거짓으로 뒤집어쓰지 않겠다'[451]라고 한다. 주리의 뜻에 밝지 못하다면서 여러 성현들을 등지지 않겠다는 것이 가능하겠는가?

451 전우, 『간재집·전편』 권13(표점영인 한국문집총간 vol.333), 「외필후변」, 86쪽.

述猥

李直鉉

先師蘆沙先生文集之成也, 有一二人以集中猥筆一款背於栗谷說, 圖欲毁板. 繼有立辨, 吹覓至於無所顧憚, 此果尊慕栗谷而然耶? 栗谷, 蘆沙之前賢, 而有俟後世之蘆沙者也. 蘆沙, 栗谷之後賢, 而推明栗谷之學者也. 則尊蘆沙卽所以尊栗谷也, 斥蘆沙適所以斥栗谷也. 蓋道理公物, 非一人之所得以私也. 故前賢之說之所未發, 後賢發之, 所未契, 後賢辨之. 其意非苟多於前賢也, 道理如此處, 不得不爲此也. 朱子之於周程張子, 一生宗師, 而辨其說之差處, 有見於經傳註解及門人答問者甚多. 栗谷之於退溪, 尊慕亦如何? 而有未契於四七理氣之說, 質言以辨之. 此朱子所謂尊畏前賢, 講明道理, 兩行而不相悖者然也. 先師猥筆, 其命辭不外乎尊畏前賢, 而志在明道, 言之不得不切. 寧爲前賢之忠臣, 不欲爲前賢之佞臣耳. 使栗谷而有說, 曰後世莫予敢違. 先師而有疑, 曰前賢也, 苟爲掩護, 則豈天地聖賢至公無私之心法乎? 栗谷之心法, 得於朱子, 先師之心法, 得於栗谷. 蓋此心法必有先師所謂後賢, 然後知之也. 今人不思講明栗谷蘆沙之心法, 而妄論栗谷蘆沙之說, 自處於後賢之上, 可謂不知量也. 先師曰, 後雖有賢者出, 誰當奉而質者? 此或爲奉質之端耶? 苟如是, 儒門之幸, 亦先師之幸也. 或質之無人, 而徒使彼說肆行, 則後生少輩, 見米周識未定, 將眩而莫之擇焉. 此非小慮, 乃忘陋略辨. 噫! 先師之學, 果可不容於世, 則直鉉之言, 安保其不來溺聞阿好之譏也歟? 亦當恭以俟後賢之出而質之. 凡聖賢之說道理, 所就而論有不同, 故說之前後或不一. 讀者當會聚說, 而參互演繹焉, 然後其宗旨可以明矣. 栗谷理一分殊賦曰, 孰尸其機, 嗚呼太極! 答牛溪書曰, 參差不齊者, 雖曰氣之所爲, 而必有理爲之主宰, 則其所以參差不齊者, 亦是理當如此. 非理不如此而氣獨如此. 又曰陰靜陽動，機自爾也，非有使之者．自源頭而論，則尸機者，太極也；主宰者，理也．就流行而看，則動靜之機，亦可謂自然而然也．雖然，旣曰太極尸機，理爲主宰，則氣機何敢自爾乎？栗谷云云，所就而論雖不一，而其所主者理也．然則栗谷之宗旨，在乎源頭說而不在乎流行說也，必矣．人錯認宗旨，遺却定論，而頭戴自爾·非使二句語，自濟己見，轉輾張王，遂至於氣奪理位，自作本領．猥筆所謂雙本領之履霜者，欲究其源而捄其流也，若詖淫邪遁，顚倒昌披云云者，接上今人驅道理二字以下說，而極言其弊也．故曰竊意前賢之論，或發之太快，末弊之至斯，容有未之細思也．此則憂囊哲之所憂，而恨其不同時而同憂者也．發之太快，朱子嘗於程子窮理盡性說，已有此語．則先師云云，何足以來今人之疑也？至若以詖淫邪遁等語，謂之直斥栗谷者，則見文字粗率一至此耶？孟子以惻隱·羞惡·辭讓·是非之心爲仁義禮智之端．而又有以惻隱·羞惡等心，便謂之仁義禮智．故朱子辨之曰，此直因用以著其本體．苟如今人之見，則使孟子之言爲無別於體用而後，可乎？周子之愛曰仁，同於韓愈博愛之仁，而以情爲性，然後可乎？退溪論四七，引朱子說證理氣之互發．而栗谷辨之曰，若朱子眞以爲理氣互發，則朱子亦誤也．何以爲朱子乎？論理氣者，若曰栗谷只主機自爾非有使者，而眞不以尸機之太極爲主，則吾亦曰栗谷亦誤也．何以爲栗谷乎？如此則可乎？否乎？動靜者，氣也；動之靜之者，理也．此栗谷對策中語．先師引之以明氣之動靜非自動自靜而理使之動靜耳．蓋理無運用造作之力，而所以運用造作之妙實具焉．故爲萬化之樞紐也．所謂使之者，卽所以之妙也．彼之言曰蘆沙之動之靜之者理，與栗谷發之者氣也之說同一語勢，輒以認氣爲理彈之．若動之靜之者理也者，果不免於認氣爲理，則不待先師受彈，而栗谷先受其彈．此非以栗谷而攻栗谷耶？蓋理氣不相雜而實不相離．自氣而言理，則曰發之者氣也，非氣無以發，得此理出來而所發者，何由資仗也？自理而言氣，則曰動之靜之者理也，非理無以動靜，得此氣流行而動靜者，何所根柢乎？二說一飜看而可相通也．彼乃强生葛藤曰，栗谷說雖有動之靜之者理也，而其上文有自然之氣云者, 則與機自吏, 初不相妨. 噫! 今人眼中, 都是一氣字也. 以氣字求之, 則不獨栗谷言氣, 而從上聖賢, 何嘗有言理而不言氣者乎? 按栗谷全書, 言氣必言理, 亦未嘗有不言理而言氣者. 而閣置理邊說,—卽所謂本源上說.— 只摘出言氣處單句—卽所謂流行邊說.—爲禦人欛柄曰, 栗谷云矣. 於是世之未見全書者, 因此而疑栗谷爲主氣之倡, 而主理之宗旨, 幾乎晦矣. 先師爲是之懼, 引栗谷說以明其宗旨. 語或有相殊, 而意實相發. 彼所謂愈似而愈悖者, 吾未知其何謂也. 易曰乾道變化, 各正性命. 其變化時, 何嘗非氣機是資? 然物之參差不齊者, 一聽氣之所爲, 而理乘之而已, 隨之而已, 則李可桃花, 鬣可角子, 性命惡得以正也? 凡出入必有騶從, 而其出入主使之也. 殺活必在士師, 而其殺活君使之也. 今曰出入卽騶從之自爾; 殺活卽士師之自爾, 則家國之大防, 不爲潰決乎? 主之所在, 僕何敢自出自入? 君之所在, 臣何敢自殺自活? 則理之所在, 氣何敢自動自靜? 故孔子曰太極生兩儀, 而周子曰太極動而生陽, 靜而生陰. 此言兩儀不自動靜, 而太極生之也. 子思曰天命之謂性, 而朱子曰天以陰陽五行, 化生萬物. 此言物之有生而爲性, 天命之以之也. 孟子曰天之生物, 使之一本. 此言物之一本天使之也. 生之·使之·命之以之者, 固可以爲主, 則孔孟以後諸聖賢, 孰不以理爲主也? 栗谷機自爾下文, 有曰所以陰靜陽動者理也. 又曰情雖萬般, 夫孰非發於理. 又曰理者氣之主宰. 此皆實見得理爲萬事萬物之主, 而分明說一源者也. 今人則無見理之眼目, 而皆曰吾所主者理也, 非氣也, 而置理於無爲無能之虛位, 凡化化生生, 參差而不齊者, 一切歸之於氣之所爲. 而一有言理之使之然者, 則羣起而攻之, 以爲認氣爲理, 降主而作僕. 理旣無能然之力, 而又無使然之妙, 則曾蛇蚹蜩蛻不若也. 有何主之云乎? 天地之生成化育, 惟一氣足矣, 又何理之足貴也? 名之曰主, 而言之不然, 非假乎? 辭之曰不主, 而所見者然, 非實歟? 而彼敢曰寧被主氣之斥, 不欲負四千年以來諸聖賢, 以假冒主理之名. 使主理之旨不明, 而欲其不負諸聖賢, 得乎?

「외필후변」을 읽고

윤응선

이 글은 윤응선(尹膺善, 1854~1924)[452]이 전우의 「외필후변」을 읽고 자신의 견해를 서술한 글이다. 따라서 이 글은 「외필」-「외필변」 및 「외필후변」-「독외필후변」으로 이어지는 연관 고리를 가진다. 이미 스승인 박세화에게 나타난 본분(本分)과 실직(實職)의 구분법을 다시 사용하면서, 이무위(理無爲)라는 이이 성리학의 기조를 유지하면서 「외필」의 관점이 지나친 것이라는 전통적인 율곡학파의 관점을 드러내고 있다. 1904년 이후로 추정할 뿐 구체적인 저술 시기는 알 수 없다. 『회당집(晦堂集)』 권9에 실려 있다.

'음이 고요하고 양이 움직이는 것은 기틀이 스스로 그러하지 그렇게 시키는 것이 있지 않다.' 이 구절은 홀로 떨어뜨린 채로 얼핏 보면 정말로 기의 기틀이 저절로 운행하고 저절로 그치는 것 같아서, 천명과 상관이 없는 것 같다. 「외필」이 반박하려는 것도 또한 이상할 것이 없다. 그렇지만 이것이 어떻게 율옹을 안다고 하기에 충분하겠는가? 리는 형이상이고 기는 형이하이다. 형이상이기 때문에 무형이고 형이하기이기 때문에 유형이다. 무형이기 때문에 무위이고 유형이기 때문에 유위다. 무형무위이면서 유형유위의 주재가 되는 것은 리의 본분(本分)이요 실직(實職)이다. 유형유위이면서 무형무위의 그릇이 되는 것은 기의 본분이요 실직이다.

율옹의 의도는 리와 기가 호발(互發)한다면, 리 또한 유위이고, 유위

452 자는 군서(君瑞) 호는 회당(晦堂)이고 본관은 파평(坡平)이다. 경기도 양평 출신으로 그는 송병선의 재전제자로서 송병선-박세화-윤응선으로 이어지는 학맥에 속해 있다.

를 말하자마자 이것은 기이지 리가 아니라는 것이다. 그러므로 '발현하는 것은 기이고, 발현하는 소이는 리이다'라고 했다. 유형이고 유위이기 때문에 '음이 고요하고 양이 움직이는 것은 기틀이 스스로 그러하다'라고 했고, 무형이고 무위이기 때문에 '그렇게 시키는 것이 있지 않다'라고 했다. 그 움직임과 고요함의 소이연이 리인 것이지, 어떻게 기기에 엉겨 붙은 채로 머무는 사물이 있어서 움직이고 고요하게 하는 것이겠는가? (그런) 사물이 있다면 이것은 유형이요, 그렇게 시키자마자 이것은 유위다. 어떻게 리의 본분이자 실직이겠는가? 이것은 식견이 정확하고 말이 정밀해서 참으로 귀신에게 묻고, 백세를 기다릴 만한 것이다. 「외필」에서 말하는 '두 가지 본령'과 '기가 리의 자리를 빼앗는다'라는 말은 매우 온당치 않으니, 사람들이 깊이 꾸짖으면서 통렬히 변론하게 되는 것도 당연한 일이다.

그렇다면 임천 오씨의 '태극에 움직임과 고요함이 없다'라는 말도 그 자체로 아무런 병폐가 없고, 또한 그렇게 시키는 것이 있지 않다는 증거라고 하기에 충분하다는 것인가? 이것은 그렇지 않다. 임천 오씨는 '기의 기틀이 한 번 움직이면, 태극 또한 움직이고, 기의 기틀이 한 번 고요하면 태극 또한 고요하다'[453]라고 했고, 또한 '기가 움직이면 태극 또한 움직이고, 기가 고요하면 태극 또한 고요하다'[454]라고 했으며, 마지막에는 단언해서 말하기를 '태극 본연의 오묘함은 움직임과 고요함이 없다'[455]라고 했다. '또한 움직이고[亦動]' '또한 고요하다[亦靜]'라는 표현은 태극이 기의 기틀에 머문 다음에야 부린다고 할 때의 부린다[役]는 뜻이다.

그렇다면, 태극이라고 하는 것은 과연 어떤 사물인가? 성인은 어째서

---

453 吳澄, 『吳文正集』 권2(경인 문연각 사고전서 vol. 1197) 「答王參政儀伯問」, 29쪽.

454 같은 책, 같은 곳.

455 위의 책, 위의 곳.

'양의가 태극을 낳는다'라고 하지 않고 '태극이 양의를 낳는다'라고 했는가? 주자는 어째서 기의 기틀이 지도리이자 뿌리가 된다고 하지 않고, 태극이 지도리이자 뿌리가 된다고 했는가? 오씨의 말이 병폐가 없다고 하면서 이를 가져다 율옹을 위한 증거로 삼으려고 하는 것은 오씨의 (잘못을) 피하려고 해도 그럴 수 없을 뿐만 아니라, 나는 율옹에게도 큰 잘못이 될까 걱정된다. 말이야 비슷하다지만 작은 차이가 결국에는 큰 차이를 빚는 격이니 어떻게 같이 논하겠는가?

讀猥筆後辨

尹膺善

陰靜陽動, 機自爾也, 非有使之者. 此一句孤行而驟看, 則果若氣機之自行自止, 初不關於天命者然. 猥筆之駁之也, 亦無怪也. 雖然是惡足以知栗翁者哉? 理, 形而上者也; 氣, 形而下者也. 形而上也, 故無形; 形而下者; 故有形. 無形也, 故無爲; 有形也, 故有爲. 無形無爲而爲有形有爲之主者, 理之本分實職也; 有形有爲而爲無形無爲之器者, 氣之本分實職也. 栗翁之意, 以爲理氣若有互發, 則是理亦有爲也. 纔言有爲, 則是氣也, 非理也. 故曰發者, 氣也; 所以發者, 理也. 以其有形有爲也, 故曰陰靜陽動, 機自爾也; 無形無爲也, 故曰非有使之也. 但其動靜之所以然者, 是理也. 曷嘗有物凝泊在氣機上, 使之動使之靜哉? 纔有物, 則是有形也; 纔有使之, 則是有爲也. 豈理之分職也哉? 此其見得的確, 說得精密, 眞可以質鬼神而後百世也. 猥筆所謂雙本領, 氣奪理位等語, 極甚未安. 宜有以致夫人之深詆而痛辨之也.

然則臨川吳氏太極無動靜之說, 自是無病, 而亦足爲非有使之之證佐乎? 曰此則不然. 吳氏之言, 曰氣機一動, 則太極亦動; 氣機一靜, 則太極亦靜. 又曰氣動則太極亦動, 氣靜則太極亦靜. 末乃斷之曰太極本然之妙, 無動靜也. 蓋其亦動亦靜字, 分明是太極居氣機之後爲役之役者也. 然則所謂太極, 果何等物事耶? 聖人何不曰兩儀生太極, 而乃曰太極生兩儀耶? 朱子何不以氣機爲樞紐根柢, 而乃以太極爲樞紐根柢耶? 謂吳氏無病, 而欲援之爲栗翁之證佐, 則不惟吳氏之諱不可得也, 吾恐其幷與栗翁而失之遠矣. 言雖相近而差之毫釐, 謬以千里, 惡可與同年而論之哉?

김준영에게 보냄

전우

이 글은 전우가 사돈이자 제자인 김준영(金駿榮, 1842~1907)[456]에게 보내는 편지다. 최익현이 지은 기정진의 「신도비명」의 내용을 비판적으로 논하고 있다. 『간재집·전편』 권6에 실려 있다.

지난번에 현제(賢弟)가 노사의 비를 말하면서 '현저하게 선현의 자취를 핍박하는 점이 있어서 일설을 지어 논하겠다'라고 했는데, 이미 붓을 들었는지 모르겠네. 면태(勉台)는 우리 당의 선류이니, 서로 아끼지 않을 수 없지만, 또한 직언을 하지 않을 수도 없다네. 그의 글에 '성명과 이기는 후유들에게 휘말리지 않고 곧바로 정자·주자에게서 구했다'[457]라고 했고, 또 그 뒤에 이어서 '저술한 「외필」·「납량사의」·「이통설」·「정자설」 등 여러 편은 모두 속된 학문의 폐단을 깊이 징계했다'[458]라고 했으며, 그 뒤에서 또 결론을 내리면서 '천하의 큰 변고가 셋이 있는데, 아내가 남편의 자리를 빼앗고, 신하가 임금의 자리를 빼앗는 것이다. 기가 리의 자리를 빼앗으면 저 세 가지 변고는 곧 차례로 벌어진다'[459]라고 했네. 이제 「외필」에 근거해서 보자면 '기가 리의 자리를

456 자는 덕경(德卿) 호는 병암(炳菴)이고 본관은 의성(義城)이다. 한 살 연상의 전우를 스승으로 섬기다가, 자신의 딸과 전우의 넷째 아들인 전경구(田敬九)와 혼인을 맺어서 사돈 관계가 되었다.

457 기정진, 『노사집·부록』 권2(표점영인 한국문집총간 vol. 310), 「神道碑銘(幷序)」, 656쪽 참조.

458 같은 책, 같은 곳.

빼앗는다'라는 것은 명백하게 곧바로 율곡선생을 가리켜 말한 것이네. 그렇다면 저 세 가지 변고란 모두 율옹이 그 뿌리가 된다고 할 것이네. 율옹을 세 가지 변고의 뿌리라고 여겼다면 침범하고 배척하는 것이 다시 여지를 남기지 않은 것이니, 요점은 이미 판명된 것이네. 명문의 말에 '남의 방에 들어가 창을 잡았다'[460]라는 것이 어찌 그 실상을 스스로 말한 것이 아니겠는가?

내가 듣기로, 화하는 안에 오랑캐는 밖에 해당한다는 것은 스승과 학생 (사이의 배움과 가르침)을 기다리고서야 분명해진다지만, 임금이 높고 신하가 낮은 것과 남편이 주창하고 아내가 따르는 것은 스승과 학생 (사이의 배움과 가르침)이 없어도 분명하다네. 리가 주재이어야 하고, 기를 검속해야 한다는 것 또한 반드시 스승과 학생을 기다린 다음에야 분명하다네. 이로 말미암아 스승과 학생의 의리가 바로잡히면 천하의 모든 법도가 모두 바로잡히네. 스승과 학생의 의리가 어지러우면 천하의 모든 법이 어지럽지 않은 것이 없어서 떨쳐 일어날 수 없다네. 율곡선생은 우리 동방의 제일가는 대종사가 아닌가? 노사인들 어찌 율옹의 후학이 아니겠는가? 후학으로써 말을 함부로 하며 스승을 배척하는 것이 이처럼 경솔하다면 '제자가 스승의 자리를 빼앗는다'라는 말조차 오히려 헐후(歇后)에 속할 것이네. 어떻게 세 가지 변고의 앞에 또 하나의 큰 변고가 아니겠는가? '내가 언제 율곡을 스승으로 모신 적이 있었단 말인가'라고 하려고 했다면, 명문 가운데 어째서 "율곡과 우암이 표준이 되었네"[461]라고 말한 것인가? 합쳤다 떼어놓았다 하는 데서 그의 마음 씀씀이가 수고롭고 날로 졸렬함을 볼 수 있을 뿐이네.

---

459 위의 책, 위의 곳.

460 위의 책, 위의 곳 참조.

461 기정진, 『노사집·부록』 권2(표점영인 한국문집총간 vol. 310), 「神道碑銘(幷序)」, 656쪽.

또한 매우 이해하지 못할 점이 있네. 명문에서 “음양이 동정하는 모습, 이를 천명이라 하네”라고 했는데, 이 말은 무엇을 말하는가? 이미 음양의 움직이고 고요함을 곧장 천명이라고 했다면, 음과 양이 고요하고 움직이는 소이연이란 천명의 위에 또 천명이 있는 것이네. 이것이 참으로 ‘두 가지 본령’이라고 할 것이네.

고금의 몇 천 년 사이를 보면 우리 유학에서 음과 양의 움직임과 고요함을 가리켜 천명이라고 한 것을 들어본 적이 없고, 오직 육자정(陸子靜) 한 사람이 음양을 형이상으로 여겨 주자에게 도와 기에 어둡다고 배척을 받았을 뿐이네. 그는 스스로 후세의 주자에게 질정하기를 기다린다고 하면서, 도리어 스스로 주자와 대립했던 상산(象山)으로 귀결되는 것은 어째서인가? 한 마디로 표현하자면 음양의 움직임과 고요함을 가리켜 형이상의 천명이라고 하는 것은 불행히도 서문에서 말하는 ‘조화(造化)와 지도리가 두루뭉술하고 모호한 물건이 되었다’라는 것과 가깝다고 할 것이네. 어찌 두려워하지 않겠는가?

이제 도가 곧지 않으면 보지 않을지언정, 어떻게 서로를 아끼는 사사로움으로 천리의 공공연함을 폐하겠는가? 그렇지만 면태가 이제 이미 그 문장을 거두었으니 사우들이 그를 대우하는 것도 마땅히 지난날과는 조금 달라야 할 것이네. 주자는 이성보(李誠父 : 李友諒)에게 ‘선한 이들을 보호하고 그들의 흠을 가려주는 것도 또한 잊어서는 안 된다’[462]라고 했으니, 오늘날 우리들도 이러한 의리를 보존해야 마땅할 것이네. 어떠한가? 현제에게 논할 것이 있다면 인편으로 알려주기를 간절히 바라네.

---

462 주희, 『회암선생주문공문집』 권28(『주자전서』 vol. 21), 「與李誠父書」, 1227쪽 참조.

與金駿榮

田愚

曩賢弟說蘆碑, 顯有逼拶先賢之跡, 欲著一說以論之, 不知已下筆否. 蓋勉台是吾黨之善類, 不可不相惜, 而亦不容不直言也. 蓋其文謂性命理氣, 舍後儒之繳紛, 而直求諸程朱. 其下繼之曰, 所著猥筆私議理通定字諸篇, 皆所以深懲俗學之弊. 其下又結之曰, 天下大變有三, 妻奪夫位, 臣奪君位, 夷奪華位, 若氣奪理位, 則彼三變者, 卽次第事耳. 今據猥筆觀之, 所謂氣奪理位, 明明直指栗谷先生而言. 然則彼三變者, 皆栗翁爲之本也. 夫旣以栗翁爲三變之本, 則其侵斥無復餘地, 而頭腦已判矣. 銘語所謂操戈入室者, 豈非自道其實歟? 吾聞夏之當內, 夷之當外, 待師生而明矣. 君之當尊, 臣之當卑, 夫之當倡, 妻之當隨, 無不待師生而明矣. 至於理之當主, 氣之當檢, 亦必待師生而後明矣. 由是, 師生之義正, 則天下萬法皆正矣. 師生之義亂, 則天下萬法無不淆亂, 而不可振矣. 夫栗谷先生, 非我東方第一大宗師乎? 而蘆沙豈非栗翁之後學乎? 以後學而放言斥師, 若是其率爾, 則弟奪師位, 猶屬歇后. 豈非三變之前, 又一大變也乎? 如曰我何嘗師栗谷, 則銘中又何以有栗尤準的之云乎? 乍合乍離, 秖見其心勞日拙矣. 又有大不可曉者. 銘言陰陽動靜, 是曰天命. 此言何謂也? 旣以陰陽動靜, 直謂之天命, 則陰陽動靜之所以然者, 天命之上, 又有天命, 是眞所謂兩本領者矣. 竊觀上下數千年間, 吾儒門中, 未聞有指陰陽動靜爲天命者. 獨陸子靜一人, 謂陰陽爲形上, 而被朱子昧於道器之斥矣. 彼方自謂俟後世之朱子質焉, 而反自歸於與朱子角立之象山, 何也? 一言以蔽之曰, 指陰陽動靜爲形上天命, 則序文所謂造化樞紐, 遂爲混淪儱侗, 和泥帶水之物者, 不幸而近之矣. 豈不可懼哉? 今夫道不直則不見, 安可以相惜之私, 而廢天理之公哉? 雖然此台今旣還收其文, 士友之處之, 宜與前日少異. 蓋嘗聞朱子之告李誠父曰, 覆護善人, 掩其疵疾之意, 不可忘. 今日我輩, 正宜存得此箇義諦. 如何如何? 賢弟如有所論, 因便寄示, 至懇.

노화동이고

무오년(1918)

김택술

이 글은 전우의 문인인 김택술(金澤述, 1884~1954)[463]이 1918년 기정진과 이항로의 성리학적 입장을 비판적으로 논한 것이다. 「외필」이 간재학파로부터 비판을 받는 반면, 화서학파로부터 우호적 평가를 받게 되자, 간재학파 내부에서 기정진과 이항로의 성리학적 동이로 논변의 범위가 확장되고 있다는 것을 보여주고 있다. 5조목으로 구별할 수 있는데 명덕과 도심, 마음과 태극, 인물성의 동이, 리의 동정이란 네 가지 주제에 대해 각각 기정진, 이항로의 문집에서 발췌한 내용을 '노사왈(蘆沙曰)'·'화서왈(華西曰)'로 구분해서 기록한 후, 자신이 비판적 견해를 '안(按)'이라는 형태로 덧붙이고 있고, 마지막 부분에서는 손님과의 대화 형태로 자신의 전체적 관점을 서술하고 있다. 『후창집(後滄集)』 권16에 실려 있다.

1.

노사는 이렇게 말했다. "명덕과 도심은 모두 마음이란 영역에서 말하는 것인데 곧장 리라고 한다면, 온당치 않은 것 같다." —기경도에게

463 자는 종현(鍾賢)이고 호는 후창(後滄)이고 본관은 부안(扶安)이다. 아버지는 김낙진(金洛進), 어머니는 전주 최씨(全州崔氏)이다. 1900년 17세의 나이로 아버지의 권유를 따라 전우의 문인이 되었고, 전우가 세상을 떠난 뒤에 정읍 만종재(萬宗齋)에서 강학을 시작했다. 1924년 오진영(吳震泳,, 1868~1944) 등이 중심이 되어 『간재사고』의 간행을 추진하자, 이를 반대하고 직접 문집 발간에 나서서 『화도수정본(華嶋手定本)』을 편찬했다. 그의 문집인 『후창집』은 본집 31권 15책, 속집 11권 5책을 합쳐서 모두 42권 20책의 석판본으로 발간되었다. 이 외에도 『중동국통정변유무연표(中東國統正變有無年表)』 및 『사백록(俟百錄)』 각 1권이 있다.

보낸 편지.[464] —

또 말했다. "명덕은 본심(本心)의 다른 이름이다. 『대학장구』의 '허령하여 어둡지 않다[虛靈不昧]'라는 네 글자는 분명히 기(氣)로 말한 것이다." —민겸오(閔謙吾 : 閔在南)에게 답하는 편지.[465] —

또 말했다. "명덕은 기만을 가리킨다[明德單氣] … 기(氣)자는 본래 유행(流行)하고 운화(運化)함으로 인해 이름을 얻은 것이다. 사람의 몸으로 말하면 호흡(呼吸)의 나가고 들어옴, 영위(榮衛)의 오르고 내림이 모두 이 기(氣)이니다. 반드시 '기(氣)'자 아래에다 '정상(精爽)'이란 글자를 붙여야 '심(心)'자의 경계로 들어가게 딘다. 그러나 '정상'이란 글자도 피상적인 설명에 불과하다. 마땅히 성정(性情)과 체용(體用)을 합쳐서 설명해야 비로소 골자(骨子)가 되고 '심(心)'자의 본지를 갖추게 되지만, 그래도 대뜸 '명덕(明德)'이라고 말할 수는 없다. 왜 그런가? 기질(氣質)에 가려진 마음도 마음이라고 말하지 않을 수 없기 때문이다. 마땅히 하늘에서 얻은 본심(本心)이라고 해야 비로소 명덕(明德)이 된다. 돌아보건대 '단기(單氣)'자는 몇 겹의 관문을 지나야 비로소 명덕에 이르게 되는가? 이제 한 가지 비근한 일로 비유해 보자. 감로(甘露)는 술에서 생기지 않는가? 술은 누룩에서 생기지 않는가? 누룩은 보리에서 생기지 않는가? 이제 어떤 사람이 "감로가 보리"라고 한다면 사람들은 반드시 말이 되지 않는다고 여길 것이다. '명덕이 기이다[明德是氣]'라는 설이 어찌 이것과 다르겠는가?" — 박형수(朴瑩壽)에게 답하는 편지.[466] —

또 말했다. "명덕은 심(心) 자로 보아야 하니, 마음은 바로 기의 정상

---

464 현재 『노사집』에 실린 기경도에게 보내는 편지에서는 이 구절이 발견되지 않는다.

465 기정진, 『노사집』 권5(표점영인 한국문집총간 vol. 310), 「答閔謙吾」, 121쪽 참조.

466 기정진, 『노사집』 권6(표점영인 한국문집총간 vol. 310), 「答朴瑩壽」, 149~150쪽 참조.

(精爽)이다. 그렇지만 '심'이라 하지 않고 '명덕'이라고 한 것은 무슨 까닭인가. 심(心) 자는 진망(眞妄)을 포함하니, 명덕은 곧 망(妄)이 없는 본체를 가리킨 것이다. 이렇게 한 다음에야 '어둡지 않다[不昧]', '갖추었다[以具]', '응한다[應]'라는 등의 말이 모두 맞아떨어지는 곳이 있게 된다. 그렇다면 명덕은 기의 분수(分數)에 속해야 하는가? 기물(器物)로 비유하자면 기(氣) 자는 단순히 (비어있는) 그릇[盤盂]을 가리키고 명덕은 물을 담고 있는 그릇을 가리킨다고 하면 스스로 이해할 수 있을 것이다." — 조직교에게 답하는 편지.[467] —

또 말했다. "하나의 둥근 그릇에 귀한 음식을 가득 담은 것이 바로 명덕이다. 그릇이 본래 놋쇠 구리에서 나온 것을 보고서 귀한 그릇을 가득 담은 것을 '놋쇠 구리'라고 부를 수 있겠는가? 어떤 이가 (명덕이) 단순히 기라고 한 것은 대체로 놋쇠 구리라는 의론(議論)이다. 그대가 리라고 주장한 것 또한 지반의 틀을 빼 버린 데서 벗어나지 못했다." — 우내범(禹乃範 : 禹琪疇)에게 답하는 편지.[468] —

화서는 말했다. "'명덕이란 사람이 하늘에서 얻은 것이다'라고 하는데, 이 하늘[天]이란 글자에는 내력이 있다. 『중용』에서 '하늘이 명한 것을 성이라 한다'라고 할 때의 하늘, 『시경』에서 '하늘이 증민(烝民)을 낳았다'라고 할 때의 하늘[天], 『상서』에서 '상제가 충(衷)을 내려 주었다'라고 할 때의 상제, 이들은 곧 정자(程子)가 '하늘을 오로지 말한다면 도이다'[469]라고 한 것에 해당하니, (명덕을) 리와 기를 겸해서 말하는 것은 부당할 것이다."[470]

---

467 이 인용은 「답조직교」가 아닌 『노사집』 권13, 「답최원칙(숙민) 대학혹문」을 착각한 것으로 보인다. 『노사집』 권13(표점영인 한국문집총간 vol. 310), 「答崔元則(琡民) 大學問目」, 286쪽 참조.

468 기정진, 『노사집』 권10(표점영인 한국문집총간 vol. 310), 「答禹乃範」, 231쪽 참조.

469 정호·정이, 『주역정씨전』(『이정집』 vol. 1), 695쪽.

또 말했다. “주자는 명덕을 풀이하면서 하늘, 마음, 성, 정이라고 말했을 뿐이요, 또한 ‘마음은 성과 정을 통괄한다’라고 했다. 그렇다면 마음이 성과 정의 주재[主]이고 그 근원은 하늘에서 나온 것이다. 그 다음 구절에서 ‘연(然)’자와 ‘단(但)’자를 썼으니,[471] ‘기품에 구애되고 인욕에 가리운다’라는 한 각주를 말하자마자 그보다 위 측면을 말한 것은 기가 아님을 알 수 있다. 그 뒤에서 리와 기가 뒤섞이고 구별되지 않을까 하는 의심을 꺼려서 다시 ‘본체(本體)’자와 ‘초(初)’자를 써서 말했다.[472] ‘본체’자는 곧 ‘태극이 움직여 양을 낳고, 고요해서 음을 낳는’ 본체이다. ‘초’자는 곧 「소학제사」에서 ‘이 성은 그 처음[凡此厥初]’, 『논어집주』「학이」편 첫 장의 주에서 ‘그 처음을 회복한다[復其初]’라고 할 때의 처음[初]이다. 정말로 (명덕을) 기로 말하는 것에 의심의 여지가 없겠는가?” — 김치장(金穉章 : 김평묵)에게 답하는 편지.[473] 아래도 같다. —

또 말했다. “주자는 명덕을 풀이하면서 ‘비고 신령하며, 어둡지 않아 온갖 리를 갖추고서 모든 일에 응하는 것이다’라고 했다. 『맹자』「진심장」을 풀이하면서는 ‘(마음은) 사람의 신명이니, 온갖 리를 갖추고서 모든 일에 응하는 것이다’라고 했다. ‘비고 신령하다’, ‘신명’, ‘갖추었다.’, ‘응한다’라고 한 것은 모두 마음을 풀이하려는 것이지 성을 풀이하려는 것이 아니다.”[474]

또 말했다. 명덕은 본래 세상 사람들이 똑같이 (하늘에서) 얻은 것이

---

470 이항로, 『화서집』 권5(표점영인 한국문집총간 vol. 304), 「答李長汝」, 140쪽 참조.

471 주희, 『대학장구』(『주자전서』 vol. 6), 16쪽.

472 같은 책, 같은 곳.

473 이항로, 『화서집』 권9(표점영인 한국문집총간 vol. 304), 「答金穉章」, 225~226쪽 참조.

474 이항로, 『화서집』 권9(표점영인 한국문집총간 vol. 304), 「答金穉章」, 237쪽 참조.

요 처음부터 피차의 간격이란 없었다. 어떤 학문을 해서 이것을 밝히고 베푼다는 것인가? 같은 것은 리요, 다른 것은 기이다. 이 하나의 '기'란 글자는 진실로 (『대학』) 한 편이 맞서서 송사를 다투는 당사자이다. 그러므로 '기품에 구애된다', '물욕에 가린다', '때로 어두워진다'라고 한 것이다. 리와 기는 서로 떨어지지 않지만, 이것은 순수하고 지극히 선한 것이요, 저것은 잡다하고 고르지 못한 것이다. 이런 까닭에 명덕의 체가 온전치 못한 까닭은 기가 구애되도록 만들기 때문이다. 명덕의 용이 보편적이지 못한 것도, 기가 가리도록 만들기 때문이다. —「대학명덕장구설」.[475] —

김택술 : 노사는 명덕을 논하면서 마음이란 측면에서 말했다. 기의 영역[氣分]에 소속시키면서 '곧바로 리라고 하는 것은 온당치 않다'라고 반복적으로 명백하게 말했다. 감로, 물과 그릇, 음식과 그릇의 비유는 주리론인 것 같지만, 이것은 한 쪽의 전적으로 기라는 주장을 배척하는 것이다. 이것이 바로 리를 갖춘 마음과 리를 싣고 있는 기를 말하는 것일 뿐이라면 그 어세와 빈주(賓主)의 구분은 진실로 그 자체로 존재할 것이다. 화서는 명덕을 논하면서 『대학장구』의 '하늘에서 얻은 것이다[所得乎天]'라고 할 때의 천(天)을 '오로지 도를 말한다'라고 여긴다. 본체의 밝음은 태극이요, '그 처음[其初]'이라고 할 때의 초(初)는 본래 선한 성이라고 하면서 이것은 명덕을 리로 간주한 것이 분명하다고 한다. 또한 '이 덕은 본래 사람들이 함께 얻은 것으로 같은 것은 리이고, 같지 않은 것은 기이다'라고 한다. 리와 기라는 두 글자를 두 번이나 상대시켜 말하면서 구절마다 변론 논파하려고 한다. 이것은 명덕이 기의 영역이라는 주장을 물리치면서 기질을 명덕이라고 인식한다고 몰아세우려는 것이다. 그렇다면 위에 열거한 화서의 말 가운데 세 번째 조목에서

475 이항로, 『화서집』 권21(표점영인 한국문집총간 vol. 305), 「大學明德章句說」, 69~70쪽 참조.

말한 것은 문장을 따라 평이하게 본다면 노사와 다른 견해가 없는 것 같다. 주장하는 것이 다르기에 진실로 그 결론의 소재를 알 수 없을 뿐이다.

2.

노사는 말했다. "피[血]의 신령함을 정(精)이라 하고 기의 신령함을 신(神)이라 하니, 이것은 곧 마음의 지반이다. 그 속에 온갖 리를 두루 싣고 있어야 마음이라고 한다." —기경도에게 답하는 편지.[476] —

또 말했다. "마음은 곧 기의 신령한 곳으로 온갖 리를 갖추고서 만가지 일에 대응하는 본체와 작용이다." —시랑 이응진(李應辰)에게 답하는 편지.[477] —

또 말했다. "마음이 태극이라고 하는 까닭은 실로 성이 마음속에 존재하기 때문이니, 어찌 기의 정상(精爽)을 태극이라 하겠는가?" —민극중(閔克中 : 閔誼行)에게 답하는 편지.[478] —

또 말했다. "주자는 '성은 태극과 같고, 마음은 음양과 같다. … '라고 했다. 반드시 두 '유(猶)'자도 절반만 말한 것이고, 그 실상이란 성은 태극이요, 마음은 음양인 것을 알아야 한다. 왜 이렇게 말하는 것인가? 태극은 동정(動靜)의 오묘함[妙]이요, 음양은 동정의 체(體)이니 이 오묘함이 없다면 음양이란 생기지 못하고, 이 체가 없으면 태극도 걸려있을 곳이 없다. 하늘에서는 '태극과 음양'이라 말하고, 사람에게는 '마음과 성'이라고 한다. 이 사물 밖에 다시 다른 사물이란 없다. 그래서 '바로

---

476 기정진, 『노사집』 권15(표점영인 한국문집총간 vol. 310), 「答景道」, 357쪽.
477 기정진, 『노사집』 권6(표점영인 한국문집총간 vol. 310), 「答李參判」, 140쪽.
478 기정진, 『노사집』 권9(표점영인 한국문집총간 vol. 310), 「答閔克中」, 208~209쪽.

태극이요, 바로 음양이다'라고 하는 것이 이것이다. 그 가운데에 나아가 하늘과 사람을 분별해서 말한다면, 사람에게 있는 심성이란 하늘에 있는 태극·음양과 같기 때문에 '태극과 같다, 음양과 같다'라고 말하는 것이 이것이다. 이것은 하늘과 사람을 혼동해서 말하는 것이 아니다. 그러므로 "다만 절반을 말한 것이다"라고 하는 것이다. "태극이 양의(兩儀)를 낳는다[太極生兩儀]"라고 하는 것은 혼동해서 말한 것이다. 혼동해서 말하자면, 조화의 본원이 리에 있다. 때문에 리에 중점을 두어 "태극이 양의를 낳는다"라고 한 것이다. '마음이 성과 정을 통괄한다'라는 것은 사람의 몸이란 측면에서 말한 것이다. 사람의 몸에서 말하자면, 동작과 운용이 주가 되기에 마음에다 중점을 두어 '마음이 성과 정을 통괄한다'라고 하는 것이다." —나치문(羅致文 : 羅燾圭)에게 답하는 편지.[479] —

또 말했다. "기의 정상(精爽)이기 때문에 온갖 리를 갖출 수 있으니, 리로써 리를 갖춘다는 것은 눈으로 눈을 본다는 말과 같다." —최원칙(崔元則 : 崔琡民)에게 답하는 편지.[480] —

화서는 말했다. "'무극이면서 태극이다'라는 말은 사람에게는 본심을 말한다." —「잡지」[481] —

또 말했다. "태극은 모든 변화와 모든 사물의 근본 주재이다. 그러므로 이에 마음이란 이름이 있다. 인극(人極)을 논하자면 주자가 '마음이 태극'이라고 한 것이 바로 이것을 말한다." —「원형이정설구해후설」[482]—

또 말했다. "이 단락—『어류』 제5권 5판의 '마음은 화에 속한다'는

479 기정진, 『노사집』 권10(표점영인 한국문집총간 vol. 310), 「答羅致文」, 237쪽.
480 기정진, 『노사집』 권13(표점영인 한국문집총간 vol. 310), 「答崔元則(琡民) 大學問目」, 286쪽.
481 이항로, 『화서집』 권17(표점영인 한국문집총간 vol. 304), 「龍門雜識」, 444쪽.
482 이항로, 『화서집』 권23(표점영인 한국문집총간 vol. 305), 「朱子元亨利貞說句解」, 105쪽.

조목을 논한 단락[483] — 은 이 마음과 이 리가 간과 콩팥, 허파와 지라에 머물지 않고, 오직 심장[火臟]에 간직되는 이유를 밝혔다. 그 이유는 무엇인가? 화는 천지에서 밝게 빛나고 (사물을) 비추고 발육시키는 것이기에 많은 도리가 찬연하게 여기에 갖추었음을 말하는 것일 뿐이다. 화의 광명이 발현하는 것 또한 리이기 때문이다. 이런 까닭에 많은 도리를 갖추는 것 또한 리이다. 어째서인가? 리와 기 사이에는 간격이 없기 때문이다." — 김치장에게 답하는 편지. 아래도 같다.[484] —

또 말했다. — 『어류』 5권 5판 '인심의 형이상·하를 논한 단락 — "이미 폐와 간, 오장(五臟)으로서의 마음이 있고, 또한 붙잡았다 놓치고, 보존했다 잃어버리는 마음이 있다. 이 두 가지 마음이 있는 것은 어째서인가? 앞의 것은 기로 말한 것이요, 뒤의 것은 리로 말했기 때문이다. 신명(神明)이 리에 속한다는 주장은 한 둘이 아니다. 예를 들어 『맹자집주』 진심장에서는 이미 사람의 신명으로 심(心) 자를 풀이했고, 그 뒤에서는 '마음, 성, 하늘은 같은 리이다'라는 (정자의) 말로 결론을 맺었다.[485] 『통서』의 '사물은 통하지 않는다. 신은 만물에 오묘하게 작용한다'는 뜻을 풀이하면서 '신은 형이상에 속한다' — 소주(小註)에 보인다. — 라고 했다. 이와 같은 종류는 매우 많다. '이와 같다면 마음의 리는 형이상입니까?'라고 묻자, (주자는) 마음은 성과 비교하면 약간 자취가 있지만, 기와 비교하면 자연스럽고 또한 신령하다[問如此則心之理乃是形而上否? 曰心比性微有迹, 比氣自然又靈.]'라고 한 27자는 글자마다 담긴 뜻이 있다. '이와 같다면[如此]'이라고 할 때의 '차(此)'는 앞 문장의 '신명불측

---

483 물었다. "오행은 사람에게는 오장이 됩니다. 그러나 마음은 오히려 오행의 리를 갖추고 있으니 마음이 허령하기 때문이 아닙니까?" 대답하셨다. "마음은 화에 속하는데 광명이 발현하는 것이기 때문에 수많은 도리를 갖추고 있는 것이다." 주희, 『주자어류』 권5, 『주자전서』 vol. 14, 221쪽.

484 이항로, 『화서집』 권19(표점영인 한국문집총간 vol. 304), 「答金穉章」, 232쪽.

485 주희 『맹자집주』(『주자전서』 vol. 6), 425쪽 참조.

(神明不測)'을 가리킨다. '마음의 리[心之理]'라고 할 때의 '리(理)'는 앞 문장의 '오장의 마음[五藏之心]'을 가리킨다. (질문자는) '선생이 말한 대로라면 신명불측이란 곧 방촌에 갖추어진 리이니, 이것은 바로 형이상입니다. 과연 이와 같습니까?'라고 한 것이다. 이 문장의 뜻을 보면 신명을 형이상으로 인식했으니 이것은 옳다. 다만 성(性)자를 일반적으로만 볼 줄 알고 다시 분별하지 않는 것은 선생이 깊이 병폐로 여기는 것이었다. 그래서 '신명불측으로서의 마음은 성자와 비교해서 약간 말할 만한 자취가 있기에, 성의 본체가 충막무짐한 것과는 같지 않다'라고 대답한 것이다. 또한 그가 신명을 기라고 잘못 인식할까 걱정했기에 '기에 비하면 자연스럽고 또한 신령하다'라고 말해준 것이다. (여기에서) 말하는 기는 사람의 마음이 타는 기틀이니, 이 때문에 고요했다 감응하고 움직였다 그친다. 이것과 비교하자면 신명은 자연스럽고, 기는 꿈틀거린다. 또한 신명은 신령한 지각을 갖고 있고, 기에는 신령한 지각이 없으니, 이것이 신(神)과 기(氣)의 구별이다."[486]

또 말했다. "마음은 기이고 사물이다. 이 사물과 이 기의 윗면에서 그 덕을 가리키면 리라고 할 뿐이다. 성현들이 마음이라고 한 것은 대부분 이것을 가리킨다."[487]

또 말했다. "공자는 '형이상을 도라 하고, 형이하를 기라고 한다'라고 해서 형이상·하를 분명하게 끊었다. 순·우가 말하는 인심과 도심, 공자가 말하는 '극기복례', 맹자가 말하는 '대체(大體)와 소체(小體)'는 모두 이것을 가리켜 말한다. 주자는 '마음이 성과 정을 통괄한다'라는 (장재의) 말을 가장 좋아했는데, 통괄한다[統]는 말에는 통섭(統攝)과 겸통(兼統)이란 두 가지 뜻이 있다. 마음을 기라고 여길 뿐이라면 기가 도리어 리를

486 이항로, 『화서집』 권19(표점영인 한국문집총간 vol. 304), 「答金穉章」, 232~233쪽.

487 이항로, 『화서집』 권19(표점영인 한국문집총간 vol. 304), 「答金穉章」, 235쪽.

통섭한다는 뜻이 된다. 옛날 (공자가) 형이상·하를 구별한 것을 어떻게 (여기에) 적용할 수 있겠는가?"[488]

또 말했다. '마음·성·정이란 세 글자에서 위주로 삼는 것을 말하자면 마음이 성과 정의 주재이고, 성과 정은 마음의 본체와 작용이다. 이것은 모두 리로 말한 것이다. 형기로 말한다면 마음이 머무는 곳은 심장[火臟]이니, 형체요 음의 백(魄)이다. 마음이 타는 것은 정상이니 기요, 양의 혼(魂)이다. 심장과 정상은 곧 음양의 그릇[器]인데 또한 마음이라고 하는 것은 신명이 머물고 타기 때문이다. 그래서 또한 마음이라고 하는 것이다. 신명은 곧 마음의 당체(當體)인데, 어떻게 음양이라고 바꿀 수 있겠는가?[489]

또 말했다. "인심에 지각이 있는 것은 내게 간직된 천리를 가리켜 말하니, 나 한 몸의 살아있는 근본이다. 도체가 함이 없다는 것은 만물에 통하는 천리를 가리켜 말하니, 영원히 보편적인 것[公物]이다."[490]

또 말했다. "성은 비유하자면 세상의 수많은 사람과 같고, 마음은 비교하자면 성인이 군주와 스승의 자리에 있는 것과 같다."[491]

또 말했다. "마음 밖에 성이란 없고, 성 밖에 마음이란 없으니 마음과 성은 곧 하나일 뿐이다. 그 가운데 나아가 마음과 성의 구분을 알고자 한다면 성의 주재를 마음이라 하고, 마음의 조리를 성이라 한다. 이것은 주재를 상제라고 하고, 유행을 도라고 하는 것과 같다. 마음과 성이 이미 두 가지 물건이 아니라면 마음의 지각은 곧 성의 지각이고, 성의 지각은 곧 마음의 지각인데 어떻게 각각 두 물건이 있겠는가?" —「심지지각지지지각설(心之知覺智[492]之知覺說)」[493] —

488 같은 책, 같은 곳.

489 위의 책, 위의 글, 236쪽.

490 위의 책, 위의 곳.

491 이항로, 『화서집』 권19(표점영인 한국문집총간 vol. 304), 「答金穉章」, 234쪽.

김택술 : 노사는 마음을 논하면서 '기혈(氣血)의 정신(精神)으로서 온갖 리를 갖추고 있어야 마음이라고 할 수 있다'라고 했다. 또한 '마음을 태극이라고 하는 것은 성이 그 가운데 있기 때문이다'라고 했다. 또 '성은 곧 태극이요, 마음은 음양이다'라는 말을 '태극이 양의를 낳는다', '마음이 성과 정을 통괄한다'라는 두 구절에 나누어 설명하면서, 각각 귀결점이 있다고 하고, 결국에는 '리로써 리를 갖추는 것은 마치 눈으로 눈을 보는 것과 같다'라고 했다. 마음을 가리켜 리라고 하는 이를 비판하는데, 이것은 본래 성이 리에 속하고, 마음은 기에 속한다는 주장이요, 성은 마음의 근원[心源]이며 마음은 성을 존중해야 한다는 뜻이 또한 그 가운데 담겨 있다.

화서는 마음을 논하면서 태극을 사람에게 있는 마음이라고 하고, 주자의 '마음이 태극'이라는 말로 실증하려고 했다. 그렇다면 노사가 '성은 (마음) 가운데 있다'라고 한 말과 다르다. 기 위에 나아가 그 리를 가리켜 마음이라고 한 것은 노사가 기가 싣고 있는 리를 마음이라고 한 것과 다르다. 마음을 화에 소속시키고 화의 광명이 발현한 것 또한 리이기에 수많은 도리를 갖춘다고 했는데, 이것은 노사가 꾸짖은 '리로 리를 갖춘다'라는 주장이다. 그 나머지 도심을 형이상에 소속시키고, '마음이 성과 정을 통괄한다'라는 것은 리를 말한다는 등의 주장 또한 대부분 합치하지 않는다. '인심에 지각이 있는 것은 내게 간직된 천리를 가리켜 말한다'라고 했고, '마음 밖에 성이 없고, 성 밖에 마음이 없다'라고 했으며, '마음의 지각은 곧 성의 지각이요, 성의 지각은 곧 마음의 지각이다'라고 했고, '성은 비유하자면 세상의 수많은 사람과 같고, 마음은 비교하자면 성인이 군주와 스승의 자리에 있는 것과 같다'라고

492 저본의 원문은 '性'이다. 『화서집』의 원문에 근거해서 '智'로 바꿨다.

493 이항로, 『화서집』 권22(표점영인 한국문집총간 vol. 305), 「心之知覺智之知覺說」, 234쪽.

했다. 이들은 곧장 마음을 가리켜 리라고 말해서 마음과 성에 구분이 없을 뿐만 아니라, 또한 마음을 높이고 성을 낮추려는 뜻이 뚜렷했다. 여기에서 두 사람의 심설(心說)이 얼음과 숯의 관계보다 더 어긋나게 되었다.

3.

노사는 말했다. : 리는 물과 같다. 하나의 큰 물속에는 말[斗]·섬[斛]·되[升]·홉[合]의 분량이 각각 들어 있다. 나누어 말·섬·되·홉이 되면 (물은) 그릇에 국한되어 서로 통하지 못한다. 그러나 그 본체를 논한다면 하나의 큰물에서 더한 것도 덜어낸 것도 없다. 성인은 하나의 큰물을 말한 적이 없고, 다만 말·섬·되·홉 중에 나아가서 사람들이 안목을 밝히도록 했을 뿐이다. 안목이 밝아지면 하나의 큰물도 여기에서 벗어나지 않기 때문이다. 이제 사람들은 말·섬·되·홉에 본래 안목이 없어 그 그릇의 거친 것만 알 뿐, 본체의 오묘함을 알지 못한다. 그래서 앞에서 하나의 큰물을 논의할 때면 모두 "윗면 한 단의 일에는 모두 표준이 없다"라고 말하면서, 끝에 가서는 갑자기 벌려놓고 완성한다. 그렇다면 성명(性命)이란 이 물을 긷는 사람의 수단에 달려 있는 셈이요, 하늘이 명한 것이 아니라고 할 것이다. —조직교에게 답하는 편지.[494] —

화서는 말했다. : 여기 한 동이의 물이 있다면 물은 똑같을 뿐이다. (물을) 나누고 소금을 섞으면 짠물이 되고, 밀을 섞으면 단물이 되며, 부자를 졸이면 더운 물이 되고, 망초를 졸이면 찬물이 된다. 물은 똑같은데 짜고·달고·덥고·찬 것이 같지 않은 것은 어째서인가? 타고 있는 기(器)가 같지 않기 때문에 짠물과 단물은 용도가 각각 다르고, 더운 물

494 기정진, 『노사집』 권9(표점영인 한국문집총간 vol. 310), 「答趙直教」, 200쪽 참조.

과 찬물도 쓰는 것이 각각 다르다. 이것이 '성을 따르는 것이 도이다'라고 하는 것이다. 짜고·달고·덥고·찬 것은 그 타고 있는 기질을 따라서 다르지 않을 수 없지만 물이라는 점에서는 똑같을 뿐이다. 그러므로 짜고·달고·덥고·찬 것을 가리지 않고 축축하다는 점에서는 똑같고, 짜고·달고·덥고·찬 것을 따지지 않고 아래로 흐르는 것도 똑같다. 이것은 본연의 물이 똑같기 때문이다. 이런 까닭에 본연은 같지만 마주친 기가 차이가 없을 수 없기에 갖가지 차이나는 구별이 있게 된다. 타고 있는 기는 다르지만, 그 본연은 똑같다는 데 아무런 지장이 없다. 이것이 '다름 가운데 그 같음을 알고, 같음 가운데 그 다름을 안다'라는 것이다. —「인물성동이변」[495] —

김택술 : 노사의 주장은 인성과 물성의 같고 다름이 이미 본연에 갖추어져 있다는 의론이다. 화서의 주장은 인성과 물성의 같고 다름이 기질에서 처음 나뉜다는 의론이다. 이 또한 서로 어긋난다.

4.

노사는 말했다. "리에 움직임과 고요함이 있다[理有動靜]"라는 주장은 주자(周子) 「태극도설」 첫 번째 구절에서 이미 다 설명했다. '태극'이라고 하면 본래 움직임과 고요함이 있지만, '무극'이라고 하면 원래 고요함과 움직임이 없다. 그래서 (『통서』에서는) "움직이면 고요함이 없고 고요하면 움직임이 없는 것은 물(物)이요, 움직이되 움직임이 없고 고요하되 고요함이 없는 것은 신(神)이다"라고 한 것이다." —이용수(李容壽)에게 답하는 편지.[496] —

---

495 이항로, 『화서집』 권19(표점영인 한국문집총간 vol. 305), 「明德理氣人物性同異辨」, 9쪽 참조.

496 기정진, 『노사집』 권5(표점영인 한국문집총간 vol. 310), 「答李容壽」, 118쪽 참조.

또 말했다. "리의 오묘한 곳을 신이라고 하니 리가 신묘하지 않으면 이것은 딱딱한 고목 같은 한 덩어리일 뿐이다. 「역대전」에서는 '음양의 헤아릴 수 없는 것을 신이라고 한다'라고 했는데, 횡거(橫渠)는 "양쪽 (모두에) 있으므로 측량할 수 없다"라고 했다. 양쪽에 있다는 것은 이미 양에도 있고 음에도 있다는 것이다. '있다'라고 한 것은 리가 아니겠는가? — 김경범(金景範 : 金錫龜)에게 답하는 편지.[497] —

또 말했다. "움직이되 움직임이 없고 고요하되 고요함이 없는 것을 리라 하고, 움직이면 움직임에 치우치고 고요하면 고요함에 치우치는 것은 기이다." — 송성택(宋聖澤 : 宋榮淳)에게 답하는 편지.[498] —

또 말했다. "근세에 이기(理氣)를 말할 때 왜 그렇게 막히게 되었는가? 그들의 말은 대개 혼륜(混淪)한 하나의 덩어리로, 가부도 없고 주장도 없는 것을 리라고 여긴다. 애초에 이미 그렇게 되도록 시키는 신묘함이 없고 결국 조종하는 힘도 없으니, 의지하고 붙어서 탈 뿐 무슨 일을 할 수 있겠는가?" — 「외필」[499] —

화서는 말했다. "리는 함이 없지만, 실제로는 모든 함의 본체이다. 그러므로 주자(周子)의 '태극이 움직여 양을 낳고 고요해서 음을 낳는다'라는 주장과 주자(朱子)의 '태극은 움직이고 고요할 수 있다'라는 주장은 곧장 본체를 가리키는 것일 뿐이다."[500]

또 말했다. "태극이 스스로 움직이고 고요할 수 없고, 음양의 기가 스

497 기정진, 『노사집』 권12(표점영인 한국문집총간 vol. 310), 「答金景範問目」, 266쪽 참조.

498 기정진, 『노사집』 권14(표점영인 한국문집총간 vol. 310), 「答宋聖澤(榮淳)問目」, 318쪽.

499 기정진, 『노사집』 권16(표점영인 한국문집총간 vol. 310), 「猥筆」, 371~372쪽 참조.

500 이항로, 『화서집』 권5(표점영인 한국문집총간 vol. 304), 「答李長汝」, 141~142쪽 참조.

스로 움직이고 고요하다면 '태극'이라고 말하는 것은 실제도 없고 작용도 없는 자리일 뿐이다." —「태극설」[501] —

또 말했다. 주자는 태극의 성정과 공효가 오묘함(妙)이란 글자에 달려 있음을 환히 보았기에 풀이하면서 '태극이란 본연의 오묘함이다'라고 했다. —「묘자설」[502] —

또 말했다. "신(神)자는 기를 가리며 말한다면 형이하이니 귀신과 같은 부류가 이것이다. 리를 가리켜 말한다면 형이상이니 오묘한 작용과 같은 부류가 이것이다. 리와 기는 혼합되어 간격이 없기 때문에 분별해서 말하면 상(上)이라 하고 하(下)라고 하는 것이지, 어떻게 간격이 없다는 이유로 형이상을 형이하로 바꿀 수 있겠는가?" —김치장에게 답하는 편지.[503] —

김택술 : 이 태극이 스스로 움직이고 고요할 수 있다는 의론의 측면에서는 노사와 화서 두 사람이 똑같다.

5.

어떤 이가 내게 물었다. "노사·화서 두 사람의 의론은 같기도 하고 다르다지만 그대와 무슨 상관인가? 이제 그대가 조목별로 기록해서 참조하면서 그들의 같고 다름을 드러내려고 하는 것은 그 의도가 어디에 있는 것인가?"

내가 말했다. "노사와 화서는 각각 남과 북에서 굴기해서 근대의 유장(儒匠)이 되었다. 두 사람의 문인들은 그들의 의론이 기약하지 않고도

501 이항로, 『화서집』 권24(표점영인 한국문집총간 vol. 305), 「太極說」, 145쪽 참조.
502 이항로, 『화서집』 권24(표점영인 한국문집총간 vol. 305), 「妙字說」, 146쪽 참조.
503 이항로, 『화서집』 권19(표점영인 한국문집총간 vol. 304), 「答金穉章」, 234~235쪽 참조.

부합하는 것을 깊이 사문의 행운이라고 여긴다. 요즘 두 사람의 글을 얻어서 대략 한 번 살펴보고서 그들의 심설과 명덕, 인성과 물성을 논한 변론들이 서로 부합하지 않을 뿐 아니라 어떤 경우에는 상반되고 서로를 용납하지도 않는다는 것을 알게 되었다. 태극에 (스스로 움직이고 고요할 수 있는) 능력이 있고, 신(神)이 형이상에 속한다는 주장만이 대략 비슷했을 뿐이었다. 그 나머지 작은 의론들은 자세히 검토할 겨를이 없었을 뿐 아니라 큰 것에서 이미 다 같지 않다면, 작은 부분에서 모두 일치한다고 하더라도 진실로 각자 문호(門戶)를 세우는 데서 벗어나지 못할 것이다. 어째서 두 사람의 문인들은 여러 해 동안 직접 가르침을 받았으면서도 그들의 스승들이 논의를 세운 본뜻이 어디에 있는지를 살피지 못하고 억지로 끌어다 합쳐서 똑같다고 하는 것인가? 이기와 심성은 우리 유학의 큰 핵심[大主腦]이요 (그 위에) 학문을 쌓아올려야 하는 곳이다. 하늘에서는 이기이고, 사람에게는 심성이니 맥락을 같이 하고 두 가지 일이 아니다. 심성에 대한 주장이 이미 어긋났다면 이기설이 서로 같다고 하지만 또한 정말로 같다고 보장할 수 없을 것이라는 우려가 없겠는가? 나는 이 때문에 의심하면서 이를 드러내어 두 사람의 여러 문인들에게 묻고자 하는 것이다."

말했다. "두 사람의 견해에 이미 서로 어긋난 점이 있다면 그 사이에는 반드시 득실이 있을 것이다. 그런데 그대는 그들의 같고 다른 점을 기록하기만 할 뿐 득실을 논하지 않는 것은 어째서인가?"

말했다. "학문은 얕고 식견은 낮아서 무엇이 더 낫고 무엇이 더 못한지는 아득해서 변론하기 힘들다. 변론하고는 싶지만, 본래 능히 해낼 수 없는 측면이 있다. 어쩌다 (성현들의) 예전 말로서 내 생각과 부합하는 것은 대략이나마 그 한 두 가지를 변론할 수 있겠지만, 보잘 것 없는 후학이 우뚝한 선배를 논하는 것은 매우 참람한 행동이기에 또한 감히 할 수 없는 측면도 있다."

말했다. "아니다. 그렇지 않다. 군자는 의심스러우면 물어야 할 것을 생각하고, 성인은 배우면 강론해야 할 것을 걱정한다. 내가 세운 의론이 자기의 견해가 옳다는 생각에서 비롯되어 선배의 뜻을 핍박했다면 진실로 죄를 삼을 수 있을 것이다. 이러한 뜻은 조금도 없고 오로지 의심스러운 것을 묻고 학문을 강론하는 것이라면 이것은 '선현을 존중하고 경외하면서 도리를 강론해서 밝히는 데 둘 다 그 방도를 얻은 것'인데 어째서 안 된다는 것인가?"

나는 말했다. "그대의 말이 이와 같고, 나 또한 잘난 것은 없지만 진실로 선현을 모욕하려는 것이 아니다. 대략 내 의견을 논해서 두 어른이 성현들의 이전 가르침에 어떤 것이 합치하고 어떤 것이 어긋나는지를 거론해서 세상의 밝은 사람들에게 질정을 해보다도 괜찮을 것이다.

노사는 마음을 기의 영역에 소속시키고, 명덕을 '리를 싣고 있는 마음'이라고 여기며. 도심을 '곧장 이 리를 가리킨 것이 아니다'라고 한다. 이것을 성탕(成湯)의 '예로 마음을 제재한다', 공자의 '마음이 기준을 넘지 않는다', 안자의 '마음이 인을 어기지 않았다', 『대학장구』의 '명덕이란 사람이 하늘에서 얻어 비고 신령하며 어둡지 않아 온갖 리를 갖추어 모든 일에 응한다', 『중용』 서문의 '도심은 성명의 올바름에 근원한다'라고 한 것과 실제로 모두 부합하며, 어긋나는 점이 없다. 화서의 경우에는 마음과 명덕·도심을 모두 곧장 리라고 한다. 이것이 진실하고 바른 견해라면 마음과 예, 기준 및 인의 관계는 호칭을 다르지만 실질은 같은데, 무엇하러 구태여 제재함과 제재하지 못함, 넘는 것과 넘지 못하는 것, 어김과 어기지 못함을 논하겠는가? 『대학장구』에서도 '명덕이란 사람이 하늘에서 얻어서 순수하고 흠이 없고 오상과 모든 선을 갖추었다'라고 했을 것이고, 『중용』의 서문에서도 '도심은 성명의 올바름이다'라고만 해야 할 뿐, '~에 근원한다(原於)'라고 하는 것은 부당할 것이다. 이렇게 추론하면 두 사람 주장의 득실을 대개 알 수 있을 것이다.

성을 논한 것은 두 사람의 의론이 모두 인성과 물성이 같다는 취지를 주장한다. 다만 노사가 말·섬·되·홉이 각각 하나의 큰물에 해당한다는 비유는 곧 그가 평생 주장한 편전의 성이 이미 본연에 갖추어졌다는 주장이다. 이것은 『대학혹문』의 '사람과 사물이 반드시 이 리를 얻어 건순·인의예지의 성으로 삼는다. 사물은 형기의 치우침과 막힘에 얽매여 그 본체의 온전함을 채울 수 없다'[504], 그리고 『중용혹문』의 '사람과 사물에게 기품의 차이는 있지만 그 리는 같지 않음이 없다. 조수와 초목은 겨우 형기의 치우침을 얻었지만 전체를 꿰뚫어 통할 수 없다.'[505] 또한 『중용장구』 22장에서 '사람과 사물의 성이 또한 나의 성이다'[506]라는 말에 견줘 보면 부여된 형기가 그 법칙을 따르지 않는다면 이에 기질이란 칭호가 있게 된다는 것일 뿐이다. 그러므로 『중용장구』에서는 '성과 도는 같지만, 기품은 간혹 다르다'[507]라고 했다. 이제 사람과 사물이 선을 좇는 저절로 그러한 경지에서 갑자기 기질을 주장해서 논한다면, 그 따르는 성이란 바로 기질이 같지 않은 성이다. 행하는 도가 어찌 일상생활에서 마땅히 행하는 길이 되겠는가? 나는 그러므로 '짠 소금, 단 꿀, 뜨거운 부자, 차가운 망초(芒硝)의 쓰임이 각기 다르다는 것으로 아버지는 자애롭고, 자식을 효성스러우며, 소는 밭갈고, 말은 달리는 등 각각 그 길을 따른다는 비유를 삼는다면 괜찮겠지만, 청탁과 수박이 갖가지로 고르지 못한 기질을 비유한 것이라고 한다면 아마도 거리가 멀 것이다'라고 하는 것이다. 그렇다면 두 사람의 인성과 물성이 같다는 의론에는 그들의 견해가 옳다고 승복하겠지만, 또한 각자 하나의 잘못이 있다는 의심이야 없을 수 없을 것이다."

504 주희, 『대학혹문』(『주자전서』 vol. 6), 507쪽 참조.
505 주희, 『중용혹문』(『주자전서』 vol. 6), 550~551쪽 참조.
506 주희, 『중용장구』(『주자전서』 vol. 6), 50쪽.
507 같은 책, 같은 글, 32쪽.

말했다. "두 사람의 견해는 어긋나는 곳이 많은데 그 리에 능력이 있다는 주장은 서로 부합하는 것은 어째서인가? 또한 그들 의론의 득실은 과연 어디에 놓여있는가? 그리고 같은 것에서도 어쩌면 정말로 같다고 보장할 수 없을 것이라고 걱정하는 것은 또 어째서인가?"

말했다. "태극이 스스로 움직이고, 리에 운용이 있다는 것은 화서가 평생 힘주어 주장한 것이다. 그러므로 그 운용되는 것에는 본래 앞에서 열거한 조목들과 같은 것이 있다. 다만 사람의 명덕과 도심, 사물의 거울이 밝게 비추고, 종이 울리는 것을 곧장 리라고 하는 것으로 보자면 그가 리와 태극이라고 인식한 것은 실제로는 마음이자 기이니, 그의 말이 이와 같은 것도 당연한 일이다. 노사의 경우에는 마음을 기의 영역에 소속시키고, 명덕과 도심이 리라는 주장을 배척한다. 그는 리와 기의 경계를 나누는 것이 매우 분명하다.

'리에 조종하는 (힘이) 있다'라는 의론이 어쩌다 우리 유학에서 나오게 되었는지 정말로 이상한 일이다. 그러나 내가 생각해 보고서 그에 대한 설명을 얻은 적이 있었다. 『역전』의 사자(四子)[508]에서 주·정·장·주에 이르기까지 태극이 양의를 낳고, 리가 발현한다, 성이 발현한다 등의 말은 한 두 번 반복된 것이 아니다. 이것들은 모두 본원의 측면을 좇아 말했다. 도와 기, 당체와 본색을 가리켜 말한다면, 천지의 조화와 사람의 지각과 운용은 매우 신묘해서 측량할 수 없다지만, 결국은 기가 달라서 차이가 있는 것이다. 『맹자집주』에서 '인의예지의 빼어난 것을 어떻게 사물이 온전하게 얻겠는가'[509]라는 문장은 진실로 이와 같지 않으니 어긋나는 것도 당연하다. 만일 이처럼 논한다면 『중용혹문』과 『대학혹문』에서는 '그 본체의 온전함을 얻지 못하고, 그 전체를 품수하지 못한다'라고 해야 하고, 『맹자집주』에서도 '어떻게 사물이 온

508 시수(施讐)·맹희(孟喜)·양구하(梁丘賀)·경방(京房)을 가리킨다.

509 주희, 『맹자집주』(『주자전서』 vol. 6), 396쪽 참조.

전하게 품수할 수 있겠는가'라고 했어야지, '채울 수 없다', '꿰뚫어 통할 수 없다', '어떻게 온전하게 얻겠는가'라고 해서는 안 되었을 것이다. 『중용장구』에서도 '다만 그 나뉨의 같지 않음은 이미 본연에 갖추어졌다'라고 했어야지, '형기로 인해 다르게 되었다'라고 해서는 안 되었을 것이다. 『중용혹문』과 『대학혹문』 및 『맹자집주』는 똑같은 뜻으로 차이가 있다고 보아서는 안 되기 때문이다.

노사는 '사물이 어떻게 온전함을 얻겠는가'라는 것을 사람과 사물이 오상을 함께 한다는 증거라고 간주한다. 그런데 '채울 수 없다', '꿰뚫어 통할 수 없다'라는 것을 오상에 편전이 있다는 증거로 삼는 것은 어째서인가? 이것은 이해할 수 없다. 화서가 물의 짜고, 달고, 뜨겁고, 찬 것을 성을 따르는 도라 여기고, 습하고 아래로 흐르는 것을 천명의 성으로 여기는 것은 근사한 것 같다. 다만 『중용혹문』에서 '사람에게서 부자와 군신의 구분, 만물의 지각과 운용, 흥망과 성쇠'를 논한 것으로 보자면 성을 따르는 것이 같지 않은 것은 형기의 편정(偏正)에 달린 것이다. 지위가 각기 다르다고 하지만 따르는 성에는 차이가 있었던 적이 없었다. 화서가 주장하는 것을 생각해보면 논하는 내용이란 타고 있는 기질이 같지 않음에 달려 있다는 것이다. 기질이란 갖가지로 고르지 않기에 당연히 교정하고 다스려야 한다. 그러므로 변화해서 도를 따르는데 힘써야 한다. 형기의 지위는 각각 정해진 분수가 있어서 변화시킬 수 없다. 그 가운데 저절로 그러한 리를 따르면 도가 여기에 있을 뿐이다.

도가 형기를 따라서 다른 것은 각각 자연과 당연의 법칙이 있다. 발용하는 곳에서 기가 일에 작용하지만 그 리를 따르고 그 법칙을 어기지 않을 수 있다면 천명의 본체는 여기에서 떨어지지 않고, 사람과 사물 사이에 간격이란 없다. 기가 리를 가리고 도를 따르고 거기에서 말미암는 것은 (음양) 두 기와 한 마음이 하는 것이요 여러 성현들의 가르침은 이것을 형이상에 소속시킨 적이 없었다. 오직 『통서』의 "사물은 통하지 못하지만, 신은 만물에 오묘하게 작용한다"라는 구절의 주에서 주자는 신(神)자를 형이상의 리에 소속시켰을 뿐이다.[510] 이것이 본래 화서가 인용해서 근거로 삼는 것인데, 노사는 이미 '움직이되 움직임과 고요함이 없는 것은 신이다'라는 말을 '리에 움직임과 고요함 있다'라는 증거로 여겼다. 또한 그는 스스로 글을 지어 '신야(神也)' 두 글자를 '왈리(曰理)' 두 글자로 바꾸었으니, 리에 능력이 있다는 의론은 또한 주자의 이 주에 뿌리를 둔 것일 것이다. 그러나 주자가 신을 리로 여긴 것은 측량할 수 없는 조화의 측면에서 이 리의 오묘한 작용을 파악한 것이다. 말하자면 귀신과 솔개, 물고기라는 측면에서 '(도의) 넓고 은미함[費隱]'을 보았다고 말하는 것과 같지, 곧장 '신(神)'자를 충막무짐한 본체로 간주하려는 것이 아니다. 어쩌다 그런 측면이 있기도 하지만, 그렇다면 평생의 정론(定論)인 '도체는 함이 없고, 작용이 있자마자 바로 형이하이다'라는 주장은 어디에 두어야겠는가?

노사의 의론은 이와 같다. 그의 『문집』을 살펴보면 '리에는 조작이 있는 것이 아니다'라고 하고, '태극에 기력이 있다고 말해서는 안 된다'라고 하며, '리는 함이 없고 기는 함이 있다'라고 했다. 이것이 어찌 도체가 함이 없다는 가르침에 전혀 어두워서 그런 것이겠는가? 어쩌다 한쪽 의론에서 기(氣)자를 지나치게 주장하면서 윗면 한 단락의 일이 있는 줄을 알지 못한다면 진실로 노사가 걱정한 것과 같은 것이 생긴다. 그러므로 그 잘못을 교정해서 바른 데로 되돌리려고 하면서 깨닫지 못하는 사이에 바른 것을 지나치고 균형을 잃어버린 잘못이 있게 된 것이다. 또한 율곡의 '기틀이 스스로 그렇다'라는 말에서 '스스로[自]'라는 것을 '홀로 스스로[獨自]'라고 할 때의 '스스로[自]'라는 뜻으로 오인했기

510 "물었다 : 이른바 신(神)이란 하늘과 땅의 조화를 말한 것입니까? 대답하였다 : 신(神)이란 곧 이 이치이다." 주돈이 지음, 주희 주석, 『통서해』, 권정안·김상래 역주, 187쪽.

에 「외필」을 짓는 지경에까지 이르렀다.

신을 리로 인식한 것은 노사·화서 두 사람이 똑 같다. 그러나 두 사람의 본집에서 평생 이기와 심성을 의론한 내용을 보고 참조해보자면 화서는 형기와 기질이 거친 자취가 있는 기라고만 알았을 뿐, 그 위에 또 한 층의 정밀하고 섬세한 기가 있는 줄을 알지 못했다. 그러므로 조화의 측량할 수 없는 신묘함과 인심의 신령하고 환한 활동적인 변화를 곧장 리라고 한 것이다. 노사는 그렇지 않다. 이미 형기의 바깥에 있는 비고 신령한 신명 또한 기의 영역에 소속시킬 줄을 알았다. 또한 그 위에 저절로 리라고 하는 것이 있는 줄도 알았다. 그렇다면 그가 리라고 인식한 것은 오히려 면목을 잃지 않았다. 다만 너무 지나치게 리를 기의 주재로 간주했고, 『통서』에 주자가 단 주를 '자연스럽고 완전하다'라고 여겼을 뿐이다. 그러므로 '리에 능력이 있고, 신이 형이상에 속한다'라는 한 것에서 (노사와 화서의) 주장과 근거가 서로 부합한다고 해서, 아울러 (그들이 각각) 가리키고 있는 것과 인식하고 있는 것을 동일시하려고 해서는 안 될 것이다. 앞에서 내가 '어쩌면 정말로 같은 것에서도 보장할 수 없는 점이 있다'라고 한 것은 바로 이것을 말한 것이다."

질문한 이는 말했다. "그대의 말이 또한 이치가 있는 듯하니 내가 물러나 생각해 보겠다."

蘆華同異攷

戊午

金澤述

1.

蘆沙曰，明德道心，皆心上說話．今曰明德理也，道心亦理也．以心直謂之理，恐未安．—答景道書.— 又曰，明德是本心之異名．章句虛靈不昧四字，分明是以[511]氣言．—答閔謙吾書.— 又曰，明德單氣．云云．氣字本以流行運化而得名，就人身而言，噓吸之出入，榮衛之升降，皆是物也．必氣字下著精爽字，方說入心字境界，就精爽亦是皮穀說話．須合性情軆用而說，方是骨子，方是本旨，然猶不可遽言明德，何哉？氣質有蔽之，心亦不可謂之心．須是得於天之本心，方是明德．回顧單氣字，經幾重關，方到明德耶？今請以一淺事喩之．甘露不生於酒耶？酒不生於麴糵耶？麴糵不生於來麰耶？今有言者，曰甘露來麰也，則人必以爲不成說話．明德是氣之說，何以異此？—答朴瑩壽書.— 又曰，明德當以心字看，卽氣之精爽也．然不曰心而曰明德何耶？心字該眞妄，明德直指無妄之本體也．如是而後曰不昧曰以具曰應，皆有下落．然則明德當屬氣分乎？曰以器物譬之，則氣字單指盤盂，明德指儲水之盤盂，自可會意．—答趙直敎書.— 又曰，一圓鉢盂，滿載玉食者，是明德也．見鉢盂之本出鍮銅也，而呼滿載玉食者曰鍮銅，可乎？或者之單氣爲說，蓋鍮銅之論，足下之主理，亦未免遺却地盤匡郭也．—答禹萬[512]範書.—

511 '以'：『노사집』의 원문에 의하면 '就'이다.

512 '萬'은 '乃'의 오자이다.

華西曰，明德者，人之所得乎天．此天字有來歷．中庸所謂天命之謂性之性[513]，詩所謂天生烝民之天，書所謂上帝降衷之上帝，卽程子所謂天專言之則道也．恐不當兼理氣言．又曰朱子訓明德，不過曰天曰心曰性曰情，而又曰心統性情，則心之爲性情之主，而其原則出於天也．其下卽著然字但字，纔說氣拘欲蔽一脚，則可見上面所云非氣也．其下嫌理氣相混，疑於無別，則又著本體字初字而言之，本體字卽太極動而陽靜而陰之本體也．初字卽小學題辭凡此厥初，學而首章註復其初之初也．果以氣言，無疑乎？—答金稺章書．下同.— 曰朱子於明德釋之，曰虛靈不昧，以具衆理而應萬事者也．於孟子盡心章釋之，曰人之神明，所以具衆理而應萬事者也．曰虛靈曰神明，曰以具曰應，皆所以釋心也，非所以釋性也．又曰明德，固天下人人之所同得，而初無彼此之閒者也．何學之爲而明之施也哉？所同者理也，所不同者氣也．此一氣字實一篇之對卞訟隻也．故曰爲氣稟所拘，物欲所蔽，有時而昏．蓋理氣雖不相離，此則純粹至善者也．彼雜糅不齊者也．是以明德之體，所以不全，氣使之拘也．明德之用，所以不達，氣使之蔽也．—大學明德章句說.—

按，蘆沙之論明德，就心上說．而屬之氣分，以直謂之理爲未安者，不啻反覆明白矣．至於甘露水盤食鉢之喻，雖若主理者，然此則斥一邊單氣之說．而此是具理之心載理之氣云爾，則其語勢賓主之分固自在矣．華西之論明德，以大學章句所得乎天之天爲專言之道．本軆之明爲太極，其初之初爲本善之性，是則明明以明德爲理矣．又謂是德固人人之所同得，而所同者理也，所不同者氣也．以理氣二字兩下對說，句句辨破者．此蓋斥明德氣分之說，驅之於認氣質爲明德也．然則右列華西說中第三條云云，隨文平看，似無與蘆沙異見者．但所主旣異，則誠不知其歸趣之所在也．

513 '性'은 '天'의 오자이다.

2.

蘆沙曰, 血之靈曰精, 氣之靈曰神, 卽心之地盤也. 其中有該載衆理, 方謂之心. —答景道書.— 又曰, 心乃氣之靈處, 有具衆理應萬事之體用. —答李侍郎應辰書.— 又曰, 心之所以爲太極者, 實以性之在中, 豈以氣之精爽爲太極耶? —答閔克中書.— 又曰, 朱子曰性猶太極, 心猶陰陽. 云云. 須知兩箇猶字, 只說得一半, 其實性卽太極, 心卽陰陽. 何以言之? 太極是動靜之妙, 陰陽是動靜之體, 無是妙則陰陽不出, 無是體則太極亦無掛搭處. 在天曰太極陰陽, 在人曰心性. 此物之外, 更無他物也. 故曰卽太極卽陰陽者此也. 若就其中, 分別天人而言之, 則在人之心性, 猶在天之太極陰陽, 故曰猶太極猶陰陽者此也. 此非混同天人而言之. 故曰只說得一半也. 太極生兩儀, 是混同說. 混同說則造化本源在理. 故歸重於理, 而曰太極生兩儀. 心統性情, 是人身上說. 自人身而言則動作運用爲主, 故歸重於心, 而曰心統性情.—答羅致文書.— 又曰, 氣之精爽, 故能具衆理, 以理具理, 如以目視目.—答崔元則書.—

華西曰, 無極而太極, 在人謂之本心.—雜識.— 又曰, 太極爲萬化萬物之根本主宰. 故斯有心之名矣. 若論人極, 則朱子所謂心爲太極, 政謂此也. —元亨利貞句解後說.[514]— 又曰, 此段—論語類第五卷第五板心屬火條.—明此心此理不舍於 肝腎肺脾, 而獨藏於火臟之由. 其故何也? 火是天地開明章光輝照燭發揚之物也, 故許多道理燦然畢具於此云爾. 蓋火之光明發動, 亦理也. 以此之故, 具得許多者亦理也, 何也? 理與氣無間故也.—答金穉章書. 下同.— 又曰, —論語類第五卷第五板人心上下條— 旣有肺肺[515]五臟之心, 又有操舍存亡之心. 有此

514 이항로, 『화서집』 권23(표점영인 한국문집총간 vol. 305), 「朱子元亨利貞說句解」, 105쪽.

515 '肺'는 '肝'의 오자이다.

兩樣何也? 彼以氣言, 此以理言故也. 神明屬理之說, 非一非再. 如孟子盡心章集註, 旣以人之神明釋心字, 章下斷案以心也性也天也, 一理結之. 通書釋物則不通神妙萬物之義, 曰神屬形而上.—見小註.— 如此類甚多. 問如此則心之理乃是形而上否? 曰心比性微有迹, 比氣自然又靈此二十七字, 字有落下. 蓋如此之此, 指上文神明不測也. 心之理之心, 指上文五藏之心也. 謂如先生所云則神明不測者, 卽方寸所具之理也. 乃是形而上也. 果然如此否乎? 觀此問意則認神明爲形而上, 此則然矣. 但知性字一般看了, 無復分別, 此則先生之所深病也. 故答之曰, 所謂神明不測之心, 比諸性字, 則微有形迹之可言, 不似性軆冲漠無眹之云也. 又怕他誤認神明爲氣, 故曰比氣則自然又靈. 所謂氣者, 指人心所乘之機也, 所以寂感動靜者也. 比之於此則神明者自然, 氣者蠢然也. 又神明者有靈覺, 氣者無靈覺, 此則神與氣之分也. 又曰, 心, 氣也物也. 但此物此氣上面指其德, 則口理也. 聖賢所謂心, 蓋多指此也. 又曰, 孔子曰, 形而上者謂之道, 形而下者謂之器. 截斷得上下分明. 舜禹所謂人心道心, 孔子所謂克己復禮, 孟子所謂大體小體, 皆指此而言也. 朱子最喜心統性情之語, 統有二義, 統攝與兼統也. 若認心爲氣而已, 則氣反統攝乎理矣. 向所謂上下之分, 果安施哉? 又曰, 心性情三者, 語其所主, 則心爲性情之主, 性情爲心之體用. 此皆以理言者也. 以形氣言則心之所舍, 火臟也形也, 陰之魄也. 心之所乘, 精爽也氣也, 陽之魂也. 火臟與精爽, 卽陰陽之器也, 而亦謂之心者, 以其神明所舍所乘也. 故亦謂之心. 若夫神明, 卽指心之當體也, 何可換做陰陽耶? 又曰, 人心有覺, 指天理之存乎我而言, 一己之活本也. 道軆無爲, 指天理之通乎萬物而言, 萬古之公物也. 又曰, 性譬則天下億兆之衆也, 心譬則聖人在君師之位也. 又曰, 心外無性, 性外無心, 心性卽一而已矣. 就其中欲知心性之分, 則性之主宰謂之心, 心之條理謂之性. 是猶主宰謂之上帝, 流行謂之道之類也. 心性旣非二物, 則心之知覺, 卽性之知覺, 性之知覺, 卽心之知覺. 安有各爲二物也? —心之知覺性[516]之知覺說.—

按, 蘆沙之論心, 謂氣血之精神, 該載衆理, 方謂之心. 又謂心爲太極者, 以性在其中. 又以性卽太極, 心卽陰陽. 太極生兩儀, 心統性情, 兩下分說, 各有歸宿, 終以以理具理, 如以目視目. 譏指心爲理者, 此固性屬理, 心屬氣之說, 而性爲心源, 心當尊性之意, 亦在其中矣. 華西之論心, 以太極爲在人之心, 而以朱子之心爲太極實之, 則與蘆沙性在其中之說異矣. 就氣上指其理而曰心, 則與蘆沙氣載理謂心之說異矣. 以心屬火而謂火之光明發動亦理也, 故具得許多道理, 此蘆沙所譏以理具理之說也. 其餘道心屬之形上, 心統性情, 以理言等說, 亦多有不合. 而至於人心有覺, 指天理之存乎我者, 心外無性, 性外無心, 心之知覺卽性之知覺, 性之知覺卽心之知覺, 性譬則天下億兆之衆, 心譬則聖人在君師之位之云. 非惟直指心爲理, 而心性無分, 且顯有尊心卑性之意. 於是乎二丈心說, 不啻一氷一炭也.

3.

蘆沙曰, 理猶水焉. 一泓之內, 斗斛升合之分量, 各各停當. 及其分爲斗斛升合, 雖局於匡郭, 不能相通. 若論其本體, 則與一泓之水, 小無增減. 聖人未嘗論一泓之水, 但就斗斛升合中, 使人明著眼力. 著眼旣明, 則泓之水不外此矣. 今人斗斛升合, 本無眼力, 但見匡郭之粗, 不見本體之妙, 而徑論一泓之水, 皆謂上面一段事, 都無準的, 末乃倉卒排成. 然則性命係於汲水者之手段, 而非天之所命也.—答趙直敎書.—

華西曰, 有一甕水於此, 水一而已矣. 或分而注之於塩則爲醎水, 注之於蜜則爲甘水, 煎過附子則爲熱水, 煎過芒硝則爲冷水. 水則一也, 有此醎甘熱冷之不同何也? 所乘之器不同也, 故醎水甘水, 用各不同,

516 '性'은 『화서집』에 의하면 '智'가 되어야 한다.

熱水冷水，施各不同．此所謂率性之道也．醎甘熱冷，雖隨其所乘之氣質而不能不異，而其水則一也．故無論醎水甘水而潤濕則同，無問熱水冷水而就下則同．此則本然之水一也．是以本然者雖同，而所値之氣，不能不異，而有萬殊之別．所乘之氣雖異，而其本然者則不害爲同．此所謂異中識其同，同中識其異也．—人物性同異辨.[517]—

按，蘆沙之說，人物性同異，已具於本然之論也．華西之說，人物性同異，始分於氣質之論也，此亦相戾矣．

4.

蘆沙曰，理有動靜之說，周子圖說第一句，已說盡此事．而太極則固有動靜，而曰無極則原未嘗有動靜．故曰動而無靜，靜而無動者物也；動而無動，靜而無靜者神也.—答李容壽書.— 又曰，理之妙處謂之神，理而未神，則是木强一塊矣．易大傳，陰陽不測之謂神，橫渠曰兩在故不測．兩在者，旣在陽，又在陰也．所謂在者，非理者乎?—答金景範書.— 又曰，動而無動，靜而無靜曰理．動則偏於動，靜則偏於靜者氣也.—答宋聖澤書.— 又曰，近世說理說氣，何其滯也? 大槩以混淪一塊，無適莫沒主張者爲理．初旣無使之然之妙，末又非有操縱之力，寄寓來乘，做得甚事?—猥筆.—

華西曰，理雖無爲而實爲萬爲之本體．故周子所謂太極動而生陽靜而生陰，朱子所謂太極便會動靜之說，直指本體而已．又曰，太極若不能自會動靜，而陰陽之氣自會動靜，則所謂太極者，無實無用之位而已.—太極說.— 又曰，朱子的見太極之性情功效要在妙字，故釋之曰，太極者本然之妙.—妙字說.— 又曰，神字指氣而言則形而下也，鬼神之類是也．指理而言則形而上也，妙用之類是也．正以其理氣渾融無閒之故，分別言之而曰上曰下，何可以無閒之故喚形而上作形而下乎?—

517 같은 책, 같은 곳 참조.

答金穉章書.—

按, 此太極自能動靜之論, 則蘆華二丈同矣.

5.

或問於余曰, 蘆沙華西二丈之論, 或同或異, 於子何與? 而今子參攷條錄以著其同異, 其意奚居?

余曰, 蘆華二丈崛起南北, 爲近代儒匠. 兩家門徒, 以其議論之不約而符, 深爲斯文之幸. 近得兩家文字, 畧綽一覽, 見其心說明德論人物性辨, 非惟不相符而已, 乃或相反而不相容. 惟太極有能神屬形上之說畧相似. 其餘小小議論, 非惟不暇細攷, 大者旣不盡同, 則小者雖皆相合, 誠無救於各立門戶也. 如之何兩家門徒, 親炙多年, 不察其師立論宗旨之攸在, 强欲牽合而同之也? 夫理氣心性, 斯道之大主腦, 學問之築底處. 在天之理氣, 在人之心性, 同條共貫, 不是兩事. 心性之說, 旣不免相戾矣, 則所謂理氣說之相同者, 亦無未保眞同之慮乎? 余故疑而著之, 欲以質諸兩門諸公.

曰, 二丈之見旣有相戾, 則必有得失者, 存乎其間. 而子只錄其同異, 不論其得失者何也?

曰, 學淺見下, 其於孰得孰失, 茫乎難辨. 雖欲論之, 固有所不能爲也. 其或據之前言, 契諸管見, 有能畧辨其一二者, 以眇然後學論巍然先輩, 極涉僭踰, 故又有所不敢爲也.

曰, 否. 不然. 疑之當問, 君子之所思也. 學之當講, 聖人之所憂也. 吾之立論, 若出於自是己見, 撈逼先輩之意, 誠爲可罪. 如無一毫此意, 而專在於質疑而講學, 則此正所謂尊畏先賢, 講明道理, 兩得其道者, 奚爲而不可乎?

余曰, 子之言旣如此. 而吾雖無狀, 又實非侮賢者. 則請以瞽見畧論. 二丈之於前訓, 孰合孰違, 擧而質諸幷世明者可乎. 夫蘆沙之以心屬之氣分, 以明德爲載理之心, 以道心爲非直是理者. 準諸成湯之以禮制心, 孔子之心不踰矩, 顏子之心不違仁. 大學章句明德者, 人之所得乎天, 而虛靈不昧, 以具衆理而應萬事. 中庸序文道心原於性命之正. 實皆符契, 無所違反. 至華西, 則心與明德道心, 俱直謂之理. 此若爲眞諦正見, 則心之於禮矩與仁, 卽殊號而同實, 何須論制與不制, 踰與不踰, 違與不違? 大學章句當云明德者, 人之所得乎天, 而純粹無疵, 以具五常而該萬善也. 中庸序文當只云道心者, 性命之正, 而不當下原於二字也. 用此推究, 則二說之得失, 槩可見也.

若其論性者, 則二丈之論, 俱主人物性同之旨也. 但蘆沙斗斛升合各當於一泓水之喩, 卽其平生所主偏全之性, 已具於本然之說也. 以此準諸大學或問, 人物必得是理, 以爲健順仁義禮智之性, 物則梏於形氣之偏塞, 而無以充其本體之全. 中庸或問, 在人在物, 雖有氣稟之異, 而其理則未嘗不同, 鳥獸草木, 僅得形氣之偏, 而不能有以通貫乎全體. 及二十二章章句, 人物之性, 亦我之性. 但以所賦形氣不循其則, 則於是有氣質之稱焉. 故中庸章句曰, 性道雖同, 氣稟或異也. 今於人物循性自然之地, 遽主氣質而立論, 則其所率之性, 乃氣質不同之性也. 所行之道, 豈得爲日用當行之路乎? 吾故曰以塩鹹蜜甘附熱硝冷之用各不同, 爲父慈子孝牛耕馬馳各循其路之喩則可. 以喩淸濁粹駁有萬不齊之氣質則恐遠矣. 然則二丈人物性同之論, 已服其見之得正, 而又不能無疑於各有一失也.

曰, 二丈之見, 多所相戾, 而其理有能力之說, 相符者何也? 且其論之得失果何居? 而其所謂同者, 或有未保眞同之慮者, 又何也?

曰, 太極自動, 理有運用, 華西平生之所力主也. 故其所運用, 固有如右列諸條者矣. 但以其人之明德道心, 物之鑑明鍾鳴, 直謂之理者觀之, 其所認以爲理與太極者, 實心也氣也, 宜乎其言之如此也. 若蘆沙, 則屬心於氣分, 而斥明德道心爲理之說. 其於理氣界至, 分截甚明矣. 理有操縱之論, 胡爲而出於斯丈也. 絶可怪也. 然吾嘗思之而得其說矣. 自易傳四子以至周程張朱, 凡太極生儀, 理發性發等語, 不啻諄複.

此皆從本源上說. 若指道器當體本色而言, 則天地之造化, 人之知覺運用, 雖極神妙不測, 畢竟氣不同而有異. 孟子集註仁義禮智之粹然者, 豈物之所得以全之文, 誠不知是, 合是違也. 苟如此論, 則庸學或問當云無以得其本體之全, 不得禀受其全體. 孟子集註當云豈物之所得全禀, 不當下無以充不能通貫豈得以全等字也. 中庸章句亦當云但其分之不同已具於本然, 不當云以形氣而有異也. 蓋此庸學或問孟子集註同一語意, 不容差殊看. 蘆丈之以物豈得全爲人物同五常之證. 以無以充不能通貫爲五常有偏全之案者何也? 是不可曉也. 華西之水之鹹甘熱冷爲率性之道, 潤濕就下爲天命之性者, 似乎近矣. 但以中庸或問所論在人父子君臣之分, 萬物之知覺運動榮瘁開落者觀之, 其率性之不同, 在於形氣之偏正. 地位之各殊, 而其所率之性, 未嘗有異也. 華丈之所主, 以爲論者乃在所乘氣質之不同. 夫氣質者, 萬般不齊, 而當加矯治者也. 故務要變化而從道. 形氣地位, 各有定分, 而不可遷變者也. 故但於其中, 循其自然之理, 而道在是焉. 蓋道之隨形與氣而異者, 莫不各有自然當然之則. 發用處, 氣雖用事, 能循其理而不違其則, 則天命本體不離乎此, 而無閒於人物. 氣之掩理, 率由之道, 是二氣一心之所爲, 而諸聖賢之訓, 未嘗有以此屬之形上者. 惟通書物則不通神妙萬物註, 朱子以神字爲形而上之理. 此固華西之所引而爲據者, 而蘆沙旣以動而無動靜者神也爲理有動靜之證. 又其自爲立文改神也二字作曰理二字, 則其理有能力之論, 恐亦本於朱子此註也. 然朱子之以神爲理者, 竊恐謂造化不測上見此理之妙用. 若鬼神鳶魚上見費隱之云爾, 非直以神字做冲漠無眹之本體也. 苟或然者, 其平生定論, 道體無爲, 纔有作用, 便是形而下之類, 置之何地耶? 大抵蘆沙之論如此. 而考其本集, 有曰理非有造作. 有曰不可言太極有氣力. 有曰理無爲而氣有爲. 此何嘗全昧於道體無爲之旨而然耶? 但或有一邊議論, 主張氣字太過, 不知有上面一段事, 則誠有如蘆沙之所慮者. 故欲矯其枉而反之正, 不覺有過直失中之差. 且誤認栗谷機自爾之自, 爲獨自之自, 以至猥筆之作而極焉. 蓋認神爲理者, 蘆華二丈之所同. 然總括二丈平生理氣心性議論大旨之見載本集者而參互之, 則華西但知形氣氣質粗迹之氣, 而不知上自有一層精細之氣.　故幷以造化之神妙不測人心之靈昭活化, 直謂之理. 蘆沙則不然. 旣知形氣之外有虛靈神明之亦屬氣分. 又知其上自有所謂理者. 則其所認以爲理者, 却不失面目. 但看得理爲氣主忒重, 而據通書朱註爲安且成之地. 恐不可但以理有能力神屬形上, 所論所據之相符, 而幷與其所指所認者而同之也. 向吾所謂或有未保其眞同者, 正謂此也.

問者曰, 子之言似亦有理, 吾將退而思之.

간재선생에게 올림

무오년(1918)

김택술

이 글은 김택술이 1918년에 전우에게 보내는 편지이다. 자신이 같은 해에 저술한 「노화동이고」의 내용에 대한 전우의 견해를 묻고 있다. 노사학파와 화서학파에서 기정진과 이항로의 성리학적 입장을 동일시하려는 경향을 비판하고 있다. 『후창집』 권1에 실려 있다.

일전에 올린 「노화동이고(蘆華同異考)」는 가끔 보셨습니까? 두 어른[二丈]이 이처럼 서로 다른 부분이 있는데도 문인들이 반드시 억지로 끌어다 같게 만들려는 것은 어째서입니까? 여기에는 반드시 까닭이 있을 것입니다. 율곡·우암의 이후에 '도체는 형체가 없고 작위도 없으며 리는 정의(情意)와 조작이 없다'라는 취지가 우리나라에서 크게 밝혀졌습니다. 학문하는 사람들도 늘 하는 말이 되었습니다.

사람의 마음이란 늘 듣는 말은 싫어하고 새로운 말을 찾는 법입니다. 이때에 이르러 남쪽에서는 '리에는 조종(操縱)과 가부[適莫]가 있다'라는 의론이 나왔고, 북쪽에서는 '태극(太極)과 성정(性情)의 공효(功效)에 관한 주장'이 나와 당시 세상의 새로운 것을 찾는 이들의 이목을 자극했습니다. 이에 사람들이 휩쓸리듯이 기뻐하고 따르면서 두 어른이 성학에서 전해지지 못했던 비전을 터득해서 남현(南賢)과 북현(北賢)이 천 리나 떨어져 있어도 그 논조가 똑같다고 여겼습니다. 그러나 두 어른의 명덕(明德)·심성(心性) 등에 관한 주장이 연나라와 월나라만큼이나 멀리 어긋나 있음을 미처 자세히 살피지 못했습니다.

그렇지만 두 어른의 평생 의론을 총괄해 보면, 노사가 말하는 리와 태극은 오히려 본래의 면목을 잃지는 않았습니다. 리를 기의 주재가 된다고 보는 관점이 너무 지나쳐 「외필」의 잘못에 이르게 되고 말았을 뿐입니다. 화서가 말하는 리와 태극은 실제로는 심(心)이고 기(氣)이지 본래의 면목은 아닙니다. 노사의 자질은 화서보다 뛰어나지만 공부는 화서에 미치지 못하고 화서의 의론은 노사보다 자세하지만 그 견해는 노사에 미치지 못합니다. 노사가 호도하는 것은 얕기에 사람들에게 끼치는 해가 적지만, 화서가 호도하는 것은 깊어서 사람들에게 끼치는 해가 큽니다. 높고 낮음, 크고 작음, 얕고 깊음 사이에서 또한 두 어른을 알 수 있습니다. 망령된 의론이 이에 이르렀으니 참으로 세상 사람들에게 꺼려질 줄이야 알고 있습니다만 선생님께는 아뢰고 질정을 받지 않을 수 없습니다. 헤아려 가르쳐 주시기 바랍니다.

上艮齋先生

戊午

金澤述

日前所上蘆華同異攷, 聞垂下覽否? 大抵二丈之相異, 有如此者, 而兩門門徒, 必欲牽合而同之者, 何也? 是必有其故也. 栗尤以降, 道體無形無爲, 理無情意造作之旨, 大明於我東. 有同學問家茶飯常談. 夫人之情, 常則厭之, 而思其新者矣. 迨是時也, 南有理有操縱適莫之論, 北有太極性情功效之說, 以砭起一世思新之耳目. 於是衆皆靡然喜而從之, 以爲二丈得聖學不傳之秘, 而南賢北賢, 相距千里, 其揆一也. 而不及細察其明德心性等說, 燕越相左也. 雖然, 總括二丈平生議論而論之, 蘆沙之所謂理與太極者, 却不失本來面目. 但看得理爲氣主太重, 而至有猥箄之失. 華西之所謂理與太極者, 實心也氣也, 而非復本來面目矣. 蓋蘆沙之才, 過於華西, 而用功不及華西, 華西之論, 詳於蘆沙, 而其見不及蘆沙. 蘆沙之惑淺, 而害之被人者小, 華西之惑深, 而害之被人者大, 高下大小淺深之間, 又可以知二丈矣. 妄論及此, 固知爲世所諱. 然先生之前, 不容不暴白取正, 幸賜裁教.

기노사의 「외필」 뒤에 쓰다

장화식

이 글은 1922년 장화식(蔣華植, 1871~1947)[518]이 쓴 것이다. 영남 유림으로는 보기 드물게 기정진의 성리학적 경향을 우호적으로 평가하고 있는데, 그의 핵심적 논지 가운데 하나는 「외필」이 범율곡학파 계열에서 비난을 받았던 가장 중요한 사상적 경향 하나를 지적하고 있다. 즉 장화식은 「외필」이 학술적인 측면에서 '퇴계와 일치하고 율곡과 거리를 두는' 방향으로 나아가고 있다고 간주하고 있다. 『복암집(復菴集)』권7에 실려 있다.

「외필」에서 말했다. "기가 리를 따라 발현한다는 것은 기발이니 곧 이발이요. 리를 좇아 행하는 것은 기행(氣行)이니 곧 이행(理行)이다. 리는 조작하거나 스스로 준동하지 못하기에 그 발현과 운행이란 분명히 기의 작용인데 이발·이행이라고 하는 것은 어째서인가? 기의 발현과 운행은 실제로는 리에게서 명령을 받은 것이니, 명령하는 이가 주인이고 명령을 받는 것이 종이다." 이것이 한 편 글의 종지다.

태극이 움직이고 고요한 이치 또한 그렇다. 율곡은 "그 기틀이 스스로 그러하지 그렇게 시키는 것이 있지 않다"라고 했다. 기틀[機]이란 기의 기틀[氣機]인데 '스스로 그렇다'라고 했다면 이미 자기에게서 말미암지 다른 것에서 말미암지 않는다는 뜻을 함축한다. 그렇게 시키는 것은 리인데, '시키는 것이 있지 않다'라고 했다면 정말로 음양은 말미암는 데가 없이 스스로 운행하고 스스로 그치는 것 같다. 우리나라의 이기설은 퇴계·율곡 두 부자로부터 크게 융성했는데, 노사에 이르러 공안을

518 자는 효중(孝重) 호는 복암(復菴)이고 본관은 아산(牙山)이다. 경상북도 청도군 출신으로 반동락(潘東雒)·김흥락(金興洛)·이종기(李種杞) 등에게서 수학했다.

판정한 것이다. 여기에 승복하지 않는다면 눈과 귀, 마음과 생각이 없는 사람이다.

승복하지 않을 뿐만 아니라 이단이라고 배척하는 이가 요즘 한 지역의 스승이다. 정말로 그 뜻을 이해하지 못하고 배척하는 것이라면 이것은 너무 무지한 사람이니 깊이 말할 것이 못 된다. 그렇지 않고 오의를 깨달았으면서도 「외필」의 말이 퇴계와 합치하고 율곡과 거리를 둔다는 것을 걱정하는 것이라면 심로(心路)가 편협해서 같은 사람들을 오도하는 일이 많을 것이다. 같은 이를 오도할 뿐만 아니라 이기를 어찌할 것인가? 리와 기는 스스로 이 오묘함을 갖추고 있기 때문에 노사는 이를 들어 발명했으니, 조금도 자신의 힘을 빌려서 조장하려는 것이 아니다. 이처럼 직절하고 명쾌한 의론을 천하에 누가 그르다고 하겠는가? 슬프다! 주장을 밝히기 어려운 것이 이 시대보다 심한 때가 없을 것이다.

書奇蘆沙猥筆後

蔣華植

猥筆曰, 氣之順理而發者, 氣發卽理發也; 循理而行者. 氣行卽理行也. 理非有造作, 自蠢動, 其發其行, 明是氣爲, 而謂之理發理行, 何也? 氣之發與行, 實受命於理, 命者爲主, 而受命爲僕. 此一篇宗旨也. 太極動靜之理亦然. 而栗谷乃曰, 其機自爾, 非有使之者. 機, 氣機也, 而曰自爾, 則已含由己不他由之意. 使之者乃理, 而曰非有, 則眞若陰陽無所關由而自行自止. 東方理氣之說. 自退栗兩夫子而大盛. 至蘆沙而決公案矣. 於此而不服, 則是無耳無目無心無思之人也. 乃非但不服而有斥之謂異端者, 此今世之皐比於一方者也. 眞若未解其義而斥之, 此不知之過, 不足深言. 若心悟其奧, 而憂其言之合退溪而離栗谷, 則心路偏駁, 誤其同人多矣. 非但誤其同人, 柰理氣何? 理氣自具此妙, 故蘆沙擧而發之, 非一毫借己力而助之. 如此直截明快之論, 天下孰得以非之哉? 哀哉! 言之難明, 莫有甚於此世也.

외필론

이규준

이 글은 이규준(李圭晙, 1855~1923)[519]이 「외필」 비판을 근거로 자신의 심성설을 주장한 글이다. 주희, 이황, 이이의 진술과 기정진의 「외필」 및 「납량사의」를 인용한 다음 자신의 견해를 서술하고 있다. 그의 주장은 "미발을 도심이라 하고, 이발을 인심이라 하며, 칠정 가운데 형기를 따르지 않고 반듯하게 천리에서 나오는 것을 사단이라고 해야 논파할 수 없이 완전하게 될 것이다. 미발은 성이요, 이발은 정이며 마음은 미발과 이발의 총체적인 이름이다"라는 것이다. 『석곡심서(石谷心書)』 권3에 실려 있다.

주자는 말했다. "마음의 허령지각은 하나일 뿐인데, 인심과 도심의 다름이 있다고 하는 것은, 혹은 형기(形氣)의 사사로움에서 나오고, 혹은 성명(性命)의 올바름에 근원하기 때문이다."[520] 또 말했다. "사단은 리에서 발현하고, 칠정은 기에서 발현한다."[521] 또 말했다. "성은 곧 리이다." "마음은 곧 기이다."[522]

퇴계 이자(李子)는 말했다. '리가 발현한 것은 사단이니 도심이요, 기

---

519 자는 숙현(叔玄)이고 호는 석곡(石谷)이며 본관은 경주이다. 경상북도 영일군(迎日郡) 동해면(東海面) 임곡동(林谷洞) 출신으로 임재(臨齋) 서찬규(徐贊奎, 1825~1905)와 극재(克齋) 이공민(李公旼, 1816~1898) 등에게서 수학한 영남 기호학계의 일원으로서, 유학자이자 의학자로 활동했다.

520 주희, 『중용장구』(『주자전서』 vol. 6), 「중용장구서」, 29쪽.

521 이 구절은 이규준의 착각이다. 엄격하게 말하면 『주자어류』 권53의 83조목에서는 "사단은 리의 발현이고, 칠정은 기의 발현이다[四端是理之發, 七情是氣之發.]"라고 했을 뿐, '發於氣', '發於理'라는 표현을 사용하지는 않았다.

522 이 구절도 주자의 직접 진술은 아니지만, 『주자어류』 권5, 28조목에서 주희는 "마음은 기의 정상이다[心者, 氣之精爽]"라고 말하고 있다.

가 발현한 것은 칠정이니 인심이다. 리가 발현하고 기가 따르는 것과 기가 발현하고 리가 타는 것, 이것이 선과 악이 나뉘는 까닭이다.'[523]

율곡 이자(李子)는 말했다. "발현하는 것은 기(氣)이고 발현하게 하는 소이(所以)는 이(理)이니, 기가 아니면 발할 수 없고 이가 아니면 발현하게 할 것이 없다."[524] "성은 본래 선하지만 스스로 나타날 수 없고, 맑은 기를 타면 곧게 나와서 선이 된다. 탁한 기를 타면 가리우고 더럽혀져 악이 된다. 어떤 이는 이발은 선이 되고 기발은 악이 된다고 하는데 이것은 두 가지 근본이 호발한다는 것이다."[525]

우계에게 답하는 편지에서는 말했다. "기가 발현하면 리가 탄다는 것은 무슨 뜻입니까? 음이 고요하고 양이 움직이는 것은 기의 기틀이 스스로 그런 것이지 (그렇게) 시키는 것이 있지 않습니다. 양이 움직이면 리는 움직임에 타지, 리 자신이 움직이는 것은 아니며, 음이 고요하면 리는 고요함에 타지 리 자신이 고요해지는 것은 아닙니다. 그러므로 주자는 '태극은 본연의 묘리이고, 동정(動靜)은 이것이 타는 기의 기틀이다" 라고 했습니다. 음이 고요하고 양이 움직이는 것은 기기가 저절로 그러한 것이고, 음이 고요하고 양이 움직이는 소이(所以)는 리입니다."[526]

기노사는 「외필」에서 말했다. : '음양의 움직임과 고요함'은 바깥에서 언뜻 보면 스스로 움직이다가 스스로 멈추는 것 같지만, 그 실상을 깊이 탐구하면 한결같이 천명이 그렇게 시킨 것이다. 천명이 그런 까닭에 그렇게 하지 않을 수 없는데, 이것을 소이연(所以然)이라고 하니, 천명 밖에 따로 소이연이 있는 것이 아니다. 이제 "그 기틀이 저절로 그런 것이다[其機自爾]"라고 하고, 또한 "시키는 것이 있지 않다[非有使之者]"라

---

523 이황, 『퇴계집』 권7(표점영인 한국문집총간 vol. 29), 「進聖學十圖箚」, 207쪽 참조.
524 이이, 『율곡전서』 권10(표점영인 한국문집총간 vol. 44), 「답성호원」, 200쪽.
525 출처가 분명하지 않다.
526 이이, 『율곡전서』 권10(표점영인 한국문집총간 vol. 44), 「답성호원」, 211쪽.

고 거듭 말했다. "스스로 그렇다"라고 할 때는 말이 오히려 허황되었으나, "시키는 것이 있지 않다"라고 해서 그 말뜻이 명확해졌고, 정말로 음과 양이 말미암는 것 없이 스스로 움직이고 스스로 그치는 것 같다. 이미 '그 기틀이 스스로 그렇다'라고 했으면서, 또 어째서 '움직이고 고요하게 하는 까닭이 리이다'라고 하는 것인가?

한 번 리라고 명명하면 곧 (리가) 타는 것[所乘]이 있게 되니, 탄다[乘]는 것은 기의 힘을 결코 침범하는 글자가 아니다. 요즘 사람들은 '소승(所乘)'이란 글자를 이와 다르게 본다. 태극이 아무런 주장이 없는 것 같다가 갑자기 말들이 앞에 있는 것을 보고서 재빨리 올라타는 모양으로 본다. 의지하고 붙어서 탈 뿐 무슨 일을 할 수 있겠는가? 이쪽저쪽으로 휘둘리면서 말 머리만을 쳐다보는 격이다. (그러한 이치란) 있어도 도움이 되는 것이 없고, 없어도 부족할 게 없어서, 살에 붙어있는 혹이나 천리마에 붙어있는 파리에 불과하니, 리라는 물건이 아! 가련하다! 리가 발현할 수 없다면 천명은 끊어져 버린다."

「납량사의」에서는 말했다. : 이제 한 덩어리의 구리쇠가 있으니 이는 하나의 태극이요, 이것으로 그릇을 만들 수 있고 칼을 만들 수 있는 것은 분수가 일(一)에 포함된 것이다. 그릇을 만드는 용광로에 들어가면 그릇이 되고, 칼을 만드는 용광로에 들어가면 칼이 되어 각각 그 본분의 한 가지를 얻으니 이것이 각각 그 리를 하나씩 갖는 분수(分殊)다. 이것은 때에 따라 안배해서 정해진 것이 아니다. 이 본연이 그릇과 칼이 되더라도 예전의 구리쇠를 벗어날 수 없으니, 구리쇠의 기량은 그대로 자재하다. 이것인 분수 가운데 있는 이일(理一)이다. 분(分)이 각각 하나씩 바르게 된 것은 도출하는 것을 용납할 수 있지만 분이 일찍부터 일리 속에 포함되어 있는 것은 끝내 벗어날 수 있는 리가 없으니, 도출하는 것이 또한 무슨 보탬이 되겠는가?

석산인(石山人)은 말한다. : 도에 움직임과 고요함이 있기 때문에 기가 움직이고 고요할 수 있다. 『주역』에서 "한 번 음이 되고 한 번 양이 되는 것을 도라고 한다"라고 했으니, 여기에서 말하는 움직임과 고요함은 기요, 움직이게 하고 고요하게 할 수 있는 소이가 도이다. 퇴계는 '이발은 사단이 되고 기발은 칠정이 된다'라고 했으니, 이것은 리와 기가 호발하고, 도(道)와 기(器)가 근본이 둘이 된다. 천도가 근본이 하나라는 것에 어긋나기에 율곡은 이 주장을 채택하지 않았다. 율곡은 '발현하는 것은 기이고, 발현하게 하는 소이는 리이다'라고 했고, 또한 '음이 고요하고 양이 움직이는 것은 기틀이 저절로 그런 것이지 그렇게 시키는 것이 있지 않다'라고 했다. 이것은 리는 함이 없고, 기는 작용이 있음을 말한다. 이미 '기의 기틀이 스스로 그렇다'라고 했는데, 또 어째서 '발현하게 하는 것은 리이다'라고 했는가? 활을 쏘는 것은 사람이지만, 활쏘기에 쓰이는 것은 활과 화살이다. 이것은 리는 죽었고, 기는 살아 있다[理死氣活]라는 격이요, 말이 시체를 싣고 있는[馬載尸] 것과 비슷하다. 노사가 비판한 '기생하는 혹', '달라붙은 파리'의 비유 또한 그래서 그런 것이 아닌가? 그러나 그가 '그릇과 칼이 처음부터 한 덩어리의 구리쇠에 포함되어 있다'라고 한 것은 하나의 근본에 원래 선과 악이 있음을 말한다. 그렇다면 결국 '거리낌이 없이 악을 저지르도록 시키는 것도 틀림없이 리 속의 본분이니 내가 어떻게 벗어날 수 있겠는가?'라고 한다면 그 폐해는 (성인의) 가르침을 그만 두고 성을 없애버리는 재앙에 이를 것이다. 위태롭고, 두렵다. 율곡은 맑은 기를 타면 선이 되고, 탁한 기를 타면 악이 된다고 여겼다. 그렇다면 악을 저지르는 것 또한 '천기를 받은 것인데, 내가 어떻게 변화시키겠는가?'라고 할 것이니, 그 폐해가 어찌 구리쇠의 비유와 다르겠는가? 이것은 모두 그 분수만을 알고서 대본에 대해서는 알지 못하기 때문이다.

하늘이 내게 부여한 것을 명이라 하고, 사람과 사물이 받아서 태어난 것을 성이라 하며, 태어난 뒤에 몸을 주재하는 것을 마음이라 하고, 마음에서 발현해서 나오는 것을 정이라고 하지만, 하나의 사물에 붙여진 이름들일 뿐이다. 원래 태일(太一)이 둘을 낳는데, 그 근본은 선하지 않음이 없다가 변화하면서 비로소 선악이 있게 된다. 선은 도의 근본[道之本]이요, 악은 도의 변화[道之變]이다. 변하지 않으면 사물이 없기에 『주역』에서는 '도'라고 했고, 변해서 움직이기에 '효(爻)'라고 했으며, 효에는 등급이 있기에 물(物)이라고 했고, 물은 서로 뒤섞이기에 '길흉이 생긴다'라고 했다. 이것이 '근본이 하나이지만 갖가지로 다르다[一本而萬殊]'라고 하는 것이다. 그것이 사람에게 부여되면 '갖가지 다름'은 형체를 이루고, 하나의 근본은 안[中]에 있게 된다. 갖가지 다름이 형체를 이루기에 맑고 탁함, 지혜롭고 어리석음의 차이가 있고, 하나의 근본이 안에 있기에 요순에서 길 가는 사람에 이르기까지 똑같은 것이다. 안[中]이란 마음이다. 마음은 본래 형체가 없이 혈육의 장기에 머문다. 마음이 고요할 때는 수연(粹然)한 천도이지만, 외물을 느끼고 움직이면서는 반드시 몸을 경유한다. 이에 오장이 구체적으로 작용하게 되면 칠정이 생겨난다. 마음이 오장을 따르면 가리고 더럽혀져 악이 되고, 마음이 오장을 제어하면 곧게 나와서 선이 된다.

마음은 하나이지만 몸을 경유하기 때문에 이발(已發)을 인심이라 하고, 천도에 근본하기에 미발(未發)을 도심이라고 한다. 몸에서 생기는 것은 사사로워지기는 쉽지만 공정하기는 어렵고, 형이상의 것은 은밀하고 오묘해서 알기가 어렵다. 이 때문에 (『상서』에서 말하는 인심과 도심의) 위태로움과 은미함의 구분이 있는 것이다. 성인은 겉을 버리고 안을 따르며, 근본을 중시하여 마음[中]을 안정시킨다. 그러므로 "오직 정미하게 하고, 하나가 되게 하여 진실로 그 중을 잡으라"[527]라고 했으니, 움직이면서 그 근본을 잃어버리지 말 것을 말한다. 마음과 형체가 번갈아 승

527 『상서』, 「내우모」 15장.

부를 가리기에 『맹자』는 “뜻이 전일하면 기운을 움직이고, 기운이 전일하면 뜻을 움직인다”[528]라고 했고, 또 “생각하면 얻고, 생각하지 않으면 얻지 못한다. 먼저 그 큰 것을 세우면 작은 것이 빼앗을 수 없다”[529]라고 했다. 공자는 “붙잡으면 보존되고, 놓치면 잃어버린다”[530]라고 했으며, 『상서』에서는 “성인이라고 생각하지 못하면 광인이 되고, 광인이라도 능히 생각하면 성인이 된다”[531]라고 했다. 이것은 모두 선악의 구분이 마음과 형체 및 붙잡고 놓치는 사이에 달려 있음을 말한다.

정자는 “마음이 곧 성이다. 하늘에서는 명이 되고, 사람에게서는 성이 되며, 몸을 주재한다는 측면에서는 마음이지만, 실제는 하나이다”[532]라고 했다. 이보다 긴절한 심성설은 없다. 성은 선하지 않음이 없지만, 정에는 선악이 있으니, 맑은 것이 본시 물이라도 탁한 것 또한 물이라고 하지 않을 수 없고, 선이 본래 성이지만 악 또한 성이라고 하지 않을 수 없으니, “선악이 모두 천리이다”[533]라고 하는 것은 이 때문이다. 이제 그 설명을 이해하려고 해도 하지 못하자 마음과 성을 리와 기 두 가지로 나누고, 한쪽에서는 이기가 호발한다고 하고, 다른 쪽에서는 리는 죽었고 기는 살았다고 하며, 또 다른 쪽에서는 리에는 본래 선악이 있다고 하니, 모두 작은 차이가 천 리나 멀어진 격이다. 이기호발설이야 본래 근본을 둘로 만드는 병폐가 있다지만, 리는 죽었고 기는 살았다는 것 또한 어찌 두 가지가 다르다는 것이 아니겠는가? 리가 발출할 수 없다면 성선이 무엇 때문에 귀할 것이며, 리에 본래 선악이 있다면 천명이 무엇때문에 귀하겠는가? (고자가) 버드나무와 여울물에 비유해

528 『맹자』, 「공손추 상」 2장.

529 『맹자』, 「고자 상」 15장.

530 『맹자』, 「고자 상」 8장.

531 『상서』, 「多方」 17장.

532 정호·정이, 『하남정씨유서』 권18하(『이정집』 vol. 1), 204쪽.

533 정호·정이, 『하남정씨유서』 권2상(『이정집』 vol. 1), 14쪽.

서 주장한 것이 어찌 옳겠는가?[534]

나는 천하를 이끌어 가르침과 성을 없애버리는 것이 꼭 이 말을 아니라고 할 수 없다는 것을 걱정한다. 『중용』에서는 "희노애락의 미발을 중이라 하고, 발출해서 모두 절도에 알맞은 것을 화라고 한다"라고 했다. 이 말은 성이 발출해서 칠정이 됨을 말한다. 그렇다면 이발이 사단이 되고, 기발이 칠정이 되는 것도 과연 참으로 옳다는 것인가? 율곡은 칠정은 인심과 도심이 선하고 악한 것의 총체적 이름이라고 했다. 칠정 가운데 인욕에 뒤섞이지 않고 수연히 반듯하게 천리에서 나오는 것은 사단이고 도심이라고 했으니, 맑은 기를 타면 도심이 되고, 탁한 기를 타면 인심이 됨을 말한다. 그렇다면, 지혜로운 이는 인심이 없고, 어리석은 이는 도심이 없을 것이다. 그러나 지혜로운 이에게 인심이 없다면 순은 어째서 "인심은 오직 위태롭다"라고 우임금에게 경계한 것인가? 어리석은 이에게 도심이 없다면 맹자는 어째서 "사람에게는 모두 차마 하지 못하는 마음이 있다"라고 한 것인가? 도는 형이상이니, 이발을 도심이라 할 수 없다. 선유들은 모두 인심과 도심을 함께 이발로 간주했다. 그러나 '미(微)'자 만은 결국 붙일 수 없었으니. 이미 발출해서 절도에 알맞고 천하에 통했다면 어떤 '은미함(微)'이 있다는 것인가? 끝내 미발을 도심이라 하고, 이발을 인심이라 하며, 칠정 가운데 형기를 따르지 않고 반듯하게 천리에서 나오는 것을 사단이라고 해야 논파할 수 없이 완전하게 될 것이다. 미발은 성이요, 이발은 정이며 마음은 미발과 이발의 총체적인 이름이다. 이 세 구절이 가장 정치하다. 발현하는 것은 기요, 발현하게 하는 소이는 리이다는 이 주장은 원만하지 못하다. 천도를 논하자면 '움직이고 고요함은 기요, 움직이고 고요하게 하는 것은 리이다'라고 해야 이 말이 바르게 될 것이다.

---

534 『냉사』, 「고사 상」 1·2장 참조.

猥筆論

李圭晙

朱子曰，心之虛靈知覺一而已矣，而以爲有人心道心之異者，則以其或生於形氣之私；或原於性命之正．又曰，四端發於理，七情發於氣．又曰，性卽理也，心卽氣也．退溪李子曰，理發而爲四端，是道心；氣發而爲七情，是人心．理發而氣隨之，氣發而理乘之，此善惡之所以分善惡之所以也．栗谷李子曰，發之者氣也；所以發者理也．非氣則不能發，非理則無所發．性雖本善，不能自出，乘清氣則直出而爲善．乘濁氣則揜汚而爲惡．或曰理發爲善，氣發爲惡，是二本互發．其答成牛溪書曰，氣發而理乘者，何謂也？陰靜陽動，機自爾也，非有使之也．陽之動，則理乘於動而非理動也；陰之静，則理乘於静而非理静也．故朱子曰，大極者，本然之妙；動静者，所乘之機也．陰靜陽動，其機自爾，而所以動靜者理也．

奇蘆沙猥筆曰，陰靜陽動，驟看皮面，果似自行自止．若深原其實，則壹是天命使之然也．天命然也，故不得不然，此之謂所以然．非天命之外，別有所以然．今曰其機自爾，又申之曰非有使之者，說自爾時，語猶虛到．非有使之，語意牢確．眞若陰陽無所關由，而自行自止者．旣曰其機自爾，又何曰所以動靜者理也?[535] 蓋一名爲理，便有所乘，所乘非絲毫犯氣力字．而今人看所乘，與此異．有若太極漫無主張，忽見馬匹當前趫捷而騰上樣．寄寓來乘，做得甚事？之東之西，唯馬首時瞻．有之無所補，無之無所闕．不過爲寄肉之疣，附驥之蠅，理之爲物[536]，可憐哉！理不能發，天命絶矣.[537]

535 "旣曰 … 動靜者理也?" : 현재 『노사집』에 실린 「외필」에는 이런 구절이 없다.

其納涼私議曰，今有一塊銅鐵，是一太極．可以爲盤盂，可以爲刀劒，是分殊之涵於一．及其入盤盂爐而爲盤盂，入刀劒爐而爲刀劒，各得其本分之一．是各一其理之分殊．是分也，非臨時排定．是本然雖爲盤盂刀劒，而脫不得舊時銅鐵，銅鐵伎倆，依舊自在．是分殊中理一．分之各一者，容可挑出，分之早涵於一理者，終無可擺脫之理，挑出何益?

石山人曰，道有動靜，故氣能動靜．易曰一陰一陽之謂道．此言動靜者氣也，而所以能動靜者道也．退溪曰，理發而爲四端；氣發而爲七情．是理氣互發，道器二本也．有違於天道之一本，所以不見取於栗谷也．栗谷曰，發者氣也，所以發者理也．又曰陰靜陽動，機自爾也，非有所使．此言理無爲而氣有用也．旣曰氣機自爾，又何曰所以發者理也? 蓋曰射之者人也；所用射者弓矢也．是理死氣活，如馬載尸相似．蘆沙所難寄疣附蠅之喻， 不亦然爾乎? 然其言盤盂刀劒早涵於一塊銅鐵者，謂一本元自有善惡也．若然終使爲惡者，無所忌憚，必曰理中之本分，吾何以擺脫乎? 則其弊將至於廢教滅性之禍，危乎! 可畏哉! 栗谷則以爲乘清氣則爲善，乘濁氣則爲惡．若然爲惡者，亦曰天氣之所稟，吾何以變易乎? 其弊何異於銅鐵之喩乎? 此皆但見其分殊，其於大木上，蓋未有見到也．天道賦予之謂命；人物稟生之謂性；生後主身之謂心；自心發出之謂情，一物而隨名耳．原夫太一生兩，其本元無不善，而其變始有善惡．善者道之本也；惡者道之變也．不變無物故易曰道；有變動故曰爻；爻有等故曰物；物相雜故吉凶生焉．此謂一本而萬殊．其賦於人也，萬殊爲形，一本在中．萬殊爲形，故不能無清濁知愚之不齊，一本在中，故堯舜至於塗人一也．中者心也，心本無形，舍於血肉之藏．心之靜也，粹然天道，及其感物而動也，必由乎身形．於是五藏用事而七情生焉．心徇五蔚，則捺汚而爲惡．心制五藏，則直出而爲善．夫心一爲已，而以其由乎人身，故已發謂之人心；以其本乎天道，故未發謂

536 "理之爲物" : 현재 『노사집』의 「외필」에는 이런 구절이 없다.

537 "理不能發, 天命絶矣." : 현재 『노사집』의 「외필」에는 이런 구절이 없다.

之道心. 生於身者, 易私難公; 形而上者, 隱妙難見. 所以有惟危微之分爾. 聖人舍表而從裏, 主本而定中. 故曰惟精惟一允執厥中, 言動不失其本也. 心與形迭相勝負, 孟子曰志壹則動氣, 氣壹則動志. 又曰思則得之, 不思則不得之. 先立其大者, 則其小者不能奪也. 孔子曰操則存, 舍則亡. 書曰惟聖, 罔念作狂. 惟狂, 克念作聖. 此皆謂善惡之分在心與形操舍之間而已也. 程子曰心卽性也, 在天爲命, 在人爲性, 主於身爲心, 其實一也. 心性之說, 莫此爲切. 性無不善而情有善惡, 淸固水也, 而濁亦不可不謂之水. 善固性也, 而惡亦不可不謂之性, 所謂善惡皆天理者, 以此爾. 令人求此說而不得, 乃以心性分作理氣二物, 一曰理氣互發, 一曰理死氣活, 一曰理本有善惡, 此皆一間而千里也. 理氣互發, 固有二本之病; 理死氣活, 亦豈非二物之異乎? 理不能發出, 則何有貴於性善乎? 理本有善惡, 則何有貴於天命乎? 杞柳湍水之說, 豈其然乎? 吾恐率天下而廢教禍性者未必非此言也. 中庸曰喜怒哀樂之未發謂之中; 發而皆中節謂之和. 此言性發而爲七情也. 然則理發而爲四端, 氣發而爲七情者, 其果眞詮乎? 栗谷曰七情人心道心善惡之總名. 七情中之不雜人欲而粹然直出於天理者, 是四端而道心, 言乘淸氣者爲道心, 而乘濁氣者爲人心也. 若然, 上知無人心, 而下愚無道心也. 使上知無人心, 則舜何故以人心惟危戒大禹乎? 下愚無道心, 則孟子何故曰人皆有不忍人之心乎? 夫道形而上者, 不可以已發謂之道心也. 先儒皆以人心道心並看作已發. 然於惟微字終不帖, 旣發而中節達乎天下, 何微之有? 必曰未發爲道心; 已發爲人心, 七情中之不徇形氣, 而直出於天理者是四瑞也, 乃完不破矣. 未發謂之性; 已發謂之情, 心乃未發已發之總名. 此三句最精. 發之者氣也, 所以發者理也, 此說未完. 至其論天道, 則曰動靜者氣也, 動之靜之者理也, 斯言乃正.

「외필변변」을 변론함

정세영

이 글은 정세영이 정재규의 「외필변변」을 변론하는 것이다. 「외필」(기정진) — 「외필변」(전우) — 「외필변변」(정재규) — 「변외필변변」(정세영)으로 이어지는 글이다. 정확한 저술 시기는 알 수 없다. 이미 정세영에게는 1906년에 지은 「외필변」이 있어서, 그 이후에 지은 것으로 추정할 뿐이다. 모두 36조목으로 이루어져 있는데, 35조목은 「외필변변」의 구절을 직·간접으로 인용하면서 조목마다 정재규의 견해를 반박하고 있다. 마지막 36조목은 스승인 전우가 송병순에게 보낸 편지의 일부를 절략해서 싣고 있다. 『석천사고(石泉私稿)』 권6에 실려 있다.

1.

「외필변변」 리는 본시 조작이 없다. 그러나 기가 이 리에 의거해서 운행한다면 조작의 준칙은 이미 리에 갖추어진 것이다. 작용도 본시 기이다. 그러나 리에는 그 자체로 오묘한 작용이 있기 때문에 작용의 절도와 제도는 그 자체로 리에 있다.

정세영 : 리에 저절로 오묘한 작용 및 절도와 제도가 있다는 말에 근거하자면, 여전히 이 리에 조작이 있다는 것인데, 하필이면 크게 목소리를 높이고 손발을 휘두른 다음에야 비로소 '조작'이라고 말할 수 있겠는가? 정자는 '오묘한 작용을 신이라 한다'[538]라고 했고, 주자는 '오묘한 작용은 리이다. 그러나 신이라는 것은 곧바로 리와 짝해서 간격이 없기에 뒤섞어서 리라고 부른다'[539]라고 했다. 이러한 곳은 융통성 있게

538 정호·정이, 『주역정씨전』(『이정집』 vol. 2), 695쪽.
539 출처가 분명하지 않다.

보아야지, 집착해서는 안 된다. 집착하는 폐단은 반드시 성현의 말로 성현을 공격하는 데 이른다.

2.

「외필변변」 움직임과 고요함은 저절로 그러한 것으로, 기의 힘을 조금이나마 침범하는 글자가 아니다. 조작이란 정의(情意)와 영위(營爲)가 있다는 뜻이니 기력을 매우 소모하는 글자다. 동정을 곧장 조작이라 바꿔 부르는 것도 어째서 그런지 알 수 없다.

정세영 : '동정'이란 글자를 조작으로 보지 않는다면, 「외필」에서 말하는 '조종하는 힘'과 '가부'란 과연 무엇을 가리켜 말하는가? 성현도 리의 위 아래에 '조종'과 가부'란 말을 붙인 적이 있는가? 세상에서 「외필」을 높이는 이들은 변론해 보라.

3.

「외필변변」에서는 주자의 "움직임 역시 태극의 움직임이요, 고요함 역시 태극의 고요함이다"[540]라는 말을 인용해서 태극의 움직임과 고요함을 증거했다. 그러나 주자는 이 문장 뒤에서 또 "다만 움직임과 고요함은 태극이 아니다"[541]라고 했으니 '움직임 또한 태극의 움직임이요, 고요함 또한 태극의 고요함이다'라는 것도 태극이 기를 타고 유행하는 오묘함을 말하는 것이요, '다만 움직임과 고요함은 태극이 아니다'라는 것도 그 본체가 진실로 움직이거나 고요하지 않음을 가리킨다. 이제 이 구절을 끊어버린 것은 어째서인가? 자기의 학설과 가까운 것은 선택하

540 주희, 『주자어류』 권94(『주자전서』 vol. 17), 3120쪽.
541 같은 책, 같은 곳.

고, 자기의 학설을 방해하는 것은 버리니 이것이 과연 마음을 비우고 강론하고 묻는 방법인가?

4.

「외필변변」에서는 주자의 '본체로 말하면 태극은 동정을 포함하고, 유행으로 말하면 태극에는 동정이 있다'[542]라는 말을 인용해서 증거로 삼았다. 그러나 주자는 이 문장의 뒤에서 또 "태극이 곧 움직임과 고요함이라고 한다면 이것은 형이상과 형이하를 나눌 수 없게 되고 '역에 태극이 있다'라는 말 또한 군더더기가 된다"[543]라고 했다. 이제 또 이 한 구절을 없애버리니 주자의 말을 다 믿지 않는다는 것인가?

5.

「외필변변」에서는 주자가 『통서』의 '움직이되 움직임이 없고, 고요하되 고요함이 없다'라는 말을 논한 것[544]을 증거로 삼았다. 그러나 이것은 신(神)을 논한 것인데, '잘못 이해하고 와전되었다'라고 하는 것이 괜찮겠는가? 노사의 식견은 겨우 오묘한 주재가 말없이 운행하는 것에 미쳤을 뿐, 이 리의 함이 없는 실체가 본연의 오묘함인 줄은 몰랐으니, 율옹을 물리치고 하나의 기치를 먼저 든 것도 당연한 일이다.

6.

「외필변변」 공자·맹자·이윤은 분명하게 '그렇게 시킨다[使之]'라고 했

542 주희, 『회암선생주문공문집』 권45(『주자전서』 vol. 22), 「答楊子直(方)」, 2072쪽.
543 같은 책, 같은 곳.
544 주희, 『주자어류』 권94(『주자전서』 vol. 17), 「주자지서·통서·동정」, 3160쪽 참조.

는데, 주자는 도리어 사람들이 잘못 보고 작용의 뜻으로 인식할까 걱정해서 '약(若)'자와 '흡사(恰似)'자를 썼고, 율옹은 또 주자의 뜻으로 인해서 곧장 '그렇게 시키는 것이 있지 않다[非有使之]'라고 했다. 이와 같다면 그들이 말한 것은 다르지만, 그들의 뜻은 모두 리를 밝히려는 것이다.

정세영 : 율옹의 말이 진실로 공자·맹자·이윤·주자에 뿌리를 두었고, 그 뜻이라는 게 오히려 진실로 정재규의 말처럼 시키는 것이 있다는 것이라면 어째서 「외필」에서는 꾸짖고 배척한 것인가?

7.

「외필변변」 후세의 학자들이 가까운 것에 가리고 먼 곳에 어두워 그들의 말을 스승으로 삼을 뿐 그들의 뜻을 스승으로 삼지 않았다. 마침내 정말로 그렇게 시키는 것이 없다고 생각했다.

정세영 : '후세의 학자'란 율옹 이후 율옹의 가르침을 이어받은 이들을 가리켜서 말한 것이다. 여기에서는 '도리어 율옹의 가르침에 어둡다'라고 하니, 김평묵의 「발문」에서 '그들의 과실을 들추는 것이다'[545]라고 한 것과 다르기는 하지만 꾸짖고 배척했다는 점에서는 똑같은 것을 어찌하겠는가?

8.

「외필변변」 천지의 조화와 생성을 '기(氣)'라는 글자 하나로 뒤덮어 '리'라고 부르는 것이 주재의 권한을 잃어버렸으니 또한 크게 도를 해치지 않았는가?

545 김평묵, 『중암집·별집』 권8(표점영인 한국문집총간 vol. 320), 「書蘆沙奇先生猥筆後」, 628쪽 참조.

정세영 : 말한 내용을 살펴보면 리는 분명히 조작의 권한을 가지고 있다. 그런데 도리어 '조작이 없다'라고 하는 것은 어째서인가? 천지의 조화와 생성은 음양의 작용이 아닌 것이 없고, 그 조화 생성의 오묘함은 리에 근원하지 않은 적이 없다. 이와 같다면 리는 조작하는 능력이 없다지만, 그 주재라는 의미를 잃지는 않은 것이다.

9.

「외필변변」 저 말을 붙잡고서 뜻에 어두운 자들은 율옹에게 누가 되기에 충분할 뿐이다. 이 의심을 다 궁구해서 밝게 변론한 사람이야말로 율옹의 온축을 발명했다고 할 것이다.

정세영 : 「외필」의 의론이 과연 율옹의 온축을 발명했는가? 율옹의 실수를 꾸짖었는가? 열 눈이 보는 것과 같고 열 손이 가리키는 것과 같은데 사람을 속이려 한다면 가능하겠는가? 노사의 신령을 엄호하려고 하지만 틀림없이 구천에서 불안해할 것이다. 돌이켜 반성한들 마음에 불안함이 없겠는가?

10.

「외필변변」은 '사람이 도를 넓힐 수 있다[人能弘道]'라고 할 때의 '사람[人]'을 리와 조화로운 물건이라고 여기고, 오히려 주자의 '원으로 낳고'546, '인으로 사랑한다'547라는 말을 인용해서 증거로 삼았다. 그렇다면 리가 원으로 낳고, 인으로 사랑한다는 것이 과연 합당한가? 화서의 '리로 리를 넓힌다'라는 학설과 비슷하다.

546 주희, 『회암선생주문공문집』 권67(『주자전서』 vol. 23), 「元亨利貞說」, 3254쪽.
547 같은 책, 같은 곳.

11.

「외필변변」 오직 그 주재의 실체와 오묘한 작용이 있기 때문에 도를 넓힐 수 있다. … 거꾸로 리가 기의 주재가 된다고 하면 사람들이 믿겠는가?

정세영 : 주재의 실체와 묘용이 있다는 것은 마음을 가리키는데, 말하는 내용은 리의 움직임과 고요함이 바로 이것이다. 리로 도를 넓히고, 리가 성을 검속하는 것을 모두 그렇게 해도 안 될 것이 없다고 하면서도 이것을 인용해서 음양이 움직이고 고요한 것의 증거로 삼으면, 배척하면서 기를 리를 시키는 물건으로 인식해서 리가 기의 주재자가 되지 못한다고 한다. 그러나 주자는 "리가 기에 깃들이면 일상의 운용이 모두 이 기에서 말미암는다"[548]라고 했고, 우옹은 "태극은 음양의 주재임에도, 도리어 음양에 의해 운용된다"[540]라고 했다. 이것은 모두 사람이 도를 넓힐 수 있다는 뜻이지만, 근본과 주재가 되는 오묘함은 본래 그대로라는 데 아무런 지장이 없으니 어떻게 할 것인가? 또 「외필변변」의 설명대로라면 공자는 어째서 '도가 사람을 넓힐 수 없다'라고 하지 않고, '도가 사람을 넓히는 것이 아니다'라고 했는가? 이것도 리가 기의 주재가 되지 못한다고 해서 배척할 것인가? 매번 아래 한 구절을 버리는 데 무슨 까닭인지를 모르겠다.

12.

「외필변변」은 율옹의 편지에서 '갖가지로 가지런하지 못한 것은 기가 하는 것이지만 반드시 리가 주재가 된다'[550]라고 말한 것을 마치 리

---

548 주희, 『주자어류』 권4(『주자전서』 vol. 14), 200쪽.

549 송시열, 『송자대전』 권130(표점영인 한국문집총간 vol. 112), 409쪽.

550 이이, 『율곡전서』 권10(표점영인 한국문집총간 vol. 44), 「답성호원」, 199쪽 참조.

가 기를 부릴 수 있다는 것으로 여긴다. 그렇다면 어찌 크게 거칠고 소홀한 것이 아니겠는가?

13.

「외필변변」 주자가 '일기가 유행한다'라고 말한 앞 문장에는 '천지시(天祗是)'라는 세 글자가 있고, '어떻게 이것이 하나하나 분바르듯이 가꾸고서야 얻은 것인가'란 구절의 뒤에는 "단지 (하나의) 큰 근본과 근원에서 나왔다[只是(一箇)大本大原裏(發)出]"라는 구절이 있다. … 이제 앞뒤를 떼어내 버리고 구절만을 뽑아다 리가 기를 부리지 못한다는 증거로 삼으려고 한다.

정세영 : 율옹이 말한 '음이 고요하고 양이 움직이는 것은 그 기틀이 스스로 그렇다'라는 것은 (주자가) '스스로 생기고, 스스로 자라며, 스스로 구체화되고, 스스로 색을 가지는 것이지 어떻게 하나하나 분바르듯이 가꾸고서야 이와 같겠는가'라고 말한 뜻과 같다. '음이 고요하고 양이 움직이는 것은 그 기틀이 저절로 그러하고, 음이 고요하고 양이 움직이게 하는 것은 리이다'라고 하는 것도 대원(大原)과 대본(大本) 가운데서 흘러나온다는 뜻이다. 노사는 위의 한 구절만을 붙들고서 배척하니 어째서인가? 자신의 견해와 같지 않기 때문이다. 우리 선생께서 여기에서 어쩌다 살펴보지 못한 점은 있을지라도, 회옹과 율옹의 뜻을 발명한 것은 분명하다.

14.

「외필변변」은 퇴옹(退翁)의 "신묘한 작용이 드러나 실현될 수 있다는 것을 몰랐다. 이것은 거의 리를 죽은 물건[死物]으로 여기는 것이다"[551] 라는 말을 인용해서, 리의 움직임과 고요함을 증거했다. 그렇지만 우옹은 '오히려 주자의 뜻과는 한참이나 떨어져서 같지 않다'[552]라고 했다.

15.

「외필변변」은 우옹의 "운용 조작할 수 있는 까닭이 어떻게 리가 아니란 말인가"[553]라는 말을 인용해서 리에는 기를 시키는 능력이 있다는 증거로 삼았다. 그러나 '할 수 있는 까닭[所以能]'이라는 세 글자를 보면 우옹의 뜻은 오히려 이와 같지 않다. 우옹을 왜곡하는 것이 아니겠는가?

16.

「외필변변」에서는 주자의 '태극은 바로 움직이고 고요할 수 있다'[554]라고 말했고, 또 '본성이란 이처럼 할 수 있는 리이다'[555]라는 말을 인용해서 '내가 근본으로 삼는 것'이라고 했다. 그러나 살펴보자면 '움직이고 고요할 수 있다'라는 것은 태극이 기를 타고 유행하지만, 그 함이 없는 본체는 본시 그대로라고 말하는 것이지, 「외필변변」의 뜻대로 정말로 이에 움직이고, 이에 고요하지만 형체와 자취가 없을 뿐임을 말하

551 이황, 『퇴계집(Ⅰ)』 권18(표점영인 한국문집총간, vol. 29), 「답기명언·별지」, 467쪽.

552 송시열, 『송자대전』 권220(표점영인 한국문집총간 vol. 115), 「同春宋公遺事」, 132쪽 참조.

553 송시열, 『송자대전』 권105(표점영인 한국문집총간 vol. 111), 「答沈明仲」, 494쪽.

554 주희에게는 이런 직접적인 언급이 없다. 다만, 『성리대전』 권49, 「태극」에 주희의 말로 다음과 같은 구절이 실려 있을 뿐이다. "태극은 리이고, 동정은 기이다. 기가 운행하면 리 또한 운행한다. 이 둘은 늘 서로 의지해서 떨어진 적이라고는 없다. 애초에 하나의 사물도 없었을 때라면 이 리만이 있을 뿐이다. 이 리가 있으면 곧 움직여 양을 낳고, 고요해서 음을 낳을 수 있다.[太極, 理也, 動靜, 氣也. 氣行則理亦行, 二者常相依, 而未嘗相離也. 當初元無一物, 只有此理. 有此理, 便會動而生陽, 靜而生陰.]"

555 주희, 『주자어류』 권5(『주자전서』 vol. 14), 225쪽.

는 것이 아니다. '성이 이처럼 할 수 있다'라는 것도 또한 그렇다.

17.

『외필변변』은 또 주자의 '리에 움직임과 고요함이 있기 때문에, 기에도 움직임과 고요함이 있다'[556]라는 말을 인용해서 리의 움직임과 고요함을 증거하려고 했다. 그러나 살펴보면 정자상(鄭子上 : 鄭可學)의 생각은 기에는 움직임과 고요함이 있다는 것은 인식할 수 있지만, 리에 기를 타고 유행하는 오묘함이 있다는 것을 알 수 없다고 했기에 선생의 대답도 이와 같았던 것이다.[557] 「태극도설해」로 말하자면 앞에서 이미 "태극에 움직임과 고요함이 있다는 것은 천명의 유행이다"라고 말했고, 뒤에서 오히려 "태극은 본연의 오묘함이요 움직임과 고요함은 (태극이) 타는 기틀이다"라고 했다.[558] 그렇다면 리에 움직임과 고요함이 있다는 것은 기를 타고 유행하는 오묘함을 말한 것이요, '인은 동적이고 의는 정적이다'라는 것도 이와 같다. 그 아래에서 다시 "기와 무슨 관계이겠는가?"라고 한 것은 리가 정말로 움직임이 있고 고요함이 있어서 기와

---

556 주희, 『회암선생주문공문집』 권56(『주자전서』 vol. 23), 「答鄭子上」, 2687쪽.

557 "『태극도(太極圖)』에서 '무극(無極)이면서 태극(太極)이다'라고 말했습니다. 저의 생각으로는, 무(無)란 기(氣)는 없지만 이치는 있습니다. 그러나 이치는 형체가 없으므로 뚜렷이 항상 존재하고, 기는 형상이 있기 때문에 열리고 닫히고 모이고 흩어져서 한결 같지 않습니다. 『태극도』에서 또 '태극이 움직여서 양을 낳고, 움직임이 극에 달하면 멈추게 되는데, 멈추면 음이 생겨난다'라고 했습니다. 태극이란 이치인데 이치가 어떻게 동정(動靜)하는 것입니까? 형상이 있으면 동정이 있는데, 태극은 형상이 없으니, 동정을 가지고 이야기하긴 힘들 것 같습니다. 남헌(南軒 : 장식)이 "태극은 동정하지 않을 수 없다"라고 했는데, 그 의도를 알 수 없습니다." 주희, 『회암선생주문공문집』 권56, 『주자전서』 vol. 23, 「答鄭子上」, 2686쪽.

558 주희, 『주자전서』 vol. 13, 「太極圖說解」, 72쪽.

관계가 없다고 잘못 아는 것과는 다르다. 또 살펴보면 정자상이 만일 '리에 움직임과 고요함이 있다'라는 구절을 물으면서 '리는 바로 움직이고 고요하다고 해서는 안 될 것 같다'라고 했더라면, 선생도 반드시 '그대의 말이 맞다'라고 했을 것이다. 「양자직에게 답함」 또한 앞에서는 '태극에 움직임과 고요함 있다'라고 했으면서 뒤에서는 '태극이 곧 움직이고 고요하다고 해서는 안 된다'라고 한 뜻으로 추측해보면 이와 같은 줄을 알 수 있다.[559]

18.

「외필변변」에서는 보고 듣거나 움직이는 것을 곧바로 성이라고 했으니, 이것은 불교의 작용이 성이라는 것과 무엇이 다른가? 보고 듣고 움직이는 것이 성의 분수 안에서 벗어나지 못하지만 성은 곧 그들의 준칙이다. 정자가 '모두 하늘이다'[560]라고 하고 주자가 '모두 천리이다'[561]라고 한 것 또한 이와 같았다. 「외필변변」에서 말하듯이 곧바로 성을 가리킨 것은 아니다.

19.

「외필변변」 이제 마음을 오로지 기로만 보려 하면서 본성과 판이하게 다른 두 물건으로 만들려 하는데, 어찌 주자의 뜻이겠는가? 주자는 "마음은 주재한다는 뜻"이라고 했다.

정세영 : 마음과 성을 판이하게 다른 두 물건으로 만들고 불교처럼 리를 물리치려고 해서는 안 된다. 그렇다고 결국 이것을 고쳐서 곧바로

559 주희, 『회암선생주문공문집』 권45(『주자전서』 vol. 22), 「答楊子直(方)」, 2072쪽.
560 정호·정이, 『하남정씨유서』 권11(『이정집』 vol. 1), 131쪽.
561 주희, 『주자어류』 권95(『주자전서』 vol. 17), 3223쪽.

한 물건이라고 하고, 아무런 분별이 없다면 이 또한 어찌 주자의 뜻이겠는가? 이제 주자의 설명을 인용해서 마치 마음을 리인 것처럼 인식한다. 그렇다면 실제로는 이만저만 틀린 것이 아니다.

20.

「외필변변」 주인이 향하는 곳으로 종이 가지 않음이 없는 것은 항상함이요, 본래 그런 것이다. … 말단의 폐단을 들어 본래 그러한 것을 의심한다면 고대 성현들의 말부터 시작해서 한 마디로 믿을 것이 없게 된다.

정세영 : 「외필」에서는 분명하게 '그렇게 시키는 것이 있지 않다'라는 말을 배척했으니, 리가 기를 시킬 수 있음을 알 수 있다. 리가 이미 순선하고 또 기를 시킬 수 있다면 어떻게 이 말단의 폐단을 초래했다는 것인가? 이때에는 기를 그렇게 시키는 능력을 잃어버리고 도리어 기에게 제어를 당한다는 것인가? 아니면 개인적인 사사로움에서 빠져나오지 못한 채로 기를 따라 장난질을 한다는 것인가? 알 수 없다.

21.

「외필변변」 가·불가, 조종 등의 말은 모두 인간사의 감정과 의지와 연관된 글자를 빌려서 천리의 소리도 없고 그침도 없는 오묘함을 밝힌 것이다. 이 잡듯이 트집을 잡으려는 마음으로는 말을 고집하면서 꾸짖는 것이 이상할 것도 없다.

정세영 : 그 다음 문장에서 말한 것으로 보면 리의 '가·불가'는 의도와 조작이 있다는 굴레에서 벗어나지 못한다. 어떻게 '트집을 잡는다'라고 하겠는가? 이제 한갓 형적이 없는 것을 소리도 냄새도 없는 것이라고 인식하기 때문에 흙탕물 속에서 허우적거리면서 그 잘못을 알지 못

하니, 잘못은 실제로 여기에 있다.

22.

「외필변변」 주자는 분명하게 '리에는 능연(能然)이 있다'라고 했으니, 어떻게 '능연이 없다'라고 하겠는가? 힘이 없을 뿐이다.

정세영 : 여기에서 인용하고 있는 것은 진안경(陳安卿 : 陳淳)의 말인데 주자도 옳다고 했다.[562] 그러나 말한 것처럼 '조금이나마 조작이 있지만 힘이 없을 뿐이다'라고 말하는 것은 아니다. ―'조종하는 힘'이라는 말은 지금 어디에 가져다 버렸는지 의심스럽다.―

23.

「외필변변」 '오늘날의 학자들'이라고 했음에도 이제 율옹에게 그 말을 뒤집어씌우고서, 견해의 차이를 가지고 화내면서 상대하려는 마음을 갖고 힘을 낭비하며 흠을 찾으려 한다.

정세영 : 율옹은 이기호발을 옳지 않다고 하면서 '천지의 조화는 내 마음의 작용이니 각각 변화하고, 각각 발현하는 차이가 없다'[563]라고 했다. 이것은 가리키는 것이 얼마나 명백한가? 그럼에도 이제 다시 이발을 말해서 율옹과 다른 견해를 주장하니, 침범하는 것이 아니라면 무엇이겠는가? 생각건대 노사가 능멸하고 짓밟으면서 이미 다른 여지를 남기지 않았는데, 도리어 실정이 없는 이런 말을 하는 것은 어째서인가? 이 또한 '천명이 그렇게 시키는 것'이라고 할 것인가? 그렇지만 '학자들'

---

562 주희, 『회암선생주문공문집』 권57(『주자전서』 vol. 23), 「答陳安卿」, 2736~2737쪽 참조.

563 이이, 『율곡전서』 권10(표점영인 한국문집총간 vol. 44), 「답성호원」, 199~200쪽 참조.

을 율옹에게 뒤집어씌운다는 것을 심석(心石 : 송병순)은 그렇다고 했는데, 우리 선생은 무심하게 지나쳤다는 것은 심석에게 답하는 편지에서 볼 수 있다. 그런데 지금 거꾸로 우리 선생에게 옮기고 있으니 '화내고 원망하는 마음을 갖고 힘을 낭비하며 흠을 찾으려 한다'라는 것은 스스로를 말하는 것이 아닌가?

24.

「외필변변」 율옹의 뜻을 논한 것은 본시 옳다.

정세영 : 이것은 우리 선생의 설명 가운데 '리가 근본이 되는 곳을 따라서 말한다면 기는 리의 작용이다. 그러므로 기발이라고 하더라도 또한 이발이라고 할 수 있다'라고 한 대목을 논한 것이다. 율옹의 뜻은 이와 같지 않겠지만, 감히 물을 수 없다.

25.

「외필변변」 '도의 본체는 함이 없다[道體無爲]'라고 하는데, '없다'라는 것은 다만 그 자취가 없다는 말일 뿐이다. 그 '함의 오묘함[爲之之妙]'이란 바로 본래부터 있는 것이다.

정세영 : 이것은 분명히 리에 함이 있다고 여기는 것이다. 그런데도 '도의 본체는 함이 없다'라는 가르침을 발명했다고 할 수 있는가?

26.

「외필변변」 막연히 아무런 주장도 없는 것처럼 오직 기의 기틀만을 바라본다면, 과연 이 마음이 넘보는 싹을 막을 수 있겠는가?"

정세영 : 이것은 리를 함이 없다고 여긴다면 '주장하는 것이 없어서

이 마음이 넘보는 싹을 막을 수 없다'라고 말하는 것일 뿐이다. 그러나 고금의 난적들이 넘보았던 사례에 어떤 한계가 있겠는가? 이것이 모두 리를 함이 있는 것으로 간주하지 않았기 때문에 그 마음의 싹을 막을 수 없었다는 것인가? 그 주장 이치에 닿지 않는다는 것은 손바닥을 보는 것처럼 환하다.

27.

「외필변변」 본성과 감정 이외에 따로 마음이 있는 것이 아니다.

정세영 : 화서·한주의 의론을 보았더니, 모두 이와 같이 정·주의 여러 가르침을 왜곡 인용해서 말을 만들었다. 이제 이 구절도 또한 그렇다. 그러나 주자가 '마음에는 죽음이 있지만, 성은 그것을 따라 없어지지 않는다'라고 한 것은 어째서인가? — 이 생각은 「지언의의(知言疑義)」[564] 및 「연숭경에게 답함」[565]에 보인다. —

---

564 "'본성에 선과 악이 없고, 마음에 삶과 죽음이 없다[心無死生]'라는 두 구절은 모두 병폐가 있는 것 같다. 본성에 선과 악이 없다는 것에 대해서는 이전에 논한 것이 이미 상세하다. 마음에 삶과 죽음이 없다면 불교의 윤회설에 가깝다. 천지가 사물을 낳고, 사람은 그 빼어남을 얻어 가장 신령스럽다. 마음이라는 것이 비어 있으면서도 신령스러운 지각으로서의 본성인 것은 귀와 눈에 보고 듣는 작용이 있는 것과 같을 뿐이다. (본성이) 천지에 있으면 고금을 통틀어 생멸이 없지만, 사람과 사물에 있으면 그 형기를 따라서 시작과 끝이 있게 된다. 이치는 하나이지만 나뉘어 달라진다는 것[理一分殊]을 안다면, 왜 반드시 이 마음이 삶과 죽음이 없다는 말로 학자들의 귀를 놀라게 한단 말인가?" 주희, 『회암선생주문공문집』 권73(『주자전서』 vol. 24), 「胡子知言疑義」, 3559~3560쪽.

565 "'천지의 성이 곧 나의 성이니, 어찌 죽는다고 갑자기 사라지는 이치가 있겠는가?'라고 한 것은 틀린 말은 아닙니다. 다만 이런 이야기를 한 사람이 천지를 위주로 하는지 자신을 위주로 하는지 알지 못하겠습니다. 만약 천지를 위주로 한다면, 이 성이란 본래 천지 사이의 공평하고 보편적인 도리여서,

28.

황식삼(黃式三, 1789~1862)의 『논어후안(論語後案)』에서는 "주자가 말년에 인의를 논한 것을 보면, 학자들이 한계를 분명히 알아서 흐리멍텅하게 리를 말하지 않기를 바랐다. 그럼에도 후인들은 마음과 리를 뒤섞어 말하면서 인의를 빌려 이단을 말했으니 그 폐해가 더욱 끝이 없었다."[566] 인의는 하나의 리일 뿐인데도 그 경계를 뒤섞어서는 안 되는데, 하물며 심성에 있어서랴!

29

「외필변변」 주자(周子)는 「태극도설」에서 '무극의 참됨[無極之眞]'을 말했고, 인극(人極)에 대해서는 '가장 신령하다[最靈]'라고 했는데, 주자는 '순수하고 지극히 선한 성'[567]이라고 여겼다.

정세영 : 이것은 「태극도설해」의 "사람의 마음이 가장 신령해서 그 성의 전체를 잃지 않으면 '천지의 마음이요 사람의 극치'이다"[568]라고 한 것과 같은 뜻이지, 가장 신령한 것을 순수 지선한 성으로 간주하는

다시 사람과 사물의 간격 혹은 저것과 이것의 간격이 없을 뿐만 아니라 죽음과 삶의 구별 혹은 과거와 현재의 구별도 없을 것입니다. 죽어서 없어지지 않는다고 할지라도, 내가 사사로이 소유하는 것은 아닙니다. 나를 위주로 한다는 것은 다만 자기 몸에서 정신, 혼백, 어떤 지각 있는 것 따위를 인식하면 그것이 곧 자기의 성이라고 지목하여, 그것들을 잡고 놀리다가 죽을 때도 놓지 않으려고 하면서 '죽어서도 없어지지 않는 것'이라고 말합니다. 이러한 설명은 매우 사사로운 견해이니, 어찌 사생(死生)의 학설과 성명(性命)의 이치를 말할 수 있겠습니까?" 주희, 『회암선생주문공문집』 권41(『주자전서』 vol. 22), 「答連嵩卿」, 1853~1854쪽.

566 黃式三, 『論語後案』(속수사고전서 vol. 155), 430쪽

567 주희, 『주자어류』 권94(『주자전서』 vol. 16), 3140쪽.

568 주희, 『주사전서』 vol. 13, 「태극도설해」, 74쪽.

것이 아니다. 그의 말이 이와 같으니 이해할 수 없다. 어긋난 근원은 참으로 여기에 있다.

30.

「외필변변」『통서』「이성명(理性命)」에서는 또 "신령함이 아니면 밝혀지지 않는다[匪靈弗瑩]"라고 했는데, 주자는 또 '이것은 리를 말한다. 사람의 마음과 태극의 지극한 신령함이 아니라면 누가 능히 밝힐 수 있겠는가'[569]라고 했다.

정세영 : 여기에서 말하는 리는 '창미(彰微)' 두 글자를 가리킨 것인데[570], 오히려 '영(靈)'자에 배당한 것은 어째서인가? 이제 신령함으로 신령함을 밝힌다고 말하는 것이 가능하겠는가? 또한 '창'과 '미'는 이 리인데 주자는 오히려 음과 양에 배당하려고 했고, '영'은 마음인데 오히려 태극에 배당하려고 한 것은 그 상징이 이와 같다고 말하는 것일 뿐이니, '창미'자는 둘이고, '영'자는 하나이기 때문이다. 이러한 곳에 매번 얽매인다면 어떻게 이치를 강론한다고 하겠는가?

31.

「외필변변」'(마음의) 텅 비고 신령하며 어둡지 않은 것은 기인가?'라는 물음에 대해 '기가 아니다'라고 했다. 이것은 리를 말하는 곳에서 또한 '신령하다[靈]'는 낱말을 사용하기 때문이다.

정세영 : '허령'은 기의 정밀하고 오묘한 것으로 리와 비교하면 조금

569 주희, 『通書注』(『주자전서』 vol. 13), 117쪽 참조.

570 주희의 주가 달린 『통서』「이성명」의 본문이 "그 밝음과 그 미묘함은 신령함이 아니면 밝혀지지 않는다[厥彰厥微, 匪靈弗瑩.]"라고 했기 때문에 이와 같이 말한 것이다.

자취가 있고, 기질과 비교하면 저절로 또한 신령하다. 그러므로 '기가 아니다'라고 한 것이다. 그런데 「외필변변」에서는 오히려 리로 인식했으니 매우 이상하다. 주자는 선학가들이 '텅 비고 신령하며 어둡지 않은 것'을 성이라고만 여기고, '온갖 리를 갖추었다'는 구절 아래의 일은 없다라고 하는 것을 잘못이라고 했다.

32.

「외필변변」 도리어 태극과 음양이 서로 짝이 된다는 학설을 인용해서 '이 문단이 바로 이 뜻을 논한 것이다'라고 한다. "'주자가 언제 성인을 비난했는가? 언제 하나의 본령이 아니라고 했는가?'라고 하면서 억지로 죄목을 만들어 … 홀로 지금이나 훗날 그 내막을 들여다볼 사람을 두려워하지 않는단 말인가?

정세영 : '도에는 본래 짝할 것이 없다.' 이것은 주자의 말이다. 그러나 주자도 형이상·하를 짝지어 말하지 않은 적이 없었다. 노사도 이와 같이 말했다면 그의 말은 어쩔 수 없이 주자에게 귀결되지 않을 수 없다. 이제 말하기를 '억지로 죄안을 만들어 사람들을 이끌 수 있는 이야기꺼리를 찾으려 골몰한다'라고 하는 것은 어째서인가? '지금이나 훗날 그 내막을 들여다 볼 사람을 두려워하지 않는단 말인가'라는 말은 실제로는 자기를 말하는 것이다.

33.

「외필변변」에서는 주자가 '도의 본체가 하는 것은 진실로 리가 하는 것이다'라는 말을 모두 함이 있다는 것으로 간주한다. 그 아래에서 또 이렇게 말했다. "정자는 '노자는 '함이 없음[無爲]'을 말했지만, 성인은 『역』을 지으면서 '함이 없음'을 말한 적이 없었다. 오직 '생각함이 없고 함도 없다[無思也無爲也]'라고 말했을 뿐이다. 이것은 작위함을 경계한 것이다'[571]라고 말했다. '도의 본체가 함이 없다'라는 말은 작위함이 없음을 말한다."

정세영 : 도의 본체가 함이 없다는 것과 노자의 함이 없다는 것은 같지 않다. 또한 『역』의 함이 없음과도 그 뜻이 저절로 구별된다. 멋대로 횡행하는 것이 매번 이와 같으니, 어떻게 정미한 이치를 함께 논하기에 충분하겠는가?

34.

「외필변변」 '함이 없다[無爲]'라는 글자만을 꼭 지키면서 '한다[爲]'는 낱말을 사용하는 곳이면, 모두 다 조작에 귀결시킨다면 이것은 도의 본체가 공(公)과 무(無)에 빠지는 것이니, 노자의 무위에 가깝지 않겠는가? 그렇다면 '뿌리이자 지도리'라는 말도 결국은 오유선생(烏有先生)(처럼 무의미한 말)이 되고 말 것이다.

정세영 : 공자는 분명히 "도가 사람을 넓히는 것이 아니다"라고 했고, 주자는 '도의 본체는 함이 없다'라는 말로 풀이했다. 이것이 우리 선생이 바탕을 두고 있는 것이다. 상고의 성현으로부터 도의 본체가 함이 있다고 말한 이는 없었다. 이것도 공과 무에 빠져 오유선생처럼 무의미한 말이 되었다고 꾸짖는 것이 타당하겠는가? 도의 본체는 함이 없지만, 모든 조화의 뿌리와 지도리가 되는데 지장이 없으니, 주자가 '도의 본체가 하는 것은 진실로 리가 하는 것이다'라고 한 것도 뿌리와 지도리의 의미이지, 정말로 함이 있다는 말이 아니다.

571 정호·정이, 『하남정씨유서』 권5(『이정집』 vol. 1), 76쪽.

35.

「외필변변」 「외필변」을 구해서 보았더니, 「외필」에서 논한 '오늘날 사람의 폐단'을 모두 율옹에게 귀착시켰고, 혹은 주자에게도 귀착시켰다. 남의 잘못을 들춰내며 꾸짖고 물리치느라 온 마음을 허비하는 것이 「기의」와 비교해서 몇 배에만 그치는 것이 아니었다. 더불어 말하기가 어려운 지경이었다.

정세영 : 이 한 문단에는 매우 곡절이 있다. 우리 선생께서는 내게 이렇게 말했다. "「외필변」은 송심석(宋心石)이 지은 것인데, 말이 마땅치 않은 곳이 있었다. 내가 그와 함께 변론했지만, 내 말을 듣지 않았다. 이제 정(鄭 : 정재규)은 감히 송심석에게 말을 할 수 없기에, 내가 지은 것처럼 여긴다. 그러나 이것은 정씨가 두려워하는 것이 있어서, 감히 송심석의 글이라는 사실을 드러낼 수 없기 때문이니, 여기에서 그의 의도가 음험한 것을 알 수 있다. 이것은 반드시 명백하게 설파해야 한다." 이것으로 말하자면, 그가 '남의 잘못을 들춰내며 꾸짖고 물리치느라 온 마음을 허비한다(吹洗譏斥, 費盡心機)'라고 했던 여덟 글자는 누구에게 해당하겠는가? 그는 비루한데다 염량세태에 물들어 그런 것이다. 그가 배웠다는 것을 알 만 하다. 이와 같으니, '사문에 매우 다행이다'라는 유직(柳稷, 1602~1662)[572]과 같은 무리들의 칭찬을 받고서 또한 부끄러움을 모르는 것도 당연하다 할 것이다.

○ 선생께서 심석에게 보낸 편지를 뒤에 기록해 둔다.

572 정경세(鄭經世, 1563~1633)의 문인으로 효종 1년인 1650년 영남 유생 900여 명이 이이와 성혼의 문묘종사를 반대하는 상소를 올렸을 때 소두(疏頭)로서 맨 첫머리에 이름을 올렸다.

36.

편지에서 '피음사둔과 전도되고 창피하다'라는 것을 현자를 모함하는 첫 번째 죄안이라고 했습니다. 제 못난 글이 우연히 이것을 언급하지 못했다고 하셨고, 드디어 주자를 인용해서 엄하고 용감하게 분석하셨습니다. 그리고 율·우 두 노옹이 계승한 것으로 가르쳐 주셨습니다. 여기에서 의기와 인심이 글에서 드러나는 것을 알 수 있었으니, 저는 우러러 찬탄을 그칠 수 없었습니다.

다만 제 생각으로 말하자면 「외필」의 마지막 단락에서 '선현(先賢)'이라고 한 것은 율옹을 가리키고, '요즘 사람들[今人]'은 율옹의 후학들을 두루 가리킵니다. 어떻게 그런 줄을 알겠습니까? 이미 주자를 인용해서 중시했다면 — 두 번째 단락에 보인다. — 주자를 아울러 범하는 것은 타당하지 않기 때문입니다. 또한 "진현의 의론이 지나치게 명쾌했다"라고 했으니 이것은 정확하게 율옹을 가리킵니다. 반드시 주자를 해당시키려고 한다면, 모르겠습니다만 노사가 말하는 주자의 어떤 말이 지나치게 명쾌해서 말류에 폐단이 되는 것입니까? 하물며 그 앞 단락에서는 또한 "그 이유를 궁구해보면 '탄다[乘]'는 말이 그 본뜻을 잃었기 때문이다"라고 했습니다. 이것을 가지고 살핀다면 보내신 편지에서 "그가 수레와 말이 추종한다고 한 것으로 주자가 주해한 '승'자를 비난했다"라고 한 것은 아마도 다시 생각해 보아야 할 것입니다.

辨猥筆辨辨

鄭世永

1.

辨云，理固無造作．然氣依傍這理行，則造作之準則，已具於理也．作用固是氣．然理自有妙用，則作用之節制，自在於理．

今據理自有妙用節制之語，則依舊是理有造作，何必大聲色大手脚，然後始得謂之造作邪？程子曰妙用謂之神．而朱子曰妙用者理也．然神之爲物，直配理而無間，故渾淪稱之曰理也．此等處當活看，不可泥著．泥著之弊，必至於以聖賢之言攻聖賢也．

2.

辨云，動靜是自然而然，非有絲毫犯氣力．造作是有情意營爲，而煞費氣力．以動靜直喚做造作，未知其如何也．

今按，以動靜字不做造作看，則猥筆所謂操縱適莫，果指何而言邪？聖賢亦嘗於理上下操縱適莫字乎？世之尊猥筆者，請置辨．

3.

辨引朱子動亦太極動；靜亦太極靜之語，而以證太極之動靜．然朱子於此下，又言但動靜非太極．則所謂動亦太極動；靜亦太極靜，是說太極乘氣流行之妙．但動靜非太極，則指其本體實非動靜．而今斷去此句，何也？但取其近似己說者，而去其礙己者，則是果虛心講問之道耶？

4.

辨又引朱子以本體言則太極涵動靜，以流行言則太極有動靜之語以爲證. 然朱子於此下，又言若謂太極便是動靜，則是形而上下不可分，而易有太極之言亦贅矣. 而今又斷去此一截，則無乃於朱子之言，亦不盡信耶?

5.

辨又引朱子論通書動而無動，靜而無靜之語以證. 然此乃論神者，則如郢書燕說，其可乎? 然蘆沙目力僅到妙宰黙運之地，而不見此理無爲之實體爲本然之妙，則宜乎斥栗翁而先立一赤幟也.

6.

辨云，孔子孟子伊尹，分明言使之，而朱子却怕人誤看認爲作用之意，而下若字恰似字. 栗翁又因朱子之意，而直曰非有使之. 若是則立言雖殊，而其意則皆爲明理也.

今按，栗翁之言，實本於孔孟伊朱，而其意卻云實有所使如鄭說，則何以來猥筆之譏斥也?

7.

辨云，後之學者，蔽於近而昧於遠，師其言而不師其意. 遂眞以爲非有使之者.

今按，後之學者，指栗翁以下，承述栗翁之旨者而言也. 此以反昧栗翁之旨爲言，則與金跋暴揚其失云者雖不同，而其爲譏斥則一也，如何?

8.

辨云, 天地間造化生成, 以一氣字冒之. 所謂理者, 失主宰之柄. 其害道也, 不亦大矣乎?

今按, 云云, 則理分明有造作之柄. 而乃反曰無造作, 何也? 天地間造化生成, 莫非陰陽之所爲, 而其造化生成之妙, 則未嘗不源於理也. 若是則理雖無造作之能, 而不失其主宰之意也.

9.

辨云, 執言而迷旨者, 適足爲栗翁之累. 致疑而明辨者, 乃所以發栗翁之蘊也.

今按, 猥筆之論, 果發栗翁之蘊邪? 斥栗翁之失耶? 欲瞞人於十目所視十手所指之地, 則其可得乎? 雖欲掩護盧沙之靈, 必不安於九泉之下矣, 反而求之, 能無慊然於心乎?

10.

辨以人能弘道之人認作和理之物, 而卻引朱子以元生·以仁愛之語爲證. 則理以元生, 理以仁愛, 果爲恰當邪? 華西以理弘理之說似之矣.

11.

辨云, 惟其有主宰之實體妙用, 故乃能弘道. … 猶曰理爲氣主, 則人將信之矣乎?

今按, 有主宰之實體妙用者指心, 而其所言, 理之動靜, 卽是此物也. 以理能弘道; 理能檢性, 皆做無不可之意, 而引此以證陰陽動靜者, 則卻斥之以認氣爲使理之物, 而理不爲氣主矣. 然朱子曰理寓於氣, 日用間運用, 都由這箇氣. 尤翁曰太極爲陰陽之主, 而反爲陰陽所運用也.

此皆人能弘道之意, 而其爲根本主宰之妙, 則固不害其自若也, 如何? 又如辨說, 則孔子何不曰道能弘人, 而卻曰非道弘人也? 此亦當以理不爲氣主斥之乎? 今每舍下一句, 則未知何故也.

12.

辨以栗書中參差不齊者, 雖曰氣之所爲, 必爲理爲之主宰云者, 認若理能使氣者, 然則豈不大家麤疎乎?

13.

辨云, 一氣流行上文, 有天秖是三字, 豈是逐一糚點得下文, 有紙是大原大本中流出一句. … 今截去首尾, 摘取句語, 以爲理不使氣之證. 今按, 栗翁所謂陰靜陽動, 機自爾, 卽自生自長自形自色, 豈是逐一粧點得如此之意也. 陰靜陽動, 其機自爾, 而所以陰靜陽動者理也者, 卽大原大本中流出之意也. 而盧沙卻括上一截而斥之, 何也? 與己見不同故也. 吾師於此, 雖或未及照管, 其發晦栗之意則的然矣.

14.

辨引退翁不知妙用之顯行, 殆認若死物之語, 以證理之動靜. 然尤翁以爲卻與朱子之意, 迴然不同矣.

15.

辨引尤翁所以能運用造作者, 豈非理乎之語, 以證理有使氣之能然. 看所以能三字, 尤翁之意, 卻不如此. 莫枉了尤翁也?

16.

辨引朱子太極便會動靜，性便會恁地底理之語，而以爲吾所本也．然今按，便會動靜，是說太極乘氣流行之妙，而其無爲之體，則固自若也．非謂眞能是動是靜，而但無形迹，如辨說之意．而性便會恁地者，亦然矣．

17.

辨又引朱子理有動靜，故氣有動靜之語，以證理之動靜．然今按子上之意，但認氣有動靜，而不知理有乘氣流行之妙，故先生之答如是．以註解言之，上旣云太極之有動靜，是天命之流行．下卻云太極者，本然之妙也；動靜者，所乘之機也．然則理有動靜，是說乘氣流行之妙．而仁動義靜，亦是如此．其下雖云何關於氣，然與其誤認理眞有動有靜，而不關於氣者，不同矣．又按者使子上合下問理有動靜，而若曰理便是動靜則不可，先生必曰爾言是矣．以答楊子直書，上言太極有動靜，而下卻言太極便是動靜則不可之意推之，可知其如此．

18.

辨以視聽動作直謂之性，則與釋氏之作用是性，何以異也？視聽動作，雖不外乎性分之內，而性則是他準則．程子所謂皆天也，朱子所謂皆是天理云者，亦是如此．而非直指爲性，如辨說也．

19.

辨云，以心專做氣看，而與性判以爲二物，是豈朱子之意乎？朱子曰，心固是主宰底意．云云．

今按，以心性判爲二物，而如釋氏之欲去理，則不可．然遂懲此，直做一物，而都無分別，則是亦豈朱子之意乎？今引朱子說，而認若以心爲理者, 然則實非尋常差誤也.

20.

辨云, 主之所向, 僕無不往, 常也, 本然也. 止. 擧其末弊而疑其本然, 則從上聖賢之言, 無一可信者.

今按, 猥筆分明斥非有使之之語, 則理能使氣, 可知也. 理旣純善, 而又能使氣, 則何其致此末弊也? 此時失使然之能, 而反見制於氣邪? 抑未免於自私, 而隨氣做弄也邪? 是未可知也.

21.

辨云, 操縱適莫, 皆借用人事有情意底字, 以明天理無聲臭之妙. 以若洗索之心, 無怪其執言以譏之也.

今按, 以下文云云者觀之, 所謂理之適莫, 未免有意造作之累. 安得謂之洗索邪? 今徒認無形迹爲無聲臭, 故所言無非拖泥帶水, 而不知其非, 則差誤處實在此也.

22.

朱子分明言理有能然, 豈可曰無能然乎? 但無其力耳.

今按, 此所引者, 陳安卿語, 而朱子是之. 然非謂微有造作而但無其力, 如云云之說也.—所謂操縱之力, 今寄放在甚處, 可疑.—

23.

辨云, 言今日學士家, 而今反移之於栗翁, 以知見之異挾念懟之心, 費力吹索. 云云.

今按, 栗翁以理氣互發爲非是, 而曰天地之化, 吾心之用, 無互化互發之異也. 此何等明白指示者? 而今復言理發而貳於栗翁, 則非侵畔而何? 竊觀蘆沙之凌踏, 已無餘地, 而卻爲此不情之言, 何也? 是亦可曰天命使然也邪? 然學士字移看栗翁, 心石爲然, 而吾師則無心過去, 答心石書可見. 而今反移之於吾師, 則挾忿懟之心, 費力吹索云者, 無乃自道者邪?

24.

辨云, 所論栗翁之意, 則固得之矣.

今按, 此論吾師說中從理爲根本處說, 則氣爲理之用. 故雖氣發, 亦可謂之理發云云之語也. 然栗翁之意, 似不如此, 則不敢質言也.

25.

辨云, 道體無爲, 所謂無者, 特無其迹耳. 其爲之之妙, 則乃其固有者也.

今按, 此分明以理爲有爲也. 然而亦可曰發明道體無爲之訓也邪?

26.

辨云, 漠然沒主張, 而專仰氣機, 則果可以杜此心覬覦之萌乎?

今按, 此以理謂無爲, 則沒主張, 而不可杜此心覬覦之萌云爾. 然則古今天下亂賊之覬覦者, 何限? 而此皆不以理做有爲看, 故不能杜其心之萌乎? 知其說之無理, 如視諸掌矣.

27.

辨云, 性情之外, 更別無心. 云云.

曾見華西·寒洲之論皆如此, 而枉引程朱諸訓, 而曲爲解說. 今此亦然. 則朱子言心有死而性不隨亡, 何也? — 此意見知言疑義及答連嵩卿書.—

28.

黃氏式三論語後案, 云觀朱子晚年論仁論義, 欲學者分明界限, 不宜儱侗言理. 然則後人渾言心理; 借仁義以談異端, 害尤無窮也. 仁義只是一理, 而猶不可以渾其界限, 況心性乎?

29.

辨云, 周子圖說, 始言無極之眞, 至於人極, 則言最靈. 朱子以爲純粹至善之性也.

今按, 此與註解人心最靈, 不失其性之全, 所謂天地之心而人之極, 同其意. 非以最靈做純粹至善之性. 而其說如此, 殊不可曉. 而所差之源, 實在是耳.

30.

辨云, 通書又言, 匪靈弗瑩. 朱子又以爲此言理也. 非人心太極之至靈, 孰能明之?

今按, 此言理者, 指彰微二字, 而卻以靈字當之, 何也? 今曰以靈明靈得否? 且彰與微是理, 而朱子卻配陰陽, 靈是心, 而卻配太極者, 是其象如此云爾. 彰微字是二, 而靈字是一故也. 此等處每每泥著, 則安用講理爲哉?

31.

辨云, 問虛靈不昧是氣. 曰不是氣. 是則言理處亦使靈字.

今按, 虛靈是氣之精妙處, 比理則微有迹; 比氣質則自然又靈. 故曰不是氣. 而辨卻認爲理, 則甚可異也. 朱子以禪學家但以虛靈不昧爲性, 而無具衆理以下事爲非矣.

32.

却引太極陰陽相對之說, 謂此段正論此義. 而曰朱子何嘗非聖人? 何嘗非一本領? 勒做罪案. 止. 獨不畏今與後之窺其中者乎?

今按, 道固無對. 是朱子之言. 然亦未嘗不言形而上下爲對. 而盧沙如是云云, 則其言不得不歸於朱子也. 今曰勒做罪案, 而覓得禦人之話柄, 何也? 獨不畏今與後之窺其中者, 實自道者也.

33.

辨以朱子道體之所爲, 實理之所爲云者, 皆做有爲看. 而其下引程子老子言無爲, 聖人作易, 未嘗言無爲. 惟曰無思也無爲也. 此戒夫作爲之語. 曰道體無爲, 是無作爲之謂也.

今按, 道體無爲與老子之無爲不同. 而又與易之無爲, 其意自别矣. 其爲橫决每每如此, 則何足與論於精微之理哉?

34.

辨云, 膠守無爲字, 凡說著爲字處, 一切歸之於造作, 則是道體淪於空無也, 不幾於老子之無爲乎? 然則所謂根柢樞紐者, 畢竟爲烏有先生矣.

今按, 孔子明言非道弘人, 而朱子釋之以道體無爲者. 是吾師所本. 而從上聖賢, 未嘗言道體有爲. 此亦當以淪於空無, 而爲烏有先生責之乎? 道體雖無爲, 而不害爲萬化之根柢樞紐, 則朱子道體之所爲實理之所寫云者, 亦是根柢樞紐之意, 非眞有爲之謂也.

35.

辨末云, 得其所謂猥筆辨者而看之, 猥筆中, 所論今人之弊者, 一切歸之於栗翁, 又或歸之於朱子. 吹洗譏斥, 費盡心機, 比記疑不啻幾層矣. 蓋難與言矣.

此一段煞有曲折. 吾師謂世永曰, 所謂猥筆辨者, 是宋心石所著, 而語有過當處. 余嘗與辨, 而不見聽. 今鄭不敢言宋, 而似若謂余所作者. 然此鄭所畏而不敢露出宋辨, 此可見其用意之幽陰. 此須明白說破. 以此言之, 彼之吹洗譏斥費盡心機八字, 何所當乎? 彼之鄙陋習熟於炎涼世態而乃爾也. 其所學可知也. 如此者, 宜乎得斯文甚幸之褒於椶徒, 而又不知恥也.

○ 錄師門答心石書于下.

36.

尊諭以猥筆詖淫邪遁, 傎倒猖披, 爲誣賢之第一罪案. 而謂愚瞽說, 偶不及此, 遂引朱子剖判之嚴且勇. 而爲栗·尤二老所宗述者以敎之. 此見義氣仁心之發露於翰墨間者, 區區歎仰不已已. 第以愚見言之, 其文末段先賢, 正指栗翁, 今人, 偏指栗翁後羣賢. 何以知其然也? 蓋旣引朱子爲重,—見第二段.— 則不應倂與朱子而犯之. 又謂前賢發之太快, 此的指栗翁. 如必以朱子當之, 未知蘆沙謂朱子何語, 爲太快而有流弊乎? 況其上段又曰, 究厥端由, 原於乘字失其本旨. 執此以觀之, 崇辨所謂彼以車馬騶從, 譏朱註乘字者, 似合商量.[573]

---

573 전우,『간재집·전편』권2(표점영인 한국문집총간 vol. 332),「答宋東玉(癸卯, 1903)」, 49쪽.

후변

정세영

이 글은 정세영이 「변외필변변」의 뒤에 덧붙인 글이다. 모두 4조목으로 이루어져 있는데, 이미 「변외필변변」을 저술한 다음 나중에 추가한 내용으로 추정된다. 『석천사고』 권6에 실려 있다.

1.

「외필변변」에서는 '인이란 마음의 덕이다'라고 한 것을 곧장 '본심'이라고 했으니, 마음과 성을 뒤섞었다고 할 수 있다. 성현들이 성을 말하면 인의예지라고 했고, 마음을 말하면 신명과 영각(靈覺)이라고 했다. 그런데 이제 신명과 영각을 인의예지라고 바꿔 부를 수 있다는 것인가? 마음과 성에 나뉨이 없다면 주자는 어째서 왕장유(汪長孺 : 汪德輔)가 '성에 신령이 있다'라고 한 말을 잘못이라고 하면서 '고자와 불교의 잘못이 바로 여기에 있다'라고 했겠는가?[574]

2.

「외필변변」에서 공경함[敬]의 주재를 자각(自覺)·자의(自倚)라고 하고,

574 "'도에는 방위나 형체가 없고 성에는 신령이 있다'라는 이 말은 약간의 의미가 있지만, '신령'이라는 두 글자는 성을 말하는 개념이 아닙니다. 고자가 '타고난 것을 성이라 한다'라고 한 것과 근세의 불자들이 작용이 성이라고 한 것 등은 그 잘못이 바로 여기에 있으니 깊이 궁구해야 합니다." 주희, 『회암선생주문공문집』 권52(『주자전서』 vol. 22), 「答汪長孺」, 2462~2463쪽.

앎이 옳고 그름을 구별하는 것을 일러 가·불가가 있다고 하면서 "모두 리의 묘용이요, 인이 덕이 되는 까닭이다"라고 했다. 이 또한 한 사람의 고자·석씨·육씨·왕씨에 해당할 것이다.

3.

「외필변변」에서 말했다. "그는 마음과 인을 두 가지로 본다. … 자리 없는 진인[無位眞人](에 가깝지 않는가?)"

정세영 : 맹자는 "인은 인심이다"라고 했고, 주자는 "인과 마음은 반드시 대충이라도 분별이 있어야 한다"[575]라고 했다. 또한 "많은 경우 맹자의 말 때문에 드디어 '심'자를 '인'자로 바꾸는데, 이것은 옳지 않다"[576]라고도 했다. 이렇게 본다면 인과 심은 서로 떨어지지 않지만 곧장 한 물건으로 간주해서는 안 된다는 것이 명백하다. 그는 거꾸로 인과 심을 한 물건으로 만들어 나무라고 비평하기에만 힘쓰니 자기를 펼치는 데 급급해서 남의 진실된 말을 이해하지 못했다 할 것이다.

4.

「외필변변」은 『주자어류』의 '마음과 리가 서로 하나로 합해진 것입니까?'라는 질문에 대답하면서 "합해진 것이 아니다. 마음은 본래 어질다"라는 말을 인용해서 주장의 증거로 삼았다.[577] 그러나 이것은 곧바로 마음을 인이라고 여긴 것이 아니라, 마음과 인이 원래 혼합되어 있다는 것을 밝히려는 것일 뿐이었다. 이제 선생은 '인은 곧 마음이요, 마음은 거울과 같고, 인은 곧 거울의 밝음이다.[578] ― 이제 이 '명(明)'자를

575 주희, 『회암선생주문공문집』 권40(『주자전서』 vol. 22), 「答何叔京」, 1841쪽.
576 주희, 『회암선생주문공문집』 권45(『주자전서』 vol. 22), 「答廖子晦」, 2090쪽.
577 주희, 『주자어류』 권31(『주자전서』 vol. 15), 1113쪽 참조.

곧장 '경(鏡)'으로 간주하면 옳지 않다.—라고 했고, 또한 '어진 이는 리가 곧 마음이요, 마음이 곧 리이다'[579]—이제 어질지 못한 이로 말하자면 '리가 곧 마음이고, 마음이 곧 리'라고 하겠는가?—라는 말을 인용해서 논했다. 이것을 정자가 '성이 곧 기요, 기가 곧 성이다'라는 말과 동일한 문법이라고 한다면 성을 기로 인식하고, 기를 성으로 인식하는 것이니, 가능하겠는가? 성과 기에 분별이 없어서는 안 된다면 인과 마음 또한 어떻게 서로 뒤섞을 수 있겠는가? 선생은 또 '인과 마음은 본래 한 물건이다. 사욕에 의해 한번 거리가 벌어지면, 마음은 인과 어긋나게 되어 두 가지 것이 되는 잘못이 생긴다'라고 했다.[580] 인이 곧 마음이라고만 하고 다시 분별을 하지 않는다면 무엇 때문에 '인과 어긋나고 두 가지 것이 된다'라는 잘못이 있겠는가? 이것은 마땅히 『논어』 '안인(安仁)'장의 주에서 설명한 것 및 선생이 논한 다른 설명들과 참고해야 할 것이다.

578 주희, 『주자어류』 권31(『주자전서』 vol. 15), 1116쪽.
579 주희, 『주자어류』 권37(『주자전서』 vol. 15), 1372쪽.
580 주희, 『주자어류』 권31(『주자전서』 vol. 15), 1109쪽.

後辨

鄭世永

1.

辨以仁者心之德，直做本心，則可謂心性混矣. 聖賢言性，則曰仁義禮智；言心則曰神明靈覺. 今以神明靈覺，喚做仁義禮智得否？心性若是無分，則朱子何以汪長孺性有神靈之語爲非，而云告子釋氏之失正墮於此也?

2.

辨以敬之主宰，謂之自覺自倚；知之別是非，謂之有適有莫，而云皆理之妙用，而仁之所以爲德也. 是亦一告釋陸王也.

3.

辨云，彼以心與仁爲二物. 止. 無位眞人邪?

今按，孟子曰仁人心也，而朱子曰仁與心，亦須略有分別，始得. 又曰多因孟子之言，遂以心字替卻仁字，此則不可. 以此觀之，仁與心，雖不相離，而不可直做一物也，明矣. 彼反以仁與心做一物，而只務譏評，則可謂急於伸己，而不盡人言之實者也.

4.

辨引語類問心與理合否？曰不是合，心自是仁之語，以爲自家的證.

然此非直以心爲仁, 只是明心與仁原來渾合. 今以先生仁卽是心, 心如鏡, 仁便是鏡之明,—今以明字直做鏡, 則不是.— 及仁者, 理卽是心, 心卽是理—今以不仁者謂之理卽是心, 心卽是理得否—之語論之. 與程子所謂性卽氣; 氣卽性, 同一文法, 則認性爲氣; 認氣爲性, 可乎? 性與氣也, 不可以無別, 則仁與心, 亦如何得相混耶? 先生又曰仁與心本是一物, 被私欲一隅, 便違仁去, 卻爲二物. 若仁卽是心, 而更無分別, 則何故有違仁而爲二物之失也. 此當與論語安仁註說及先生所論他說參考之, 可也.

사의

기경연

이 글은 기정진의 족질(族姪)이자 직전문인인 기경연(奇慶衍, 1848~1924)이 「외필」에 대한 자신의 견해를 서술한 것이다. 본문에서 "왕년에 영남과 호남에서 분란이 있었을 때, 분연히 붓을 들었지만 나중에 불태워버렸다"라고 말하고 있는 것으로 미루어 보면 1902년 외필논쟁이 본격화되고 상당한 시간이 지났음을 짐작하게 한다. 이 글의 논변은 두 가지 특징을 보여준다. 첫째 다른 논변들이 주희-이이-기정진의 이기론적 연속성을 주장하는 것과 달리 기정진의 이기론을 '리가 기를 그렇게 시킨다[理使氣]'라는 것으로 요약하고 이것을 『주역』 「계사 상」 5장 및 『주자어류』 권74에 실린 주희의 말과 연결시켜, 공자-주희-기정진의 이론적 연속성을 만들어내고 있다. 그 다음 이이의 '기자이 비유사지'가 이러한 계보에 담긴 일관성과 어긋난다는 점을 지적함으로써 이 구절이 이이의 발언이 아니거나, 기록자의 오기일 가능성을 제기하고 있다. 기경연에 의하면 이 구절을 '기틀이 저절로 그런 것이 아니라 그렇게 시키는 것이 있다'라고 수정해야 나머지 세 사람의 이기론과 일관된다는 것이다. 『수헌집(睡軒集)』 권4에 실려 있다.

정자는 '옛 사람 가운데 자기를 희생해서 어짊을 이루려는 이들이 있었으니, 참으로 올바름을 알았기 때문일 뿐이다'[581]라고 했다. 우리 집안의 선조 가운데 우옹(尤翁)의 문인으로서 자기의 희생을 두려워하지 않고, 끝내 어짊을 이루는 데 이른 이가 있었으니, 그 분은 참으로 올바름을 알았기 때문이었다.[582] 나처럼 참된 식견이 없는 이라면 차라리

---

581 정호·정이, 『하남정씨유서』 권15(『이정집』 vol. 1), 147쪽 참조.

582 "기탁(奇濯)이 우암 송선생에게서 후명(後命)을 받고, 사촌인 기습(奇㵫)이 상소를 했다가 여산(礪山)의 화에 연루되어 형인 기해(奇瀣)와 함께 덕을 감추고 벼슬에 나아가지 않았는데, 선생에게 5세 선조가 된다." 奇慶衍, 『睡軒集』 권7(역대한국문집총서 vol. 2769), 「睡軒奇先生行狀」, 321~322쪽.

아무런 말없이 있는 것이 더 나을 것이다. 그러므로 왕년에 영남과 호남에서 분란이 있었을 때, 분연히 붓을 들었음에도 나중에 불태워버렸다. 그러나 끝내 말없이 있을 수만은 없다는 점은 (여전히) 남아 있었다.

예나 지금이나 학문을 하는 선비라면 누군들 독서인이 아니겠는가? 읽는 것이 똑같이 성인의 경서이고, 풀이하는 것이 똑같은 현자의 전(傳)이며, 리를 말하고 기를 말하면서 공자·주자의 바꿀 수 없는 가르침을 좇는 것이 당연하다. 그럼에도 '공자·주자의 가르침이 이와 같다'라고 하지 않고, '선유의 말이 이와 같다'라고 하면서 오로지 한껏 변론하는 데 힘쓰니 이것은 무슨 뜻인가?

공자는 『주역』에서 "한 번 음이 되고 한 번 양이 되는 것을 도라고 한다"[583]라고 했다. 주자는 그 아래에 주석을 달아서 "이것은 누가 그렇게 시키는 것인가? 도이다"[584]라고 했다. 그렇다면 음양의 고요함과 움직임은 기틀이 저절로 그런 것이 아니요, 참으로 그렇게 시키는 것이 있다는 뜻이다. 그런데 율곡의 말은 주자와 서로 일치하지 않으니 이것은 글을 보는 안목(의 차이)이다. 생각건대 피차 동일한 문장의 뜻임에도 그 사이에 의심할 만한 것이 없지 않기 때문일 것이다. 율곡의 학문은 공자·주자에게서 얻은 것이요, 이기를 말하는 것도 당연히 앞뒤로 일관된 것인데, '(기틀이) 저절로 그런 것이지 그렇게 시키는 것이 있지 않다'라는 학설만은 어째서 일치하지 않는 것인가? 그러나 '음양이 움직이고 고요한 소이가 리이다'라고 한 뜻을 보면 공자·주자의 말과 정확하게 일치하고, 저절로 그런 것이지 그렇게 시키는 것이 있지 않다는 뜻이란 없다. 그렇다면 이것은 유행이란 측면에서 말한 것인가? 아니면 기록한 이의 잘못인가? 불행하게도 시대가 달라서 의심을 질정할 수 없으니 이것이 가장 한스러운 일이다.

---

583 『주역』, 「계사 상」 5장.

584 주희, 『주자어류』 권74(『주자전서』 vol. 16), 2523쪽 참조.

그러나 공자·주자는 영원한 스승이요, 율옹은 공자·주자만을 스승으로 삼았으니 율옹의 말이 이와 같더라도 후학의 도리로는 오직 공자·주자를 존중하고 믿으면서 다른 의론을 하지 않아야 될 것이다. 율곡이 후학들에게 기대하고 바라는 것도 생각해보면 틀림없이 이와 같을 것이다. 이렇게 공부해 나간다면 오직 자신의 견해가 공자·주자와 일치하지 못할까를 걱정할 뿐이다. 어쩌다 선현의 말이 공자·주자와 다른 점이 있다면 이것은 의심할 만한 것이다. 후현의 말이 공자·주자와 일치하면 이를 따르고 스승으로 삼을 만 한 것이다. 이제 그렇지 않으니, 마음으로는 공자·주자의 가르침이 이와 같은 줄을 알면서도 (후현의 말이) 오직 선현의 말과 일치하지 않기라도 하면 반드시 (후현이 선현을) '공격하고 물리쳤다'라고 한다. 사람들의 마음이 옛날과 같지 못해서 여기에 이른 것인가?

내가 『이자성리서(李子性理書)』[585]를 읽어 보았더니 율곡은 퇴계의 사단칠정론에 또한 이견을 가지고 있었다. 그렇다고 '퇴계를 공격하고 물리쳤다'라고 할 수 있겠는가? 『맹자』 '진심장'의 주에서 정자는 '마음을 다한 다음에야 성을 안다[盡心然後知性]'라고 했고, 주자는 '성을 알기 때문에 마음을 다한다'라고 했다.[586] 그렇다고 '(주자가 정자를) 공격하고 물리쳤다'라고 하겠는가? 옛날 여씨(呂氏 : 呂大臨)에게 '미발의 이전 상태에서 중을 찾으라'는 주장이 있었는데, 정자는 '생각하자마자 곧 이발이다. 보존하고 기른다고 한다면 괜찮겠지만, 찾는다[求]라고 해서는 안 된다'[587]라고 했다. 양구산(楊龜山)에게 '미발의 즈음에 중(中)을 체득할 수 있다'라는 주장이 있었는데, 주자는 잘못이라고 했다.[588] 정자가 양

585 이도중(李度中, 1823~?)이 『율곡전서(栗谷全書)』에서 이이(李珥) 성리설의 요체를 발췌 편집해서 만든 책이다.

586 주희, 『주자어류』 권60(『주자전서』 vol. 16), 1944쪽.

587 정호·정이, 『하남정씨유서』 권18(『이정집』 vol. 1), 200쪽.

구산에게 전수하고, 그 학맥이 주자에 이르렀으니 연원이 서로 이어져 계승하고 개발하는 즈음에 더욱 그 정치함을 추구했음에도, 말할 만한 것이라면 선현들도 이미 말을 했던 것이다. 우리 선사도 율곡의 말에 대해서 이렇게 한 것이다.

(율곡은) '움직임과 고요함은 음양이요, 움직이고 고요하게 하는 것은 리이다'[589]라고 했다. '움직이게 하고 고요하게 한다'라는 것은 부자가 말하는 '한 번 음이 되고 한 번 양이 된다'라는 것이다. 오늘날 리라고 하는 것은 곧 옛날에는 도라고 하던 것이니, (율곡이) 리라고 한 것은 곧 부자가 말한 도이다. 공자는 도라 하고 주자는 '그렇게 시킨다[使]'라고 했으니, 선사의 '리가 기를 그렇게 시킨다[理使氣]'라는 주장은 공자·주자와 일관된 주장인 것이다. 그렇다면 공자·주자의 책을 읽고, 공자·주자의 도를 배웠으면서 이처럼 어지럽게 떠드는 것이 괜찮겠는가? 그렇지 않겠는가?

또한 "태극이 움직여 양을 낳고, 고요해서 음을 낳는다"라고 했다. "음양이 스스로 고요하고 움직인다"라고 하지 않고 반드시 '태극'이라고 한 것은 어째서인가? 태극이 모든 조화의 근원이요, 천지의 기화(氣化)와 만사만물의 소이연으로서의 오묘함[所以然之妙]이기 때문이다. 소이연이기 때문에 음양의 고요함과 움직임이 그렇지 않을 수 없고, 기틀이 저절로 그런 것이 아니요 그렇게 시키는 것이 있음이 분명하다.

어째서 '그렇게 시킨다'라고 하는 것인가? 『중용』에서는 "하늘이 명한 것을 성이라 한다"라고 했다. '명한다'라는 것이 (그렇게) 시키는 것이 아니라면 무엇이겠는가? 리가 이미 이와 같기 때문에 기 또한 이와 같은 것이다. '스스로 그렇다'라고 한다면 리가 이와 같다고 한들 기는 도

588 주희, 『중용혹문』(『주자전서』 vol. 6), 563쪽.

589 이이, 『율곡전서』 권14(표점영인 한국문집총간 vol. 44), 「역수책」, 306쪽·같은 책, 「천도책」, 310쪽 참조.

리어 저와 같을 것이니, 결국 일이란 어떻게 천지의 조화를 이룰 수 있겠는가? 내가 '의심난 것을 질정하지 못하는 것이 한스럽다'라고 한 것은 이 때문이다.

또한 율곡선생이 '음양의 고요하고 움직이는 소이가 리이다'라는 한 마디는 이기를 극진히 말해서 남은 여지라고는 없다. '기틀이 저절로 그런 것이지 시키는 것이 있지 않다'라는 말은 선생의 말이 아닐 것이기에 의심한 것이다. '기틀이 저절로 그런 것이 아니라 그렇게 시키는 것이 있다'라고 한다면 앞뒤의 말이 같아질 것이다.

『율곡집』에서는 '리는 무위이고 기는 유위이다'라고 했다. 리가 무위이고 기가 유위라는 것은 누군들 그렇게 여기지 않겠는가? 후세의 기를 주장하는 이들은 선현이 이기의 본연을 말한 것뿐임을 알지 못하고서, 틀림없이 '리는 무위이고 기는 유위라고 했으니, 선현들도 또한 (리와 기를) 짝지어 거론하는 말이 있었다'라고 하면서 멋대로 '무위로서의 리가 존귀하지 않은 것은 아니지만, 유위로서의 기도 오히려 중요하지 않겠는가?'라고 풀이할 것이다. 그리고 이것을 끌어다 자기가 배운 (기를 주장하는) 학문의 증거로 삼으려고 하는 이가 없지 않을 것이다. 아! 율옹이 어찌 후세의 기를 주장하는 이들이 끌어다 증거로 삼는 폐해를 알았겠는가? (아니면) 기를 주장하는 이들이 다행히 율곡의 뒤에 태어나 그 꾸짖음에서 벗어난 것인가? 그러나 기에 함이 있는 것은 참으로 리의 스스로 그러함이다. (리가) 저절로 그러하기에 함이 없는 것이다. 후세의 짝지어 거론하는 것을 말하기를 좋아하는 이들은 정확한 견해를 잃은 것 같다.

영남 유학자들이 「변설(辨說)」이라고 부르는 것은 움직임과 고요함의 위에 그 자체로 소이연이 있음을 알지 못하고, 움직임과 고요함의 기틀을 소이연의 오묘함으로 간주한다. 천지의 공공연한 이기를 자기 안중의 사적인 물건으로 만들고 억지로 배치해서 남에게 이기려고 하면서 작은 흠에서 억지로 잘못을 찾으려는 뜻을 가지고 있다. 옛 군자들에게도 또한 이런 것이 있었는가? 대본이 이미 잘못되었으니 나머지는 많은 말을 할 필요가 없다.

충청 지역에서 「변설(辨說)」이라고 부르는 것은 율곡을 존중한다고 하면서 거꾸로 율곡의 말과 배치되는 것이 있다. 이것은 이기의 이면을 알지 못하면서, 오로지 선현에게만 의존해서 후현을 공격하려는 마음을 가졌기 때문이다. 오호라! 사람이 금수와 다른 이유가 거의 없으니, 배우지 않는다면 사람이 된 소이로서의 리를 밝힐 수 없다. 어째서 근세의 세도는 여러 갈래로 나뉘어서 인심이 날로 위태로워지는데도 형기의 사사로움 만을 알뿐이요, 도심이 날로 은미해지는데도 성명의 근원을 알지 못해 지금은 괴란이 극에 달하는 데 이른 것인가?

그러나 천리와 백성들의 떳떳한 도리는 예로부터 지금까지 끝내 사라질 수 없다. 선각이 아니라면 누가 우리 후세를 개발시켜 주었겠는가? 우리 노선생과 화서(華西) 이선생이 해동에서 우뚝 일어나 과거를 계승해서 후대를 개발해 주고, 이학의 조종이 되어 해와 달이 어두운 길을 비추듯이 하니, 하늘의 뜻이 어찌 우연이리오!

私議

奇慶衍

程子謂古人有殺身成仁者，只爲實見得是．吾家先世，以尤翁門人，不畏殺身，竟至成仁，是所爲實見得是．如愚之無實見者，不如含默之爲愈．故往年嶺湖之有爻象也，奮然抽筆，後來付丙矣．然終有所不可含默者存焉．蓋古今學問之士，孰非讀書人也？所讀同一聖經，所解同一賢傳，說理說氣，當從孔主一定不易之訓．而不曰孔主之訓如此，惟曰先儒之言如此，專務强辨，是何意也？孔[590]子曰，一陰一陽之謂道．朱子註釋其下曰，是孰使之然，道也．然則陰靜陽動，非機自爾，實有使之．而栗谷之言與孔朱不相合，此則看書眼目．想必彼此同一文義，而其間不無可疑者焉．栗谷之學，得於孔朱，其於理氣上說話，宜前後一揆，而自爾非使之說，何其不合也？然觀於所以陽動陰靜者是理也之義，則與孔朱之言正相合，而無自爾非使之意．是流行邊說歟？或記者之誤歟？不幸異世而未得質疑，是所最恨者也．然孔朱萬世師也，栗翁惟孔朱是師，則栗翁之言，雖曰如此，在後學之道，惟尊信孔朱，更無他議，可也．栗谷所以期望於後學者，想必亦如是也．以此做去，惟患己見不合孔朱而已．或先賢之言與孔朱有異，則是可疑也．後賢之言與孔朱相合，則從可師也．今則不然，心知孔朱之訓如此，而惟不合於先賢之說，則必曰攻斥．人心不古至此耶？愚嘗讀李子性理書，栗谷於退溪四七之論，亦有異見．謂之攻斥退溪，可乎？孟子盡心章註，程子以爲盡心然後知性，朱子以爲知性故盡心．謂之攻斥耶？昔呂氏有未發之前求中之說，程子以爲纔思便是已發，存養則可，求則不可．楊龜山有未發之際能體所謂中之說，朱子非之．自程子傳於楊，而至於朱

590 孔 : 원문은 '朱'이다. 문맥을 고려하면 '孔'의 오자이다.

子, 則淵源相接, 而繼開之際, 益求其精, 可以言則言之, 先賢已有然矣. 吾先師之於栗谷之言亦然. 曰動靜者, 陰陽也, 動之靜之者, 理也. 其曰動之靜之, 卽夫子所謂一陰一陽也. 今之所謂理, 卽古之所謂道, 而其曰理也者, 卽夫子所謂道也. 孔曰道, 朱曰使, 而先師理使氣之說, 與孔朱同一揆也. 然則讀孔朱之書, 學孔朱之道, 而有此紛紜, 可乎否乎? 又曰太極動而生陽, 靜而生陰. 不曰陰陽自動自靜, 而必曰太極, 何也? 蓋太極萬化之原, 而天地氣化, 物物事事, 所以然之妙也. 惟其所以然, 故陰靜陽動, 不得不然, 非機自爾, 其有使之, 明矣. 何謂使之? 中庸曰天命之謂性. 命之非使而何? 理旣如此, 故氣亦如此. 如曰自爾, 卽理雖如此, 而氣反如彼, 畢竟事安得成天地之造化? 愚所謂恨未質疑者, 此也. 又曰栗谷先生, 所以陽動陰靜者是理也一言, 說盡理氣, 更無餘蘊. 自爾非使之言, 恐非先生之筆, 故疑之. 如曰非機自爾, 其有使之, 則前後之言, 同矣. 又曰栗谷集以爲理無爲氣有爲. 夫理無爲氣有爲, 孰不曰不然? 後世主氣家不知先賢只言理氣之本然, 必曰理無爲氣有爲, 先賢亦有對擧之言, 妄自解之曰, 無爲之理, 非不尊矣, 有爲之氣, 反不重歟? 援之以證自己之學者, 未必無之. 噫! 栗翁安知後世主氣家有援證之弊? 主氣者, 幸生栗谷之後, 以免其責歟? 然氣之有爲, 實理之自然也. 自然故無爲, 後之好言對擧, 恐失的見. 又曰嶺儒所謂辨說, 不知動靜上自有所以然, 便以動靜之機看作所以然之妙. 把天地公共底理氣作自家眼目中私物件, 强排布置, 以己之能求勝於人, 而有吹毫覓疵之意. 古之君子, 亦有是乎? 大本旣誤, 餘無足多言. 又曰湖中所謂辨說, 欲尊栗谷, 而反與栗谷之言, 有背馳處. 此不知理氣裡許, 專依先賢以攻後賢爲心者也. 嗚呼! 人之所以異於禽獸者無幾, 而非學無以明所以爲人之理. 夫何挽近以來, 世道多岐, 人心日危, 而但知形氣之私; 道心日微, 而不知性命之原, 以至于今壞亂極矣? 然天理民彝, 自古及今, 終不可泯滅. 不有先覺, 孰開我後? 惟我老先生及華西李先生, 挺起海東, 繼往開來, 爲理學祖宗而懸日月於昏衢, 天意豈偶然哉?

이기조변[591]

조종덕

이 글은 송병선 형제의 제자인 조종덕(趙鍾悳, 1858~1927)[592]이 「외필」 가운데 다섯 조목을 변론한 것이다. 이기론을 이해하는 관점을 근원[源頭]와 유행(流行) 및 이에 대응하는 '종리간(從理看)'과 '종기간(從氣看)'이라는 두 관점의 종합으로 전제하고, 「외필」의 이론적 특징과 병폐를 둘로 요약하고 있다. 이에 따르면 「외필」의 이론적 특징은 근원의 관점에서 유행의 관점을 논파하는 논리를 갖고 있다는 점이다. 반면에 「외필」의 병폐는 유행의 측면에서 보아야 할 것을 모두 근원의 측면에서만 보려는 관점으로 환원시키고 있다는 것이다. 『창암집(滄庵集)』 권6에 실려 있다.

제1조

[외필] '스스로 그러하다'라고 말할 때는 말이 오히려 허황되었으나, '시키는 것이 있지 않다'라고 해서 그 말뜻이 명확해졌고, 정말로 음과 양이 말미암는 것이 없이 스스로 움직이고 스스로 그치는 것 같다.

조종덕 : 주자는 "천지 사이에 움직임과 고요함이란 두 가지 단서가 있어서 순환하면서 그치지 않을 뿐, 다른 일이란 없다"[593]라고 했다. ― 자세한 내용은 『주역』 「계사 하」의 '역에 태극이 있다'라는 구절의 소주에 보인다.― 나는 이 구절을 "그 기틀이 스스로 그러하다'라는 것은

591 [원주] 리를 따라서 보는 근원을 굳게 붙잡고 기를 따라서 보는 유행을 다 논파하되, 도리어 유행을 오로지 '리를 따라서 보는 것'에 소속시키는 것, 이것이 「외필」의 큰 병폐의 뿌리이다.

592 자는 성훈(性薰)이고 호는 창암(滄庵)이고 본관은 옥천(沃川)이다. 아버지는 조형규(趙亨圭)이고, 어머니는 풍천임씨(豊川任氏)로 임상휴(任相休)의 딸이다. 송병선(宋秉璿)·송병순(宋秉珣)에게 수학하였다.

593 주희, 『회암선생주문공문집』 권45(『주자전서』 vol. 22), 「答楊子直」, 2071쪽.

'순환하면서 그치지 않는다'라는 것과 같다. '그렇게 시키는 것이 있지 않다'라는 것은 '다른 일이란 없다'라는 것이다'라고 풀이하겠다. 생각건대, 석담부자(石潭夫子)께서 회옹의 어법을 전수받아 리와 기가 유행한다는 측면에서 함이 있음—기—과 함이 없음—리—의 오묘함을 말해서—율곡은 말했다. "그릇이 움직이면 물도 반드시 움직이지만 물이 스스로 움직이지 못하는 것은 리는 함이 없고 기는 함이 있기 때문이다."[594] — 기발이승일도의 의미를 밝혔다. 그러므로 주장을 세운 것이 이와 같았으니 진실로 리가 기의 주재라는 점을 놓치지 않았다. 어쩌다 자구에 얽매여 의미가 통하지 않는다면 아마도 금가루가 눈을 가리는 것과 같을 것이기에 뒷 문장에서 이미 유행을 말한 것을 이어받아—"음이 고요하고 양이 움직이는 것은 그 기틀이 스스로 그러하다."[595] — 근원을 겸해서 가리키면서 "음이 고요하고 양이 움직이게 하는 소이는 리이다"라고 한 것이다.—'소이(所以)' 두 자가 바로 '그렇게 시킨다[使之]'는 뜻이라고 하면 주장이 근원의 측면으로 들어간다.— 이렇게 추론해 보면 '그 기틀이 스스로 그러하다'라는 것 위에 본연으로서의 태극의 오묘함은 원래 타고 있는 것이 이미 분명하다. '기(機)'자를 쓰자마자—'기(機)'는 조화의 지도리[關捩子]이니, 리를 싣고 태우는 도구다.— 이 리는 이미 그 위에 자리 잡고 있는 것인데, '그렇게 시키는 것이 있지 않다'라고 하는 것은 어째서인가? 유행을 논하면서 근원을 말하지 않으면 음양이 태극을 함축하기 때문에 태극이 도리어 음양에 의해 운용되고, '한 번 움직이고 한 번 고요해서 서로 그 뿌리가 된다'라는 것도 기가 일에 작용할 때에 리가 곧 기를 따라서 유행한다는 뜻이 된다.—율곡이 "양의 움직임은 리가 움직임에 탄 것이요, 리의 움직임이 아니다. 음의 고요함은 리가 고요함에 탄 것이지 리의 고요함이 아

594 이이, 『율곡전서』 권10(표점영인 한국문집총간 vol .44), 「답성호원」, 205쪽.
595 이이, 『율곡전서』 권10(표점영인 한국문집총간 vol. 44), 「답성호원」, 211쪽.

니다"[596]라고 한 것은 음양이 태극을 함축하는 모양을 잘 묘사한 것이요 유행의 오묘함을 엄격하게 표현한 것이다. — 여기에 기인해서 '함이 있다'라는 뜻을 확장해서 주장을 세운다면 문장의 뜻과 말의 형세가 어쩔 수 없이 '기틀이 스스로 그러하지 그렇게 시키는 것이 있지 않다'라고 하게 되는 것이다. 이러한 경계에 끌어다 두고서 만일 '그렇게 시킨다[使之]'라는 뜻을 조금이나마 띠고서 말을 하게 되면 도리어 근원의 (영역에) 이르게 되어, 아마도 유행의 본뜻을 잃게 될 것이다. 이처럼 파악한다면 명쾌하고 정당해서 빠트린 것이 없을 터이다. 그런데 태극의 진면목이 은연중에 드러나지 않는다고 해서 '정말로 음과 양이 말미암는 것이 없다'라고 한다면 '스스로 원고와 피고를 만들고서 그 소송에서 이기려는'[597] 격이 될 것이다. 말에 얽매여 뜻에 어두우면서도 음양이 유행하는 바깥에서 따로 근원을 찾는다면, 리와 기가 서로 떨어지게 되는 폐단이 생길 것이다.

기를 '리 속의 일[理中事]'로 귀착시키고, 손을 내젓고 배척하면서 "리는 존귀해서 짝할 것이 없거늘 기가 어떻게 리와 짝할 수 있겠는가?"라고 하는 것은 태극이 양의를 낳는다는 주장에는 부합하는 것 같지만, 또한 음양이 태극을 함축한다 — 주자는 말했다. "그 근원을 파헤쳐보면 태극이 음양을 낳는다. 저절로 드러나 사물에 나타난 것을 살펴보면 음양이 태극을 함축하고 있다."[598] — 는 것으로 보자면, 매우 적절하지 못하다. 이 또한 도리어 근원 — 태극이 음양을 낳기에 리는 주재가 된다. — 과 유행 — 음양이 태극을 함축하기에 기가 운용할 때 리는 움직임과 고요함에 탄다. — 을 따라서 본다는 변론에는 어둡고, 정자가 '기

596 이이, 『율곡전서』 권10(표점영인 한국문집총간 vol. 44), 「답성호원」, 211쪽.

597 이이, 『율곡전서』 권10(표점영인 한국문집총간 vol. 44), 「여성호원」, 218쪽.

598 원문의 순서는 이와 반대다. "自見在事物而觀之, 則陰陽函太極; 推其本, 則太極生陰陽." 주희, 『주자어류』 권75(『주자전서』 vol. 16), 2564~2565쪽.

또한 도이고, 도 또한 기이다' — 근원과 유행을 합쳐서 보았다. — 라고 하고, 주자가 '기가 운행하면 리 또한 운행한다. — 유행을 따라서 보았다. — 리에 움직임과 고요함이 없다면 기는 무엇에 근거해서 움직이고 고요하겠는가?'[599] — 근원을 따라서 보았다. — 라고 한 가르침에 통달하지 못한 것이다.

일반적으로 태극과 음양의 오묘함을 논한다면 선생은 일찍이 말했다. — 자세한 내용은 「인심도심설」에 보인다. — '리와 기는 혼연하게 뒤섞여 원래 서로 떨어지지 않는다.' — 근원과 유행을 겸해서 말했다. — 또한 '발현하는 것은 기이고, — 유행만을 가리켜 말했다. — 발현하게 하는 소이는 리이다.' — 근원만을 가리며 말했다. — 이런 말들은 명백하고 투철해서 시간이 지나도 의심할 것이 없다.

리와 기라는 것은 원래 서로 떨어지지도 않고, 또한 서로 뒤섞이지도 않는다. 그러므로 근원을 위주로 말하는 것이 바로 '리를 따라 본다'라는 것이지만, 기에 실려 있지 않음이 없다. — 태극이 음양을 낳는다는 말이다. — 유행을 위주로 말하는 것이 기를 따라 본다는 것이지만, 리는 갖춰지지 않음이 없다. — 음양이 태극을 함축한다는 말이다. — 관점을 따라 융통성 있게 본다면 말에 각각 타당한 면이 있는데, 어떻게 근원과 유행의 경계와 구분 및 주장을 내세운 본뜻이 어떤지를 생각하지 않고, 거꾸로 흠을 찾으려는 마음을 일으키고, 치우친 채로 근원이란 측면에서 리를 따라 보는 관점 — 「외필」에서 말했다. "움직이게 하고 고요하게 하는 것은 리이다. 시켜서 그러는 것이 아니고 무엇이겠는가?" — 에서 학설을 만들어 유행이란 측면에서 기를 따라 보아야 할 곳 — "기틀이 스스로 그러하지 그렇게 시키는 것이 있지 않다." — 에 놓아 둔단 말인가? 네모 구멍에 둥근 손잡이가 들어가지 않는 것과 같다.

---

599 주희, 『회암선생주문공문집』 권56(『주자전서』 vol. 23), 「答鄭子上」, 2687쪽.

그러므로 주리설로 자처하면서 주기론을 변고와 난리로 배척하는 것은 유문에서 서로 전해오는 방법이다. 이제 이것으로 천하를 몹시도 모함하려고 하니 어찌 영나라 글이 연나라 말로 와전된 것처럼 과거 성인들이 남긴 경서를 그대로 두지도 못하고 존경하고 경외하는 도에도 흠이 생겨버린 것인가? 이것은 바로 (노나라 사람들이 공자를) 낮춰 부르면서 '동쪽 집의 구'—노나라 사람이 공자를 낮춰 부르면서 "동쪽 집의 구를 내가 이미 알고 있다"라고 했다.—라고 하는 격이다. 또한 어찌 희풍(熙豐) 연간에 촉당(蜀黨)—소식(蘇軾)이 우두머리가 되고 진황여도(秦黃呂陶)[600] 등이 따랐다.— 을 만들어서 정씨의 학문을 극력 배척한 것과 다르겠는가?

제2조

[외필] 귀인이 길을 나설 때 수레와 하인들이 없지 않지만, 그것을 본 사람들은 귀인이 길을 간다고 하지 수레와 하인들이 간다고 말하지는 않는다.

조종덕 : 귀인은 태극을 비유한 것이요, 수레는 음양의 움직임과 고요함을 비유한 것이다. 그 가리키는 것이 명확하고 그럴 듯하지만 '사람이 길을 간다고 하고 말을 말하지 않은 것'은 오로지 이발과 기발을 중시한 것일 뿐, 함이 있음—기(氣)—과 함이 없음—리(理)—의 분별에는 어두운 것이니, 도리어 사견의 그물 속으로 떨어지지 않겠는가? 「태극도설」에서는 "태극이 움직여 양을 낳고, 고요해서 음을 낳는다"—'태극동정(太極動靜)'이란 네 글자는 태극이 스스로 움직이고 고요하다는 것이 아니라 기기를 타고 움직이고 고요하다는 것이다.—라고 했고, 「태극도설해」에서는 "태극에 움직임과 고요함이 있는 것은 천명

600 진황여도(秦黃呂陶) : 진관·황정견·여도를 가리킨다.

의 유행이다"[601]라고 했다. 근원의 측면에서 보자면 무극이면서 태극이다. 그러므로 태극은 저절로 움직임과 고요함의 오묘함을 함축하고 움직임과 고요함은 (태극이) 타는 기의 기틀이다. 그런데 이제 '귀인이 길을 나서면 수레가 뒤따른다'라고 한다면 이 또한 유행이란 측면에서의 일이다. 유행이란 측면에서 음양의 움직임과 고요함을 말하지 않고, 태극의 운용만을 말한다면, 허공에 홀로 떠있다는 탄식에 가깝지 않겠는가? '태극은 본래 음양의 주재이지만, 유행에 미쳐서는 도리어 음양에 의해 운용된다.' —'태극'에서 여기까지는 우옹의 설명이다,[602] — 그러므로 주자는 "기가 운행하면 리 또한 운행한다"라고 했고, 또한 "태극은 사람과 같고 움직임과 고요함은 말과 같다. 말은 사람을 태우고, 사람은 말을 타니, 말이 한 번 드나들면 사람도 함께 드나든다. 한 번 드나드는 이것이 '소승지기'라는 것이다"[603]라고 했다. 이것을 미루어본다면 '사람이 간다고 하지 말이 간다고 하지 않는 것'은 리가 기의 직분을 행한다[理行氣職]는 폐단에 물들지 않겠는가?

제3조

[외필] 기발이 곧 이발이다. … 리는 가벼워지고 기는 무거워져 곧장 기가 리의 지위를 빼앗는 데 이른다. …

조종덕 : 이발(理發) 두 글자는 석담의 가르침에서 매우 배척하면서 분명히 변론한 것이다. 이 글의 기축(機軸)은 오로지 이발에 중점을 두어 '리의 유행'이라는 일대 사건이 모두 '기'자와 관계를 맺고 이뤄지는데, 이 기를 따라서 보는 유행을 거꾸로 리를 따라서 보는 관점에 소속

601 주희, 『주자전서』 vol. 13, 「태극도설해」, 72쪽.

602 송시열, 『송자대전』 권130(표점영인 한국문집총간 vol. 112), 「浩然章質疑」, 409쪽 참조.

603 주희, 『주자어류』 권94(『주자전서』 vol. 17), 3129쪽.

되도록 만들려는 것이다. 그러므로 '자리를 빼앗는다'라고 하면서 리와 기, 주인과 하인의 기세를 나누었다. — 주자는 말했다. "태극은 음양 안에 있을 뿐이다. 다만 그 순서를 말하자면 이 실리가 있고서야 비로소 음양이 있으니, 그 이치는 곧 하나이다."[604] 이제 리와 기를 주인과 하인으로 나눈다면 또한 지나치게 명쾌하다는 잘못이 될 것이다.— 심지어 "그 발현'과 '그 운행'은 분명히 기가 하는 것인데, 리의 발현이요, 리의 운행이라고 하는 것은 어째서인가? '종이 수고를 하여도 주인이 그 공로를 차지한다'라고 하니, 정말로 이 말과 같다면 이것은 태극과 음양이 어둠 속에서 공적과 처벌을 비교하는 격이요, 리가 기의 공을 빼앗았다고 할 수 있으니 기 또한 원망하지 않겠는가? 리를 명명하는 것은 본연·자연·소이연을 말하는 데 불과할 뿐이다. 지극히 은미하고 오묘해서 처음부터 말할 수 있는 냄새도 소리도 없다. 음양과 오행으로 만물을 생성 변화시키면서 시작과 끝을 이루는 과정에 함께 존재하는 조화의 공공연한 지위일 뿐이다. 어떻게 조금이라도 스스로 공에 머물고 과장함이 있겠는가? 일찍이 듣기로 화양부자(華陽夫子)가 「심명중에게 답함」에서 말했다. '리가 주재로서 움직이게 만들고 고요하게 만든다는 것은 또한 스스로 그렇다고 말하는 것일 뿐, 음양과 오행이 운용 조작하는 것과는 다르다. 그러나 음향과 오행이 운용 조작하는 소이가 어떻게 리가 아니겠는가?'[605] 근원의 측면에서 본다면 이 리가 있은 다음에 이 기가 있다. 그러므로 리가 주재라고 하고, 또한 '움직이게 만들고 고요하게 만든다'라고 한다. 유행의 측면에서 본다면 리는 곧 기 가운데 있고, 청탁과 선악은 기가 이루는 것을 따를 뿐이다. 주자는 "리는 약하고 기는 강해서, 리가 기를 관장할 수 없다"라고 했다. 회옹이 말한 '기를 관장할 수 없다'[606]라는 것과 우옹이 말한 '청탁과 선악이 기가 이

604 주희, 『주자어류』 권75(『주자전서』 vol. 16), 2564쪽.

605 송시열, 『송자대전』 권105(표점영인 한국문집총간 vol. 111), 「答沈明仲」, 496쪽.

루어진 것을 따른다'라는 것도 모두 지위를 빼앗았다는 혐의에서 벗어나지 못한다는 것인가?

제4조

[외필] '승(乘)'자를 원래 타고 있는 것으로 보지 않고, 지금 사람은 경우에 따라 갑자기 타는 것으로 본다.

조종덕 : '기발이승'의 탄다[乘]는 것은 기발이 여기에 있고, 리가 다른 곳에서 와서 탄다는 말이 아니다. 또한 기만이 작용하고 리는 주재하는 것이 없다고 말하는 것도 아니다. 미발의 이전에 리가 타고 있는 것은 고요할 때의 기로서 음에 속한다. 이발의 즈음에 리가 타고 있는 것은 움직일 때의 기틀[機]로서 양에 속한다. 음양은 시작이 없고, 음양은 단서가 없으니 원래 타고 있다는 것은 의심할 것 없이 분명하다. 이것은 바로 「태극도설해」의 "움직임과 고요함은 소승지기(所乘之機)이다"[607]라고 할 때의 탄다[乘]는 글자와 맥락을 같이한다. 기는 함이 있고, 리는 함이 없다면 「태극도설해」에서 말한 '소승(所乘)' 또한 '스스로 그렇다'는 것일 뿐이다. 지력(智力)과 조금의 연관도 없는 것으로 보아야 할 터인데, 이제 탄핵하고 반박하면서 "타고 있다[乘之]'라고 하지만 애초에 이미 그렇게 되도록 시키는 것도 없고, — '사지연(使之然)' 세 글자는 근원으로부터 본다면 괜찮지만, 유행에서 리가 타고 있다는 것으로부터 본다면 크게 옳지 않다. — 결국 조종하는 힘이 있는 것도 아니다'라고 했다. 그 병폐는 '기를 리로 인식하는' 데 있고, 자기만의 견해에 치우치고, 교묘함이 너무 지나쳐 근거없이 주장하는 데서 벗어나지 못했다. 그가 말한 "한 글자가 본뜻을 잃자, 그 재앙이 여기에 이르게 되었다"라

606 주희, 『주자어류』 권4(『주자전서』 vol. 14), 200쪽 참조.
607 주희, 『태극도설해』(『주자전서』 vol. 13), 72쪽.

는 것은 도리어 스스로 불평하는 것이 아닌가?

제5조

[외필] 기를 리와 짝지어 제시해서 — 주자는 말했다. "그 근원을 파헤쳐보면 태극이 음양을 낳는다. 저절로 드러나 사물에 나타난 것을 살펴보면 음양이 태극을 함축하고 있다."[608] 태극이 음양을 낳는다는 것은 근원의 측면을 중시해서 말했기 때문에, 리가 앞서고 기가 나중이다. 음양이 태극을 함축한다는 것은 유행의 측면을 중시해서 말했기에 기가 앞서고 리가 나중이다. 「외필」은 리와 기를 한 곳에서 짝지어 제시하는 것을 '두 가지 본령'이라고 한다. 이것을 보면 애써 공격하지 않아도 스스로 논파될 것이다. — 이기(理氣)라고 부른 것은 언제 시작되었는가? 이것은 결코 성인의 말이 아니다.

조종덕 : 태극과 음양을 이기라고 하는데, 여기에는 저절로 떨어지지도 뒤섞이지도 않는 오묘함이 있다. 또한 근원과 유행의 측면에서 본다는 구분이 없을 수 없다. 그러므로 수사(洙泗) 이래로 낙민의 여러 학자들이 짝지어 제시하면서 상호적으로 말했다. 어째서 율옹이 짝지어 제시하는 것을 가리켜 두 가지 본령의 시작이라고 하는 것인가? 그 단서를 찾아보면 유행으로 말한 것을 '리를 따라서 보는 것이 타당하고, 기를 따라서 보는 것은 부당하다'라고 말하는 것일 뿐이다. 가리키는 게 어긋난 것이 마치 '이 경(敬)을 깨트려 버리겠다'[609]라는 어투에서 나온 것과 같으니,

---

608 원문의 순서는 이와 반대다. "自見在事物而觀之, 則陰陽函太極; 推其本, 則太極生陰陽." 주희, 『주자어류』 권75(『주자전서』 vol. 16), 2564~2565쪽.

609 "주공섬(朱公掞 : 朱光庭)이 어사가 되어 홀을 바로 잡고 단정히 서 있으면 엄숙하고 굳센 모습을 넘볼 수 없어서 줄지어 선 이들이 숙연했다. 소자첨(蘇子瞻 : 蘇軾)이 어떤 이에게 말했다. '어느 때나 이 '경(敬)'이란 글자를 깨트려버릴까?'" 정호·정이, 『하남정씨외서』 권11(『이정집』 vol. 1), 414쪽.

결코 도를 아는 말이 아니다. 어떻게 그런 줄을 분명히 할 수 있는가?

부자는 말했다. —「계사」— "역 — 태극은 음양이 아니면 붙어 있을 곳이 없다. 그러므로 거꾸로 음양의 변화를 말했다 — 에 태극이 있으니, 이것이 양의를 낳는다."[610] — 근원을 중시해서 말하기 때문에 먼저 태극을 거론하고 겸해서 그 기를 논했다.— 또 말했다. "한 번 음이 되고 한 번 양이 되는 것을 도라고 한다."[611] — 유행을 중시해서 말했기에 먼저 음양을 거론하고 겸해서 그 리를 갖추었다. — 또 말했다. "형이상을 도라고 하고—도는 기를 떠나지 않기에 도라고 한 것은 근원을 중시한 것이다.— 형이하를 기(器)라고 한다."[612]—기 또한 도에서 떨어지지 않기에 기라고 하니, 유행을 중시했기 때문이다.—

맹자는 말했다. —'호연장'이다. — "넘어지고 달리는 것은 기이지만, 도리어 그 마음을 뒤흔든다."[613] — 우옹은 "이 '심(心)'자는 리를 따라서 보아야 한다"[614]라고 했다. — 또 말했다. "그 기운의 됨됨이는 의와 도 — 리 — 에 짝한다."[615] 주자(周子)는 말했다. —「태극도설」— "무극의 진수 — 리 — 와 이기 오행의 정수 — 기 — 가 오묘하게 합쳐서 엉켰다." 정자는 —『근사록』— 형이상·하를 논하면서 말했다. "반드시 이렇게 말해야 한다. 기(器) 또한 도이고, 도 또한 기이다."[616] 또 말했다. "성을 논하면서 기를 논하지 않으면 갖춰지지 않고, 기를 논하면서 성을 논하지 않으면 분명하지 않다."[617] 장자는 말했다. —「서명」— "천

610 『주역』,「계사 상」11장.

611 『주역』,「계사 상」5장.

612 『주역』,「계사 상」12장.

613 『맹자』,「공손추 상」2장.

614 출처가 분명하지 않다.

615 『맹자』,「공손추 상」2장.

616 조종덕은 『근사록』을 출처로 제시했지만, 원래는 『하남정씨유서』 권1 155조목에 실린 말이다. 정호·정이, 『하남정씨유서』 권1(『이정집』 vol. 1), 4쪽.

지를 채우고 있는 것—기—은 내가 몸으로 삼고, 천지를 이끄는 것—리—은 내가 성으로 삼는다." 주자는—『주자어류』— 움직임과 고요함이 기틀인지를 묻자 대답했다. "태극은 리이고 움직임과 고요함은 기이다. 둘은 언제나 서로 의존하여 서로 떨어지지 않는다."[618] 또 말했다. "리는 리이고, 기는 기이다. 서로 끼어들거나 섞이지 않는다."[619] 『중용장구』에서는 말했다. "하늘—곧 하나의 근본으로서의 리이다—이 음양과 오행으로 만물을 생성 변화시키면서—리가 먼저이고 기가 나중이니 근원을 따라 말했다.—기로 형태를 이루면 리—즉 갖가지로 다른 리이다— 또한 부여된다."[620]—기가 먼저이고 리가 나중이니 유행을 따라 말했다.—

이제 태극과 음양, 도와 기 등의 설명이 앞서거니 뒤서거니 하는 성현들의 말이 리와 기를 짝지어 제시하지 않은 것이 없으니, 전하는 것이 일치하는 것이 부절을 합치는 듯하다. 어떻게 이것을 '이것은 반드시 성인의 말이 아닐 것이다'라고 단언하는 것인가? 이 '성인'은 누구인지를 알 수 없으니, 도가[方外]에서 말하는 내면의 성인[內聖]이라는 별난 사람인가?—『장자』「천도」편의 주에서는 "고요하게 있으면 성인이 된다'는 것은 내면을 말하고, '움직이면 왕이 된다'는 것은 외면을 말한다'[621]라고 했다. 내성외왕(內聖外王)이란 노장이 담담하게 무위에 이르는 방법이다.—

617 정호·정이, 『하남정씨유서』 권6(『이정집』 vol. 1), 81쪽.

618 주희, 『주자어류』 권94(『주자전서』 vol. 17), 3128~3129쪽.

619 원문은 이와 다르다. "氣自是氣, 性自是性, 亦不相夾雜." 주희, 『주자어류』 권4(『주자전서』 vol. 14), 196쪽.

620 주희, 『중용장구』(『주자전서』 vol. 6), 32쪽.

621 여혜경(呂惠卿)의 주에서 "'고요하게 있으면 성인 된다'라는 것은 내면으로부터 말했고, '움직이면 왕이 된다'라는 것은 외면으로부터 말했다[靜而聖, 自內而言; 動而王, 自外而言.]"라고 한 것을 가리킨다.

理氣條辨[622]

趙鍾悳

第一條

說自爾時, 語猶虛到. 非有使之, 語意牢確. 眞若陰陽無所關由, 而自行自止. 云云.

朱子曰, 天地之間, 只有動靜兩端, 循環不已, 更無餘事.—詳見繫辭易有太極小註.— 愚以是解之曰, 其機自爾, 如循環不已; 非有使之, 如更無餘事. 竊意, 石潭夫子傳得晦翁語法, 而就理氣流行邊開示有爲—氣—無爲—理—之妙,—栗谷曰, 器動則水必動. 水未嘗自動者, 理無爲而氣有爲也.— 以明氣發理乘一途之義. 故立言如此, 實非遺却理爲氣之主宰也. 如或執泥而不通, 則恐爲金屑之翳眼, 故承接下文旣言流行,—陰靜陽動, 其機自爾.— 兼指源頭曰, 其所以陰靜陽動者理也.—所以二字, 便是使之之意, 方說入源頭.— 以此推看, 則機自爾上太極本然之妙元來所乘者, 已躍矣. 纔著機—機者, 造化之關捩子, 則氣載理之具也.—字, 這理已搭在其上, 而曰非有使之者, 何也? 方論流行, 未說入源頭, 則陰陽涵太極, 故太極反爲陰陽之運用, 而一動一靜, 互爲其根, 氣方用事, 而理則隨之以流行. —栗谷曰, 陽之動則理乘於動, 非理動也; 陰之靜則理乘於靜, 非理靜也者, 善形容陰陽涵太極之象, 最切於流行之妙.— 引而伸之有爲而立言, 則文意語勢, 不得不曰機自爾, 非有使之者也. 拕到此界, 以使之之意些帶來下語, 則反涉源頭, 而恐失流行之本義. 如是見得, 則明快亭當, 罔有滲漏. 乃以太極

622 [원주] 硬把從理看之源頭, 碎盡從氣看之流行, 反以流行專屬於從理看者, 此爲猥筆之人病根也.]

眞面，隱然不露，謂之眞若陰陽無所關由，則殆有同於自作元隻，求克其訟. 而執言迷旨，別欲尋源頭太極於流行陰陽之外，蔽在於理氣相離矣. 歸氣於理中事，揮而斥之曰，理尊無對，氣何可與之對偶云者，似合於太極生陰陽之說，而又以陰陽涵太極—朱子曰，原其本，則太極生陰陽；自見在事物而觀之，陰陽函太極.—之義觀之，太不着題. 是亦反晦於源頭—太極生陰陽，故理爲主宰，而氣有以動靜.—流行—陰陽涵太極，故氣爲運用，理乘於動靜.—從看之辨，而未達於程子所謂器亦道，道亦氣.—合源頭流行而看.— 朱子所謂氣行則理亦行.—從流行而看— 理無動靜，氣何自有動靜—從源頭而看.—之訓也. 至若泛論太極陰陽之妙，則先生嘗曰—詳見人心道心說.—理氣渾融，元不相離.—兼源頭流行而言.— 又曰發之者，氣也；—單指流行而言.— 所以發之者，理也—單指源頭而言.—者，明白通透，俟百不疑矣. 夫理氣之爲物，元不相離，亦不相雜. 故主源頭而言處從理看焉，而氣未嘗不載.—所謂太極生陰陽.— 主流行而言處從氣看焉，而理未嘗不備.—所謂陰陽涵太極.— 隨處活看，則言各有攸當，胡內不思源流界分·立論本旨之如何，反起吹覓之心，偏持源頭上從理—猥筆曰，動之靜之者，理也；非有使之然而何. 云云.—看焉之說，撞著於流行邊從氣—機自爾，非有使之. 云云.—看焉之處？則正如鑿柄不相入. 故主理自處，斥之以主氣變亂，儒門相傳之旨訣. 乃欲以厚誣天下，何其與郢書燕說，使前聖遺經不得自在者，相似有欠尊畏之道？此正所謂輕東家丘.—魯人輕孔子曰，東家丘，吾已知之.— 而亦何異於熙豐之間，別立蜀黨，—蘇軾爲首，秦黃呂陶等從之.— 力毁程氏之學者哉？

第二條

貴人之出，非無車馬騶從，而見之者，但以爲貴人出，未嘗言其車馬騶從. 云云.

貴人譬於太極；車爲譬於陰陽動靜. 其指非不曰近似，而但以爲人出未嘗言馬者, 專以理發氣隨爲主, 昧於有爲—氣—無爲—理—之分, 則反不墮於邪見網中乎? 圖說太極動而生陽, 靜而生陰,—太極動靜四字, 非謂太極自動自靜, 乘氣機而動靜.— 註解曰, 太極之有動靜, 是天命之流行. 若就源頭上看, 則無極而太極. 故太極自是涵動靜之妙, 而動靜者, 乃所乘之氣機也. 今曰貴人出車馬從, 則此亦流行邊事. 至於流行邊, 不言陰陽動靜, 而但以謂太極運用, 則不幾於懸空獨立之嘆乎? 蓋太極固爲陰陽之主, 而及其流行, 則反爲陰陽之運用,—自太極止此, 尤翁說.— 故朱子曰, 氣行則理亦行. 又曰太極猶人, 動靜有馬. 馬所以載人, 人所以乘馬. 馬之一出一入, 人亦與之一出一入. 此所謂所乘之機也. 推此看了, 則但以爲貴人出, 未嘗言車馬者, 不亦涉於理行氣職之蔽耶?

第三條

氣發卽理發也. … 理輕而氣重, 直至氣奪理位. 云云.

理發二字, 石潭旨訣中深斥明辨者也. 而此筆機軸, 專以理發爲主, 唱出理之流行一大事, 盡被氣字帶去, 將此從氣看之流行, 反屬於從理看. 故謂之奪位, 而分理氣主僕之勢.—朱子曰, 太極只在陰陽裏. 但言其次序, 須有這實理, 方始有陰陽也. 其理則一也. 今以理氣分言主僕, 則亦失於太快.— 至曰其發其行, 明是氣爲, 而謂之理發理行, 何也? 僕任其勞, 而主居其功. 信如此說, 則是太極陰陽計動閥於冥冥之中, 而可謂理奪氣功, 爲氣者不亦寃乎? 夫理之命名, 不過曰本然·自然·所以然而已. 至微至妙, 初無聲臭之可言. 只以陰陽五行, 化生萬物, 成始成終, 而同在造化公共之位. 安有一毫自多居功之意耶? 嘗聞華陽夫子答沈明仲書曰, 所謂理之主宰使動使靜者, 亦不過曰自然而已, 不如陰陽五行之運用造作也. 然陰陽五行之所以能運用造作者, 豈非理乎? 從源頭看, 則有是理然後有是氣. 故謂理爲主宰, 又謂之使動使靜. 從流行處看, 理便在氣中, 淸濁善惡, 隨氣之所成而已. 朱子曰, 理弱氣强, 理管他不得. 晦翁所言管他不得, 尤翁所謂清濁善惡隨氣之所成云者, 亦皆未免奪位之嫌耶?

第四條

乘字不作元來所乘看, 今人作隨遇輒乘看. 云云.

所謂氣發理乘之乘, 非謂氣發在此而理却從別處來乘. 亦非謂氣專作用而理無所主宰也. 未發之前, 理之所乘者, 靜時氣而屬之陰; 已發之際, 理之所乘者, 動時機而屬之陽. 陰陽無始, 動靜無端, 則元來所乘者, 釋然無可疑. 正與圖說解動靜者所乘之機, 乘字一串貫來也. 但氣有爲而理無爲, 則所謂圖解所乘者, 亦不過曰自然而已. 不可犯絲毫智力看得, 而今乃彈而駁之曰, 乘之矣, 則初無使之然,—使之然三字, 自源頭而看則可也; 自流行理乘處看則太不是.— 末又非有操縱之力云者. 病在於認氣爲理, 而偏於獨見, 太多傷巧, 未免杜撰. 則其曰一字之失, 其本旨駸駸致禍, 乃至於此者, 無乃反入於自鳴其不平者耶?

第五條

把氣與理對擧,—朱子曰, 原其本, 則太極生陰陽. 自見在事物而觀之, 則陰陽函太極. 蓋太極者, 主流行而言, 故氣先而理後. 猥筆以理氣一處對擧謂之兩本領者, 觀於此, 則不必力攻而自破矣.— 喚作理氣, 始於何時? 此必非聖人之言. 云云.

竊觀, 太極陰陽謂之理氣, 而自有不離不雜之妙. 亦不可無源頭流行從看之分. 故洙泗以還洛閩諸子嘗對擧而互言之. 奚獨以栗翁對擧之說之爲雙本領之履霜哉? 究厥端由, 以爲流行云者, 只當從理看不當從氣看之謂也. 則指而乖剌如出打破這敬之句氣, 決非知道之言. 何以明其然也? 夫子曰,—繫辭— 易—太極非陰陽無掛塔處, 故先倒說陰陽之變.—有太極, 是生兩儀.—主源頭而言, 故先擧太極而兼論其氣.

— 又曰一陰一陽之謂道.—主流行而言, 故先擧陰陽而兼該其理.— 又曰形而上者謂之道,—道不離器而謂之道者, 主源頭故也.— 形而下者謂之器.—器不違道而謂之器者, 主流行故也.— 孟子曰,—浩然章.—蹶者趨者氣也, 而反動其心.—尤翁曰, 此心字, 當從理看.— 又曰其爲氣也, 配義與道.—理— 周子曰,—圖說— 無極之眞,—理— 二五之精,—氣— 妙合而凝. 程子論—近思錄—形而上下曰, 須看如此說, 器亦道, 道亦器. 又曰論性, 不論氣, 不備; 論氣, 不論性, 不明. 張子曰,—西銘— 天地之塞,—氣— 吾其體, 天地之帥,—理— 吾其性. 朱子答—語類—動靜乘機之問曰, 太極理也, 動靜氣也, 二者相依而未嘗相離. 又曰理自理, 氣自氣, 不相挾雜. 又中庸章句曰, 天—卽一本之理也—以陰陽五行化生萬物.—理先而氣後者, 從源頭而言也.— 氣以成形而理—卽萬殊之理也.—亦賦焉.—氣先而理後者, 從流行而言也.— 今夫太極陰陽道器等說, 無往非前後聖賢之言理氣對擧處, 則所傳之一致, 如合符節. 何以斷之曰, 此必非聖人之言乎? 此箇聖人, 未知謂誰, 則恐指方外內聖之別人耶?—莊子天道篇註曰, 靜而聖, 內也; 動而王, 外也. 蓋內聖外王, 是老莊恬淡無爲之道.—

기노사외필설[623]

권종화

이 글은 권종화(權鍾華, 1850~1926)[624]의 「기노사외필설」이다. 구체적인 저술 연대는 알 수 없다. 두 가지 특징을 보여준다. 첫째 영남유림계에서 기정진이 이이를 공격하고 배척했다고 주장하는 것을 반대하는 온건한 입장을 유지하고 있다. 둘째 그럼에도 불구하고 율곡학파의 전형적인 시각에서 천명을 '사지연'으로 풀이하는 외필적 사유에 반대하고, 리의 소이연을, '자연이연(自然而然)'의 의미로 풀이하고 있다. 『덕촌집(悳村集)』 권10에 실려 있다.

음양과 이기의 담론은 우리의 도를 꿰뚫는 학설이다. 천하의 위대한 성인이 천하의 바른 지위에 서면, 천하의 위대한 도를 실행했기 때문에 복희·신농·황제·요·순이 하늘을 이어 표준을 세웠고, 그들이 주고받은 도는 '인심은 위태롭고 도심은 은미하다[人危道微]'라는 것과 '정일집중(精一執中)'하라는 것에 불과했다. 천하의 지극한 성인으로서 천하의 바른 자리를 잃은 경우에는 백세의 위대한 도를 떠맡았기 때문에 공자·안연·증자·자사·맹자·정자·주자가 지나간 것을 계승해서, 다가올 시대를 열어 주었지만, 그들이 전수한 도는 '양이 움직이고 음이 고요한 것은 리가 기를 타고 발현한다'라는 것에 지나지 않았다.

하나의 리가 결국에는 다시 합치고, 온갖 다른 것들의 뿌리가 하나인

---

623 [원주] '노사'는 기정진씨의 호이고, 「외필」은 그의 문집에 실린 글이다.

624 자는 자실(子實) 호는 덕촌(悳村)이며 본관은 안동(安東)이다. 아버지는 권석규(權奭圭)이고 어머니는 청송 심씨(青松沈氏)이다. 임헌회(任憲晦)의 문인으로 전우(田愚)와 동문이다. 저술로는 『덕촌집(悳村集)』 20권 7책이 있다.

것은 마치 새끼줄이 동전을 꿰뚫고, (쇠로 만든) 종소리가 먼저 퍼지게 만들고, (옥으로 만든) 경쇠소리로 거두어들이는 것과 같다. 조리를 잃고 단서를 놓치게 되면 어지러운 실 꾸러미에 단서가 없는 것과 같고, 헤어진 갖옷에 옷깃이 거꾸로 달린 것과 같으니, 여기에서 나와 저기로 들어가고, 이치에 가까운듯하지만 진실을 어지럽힌다. 그러므로 공자의 시대에 노자·장자가 끼어들었고, 맹자의 시대에 양주·묵적이 해쳤으며, 정자의 시대에는 소문(蘇文)이 적대했고, 주자의 시대에는 육학(陸學)이 침투한 것이다. 그러나 저 무리들은 자신들의 도를 '불(佛)'이라 하고, '조(祖)'라고 하는데 비해, 우리들은 우리들의 도를 '성대로 한다'라고 하고 '돌이켜서 한다'라고 한다. 은나라 말기에 기자가 동쪽으로 오게 되자, 우리의 도 또한 동쪽으로 오게 되었다. 다섯 규성이 정수를 모아 현자들이 배출되었다. 신라·고려에는 설홍유(薛弘儒 : 薛聰)·안회헌(安晦軒 : 安珦)·백상당(白上黨 : 白頤正)·권국헌(權菊軒 : 權溥) 및 여러 군자들이었다. 우리나라에서는 조정암·이율곡·퇴계·우계·사암(沙菴)·우암 및 여러 선생들이었다. 그리고 율곡은 동방의 이학의 조종[東方理學之祖]이다.

후학들이 그의 도를 사모하고 그를 존경하는 것이 어떠했는가? 그의 이기설은 이전 성현들이 계발하지 못한 것을 확충했다. (율곡은) '리는 통하고 기는 국한된다', '모든 정이 리에서 발현한다', '사단과 칠정이 (다른) 두 가지 정이 아니다', '리와 기는 호발하지 않는다'라고 했다. 나아가 음양의 움직임과 고요함을 "그 기틀이 스스로 그러하지, 시키는 것이 있지 않다"라고 했다.

내가 이런 주장들을 주부자의 "태극은 본연의 오묘함이요, 음양은 타는 기틀이다"라는 말로 추론해 보았더니, 기가 기기를 타고, 기는 리의 오묘한 작용을 실으니 그 움직임과 고요함은 모두 천명이 저절로 그러한 것이었다. 그러므로 나는 '그 기틀이 스스로 그러하지, 시키는 것이 있지 않다'라는 가르침을 '스스로 그러하다[自然]'는 두 글자로 풀이하면서 스스로 다 알았노라고 생각했다.

요즘에 영남 유생들이 호남의 선비들에게 돌린 통문을 보았는데, 기노사가 지은 「외필」·「형기질설」 및 「납량사의」 가운데 율옹의 학설을 공격하고 배척했다고 말하고 있었다. 나는 깜짝 놀라 탄식하면서 속으로 생각했다. "내가 궁벽한 시골에 지내느라 그 문하에 나아가지 못했지만, 평소에 그 도학이 율옹을 존숭해서 연원이 있다고 우러르고 있었는데 이제 학자들이 그 사문의 죄를 논하고 있다. 그가 80년간 이치를 탐구한 학문은 아홉 길 산을 만들려는 노력이 하루아침에 허물어져 버린 격이다. 어쩌다 초학의 선비가 표주박으로 넓은 바다를 헤아리듯이 큰 것을 놓친 것인가?"

이에 먼저 「외필」을 구해서 세 번을 넘게 반복해서 이리저리 살펴보았다. 처음에 "'양이 움직이고 음이 고요하다'라는 것을 바깥에서 언뜻 보면 스스로 움직이다가 스스로 멈추는 것 같지만, 그 실상을 깊이 탐구해 보면 한결같이 천명이 그렇게 시킨 것이다 … "라고 했다. 양이 움직이고 기가 움직이는 것은 기의 능력[氣之能]이지만, 움직이고 고요하게 하는 소이는 리가 그렇게 하는 것이다. 그 움직이고 고요한 기틀은 천명이 저절로 그러한[天命之自爾] 것이지, 천명이 시키는[天命之使之] 것이 아니다. '시킨다[使之]'라고 하면 사람이지 하늘이 아니다. 바깥에서 언뜻 보면 과연 시키는 것 같지만, 실리로 탐구해 보면 모두가 '저절로 그러한[自爾]' 것이다. 어째서 이렇게 말하는가?

솔개나 날아오르고 물고기가 뛰어오르는 것은 이기의 유행이 위아래에 저절로 드러나는 것이다. 날게 만들고, 뛰어오르게 만드는 것이 아니다. 『중용』에서는 "하늘이 명한 것을 성이라고 한다"라고 했다. 이 또한 천명이 시킨 성인가? 저절로 그러한 것이다. 율옹이 스스로 그러하지 시키는 것이 아니다고 한 가르침은 '음이 고요하고 양이 움직이는 것이 모두 천명의 스스로 그러함에서 말미암아 그렇게 된다'라는 말이지, '스스로 운행하고 스스로 그치면서 천명과 아무런 상관이 없음'을 말하지 않는다. 노사의 '천명이 그렇게 하는 것'이라는 주장은 천명에 사람의 힘[人力]을 가져다 붙여서 함이 있다[有爲]라는 뜻을 갖도록 한다. 천명은 함이 없이 운행하는데 어떻게 천명에 운행하게 만들고, 그치도록 만들어서 조작하는 것이 있다고 하는 것인가?

또한 "천명은 모든 일의 본령이니, 이제 저절로 가고 저절로 멈추면서 천명에서 말미암지 않는다면 천명의 밖에 또 하나의 본령이 있게 된다. 두 개의 본령이 각자 지도리가 된다면 조화(造化)에는 이러한 일이 없다"라고도 했다. 또한 "리는 약하고 기는 강하게 될 것이니, 기가 리의 자리를 빼앗을까 두렵다"라고도 했다. 천명은 모든 일의 본령이기 때문에 음양의 움직임과 고요함의 기틀이 천명이 유행하는 가운데 저절로 움직임과 고요하지만 리가 주재가 되고 기는 기틀이 된다. 어떻게 두 개의 본령이 있고, 기가 리의 자리를 빼앗겠는가?

또한 "리를 따라 발현한다는 것은 기발이니 곧 이발이요. 리를 좇아 운행하는 것은 기행(氣行)이니 곧 이행(理行)이다"라고 했다. 리와 기는 저절로 섞이지 않는 오묘함이 있으니, 그 발현과 그 운행은 기이고, 발현하게 하고 운행하게 하는 소이는 리이다. 앞서지도 않고 뒤서지도 않는 오묘함이 있다지만, '기발이 곧 이발이요, 기행이 곧 이행이다'라고만 한다면 리와 기가 서로 섞인다는 병폐가 있을 것이다. 그렇지만 이미 '리를 따라 발현한다, 리를 따라 운행한다'라고 했다면 리와 기가 서로를 필요로 하되 섞이지 않는다는 뜻이 있으니, 오히려 어쩌면 노사 문하의 꾸짖음에서 벗어날 수 있을 듯하고, 이것은 율옹의 학설에 비춰 보아도 분명하다.

"헛된 이름만 있고 실제의 사실은 없다"라고 한 것은 틀림없이 소이연이라는 게 또 하나의 본령이 되기에 '헛된 이름만 있고 실제의 사실은 없음[有虛無實]'을 말한 것이다. 그러나 양이 움직이고 음이 고요함은 천명의 소이연지고이니, 어떻게 '천명의 바깥에 또 하나의 본령이 있어서 헛된 이름에 실사가 없다'라고 하겠는가? 또한 "살에 붙어있는 혹이나 천리마에 붙어있는 파리"라고도 했다. 이것은 틀림없이 '스스로 그러하지 시키는 것이 아니다'라고 했다면, 천리가 기기에 타는 것은 말하자면 주인이 힘들여 명령하지도 않고서 명을 받지도 않은 종에게 와서 깃드는 것과 같고, (말을) 제어하는 기술이 없는데도 훈련되지 않은 말에게 와서 탄다는 말과 같다. 그러나 음양이란 타는 기틀이고, 타는 것은 본연의 리이다. 리가 있는 곳에 기 또한 있지만 (서로) 뒤섞이지 않고, 기가 있는 곳에 리 또한 있지만 (서로) 떨어지지 않는다. 움직임과 고요함은 단서가 없고, 음과 양은 시작이 없다. 기틀이란 천명이 저절로 그러하고 시키는 것이 있지 않다. 그렇다면 이 리가 기를 타는 것인데 어떻게 '살에 붙어있는 혹이나 천리마에 붙어있는 파리' 같은 기틀[機]이 끼어들 수 있겠는가? 노사의 의도는 틀림없이 리를 위주로 후학들이 주기를 주장할까 걱정한 것이다. 그러나 율옹의 '기틀이 스스로 그러하지 그렇게 시키는 것이 있지 않다'는 말은 이미 주리의 스스로 그러함[主理之自然]이란 뜻이니, 주리와 주기는 후학들이 격물궁리가 어떠한지에 달려 있는 것이다.

그 나머지 "동방의 이학을 어찌할 것인가?", "피음사둔", "전도되고 창피하다", "모르겠거니와 마음이란 어떤 것인가?", "기질에서 마음을 구하는 이는 미혹된 것이다", "원컨대 계방은 닮지 말게나"[625]라고 한 것은 아마도 앞 「외필」의 문장인 '금왈(今曰)'을 이어받아서 오늘날 후생들이 율옹의 가르침이 기틀의 스스로 그러함이 리의 스스로 그러함에서 말미암는다는 것을 가리킨다는 것을 알지 못하고 다만 기 홀로 스스로

---

625 기정진, 『노사집』 권16(표점영인 한국문집총간 vol. 310), 「形質氣質說贈鄭季方」, 374쪽.

운행하고 스스로 그친다는 기를 주재로 인식하는 병폐가 있을까 탄식한 때문일 것이다.

의리란 공공연한 주장이다. 그러므로 내 생각이 노사의 '그렇게 시킨다[使之]'는 주장을 의심했기에, 다시 율옹의 스스로 그러하다는 주장을 살펴 앞에서처럼 말했다.

아! 후학이 선학을 따르는 것은 공자의 가르침이다. 우리 유학에서 도덕을 강론하는 이라면 정자·주자를 버리고 어디로 갈 것인가? 우리 동방의 이기를 논하는 이들도 율옹을 버리고서 누구를 본받을 것인가? 기노사는 경연(經筵)의 스승이요, 사림의 어른으로 80년을 독서하면서 도를 강론했는데, 선현을 공격하고 배척했다고 하니, 이러한 이치가 있을 턱이 없음에도 한스러운 것은 그의 「외필」에 다소 겸양하는 뜻이 없는 것이다. 또한 한스러운 것은 그의 『문집』 전체를 보지 못한 것이다.

奇蘆沙猥筆說[626]

權鍾華

大抵陰陽理氣之論，吾道一貫之說也．以天下之大聖之立天下之正位，行天下之大道，故伏羲神農黃帝堯舜所以繼天立極，而其授受之道，不過乎人危道微精一執中矣．以天下之至聖失天下之正位，任百世之大道，故孔聖顔曾思孟程朱所以繼往開來，而其傳受之道，不粤乎陽動陰靜理乘氣發矣．一理之末合，萬殊之一本，如索子之貫錢，如金聲而玉振．若失之條理，捨其端倪，則如亂繩之無緖，如弊裘之倒領，而出此入彼，近理亂眞．故孔子之時，老莊間之．孟子之時，楊墨害之．程子之時，蘇文反之．朱子之時，陸學汎之．然彼徒則道其所道，而曰佛也也，祖也也．吾黨則道吾所道，而曰性之之，反之之．至於般代之末，箕聖東出，吾道亦東．五奎聚精，群賢輩出．若羅麗，則薛弘儒·安晦軒·白上黨·權菊軒，及諸君子也．我朝則趙靜菴·李栗谷，退·牛溪，沙·尤菴，及諸先生也．而栗谷則東方理學之祖也．後學之慕其道而尊其人，爲如何哉？其理氣之說，擴前聖之所未發者．如理通氣局，萬精發理，及四七非二情，理氣非互發．至於陰陽動靜，則曰其機自爾，非有使之．余欲窺斑於此，而以朱夫子太極者本然之妙也，陰陽者所乘之機之說推之，則理乘氣機，氣載理妙，而其動其靜，皆天命之自然也．故愚於機自爾非有使之訓，以自然二字，自謂知己致矣．近看嶺儒之通湖士之喻，則奇蘆沙所著猥筆·形氣質說，及納涼私議中，有攻斥栗翁之說．云云．故余驚嘆心語曰，吾在窮巷，雖未及門，平日欽仰其道學之尊崇栗翁，而淵源有自來矣．方今諸儒論其師門之罪，則八十年窮理

626 蘆沙，卽奇正鎭氏之號，猥筆其文集也．

之學，一旦功虧於九仞之山．或是初學之士傾蠡於鯨海也耶？先取猥筆，看來看去者，不啻三復．其劈頭曰，陽動陰靜，驟看皮面，則果似自行自止，若深原其實，則一是天命使之然也．云云．蓋陽之動，陰之靜，氣之能也；所以動所以靜，理之然也．其動靜之機，是天命之自爾，非天命之使之．若曰使之，則是人也，非天也．以皮面看之，則果似使之，以實理究之，則都是自爾．何以言之？鳶之飛魚之躍，是理氣流行，自察於上下者也．非使之飛使之躍也．庸曰天命之謂性．是亦天命使之性乎？乃其自爾也．栗翁自爾非使之訓，謂陰靜陽動皆由於天命之自然而然者也．非曰自行自止，無所關由於天命也．蘆沙天命使之然之說，有着人力於天命，而有所爲底意思矣．天命無爲而行，則何可曰使行使止，有所造作於天命乎？又曰天命萬事本領，今有自行自止，不關由天命者，則天命之外，又有本領．兩箇本領，各有樞紐，則造化亦無此事．又曰理弱氣強，懼夫氣奪理位．云云．夫天命爲萬事本領，故陰陽動靜之機自爾，動靜於天命流行之中，理爲主而氣爲機．豈有兩箇本領而氣奪理位乎？又曰順理而發，則氣發卽理發；順理而行，則氣行卽理行．云云．其理氣自有不雜之妙，而其發其行，氣也；所以發所以行，理也．雖有不先不後之妙，若但曰氣發卽理發，氣行卽理行云，則有理氣相雜之病．然旣曰順理發順理行，則有理氣相須不離之義，或猶可免於師門之責，而於栗翁之說明矣．其曰有虛名而無實事云者，必是所以然者，又爲一箇本領，而有虛無實之謂也．然陽動陰靜，是天命所以然之故，則豈曰天命外又有本領，而虛名無實乎？又曰附肉之疣，隨驥之蠅云者，必其旣曰自爾非使，則天理之乘氣機，如旣無命之之主功，而來寓於不受命之僕，如旣無御之之人術，而來乘不調良之馬之謂也．然陰陽者，所乘之機也，其乘之者，本然之理．而理之所在，氣亦在而不雜；氣之所在，理亦在而不離．動靜無端，陰陽無始．機是天命之自爾非有使之．則理之乘氣，豈有肉疣蠅之機之間乎？蘆沙之意，想必主理而恐後學之主氣．然栗翁機自爾非有使之說，旣主理之自然，則主理主氣，在後學窮格之如何也. 其他曰東方理學何? 曰詖淫邪遁, 曰顚倒猖披, 曰不識心是何物? 曰求心於氣質者惑也, 曰願季方無似云者, 似是掌上猥筆文今曰字, 而歎今日後生之不知栗翁之訓, 指機之自爾,由於理之自然, 而但知氣獨自行自止, 而有認氣爲主之病故也. 蓋義理公公之說也. 故雖以愚見切疑於蘆沙使之之說, 而更究於栗翁自爾之訓, 敢說如右. 噫! 後進之從先進者, 孔聖之訓也. 則吾黨之講道德者, 捨程朱而安適? 我東之論理氣者, 捨栗翁而安倣? 蓋奇蘆沙經筵之師, 士林之丈, 八十年讀書講道, 而攻斥先賢, 萬無是理, 而惟恨其筆猥而少謙讓之意. 又恨不得見其文集之全帙也.

「외필」을 변론하는 8조목

김성중

이 글은 표면적으로 김성중(金聲中, 1839~?)[627]이 「외필」을 변론하는 것이다. 두 칸을 내려쓴 첫째 줄을 제외한 나머지 내용은 모두 16조목으로 나누어지는데, 1~9조목은 「외필」을 변론하는 내용이다. 10~16조목은 기정진의 리(理)에 대한 이해를 이이 성리학의 관점에서 비판하는 내용이다. 구체적인 저술 년대는 알 수 없다. 『하남집(河南集)』 권2에 실려 있다.

○ 『역통(易通)』의 훈목(訓目)에서 태극·음양·이기·기도(機道)·체도(體道)의 설명

1.

자전(字筌)에서는 기틀[機]을 근거지[樞會]로서 발동이 말미암는 것이라고 했다. '진기(眞氣)는 형체가 없다[眞氣無形]'라고 할 때의 진(眞)이 기틀이다.

2.

『역』에서 말했다. "태극이 움직여 양을 낳고, 고요해서 음을 낳는다." 움직일 때는 양의 태극이고, 고요할 때는 음의 태극이다. 이런 까닭에

627 일명 김두성(金斗星)이라고도 하고 호는 하남(河南)이며 본관은 울산이다. 아버지는 김요정(金堯禎)이고 어머니는 전주 이씨(全州李氏)이다. 이이의 성리학을 따랐고 저술로는 『하남집(河南集)』 10권 4책이 있다.

음양이라 하고, 이기라고 하고, '움직임'이라 하고 '고요함'이라고 하며, 기틀(機)이라고 하니, 모두 태극의 뜻이 있다. 또한 그 명의를 나누면서 형상과 형하로 말하는 경우도 있다. 주자(周子)는 태극을 동정이라고 했고, 이자(李子)는 기틀을 동정이라고 했으니, 모두 동정이다. 노사는 기틀의 동정이 태극에서 말미암지 않는다고 했다. 그렇다면 주자의 동정 또한 태극과 상관이 없을 것이라는 우려가 있다는 것인가? —기틀은 신과 오묘함의 기틀로서 기질과 섞이지 않는다. 리와 함께 말하면 또한 도라고 한다.—

3.

주자는 말했다. "태극을 말하면 음양이 갖춰지지 않음이 없다. 음양을 말하면 또한 태극이 갖춰지지 않음이 없다."[628] 천기(天機)의 움직임과 고요함은 끝이 없다. 그러므로 무(無)와 태(太)라는 두 개의 극으로 이름을 붙였다.

4.

『역』에서 말하는 해와 달, 네 계절의 운행은 모두 형이상의 도이다. 이것을 일러 태극의 끝이 없는 기틀이라고 한다. 형이하의 기(器)로 형이상의 기틀을 논해서는 안 된다.

5.

리 가운데 기는 곧 본원의 기라고 한다. 기 가운데 리는 곧 유행의 리라고 한다. 본원의 리가 유행의 기를 갖추지 못했다면 이 리는 신령

628 출처가 분명하지 않다.

함이 없으니, 흐리멍텅한 물건이라고 할 수 있다. 유행의 기가 본원의 리를 갖추지 못하다면 이 기는 바르지 못하니, '그 피가 검고 누를' 것이다. 이런 까닭에 추회는 발현이 말미암는 것이요, 진기는 그렇지 않는 때가 없으니, 이것을 일러 태극의 기틀이라고 하니, 하늘이 처음 갈리는 것은 저절로 그러한 것이다.

6.

『통서』에서 '한 번 음이 되고 한 번 양이 된다'라고 한 것은 태극의 도이다. 또 말했다. 도는 "음양이 운행하는 도이다. 누가 이 도가 태극과 음양에 있지 않다고 하는가?"[629] —『통서』에서는 "음양이 하나의 태극이다"[630]라고 했고, 또 "합해졌다가 열린다"[631]라고 했다. 이것은 같은 일을 말한다." —

7.

"한 번 음이 되고 한 번 양이 되는 것을 도라고 한다." 주자는 말했다. "예로부터 지금까지 이렇게 굴러 가는 것은 단지 음양일 뿐이다. 누가 그렇게 만드는가? 바로 도이다."[632] 이 도는 태극이 유행하는 도를 말한다. '도체(道體)'와 '도'의 설명은 『주서백선』 42의 「육자정에게 답함」에서 "형이상을 도라고 한다"라고 했고, 또한 "한 번 음이 되고 한 번 양이

---

629 출처가 분명하지 않다.

630 이 구절은 「태극도설」의 구절이지 『통서』의 구절이 아니다. 김성중은 같은 주돈이의 글이라는 이유로 「태극도설」 또한 『통서』의 일부처럼 간주하고 있는 것으로 보인다.

631 주돈이 저, 주희 주석, 『통서해』, 권정안·김상래 역주, 193쪽.

632 주희, 『주자어류』 권74(『주자전서』 vol. 16), 2523쪽.

되는 것을 도라고 한다"라고 한 것에 대해 "도의 본체가 지극한 것을 말하면 태극이라고 하고, 태극이 유행하는 것을 말하면 도라고 한다"라고 했다.[633] 성인이 도를 말한 곳에는 모두 조리가 있는 것이다.

8.

"『역』에서 '한 번 음이 되고 한 번 양이 되는 것을 도라 한다'라고 한 것은 태극이 아닙니까?"라고 묻자 주자는 "음양은 음양일 뿐이고, 도가 바로 태극이다[道便是太極]"라고 했다.[634] 이 '도'자 또한 태극이 유행하는 도이지, 태극의 본체를 말하지 않는다. 이 '변시(便是)' 두 글자는 바로 유기(遊氣)가 유행(流行)함을 말한다. 만일 '변(便)'자를 '본(本)'자로 바꾼다면 태극의 본체에 비견될 수 있을 것이다. '변시'라고 했다면 이 '변시'는 유기가 아니라면 무엇이겠는가? 태극은 고요해서 체가 되고, 움직여 작용[用]이 된다. ―'음양은 음양일 뿐이다'는 것은 명의(名義)를 말한다.―

9.

율곡 이자(李子)가 리를 설명하면서 '리가 기를 타는 것은 사람이 말을 타는 것과 같다'라고 함으로써 주자의 글에 부응했다. 이제 이 말을 새옹의 말에 귀결시키고서 '스스로 운행하고 스스로 그친다', '전도되고 창피하다'라고 한다면 천하에 어떻게 이런 말이 있겠는가? 하서(河西) 김선생(金先生 : 金麟厚)의 『문집』에 이일재(李一齋 : 李恒)에게 부친 편지가 있는데 거기에서 말했다. "주자가 리가 기를 타는 것이 사람이 말을 타는 것과 같다고 했으니, 결코 사람을 말이라고 여겨서는 안 된다."[635]

633 주희, 『회암선생주문공문집』 권36(『주자전서』 vol. 21), 「답육자정」, 1568쪽.
634 주희, 『주자어류』 권94(『주자전서』 vol. 17), 3145쪽.
635 金麟厚, 『河西全集』 권11(표점영인 한국문집총간 vol. 33), 「與一齋書」, 234쪽.

생각건대, 주자는 도체가 태극과 같고, 리가 기를 타는 것이 사람이 말을 타는 것과 같은 줄을 분명하게 알았다. 그렇다면 이자(李子)·김자(金子)의 말은 모두 주자의 말을 얻은 것이니, 모두 같은 말이다. 그렇다면 타고 있는 것은 무엇인가? 즉 주자·김자·이자의 리이다. 싣고 있는 것은 무엇인가? 즉 주자·김자·이자의 말이다. 김·이 두 선생은 도학의 종장으로 주자의 연원에서 계통을 이어받아 종묘에 종사된 백세의 사표들이다. 우리나라 300년 동안 문물의 융성함이 천하에 빛났다. 세도가 쇠미해지고 천지가 뒤집히며 한 번 다스려지고 한 번 어지러워지는 것은 역수가 그런 것이다. 100년 뒤에 참된 유학자가 나온다면 반드시 이 성인들이 가르친 조목들을 들어서 도를 아는 군자에게 일러줄 것이다. —『중용』에서 "'솔개가 날고 물고기는 뛰논다'라고 한 것은 "천기(天機)가 저절로 움직인 것이다"라고 했다. 하늘의 기틀이 어찌 태극이 아니겠는가? "천기가 저절로 움직인다"라는 말은 「연비어약」장의 주에 있다. —

이상 「변외필」 끝.

10.

율곡이 리를 설명한 것에는 깊은 곳이 있고, 낮은 곳이 있다. 모두 『역통』의 온축을 터득했고, 또한 정자·주자가 말한 내용에 내력이 있어서 그런 것이다. (그러나 노사는) 여기에 이르러 길게 리를 말하면서 "가죽 같은 (천명이) 있지 않다면 (털 같은) 어떤 것인들 움직이고 고요할 수 있겠는가?"라고 하니, 본원의 리에 어떻게 가죽이 있겠는가? 리에는 소리도 냄새도 없지만 또한 '소이(所以)'가 있다. 그러므로 감히 혈기로 논하지 않는 것이다. 어떻게 기질의 가죽을 본원의 리에 빠트릴 수 있겠는가? 이것은 리의 근원을 궁구하지 못해서 그런 것이다. 이 리가 기를 타고 유행하면서 기(器)에 떨어져 사물을 이뤄야 비로소 피질(皮質)

이 있는 것이다.

11.

어느 날 기수헌(奇睡軒 : 奇慶衍, 1848~?)이 나에게 노사의 리에 대한 주장을 말해 주었다. 나는 그에게 말했다. "리는 천하에 보편적인 것으로서 사람이 더하거나 덜 수 있는 것이 아니다. 그대가 말하는 리와 태극이 일물(一物)이라는 것이 어찌 (그 사이에) 얽힌 것이 없겠는가? 그러나 『역통』에서 '리는 태극에서 받은 것이고, 기는 음양에서 받은 것이다'[636]라고 했다. 음양이 태극에서 생겼다면 음양을 태극이라고 해서는 안 되고, 또한 리가 태극에서 받은 것이라면 리를 태극이라고 해서는 안 된다는 것과 같으니, 이것은 그 면모가 같지 않음을 말한 것이다. 「계사」에서는 '역에 태극이 있으니 이것이 양의를 낳는다'라고 했고, 그 뒤에서 '태극이 움직여 양을 낳고, 고요해서 음을 낳는다. 움직일 때는 곧 양의 태극이요, 고요할 때는 곧 음의 태극이다. 태극은 음양의 안에 존재할 뿐이다. 사물에서는 음양이 태극을 내함하고 있다. 그 근본을 추론해보면 태극이 음양을 낳는다'[637]라고 했다. 하늘의 유기(遊氣)는 끊어진 적이 없으니, 사람과 사물의 생성도 그렇지 않은 적이 없다. 이 유기의 아래는 사람과 사물의 태극이요 갖가지로 다른 것[萬殊]을 말한다. 움직이지도 고요하지도 않고, 아무런 조짐도 없지만, 모든 형상을

636 이 구절은 『역통』 즉 『통서』의 원문이 아니고, 『통서해』에 수록된 주 가운데 하나이다. 『통서해』의 주는 다시 『주자어류』 권94, 128조목에서 "리는 태극에서 받은 것이고, 기는 이기(二氣)·오행(五行)에서 받은 것이다.[理受於太極, 氣受於二氣·五行]"라고 재진술되고 있다. 여기에서 알 수 있는 것처럼 이 글의 필자는 『통서』의 원문과 주자의 주를 엄격하게 구별하지 않고 있다. 주돈이 지음, 주희 주석, 『통서해』, 52쪽 참조.

637 주희, 『주자어류』 권75(『주자전서』 vol. 16), 2564~2656쪽 참조.

갖추어서 존재하지 않는 곳이 없다. 이것은 유기의 위 본원의 태극이요 이일을 말한다. 이런 까닭에 '이일'이라고 하는 것은 형이상의 도요, '만수'라고 하는 것은 형이하의 기(器)이다.

12.

그대가 '하늘에서는 리라 하고, 사람에게는 성이라고 한다'라는 말에 어찌 협소함이 없겠는가? 천지에 존재하는 만물은 성이 없는 것이 없고, 천지에 일어나는 일이란 리가 아닌 것이 없다. 리를 일[事]에 붙이고, 성을 사물[物]에 붙이니 어찌 거칠지 않겠는가? 이러한 까닭에 이 일이 있으면 이 리가 있고, 이 일이 없으면 이 리도 없다. 이 사물이 있으면 이 성도 있고, 이 사물이 없으면 이 성도 없다. 누가 리가 하늘에만 있고, 성은 사람에게만 있다고 하는 것인가? 하늘이 부여한 것이 명이 되고, 사물이 받은 것이 성이 된다. '건도가 변화하여 각각 성과 명을 바로잡는다'라는 것은 사물이 생기면 성이 있고, 각각 그 도를 갖추기에 그 천명의 성을 궁구하면 똑같은 하나의 성이요, 순수하고 지선한 것임을 말한다. 사물이 각각 그 형기의 치우침과 뒤섞임 때문에 다섯 가지 성을 갖추지 못하고, 중인의 경우에는 이기·오행의 성을 얻기는 했지만, 무거움에 치우치거나 가벼움에 치우쳐 성인의 성과 다른 것은 기질의 혼매함 때문에 그 성을 잃었기 때문이다. 성인만이 천명의 순일한 성을 온전히 받아서 그 성을 삼으니, 인의예지가 그 성이다.

13.

주자는 말했다. "천지 사이에 움직임과 고요함이란 두 가지 단서가 있어서 순환하면서 그치지 않을 뿐, 다른 일이란 없으니 이를 일러 역이라고 한다. 그런데 그 움직임과 고요함에는 반드시 움직이고 고요함의 까닭이 되는 리가 있으니, 이것이 태극이라는 것이다."[638] 또 말했다. "리는 태극과 음양의 매개[媒妁]이다. 이 리가 없다면 태극과 음양은 움직이지 못한다. 어째서인가? 이런 까닭에 조화와 신묘의 공능은 사시와 주야의 사이에 그치는 때가 없으니, 이것이 천지와 자연의 리이다."[639] 이렇다면 '태극'이라고 하는 것은 리와 태극을 일물이라고 해서는 안 된다. ―『역통』에서 '리는 태극에서 받는다'라고 했다.―

14.

주리와 주기는 의론하지 않는 것이 옳다. '주리'라고 한다면 양이 많고 음이 적으며, 건도가 지나치게 강하고 곤도는 지나치게 약하다. 이것을 일러 (건괘의 「문언전」에서는) '지나친 용이니 후회가 있을 것이다'[640]라고 했다. '주기'라고 한다면 음이 많고 양이 적으며, 곤도가 지나치게 강하고, 건도가 지나치게 약하다. 이것을 일러 (곤괘의 상육효에서는) '용들이 싸우니 그 피가 누렇다'라고 했다. 이런 까닭에 천도에 본래 존재하는 기를 천도에 본래 존재하는 리와 합쳐, 하나의 덕을 함께 쓴다면 음양이 서로 조화를 이루고, 리와 기가 공평해지고, 사단이 합쳐지고 삼강은 스스로 바르게 될 것이다. 유·순·우 삼대의 임금들은 이 마음을 보존하고 이 덕을 길러서, 해와 달이 운행하고, 더위와 추위가 어긋나지 않으며, 건도는 남자를 이루고 곤도는 여자를 이루었다. 옛 성왕들은 천리를 이용해서 인도를 만들었는데, 오직 삼대만 그랬을 뿐이다. 세대가 1,000여년을 지나 이 도가 전해지지 않았으니 어떻게 천도의 궤도가 그러는 것이 아니겠는가? 오늘날의 세상에 왕자가 나와서

638 주희, 『회암선생주문공문집』 권45(『주자전서』 vol. 22), 「答楊子直」, 2071쪽.
639 출처가 분명하지 않다.
640 『주역』, 건괘(乾卦) 「文言」.

리와 기를 조화시키고, 예법을 보존시킨다면, 삼대의 다스림이 어떻게 삼대에만 그치겠는가?

15.

『중용』의 본뜻을 리라고 하고 기라고도 하는 것은 뿌리와 유행의 선후를 함께 말한 것이다. 오늘날 세상에서 이기설은 선현의 구절과 뜻이 어디에 있는지를 탐구하지 않고, 한갓 문자만을 답습해서 논박한다. 주장들이 어긋나니, 안으로 참된 성을 잃어버리고서, 주리와 주기가 스스로 치우치고 편벽됨에 빠져드니, 그 폐단이 심하다.

16.

우암선생의 『문집』 권65의 「조복형(趙復亨)에게 답함」에서 말했다. "천하의 리가 '동정(動靜)' 두 자에 지나지 않으므로 주자(周子)는 '서로 근본한다(互根)'라고 말했고, 소자(邵子)는 '음은 양에, 양은 음에 근본한다'라고 말했다."[641] 리가 동정이란 두 글자에 지나지 않는다는 것은 주자의 글에서 얻어서 선생이 간절하게 말한 것이다.

---

641 송시열, 『송자대전』 권65(표점영인 한국문집총간 vol. 111), 「答趙復亨」, 5쪽.

辨猥筆八條

金聲中

易通訓目，太極陰陽理氣機道軆道之說.

1.

字箋，機謂樞會發動所由．眞氣無形之眞，是機.

2.

易曰，太極動而生陽，静而生陰．動時陽之太極；静時陰之太極．是故曰陰陽，曰理氣，曰動曰静，曰機，均有太極之義．而又分其名義者，以其有形上形下道也．周子以太極謂動静，李子以機謂動静，均是動静．而蘆沙以機之動静不關由太極也云．然則周子之動静，恐亦有不關於太極之患耶?—機，神妙之機，不雜氣質，與理衆看，又曰道.—

3.

朱子曰，言太極則陰陽無不具焉；言陰陽則太極又無不具．天機之動静，無限界．故以無太二極名之.

4.

易曰，日月之行，四時之運，皆是形上之道也．此之謂太極無窮之機.

不可以形下之器論其形上之機.

5.

理中之氣, 卽曰本原之氣也. 氣中之理, 卽曰流行之理也. 若曰本原之理, 不具流行之氣, 則此理無靈, 可謂儱侗物. 若曰流行之氣, 不具本原之理, 則此氣不正. 其血玄黃. 是故樞會發動所由, 眞氣無時不然, 此之謂太極之機, 天之肇判自然也.

6.

通書, 一陰一陽, 是太極之道. 又曰道是陰陽所行之道, 誰謂此道不在太極陰陽耶?—通書陰陽一太極. 又曰混兮闢兮. 此謂一事也.—

7.

一陰一陽之謂道. 朱子曰, 自古及今, 恁地衮將去, 只是陰陽, 是孰使之然也? 乃道也. 此道, 言其太極流行之道也. 所謂道體也道也之說, 詳見於朱書百選, 四十二答陸子靜書, 以形上者謂之道. 又一陰一陽之謂道. 又曰語道軆之至極, 則謂之太極, 語太極之流行, 則謂之道也. 聖人言道字去處, 皆有條理.

8.

易曰, 一陰一陽之謂道, 便是太極否? 曰陰陽只是陰陽, 道便是太極. 此道字, 亦太極流行之道, 非謂太極之體也. 這便是二字, 乃遊氣流行之謂也. 若以便字換其本字, 則可擬於太極之軆也. 若以便是, 則便是非遊氣而誰耶? 太極靜而爲體, 動而爲用, — 陰陽只陰陽言名義. —

9.

栗谷李子理說曰, 理之乘氣, 如人乘馬, 以副於朱子之書也. 今以此馬歸之於塞翁之馬, 謂之自行自止, 顚倒猖披, 則天下豈有是言耶? 河西金先生文集中, 寄李一齋書曰, 朱子曰理之乘氣, 如人之乘馬, 切不可以人謂馬也. 伏想朱子灼見道體之如太極, 而其理之乘氣如人之乘馬也. 然則李子金子之馬, 俱是得來於朱子之馬, 而均是一馬也. 所乘者, 誰耶? 卽朱子金子李子之理也. 所載者, 誰耶? 卽朱子金子李子之馬也. 金李兩先生, 以道學宗長, 受統於朱子之淵源, 崇配聖廡, 爲百世師表. 本朝三百年, 文物之盛, 可有光於天下也. 世衰道微, 天地翻覆, 一治一亂, 曆數然也. 百年之後, 其有眞儒之出, 必考擧此聖人之訓目, 以詔其知道之君子矣. —中庸鳶飛魚躍, 天機自動, 天之機, 豈非太極耶? 天機自動, 在鳶飛註.—

右辨猥筆終.

10.

栗谷理說, 有深處焉, 有淺處焉. 皆得於易通之蘊奧, 而又於程朱所說, 有所來歷而然也. 至於此長理說曰, 皮之不存, 何物可以動靜云者, 本原之理, 有何其皮乎? 理無聲臭, 而又有所以. 故非敢以血氣論之也. 豈可以氣質之皮汨飯於本原之理乎? 此不究理之原而然也. 此理乘氣流行, 墜器成物, 則方有質皮.

11.

一日奇睡軒謂我以蘆沙理說. 余曰, 理也者, 天下之公物, 非人損益也. 公之所謂理與太極爲一物云者, 豈無間架, 易通所謂理受於太極, 氣受於陰陽, 如陰陽生於太極, 而不以陰陽謂之太極, 又如理受於太極, 而不以理謂之太極, 此謂其面貌之不同而言也. 繫辭易有太極, 是生兩儀. 下曰太極動而生陽, 靜而生陰, 動時, 便是陽之太極, 靜時, 便是陰之太極. 盖太極只在陰陽裏. 在事物, 則陰陽函太極. 推其本, 則太極生陰陽. 天之遊氣, 無時間斷, 人物生生, 無時不然. 此遊氣下人物之太極而萬殊之謂也. 不動不靜而冲漠無朕, 含鴻萬象, 而無處不在. 此遊氣上本原之太極而理一之謂也. 是故所謂理一云者, 形上之道也; 所謂萬殊云者, 形下之器也.

12.

公之所謂在天曰理在人曰性, 豈無陜乎? 天地之物, 莫非性也, 天地之事, 莫非理也. 理付於事, 性付於物, 豈無闊乎? 是故有是事則有是理, 無是事則無是理. 有是物則有是性, 無是物則無是性. 誰謂理獨在於天? 又謂性獨在於人耶? 天所賦爲命, 物所受爲性. 而乾道變化, 各正性命, 言物生則有性而各具其道. 故究其天命之性, 則均是一性, 而淳粹至善也. 至於物, 各以其形氣之偏駁, 未受五性之具, 至於衆人, 雖得二五之性, 而其偏重偏輕之所以不同於聖人之性者, 以其有氣質之昏昧, 失其性也. 獨於聖人, 穩受天命純一之性, 以爲其性, 所謂仁義禮智, 是其性也.

13.

朱子曰, 天地之間, 只有動靜兩端, 循環不已, 更無餘事. 此之謂易. 而其動其靜, 必有所以動靜之理焉. 是則所謂太極也. 又曰理也者, 太極陰陽動靜之媒妁也. 若無此理, 則太極陰陽不動, 何? 是故造化神妙之功, 無時間斷於晝夜四時之間, 此天地自然之理. 是則所謂太極, 不可以理與太極爲一物. —易通理受於太極云.—

14.

主理主氣, 不敢議爲然. 若曰主理, 則陽多陰小, 乾道太強, 坤道太弱. 此之謂亢龍有悔也. 若曰主氣, 則陰多陽小, 坤道太強, 乾道太弱. 此之謂龍戰血黃也. 是故以其天道本有之氣, 合其天道本有之理, 幷用一德, 則陰陽相調, 理氣平均, 四端合聚, 三綱自正矣. 堯舜禹三代之君, 存此心養此德, 而日月運行, 寒暑不錯, 乾道成男, 坤道成女. 古之聖王, 用天理而爲人道者, 惟三代而已. 世遠千載, 斯道無傳, 豈非天道之躔位而然耶? 當今之世, 若有王者起, 而調和理氣, 撫存禮法, 則三代之治, 奚啻三代也哉?

15.

中庸本義, 曰理曰氣, 幷言根流之先後. 今世所謂理氣之說, 不究先賢句義之所在, 徒襲文字, 駁論悖說. 內失眞性, 主理主氣, 自陷偏詖, 厥弊也甚.

16.

尤菴宋先生文集六十五, 答趙復亨書曰, 天下之理, 不出於動靜二字, 而周子以互根爲言, 邵子則以陰根於陽, 陽根於陰爲言. 盖理不出於動靜二字, 得來於朱子之書, 而先生之喫緊處也.

신전(薪田) 늙은이가 가르침을 청함

전우

이 글은 전우가 「외필」에서 기정진이 리의 기에 대한 우위를 묘사하기 위해 동원한 주인과 종의 비유, 즉 '주인이 향하는 곳으로 종이 따른다'라고 한 구절의 논리를 비판하는 것이다. 무위로서의 리라는 율곡학파의 전형적인 관점에서 '리에는 지각과 능력이 있어서 기를 제어할 수 있다'라는 주장을 반대하고 있다. 구체적인 저술 연대를 알 수 없기에 임시로 여기에 둔다. 『간재집·전편』 권15에 실려 있다.

성인 문하의 도학(道學)은 반드시 결실을 맺어야만 후세의 문학가들이 말만 하고 끝내는 것과는 다를 것이다. '결실을 맺는다[成實]'라는 것은 무엇인가? 스스로 체득하고 행하는 것이 바로 이것이다. 허황된 빈 말에서 그칠 뿐이라면 어찌 다시 결실을 맺을 곳이 있겠는가?

하늘에서는 도이고, 사람에게서 성인 것은 리가 본체라는 점에서 똑같다. 하늘에서는 조화이고 사람에게서는 공용인 것은 기의 작용이라는 점에서 똑같다. 옛 현자는 말했다. "하늘을 제대로 말하는 이는 반드시 사람에게서 증명한다." 이제 사람으로 말하자면 그 성에 과연 조종과 가부[適莫]가 있고 ― 화서(華西)는 양능(良能)을 형이상의 도라고 여기고, 유치정(柳穉程 : 柳重教, 1832~1893)은 '양지가 리이고, 리가 일에 호응할 수 있으며, 태극에 지각이 있다'라고 하는데 모두 똑 같이 기를 말하는 것이다.― 기로서의 마음[心氣]과 형체로서의 몸[身形]을 복종시켜서, 잠시라도 갈팡질팡하는 잘못이 없게 만들 수 있다면, 온 세상의 모든 사람들 누구 한 사람 천지와 덕을 합하고, 성현의 경지로 함께 돌아가지 못할 이가 없을 것이다. 그렇다면 「외필」이란 글은 진실로 만고의 탁견이요 모든 성인들이 고개를 끄덕이는 의론일 것이다.

다만, 이와 같이 말한다면 거리를 가득 채운 이들이 모두 성인일 것이다. 유학의 가르침과 배움, 왕가(王家)의 형률과 법률도 모두 다 없애버려도 괜찮을 것이니, 어째서인가? 순수하게 선한 성에 기인해서 비상하게 총명하고, 못하는 것이 없으며, 마음, 기(氣), 감정, 욕망이 감히 그의 뜻을 넘어서지 못하기 때문이다. 그런데 율옹은 홀로 어째서 성의 영명한 인식[靈識]이란 것이 없다고 하고, 이런 잘못된 풀이를 남겨 후세 유자들의 비난을 물리도록 받는 것인가? 이것은 또한 이해할 수 없는 이치이다.

또한 다시 생각해 보면 노사의 지위라고 할지라도 무위(無爲)로서의 도체는 지각이 있는 마음을 점검해서 미진함이 없이 도를 넓히게 할 수 없다. 감정이 없이 스스로 존재하는 법도[矩]는 — 법도란 곧 하늘의 법칙[天則]이니, 곧 인성(人性)이다. — 이 마음을 돌보아 애쓰지 않고서도 스스로 법도를 넘지 않도록 할 수 없다. 지각하는 것이 없는 인(仁)은 이 마음을 마모시켜 욕망이 없고 인을 어기지 않도록 할 수 없다. 본래 자립하고 단독인 도의는 이 기를 길러서 크고 성대하게 만들며 무릎 꿇는 일이 없도록 할 수 없다.

이제 우리 사람이 직접 행해서 결실을 맺는 지경을 추구하지 않고, 다만 한 자루 그럴 듯 해 보이는 화두만을 세우고서, 다시 그 실제로 그런지 그렇지 않은 지의 까닭을 묻지 않는다면 — 인심의 공용만이 그런 것이 아니다. 천지의 조화라도 반드시 천 년을 모두 다스리고 만 년 동안 굶주림이 없게 만든 다음에야 '주인이 향하는 곳으로 종이 따른다'라는 주장은 지장이 없을 것이다. — 명목만 있고 실제는 없다는 것은 여기에 있지 저기에 있지 않을 것이다. 이것은 노사 문하에만 해당하는 변론이 아니다. 세상에서 '리에는 지각과 능력이 있어서 기를 제어할 수 있다'라고 말하는 이들은 모두 한 마디 말을 한다.

한 마디 말을 한다는 것은 '도체가 천지에 있으면서 음양을 통제할 수 있고, 음양이 그 명을 어기지 못하도록 한다. 그러나 사람과 사물에서는 오히려 기질을 통제할 수 없어서, 그 하는 것을 (기에) 일임하는 데서 벗어나지 못한다'라고 하는 것이다. 내 생각에는 이와 같다면 도체는 원래 많은 종류가 있다는 것이니, 두 개의 본령이 어긋나 행할 수 없다는 데서만 끝나지 않을 것이다. 이 또한 이해할 수 없다.

또 한 가지 말이 있는데 '세상의 치란과 한 해의 풍흉은 진실로 인간 세상의 일로 말미암아 (하늘이) 감응하는 것이니 또한 모두 도의 올바름이다'라고 한다. 내 생각에 이것은 정말로 그렇다. 다만 (하늘을) 감응시키는 사람만을 하늘이 낳는 것은 아니다. 어째서 이 탐욕스러운 군주와 아첨하는 신하가 있어서 하늘의 법칙을 어기고 인륜의 기강을 무너뜨려 이 흉하고 어지러운 변고를 초래하는 것인가? 이 또한 '주인이 향하는 곳으로 종이 반드시 따른다'라는 주장의 실제 사례가 아니란 말인가? 의심스럽다.

薪叟求教

田愚

聖門道學, 須要有箇成實, 不似後世文學家只說得便了. 如何是成實? 只自家體行底, 便是. 若止懸空說, 豈復有成實處? 夫在天之道, 在人之性, 其理之爲體, 一也. 在天之造化, 在人之功用, 其氣之爲用, 一也. 昔賢云善言天者, 必驗諸人. 今且以人言之, 其性果有操縱適莫, —華西之以良能, 爲形而上之道, 柳稺程之謂良知爲理, 理能應事, 太極有知覺, 都是一樣語氣.— 而能攝伏得心氣身形, 使無霎時倒東來西之失, 而四海九州之人, 無一不與天地合德, 聖賢同歸焉爾. 則猥筆一篇, 誠可謂萬古卓見, 千聖點頭之論矣. 但如此說, 則滿街都是聖人. 凡儒門教學, 王家刑法, 可以一埽埽盡, 何者? 緣純善之性, 百伶百俐, 無所不能, 心也氣也情也欲也, 無敢有越厥志者爾. 且栗翁如何獨無性之靈識? 乃有此錯解, 而飽受後儒之譏貶? 此更不可曉之理也. 抑又思之, 雖蘆沙地位, 其無爲之道體, 未能檢其有覺之心, 使之弘夫道而無不盡矣. 其無情自在之矩,—矩卽天則, 卽人性也.— 未能撫循得此心, 使之不勉而自不踰矩矣. 其無所知覺之仁, 未能磨擦得此心, 使之無欲而不違乎仁矣. 其本自孤單之道義, 未能充養得此氣, 使之浩然盛大而無所屈撓矣. 今也不求吾人體行成實去處, 只立得一柄好看底話頭, 而更不問其實然不實然之故, —非獨人心功用爲然, 雖天地造化, 必能千年皆治, 萬歲無饑, 然後主向僕往之說, 方不礙矣.— 則其所謂有名無實者, 恐在此而不在佗矣. 此非惟蘆門置辨而已. 凡世之言理有知能, 能制得氣者, 皆下一轉語. 有下一轉語者云, 道體之在天地, 能駕馭陰陽, 而使之不畔乎其命, 其在人物也, 卻不能管攝氣質, 而不免一任其所爲. 余謂如此則道體原有幾多般, 而非但雙本領之乖張而不可行. 此更不可曉也. 又有一語云, 世之治亂, 年之豐凶, 寔由人事所感召, 則亦皆道之正也. 余謂此誠然也. 但所感召之人, 獨非天之所生. 而柰何有此貪戾之君, 諂佞之臣, 以悖天則, 壞人紀, 而致此凶亂之變? 是亦非所謂主之所向, 僕必往焉之實事也? 可疑.

노사외필변

이방헌

이 글은 이방헌(李邦憲, 1857~1923)[642]이 쓴 「외필」에 대한 짧은 비평이다. 정확한 저술 년대는 알 수 없다. 『(국역)방산이방헌선생문집(方山李邦憲先生文集)』 권6에 실려 있다.

「외필」에서 말했다. "한결같이 천명이 그렇게 시킨 것이다. 천명이 그런 까닭에 그렇게 하지 않을 수 없는데, 이것을 소이연(所以然)이라고 한다."

'천명이 그런 까닭에 그렇게 하지 않을 수 없다'라는 것은 곧 그 기틀이 저절로 그렇기 때문이다. 어떻게 그렇게 시키는 천명이 따로 있겠는가? 율곡선생은 "음양의 움직임과 고요함은 기틀이 저절로 그러는 것이지 그렇게 시키는 것이 있지 않다"[643]라고 했으니, 이것이 정론이다. 이제 기노사가 「외필」에서 비평하면서 의논한 것은 외람되게 스스로 글을 쓴다고 했지만, 오로지 율옹을 넘어서려고 하면서 자신의 영역을 이전 사람들보다 더욱 더 많이 점유하려는 것이다.

아! 그 역량을 알 수 없거니와, 그가 스스로 학설을 세우는 것은 오직

---

642 자는 경빈(景斌)이고 자호는 방산거사(方山居士)이며 본관은 함평(咸平)이다. 오늘날 충청남도 예산군(禮山郡) 관내에 해당하는 덕풍현(德豊縣) 금치리(金峙里) 출신으로 면천군(沔川郡) 율사리(栗寺里)로 이주해 율리정사(栗里精舍)를 짓고 후학들을 가르쳤다. 가학을 익혔는데 이이-송시열-한원진·윤봉구로 이어지는 학맥을 계승했고, 최익현·김복한(金福漢)·전우 등과 교유했다. 필사본 『방산선생유고(方山先生遺稿)』 16권 8책을 남겼다.

643 이이, 『율곡전서』 권10(표점영인 한국문집총간 vol. 44), 「답성호원」, 211쪽.

율옹의 소견 가운데서 비슷하게 맞추어 두각을 나타내려다 되지 않으니, 천명이 시켜서 그렇다는 한 구절로 '그렇게 시키는 것이 있지 않다'라는 말을 꼬집어 물리치려고 했다. 견해의 차이는 참으로 여기에 있다.

리와 기는 서로 떨어지지 않는 까닭에 음양의 움직임과 고요함이 진실로 리의 움직임과 고요함이요, 그 기틀이 저절로 그렇게 하는 것이 곧 리가 저절로 하는 것이다. 즉 이것이 리가 기를 타는 오묘함인 것이다.

그러므로 스스로 그런 것의 근거가 바로 소이연의 리이다. 한 번 음하고 한 번 양하는 것을 일러 도라고 하는데, 한 번 음하고 한 번 양하는 것이 도가 아니라, 한 번 음하고 한 번 양이 되는 원리가 바로 도인 것과 같다. 그러나 참으로 한 번 음하고 한 번 양하는 위에 존재하는 도가 한 번 음하고 한 번 양하게 하는 것이 아니다.

만일 리가 기의 위에 있어 한 번 움직이고, 한 번 고요하게 한다면 리는 유형의 한 물건이 되는 것이며, 기도 또한 유형의 한 물건이 되어서, 각각 나누어진 위치를 점유하게 된다. 움직이고 고요하려 할 때에, 리가 부르고 기가 대답하는 것이 관리가 사무실에서 명령하면 뭇 서리들이 마당에서 일제히 소리치며 거행하는 것과 같을 것이다. 어찌 이렇게 형체를 가지고 작위하는 리가 있겠는가?

蘆沙猥筆辨

李邦憲

猥筆曰, 壹是天命使之然也. 天命然也, 故不得不然, 此之謂所以然. 天命然也, 不得不然, 卽其機自爾之故也. 何嘗別有天命使之然也? 栗谷先生曰, 陰陽動靜, 機自爾也, 非有使之者, 是定論也. 今奇蘆沙之猥筆譏議, 可謂猥自下筆, 而專欲凌駕栗谷, 自占田地, 自多于前人也. 嗚乎! 不知量矣. 然其所爲自說, 只在栗翁所見中彷佛進退, 出頭不得, 而欲以天命使之然一句, 搏打非有使之之言. 則所見之差, 實在於此矣. 蓋理氣不相離, 故陰陽之動靜, 實理之動靜, 其機之自爾, 卽理之自爾也. 卽理乘氣之妙也. 所以自爾者, 乃所以然之理也. 如所謂一陰一陽之道, 一陰一陽者非道, 而所以一陰一陽便是道也. 實非一陰一陽上面有所謂道者, 使之一陰一陽也. 若以謂理在氣上, 使之一動一靜, 則理是有形一物, 氣亦有形一物, 各占居界位. 將欲動靜, 則理呼而氣應, 如官司坐衙行令, 衆吏在衙前, 齊聲擧行也. 安有如是有形有作爲之理哉?

기노사외필변

우하철

이 글은 송병선 형제의 제자인 우하철(禹夏轍, 1854~?)[644]이 기정진의 「외필」을 변론한 것이다. 『계산사숙록』에 의하면 우하철은 대구에 거주하던 송병선의 제자 18인 가운데 한 사람이다. '주자는 훗날의 공자요, 이이는 훗날의 주자이다'라는 관점에서 「외필」이 기를 배척하는 주리(主理)만을 주장하기에 참된 주리론일 수 없다는 논지를 전개하고 있다. 모두 17조목으로 이루어졌는데, 1조목에서 「외필」이 문제 삼고 있는 이이의 편지를 인용한 후, 아래 15개 조목에서 「외필」을 인용하고 자신의 견해를 '안(按)'이라는 형식으로 제시하고 있다. 마지막 17조목은 총론에 해당한다. 정확한 저술 년도는 알 수 없다. 『택와문집(擇窩文集)』 권6에 실려 있다.

1.

율곡선생이 우계에게 답하는 편지에서 말했다. "기가 발현하면 리가 탄다는 것은 무슨 뜻입니까? 음이 고요하고 양이 움직이는 것은 기기(氣機)가 저절로 그런 것이지 (그렇게) 시키는 것이 있지 않습니다. 양이 움직이면 리는 움직임에 타는 것이요 리가 움직이는 것은 아니며, 음이 고요하면 리가 고요함에 타는 것이요 리가 고요한 것은 아닙니다. 그러므로 주자는, '태극은 본연의 묘리이고, 동정(動靜)은 이것이 타는 기기이다'라고 말하였습니다. 음이 고요하고 양이 움직이는 것은 기기가 저절로 그러한 것이고, 음이 고요하고 양이 움직이는 소이(所以)는 리입니다."[645]

---

644 자는 여칠(汝七) 호는 택와(擇窩) 본관은 단양(丹陽) 거주지는 대구다. 1898년 윤3월에 송병선을 처음 배알했다.

645 이이, 『율곡전서』 권10(표짐영인 한국문집총간 vol. 44), 「답성호원」, 211쪽.

2.

[외필] '양이 움직이고 음이 고요하다'라는 것을 바깥에서 언뜻 보면 스스로 움직이다가 스스로 멈추는 것 같지만, 그 실상을 깊이 탐구해 보면 한결같이 천명이 그렇게 시킨 것이다. 천명이 그런 까닭에 그렇게 하지 않을 수 없는데, 이것을 소이연(所以然)이라고 하니, 천명 밖에 따로 소이연이 있는 것이 아니다. 이제 '그 기틀이 스스로 그러하다[其機自爾]'라고 말할 때, '스스로 그렇다[自爾]'는 것에 강요한다는 뜻이 없음을 말하니, 이미 자기에게서 말미암는 것이지 다른데서 말미암지 않는다는 뜻을 내포한다. 또한 '시키는 것이 있지 않다[非有使之者]'라고 거듭 말하였으므로 '스스로 그러하다'라고 말할 때는 말이 오히려 허황되었으나, '시키는 것이 있지 않다'라고 해서 그 말뜻이 명확해졌고, 정말로 음과 양이 말미암는 것이 없이 스스로 움직이고 스스로 그치는 것 같다.

우하철 : 평범하게 천명의 유행을 말하자면 음양의 움직임과 고요함은 곧 태극의 움직임과 고요함이다. 그런데 주자는 "태극은 본연의 오묘함이요, 움직임과 고요함은 (태극이) 타는 기틀이다"[646]라고 했다. 태극은 리이고, 움직임과 고요함은 기이다. 리는 늘 기를 타고 있으므로 본시 '각자 움직이고 고요하다'라고 해서는 안 된다. 그러나 움직이고 고요하는 사이에 리와 기의 구분이란 없을 수 없다. 리는 무위이고 기는 유위이기 때문에 리는 움직이고 고요할 수 없고, 기에는 저절로 움직임과 고요함이 있다. 기로 본다면 음이 고요하고 양이 움직이는 것은 그 기틀이 저절로 그러한 것이지 그렇게 시키는 것이 있지 않다. 리로 말하면 음이 고요하고 양이 움직이는 것은 기기(機機)이지만, 반드시 소이연(所以然)이 있다. 율옹이 '그렇게 시키는 것이 있지 않다'라고 하고 '소이연'을 말한 두 구절은 주자의 취지를 정밀하고 절실하게 발명했다.

646 주희, 『태극도설해』(『주자전서』 vol. 13), 72쪽.

그런데 이제 "음이 고요하고 양이 움직이는 것은 모두 천명이 그렇게 시키는 것이다"라고 하니, 이것은 천명의 유행을 알 뿐, 기기에 저절로 움직임과 고요함이 있는 줄을 모르는 것이다. 기가 리를 따라서 운행하는 것이야 본시 천명이 그렇게 시키는 것이라고 하겠지만, 리를 따르지 않고 운행하는 것 또한 천명이 그렇게 시킨다고 하겠는가? 틀림없이 '그렇게 시키지만 명을 듣지 않는다'라고 할 것이다. 이와 같은 경우, 또 누가 그렇게 시키는 것인가? 주자는 말했다. "기는 리가 낳은 것이긴 하지만 이미 생겨났으면 리는 상관할 수 없다."[647] 기가 스스로 운행하고 스스로 그칠 수 없다면 어떻게 상관하지 못하는 리가 있겠는가? 음이 고요하고 양이 움직이는 것이 모두 천명이 그렇게 시켜서 그러는 것이라고 한다면 결국 리가 기의 영역을 차지하게 된다. 기가 움직이고 고요한 것이 아니라 리가 저절로 움직이고 고요하게 될 것이고, 기가 일에 쓰이는 것이 아니라, 리가 일에 쓰이게 될 것이다. 또한 기가 선하거나 악하지 않은 데도 리에 선과 악이 있게 될 것이니 어떻게 말이 되겠는가?

3.

[외필] 천명은 모든 일의 본령이니, 이제 저절로 가고 저절로 멈추면서 천명에서 말미암지 않는다면 천명의 밖에 또 하나의 본령이 있게 된다. 두 개의 본령이 각자 중심이 된다면 조화(造化)에는 이러한 일이란 없다.

우하철 : 양의 움직임은 리가 움직임에 탄 것이요, 음의 고요함은 리가 고요함에 탄 것이다. 움직임에 타고 고요함에 타는 리가 하늘이 명한 것이요 모든 일의 본령이 아니라는 것인가? 움직임과 고요함 사이에

647 주희, 『주자어류』 권4(『주자전서』 vol. 14), 200쪽.

타고 실리는 리가 자재한데, 또 천명이 그렇게 시키는 것이 있다는 것인가? '두 개의 본령'이라는 말은 이해하지 못하겠지만, 틀림없이 두 개의 천명이 있어야만 두 개의 본령이 될 것이다.

4.

[외필] '스스로 그렇다'라고 하고 '시키지 않는다'라고 말하는 때라면 '어쩔 수 없이 그런 까닭'은 이미 기가 차지하게 된다. 그런데 '어쩔 수 없이 그런 까닭'이란 곧 소이연(所以然)이다. 천지만물은 소이연을 말하게 되면, 여기가 곧 궁극의 근원이어서, 다른 말을 해야 할 여지라고는 없다. 그런데 그것을 이어서 '소이연은 리이다'라고 한다면 소이연의 위에 (소이연을) 덧붙이는 격이니, 다시 무슨 소이연이 있다는 것인가?

우하철 : '기들이 스스로 그러하지 그렇게 시키는 것이 있지 않다'라는 한 구절은 기기가 유행하는 오묘함을 잘 묘사한 것이다. 율옹은 후대의 학자들이 이 말을 보고 기기가 '리가 타기'를 기다리지 않고 저절로 움직이고 고요하다고 오인할까 걱정했기에 이어서 '음이 고요하고 양이 움직이는 소이가 리이다'라고 했다. 그것은 기기의 유행이 본래 저절로 이와 같지만, 주재가 되는 것은 리임을 밝히려는 때문이었다. '스스로 그렇다'라고 하고 '시키지 않는다'라고 할 때 소이연으로서의 리는 그 가운데 저절로 있는 것이지, 저절로 그렇고 시키지 않는 바깥에 또한 소이연으로서의 리가 있는 것이 아니다. 양이 움직이면 리는 움직임에 타고, 음이 고요하면 리는 고요함에 타는 것이 스스로 그렇고 시키지 않는 때가 아니겠는가? 고요함에 타고 움직임에 타는 리가 곧 소이연으로서의 리이다. 그렇다면 그렇게 시키는 것이 있지 않다는 것 가운데 또 소이연이 있고 소이연 가운데 그렇게 시키지 않는 것이 있다. 어떻게 '그렇게 시키지 않는 것'과 '소이연'을 상대시켜 보면서 '소이연의 위에 다시 소이연이 있다'라고 할 수 있겠는가?

5.

[외필] 한 번 리라고 명명하면 곧 (리가) 타는 것[所乘]이 있게 되니, 탄다[乘]는 것은 기의 힘을 결코 침범하는 글자가 아니다. 요즘 사람들은 '소승'이란 글자를 이와 다르게 본다. 태극이 아무런 주장이 없는 것 같다가 갑자기 말들이 앞에 있는 것을 보고서 재빨리 올라타는 모양으로 본다. … '승(乘)'자를 원래 타고 있는 것으로 보지 않고, 경우에 따라 갑자기 타는 것으로 본다

우하철 : 이것은 '기발이승(氣發理乘)'을 가리켜 말한 것이다. 그러나 기발이승이 어떻게 기가 먼저 발현하고 리가 뒤따라 와서 탄다는 말이겠는가? 기가 발현할 때 리는 이미 기 위에 타고 있다. 리가 스스로 발현할 수 없고 의지해 발현하는 것이 기이기 때문에 어쩔 수 없이 먼저 '기발'을 말하고 그 다음에 '이승'을 말한 것이다. 주자는 말했다. "기가 유행하면, 리 또한 유행한다. 둘은 언제나 서로 의존하여 서로 떨어지지 않는다. 비유하자면 태극은 사람, 움직임과 고요함은 말과 같다. 말은 사람을 태우는 것이요, 사람은 말을 탄다. 말이 한 번씩 드나들면 사람도 역시 말과 함께 한 번씩 드나든다."[648] 이 말을 보면 이런 의심은 없을 것이다.

6.

[외필] 귀인이 길을 나설 때 수레와 하인들이 없지 않지만, 그것을 본 사람들은 귀인이 길을 간다고만 하고 수레와 하인들이 간다고 말하지는 않는다.

우하철 : 귀인이 길을 나설 때 수레와 말들이 뒤따르는 것을 보고서

---

648 주희, 『주자어류』 권94(『주자전서』 vol. 17), 3128~3129쪽.

귀인이 길을 나선 줄을 아는 것이지, 수레와 말이 뒤따르지 않는다면 귀인은 어떻게 길을 나서겠는가? 사람들도 귀인이 나서는 것을 보게 되면 반드시 뒤따르는 수레와 말의 성대함을 일컫는다. 그러므로 추서(鄒書 : 『맹자』)에서는 "백성들이 왕의 수레소리 말소리를 듣고, 들소꼬리 깃발의 아름다움을 보며, 흔쾌하게 기뻐하면서 서로 말한다"[649]라고 했고, 「주시(周詩)」에서는 "군자의 수레 이미 많고 또 많으며, 군자의 말 이미 길들여져 또한 달린다"[650]고 했다. 이것이 귀인을 길을 나섰지만 뒤따르는 수레와 말을 말한 것이 아니란 말인가? 그러나 추종(騶從)한다는 것은 '뒤따른다[隨後]'라는 말이다. 귀인이 앞에서 걸어가더라도 수레와 말은 뒤에서 따라가는 것이니, '탄다[乘]'라는 글자를 말하지 않아도 무방한 것이다. 이미 말이 앞에 가는 때가 없는데, 어떻게 '재빨리 올라타는 모양'이 있겠는가? 옛 사람이 '세상에 말타기를 좋아하는 이가 있지만, 한 번 말에서 떨어져 다치기라도 하면 죽을 때까지 걸어 다닌다'[651]라고 했으니, 한 번 크게 웃을 일이다.

7.

[외필] 지나치거나 부족한 곳에 이르면 어쩔 수 없이 기를 말할 때가 있으니, '넘어지거나 내달리는 것이 기다'라고 한 것이 이것이다. 지나치거나 부족한 것도 리에 근본한 것이지만 그 말류(末流)에 가서 리를 해치니, 구별하지 않을 수 없다.

우하철 : 맹자는 "나는 내 호연지기를 잘 기른다"[652]라고 했는데, 호

649 『맹자』, 「양혜왕 상」 1장.

650 『시경』, 「대아·권아(卷阿)」.

651 蘇軾, 『東坡全集』 권45(경인 문연각 사고전서 vol. 1107 혹은 1108), 「擬進士對御試策」, 630쪽.

652 『맹자』, 「공손추 상」 2장.

연지기 또한 어쩔 수 없어서 말한 것인가? 요·순처럼 (타고난) 본성대로 하신 분이 아니라면 누가 지나침과 부족함이 없겠는가? '지나치거나 부족한 곳에 이르면 어쩔 수 없이 기를 말할 때가 있다면' 어느 때인들 기를 말하는 때가 아니겠는가? 주자는 "리는 흔적이 없어 볼 수 없기 때문에 기에서 보아야 한다"[653]라고 했다. 리가 기에 깃들었다면, 해와 달의 운용은 모두 이 기에서 말미암는다. 기를 말하는 것은 리를 밝히려는 때문이다. 그러므로 정자는 "성을 논하면서 기를 논하지 않으면 갖춰지지 않는다"[654]라고 했다. '지나치거나 부족한 것도 리에 근본한 것이지만 그 말류(末流)에 가서 리를 해친다'라고 하니, '말류'란 지나치거나 부족한 것의 말류인가? 지나침과 부족함이 리를 해치지 않다가, 말류에 이른 다음에야 리를 해치는 것인가? 정자는 "악도 성이라 말하지 않을 수 없다"[655]라고 했고, 스스로 풀이하면서 '악이란 다만 선의 지나침과 모자람일 뿐이다'[656]라고 했다. 정자가 언제 악을 '성에 근본했다'라고 했는가? '성은 본래 선하지 않음이 없지만, 기질로 말미암아 악이 있다. 기질로 말미암아 악이 있기는 하지만 또한 이 성이다'라고 한 것이다. 그렇다면 지나침과 부족함은 성에 근본을 둔 것이 아니라, 기에서 생긴다는 것이 분명하다.

8.

[외필] "가는 것이 이와 같다"라고 말했을 때 곧바로 '가는 것[逝者]'을 말했지, '기를 타고 이와 같이 흐른다[乘氣如斯]'라고 하지 않았다. "건도

653 주희, 『주자어류』 권6(『주자전서』 vol. 14), 252쪽.
654 정호·정이, 『하남정씨유서』 권6(『이정집』 vol. 1), 81쪽.
655 정호·정이, 『하남정씨유서』 권1(『이정집』 vol. 1), 10쪽.
656 정호·정이, 『하남정씨유서』 권2상(『이정집』 vol. 1), 14쪽.

(乾道)가 변화한다"라고 할 때도 곧바로 '건도'라고 했지, '기를 타고 변화한다[乘氣變化]'라고 하지 않았다. "태극이 양의(兩儀)를 낳는다"라고 말할 때도 마찬가지였고, "성실함이 사물의 처음과 끝이다"라고 말할 때도 마찬가지였다. 염계(濂溪 : 周敦頤)의 『태극도설』이 여기에서 법을 전했다. 그 첫 부분에서 "태극이 움직여 양을 낳고 고요해서 음을 낳는다"라고 말할 때 '기(氣)'자가 보이지 않는다.

우하철 : '기' 한 글자가 오늘날 주리가(主理家)들이 크게 금지하고 회피하는 말이 되어버렸다. (「외필」처럼」) 이렇게 말한다면 기가 없는 데 가는 것이 있고, 기가 없는데 변화하며, 기가 없는 데 양의를 낳고, 기가 없는데 사물은 처음과 끝이 있으며, 기가 없는 데 움직이고 고요할 수 있다는 뜻이다. '기'자를 말하지 않기 때문에 리가 스스로 작용한다고 한다면 말이 되겠는가? '기' 한 글자가 보이지 않는다고 한다면, '리' 한 글자는 또한 어디에 있다는 것인가? 천하에 기 없는 리는 없다. 또한 리 없는 기도 없으니, 리를 말하면 기는 저절로 그 가운데 있고, 기를 말하면 리는 저절로 그 가운데 있다. '리'자와 '기'자를 말하지 않아도 성인들의 말과 의론은 리와 기를 벗어나지 않는다. 이처럼 '가는 것이 이와 같다'라는 말이 사물을 가리키면서 도를 알려는 것이라면 사물은 기이고, 도는 리이다. 변화는 기이고 태극은 리이다. 양의는 기이고 "성실함은 만물의 처음과 끝이다"라는 것도 그러하고, "태극이 움직여 양을 낳고, 고요해서 음을 낳는다"라는 것도 그러하다. 이 다섯 단락을 보면 어떤 것이 리와 기를 함께 말하지 않았는가?

9.

[외필] 의지하고 붙어서 탈 뿐 무슨 일을 할 수 있겠는가? (그러한 이치란) 있어도 도움이 되는 것이 없고, 없어도 부족할 게 없어서, 살에 붙어있는 혹이나 천리마에 붙어있는 파리에 불과하다.

우하철 : 주자는 말했다. '리는 움직임과 고요함으로 말해서는 안 된다. 리가 기에 의지하고 있다면 움직임과 고요함이 없을 수 없다.'[657] 움직임과 고요함은 (리가) 타는 기틀이다. 그 움직임과 고요함은 바로 (리가) 기 위에 타고 있기 때문이다. 이것을 이유로 '있어도 도움이 되는 것이 없고, 없어도 부족할 게 없다'라고 말할 수 있는가? 주자는 '기는 응결하고 조작할 수 있지만, 리는 오히려 감정이나 생각이 없고 조작도 없다'[658]라고 했다. 이런 이유로 '살에 붙어있는 혹이나 천리마에 붙어 있는 파리'라고 할 수 있는가? 주자는 말했다. "성은 기질이 아니면 기탁할 곳이 없고, 기는 천성(天性)이 아니면 이룰 곳이 없다."[659] 이들을 보면 이 의혹을 깨트릴 수 있을 것이다.

10.

[외필] 그 이유를 궁구해보면 '탄다[乘]'는 말이 그 본뜻을 잃어 번번이 리가 가벼워지고 기가 무거워지다가 곧바로 기가 이치의 자리를 빼앗아 모든 일의 본령이 된 다음에야 그치게 된 것이다. 한 글자가 본뜻을 잃자, 그 재앙이 여기에 이르게 되었다.

우하철 : '승'자의 본뜻은 원래부터 타고 있다는 것에 불과하니, 리와 기가 처음부터 서로 떨어지지 않는다는 것은 안목을 갖추지 않고도 모두 알 수 있는 것이다. 누가 그 본뜻을 잃고서 기를 모든 일의 본령으로 여긴다는 것인가? 이것은 공허한 말에 집착하는 것이요, '리가 기를 타

---

657 "極只是理, 理不可以動靜言, 惟'動而生陽, 靜而生陰', 理寓於氣, 不能無動靜所乘之機. 乘, 如乘載之'乘', 其動靜者, 乃乘載在氣上, 不覺動了靜, 靜了又動." 정확하게 말하면 이 말은 주희의 말이 아니라, 제자의 질문이다. 주희는 이러한 제자의 말에 '그렇다[然]'라고 동의하고 있을 뿐이다. 『주자어류』 권94(『주자전서』 vol. 17)

658 주희, 『주자어류』 권1(『주자전서』 vol. 14), 116쪽.

659 주희, 『주자어류』 권4(『주자전서』 vol. 14), 196쪽.

고서 운용한다'라는 것을 싫어하기 때문이다. 그의 의도는 틀림없이 '리란 살갗의 혹도, 천리마의 파리도 아니기에, 기기를 기다리지 않고서 스스로 준동하는데, 하필이면 기를 탄 다음에야 조작이 있고 변화를 행하겠는가'라고 하려는 것이다. 이 때문에 '승' 한 글자를 죽도록 배척하려 하는데, '승'자가 주자에게서 나왔기 때문에 곧바로 '승'자를 배척하지 못하고, '그 본뜻을 잃었다'라는 말에 가탁해서 '그 화가 여기에까지 이르렀다'라고 한 것이다. '승' 한 글자의 화가 어떻게 이런 극단에 이르렀다는 것인가?

11.

[외필] 기를 리와 짝지어 제시해서 이기(理氣)라고 부른 것은 언제 시작되었는가? 나는 이것이 결코 성인의 말이 아니라고 생각한다. 어째서 이렇게 말하는가? 리는 존귀해서 짝할 것이 없거늘 기가 어떻게 리와 짝할 수 있겠는가?

우하철 : 이기라고 부른 것이 어느 시대에 시작된 것인지 정말 몰라서 이렇게 말하는 것인가? 이기를 짝지어 제시한 것은 정자·주자에게서 시작되었고, 정자·주자의 말은 실제 순·우의 인심·도심과, 공자의 형이상·하라는 말에 근본을 두고 맹자가 미처 갖추지 못한 것을 발명한 것이다. 내 생각에 이것은 틀림없이 성인의 뜻이요, 정자·주자가 조술해서 말한 것이다. '리는 존귀해서 짝할 것이 없거늘 기가 어떻게 리와 짝할 수 있겠는가'라고 했는데, 사물의 짝은 반드시 피차가 서로 대적한 뒤에만 짝이 되는 것인가? 높음이 있으면 낮음이 있으니 높음과 낮음은 짝이 되지 않을 수 없다. 하늘은 땅보다 높지만 하늘과 땅은 짝이 되고, 군주는 신하보다 높지만 군주와 신하는 짝이 되며, 아버지는 자식보다 높지만 아버지와 자식은 짝이 된다. 그렇다면 리가 기보다 높다는 이유로 리와 기만이 홀로 짝이 될 수 없다는 것인가? 주자는 말했

다. "천리는 참으로 짝할 만한 것이 없지만 이미 인욕이 있으므로 천리는 인욕과 더불어 줄어들거나 늘어나지 않을 수 없습니다. 선(善)도 본래 짝할 것이 없지만 이미 악이 있으므로 선은 곧 악과 더불어 왕성해지거나 쇠퇴하지 않을 수 없습니다."[660] 또 말했다. "도(道)만은 짝이 없다. 그러나 형이상과 형이하로 이것을 논한다면 또한 반드시 짝이 있다."[661] 주자의 말이 이와 같은데, 스스로 정자·주자보다 높은 곳에 앉아서 말한들 어떻게 고개를 끄덕이며 믿고 따르겠는가?

12.

[외필] 기 또한 리 안의 일이요, 리가 유행할 때 손발 노릇을 한다. 기는 리에게 본래 짝도 아니고 적도 아닌데, 짝지어 제시하는 것은 어째서인가?

우하철 : 성인이 이기를 논한 데는 유행으로 말한 것도 있고 대대(對待)로 말한 것도 있다. 유행이란 '태극이 양의를 낳고 양의가 사상을 낳는다'라는 것이 이런 사례이다. 대대란 '형이상을 도라 하고 형이하를 기라 한다'는 것이 이런 사례이다. 유행의 측면에서만 말한다면 천하에는 짝지어 제시하면서 말할 만한 것이 하나도 없다. 가장 쉽게 알 수 있는 것으로, 위와 아래의 경우 짝지을 수는 있겠지만, 아래는 위보다 열등하다. 크고 작음도 짝지을 수는 있겠지만 작음은 큼보다 등급이 낮다. 맑고 탁함도 짝지을 수는 있겠지만, 탁함이란 맑은 것이 흐리게 된 것이다. 희고 검은 것도 짝지을 수 있겠지만 검은 것은 또한 흰 것이 물든 것이다. 또한 서로 적이 된다는 것으로 말하자면 위와 아래는 적이 될 수 없고, 크고 작음도 적이 될 수 없으며, 맑고 탁함은 적이 될

660 주희, 『회암선생주문공문집』 권42(『주자전서』 vol. 22), 「答胡廣仲」, 1898쪽.
661 주희, 『회암선생주문공문집』 권42(『주자전서』 vol. 22), 「答胡廣仲」, 1904쪽.

수 없고, 희고 검은 것도 서로 적이 될 수 없다. 이렇게 추론하자면 사사물물이 모두 그렇다. 천지 사이에 다시 어떤 것들이 서로 적이 되고 서로 짝이 될 수 있겠는가? 유행을 알 뿐 대대를 알지 못한다면 리와 기를 일물로 간주하는 것도 본시 이상할 것이 못된다.

13.

[외필] '형이상·하는 짝으로 제시되지 않았는가?' 이렇게 묻는다면, "이 구절의 착안점은 '상하(上下)'자에 있고, 상하는 분명히 대립시킨 것이지만, 먼 후세를 위해 도기를 분별하는 방법을 제시하려고 어쩔 수 없이 그렇게 말한 것이다.

우하철 : 내 생각에 정자·주자가 이기를 짝지어 제시한 것은 먼 후세를 위해 리와 기의 경계를 분별하려고 했기에 그 말이 어쩔 수 없이 그랬던 것이다.

14.

[외필] 지금 사람들은 '리'자를 보자마자 반드시 기를 찾아 짝으로 만들려고 한다. 이 때문에 리의 유행이라는 한 가지 큰 일이 모두 '기'자의 영역에 속하게 되고, 남은 것이라고는 '혼륜하다'거나 '충막하다'라고 하는 말 뿐이다. 이것이 두 가지 본령을 세운 시작이다.

우하철 : '이것을 잇는 것이 선이다'라는 것은 리의 유행인데, 주자는 '모두 저 기와 관계를 가진다는 뜻이다'라고 했다.[662] 천명 또한 리의 유행인데 주자는 '명을 말하자마자 기 또한 그 가운데 있다'라고 했다.[663]

---

662 주희, 『주자어류』 권94(『주자전서』 vol. 17), 3145쪽.

663 주희, 『주자어류』 권4(『주자전서』 vol. 14), 191쪽.

리는 기가 아니면 의지해서 유행할 것이 없기 때문에, 유행하는 즈음에 어쩔 수 없이 기를 말하는 것이다. 이제 '리의 유행이라는 한 가지 큰 일이 모두 '기'자의 영역에 속하게 되고, 남은 것이라고는 '혼륜하다'거나 '충막하다'라고 하는 말 뿐이다'라고 한다. 혼륜하거나 충막한 때에 리는 기 가운데 있지 않고, 허공에 독립해 있다는 것인가? 유행의 바깥에 다시 '나머지'라는 것이 있다면 유행과 나머지는 각각 한 자리를 차지한다는 것이니 이것이 두 가지 본령이 아니겠는가?

15.

[외필] 성인들은 유행하여 발현하며, 변화하고 환히 드러나는 것이 모두 이 도가 하는 것임을 분명히 알았다. 그러므로 말하기를 "어진 이가 그것을 보면 인(仁)이라고 하고 지혜로운 이가 그것을 보면 지(知)라고 한다"라고 했고, 사물의 조야한 자취, 구름이 떠다니고 비가 내리며, 솔개가 날고 물고기가 뛰노는 것일지라도, 말하려고 할 때는 곧 도를 밝히려는 것이었다. 지금 사람들은 도리(道理) 두 글자를 아득하니 생각도 논의도 할 수 없는 곳으로 몰아내고, 밝게 드러난 것들이 있자마자 한결같이 기에 소속시킨다. 이렇게 하는 이는 이기를 안다고 여기고, 이렇게 하지 못하는 이는 이기를 모른다고 여긴다.

우하철 : 도는 곧 리이고, 리는 형상이 없는데, 성인은 어디에서 유행하여 발현하며, 환히 드러나는 줄을 분명히 알았는가? 틀림없이 사물에서 알았을 것이다. 사물이란 곧 기가 형체를 가진 것이요 리는 그 가운데 깃들어 있다. 사물을 형체[形]로 삼으니, 주자가 말한 '도는 기(器)가 아니면 형체화될 수 없다'[664]라는 것이 이것이다. 사람은 그 형체를 보고서 도가 반드시 여기에 있는 줄을 아는 것이다. 그러므로 어진 이는

664 주희, 『회암선생주문공문집』 권45(『주자전서』 vol. 22), 「答丘子野」, 2066쪽 참조.

보고서 '인(仁)'이라고 하고, 지혜로운 이는 보고서 '지(知)'라고 하는 것이다. 그러나 사람의 기품에는 치우친 곳이 있기 때문에 그들이 보는 것에 또한 다른 점이 있다. 구름이 흘러가고 비가 내리는 것, 솔개가 날고 물고기가 뛰어 오르는 것은 무엇이든 이 도의 작용이 아닌 것이 없다. 그러나 구름과 비, 솔개와 물고기는 사물이요, 흐르고 내리며, 날고 뛰어오르는 것은 기(氣)이다. 구름과 비가 흐르고 내리는 소이, 솔개와 물고기가 날고 뛰어오르는 소이가 도이다. 구름과 비, 솔개와 물고기에게서 살피지 않는다면 어떻게 이 도를 알겠는가? 그러므로 주자는 '도는 기가 아니면 형체화될 수 없다'라고 한 것이다. 도가 발현해서 환하게 드러나는 것이 과연 기가 아니고서도 그렇게 할 수 있겠는가?

16.

「외필」에서 논한 것을 스스로는 '주리'라고 하자지만, '기'자를 꾸짖으며 아예 입을 닫고 있으니, '리를 말한다'라는 것도 한갓 근거 없는 말일 뿐이다. 천지 사이에는 리가 있으면 기가 있으니, 리와 기는 처음부터 떨어지지 않고, 또한 서로 섞이지도 않는다. 리는 태극 본연의 오묘함이요 형이상이다. 기는 태극이 타는 기틀이요 형이하이다. 리는 하나의 근본으로서 순선할 뿐이다. 기는 청탁과 수박의 차이가 있고, 사람은 이 기를 얻어서 형체를 삼고, 이 리를 얻어서 성을 삼는다. 리는 본래 순선하기 때문에 성은 선하지 않음이 없다. 기에는 청탁과 수박이 있기 때문에 선과 불선이 있다. 인성의 발현에 불선이 있는 것은 실제로 기품의 차이에서 말미암아서 그런 것이다. 그러므로 우리 유가의 학문은 반드시 기질에서 노력을 기울여, 남이 한 번에 할 수 있으면 나는 백 번을 하고, 남이 열 번에 할 수 있으면 나는 천 번을 한 다음에야 탁한 것이 변해서 맑아질 수 있고, 잡박한 것이 변해서 순수하게 된다. 그럼에도 '기가 리에서 명을 받을 수 있지만, 그 기를 검속할 수 없다'

라고 말할 수 있는가? 우리 유학이 리를 말할 때는 반드시 기를 찾아서 말하니, 천지의 조화는 리가 주재가 되지만, 기가 아니면 기는 일에 쓰일 수 없고, 또한 리는 형체가 없어 볼 수 없기 때문에 기에서 (리를) 보는 것이다. 음이 고요하고 양이 움직이는 것을 보면 태극의 유행을 알 수 있고, 구름이 흐르고 비가 내리는 것을 보면 건도의 변화를 알 수 있다. 솔개가 날고 물고기가 뛰노는 것을 본다면 위아래에서 환하게 드러남을 알 수 있다. 주자가 '일과 사물에 나아가 이 도를 알아야 한다'[665]라고 한 것이 이것이다. 그렇다면 기를 말해서 리를 밝히는 것이 어찌 학문하는 데 큰 일이 아니겠는가? 이제 사물을 떠나고 형기를 버리고서 형체도 조짐도 없는 경지를 묘사하려고 하니, 말이야 신기하다지만 체험의 공부에서야 무슨 보탬이 있겠는가? 이기의 견해가 분명치 못하면 심술이 병폐가 되니 성현을 꾸짖고 모욕하면서 어디엔들 이르지 못하겠는가? —'기가 리의 지위를 빼앗는다', '두 가지 본령이다', '그 화가 여기에까지 이르렀다', '이것은 틀림없이 성인의 말이 아닐 것이다'라고 했으니, 나머지 간범하는 말도 다 기록할 수 없지만, '피음사둔이요 전도되고 창피하다'라고 한 말은 가장 어긋난 것이다. —

주자는 후세의 공자요, 율옹은 후세의 주자다. 공자를 배우려면 주자를 배신할 수 없으니, 주자를 높이려면 어떻게 율옹을 배척할 수 있겠는가? 이단이 점점 금수의 지경으로 들어가는 것은 리를 아는 데 조그마한 차이가 있는 데서 말미암을 뿐이니, 두려워하지 않을 수 있겠는가?

---

665 주희, 『주자어류』 권75(『주자전서』 vol. 16), 2572쪽.

奇蘆沙猥筆辨

禹夏轍

1.

栗谷先生答牛溪先生書曰, 氣發而理乘者, 何謂也? 陰靜陽動, 機自爾也, 非有使之者也. 陽之動則理乘於動, 非理動也; 陰之靜則理乘於靜, 非理靜也. 故朱子曰, 太極者, 本然之妙也; 動靜者, 所乘之機也. 陰靜陽動, 其機自爾, 而其所以陰靜陽動者, 理也.

2.

猥筆曰, 陽動陰靜, 驟看皮面, 果似自行自止. 若深原其實, 則壹是天命使之然也. 天命然也, 故不得不然, 此之謂所以然. 非天命之外, 別有所以然也. 今曰其機自爾, 自爾雖不竢勉强之謂, 而已含由己不他由之意. 又申言之曰, 非有使之者, 說自爾時, 語猶虛到. 非有使之, 語意牢確. 眞若陰陽無所關由, 而自行自止者.

按, 汎論天命之流行, 則陰陽動靜, 卽太極動靜. 而朱子曰, 太極者, 本然之妙也; 動靜者, 所乘之機也. 蓋太極, 理也; 動靜, 氣也. 理常乘氣, 故不可謂各自動靜. 然動靜之間, 理氣之分, 不能無也. 理無爲而氣有爲, 故理不能動靜而氣自有動靜. 以氣觀之, 則陰靜陽動, 其機自爾, 而非有使之然也. 以理言之, 則陰靜陽動, 雖是氣機, 而必有所以然也. 栗翁之言非有史·所以然兩句, 發明朱子之旨, 精且切矣. 而今曰陰靜陽動, 壹是天命使之然, 是只知天命之流行, 而不知氣機之自有動靜也. 氣之順理而行者, 固可謂天命使然, 而其不順理而行者, 亦可謂天命使然耶? 必曰使之而不聽命. 若此者又孰使之然哉? 朱子曰,氣雖理之所主，旣生出則理管攝他不得．氣不能自行自止，則豈有管不得之理乎？若以陰靜陽動，謂壹是天命使之然，則畢竟理占氣分．氣非動靜而理自動靜，氣非用事而理能用事，氣非善惡而理有善惡，是豈可成說也哉？

3.

猥筆曰，天命爲萬事本領，今有自行自止，不關由天命者，則天命之外，又一本領也．兩箇本領，各自樞紐，則造化必無此事．

按，陽之動，則理乘於動；陰之靜，則理乘於靜．乘於動·乘於靜之理，非天之所命而爲萬事之本領耶？動靜之間，乘載之理自在，而又有天命使之者耶？兩本領之說，雖未可曉，而須是有兩箇天命，方能爲兩箇本領矣．

4.

猥筆曰，曰自爾，曰非使時，其不得不然之故，已被氣分占取．不得不然之故，卽所以然也．天地萬物，說到所以然，卽是窮源，更無餘地．猶夫繼之曰所以然者理，則架出所以然之上，復有何所以然也？

按，機自爾，非有使之一句，善形容氣機流行之妙．而栗翁慮後之學者見此語，誤認氣機不待理乘而自動自靜，故繼言其所以陰靜陽動者理也．以明氣機之流行，固自然如此，然其所以主宰者理故也．曰自爾曰非使時，所以然之理自在其中，非自爾非使之外，又有所以然之理也．陽之動，則理乘於動；陰之靜，則理乘於靜，非自爾非使之時乎？乘於靜·乘於動之理，卽所以然之理也．然則非有使之中，有所以然者，所以然之中，有非有使之者．豈可以非有使所以然爲對敵看，曰所以然之上，復有所以然乎？

5.

猥筆曰, 蓋一名爲理, 便有所乘, 乘非絲毫犯氣力字. 而今人看所乘字, 與此異. 有若太極漫無主張, 忽見馬匹當前趫捷而騰上樣. … 乘字不作元來所乘看, 而作隨遇輒乘看.

按, 此蓋指氣發理乘而言. 然氣發而理乘者, 豈謂氣先發而理從後來乘也? 氣發時, 理已乘在氣上. 而理不能自發, 所資而發者氣, 故不得不先言氣發而後言理乘. 朱子曰, 氣行理亦行, 二者常相依, 未常相離也. 太極猶人, 動靜猶馬. 馬所以載人, 人所以乘馬. 馬之一出一入, 人亦與之一出一入. 觀此則可以無此惑矣.

6.

猥筆曰, 貴人之出, 非無車馬騶從, 而見之者, 但以爲貴人出, 未嘗言其車馬騶從出也.

按, 貴人之出, 見其車馬騶從, 而知貴人之出. 不有車馬騶從, 貴人何以出乎? 人見貴人出, 則必稱車馬騶從之盛. 故鄒書曰, 百姓聞王車馬之音, 見羽旄之美, 欣欣然有喜色而相告. 周詩曰, 君子之車, 旣庶且多, 君子之馬, 旣閑且馳. 此其非貴人之出而言車馬騶從者耶? 然騶從者, 隨後之謂也. 貴人徒步前行, 而車馬騶從隨後而從, 則雖不言乘字, 固無妨. 旣無馬匹當前之時, 則豈有趫捷騰上之樣? 古人云世有好走馬者, 一爲墜傷, 則終身徒行. 可發一噱.

7.

猥筆曰, 到過不及處, 不得已而有說氣時, 蹶者趨者氣也, 是也. 蓋過不及, 雖亦本於理, 而末流害於理, 則不可無區別.

按, 孟子曰, 我善養吾浩然之氣. 浩然之氣, 亦不得已說者耶? 非堯舜性之者, 孰無過不及? 到過不及處, 不得已而有說氣時, 則何時非說氣時也? 朱子曰, 理無跡, 不可見, 故於氣觀之. 蓋理寓於氣了, 日月運用, 都由這箇氣. 說氣所以明理也. 故程子曰, 論性, 不論氣, 不備. 其曰過不及本於理, 而末流害於理, 則末流過不及之末流耶? 過不及不害於理, 而末流然後害於理耶? 程子曰, 惡亦不可不謂之性. 自解曰惡者只是善之過不及. 程子豈以惡謂本於性? 性本無不善, 而由氣質而有惡. 雖由氣質而有惡, 然亦是性也云矣. 則過不及, 非本於性而生於氣也, 明矣.

8.

猥筆曰, 言逝者如斯時, 直言逝者, 未嘗言乘氣如斯. 言乾道變化時, 直言乾道, 未嘗言乘氣變化. 言太極生兩儀時, 亦然. 言誠者物之終始時, 亦然. 濂溪圖說, 傳法於此. 故劈頭言, 太極動而生陽, 靜而生陰, 不見一氣字.

按, 一氣字爲今日主理家大禁避語. 若如其說, 則無氣而有逝者矣, 無氣而爲變化矣. 無氣而生兩儀矣, 無氣而物有終始矣. 無氣而能動靜矣. 以不言氣字故, 而謂理自作用, 其可成說乎? 其曰不見氣一字, 則理一字亦安在哉? 天下未有無氣之理, 亦未有無理之氣, 則言理氣自在其中矣, 言氣理自在其中矣. 雖不言理字氣字, 而聖賢言論不外乎理氣. 如是逝者如斯, 指物而見道, 則物氣也, 道理也; 變化氣也, 太極理也. 兩儀氣也, 誠者物之終始亦然. 太極動而生陽, 靜而生陰亦然. 觀此五段, 何者非理氣之兼言乎?

9.

猥筆曰, 寄寓來乘, 做得甚事? 有之無所補, 無之靡所闕, 不過爲附肉之疣, 隨驥之蠅.

按, 朱子曰, 理不可以動靜言. 理寓於氣, 不能無動靜. 動靜者, 所乘之機. 其動其靜, 乃乘在氣上. 以是謂有之無所補, 無之靡所闕耶? 朱子曰, 氣能凝結造作. 理卻無情意, 無計度, 無造作. 以是爲附肉之疣, 隨驥之蠅耶? 朱子曰, 性非氣質, 則無所寄; 氣非天性, 則無所成. 觀此則可以破此惑耶?

10.

猥筆曰, 究厥端由, 原於乘字, 失其本旨. 駸駸致得理輕而氣重, 直至氣奪理位, 爲萬事本領而後已. 一字之失其本旨, 其禍乃至於此乎!

按, 乘字本旨, 不過元來所乘, 理氣之元不相離, 不待具眼而皆可知. 誰有失其本旨, 以氣爲萬事本領? 此皆執捉之虛辭, 而所惡在理之乘氣而運用也. 其意必曰理非肉疣驥蠅, 不待氣機而自蠢動, 何必乘氣然後有造作行變化乎? 是以乘之一字, 抵死欲斥, 而乘字出於朱子, 不敢直斥乘字, 以失其本旨託辭, 而曰其禍乃至於此. 一乘字之禍, 何至此極乎?

11.

猥筆曰, 把氣與理對擧, 喚作理氣, 始於何時? 愚意此必非聖人之言. 何以言之? 理之尊無對, 氣何可與之對偶?

按, 喚作理氣, 始於何時, 果不知而云耶? 理氣之對擧, 始於程朱. 程朱之言, 實本於舜禹之人心道心·孔子之形上形下之語, 而發孟子之所未備. 則愚以爲此必是聖人之意, 而程朱述而言之者也. 曰理之尊無對, 氣何可與之對偶? 凡物之對, 必彼此相敵而後可以爲對耶? 有尊則有卑, 尊卑不可不爲對也. 天尊於地, 而天地爲對, 君尊於臣, 而君臣爲對, 父尊於子, 而父子爲對, 則理尊於氣, 而理氣獨不可爲對乎? 朱子曰, 天理固無對, 然旣有人欲, 卽天理便不得不與人欲爲消長. 善亦本無對, 然旣有惡, 卽善便不得不與惡爲盛衰. 又曰唯道爲無對. 然以形而上下論之, 則亦未嘗不有對也. 朱子之說如是, 而自坐在程朱以上而言之, 則豈肯信從也?

12.

猥筆曰, 氣亦理中一[666]事, 乃此理流行之手脚. 其於理本非對敵, 非偶非敵而對擧之, 何哉[667]?

按, 聖人論理氣, 有以流行而言者; 有以對待而言者. 流行者, 太極生兩儀, 兩儀生四象, 是也. 對待者, 形而上之謂道, 形而下之謂器, 是也. 若但就流行邊說去, 則天下無一物可以對擧而言者. 最易知者, 上下可以爲對, 而下亦上之委也. 大小可以爲對, 而小亦大之殺也. 淸濁可以爲對, 而濁亦淸之混也. 白黑可以爲對, 而黑亦白之染也. 且以相敵言之, 則上下不相敵, 大小不相敵, 淸濁不相敵, 白黑不相敵. 以此推之, 物物皆然. 天地之間, 復有何物, 可以相敵而相對也? 徒知流行, 而不知對待, 則把理氣作一物看, 固無怪.

13.

猥筆曰, 形而上下, 非對擧乎? 曰此節眼在上下字, 上下乃的對也. 欲爲千萬世, 開分別道器之門戶, 其言不得不爾.

按, 愚以爲程朱之把理氣對擧, 欲爲千萬世間分別理氣之境界, 其言不得不爾.

666 一 : 현재 「외필」에는 '一'이 없다.

667 哉 : 현재 「외필」에는 '也'로 썼다.

14.

猥筆曰，今人纔見理字，必覓氣來作對偶，於是理之流行一大事，盡被氣字帶去作家計．所餘者，秪混淪也，冲漠也，此雙本領之履霜．

按，繼善，是理之流行，而朱子曰，接那氣底意思．天命，亦理之流行，而朱子曰，才說命則氣亦在其中矣．蓋理非氣無所資而流行，故流行之際，不得不說氣也．今曰理之流行一大事，盡被氣字帶去，所餘者，只混淪也，冲漠也．不知渾淪冲漠之時，理不在其中，而懸空獨立乎？流行之外，復有所餘者，則流行與所餘，各占一位，是其非兩本領耶？

15.

猥筆曰，聖人的見流行發見，變化昭著，莫非此道之爲，故曰仁者見之謂之仁，知者見之謂之知．雖事物粗迹，雲行雨施，鳶飛魚躍，纔說著時，便所以明道．今人驅道理二字，於冥漠不可思議之地，而纔有發見昭著，一屬之氣，如此者，爲識理氣，不如此者，爲不識理氣．

按，道卽理也．理無形象，聖人於何處的見其流行發見，變化昭著乎？必於事物上見之．事物，卽氣之有形者，而理寓於其中．以事物爲形，朱子所謂道非器不形，是也．人見其形，而知道之在是焉．故仁者見之謂之仁；智者見之謂之知．然亦人之氣稟有偏處．故其所見亦不同也．雲行雨施，鳶飛魚躍，何莫非此道之用．而雲雨鳶魚，事物也；行施飛躍，氣也．雲雨之所以行施，鳶魚之所以飛躍者，道也．若不就雲雨鳶魚看，如何見得此道？故朱子曰道非器不形也．道之發見昭著，果非氣而能然乎？

16.

猥筆所論，自謂主理，而一切呵噤氣字，所謂說理，徒是懸空語也．

天地之間，有理則有氣．理與氣元不相離，亦不相雜．理者，太極本然之妙而形而上者也．氣者，太極所乘之機而形而下者也．理則一本而純善而已．氣則有淸濁粹駁之不齊．人得是氣以爲形，得是理以爲性．理本純善，故性無有不善．氣有淸濁粹駁，故有善有不善．人性之發，而有不善，實由氣稟有不齊而然．故吾儒家學問，必於氣質上用工，而人一己百，人十己千，然後濁者可變爲淸，駁者可變爲粹．則其可曰氣能聽命於理，而不檢束其氣乎？吾儒之說理時，必覓氣來言者，天地造化，雖理爲之主，而非氣則理不能用事，且理無形而不可見，故於氣觀之．觀陰靜陽動，則可以知太極之流行矣．觀雲行雨施，則可以知乾道之變化矣．觀鳶飛魚躍，則可以知上下之昭著矣．朱子所謂卽事卽物，吏便見得此道者，是也．然則說氣以明理，豈非學問上一大事乎？今欲離事物舍形氣，而模象於無形無兆之地，說得縱新奇，其於體驗之工，有何益也？理氣之見不明，則心術蔽痼，譏侮聖賢，何所不至？—曰氣奪理位，曰兩箇本領，曰其禍乃至於此，曰此必非聖人之言，其他干犯之語不能殫記．而至於詖淫邪遁，顚倒猖披，語極悖慢.— 朱子後孔子也．栗翁後朱子也．欲學孔子，不敢背朱子也．若尊朱子，豈敢斥栗翁也？異端之駸駸然入於禽獸之域，只緣見理之微差，可不懼歟？

잡저

하우

이 글은 하우(河寓, 1872~1963)[668]가 쓴 것이다. 「외필」과 기정진의 성리학을 이황·이이·송시열의 성리학과 김장생의 예설과 비교해서 어긋나 있음을 주장하고, 결국에는 반주자학적이라는 결론으로 이끌고 있다. 구체적인 저술 년도는 알 수 없다. 『잠재유고(潛齋遺稿)』 권2에 실려 있다.

「외필」을 보면 율곡선생의 뜻과 연나라와 월나라처럼 거리가 멀다. 또한 연나라와 월나라처럼 거리가 먼뿐만이 아니라 슬피 탄식하고, 걱정하고 두려워하며, 위태로이 괴로워하면서 애타는 마음은 사람을 감탄하고 흥기하게 하니, 어찌 '넉넉하고 크다'라는 것이 아니겠는가? 그러나 율곡선생은 우리나라의 주자이고, 이학의 조종이라고 들었다. 그렇다면 이 말은 무고인가? 만일 무고라면 「외필」을 짓는 것도 당연한 일일 것이다. 당연하기만 할 뿐 아니라, 공자·맹자 이후로 도통이 전해지고 전해지지 못하는 것, 또한 우리나라 이학이 안정되고 안정되지 못하는 것 사이에서 영원토록 종사가 되어야 할 것이다. 그렇지 않다면 선현들의 뒤에서 이렇게 억눌렀다 높이 들고 또 뒤엎으면서, 제멋대로 어긋나면서도 확고한 태도를 가지고, 남을 압도하면서 자신의 주장을 세우기를 마치 하늘을 받치는 갈석(碣石)과 쏟아지는 물결의 지주처럼 하고 있으니, 사람들의 마음에 편안하고 뜻에 통쾌하다고 할 수 있겠는

---

668 자는 광숙(廣叔) 호는 잠재(潛齋), 본관은 진양(晋陽)이고 거주지는 덕곡(德谷)이다.

가? 이에 공격하고 배척하는 내용 가운데 지나친 것을 뽑아서 식견을 갖춘 이에게 질의한다.

율곡선생이 우계선생에게 답하는 편지에서 말했다. "'기가 발현하면 리가 탄다'라는 것은 무슨 뜻입니까? 음이 고요하고 양이 움직이는 것은 기기(氣機)가 스스로 그런 것이지 (그렇게) 시키는 것이 있지 않습니다. 음이 고요하고 양이 움직이는 소이(所以)는 리입니다."[669]

「외필」에서 말했다. "양이 움직이고 음이 고요함은 바깥에서 언뜻 보면 … 소이연이 아니라면 무엇이겠는가?"

삼가 살피건대, 율옹의 이 편지는 리와 기가 서로 떨어지지도, 서로 뒤섞이지도 않는 오묘함을 다 말했다. '기틀이 스스로 그러하지 그렇게 시키는 것이 있지 않다'라고 한 것은 동정의 기는 사람과 상관이 없고 움직이거나 고요하게 시키는 하나의 물건이 따로 있지 않음을 말한 것이다. 「외필」에서 율곡을 꾸짖고 물리치는 것이 지극하다고 할 수 있다. '천명이 이미 그쳐버렸다', '두 가지 본령', '리는 약하고 기는 강하다', '기가 리의 자리를 빼앗았다', '헛된 이름일 뿐 실제 사실은 없다', '끝내 모순될 것이다', '율옹의 득실', '살갗의 혹이요 천리마의 파리이다', '아! 가련하다', '그 화가 여기에까지 이르렀다', '큰 뜻을 이미 잃었다', '본뜻이 연나라와 월나라처럼 멀다', '기자의 영역이다'라고 하고 마지막에는 곧장 '피음사둔 및 전도창피'라는 말로 배척했으니, 이것은 모두 예로부터 이단들에게도 없었던 제목들이다. 그리고 '피음사둔'은 맹자가 고자를 배척하는 말이요, '전도창피'는 주자가 선학을 배척하는 말이다. 아! 율옹이 과연 이단이라는 것인가?

자세히 그 뜻을 살펴보면 어떤 것은 선생의 학설로 거꾸로 선생을 공격하는 경우가 있고, 어떤 것은 선생의 뜻을 얻지 못한 경우가 있으

669 이이, 『율곡전서』 권10(표점영인 한국문집총간 vol. 44), 「답성호원」, 211쪽.

며, 어떤 것은 선생을 공격하려다 정자·주자를 해치는 경우가 있으니, 이것은 세상의 군자들 가운데 반드시 알아차리는 이가 있을 것이다. 그런데 어떤 이들은 '「외필」이 '두 개의 본령'이라거나, '기가 리의 자리를 빼앗았다'라는 등의 말로 율곡을 비난한 경우는 있다. 그렇지만 그 뒤의 많은 제목들은 이 두 구절의 각주가 아닌 것이 없으니 이것은 어째서인가?'라고 한다. '근본을 둘로 삼는다'라는 것은 맹자가 이자(夷子)를 배척하는 말이요, '기가 리의 자리를 빼앗는다', '신하가 임금의 자리를 빼앗는다', '자식이 아버지의 자리를 빼앗는 경우가 없지 않을 것이다'라는 것은 스스로의 말에 '서교(西教)의 도래와 주기론이 초래한 것이다'라고 했다. 그렇다면 천하 사람들을 이끌어 인의에 해를 끼치는 것은 율곡이 바로 그 사람이라고 할 것이다. 또한 「외필」에서 '우리 동방[我東]', '근세(近世)', '요즘 사람[今人]'이라고 한 것은 모두 율곡을 가리키며 배척하는 것이니, 그 법도가 실로 주자가 사마공(司馬公 : 司馬光)과 범선공(范宣公 : 范純仁)의 잘못을 논하면서 근세의 명경(名卿)과 대유(大儒)라고 한 데서 나온 것일 뿐이다.[670] 그렇지 않고 근세의 학자들을 배척하기만 하는 것이라면 '외람되다[猥]'는 것은 '감히 할 수 없다'라는 뜻이니 선현이기 때문에 '외람되다'라고 일컬은 것이다. 근세의 학자들을 논하는 것이라면 '외람되다'라고 할 만한 것이 무엇이겠는가?

어떤 이들은 또 '도학을 강론해서 밝히고, 선배를 존경 경외하는 것은 병행하면서 서로 어긋나지 않는다. 주자도 정자·장자와 관점이 어긋난 것이 없지 않았으니, 「외필」에서 말하는 것에 무엇을 의심하겠는가?'라고 한다. 주자는 정자·장자에게 본래 차이나는 곳이 있었다. 그러나 그가 차이나는 점은 미세한 문장의 의미에 있었으니, 이것은 '경서의 풀이가 같지 않아도 군자가 되는 데는 지장이 없다'라는 것이다. 어

670 '근세의 대유(大儒)'는 사마광을 '근세의 명경(名卿)'은 범순인을 가리킨다. 주희, 『대학혹문』(『주자전서』 vol. 6), 529·538쪽 참조.

찌 「외필」에서 말한 것처럼 곧장 본원의 심술을 배척한 적이 있었던가? 또한 율곡이 정말로 「외필」에서 말한 것과 같다면, 정녕 이단 가운데서도 심한 자요, 사설 가운데서도 심한 자일 것이다. 「외필」을 높이 평가하려는 이들은 곧장 그들의 스승을 홍수를 억누르고 맹수를 몰아낸 주공보다, 피음사둔을 물리친 맹자보다 더 추존하려고 할 것이다. 바로잡지 않을 수 없다지만 주자 같은 이라야 가능할 것이다. 어째서 이처럼 잘못된 인식에 기대어 이 사흘 된 신부처럼 저것을 끌어다 여기에 집어넣는 것인가?

또한 그의 문집에서 비난하는 것을 살펴보면 율곡에만 그치는 것이 아니다. 퇴계는 사단과 이발이 모두 이기의 호발이라고 했는데, 여기에서는 '사단과 칠정은 호발하지 않는다'[671]라고 했고, 퇴계는 '마음은 리와 기를 합친 것이다'라고 했는데, 여기에서는 '말의 병폐에서 벗어나지 못했다'라고 했으며[672], 퇴계는 '기가 리를 따라 발현하면 기발이 곧 이발이다는 이 한 단락은 기를 리로 인식하는 것이다'[673]라고 했는데, 여기에는 '기가 리를 따라 운행한다면 기발이 곧 이발이다'[674]라고 했다. 우암은 '태극은 리를 가리켜 말하고, 음양을 기를 가리켜 말한다'라고 했는데, 여기에서는 '태극은 참으로 리를 가리키지만, 음양이 기를 가리킨다는 것은 과연 말이 되는가?'[675]라고 했다. 이것들은 이치에 닿지

---

671 기정진, 『노사집』 권10(표점영인 한국문집총간 vol. 310), 「答鄭希淸」, 233쪽 참조.

672 하우의 묘사는 사실과 약간 다르다. 실제로는 "명덕은 리와 기를 합친 것인가?"라는 질문에 기정진은 "'리와 기가 합쳤다[理與氣合]'라는 네 글자는 말의 폐단에서 벗어나지 못한 것 같다"라고 대답했기 때문이다. 기정진, 『노사집』 권5(표점영인 한국문집총간 vol. 310), 「答閔謙吾」, 121쪽 참조.

673 이황, 『퇴계집』 권17(표점영인 한국문집총간 vol. 29), 「答奇明彦」 432쪽 참조.

674 기정진, 『노사집』 권16(표점영인 한국문집총간 vol. 310), 「猥筆」, 371쪽.

675 이 구절도 『노사집』의 원문과는 차이가 있다. "태극은 리만을 가리킨다는 말은 참으로 옳지만, 음양이 기(氣)만을 가리킨 말이라고 하면 과연 말이 되겠습니까?[太極單指理固然, 陰陽單指氣, 是果成說乎?] 이 리가 있기 때문에 반드시 이

않는 망발이다. 퇴계·율곡·우암 세 선생은 사람과 사물의 성을 논하면서 모두 주자가 말한 '리는 같고 기는 다르다'라는 것으로 주안점을 삼았다. 그런데 여기서는 '사람과 사물의 성을 논하면서 리는 같고 기는 다르다고 하는데, 리가 같고 기가 다르다면 성과 명은 서로 끊어져 버릴 것이다'라고 했다. 또한 '양자를 그만두고 본종으로로 돌아간다'[676]라는 말 등은 사계(沙溪)의 예설(禮說)과 합치하지 않는 것이 매우 많고, 호락(湖洛) 이하 여러 유학자들이 배척을 당한 것도 셀 수 없을 정도이다. 또한 "우리나라의 이기(理氣) 두 글자가 그에 힘입어 땅에 떨어지지 않도록 한 것은 오직 임녹문(任鹿門) — 이름은 성주(聖周)이다. — 한 사람뿐이다"라고 했다. 임공의 학식과 문장, 조예는 진실로 알 수 없거니와, 일찍이 도암(陶菴 : 李縡, 1680~1746)의 문하에 드나들었으니, 또한 퇴계·율곡·우암을 연원으로 하고 있다. 정씨(程氏)는 존중하지 않으면서 구산(龜山) 만은 인정하고, 퇴도는 물리치면서 월천(月川 : 趙穆, 1524~1606) 만은 추앙하니, 나로서는 무슨 의도인지 알 수 없다.

퇴계·율곡·우암 세 선생의 학문은 모두 주자에 뿌리를 두고 있다. 그렇다면 지금 이 문집에서 배척하는 것은 세 선생의 학설이 아니라 주자의 말이다. '그렇게 시키는 것이 있지 않다'라는 것은 『중용』에 뿌리를 두고 있고, 리와 기를 짝지어 거론하는 것은 『대학』에 근원하고 있으며, 마음이 리와 기를 합친 것이라는 것은 『주자어류』에 나오고, '성은 같고 기는 다르다'는 것은 『주자대전』에 뿌리를 두고 있으며 태극이 리이고 음양이 기라는 것은 또한 주자가 평생 말해온 것이다. 그렇다면

기가 있는 것이니, 어찌 기 없는 리가 있겠습니까? 이 리가 없으면 기가 생길 수 없는 것이니, 어찌 리 없는 기가 있겠습니까?" 기정진, 『노사집』 권4(표점영인 한국문집총간 vol. 310), 「答權信元」, 95쪽.

676 기정진, 『노사집』 권14(표점영인 한국문집총간 vol. 310), 「答宋聖澤(榮淳)問目」, 317쪽 참조.

「외필」은 주자를 곧바로 배척하지는 않았다지만 그 가지를 잘라내고, 그 흐름을 막아버렸다고 하는 것은 '그렇지 않다'라고 할 수 없을 것이다. 이것이 (저들이) 집안에 전해야 할 학술이요, 스스로 공자 문하의 사성(思聖 : 子思)이라고 여기면서, 다섯 성인의 단(壇)을 만들어 곧장 「외필」을 배향하려는 이유이다. 게다가 면암(勉菴) 최판서(崔判書)는 이를 좇으면서 장황한 큰 글씨로 특히 묘비명에 기록하면서 '1,500년 동안 화서 한 사람만이 다행스럽게도 (노사와) 더불어 덕을 같이 했다'라고 했다. 모르겠으나 화서의 학술이 또한 타고난 것을 실천하고 성을 다한 성인의 것이란 말인가? 이것은 그의 눈에 우리나라의 선유들이 사라진 지 오래라는 뜻이니, 그렇다면 율옹이 모욕을 당한 것쯤이야 다행인지 불행인지를 나로서는 알 수 없다.

雜著

河寓

竊觀猥筆, 與栗谷先生之意, 相燕越. 而又不翅燕越, 其所以悲之, 歎而憂之, 懼而危之, 苦心耿耿, 足令人感歎而興起焉, 則豈不優優大者乎? 然曾聞栗谷先生, 吾東之朱子, 而爲理學宗祖也. 然則此言誣耶? 如誣也, 猥筆之作宜矣. 而又不但宜也, 其於孔孟以下, 道統之傳不傳, 又於東方理學之定不定, 直當爲千歲萬世之宗師矣. 苟或不然, 於前賢之下, 用此抑揚及覆, 而又放悖牢確, 壓倒自立, 如參天之碣石, 頹波之砥柱, 則人以爲心安意快者, 可乎? 玆撮其攻斥之尤者, 要與具眼者質疑焉.

栗谷先生答牛溪先生書曰, 氣發而理乘者, 何謂也? 陰靜陽動, 機自爾, 非有使之. 止. 其所以陰靜陽動者. 理也. 猥筆曰, 陽動陰靜, 驟看皮面, 止. 非所以然[677]而何?

謹按, 栗翁此書, 盡言理氣不離不雜之妙也. 而其曰機自爾, 非有使之者, 蓋曰動靜之氣, 不犯人力, 而非別有一箇物, 使之動靜也. 猥筆之譏斥栗谷者, 可謂至矣. 曰天命旣息, 曰兩箇本領, 曰理弱氣强, 曰氣奪理位, 曰虛名無實, 曰畢竟乖張, 曰塞翁得失, 曰肉疣驥蠅, 曰嗚呼可憐, 曰其禍乃至於此, 曰大旨已失, 曰本旨燕越, 曰氣字家計, 而終則直以詖淫邪遁顚倒昌披斥之, 此皆前古異端所無之題目. 而詖淫邪遁者, 孟子之斥告子也, 顚倒昌披者, 朱子之斥禪學也. 嗚呼! 栗翁果是異端耶? 細考其意, 則或有執先生之說反攻先生者; 或有不得乎先生之意者; 或有欲攻先生而害於程朱者, 斯則世之君子, 必有能知之

677 「외필」의 본문에 의하면 '所以然'은 '使之然'의 착각이다.

者. 而或者以謂猥筆之於栗谷, 蓋嘗以兩個本領氣奪理位等語譏之則有矣, 而至於以下許多題目, 莫非此兩句註脚也, 何也? 二本者, 夷子之見斥於孟子者, 而氣奪理位, 則臣奪君位, 子奪父位, 將無所不有, 而自家之言曰, 西教之來, 主氣之論召之也. 然則率天下而禍仁義者, 栗谷其人也. 且猥筆之曰我東, 曰近世, 曰今人者, 莫非指斥栗谷. 而其法實出朱子論司馬公范宣之非, 而曰近世之名卿大儒耳. 不然而只斥近世之學者, 則猥者不敢之謂也, 猶以前賢也, 故以猥稱焉者. 而若論今世之學者, 豈有可猥者乎? 或者又謂講明道學, 尊畏先輩, 幷行而不悖. 朱子之於程張, 亦不無差殊觀, 則猥筆之云, 夫可疑乎? 蓋朱子之於程張, 固有差殊耳. 然其所殊者, 只在文義微細之間, 正所謂解經不同, 不害爲君子也. 何嘗直斥其本原心術, 如猥筆所言乎? 且栗谷直如猥筆所言, 則丁寧是異端之尤者, 邪說之甚者也. 欲尊猥筆者, 直當推尊其師, 於抑洪驅猛之周公, 拒詖放淫之孟子. 不敢不征之, 朱子可也. 胡乃如此依阿澒認, 援彼入此, 爲此三日新婦子模樣也? 且考其集中所譏者, 非止栗谷而已. 退溪曰四端七情理氣互發, 而此則曰四七非互發. 退溪曰心合理氣, 而此則曰不免語病. 退溪曰氣之順理而發者, 氣發卽理發, 此一段是認氣爲理, 而此則曰氣之順理行者, 氣發卽理發. 尤菴曰太極指理言, 陰陽指氣言, 而此則曰太極指理固然, 陰陽指氣, 是果成說乎? 此不近理之妄發. 退溪栗谷尤菴三先生, 論人物之性, 皆以朱子所謂理同氣異爲主. 而此則曰人物之性理同理異, 若曰理同氣異, 則性命橫決矣. 如罷繼歸宗等語, 不合沙溪禮說者甚多, 而湖洛以下諸儒之見斥者, 則姑不數也. 又曰東方理氣二字賴而不墜於地者, 獨任鹿門—名聖周.—一人而已. 任公學文造詣, 固不敢知, 而是嘗出入於陶菴之門, 則亦退栗尤之淵源也. 不尊程氏, 而獨許龜山, 侵斥退陶而獨推月川者, 吾不知其何意. 且退栗尤三先生之學, 悉本於朱子, 而今此集之所見斥者, 非三先生之說, 乃朱子之言也. 非有使之, 本於中庸. 理氣對擧原於大學. 心合理氣, 出於語類. 性同氣異, 根於大全. 太極之爲理陰陽之爲氣, 又朱子平生之所言也. 然則猥筆之於朱子, 雖不敢直斥, 而翦其枝·塞其流, 則不可謂不然矣. 此所以傳家庭之學, 自許以孔門思聖者, 爲五聖之壇, 直以猥筆配之. 而勉菴崔判書, 又從而張皇之大書, 特書於其墓道之銘, 而千五百年, 只華西一人, 幸與同德. 則未知華西之學, 亦踐形盡性之聖人歟? 是其眼中無東方先儒者久矣, 然則栗翁之受侮, 吾不知其幸耶不幸耶?

권사인에게 답함

신미년(1931)

남창희

이 글은 1931년 남창희(南昌熙, 1870~1945)[678]가 동문인 권우현(權友鉉, 1910~?)[679]에게 답하는 편지다. 「별지」를 통해서 이기의 동정을 이해하는 문제, 「외필」의 '기자이 비유사지' 및 사단칠정론을 차례로 논하고 있다. 『이천집(夷川集)』 권11에 실려 있다.

지난 겨울의 편지는 담긴 뜻이 매우 정중했습니다. 쇠약하고 병든 데다 게을러서 회신을 미루다가 지금에 이르렀으니, 매우 죄송합니다. 머물러 있는 곳에 글로 종유하는 이들이 없지는 않습니다만 경설에 정통하고, 이학에 밝아 벗들 사이에 서로 도와가며 학문을 연마하는 데 기댈 만하고, 남들의 고루한 식견을 떨쳐버리게 만들 수 있는 이는 보지를 못했습니다. 이 때문에 지난번 족하(足下)에게 이러저러하게 말했던 것입니다. 그러나 지금은 쇠약한 몸이 병도 이미 깊어서 총명함은 사라지고, 이 일에 힘을 쓸 수도 없습니다. 족하와 같은 이와 정밀하고 확실하게 서로 토론하고, 절실하게 서로를 권면한다고 해도 또한 서로에게 보탬이 되지는 못할 것입니다. 이에 보내신 편지에 대해서도 스스로의 역량을 헤아리지 못하는 부끄러움이 늘어날 뿐이었습니다. 나이 서른에 서고, 마흔에 미혹되지 않는다고 한 것은 처음에 노력을 기울이는

678 정재규의 문인으로 자는 명중(明重) 호는 이천(夷川)이고 본관은 의령(宜寧)이고, 거주지도 의령이다.

679 정재규 및 남정우(南廷瑀)의 문인으로 자는 사인(士仁) 본관은 안동, 거주지는 의령이다.

것이 나중보다 힘들기 때문입니다. 그러므로 특별히 열다섯을 '(뜻을) 세우는[而立]' 기준으로 삼았을 뿐이니, 불혹 이후 10년을 기준으로 삼는 사례와는 다릅니다. 이렇게 다시 생각해 보는 것이 어떻겠습니까? 별지로 답할 내용은 아래에 적어 두었습니다. 그러나 이것은 도리의 정미한 것이니, 제 주장에 어떻게 어긋남이 없겠습니까? 자세히 살펴보시고 다시 회답을 주시기를 간절히 바랍니다.

별지

이기의 동정에 대한 주장은 여러 사람의 의론을 기다릴 것이 없이, 주자의 설명이 이미 다 말했습니다. "태극은 리이고 동정은 기이다. 기가 운행하면 리도 운행한다. 이 둘은 서로 의지하기에 서로 떨어진 적이 없다."[680] 이것은 유행의 측면에서 기가 동정하는 것임을 말했습니다. "리에 동정이 있기에 기에 동정이 있다. 리에 동정이 없다면 기가 어떻게 동정이 있겠는가?"[681] 이것은 본원을 파헤쳐 리에 동정이 있음을 말했습니다. "태극이 동정을 포함한다고 하는 것은 본체의 측면에서 말한 것이다. 태극에 동정이 있다고 하는 것은 유행의 측면에서 말한 것이다. 태극이 바로 동정이라고 한다면 형이상·형이하가 구분되지 않고, '역에 태극이 있다'는 말도 쓸 데 없는 말이 되고 말 것이다."[682] — 인용은 여기까지이다. — 이것은 태극이 본시 동정의 신묘함을 가지고 있지만, 동정의 일을 하는 것은 기의 기틀[氣機]이라는 것입니다. 이 세 가지 설명을 알고서 탐구해 보면 「태극도설해」의 '동정은 (리가) 타는

680 주희, 『주자어류』 권94(『주자전서』 vol. 17), 3128쪽.

681 주희, 『회암선생주문공문집』 권56(『주자전서』 vol. 23), 「答鄭子上」, 2687쪽.

682 주희, 『회암선생주문공문집』 권45(『주자전서』 vol. 22), 「答楊子直(方)」, 2072쪽 참조.

기틀이다'라고 한 말을 비로소 알 수 있을 것입니다. 이제 '동정은 본래 리의 동정이다. 그러나 이미 양이 움직이고 음이 고요하다고 했다면 기에도 동정이 없다고 말할 수는 없다'라고 하는 것은 아마도 설명이 전도된 것 같습니다. 예를 들자면 쥐었다 펴고 뒤집는 것은 손이지만 쥐었다 펴고 뒤집을 수 있는 소이는 마음입니다. 가다 멈추고, 앉았다 일어서는 것은 몸이지만 가다 멈추고 앉았다 일어서는 소이는 마음입니다. 이제 쥐었다 펴고 뒤집으며, 가다 멈추고 앉았다 일어서는 것을 곧장 마음이 하는 것이라고 간주한다면, 이와 같다면 손과 몸이란 다시 무엇을 한다는 것입니까?

'그 기틀이 스스로 그러하지, 그렇게 시키는 것이 있지 않다'라고 했는데, 이것은 율곡이 우계에게 답하는 편지의 내용입니다. "누가 그 기틀을 주재하는가? 아! 태극이로다"라고 했는데, 이것은 율곡의 「이일분수부」에 나옵니다. 똑같이 율곡의 말이지만, 동이와 출입의 구분이 없을 수는 없습니다. 세상의 논자들은 '그렇게 시키는 것이 있지 않다'라는 한 가지 말만을 붙잡았을 뿐, 끝내 '누가 주장하는가'라고 한 뜻을 감춰버리고 말았습니다. 그러므로 (노사는) 「외필」을 지어서 이 '누가 주장하는가'라는 말의 의미를 밝힌 것입니다. 이제 이것을 붙잡고서 노옹(蘆翁)이 율옹을 공격하고 배척했다는 데로 귀결시키려고 하면, 어찌 노옹의 마음을 알았다고 하겠습니까? 의론 가운데 '말은 다르지만 뜻은 같다'라고 한 것은 '논지를 유지하면서 맥락을 고려하는' 도리를 얻었다고 할 것입니다. 그러나 백옹(栢翁 : 정재규)의 변론을 논한 것은 꼭 이와 같을 필요가 없으니, 구차하게 일치시키려고 한다면 이 또한 백옹의 마음을 모르는 것입니다.

사단과 칠정은 그 명칭이 다르지만, 성에서 발현한다는 점에서는 한 가지입니다. —주자는 '칠정 또한 성에서 발현한다. 다만 사단에 나누어 배정할 수 없다'[683]라고 했습니다.— (노사의) 「우기(偶記)」에서 "사단과 칠정이 두 가지 정이 아니다"[684]라고 한 것을 보면 알 수 있습니다. 리와 기는 두 가지 것이라고 말하지만, 사실은 간격이 없이 결합되어 있습니다. 「우기」에서 "리와 기에는 호발(互發)이 없다"[685]라는 말에서 또한 알 수 있습니다. 지금 어째서 「우기」를 의심하는 것입니까? 「예운」에서는 기쁨·노여움·슬픔·두려움·사랑·싫어함·욕심이라는 칠정(七情)을 십의(十義)[686]에 상대시켜 말했으니, 칠정에 대한 학설은 모두 「예운」에 뿌리를 두었습니다. 퇴도가 당연히 이 칠정을 인용해서 사단이 리의 발출이요, 칠정이 기의 발출임을 증거했으면 그 뜻이 분명해지고, 끝내 여기에서 벗어나지 않았을 것입니다. 이에 『중용』의 기쁨·노여움·슬픔·즐거움 및 「안자소호하학론」의 칠정을 인용해서 사단과 상대시켜 설명해서 이발·기발의 이론을 만들었으니, 『중용』의 정은 중절한 정이고, 「하학론」의 정은 '중에서 움직인 것'입니다. 어떻게 이것을 기의 발출이라고 할 수 있겠습니까? —고봉이 '기쁨·노여움·슬픔·즐거움의 발출해서 절도에 알맞은 것은 리에서 발출한 것입니까? 기에서 발출한 것입니까?'라고 묻자 퇴도는 대답하면서 '기에서 발출하지만 리가 타는 것을 위주로 삼기에 그 선함은 같다'라고 했습니다.[687]— 이것이 고봉의 의심을 불러일으키고, 율곡의 주장을 가져온 까닭입니다. 그러나 퇴도는 「심통성정도설」에서 선한 정을 말하면서 '자사가 말한 절도에 들어

683 주희, 『주자어류』 권87(『주자전서』 vol. 17), 2960쪽 참조.

684 기정진, 『노사집』 권16(표점영인 한국문집총간 vol. 310), 「偶記」, 369쪽 참조.

685 같은 책, 같은 곳.

686 『예기』 「예운」에서 칠정에 뒤이어 언급한 다음 열 가지를 가리킨다. "아비는 자애롭고 자식은 효도하며, 형은 어질고 아우는 공손하며, 지아비는 의롭고 부인은 따르며, 어른은 은혜롭고 젊은이는 순종하며, 임금은 어질고 신하는 충성스러운 것, 이 열 가지를 사람의 의라고 한다."

687 이황, 『퇴계집』 권17(표점영인 한국문집총간 vol. 29), 「答奇明彦(論四端七情第三書)」, 432쪽 참조.

맞는 정, 맹자가 말한 사단의 정이 이것이다'[688]라고 했으니, 지난날 『중용』의 정이 기에서 발출한다는 것은 틀림없이 이미 버린 주장이라고 제쳐놓은 것이 분명합니다. 또한 「김이정에게 답함」을 보면 또한 알 수 있습니다. — 그 편지에서는 '명언이 내 문제점을 지적해 낸 곳들은 하나 같이 이치에 들어맞는다'라고 했습니다.[689] — 그렇다면 후학은 퇴도의 사칠론을 마땅히 그 앞뒤의 주장을 나누어서 취사선택해서 정론을 삼아야 할 것입니다. 그러나 「하학론」의 칠정은 두 선생이 모두 처음부터 끝까지 기의 발출이라고 말했으니, 그 '더욱 끓어오른다', '성을 잃게 된다'라고 한 말에 근거해서 말했기 때문에 그런 것입니다. 그러나 맹자가 '그 정으로 말하자면 선이라고 할 수 있다'라고 한 가르침과, 주자의 '정은 본래 그 자체로 선하다. 그 발출에 물든 것이 없다면 어찌 불선하겠는가'라는 말로 살펴보자면 '더욱 끓어오른다'라는 것은 기질이 일에 작용해서[用事] 그 정을 거스르는 것입니다. 이것이 어찌 정의 잘못이겠습니까? — '『맹자』에서는 '그 정으로 말할 것 같으면 선이라고 할 수 있다'라고 했고, 주자는 '선과 악을 움직이는 곳에서 함께 말한 것은 어째서입니까?'라고 묻자 이렇게 대답했습니다. '정은 모두 선하다고 할 수는 없다. 그러나 근본은 선이라 할 수 있지 악이라 할 수는 없다. 맹자는 그 올바른 것을 가리켜 말했고, 주자는 올바른 것과 거스른 것을 겸해서 말했다.'[690] — 이것은 후학들이 강론해서 불명료함을 남겨서는 안 될 것입니다. 그런데 이제 '칠정이란 외물이 그 형체에 접촉해서 중이 움직여 나온 것이니, 분명히 기의 발출이다'라고 한다면,

688 이황, 『퇴계집』 권7(표점영힌 한국문집총간 vol. 29), 「進聖學十圖箚(幷圖)」, 207쪽 참조.

689 이황, 『퇴계집』 권30(표점영인 한국문집총간 vol. 30), 「答金而精」, 195쪽 참조.

690 주희, 『회암선생주문공문집』 권58(『주자전서』 vol. 23), 「答張敬之」, 2799~2800쪽.

이것은 「하학론」을 인용해서, 두 선생의 학설을 주장하려고 하기 때문입니다. 그러나 '중의 움직임'·'기의 발출'이라는 두 구절은 그 자체로 모순이요 서로를 용납할 수 없습니다. 중은 곧 성입니다. 어떻게 '중의 움직임'을 기의 발출이라고 하겠습니까? 이러한 뜻은 『노백헌집』의 소와(素窩 : 南廷燮, 1863~?)에게 답하는 편지에 이미 자세합니다.[691] 이 글을 가져다 다시 생각해 보는 것이 어떻겠습니까?

691 정재규, 『노백헌집』 권15, 「答南章憲明重昌熙四七講目」, 16면후~21면전 참조.

答權士仁

辛未

南昌熙

去冬惠緘, 寄意甚重. 而衰病頹懶, 奉答遷延至此, 愧甚愧甚. 所寓之中, 以文字相從者, 非無其人. 然惟是精於經說, 明於理學, 可以資麗澤之道, 而能使人祛孤陋之見者, 未之得見. 故向於足下有所云云耳. 然今衰病已深, 聰明已去, 無以爲力於此事. 則雖得精緊相討, 切實相勉, 如足下者, 亦不能相資而爲補也. 玆於尊示之及, 只增不自量力之愧耳. 三十而立, 四十而不惑, 蓋初頭用工, 難於後面. 故特以十五年爲而立之節, 而異乎不惑以後十年爲節之例也. 以是更商如何? 別紙所答, 錄在下方. 然此是道理之精微處, 淺說安能無差? 惟細加勘覈, 更爲回示切望.

別紙

理氣動靜之說, 不待諸賢之論, 而朱子之說已盡之耳. 有曰太極, 理也; 動靜, 氣也. 氣行則理亦行, 二者常相依, 而未嘗相離也. 此就流行而言氣爲動靜也. 曰理有動靜, 故氣有動靜. 若理無動靜, 氣何自而有動靜乎? 此探本源而言理有動靜也. 曰謂太極含動靜, 以本體言也; 謂太極有動靜, 以流行言也. 若謂太極便是動靜, 則是形而上下者, 不可分, 而易有太極之言, 亦贅矣.—止此.— 此言太極固是有動靜之妙, 然其爲動靜之事者, 是氣機也. 卽此三說而究之, 圖說解動靜者所乘之機云者, 始可識矣. 今曰動靜固是理之動靜. 然旣曰陽動陰靜, 則亦不可謂氣無動靜者, 恐是說得倒了. 如屈伸翻覆者, 手也, 而所以屈伸翻覆者, 心也. 行住坐立者, 身也, 而所以行住坐立者, 心也. 今以屈伸翻覆·行住坐立, 直做爲心之所爲, 若如此則手與身, 更何爲也? 其機自爾, 非有使之. 此栗谷答牛溪之書也. 孰尸其機, 嗚乎太極! 此栗谷理一分殊之賦也. 均是栗翁之說, 而不能無同異出入之分也. 世之論者, 只執其非有使之一說, 而終不免掩却孰尸之義. 故猥筆作而明此孰尸之說也. 今執此而歸蘆翁於攻斥栗翁之地者, 豈知蘆翁之心哉? 盛論中言雖異而意則同者, 可謂得持論通活之道. 然若講栢翁之辨, 不必如是, 苟同則此亦不知栢翁之心也. 四端七情, 其名雖異, 而其發於性, 則一也. —朱子曰, 七情亦自性發, 但不可分配四端.— 看偶記所謂四七非兩情者, 可知也. 理氣, 雖曰二物, 而實脗合無間. 則偶記所謂理氣無互發者, 亦可見也. 今何以致疑於偶記乎? 禮運, 旣以喜怒哀懼愛惡欲之七情, 對十義而言, 則七情之說, 蓋本於禮運也. 退陶當引此七情, 以證四端理之發, 七情氣之發, 其義乃明, 而終不出此. 乃引中庸之喜怒哀樂, 好學論之七情, 對四端立說, 而爲理發氣發之論, 則中庸之情, 是中節之情也. 學論之情, 是其中之動者也. 豈可以是爲氣之發也? —高峯問喜怒哀樂之發而中節者爲發於理耶? 發於氣耶? 退陶答曰雖發於氣而理乘之爲主, 故其善同也.— 此所以起高峯之疑, 而來栗谷之說也. 然退陶於心統性情圖說, 言善情而曰子思所謂中節之情, 孟子所謂四端之情, 是也, 則前日以中庸之情謂發於氣者, 必置諸已棄之說, 明矣. 且看答金而精之書, 亦可見也. —書云明彦拈出某辨語病處, 一一中理.— 然則後學於退陶四七之說, 當分其前後取舍而爲定論, 可也. 然至於學, 論之七情, 二先生皆終始以氣之發爲言, 蓋據其熾蕩性鑿等語而云然耳. 然以孟子乃若其情則可以爲善之訓, 朱子情本自善, 其發也未有污染, 何嘗不善之說究之, 則所謂熾蕩者, 乃氣質之用事, 而反其情者也. 是豈情之罪也哉?—問孟子言乃若其情則可以爲善, 周子以善惡於動處幷言, 如何? 朱子曰情未必皆善, 然本則可以爲善, 而不可以爲惡. 惟反其情也, 故爲惡. 孟子言其正, 周子兼其正與反者言之也.— 此後學之所當講論, 而不容不明者也. 今曰七情是中之動於外物之觸其形而出, 分明是氣之發也. 此蓋引學論而主二先生之說者也. 然竊恐中之動·氣之發二句, 自是矛盾, 而有不相入耳. 中, 卽性也, 安得以中之動謂氣之發也? 此義老栢集答素窩書已詳之. 取考而更思之, 如何?

어떤 이의 질문에 답함 1

정방엽

이 글은 정방엽(鄭邦燁, 1886~?)[692]이 익명의 인물에게 이이와 기정진 성리학의 동이를 묻는 질문을 받고 대답하는 글로 1과 2가 있다. 「답인문」 1에서는 '기자이'와 '비유사지'를 둘러싼 이이와 기정진의 성리학적 이해의 동이 문제를 네 가지 질문에 대답하는 형식으로 다루고 있다. 「답인문」 2에서는 칠정의 이해를 둘러싸고 이이와 주희의 동이를 다루고 있는데. 두 가지 질문과 대답으로 이루어져 있다. 칠정 개념의 기원을 『예기』 「예운」과 정이의 「안자소호하학론」과 연관지어 논하고 있다. 이것은 남창희가 권우현에게 보내는 1931년의 편지와 논지가 비슷하다. 이로 미루어 본다면 대략 1930년대 무렵의 저술로 추정되지만, 확실한 저술 연대는 알 수 없다. 우선 남창희의 편지 뒤에 둔다. 『척암집(惕菴集)』 권4에 실려 있다.

1.

질문 : 율옹의 「이일분수부」에서 "돈독한 조화는 끝이 없고, 흐르는 물은 그치지 않는다. 누가 그 기틀을 주재하는가? 아! 태극이로다!"[693]라고 했다. 「성호원에게 답함」에서는 "음양의 움직임과 고요함은 기틀[機]이 저절로 그러한 것이지 그렇게 시키는 것이 있지 않다"[694]라고 했다. 내 생각에 그 기틀을 주재한다면 저절로 그런 것이 아니고, 기틀이 스스로 그러하다면 주재하는 것은 없다. 어째서 그 말이 다른 것인가?

정방엽 : 두 말은 서로의 의미를 발명하고 있다. 어째서인가? 주자는

692 정재규의 문인으로 자는 회부(晦夫) 호는 척암(惕菴)이고 본관은 초계(草溪)이고, 거주지는 삼가(三嘉)이다.

693 이이, 『율곡전서』 권1(표점영인 한국문집총간 vol. 44), 「理一分殊賦」, 12쪽.

694 이이, 『율곡전서』 권10(표점영인 한국문집총간 vol. 44), 「답성호원」, 211쪽.

"태극은 본래 그러한 오묘함이다. 동정은 (리가) 타는 기틀이다"[695]라고 했고, 율옹의 말은 여기에 뿌리를 두고 있다. 움직이는 것과 고요한 것은 기틀이 이미 그러한 것이요, 그들을 움직이고 고요하게 하는 소이는 태극의 본래 그러함이다. 태극이 그 기틀을 주재한다는 것이 옳지 않은가? 그러나 태극은 당연(當然)·필연(必然)의 오묘함만이 있을 뿐, 실제 운용하고 조작하는 힘은 없기 때문에, '주재한다'라고 하는 것은 손이 가리키고 입은 말한다고 하는 것과는 같지 않다. '스스로 그러하다'라는 측면에서 보자면 그 움직임과 그 고요함은 스스로 움직이고 스스로 고요한 것 같다. 그러나 이미 '주재한다'라고 했다면 태극이 움직임과 고요함의 뿌리라는 것을 알 것이다. 이것이 서로가 뜻을 발명하는 것이 아니겠는가?

2.

질문 : '그 기틀을 주재한다[尸其機]'라는 것은 곧 주재한다는 말이다. 운용과 조작이 없으면서 어떻게 주재할 수 있는가?

정방엽 : 리는 본래 운용과 조작이 없다. 그러나 기가 이 리를 따라서 운행하면 운행 조작의 준칙이 이미 리 가운데 갖추어져 있으니, 율옹이 '그 기틀을 주재한다'라고 한 것이 이것이다. 능연·필연·당연·자연을 겸해서 말하자면 리의 정상(情狀)에 천명의 움직이고 고요할 수 있음[能動靜]·반드시 움직이고 고요함[必動靜]·움직이고 고요해야 함[當動靜]이 저절로 그러해서 그렇지 않은 것이 없음을 갖추고 있으니, 이것을 '주재의 신묘함[主宰之妙]'이라고 하는 것이다. 그러므로 주자는 "움직임 또한 태극의 움직임이요, 고요함 또한 태극의 고요함이다"[696]라고 했고,

---

695 주희, 『태극도설해』(『주자전서』 vol. 13), 72쪽.

696 주희, 『주지어류』 권94(『주자전서』 vol. 17), 3120쪽.

"태극에 동정이 있는 것은 천명의 유행"[697]이라고 했다.

3.

질문 : 그렇다면 기의 동정은 리가 실제로 시키는 것인데, '기틀이 스스로 그러하다'라고 말하는 것은 어째서인가?

정방엽 : 주자는 '먼저 아는 이에게 나중에 아는 이를 깨닫도록 시킨다'라고 할 때의 '시킨다[使]'는 글자를 풀이하면서 말했다. "천리의 당연함이 마치 그렇게 시키는 것과 같다."[698] 나는 이 '스스로 그러하다'라는 글자에도 '기가 리를 따르되 억지로 하기를 기다리지 않는 것이 마치 저절로 그러한 것과 같다'라고 하겠다. 리가 실제로 명하지만 명하는 흔적은 없고, 리가 실제로 그렇게 시키지만 그렇게 시키는 형체라고는 없다. 볼 수 있는 것이라고는 기가 나아갔다 물러가고, 올라섰다 내려가는 것일 뿐이다. 그러므로 율옹 또한 "갖가지로 고르지 않은 것은 기가 하는 것이다. 기가 하는 것이라고 하더라도 반드시 주재가 되는 리가 있다. 그렇다면 갖가지로 다른 것 또한 리가 마땅히 이와 같은 것이지, 리가 이와 같지 않은 데 기 홀로 이와 같은 것이 아니다"[699] (율옹은) 또 말했다. "음양의 움직임과 고요함은 그 기틀이 스스로 그러하지만 음양이 움직이고 고요한 소이는 리이다."[700] 만일 실제로 말미암는 것이 없이 스스로 움직이고 스스로 그친다면 이것은 기가 그 자체로 주재가 된다는 것이니, 어떻게 리를 주재라고 하겠으며, 어떻게 '(그렇게 되는) 소이가 리'라고 하겠는가? '소이'라는 두 글자가 곧 '시킨다'라는 뜻

---

697 주희, 『태극도설해』(『주자전서』 vol. 13), 72쪽.

698 주희, 『맹자집주』(『주자전서』 vol. 6), 319쪽.

699 이이, 『율곡전서』 권10(표점영인 한국문집총간 vol. 44), 「답성호원(임신)」, 199쪽.

700 이이, 『율곡전서』 권10(표점영인 한국문집총간 vol. 44), 「답성호원」, 211쪽.

이 아니겠는가?

4.

질문 : 그렇다면 노옹(蘆翁)이 의심한 것은 어째서인가?

정방엽 : 노옹이 의심한 것은 그 어구가 지나치게 통쾌하다는 것일 뿐이지, 그의 식견을 의심한 것이 아니다. '움직이고 고요한 것은 기이고 움직이고 고요하게 하는 것은 리이다'라는 것은 율옹의 말이요, 노옹이 주장하는 것이다. 다만 어떤 이들이 정론을 버리고 '스스로 그렇다[自爾]'라는 두 글자를 주장하면서 오로지 주기의 학만을 익히기에, 율옹의 종지를 발명한 것이다. 그런데 후인들이 살피지 못한 것일 뿐이다.

答人問 一

鄭邦燁

1.

曰, 栗翁理一分殊賦曰, 敦化無窮, 川流不息. 孰尸其機, 嗚呼太極! 答成浩原書曰, 陽動陰靜, 其機自爾, 非有使之者. 竊謂尸其機, 則非自爾也; 機自爾, 則無尸之者. 何其說之不同也?

曰, 二說, 是互相發者, 何? 則朱子曰太極者, 本然之妙也; 動靜者, 所乘之機也. 栗翁之言, 蓋皆本諸此也. 蓋動靜者, 是機之已然者; 而其所以動之靜之者, 太極之本然也. 太極之尸其機, 不其然矣乎? 然太極, 但有當然必然之妙, 實無運用造作之力, 其所謂尸之者, 非如手指口詔之謂也. 由自爾觀之, 則其動其靜, 似自動自靜. 而旣曰尸之, 則知太極爲動靜之根柢,.是非互相發者乎?

2.

曰, 尸其機, 卽主宰之謂也. 無運用造作, 而何以能主宰也?

曰, 理固無運用造作. 而氣依倣這理行, 則運用造作之準則, 已具於理中. 栗翁所謂尸其機者, 此也. 此兼能然·必然·當然·自然而言, 方於理之情狀, 爲備天命之能動靜·必動靜·當動靜者, 無非自然而然者. 是所謂主宰之妙也. 故朱子曰, 動, 亦太極之動; 靜, 亦太極之靜. 又曰太極之有動靜, 是天命之流行也.

3.

曰, 然則氣之動靜, 理實使之, 而曰機自爾, 何也?

曰, 朱子訓使先知覺後知之使字, 曰天理當然, 若使之也. 愚於此自爾, 亦曰氣順理, 而不待勉强, 若自爾也. 蓋理實命之, 而無命之之跡; 理實使之, 而無使之之形. 但其可見者, 氣之進退昇降而已. 故栗翁亦曰參差不齊者, 氣之所爲也. 雖曰氣之所爲, 而必有理爲之主宰. 則其所而參差不齊者, 亦是理當如此. 非理不如此, 而氣獨如此也. 又曰陽動陰靜, 其機自爾, 其所以陰靜陽動者, 理也. 若謂實無所關由, 而自行自止, 則是氣自爲主, 奚可曰理爲主宰? 奚可曰所以者理也? 所以二字, 卽非使之之意也乎?

4.

曰, 然則蘆翁之疑之也, 何也?

曰, 蘆翁之疑, 特其語句之太快爾, 非疑其見處也. 動者靜者, 氣也; 動之靜之者, 理也. 是栗翁語, 而蘆翁之所主者也. 但以或者遺却定論, 主張自爾二字, 專爲主氣之學, 故發明栗翁之宗旨也. 特後人不之察耳.

어떤 이의 질문에 답함 2

정방엽

1.

질문 : 율곡의 "온갖 정이 모두 리에서 발현한다"라고 한 것은 지극한 의론인데, 주자에게 이발·기발의 가르침이 있는 것은 어째서인가?

정방엽 : 이발·기발이라고 한 것은 발현[發]에 두 갈래 길이 있다는 말이 아니다. 발현한 다음에 보면 이 두 갈래 길이 있다는 말이다. 정의 발현이 어떤 것인들 리가 기를 탄 것이 아니겠는가? 그러나 그 발현에는 '곧게 이뤄지는 것'과 '기가 가리는 것'의 구별이 있다. '곧게 이뤄지는 것'은 기 홀로 발현하지 않는 것이 없지만, 기가 이미 리에서 명을 받았기에 리는 본래의 작용을 하게 된다. 그러므로 이발이라고 하는 것이다. '기에 의해 가리운 것'은 리가 곧게 그 작용을 이루지 못하고 기가 그 자체로 주재가 되기에 기발이라고 하는 것이다. 발현할 때에 수직적으로 보면 모두 리가 기를 타고서 발현하는 것이요, 발현한 다음에 수평적으로 보면 이 두 가지 구분이 있는 것이다.

2.

질문 : 그렇다면 칠정은 정말로 리가 곧게 이뤄지지 못한 것인가?

정방엽 : 칠정을 말한 곳은 둘이 있으니, 정자의 「호학론」과 『대기(戴記)』의 「예운」이다. 「예운」은 십의(十義) 외에 따로 칠정을 말했으니 본래 '곧게 이뤄지지 못한 것'이다. 「호학론」은 다섯 가지 덕의 성으로부터 말하면서 '그 중이 움직여 칠정이 나온다'라고 했다. 어떻게 곧게 이

뤄지지 못한 것이라고 하겠는가? (정이) 끓어올라 중을 없애버리면 이것이 곧게 이루지 못했다는 것이다.

答人問 二

鄭邦燁

1.

曰, 栗谷萬般之情, 皆發於理者, 爲極至之論, 而柰朱子有理發氣發之訓何?

曰, 理發氣發云者, 非發有二道之謂也. 從發後看, 則有此二道之謂也. 凡情之發, 何莫非理之乘氣也? 然其發也, 有直遂·氣掩之之分. 直遂者, 雖亦非無氣獨發者, 而氣已聽命於理, 而理得其本然之用, 故謂之理發. 爲氣所掩者, 理不能直遂其用, 而氣自爲主, 故謂之氣發. 蓋從發時竪看, 則皆理乘氣而發者也; 從發後橫看, 則有此二分也.

2.

曰, 然則七情果是理之不直遂者耶?

曰, 說七情處有二, 程子好學論及戴記禮運, 是也. 禮運則外十義而言七情, 固所謂不直遂者也. 若學論, 則以五德之性說下來, 而曰其中動而七情出焉. 何可謂不直遂者耶? 至熾而鑿中, 則是不直遂者也.

문자성 — 형 — 에게 답함

계유년(1933)

이교우

이 글은 정재규의 제자인 이교우(李敎宇, 1881~1944)[701]가 1933년 정의림의 문인인 문형(文炯, 1882~?)[702]에게 답하는 편지이다. 문형이 먼저 이건창(李建昌, 1852~1898)이 문장론에 근거해서 기정진을 비평한 글을 보고서 이교우에게 편지를 보냈기 때문에 이교우 또한 문장론의 관점에서 「납량사의」, 「외필」 등의 저술이 가지는 의의를 설명하고 있다. 문형이 보내는 편지는 『심포집(心圃集)』 권4에 실려 있고,[703] 이 글은 『과재집(果齋

701 자는 치선(致善) 호는 과재(果齋) 본관은 전의(全義)이고 거주지는 단성(丹城)이다.

702 자는 자성(子惺) 호는 심포(心圃) 본관은 남평(南平)이고 거주지는 능주(綾州)다. 『노사선생연원록』에 의하면 정의림(鄭義林)의 문인이다.

703 "지난 해 영남을 다녀오면서 좋은 풍광을 즐겼고, 좋은 인물들을 많이 만났습니다. 유람한 곳 가운데 뛰어난 곳으로는 노형의 고장만한 곳이 없었고, 사우들이 모여서 강론한 것 또한 존경하는 문하와 같은 곳이 없었습니다. 아! 요즘은 어떤 시대인 것입니까? 기기(氣機)는 어긋나고, 좋은 일은 만나기가 드뭅니다. 그럼에도 노형(老兄)께서는 어떤 기수(氣數)로 하늘이 이처럼 도타이 길러준 것입니까? 이 시대에 노형이 있었는데도 뒤늦어서야 비로소 만나게 되었으니 제 고루함을 알 만할 것입니다. 어느덧 해가 바뀌어 덕을 함양하는 데 날로 힘서야 합니다만, 요즘 제게 개인적으로 답답한 일이 있어 노형에게 아뢰면서 가부를 청합니다. 노사선생은 남쪽에서 일어나 쇠퇴한 시대에 학문을 창도했습니다. 도술을 지키고 사설을 물리쳤으며, 천리를 밝히고 인심을 바로잡았습니다. 진실로 노형의 선사(先師)이신 애옹(艾翁 : 정재규)이 '우리 동방에서 선생은 전국시대의 맹자와 같다'라고 하신 말씀대로입니다. 그런데 제가 세상 유자들의 의론을 한 가지 들었더니, '선생의 문장은 체제가 약하고 기국이 협애한 것이, 거의 괴기(瓌奇)한 문장에는 가깝다고 하겠으나, 옛 사람의 순정(醇正)한 문장에는 미치지 못한 점이 있다'라고 했습니다. 어떤 이는 심지어 '선생의 문장을 물건에 비유하자면 기화요초(琪花瑤草)에 해당하지 숙속포백(菽粟布

帛)은 아니다. 그가 하는 말과 내면의 의도에는 장중하게 말할 수 있는 것을 구태여 꾸짖는 듯이 말하고, 크게 말할 만한 것을 구태여 자잘하게 말하며, 평이하게 말할 만한 것을 구태여 신령하다거나 음미하듯이 말하려고 한다. 이런 까닭에 세상 사람들이 처음 읽을 때는 기뻐하지 않는 이가 없지만, 이미 기뻐한 뒤에는 또한 싫어하지 않는 이가 없다'라고 했습니다. 고루한 제가 문장에 깊은 조예도 없어서 선생의 문장을 이해하기에는 부족합니다만, 마음속으로 의심하면서 절충할 수 있는 의론을 얻지 못한 것을 한스러워했습니다. 그러다 지난번에 충청도의 한 벗에게서 영재(甯齋 : 李建昌, 1852~1898)의 편지 한통을 얻었는데, 그가 노사의 문장을 논하면서 이렇게 말했습니다. "이 노인의 문장에는 다섯 가지 병폐가 있다. 첫째 시문(時文)의 병폐요 둘째 소품(小品)의 병폐이며 셋째 단전(禪詮)의 병폐요 넷째 독학(獨學)의 병폐이며 다섯째 노혁(老革)의 병폐다. 총괄해서 말하자면 고아하고 부드러우며 엄격하고 깨끗함은 그의 문장이 가지는 장점이 아니다." 또 이렇게도 말했습니다. "성도에 통융(通蝠)한 것과 학문의 진절(眞切)함이라면 근세의 우리나라에서 보기 드물다고 할 것이니, 중국의 여러 유학자들과 비교해 보더라도 누가 더 앞설지 알 수 없다. 넓게 요약하자면 도술을 논한다면 제일 높이 추앙해야 하지만, 문장을 논하자면 고문(古文)만 못한 것이 안타깝다." 제 생각에 영재옹(甯齋翁)은 실로 이 시대의 혜안을 가진 이로서 그가 사람을 논한 것도 구차하지 않을 것입니다. 이것은 백세의 정론이라 할 수 있고, 제가 평소에 마음속에 품고 있던 의심도 환하게 눈 녹듯이 사라졌습니다. 모르겠습니다만 노형은 어떻게 생각하십니까? 사람마다 소견은 각자 다르고, 문자의 취사선택도 같지 않을 터이니, 고론을 한 번 들려주십시오.[昨歲嶺行, 得好山水, 見好人物多矣. 而遊賞之勝處, 莫如仙鄕; 士友之講聚, 亦莫如尊門. 嗚乎! 今世何世? 氣機轉乖, 鮮見有好事, 而老兄以何氣數得天之餉, 若是厚耶? 併一世乃有老兄, 而晩始得見, 則炯之固陋, 可知也. 遽然歲改, 養德日懋. 炯近有私鬱, 仰暴於老兄, 請可否之. 蘆沙先生挺生南服, 倡學於衰世, 其所以衛道術而斥邪說, 明天理而正人心者, 信如尊先師艾翁所謂先生之於吾東, 其猶孟氏之於戰國矣. 然炯竊聞一種世儒之論, 有曰先生之爲文, 體弱而局隘, 殆近於瓌奇之文, 而有遜於古人之醇正. 或者至謂先生之文, 比之物, 則琪花瑤草 而非菽粟布帛也. 蓋其立言措意之間, 可以莊言者而必詭言之, 可以大言者而必瑣細言之, 可以平淡言者而必神乎味乎而言之. 是以世人讀之, 始也, 未嘗不喜, 旣喜, 亦未嘗不厭. 炯之陋, 非深於文者, 固不足以知先生之文. 然嘗竊自疑于心, 恨米得折衷之論. 向者, 因湖中一士友得甯齋書一通. 其論蘆沙之文, 有曰此老之文有五種病焉. 一曰時文之病; 二曰小品之病; 三曰禪詮之病; 四曰獨學之病; 五曰老革之病. 摠以言之, 雅馴嚴潔,

集)』 권9에 실려 있다.

몇 천 마디의 편지를 받고 보니, 실처럼 이어지고, 강처럼 흘러넘쳐 보자마자 글을 올리려 했지만, 겨를이 없었습니다. 그 가운데 노옹(蘆翁)의 문장에 대해 득실을 논했는데, 매우 전중(典重)해서 쉽사리 말할 수 없었기에 지금까지 늦어졌습니다.

글을 짓는 것은 한 가지 방법만 있는 것이 아닙니다. 정(正)에 해당하는 곳이 있고, 기(奇)에 해당하는 곳이 있습니다. 평이한 것으로는 부족해서 험하게 쓰기도 하고, 순순히 말하는 것이 미진해서 거꾸로 쓰기도 합니다. 순순하고 평이하게 말하는 것일 뿐이라면 내면의 사정을 발명해서 그 의리를 천명할 수 없습니다. 거꾸로 험하게 말할 뿐이라면 자세한 내용을 펼치고, 그 헤아림을 크게 할 수 없습니다. 이 두 가지는 명목마다 용도가 있어서 어느 하나에 치우쳐 (다른 하나를) 빠트릴 수 없습니다. 비유하자면 달고·쓰고·맵고·시고·짠 것이 다섯 가지 맛을 이루고, 청·황·흑·백·적이 다섯 가지 색을 이루어 그 가운데 어느 하나를 빠트릴 수 없는 것과 같습니다.

노옹의 문장은 이와 같을 뿐입니다. 이제 문집에서 말해보겠습니다. 육화정(六花亭)과 풍영루(風詠樓)의 기문 및 『환성집(喚醒集)』 및 『산서잡록(山西雜錄)』의 서문 등을 지은 것은 순수한 정(正)에서 나온 것이 아니겠습니까? 하엽정(荷葉亭)과 청호정(聽湖亭)의 기문은 및 『기자지(箕子誌)』·「송유관동(送遊關東)」 등의 서문을 지은 것은 잡다한 기(奇)에서 나온

非其所長. 又曰若乃性道之通蝠, 學問之眞切, 豈惟東方近世所罕見? 雖求之中州諸儒, 未知孰先. 大要, 論道術則極其推詡, 而論文章則惜其不類於古文. 炯竊惟甯齋翁實當世隻眼, 想其論人不苟. 此可爲百世定論, 而區區平日疑訝于中者, 渙然消釋. 未知老兄以爲如何? 天下之所見各殊, 而文字之取舍不同, 願一聞高論焉.” 文炯, 「與李致善(敎宇)」, 『心圃文集』 권4, 10전면~11전면.

것이 아니겠습니까? 나머지 저술들을 일일이 가리킬 수는 없지만, 근세 우리나라의 교정하는 법도가 엄격하지 못해서 중요한 것과 그렇지 못한 것이 간혹 뒤섞인 경우가 없지 않으니, 제대로 읽는 이라면 가릴 줄을 알아야 할 것입니다.

또 생각해보면 유종원(柳宗元)의 '높다랗고 가파르며 뾰족함[巉巖峭峭]'이 구양수(歐陽脩)의 '가볍고 유려하며 호탕함[遒麗逸宕]'에 부족한 점이 없지 않고, 유종정(劉宗正 : 劉向)의 '근거를 갖추고 단아하며 크고 깊은 것[閎深典雅]'이 소장공(蘇長公 : 蘇軾)의 '드넓게 흘러넘친다[浩浩洋洋]'라는 것보다 장점이 없지 않습니다. 심지어 '삼키고 토하며 내달리고 멈추면서 상과 괴를 둘 다 갖추었다[呑吐騁頓, 常怪畢備.]'라는 것은 한유씨(韓愈氏) 뿐이었습니다. 방망계(方望溪 : 方苞, 1668~1749)·유해봉(劉海峯 : 劉大櫆, 1698~1779)·요희전(姚姬傳 : 姚鼐, 1731~1815)·매백언(梅伯言 : 梅曾亮, 1786~1856) 등은 하나씩 장점이 있었고, 많은 체제를 갖추고 있었습니다만, 천하를 진동시킨 이는 진천씨(震川氏 : 歸有光, 1506~1571) 뿐이었습니다. 우리나라의 선비로는 이익재(李益齋 : 李齊賢, 1287~1367)·장계곡(張谿谷 : 張維, 1587~1638)·이택당(李澤堂 : 李植, 1584~1647)·김대산(金臺山 : 金邁淳, 1776~1840) 등도 모두 융성한 한 시대를 진동시켰지만, 그 기운이 가장 굉대해서 여러 사람들의 첫머리로 꼽을 사람은 연암씨(燕巖氏 : 朴趾源, 1737~1805) 뿐이었습니다.

우리나라의 유학은 처음에는 문장에 힘을 쓰지 않았습니다. 이 때문에 힘이 없고 번잡하기만 한 데서 벗어나지 못하는 경우가 있었습니다. 힘을 쓰지 않았을 뿐만 아니라 힘을 쓴다고 해도 재주와 기운에 확립되지 못한 것이 있었습니다. 노옹(蘆翁)은 재주가 온전하고 기운이 왕성했기에 힘을 써서 정과 기가 다 지극했고, 상과 괴를 모두 갖췄으며, 변하고 움직이는 것이 아득했고, 천태만상을 갖추지 못하는 것이 없었으니, 또한 한 시대의 타고난 대가일 것입니다!

편지에서 '세속의 유자들이 단정하게 말할 만한 것을 구태여 기이하게 말하고, 평이하게 말할 만한 것을 꼭 신비하게 말한다'라고 한 것으로 노옹이 부족하다고 여겼는데, 이것은 문장을 알지 못한 것입니다.

문장이 정과 기를 꺼리지 않는 것은 군대에서 속임수를 꺼리지 않는 것과 같습니다. 세속 유자들의 말이라면 성안군(成安君)의 의병을 타당하다고 여길 뿐, 장유후(張留侯)가 하양(夏陽)을 건넌 것은 쓰지 말아야 한다는 격이니 괜찮겠습니까? '명미당(明美堂 : 이건창, 1852~1898)의 다섯 가지 병폐[五種病]' 운운한 것 또한 어떻게 노옹을 알았겠습니까?[704] 내가 25세 때에 명미당의 이 글을 보고서 마음으로 깊이 의심했습니다. 나중에 문집이 나왔을 때 이 편지는 실려 있지 않았습니다. 정론이 아니어서 스스로 초고에서 빼버린 것이 아니겠습니까? 그러나 이것들은 다만 문장으로 말한 것일 뿐입니다. 노사가 도학의 측면에서 다섯 가지 병폐가 있었다고 하는 것이 또한 무엇을 손상시키겠습니까? 「납량사의」·「외필」·「의여권신언」 등의 글은 소견이 티끌 하나 없이 툭 트였고, 바르고 크며 높고 밝은 것이 근세 유자들에게 없었던 것입니다. 어찌 정밀하게 분석하면서 비유를 들어 맥락을 개척하려는 즈음에 가끔 스스로 파란을 일으키고 허공에 비바람을 불러와 사람들을 혼란스럽게만 만들었겠습니까? 그 유래의 깊이는 모르겠거니와, 일엽편주이자 한 줄기 밝은 등불로서 거친 바람에 불을 밝히고, 그 취지를 잃어버리지 않

704 "영재(寧齋) 이건창(李建昌)은 중년 이래로 자못 성리학에 마음을 두었는데, 그가 보성(寶城)으로 유배갔을 때 비로소 『노사집』을 읽어보고는 감탄하기를, "이것은 천하의 참된 학문이다. 동국에는 있지 않았던 것일 뿐만 아니라, 중국에서 찾더라도 원·명의 유학자들 중에 그 짝이 거의 없을 것이다. 마땅히 그의 성리에 관한 저작들을 뽑아서 두 세 책으로 편집하여 천하에 전하고 명산에 보관해야 할 것이다."라고 하였다. 이건창은 매양 그의 문하에 미치지 못했음을 한탄하였는데, 그의 문장에 대해서는 승복하지 않았다." 황현, 『역주매천야록』 상, 임형댁 외 옮김(문학과지성사, 2005), 240쪽.

았으니 이것이 어찌 훌륭한 문장이 아니겠습니까? 또한 어찌 우리나라의 중세 수 백년 이래 있지 않았던 의론이 아니겠습니까? 주자는 "문장은 구양수(歐陽脩)·증공(曾鞏)·소식(蘇軾)에 이르러서, 도리는 이정(二程)에 이르러서 활짝 트이게 되었다"[705]라고 했습니다. 저라면 도리와 문장이 노사선생에 이르러야 둘 다 펼칠 수 있을 것이라고 하겠습니다. 그러나 이것은 도를 아는 자와 말할 것이지, 모르는 자들과는 말하기 어려울 것입니다. 모르겠으나, 집사께서는 어떻게 생각하십니까?

705 주희, 『주자어류』 권139(『주자전서』 vol. 18), 4302쪽.

答文子惺 炯

癸酉

李敎宇

蒙惠書，累數千言，纚纚乎其絲毛也，滾滾乎其河漢也．當卽卽仰復之，不暇．而其中論蘆翁之文章得失者，有甚典重，未易道，故稽緩至今耳．蓋文字之作，非一道也．有以正處；有以奇處．平夷之不足，或險巇之；順淡之未盡，或倒津之．若徒順淡平夷焉而已，則無以發其曲折而殫其義；徒倒津險巇焉而已，則又無以展其委餘而大其量．是二者名有所用而不可偏廢．譬如甘苦辛酸鹹之成五味，靑黃黑白赤之爲五色，闕一而不得也．蘆翁之文，其若此耳矣．今就其文集而言之．如六花亭·風詠樓記及喚醒集·山西雜錄序等作，非粹然出於正者耶？如荷葉亭·聽湖亭記及箕子誌·送遊關東序等作，非雜然及於奇者耶？其他著述，不能一一指的．但吾東近世校正之法未猛，不能無緊歇之或雜，而善讀者，知所擇焉，可也．且念柳宗元之巉巖峭劣，不無遜於歐陽子之遒麗逸宕．劉宗正之閎深典雅，不無長於蘇長公之浩浩洋洋．而至其呑吐騁頓，常怪畢備，韓愈氏是已．方望溪·劉海峯·姚姬傳·梅伯言諸公，各有一長，而衆體具焉．以鳴天下震川氏是已．以東土則李益齋·張谿谷·李澤堂·金臺山諸君子者，皆鳴一代之盛，而得氣最宏，盡有諸家之長，燕巖氏是已．本朝儒氏之學，初不用力於文也．故或未免委靡繁絮．不惟不用力，雖用之，才與氣有所不建爾．蘆翁則才全氣盛，故未嘗用力而正奇畢至，常怪該備，變動杳冥，千態萬狀，無之不具．其亦一代之天縱大方也歟！所示世儒之以可莊言而必詭之，可平言而必神之者，爲蘆翁之不足，此不識文者也．文之不厭奇正，如兵之不厭詐．若如世儒之言，惟以成安君之義兵爲當，而却不用張留侯之夏陽渡者也，可乎? 若夫明美堂五種病云云, 亦何足以知蘆翁哉? 愚於二十五歲時, 得見明美堂此書, 心甚疑之. 後於文集之出, 此書不載. 無乃以其非定論而自删於草稿中歟? 然此特以文言之. 雖使蘆翁果有五種之病於道學, 亦何損哉? 至若納凉私議·猥筆·擬與權信元等篇, 豈惟所見之通透灑落, 正大高明, 爲近儒之所無, 其剖析精微, 設譬喩開路脈之際, 往往波瀾自生, 風雨空至, 使人渾渾乎? 不覺其來之淺深, 而片葉孤櫂, 一穗明燈, 飄飄耿耿, 不迷其所指. 此豈非好文章耶? 亦豈非中東數百載以來所未有之論議耶? 朱子曰, 文章到歐曾蘇, 道理到二程, 方是暢. 愚則以爲道理與文章到蘆沙先生俱得暢. 然此可與知者道, 難與不知者言. 未知執事者以爲如何?

「외필후변」의 변론

정기

이 글은 정기(鄭琦, 1879~1950)[706]가 1936년 전우의 「외필후변」을 변론한 것이다. 정기는 기정진 — 정재규 — 정기로 이어지는 노사학파의 재전제자에 해당한다. 모두 21조목으로 이루어져 있는데, 1조목에서 저술 동기를 서술한 다음, 나머지 20개 조목은 각각 「외필후변」의 내용을 인용한 후, 자신의 비판적 견해를 덧붙이고 있다. 기정진의 「외필」 — 전우의 「외필변」 — 정재규의 「외필변변」—전우의 「외필후변」 — 정기의 「외필후변변」으로 이어지는 논변의 연속성을 파악할 수 있는 자료이다. 『율계집(栗溪集)』 권11에 실려 있다.

1.

옛날 내가 계상(溪上)에 있을 때, 전간재(田艮齋)가 지은 「외필변」을 보았다. 기교를 부리면서 남의 잘못을 들춰내고 꾸짖으며 물리쳤는데, 「외필」에서 논한 '지금 사람의 폐단'을 모두 율곡에게 돌렸다. 또한 주자에게도 돌리면서 매우 심하게 꾸짖고 배척했다. 선사께서 조목별로 변론을 한 「외필변변」이 지금은 이미 세상에 간행되어 있다. 그런데 근자에 또 「외필후변」이란 것을 얻어서 살펴보았더니, 「외필변」에서 말했던 것을 답습하면서 몇 겹을 더 덧붙이며 경솔하게 멋대로 말을 내뱉고 꾸짖고 능멸했다. 곧장 '그[彼]'라고 하고, '기씨(奇氏)'라고도 하며, '위로는 (선조와 스승을) 망치고, 가운데서는 자기를 망치며, 아래로는

706 자는 경회(景晦) 호는 율계(栗溪)이고 본관은 서천(瑞川)이다. 그는 협천(陜川) 율진(栗津)에서 나고 자랐지만, 49세인 1927년 전남 구례군 토지면 덕천(德川)으로 이사한 뒤, 강학과 후진 양성에 힘썼다.

후진을 오도하는 죄를 저질렀다'라고 하면서 방자하게 자처하면서 성토하는 모습이 진실로 한바탕 웃음거리도 되지 못했다. 그러나 변론할 만 한 것은 선사께서 이미 다 했기에, 선사께서 미처 알아차리지 못한 부분을 조목별로 다음과 같이 변론할 뿐이다.

2.

「외필후변」 주자의 『초사집주』에는 이렇게 말한 대목이 있다. "한 번 움직이고 한 번 고요하며, 한 번 어두워졌다 한 번 밝아지는 것은 모두 음양이 하는 것이지 시키는 것이 있지 않다." 이것은 율옹의 '기틀이 저절로 그런 것이지 그렇게 시키는 것이 있지 않다'라는 가르침과 조금이라도 차이가 나는가? 또한 진북계(陳北溪 : 陳淳)의 기록에는 이런 말이 있다. "굽히고 펼치며 가고 오는 것은 두 기가 자연스럽게 이와 같이 할 수 있다." 이것은 또한 음이 고요하고 양이 움직인 것이 기틀이 스스로 그렇다는 증거이다. '자이(自爾)'란 스스로 그러함[自然]을 말한다. 이제 '자기에게서 말미암지 다른 것에서 말미암지 않는다'라고 하고, 또한 '스스로 운행하고 스스로 그쳐서 천명에서 말미암지 않는다'라고 하니 글을 보는 것이 어찌 이리도 거칠고 성근 것인가?

정기 : 주(朱)·이(李) 두 선생의 이 논의는 유행이란 측면에서 그 운용만을 가리켜 말했다. 그들의 정론이라면 주자는 이렇게 말했다. "한 번 음이 되고 한 번 양이 되는 것이 형기(形器)에 속하지만 한 번 음이 되고 한 번 양이 되는 소이는 바로 도체가 하는 것이다."[707] 또 말했다. '만물의 생성은 스스로 생장 소멸한다고 하지만 그들의 생장과 소멸에서 이 리가 이와 같음을 탐구해야 한다.'[708] 또 말했다. "하나의 사물일

707 주희, 『회암선생주문공문집』 권36(『주자전서』 vol. 21), 「答陸子靜」, 1568쪽.
708 주희, 『주자어류』 권63(『주자전서』 vol. 16), 2092쪽 참조.

지라도 시작에서 끝에 이르기까지 모두 실리가 하는 것이다."[709] 또 말했다. "세상의 일들이 사람이 하는 것 같지만 그렇게 할 수 있는 소이는 모두 천지가 하는 것이다."[710] 또 말했다. "가는 것은 지나가고 오는 것이 이어받는 것은 도체의 본연이다."[711]

율옹 또한 말했다. "갖가지로 고르지 않은 것은 기가 하는 것이지만, 반드시 주재가 되는 리가 있다. 그러므로 갖가지로 다를 수 있는 소이는 또한 리가 마땅히 이와 같은 것이다. 리가 이와 같지 않은 데 기 홀로 이와 같은 것이 아니다."[712] 이들은 모두 본말을 겸비하고, 위아래를 다 갖추어서 무너뜨릴 수 없는 의론들이다. 세속의 유학자들은 이것을 버려두고 강론하지 않으면서, 오로지 '기틀이 스스로 그러하지 그렇게 시키는 것이 있지 않다'라는 말에만 주목했다. 점점 착각에 빠져들어 스스로 주기론으로 귀결되면서도 돌이킬 줄을 몰랐다. 이 때문에 노사는 반복해서 변론하면서 '선현의 말이 지나치게 명쾌해서 말류의 폐단이 여기에 이르게 된 것은 아마도 자세하게 생각하지 못한 것이 있었기 때문'이라고 했으니, 정말이지 '훌륭한 장인이 속으로 홀로 애썼다'[713]라고 할 것이다.

이제 그 정론의 취지를 살피지 못하고 『초사집주』의 유행 한 측면을 설명한 구절을 찾아서 자기주장의 증거로 삼으려고만 하니, 또한 수고롭지 않겠는가? 그는 「외필변」에서 "움직임과 고요함은 조작이다.

---

709 주희, 『중용혹문』(『주자전서』 vol. 6), 598쪽.

710 주희, 『중용혹문』(『주자전서』 vol. 6), 596쪽.

711 주희, 『중용장구』(『주자전서』 vol. 6), 144쪽 참조.

712 이이, 『율곡전서』 권10(표점영인 한국문집총간 vol. 44), 「답성호원(임신)」, 199쪽 참조.

713 두보(杜甫)의 시 「이존사가 그린 소나무 족자에 쓴 노래[題李尊師松樹障子歌]」의 한 구절인 "훌륭한 장인이 속으로 홀로 애쓴 줄을 알겠네[更覺良工心獨苦]"라고 한 데서 인용했다.

그러므로 '기틀이 스스로 그렇다'라고 하는 것이다. 움직임과 고요함은 작용이다. 그러므로 '기틀이 스스로 그렇다'라고 하는 것이다"라고 했다. 그런데 이제는 "자이(自爾)란 스스로 그러함[自然]을 말한다"라고 갑자기 견해를 바꾸고서 다른 사람이 거칠고 성글다고 꾸짖는 것은 어째서인가?

움직임과 고요함은 저절로 그러해서 그런 것이니, 조금이라도 기력(氣力)이라는 글자를 침범하는 것이 아니다. 조작에는 정의와 영위가 있으니, 기력이란 글자와 상당히 관련된다. 그런데 동정이란 글자를 곧장 조작이라고 바꾸고, '기틀이 스스로 그렇다'라고 하니, 과연 '자기에게서 말미암지 다른 것에서 말미암지 않고', '스스로 운행하고 스스로 그쳐서 천명에서 말미암지 않는다'라고 하겠는가? 이제 이미 그 말을 바꿔서 '자이'란 스스로 그러함을 말했다라고 하니, 참으로 가까워졌다고 하겠다. 그러나 끝내 성현의 정론을 따르지 않는 것은 무슨 까닭인지 모르겠다.

3.

「외필후변」 율옹의 「대책」에는 참으로 '움직이고 고요하게 하는 것이 리이다'라는 말이 있다. 그러나 그 앞 문장에 또한 "저절로 그러한 기"라고 말한 것이 있으니, '기틀이 스스로 그렇다'라고 한 것과 처음부터 서로 방해가 되지 않는다. 예를 들어 말에 타고 주재하는 이는 사람이지만, 네 발굽이 앞으로 갔다 뒤로 가는 것은 저절로 말이 하는 일에 속하는 것이다. 그가 율옹의 가르침에 어긋남이 없다면 어째서 이것을 들어 증거로 삼지 않는 것인가? 듣지 못한 사람처럼 '스스로 그렇다', '시키는 것이 있지 않다'라는 두 구절만으로 꾸짖고 매도하는 것인가? '움직이게 하고 고요하게 한다'라는 말하는 것은 (두 사람이) 똑같다. 하지만 율옹에게는 뿌리와 자연의 의미일 뿐인데, 그는 오히려 '조종한다'

'일을 한다'라고 주장한다.

정기 : '말에 타고 주재하는 이는 사람이지만, 네 발굽이 앞으로 갔다 뒤로 가는 것은 저절로 말이 하는 일에 속하는 것이다.' 이것이 그렇지 않다고 말할 것은 아니지만, 오히려 뒤집힌 말이다. 주인을 거론하면 종은 따르고, 장수를 거론하면 병졸은 따른다. 그러므로 성현들은 모두 중시하는 것에 나아가서 말했다. 예를 들어 앞에서 말했듯이 "만물이 스스로 생장 소멸하는 것에서 이 리가 이와 같음을 탐구해야 한다"라거나, "갖가지로 다른 것은 기가 하는 것이라고 하지만 또한 리가 마땅히 이와 같다"라고 한 것이 이런 사례들이다. 이것을 기준으로 삼는다면 이 구절도 마땅히 "네 발굽이 앞으로 갔다 뒤로 가는 것은 저절로 말이 하는 일이지만 조종하는 것은 사람이다"라고 해야 할 것이다. 「외필」에서 '자이'와 '비사'라는 두 마디만을 변론한 것은 세속의 유자들이 정론을 버리고 이 구절만을 머리에 지고서 장황하게 확대 해석했기 때문이다. 그래서 "움직이고 고요하게 하는 것이 그렇게 시키는 것이 아니라면 무엇인가?"라고 한 것이다. 이것을 읽었다면 꾸짖고 매도하는 말이 지나친 줄을 스스로 알아야 마땅할 것이다. 도리란 공공연한 것이니, 이치를 논하는 이라면 먼저 마음가짐을 공정하게 해야 한다. 남이 나와 견해가 다른 것을 싫어한다고 느닷없이 죄목을 붙인다면 또한 불공정하고 불공평한 점이 없겠는가? '조종하고' '일을 한다'라고 하는데 「외필」에 언제 이런 뜻이 담겨있었는가? 말미에 '조종하는 힘이 있지 않다'라는 한 구절 때문에 말한 것인가? '있지 않다'라는 말은 '본래 없다'라는 것이니, 그 뜻은 묘용은 있지만, 힘은 없다는 것을 말한다. 언제 곧바로 조종하고 일을 만든다고 했는가?

4.

「외필후변」『어류』 동숙중의 기록에 "태극은 리이다. 동정은 기이다"

라는 말이 있다. 이것은 세밀하게 분석해서 정밀한 저울을 거쳐 나온 것과 같다고 할 수 있다. 주자의 설명 가운데 천명의 유행, 도체의 발현, 리에 동정이 있음, 리에 지식이 있음, 리가 극치에 도달함, 리의 발현, 이 리의 광명이 찬란함을 말한 것들은 모두 이처럼 변별해서 인식해야 한다.[714] 이처럼 정밀하게 규명하지 않는다면 기를 가리켜 리라고 하지 않을 이가 드물 것이다.

정기 : "움직임과 고요함은 태극의 움직임과 고요함입니까? 음양의 움직임과 고요함입니까?"라고 묻자 주자는 말했다. "리의 움직임과 고요함이다." "이와 같다면 태극은 모양이 있습니까?" "없다."[715] 또 말했다. "리에 움직임과 고요함이 없다면, 기는 무엇에 근거해서 움직이고 고요하겠는가? 눈앞의 것으로 논하자면 인은 바로 움직임이요, 의(義)는 바로 고요함이다." (뒤이어서) 또 "기와 상관이 있겠는가?"라고 물었다.[716] 이와 같은 사례는 매우 많으니 다시 어떻게 변론하고 인식해야 하겠는가? 아니면 기를 가리켜 리라고 하는 데로 귀결되는가? 움직임과 고요함은 기이다. 움직이고 고요하게 하는 것은 리이다. 그러므로 리를 아는 이의 관점에서 말하자면 '리가 움직이고 고요하다'라고 할 수 있고, 기를 아는 이의 관점에서 말하자면 '기가 움직이고 고요하다'라고도 할 수 있다. 오로기 기만이 움직이고 고요한 것으로 간주하면서 '천명이 유행하기에 기도 유행하고, 도체가 발현하기에 기가 발현하며, 리에 움직임과 고요함이 있기에 기가 움직이고 고요하며, 리에 앎이 있기에 기가 알고, 리가 그 극치에 나아가기에 기가 극치에 나아가며, 리가 발

714 주자의 … 한다 : 「외필후변」의 원문에 의하면 이 구절은 세주(細註)의 내용이다.

715 주희, 『주자어류』 권94(『주자전서』 vol. 17), 3127쪽.

716 주희, 『회암선생주문공문집』 권56, 『주자전서』 vol. 23, 「答鄭子上」, 2687쪽 참조.

현하기에 기가 발현하며, 이 리가 빛나기에 기가 빛난다'라고 하는 것이 과연 말이 되는가? '천명이 유행하고 도체가 발현한다'라고 하는 것에 무슨 막힘이 있기에 왜곡하고 견강부회해서 기필코 뱀을 그리면서 다리를 덧붙이려고 하는 것인가? 이상한 일이다.

5.

[외필후변] 율옹은 '태극이 기틀을 주재한다'라고 했는데 받들어 주선하지 않고서, 오히려 '명령하는 이가 주인'이라는 한 구절을 스스로 독단한다는 표현으로 간주하는 것은 또 어째서인가? 그 마음에 먼저 선현을 경시하는 싹이 있었기 때문이 아닌가? 그러므로 그 취지를 상세히 살피지 못하고 멋대로 꾸짖고 욕한 것이 아닌가? 구도에 뜻을 둔 사람에게 가장 중요한 것은 먼저 심술을 바로잡은 뒤에 이기설을 강론 변별할 수 있을 것이다.

정기 : 율옹은 분명하게 "누가 그 기틀을 주재하는가? 아 태극이로다!"[717]라고 했다. 또한 분명하게 "리가 이와 같지 않은 데 기 홀로 이와 같을 수 있는 것은 아니다"[718]라고 했다. 이제 이 말을 받들어 주선하지 않고, 오로지 '기자이'라는 한 구절만을 주목하면서 남에게 맞서는 화두로 삼으며, 천하의 조화와 생성, 발현이 환하게 드러나는 것에서 '기' 한 글자를 큰 두뇌로 삼아 '리'라고 불리는 것을 초나라가 거짓으로 의제를 높인 것에 불과하도록 만든 것은 어째서인가? '명령하는 이가 주인'이라는 것은 바로 태극이 기틀을 주재한다는 주장인데, 이제 "받들어 주선하지 않는다"라고 하는 것은 또 어째서인가? "구도에 뜻을 둔 사람에게 가장 중요한 것은 먼저 심술을 바로잡은 뒤에 이기설을 강론 변

717 이이, 『율곡전서』 권1(표점영인 한국문집총간 vol. 44), 「理一分殊賦」, 12쪽.
718 같은 책, 같은 곳.

별할 수 있을 것이다"라고 했으니, 훌륭하다! 그 말이여!

다만 어리석은 나는 어떤 심술이 올바르고, 어떤 심술이 그렇지 않은지 변별할 수 없으니, 물어도 괜찮겠는가? 이제 '지금 사람의 폐단'을 논한 것을 선현에게 옮기고, 억지로 경시하고 멋대로 비난하는 죄목을 덧붙인다면, 이것은 심술이 올바른 것인가? 올바르지 못한 것인가? 견해가 나와 다르다는 이유로 고자·석가·육씨·왕씨를 들어 배척하면서 땅을 파서 묻어버릴 계획이나 세우려고 하니, 이것은 심술이 올바른 것인가? 올바르지 않은 것인가? 성현의 말일지라도 자기와 일치하면 택해서 증거를 삼고, 일치하지 않으면 버려둔다. 버려둘 뿐만 아니라, 앞뒤를 끊어버리고 한 구절만을 단장취의하여 자신의 증거로 삼으며, 왜곡해서 자기의 견해에 영합한다고 주해하니, 이것은 심술이 올바른 것인가? 올바르지 않은 것인가? 원컨대 세상의 공정한 마음을 가진 이들은 가르쳐주기 바란다.

6.

[외필후변] 「외필」에서는 말했다. "지나치거나 부족한 곳에 이르러서는 어쩔 수 없이 기를 말할 때가 있다. '넘어지거나 내달리는 것은 기다'라고 한 것이 이것이다. 지나치거나 부족한 것도 리에 뿌리를 둔 것이지만, 말류에 가서는 리를 해치게 되니, 구별이 없을 수 없다."

이 또한 그렇지 않다고 말할 것은 아니다. 그러나 또한 다 그렇지 못한 점이 있다. 맹자는 비록 넘어지거나 내달리는 기를 말했지만, 호연지기를 말하지 않은 적이 없었다. 이것이 어찌 지나치거나 부족한 것으로 인해 어쩔 수 없이 말한 것이겠는가? 또한 말류가 리를 해친다는 것도 본래 구별이 없을 수 없다고 해서 기라고 하지만, 그 본체는 호연하고 의와 도에 짝하는 것이다. 어떻게 뒤섞어서 곧장 리라고 할 수 있겠는가? 결국에는 기라고 하지 않을 수 없을 뿐이다.

정기 : 주자는 말했다. "맹자가 본래 공손추에게 대답한 것은 부동심(不動心)일 뿐이었다. 얼기설기 허다하게 '기를 기르는 것', '말을 아는 것', '의를 모으는 것' 등을 말했지만, 실제로는 부동심일 뿐이다."[719] 이것은 고자가 "말에서 이해되지 못하거든 마음에 알려고 구하지 말고, 마음에 얻지 못했거든 기에서 도움을 구하지 말라"라고 했기 때문에, "의지가 최고이고 기가 그 다음이다"라고 한 것이다. 또한 "그 의지를 잘 붙잡고도 기운을 포악하게 하지 말라"라고 했다. 또한 '호연지기는 의와 도에 짝한다'라는 견해를 제출해서 (호연지기를) 기를 수 있는 방법을 말했다. 또한 과불급으로 인해서 어쩔 수 없이 말한 것이 아니겠는가? 이것을 이유로 맹자가 특별히 호연지기를 표출해서 리와 짝을 이루었다고 한다면 잘못일 뿐이다. 주자는 이렇게 말했다. "맹자가 비록 밤에 자라난 맑은 기운을 말했지만, 그가 보존하고 싶었던 것은 곧 인의의 마음에 있었고, '기운을 기른다'라고 말했지만, 그가 힘을 쓴 것은 의리를 모으는 데 있었다."[720] 호연지기는 의를 축적해서 생겨나는 것이지 본래 있는 것이라고 말할 필요가 없다. 그러므로 주자는 또한 말했다. "맹자는 단지 '그 기의 됨됨이가 지극히 크고 지극히 강하여 곧음으로써 길러 해침이 없어야 한다'라고 했고, 또한 '이것은 의를 모아 생기는 것'이라고 했으니, 본디 그 위에 한 마디를 더 보탤 필요가 없다."[721] 또 말했다. "'의와 도와 짝한다'라는 것은 곤으로써 건을 짝할 때에 반드시 건을 주로 삼고, 처로써 남편을 짝할 때에 반드시 남편으로써 주를 삼는 것이다. '배(配)'는 '따른다(隨)'라는 뜻으로 썼다. 기로써 도의에 짝하여 반드시 도의를 주로 삼아 기가 그것을 따르게 하니, 기는 늘 도의를 따른다."[722] 지금 사람이 발휘하고 운용해서 일을 만드는 것을 이 기

---

719 주희, 『주자어류』 권52(『주자전서』 vol. 15), 1711쪽.

720 주희, 『회암선생주문공문집』 권44(『주자전서』 vol. 22), 「답채계통」, 1990쪽.

721 주희, 『수자어류』 권52(『주자전서』 vol. 15), 1731쪽.

에 근거한다고 하면서 드디어 리를 기나 따르는 물건으로 여기니, 이상한 일이다.

7.

「외필후변」「외필」에서는 "근세에 리를 말하면서 대개 가부[適莫]도 없는 것을 리라고 한다"라고 했다. 내가 듣기로 '적(適)'은 오로지 주장함[專主]이요, '막(莫)'은 수긍하지 않는 것[不肯]이다. 그러므로 군자의 마음은 천하의 일에 대해 이 두 가지 병폐가 없고, 오직 의리만을 따를 뿐이다.

정기 : 『논어』의 '무적무막(無適無莫)'은 '가도 없고 불가도 없다[無可無不可]'라고 말하는 것과 같다. 이제 '적(適)'을 '오로지 주장함'으로, '막(莫)'을 '수긍하지 않음'이라는 두 가지 병폐로 본다면 나로서는 동의할 수 없다. 여기에서 말하는 '적막'은 이 리가 반드시 그러한 오묘함을 말한다. 그러므로 선사께서는 (「외필변변」에서) 변론하면서 "인간사의 감정과 의지와 상관된 글자를 빌려서 천리(天理)의 소리도 없고 그침도 없는 오묘함을 밝힌 것이다"라고 풀이했다. 뿔이 나는 것들은 늘 뿔이 나고, 털이 나는 것들은 늘 털이 난다. 이것이 '적(適)'에 해당하는 것이다. 겨울에는 갈옷을 입지 않고, 여름에는 갖옷을 입지 않는다. 이것이 '막(莫)'에 해당하는 것이다. 이들은 모두 필연적인 것으로 바꿀 수 없는 것이다.

8.

「외필후변」「외필」에서는 말했다. "'이발' 두 글자가 오늘날 학자들이 일대 금기하고 회피하는 용어가 되었다" '오늘날의 학자'란 누구인지 모

722 같은 책, 같은 곳.

르겠다. 율옹을 가리키는 것이라면 그 말이 무례하고 어긋났다.

정기 : 노사와 율옹의 시대는 이미 300년이나 떨어져 있는데, 어떻게 '오늘날의 학자'라고 말할 수 있겠는가? 이것은 부녀자나 어린 아이도 모두 알고 있는 것인데, 이제 '이것은 율옹을 가리킨다'라고 하고 '무례하고 어긋났다'라고 하면서 사사로운 마음으로 기필코 죄를 주려고만 하니, 이것이 어찌 법리에 타당하겠는가? '이발' 두 글자가 금기하고 회피하는 말이 되었다고 한 것은 지금의 유학자들이 '기발'이란 한 마디에만 근거해서 이발을 말하는 이가 있기만 하면 율옹을 배반했다고 하면서 공격하고 배척하면서 감히 입을 열지 못하게 만들었기 때문인 것이다.

9.

「외필후변」 어떤 이가 단락이 있고, 변화를 일으키며, 조리를 이루는 것을 인용해서 율옹에게 "이것은 주장하는 것이 없습니까?"라고 묻는다면 율옹은 틀림없이 '태극이 주재가 된다'라고 했을 것이다. 이것은 얼마나 명백한가? 그런데도 그는 스스로 자답하면서 "기틀이 스스로 그러하지 시키는 것이 있지 않다"라고 한다. 이것은 곧장 선현의 말을 이끌어 도리를 이루지 못하게 만들고 틀림없이 스스로에게 굴복시키려는 것이다. 이것이 무슨 마음인가?

정기 : 「외필」에서 말했다. "오늘날 학자들은 단락이 있거나, 변화를 일으키거나 조리를 이루는 것을 보았다 하면 '기'라고 말하게 되었다. '누가 이 기를 주장하는가?'라고 물으면 '그 기틀이 스스로 그러할 뿐 시키는 것이 있지 않다'라고 한다." 이제 (간재는) 그 말을 교묘하게 바꿔서 '율옹에게 물어 말하기를[問於栗翁曰]'이란 다섯 글자 및 '그는 스스로 대답하면서 말하기를[彼乃自爲答語曰]'이라는 일곱 글자를 만들어서 오늘날 학자들의 잘못을 논한 모든 것을 율옹에게 귀결시키려고 하니, 이것

은 과연 어떤 마음인가?

10.

[외필후변] 태극이란 원래 기를 타고 있는 것이다. 그렇다면 장차 일을 만드는 기력도 있을 것이다. 이와 같이 살펴야 한다면 지난 번에 말류에 가서 리를 해치는 기는 또한 어째서 조종하고 검속하지 못해서 이런 지경에 이르게 했다는 것인가? 자신의 방패가 견고하다고 과장하는 초나라 사람은 "어떤 것도 이것을 뚫지 못한다"라고 했고, 또한 자신의 창이 예리함을 자랑하면서는 "어떤 것도 뚫지 못하는 것이 없다"라고 했다. 어떤 이가 "당신의 창으로 당신의 방패를 뚫으면 어떻게 되는가?"라고 하자 그 사람은 대꾸하지 못했다. 이제 「외필」의 위아래 문장들이 서로 부합하지 않는 것도 진실로 이와 같다.

정기 : 태극이 원래 기를 탄 것이 아니라면 어느 곳에 깃들어 있다는 것인가? 누가 태극이 일을 할 수 있는 기력을 가지고 있다고 하는가? 일을 하는 오묘함일 뿐이다. 말류에서 리를 해치는 것은 기수(氣數)의 변고이니, '리는 약하고 기는 강하기에 그를 관장할 수 없다'라는 말이 이런 경우다. 말이 궤도를 따르지 않는다는 것은 때로 횡으로 달리면서 재갈의 통제를 받지 않기 때문이다. 그 변고를 이유로 그 정상을 힐난하는 것이 괜찮다는 것인가? 이것을 빌미로 「외필」의 위아래 문장이 모순이라고 하는 것은 나로서는 무슨 말인지 알 수 없다.

나는 이렇게 들었다. 기수는 변하지만 천도에는 항상함이 있음을 알아야 하고, 기질은 다르지만 인성은 본래 똑같다는 것을 알아야 한다. 기기(氣機)는 위태롭지만 이 리가 주재가 되어야 함을 안다면 항상함에 근거를 두고 변화에 대응하며, 근본으로 돌이켜 말단을 구제할 수 있을 것이요, 리를 위주로 기를 이끌 수 있을 것이다. 이것이 군자가 계신공구(戒愼恐懼)하면서 잠시라도 소홀할 수 없는 이유인 것이다.

11.

[외필후변] 이제 원래 타고 있는 것으로 말하자면, 도란 원래 함이 없는 것이다. 어떻게 기를 검속할 수 있겠는가? 그러므로 율옹의 이전에 주자에게 이미 '기는 강하고 리는 약하다(氣强理弱)', '기는 거칠고 리는 미약하다(氣麤理微)'라는 의론이 있었다. 또한 "비유하자면 자식이 못났는데, 아버지 또한 그를 관장하지 못하고, 임금이 행하려는 것을 신하가 막아서도, 임금 또한 일일이 독려하고 책임을 따지지 못한다"라고 했다. 이제 어떤 이가 이것을 들어 기씨에게 '「외필」로 보자면 주자 또한 자식이 아버지의 자리를 빼앗고, 신하가 군주의 권세를 행하는 만세 난적의 재앙을 열어 젖혔다는 (비난에서) 벗어나지 못할 것이다. 이것은 어떻게 물리치려는 것인가?'라고 묻는다면 그는 어떻게 대꾸하려는 것인가?

정기 : '기는 강하고 리는 약하다', '기는 거칠고 리는 미약하다'라는 것은 기수(氣數)의 변고이다. 아들이 아버지의 자리를 빼앗고, 신하가 군주의 권세를 휘두르는 것은 난적의 재앙과 변고가 극에 달한 것이다. 기수의 변고를 빌미로 천도의 항상함을 힐난하고, 말류의 폐단을 들어 도체의 본연을 의심하니, 이것이 어찌 도를 아는 이의 말이겠는가? "이것은 어떻게 물리치려는 것인가라고 묻는다면 그는 어떻게 대꾸할 것인가?"라고 한 것도 마치 꿈속에서 황당한 잠꼬대를 하는 것과 같으니, 정말이지 더불어 말하기가 어렵다. 변고와 난리가 극에 달하고, 말류의 폐단이 심하다고 할지라도 선은 마지막에는 끝내 이뤄지고, 악은 마지막에는 끝내 이뤄지지 않는다. 이것이 리가 주재가 된다는 것이 아니겠는가? 다만 리에는 능연·필연의 묘용은 있지만, 작위·운용의 힘은 없기 때문에 종종 기가 따르지 않는 폐단이 있다. 이것이 군자가 리를 위주로 기를 이끌면서 위와 아래, 주인과 종을 엄격하게 변론하는 이유이다. 이렇게 대비하려고 해도 오히려 서로 공격해대는 걱정이 있는데,

하물며 주재와 묘용, 권세와 호령 일체를 기에만 맡겨버리고 리가 상관하지 않도록 한다면 그 마지막에는 과연 어떻게 하려는 것인가?

12.

[외필후변] 맹자의 성명, 주자(周子)의 진정(眞精), 명도(明道)의 성기(性氣), 이천의 이상(理象), 주자의 심성, 우제(虞帝)가 마음을 논하면서 인심과 도심이라고 한 것, 공자가 학문을 논하면서 인(人)과 도(道)라고 한 것, 역을 논하면서는 도(道)와 기(器)라고 한 것. 이들은 모두 리와 기를 짝지운 것이다. … 주자의 말 가운데 예를 들어 "천명이 있자마자 곧 기질이 있다." "이 리가 있으면 곧 이 기가 있다"라는 것이 어찌 리를 보자마자 기를 찾아 짝지운 견해가 아니란 말인가? 그렇다면 두 개의 본령의 시작이라는 것은 주자에게 해당시킬 수 있다. 또한 그 근본을 추론해 보면 순·공·맹·정자가 모두 여기에서 벗어날 수 없고, 율옹에 이르면 두꺼운 얼음처럼 되었다고 할 수 있을 것이다.

정기 : 리와 기가 짝지을 것이 없다는 것과 짝지을 것이 있다는 것은 선사가 전씨의 「외필변」을 변론하는 (「외필변변」에서) 충분히 논했기에 다시 거론할 필요는 없다. 이제 그는 주자의 학설을 인용해서 기를 찾아 리와 짝지은 견해에 똑같이 귀결된다고 하면서 '두 가지 본령의 시작은 주자에게 해당시킬 수 있다'라고 했다. 또한 순·공자·맹자·정자에게까지 추론해서 식견이 거칠다고 했을 뿐만 아니라, 내면의 마음씀씀이에까지 미쳤으니 두려워 할 만하다. 천명이 있자마자 기질이 있고, 이 리가 있으면 이 기가 있으니, 이것이 '한 번 리라고 명명하면 곧 (리가) 타는 기틀이 있게 된다'라는 말이다. 예를 들어 군주가 있으면 신하가 있고, 아버지가 있으면 아들이 있으며, 주인이 있으면 종이 있으니, 이것으로 두 본령의 시작이라고 한다면 잘못이 아니겠는가? 또한 어떻게 지금 사람들이 반드시 기를 찾아 리에 짝지은 것과 리가 유행하는

한 가지 큰 일이 모두 기기(氣機)에 귀결되겠는가? 순·공자 이후의 성현들은 리를 위주로 기를 제어했다. 어떻게 지금 사람들이 기를 리와 짝지어 한 곳에 대치시키는 것과 같겠는가? —그가 논하면서 '우제가 마음을 논하면서 인심과 도심이라고 했다'라고 한 것으로 말한다면 '인심은 위태롭고 도심은 은미하니, 오직 정일하게 하고 진실로 그 중을 잡는다'라는 것은 도심이 주재이고, 인심은 명을 듣는다는 것을 말한다. 어떻게 인심과 도심을 한 곳에서 대치시켜 두 본령이 된다는 것이겠는가? 성현들의 말은 곳곳마다 모두 이와 같다.— 매번 그 주장을 물리칠 수 없다는 것을 알게 되면, 성현들의 학설을 인용하되, 글자가 비슷한 것으로 남을 억누르고 억지로 성인을 등졌다는 죄목을 만들어내려고 한다. 군자의 마음가짐이 진실로 이와 같은 것인가?

13.

[외필후변] 내가 듣기로 한쪽 사람이 기씨를 추존하면서, 우리 동방의 500년 이래 제일가는 위대한 현자라고 하면서 이화서(李華西) 한 사람만이 그와 덕을 같이하고 서로 부합한다고 했다. 정암·퇴계 이하 여러 선생들은 원래 헤아리기도 부족하다지만, 그의 말은 위대한 순과 공자와도 모두 어긋났으니 또한 어찌된 이치인가? 나는 차라리 주기라고 배척을 당할지언정 4,000년 이래의 여러 성현을 등지면서 주리의 명칭을 거짓으로 뒤집어쓰지 않겠다.

정기 : 전해들은 애기에 타당치 않은 점이 있으면 한 번 웃고 말면 될 것이다. 그런데 발끈하고 화를 내며 붓을 휘둘러 글을 쓰면서 심지어는 진실을 모두 감추고, 헛된 것을 꾸며서 무고하니, 천박함에 물들지 않았는가? 또한 성인을 배웠으되 미치지 못했다고 한다면 오히려 괜찮겠지만, 성인을 배우고서 서로 등을 졌다고 꾸짖는다면 무고하는 것이 아니겠는가? 나 또한 어떤 사람이 전씨를 추존해서 500년을 미무리

하는 성인이라고 하는 것을 들었다. (전씨라면) 이런 말을 들었다고 방자하게 스스로 기뻐하겠는가? 나는 그러므로 전해들은 얘기는 한 번 웃고 말면 된다고 한 것이다. 다만 알 수 없는 것은 리를 위주로 해서 기를 이끌고, 리를 밝히고 기를 검속하는 것이 성인과 서로 등지는 것인가? 기를 위주로 리를 당기고, 기를 밝히고 리를 어지럽게 만드는 것이 성인과 서로 등지는 것인가? 기를 위주로 하고, 기를 밝히는 것이 4,000년 이후의 성현들을 저버리지 않았다는 것을 나는 믿을 수 없다. 4,000년 이래 성현들은 모두 리를 위주로 하고, 리를 밝혔을 뿐이기 때문이다.

14.

[외필후변] 「외필」에서는 말했다. "성인은 유행하고 발현하며 변화가 환히 드러나는 것이 이 도의 작용임을 분명히 보았다." 내 생각에 기씨는 정말로 이 도가 스스로 유행 발현하고, 변화가 환하게 드러나 태극의 동정을 논한 견해와 같다고 생각하는 것인가? 주자는 이미 태극을 리라고 했고, 동정을 기라고 했으니, 천명의 유행, 도체의 드러남, 천리의 발현히 환하게 드러남, 도리의 광명이 찬란한 것 등을 말한 것 모두에서 이 윗면은 리이고 아랫면은 기인 것이다. 우리 유학의 종지는 도체를 함이 없다고 여기고, 함이 있는 것들은 모두 기에 소속시킨다. 평범하게 천지의 조화와 성현의 행실과 능력을 가리켜 모두 리라고 한다면, 배우는 이들이 신통과 묘용을 착각하게 만들고, 곧장 성체(性體)로 간주해서 부처의 문으로 기어가도록 만들 것이다. 이것은 리를 해치고 진실을 어지럽히니, 어떻게 할 것인가?

정기 : 이미 '윗면이 리이고 아랫면이 기이다'라고 했다면 위가 주재인가? 아래가 주재인가? 이것을 안다면 깨달을 수 있을 터인데, 반드시 '기'자를 마음대로 전단할 수 있는 지경까지 높이고, 리를 사지연(使之

然)의 오묘함이 없는 것으로 여기는 것은 어째서인가? 도체가 기를 타고 유행하지 않은 적이 없지만, 그 주인을 든다면 종은 본래 (주인을) 따른다. 그러므로 곧바로 '천명의 유행'이라고 하지, '기의 유행'이라고 하지는 않는다. '도체가 드러난다'라고 하지, '기가 드러난다'라고 하지 않는다. '천리가 발현한다'라고 하지 '기가 발현한다'라고 하지 않는다. '도체가 밝게 빛난다'라고 하지 '기가 밝게 빛난다'라고 하지 않는다. 『중용장구』에서는 "위아래에 밝게 드러나는 것이 이 리의 작용이 아님이 없다"[723]라고 했고, 『논어집주』의 주에서는 "가는 것은 지나가고 오는 것이 이어지니 바로 도체의 본연(本然)이다"[724]라고 했다. 이것이 성문의 종지가 아닌가? 만일 도체는 함이 없고, 함이 있는 것들은 오로지 기에만 속한다면 '변화하고 유행한다'라는 것은 바로 기의 변화요 기의 유행일 것이니, 이것은 바로 기통(氣通)이지 이통(理通)이 아니다. 이것은 바로 노옹(蘆翁)이 "통(通)을 빼앗아 리에 귀착시키고 국(局)으로 기를 명명한다면 기로서는 또한 원망하지 않겠는가?"[725]라고 한 것이다. 율옹의 이통기국이라는 가르침을 그만두고 강론하지 않겠다는 것인가? 움직이면 움직임에 치우치고, 고요하면 고요함에 치우치는 것이 사물이다. 사물이란 기가 된 것이니 이것이 '국한된다[局]'라고 하는 것이다. 움직여도 고요한 적이 없지 않고, 고요해도 움직이지 않은 적이 없는 것이 신(神)이니, 신이란 리의 오묘함이요, 이것이 '통한다[通]'라는 것이다. 사람이 여기에서 깨달을 수 있다면 그의 「외필변」과 「외필후변」의 분분한 말들은 스스로 판정할 수 있을 것이다. 불교에서 말하는 성은 우리 유학에서 말하는 기이다. 본래 이미 리를 해치고 진실을 매우 어지럽히니, 우리 유학에서 주기를 주창하는 것도 또한 리를 해치고 진실

723 주희, 『중용장구』(『주자전서』 vol. 6), 38쪽.

724 주희, 『중용장구』(『주자전서』 vol. 6), 144쪽.

725 기정진, 『노사집』 권16(표점영인 한국문집총간 vol. 310), 359쪽.

을 어지럽히는 데로 귀결되지 않겠는가? 알 수 없다.

15.

[외필후변] 「외필」에서는 이렇게 말했다. "지금 사람들은 도리를 아득한 곳으로 몰아내고 조금이라도 발현해서 환히 드러난 것이 있으면 한결같이 기에 소속시킨다. 이러한 사람은 이기를 안다고 하고, 이렇지 않은 사람은 이기를 모른다고 하니, 헛된 이름과 과거의 학설로 도와 리를 말하지만, 그 실상은 기가 리의 자리를 빼앗아 모든 일의 본령이 될 뿐이다. 이와 같다면 천하에는 다시는 '피음사둔'이 없을 것이요, 뒤집히고 창피함이 어디엔들 있지 않겠는가?"

요즘 많은 사람들이 이것을 율옹을 가리킨 것이라고 한다. 최근 『율곡전서』의 「안응휴에게 답함」을 살펴보았는데, "리가 어떻게 유행하는가? 기가 유행할 때 리가 그 기기를 타기 때문이다. … (주자는) '리는 본래 함이 없는데 기를 타고 유행하여 변화가 만 가지이며, 비록 유행하여 변화하여도 그 함이 없는 본체는 그대로이다'라고 했다. 그대가 이 리가 기를 타고 유행하여 변화가 많은 것을 보고 '리가 움직이는 곳이 있고 함이 있다'라고 하는데, 이것은 이기를 모르기 때문이다"라고 했다.[726] 이제 「외필」로 이것을 재어보면 '도리를 아득한 곳으로 내몬다'라는 것은 아마도 '리는 본래 함이 없다'라거나 '함이 없는 본체는 본래 그대로이다'라는 등의 말을 가리키는 것 같다. '이렇게 하지 못하는 사람은 알지 못한다'라는 것은 '그대가 이기를 알지 못한다'라고 한 것을 가리켜 말한 것 같다. 이것이 이미 이런 것이라면 '피음사둔'과 '뒤집히고 창피하다'라는 것은 누구에게 귀결된다는 것인가? (어떤) 훌륭한 변론을 하더라도 (율곡을 모함했다는 비판에서) 벗어나기 어려울 것이다.

---

726 이이, 『율곡전서』 권12(표점영인 한국문집총간 vol. 44), 「답안응휴」, 250쪽.

정기 : 안씨(安氏)는 리의 유행과 변화를 보고서 리에 움직임이 있고, 함이 있으며, 작용이 있는 물건이라고 여겼다. 그래서 율옹은 대답하면서 "리가 어떻게 유행하는가? 기가 유행할 때 리가 그 기기를 타기 때문이다"라고 한 것이다. 또한 (주자를 인용해서) "유행하여 변화하여도 그 함이 없는 본체는 그대로이다"라고도 했다. 만일 '리는 본래 함이 없지만 기를 타고 유행하면서 다양하게 변화한다'라고 한다면 '다양하게 변화한다'라는 것은 리가 함이 없이 하는 것이다. 비유하자면 이 촛불이 이 기름을 얻어야 수많은 불꽃이 생기는 것과 같다. 불꽃이 생기는 것은 기름의 힘이지만, 수많은 불꽃은 불이지, 기름이 아니다. 그렇다면 지금 사람들이 하나같이 기에 속하게 하는 견해와 어떻게 똑같이 말할 수 있겠는가? 여기에서 깨닫지 못하고 도리어 노력하고 억지로 안배해서 이것을 빌미로 남을 배척하는 화두를 삼으면서 말하기를 "아무개는 아무개를 가리키고, 아무개는 아무개를 가리킨다"라고 하면서 '요즘 사람[今人]'이란 두 글자를 300년 전의 선현에게 옮겨다 억지로 죄목을 만들었다. 이것은 가혹한 관리가 사람을 잡아다 괴롭히고 옥사를 꾸미면서 '변론에 뛰어나도 여기에서 벗어나기를 힘들 것이다'라고 하는 것과 같다. 이것이 바로 선사가 (「외필변변」에서) "홀로 지금이나 훗날 그 내막을 들여다 볼 사람을 두려워하지 않는단 말인가?"라고 한 것이다.

16.

[외필후변] 주인이 향하려는 곳을 종이 어찌 가지 않는 경우가 있겠는가? (이와 마찬가지로) 리가 오로지 주재하는 것이라면 기가 어떻게 따르지 않는 경우가 있겠는가? 리가 수긍하지 않는 것을 기가 어떻게 스스로 행하겠는가? 정말로 기씨의 논의대로 천지 사이에 진실로 이런 리와 이런 기가 있다면 율옹 또한 틀림없이 이 리와 이 기에서 생겨났을 것이다. 무슨 까닭으로 이런 망발을 했겠는가? 후인 또한 틀림없이 이

리와 이 기에서 생겨났을 터인데, 무슨 까닭으로 율옹을 잘못 믿는 것인가? 또한 기씨의 말이 그 자체로 정정당당해서 천지 사이에 곧게 서서 뒤집히지 않는다면 아무리 많은 사람이라도 감히 그와 논쟁할 수 없을 것이다. 어째서인가? 율옹의 발명이 지나치게 명쾌해서 후세에 말류의 폐단을 낳은 것도 기 때문이고, 후인들이 전현을 머리에 이고 기씨를 성토하는 것도 기 때문이다. 리라는 것이 정말로 기를 통제할 수 있고, 기가 정말로 리를 어길 수 없는 것이라면, 어째서 이러한 말류의 폐단과 성토하는 변고가 있을 수 있단 말인가? 이렇게 그의 학설이 이치에 닿지 않음을 헤아려보면 손바닥을 보는 것이나 마찬가지일 것이다. 세상에서 기씨를 높이는 이들은 변론해 보라.

정기 : 이 문단은 장난에서 나온 것인가? 꾸짖고 욕하려는 데서 나온 것인가? 나로서는 무엇 때문인지를 알 수 없다. 그러나 리의 소재를 기가 본래 따르는 것은 항상함[常]이요, 본연이다. 기가 리를 따르지 않고 때로 멋대로 거스르는 것은 변고[變]요, 말류의 폐단이다. 성현들이 선행은 복을 받고 악행은 재앙을 받는다고 하고, 선행을 쌓으면 복이 자손에게 미친다고 하며, 불선한 것을 쌓으면 재앙이 자손에게 미친다고 하며, "심어진 이는 북돋아 주고 기울어진 이는 엎어버린다"[727]라고 하고, 큰 덕은 반드시 녹과 지위, 장수를 얻는다고 한 것은 천도의 항상함이다. 요의 시대에 홍수가 일어나고, 탕왕의 시대에 큰 가뭄이 있었으며, 문왕이 유리에 갇히고, 공자가 진채(陳蔡) 사이에서 곤란을 당했으며, 안자가 요절하고, 맹자가 (시대를) 만나지 못한 것은 기수의 변고다. 그러나 말단의 폐단으로 인한 변고 때문에 본연의 항상함을 믿지 못하는 것은 보통 사람들의 견해다. 이와 같다면 성현들의 말 또한 장차 믿지 못할 것이다. 세상에 치란과 성쇠, 인간사의 득실과 흥망이 본시 기

727 『중용』 17장.

가 하는 것이지만 그 마지막에 틀림없이 이뤄지고, 틀림없이 이뤄지지 않는 것은 리가 조종하는 소이가 아닌 것이 없다. 리는 함이 없고 기 홀로 능력이 있다면 상천(上天)은 주재하는 마음을 잃어버릴 것이요 조화란 바람을 따라 변하는 꽃과 같을 것이다. '리'라고 하는 것은 과연 있어도 보탬이 없고, 없어도 모자람이 없으며, 다만 가련하게 깃들어 있기만 하는 물건이란 것인가? 고대로부터 성현들은 조화와 발현이 이 도가 하는 것이 아님이 없는 줄을 알았기에 '태극이 양의를 낳는다'라고 했고, '건도가 변화해서 각각 성과 명을 바로잡는다'라고 했으며, '어진 이는 보고서 인이라고 하고, 지혜로운 이는 보고서 지혜라고 한다'라고 했고, '성실함이란 사물의 처음과 끝이다'라고 했으며, '태극이 움직여 양을 낳고, 고요해서 음을 낳는다'라고 했고, '천명이 유행한다'라고 했으며, '이 이치의 작용'이라고 했고, '도체가 하는 것이다'라고 했다. 이러한 사례들은 이루 다 가리킬 수 없는데도 굽혀서 '기기'라고 하지 않은 것은 기기를 빠트린 것이 아니다. 바로 '주인이 향하는 곳을 종이 어떻게 가지 않을 수 있는가?'라는 것이다. 이 리는 뚜렷하고 분명한데도 오히려 돌이켜 살피지를 못하고, 기수의 변고와 말류의 폐단을 들어서 어지러이 장난치듯 모독하면서 오히려 변론을 해 보라고 하니, 아! 지나치다.

옛날 내가 어렸을 때 이리저리 다니다 밤 시장에서 연극을 본 적이 있었다. 마지막에 큰 한 사람이 나왔는데, 곧게 나아가면서 걸음걸이가 법도에 맞았고, 태도가 엄숙했다. 그러나 사람들이 모두 일어서서 그를 우러러 보았는데, 말하는 것이 날카롭고 끓어오르는 것 같았고, 재잘거리고 시끄러웠고, 갑자기 북쪽을 헤매더니, 또 남쪽에 나타났고, 동쪽에 숨었다 서쪽에 몸을 드러냈다. 이내 말하기를 '보는 이들은 내가 무엇을 했는지 변론할 수 있는가?'라고 했는데, 보는 이들이 모두 움츠러들 뿐이었다. 이제 이 의론을 보니 또한 깨닫지 못하는 사이에 실소가 나온다.

17.

[외필후변] 내가 보기에 기씨가 80년 동안 품었다는 안타까운 생각이란 이치를 잘못 안 것에 불과하다. 그가 입을 열어 분명하게 말하려 하지 않았던 것이 오히려 의리를 두려워하는 상징이다. 이제 그 후인들이 큰 글씨로 깊이 목판에 새겨 온 세상에 드날리려는 것이 어찌 거리낌이 없는 것에 가깝지 않겠는가? 여기에서 기가 리를 어기는 때도 있고, 리가 기를 통제하지 못한다는 것을 징험할 수 있다. 그렇지만 기씨가 그 당시 열정적으로 쏟아낸 마음이 바로 오늘날 대담하게 간행해서 반포하려는 뿌리이다. 안타깝다! 선조와 후손, 스승과 학생이 평생토록 허두루 말하기를 '태극에는 저절로 가부가 있고, 음양은 감히 그것을 따져 묻지 못한다'라고 했으면서, 스스로 그 마음을 점검하고, 그 기를 자제한 적이 없어서 위로는 선조와 스승을 망치고, 가운데서는 자기를 망치며, 아래로는 후진을 오도하는 죄를 저지르고 말았다.

정기 : 주리의 학문을 제창하고 모든 변화의 지도리를 천명하는 이가 리를 잘못 알았는가? 리는 함이 없다는 가르침을 고수하면서 주재와 묘용은 한 '기'자로 옮겨버린 이가 리를 잘못 알았는가? 스승의 리를 밝힌 문자를 판각해서 후학들을 깨우치려는 것이 기가 리를 어기는 것인가? 선현이 우연히 살피지 못한 데에 어긋난 점이 있는 것을 싫어해서 곧장 그 글을 불태우고 없애버리려는 것이 기가 리를 어기는 것인가? 말하는 구절마다 선현을 넘볼까 걱정하고, 생각마다 후학들이 말에 사로잡혀 뜻에 어두울까 걱정하는 이가 단단히 마음을 먹고 제멋대로이며 대범한 이인가? 선배들을 경시하고, 자기와 다른 이를 이단이라고 욕하고 꾸짖는 이가 단단히 마음을 먹고 제멋대로이며 대범한 이인가? 선현을 존중하고 경외하면서 의리를 강론하고 밝혀 후진들에게 은혜를 끼

치는 것이 위로 망치고, 가운데서 오도하며, 아래로 어지럽히는 죄인가? 선현을 머리에 이고 자신의 견해를 펼치려고 하며, 후인들을 몰고 가려는 것이 위로 망치고, 가운데서 오도하며, 아래로 어지럽히는 죄인가? 세상에서 공정한 마음을 가진 이라면 스스로 변별할 수 있을 것이다.

존중하고 경외하며, 강론하고 밝히는 것은 병행하면서 서로 어긋나지 않는다. 그러므로 주자는 "성현께서 의론한 것을 보면, 비록 선배들을 우러러 공경했지만, 옳고 그름을 가리는 데 있어서는 또한 일찍이 조금이라도 사정을 봐주는 사사로움이 없었다. 맹자가 이윤·백이·유하혜를 논할 때는 눌렀다 높였다 하였으니, 한 둘이 아니요 매우 많다는 것을 알 수 있다"[728]라고 했다. 퇴도선생(退陶先生) 또한 말했다. "선배들의 의론을 잘못이라고 하는 것은 본래 후학으로서 가벼이 할 수 없는 것이다. 그러나 이치를 분석하고 도를 논한다면 조금도 구차해서는 안 된다. 그러므로 회암(晦菴)과 동래(東萊 : 呂祖謙)가 『지언(知言)』의 장단점을 정정하자 남헌(南軒 : 張栻)도 인정했다. 제자로서 스승의 글을 의론하는 것을 혐의로 여기지 않았던 것이니, 어찌 의리가 천하의 공물이 아니기 때문이겠는가? 무엇이 먼저이고 무엇이 나중이며, 누가 스승이고 누가 제자인지, 무엇이 저것이고 무엇이 이것이며, 무엇을 택하고 무엇을 버려야 하는지, 타당한 것에 일치시키면서 바꾸지 않을 뿐이다"[729]라고 했다. 두 선생이 어찌 소견이 없어서 이렇게 말했겠는가? 노옹은 여기에서 알아차린 것이 있었기에 선현이 우연히 실수한 데에 나아가서 지금 사람들의 주기론이 가지는 말폐를 구제하려고 하면서, 선현에게 물어볼 수 없는 것을 한스러워했다. 그의 뜻은 이치를 밝히는

728 주희, 『회암선생주문공문집』 권45(『주자전서』 vol. 22), 「答李深卿」, 2066쪽.

729 이황, 『퇴계집』 권19(표점영인 한국문집총간 vol. 29), 「答黃仲擧論白鹿洞規集解」, 482쪽.

데 있었기에 말은 어쩔 수 없이 긴절했다. 이제 지금 사람들의 잘못을 선현에게 옮기고, 억지로 죄목을 만들어 마음을 다해 공격하며 배척하며, 여력을 남기지 않으려 하니 또한 성현들의 마음가짐과는 다르다. 농암선생의 사칠론이 율옹과 다른 점이 있었고, 오히려 퇴도를 따랐기에 문집을 간행하던 때 수암(遂菴 : 權尙夏)이 극력 삭제하고 빼야 한다는 의론을 해서 원집에서 빠졌다. 그러나 훗날 「연보」를 추가로 간행하면서 미호(渼湖 : 金元行)는 그 요점을 간추려서 덧붙였다. 그럼에도 오노주(吳老洲 : 吳熙常)는 끝내 전문을 다 싣는 것만 못하다고 깊이 탄식했다. 수암·미호가 현자였지만, 율옹과 어긋난다는 이유로 삭제하고 빼버리자고 극력 주장하고, 또한 전문을 싣지 않았던 것은 당시의 여론이 심술을 부린 것이었다. 지금 시대도 오히려 그러한데다, 하물며 지금 선비들은 더욱 구차해지고, 습속은 더욱 야박해졌음에랴! 그러니 「외필」이 배척을 당하는 것도 당연한 일이다. 슬프구나!

18.

[외필후변] 우리 유학은 마음을 그 자체로 성스럽다고 여길 수 있는가? 기를 어떻게 일각이라도 검속하려는 노력을 더하지 않을 수 있는가? 태극과 성명의 오묘함은 더욱 경솔하게 의론을 세울 수 있겠는가? 효제와 공손의 도리를 어찌 심력을 다해 체현하지 않을 수 있겠는가?

정기 : 이 문단은 매우 좋다. 그러나 의심스러워 이해하기 어려운 점도 있다. 주장이 저와 같으니, 마음에서 나오고 일에 드러난 것을 참고해 살펴보면 제 마음대로 재단하면서 조금도 거리끼거나 돌아보지도 않고, 자신의 견해에 어긋난 것이 있으면 쉼 없이 육·왕·노·불이라고 배척한다. 그의 문하에서 수학한 이들 또한 대부분이 당당한 태도로 스스로 빼기느라 더불어 인을 행하기 어려우니 이는 진실로 도를 깨달아서 그런 것인가? 알 수 없다.

19.

[외필후변] 김감역(金監役 : 김평묵)이 쓴 「외필」의 발문을 보니, “선정을 존경하고 경외한다고 하면서 천하 후세에 그들의 과실을 들춰내려고 한다”라고 꾸짖었다. 이것은 사계·우암 이하 여러 현자들이 율옹을 조술한 것을 가리켜 말한 것이다. 또한 “이것을 안다면 선정을 존경하는 이로서 우리 기·이 두 선생만한 분이 없다”라고 했다. 이것은 노사·화서가 스스로 문호를 세워 한결같이 율곡을 반대하는 것으로 정론을 삼은 것을 가리며 말한 것이다.

정기 : 중암의 「외필」 발문에서는 대략 이렇게 말했다. “우리나라의 선정과 대현들은 진실로 정자(程子)·주자(朱子)의 적통이 자리한 곳이다. 그 대의에 어떻게 이의를 제기할 수 있겠는가? 오직 초기와 만년의 동이(同異)가 있고, 강학할 때 설명한 것과 마음속으로 절충한 뒤에 결정된 내용에 대해서는 정자·주자와 같은 아성이라고 할지라도 학자들이 가려서 볼 줄을 알아야 한다. 지금 우리나라의 선정 대현들의 수많은 말에는 한두 가지 잘못 이해한 것이 있다고 하는 것도 이상할 것이 없는 것이다. 후학들은 여기에서 조금 잘못 이해한 것은 숨기면서 드러내지 말고, 성인의 취지와 일치하는 것은 지키면서 일관하는, 이것이 선정들이 평소에 바라는 것이다. 어찌 숨길 만 한 것까지 세상에 장황하게 떠들어 사람들이 입을 열지 못하게 하겠는가? 이것은 선배를 존중하고 경외한다고 하지만 천하 후세에 그들의 과실을 들추는 것이다. 이것을 안다면 근세에 선정을 존중하는 이로 기(奇 : 기정진)·이(李 : 이항로) 두 선생만한 이가 없다는 것을 알 것이다.”

이 글은 단락이 분명해서 조금이라도 문리를 아는 이라면 모두 쉽게 깨달을 수 있다. 그런데 (전우는) 이제 ‘선정을 존경하고 경외한다는 이들이 그들의 과실을 널리 들춰냈다. 이것은 사계·우암 이하 여러 현자들이 율옹을 조술한 것을 가리켜 말한 것이다’라고 했다. 선정을 존경하는 이로서 우리 기·이 두 선생만한 분이 없다고 한 것은 노사·화서가 스스로 문호를 세워 한결같이 율곡을 반대하는 것으로 정론을 삼은 것이라고 했다. 아! 이것은 무슨 말인가? '기틀이 스스로 그러하지 그렇게 시키는 것이 있지 않다'라는 것은 율옹이 우연히 잘못 이해한 것이다. '움직이고 고요한 것은 기이고, 움직이고 고요하게 하는 것은 리'라는 것이 율옹의 정론이라는 것은 사계선생이 조술했다. 「김헌에게 답함」에서 말했다. "음양의 움직임과 고요함은 곧 태극의 움직임과 고요함이다. 움직이고 고요한 것은 기이고, 움직이고 고요한 소이는 리이다. 리에 움직임과 고요함이 없다면 기 또한 움직이고 고요함이 없다. 그대가 인용하고 있는 주자가 '태극이 움직일 때는 바로 양의 태극이요, 고요할 때는 바로 음의 태극이다'라고 한 구절에서 주자의 뜻은 움직임과 고요함이 바로 태극이 한다는 것을 말한다."[730] — 사계의 이 말은 간공의 요지를 깨트리기에 충분하다. 어떻게 곡해해서 자신의 뜻에 부합시킬 것인가? —

우재선생도 조술해서 이렇게 말한 적이 있다. : "한 번 움직이고 한 번 고요한 것은 기이고, 움직이고 고요하게 하는 것은 리이다. 한 번 음이 되고 한 번 양이 되는 것은 기이고, 음이 되게 하고 양이 되게 하는 것은 리이다."[731] 또 심명중(沈明仲 : 沈世熙)이 '움직이게 하고 고요하게도 한다'는 것을 묻자 대답하면서 "사(使)는 스스로 그렇다는 의미에서의 사이다. 음양과 오행이 운용 조작하는 것과는 다르다. 이 음양과 오행이 운용 조작할 수 있는 소이가 어찌 리가 아니겠는가?"[732] 또 말했다. "(『중용』의 주에서) '하늘이 음양과 오행으로 만물을 변화 생성시킨다'

---

730 金長生, 『沙溪遺稿』 권3(표점영인 한국문집총간 vol. 57), 「答金巘」, 44쪽.

731 송시열, 『송자대전』 권136(표점영인 한국문집총간 vol. 112), 「一陰一陽之謂道」, 513쪽.

732 송시열, 『송자대전』 권105(표점영인 한국문집총간 vol. 111), 「답심명중」, 496쪽.

라고 했는데, 여기에서 말하는 하늘[天]은 또한 리일 뿐이다."[733] 이것으로 변화 생성하는 것이 '그렇게 시켜서 그러는[使之然]' 것이 아닌가? 사계·우암 등이 율옹을 조술한 것은 이와 같았다. 이것과 세속의 유자들이 우연히 잘못 이해한 것을 머리에 이고서 사람들에게 입을 열지 못하도록 한 것은 어찌 남북이 판이하게 구별되는 것에만 그치겠는가? 이제 잘못을 들춰낸다는 것을 사계·우암에게 귀착시키고 꾸짖고 배척하니, 이상한 일이다.

노사는 "움직이고 고요한 것은 기이고, 움직이고 고요하게 하는 것은 리이다. 움직이게 하고 고요하게 한다는 것이 시켜서 그러는 것이 아니고 무엇이겠는가?"라고 했다. 화서는 "태극에 움직임과 고요함이 없다면 움직임과 고요함은 오로지 기기만을 우러르게 된다. 그렇다면 태극은 공적에 뒤얽혀 기기의 본원이 되기에 부족할 것이다. 기기는 아마도 멋대로 재단될 것이고, 도리어 태극의 주재가 될 것이다"[734]라고 했다. 이 또한 모두 율옹의 정론을 조술한 것이다. 이들과 세속의 유자들이 태극에는 움직임과 고요함이 없고 오로지 기틀이 스스로 그러하지 시키는 것이 있지 않다는 말만 중시하는 것과는 어떻게 똑같이 두고 말할 수 있겠는가? 이것이 '율옹을 높이기로는 기·이 두 선생만한 분이 없다'라고 하는 까닭이다. 이제 스스로 문호를 세우고 하나같이 정론을 반대한다고 꾸짖는 것은 더욱 이상하다. 모르겠으나, 다소 잘못 이해한 것을 감추고 드러내지 않고, 성지에 부합하는 것만 지키면서 배반하지 않는 것, 이것이 정론에 반하는 것인가? 본지를 저버리고 우연히 잘못한 것만 택해서 자신의 견해만을 펴려고 하고, 선현의 말을 억지로 풀이하려는 이가 정론에 반하는 것인가? 백세 이후라도 공정한 마음에 안

733 같은 책, 같은 곳.

734 이항로, 『화서집』 권23(표점영인 한국문집총간 vol. 305), 「臨川吳氏太極說錄疑」, 126쪽.

목을 갖춘 이가 있어 틀림없이 바로잡을 것이다.

20.

[외필후변] 왕년에 노사의 신도비가 나왔을 때 개인적으로 동지들과 말하기를 "면태(勉台 : 崔益鉉)가 잘못 '화산과 덕을 같이 한다'는 한 구절을 집어넣어서, 아울러 사람들의 의심을 받게 만들었다. 김평묵·유치명이 있었더라면 틀림없이 크게 면태를 꾸짖었을 것이다"라고 했다. … 내가 예전에 김평묵의 말로 인해 "새로운 학술이 바야흐로 들끓어 율옹이 의심을 받는다"라고 말한 적이 있었다. 김은 스스로 감당할 수 없다고 여겨 화서에게 받들어 올리면서 장황하게 웅변을 토했다. 지금 살펴보자면 어떻게 귀를 막고 종을 훔치려는 데로 귀결되지 않겠는가?

정기 : '왕년'은 신축년(1901)이다. 이에 앞서 십 몇 년 동안 그는 이미 화서를 색은행괴(索隱行怪)라고 비난하면서 배척했고, 나중에는 화서가 오임천(吳臨川)의 태극설을 변론한 것을 반박하면서 이렇게 말했다. "주자는 '태극은 움직임과 고요함이 아니다'라고 했다. 초려는 '태극에는 움직임과 고요함이 없다'라고 했다. 율옹은 '움직임과 고요함이 있는 것은 기이고, 움직이고 고요한 데 있는 것은 리이다'라고 했다. 우옹은 '리에 감정도 의지도 조작도 없다는 것은 (리의) 본체와 작용의 간격이 없다'라고 했다. … 화서는 곧장 이것들을 배척하면서 리를 해치고 기를 높이는 근원이라고 했다. 초려 한 사람을 인용했을 뿐이지만, 세상의 학자들이 그의 학설을 굳게 믿는다면 주자·율옹·우옹 등의 성현들은 저절로 리를 해치고 기를 높였다는 부류로 귀착될 것이다.[735]" —내가 따로 「산방수차(山房隨箚)」에 변론해 두었다.[736] —

---

735 전우, 『간재집 전편·속집』 권4(표점영인 한국문집총간 vol. 333), 「三家太極說辨」, 428쪽.

이제 노사를 공격하면서 화서에게도 반대하는 것 같은데, 사람들의 의심을 받을 것이라고 걱정하는 것은 어째서인가? 이미 견해가 같고 덕 또한 같기에 의심과 거리낌을 함께 받는 것인데 무슨 이상한 점이 있다는 것인가? 또 이것은 면암의 개인적인 생각에서 나온 것이 아니요, 실제 공의에서 나온 것이니, "김평묵과 유치명이 있었더라면 틀림없이 크게 꾸짖었을 것이다"라고 한 것도 사람들을 뒤흔들려는 한 마디인 것이다. 이로 인해 또 의심스러운 것이 있다. 간공(艮公)은 중암을 매우 시기해서 갖은 방법으로 무고했고, 결국에는 스승인 고산옹(鼓山翁)의 제문을 지으면서 그 스승의 궤연에 고하기를 "새로운 학술이 바야흐로 들끓어 율옹이 의심을 받는다. 말하노니 못난 나는 변변치 못한 힘으로 이기기도 힘들다"라고 했다. 그가 이렇게 시기했으면서 이제 도리어 말하기를 '그들이 있었더라면 반드시 크게 꾸짖었을 것이다'라고 하는 것

736 "『간재집』에서 "초려가 말한 '기가 움직이면 태극도 움직인다[氣動則太極亦動]'라는 몇몇 구절은 모두 주자에게서 나왔으니 꾸짖을 것이 없을 것이다. 게다가 스스로 '태극은 이 기를 주재한다'라고 했으니 화서가 '주재를 기기에 귀결시킨다'라고 비난하는 것은 연어(衍語)인 것 같다"라고 했다. 주자가 언제 '기가 움직이면 태극도 움직인다'라는 이런 말을 한 적이 있기에, 이제 '모두 주자에게서 나왔다'라고 하는 것인가? 『어류』에 보이는 주자의 말—앞에서 인용한 여러 조목들—은 눈을 가진 이라면 볼 수 있으니, 어떻게 속일 수 있겠는가? 또한 (초려의 말에서) '즉(則)'과 '역(亦)' 두 글자는 장수과 병졸의 관계가 뒤집혀서 이미 대본이 어긋났다. 그런데도 '태극이 이 기를 주재한다'라고 하는 것은, 이름과 지위에 얽매여 억지로 (태극을) 높이려는 주장이다. 한나라 헌제가 유명무실했던 것에 가깝지 않겠는가? (간재가) 생존해 있었을 때 한 번 나아가 묻지 못한 것이 한스러울 뿐이다.[艮齋集中, 草廬所謂氣動則太極亦動數句, 皆出於朱子, 恐不可謫. 況又自言太極是主宰此氣者, 則華西所譏主宰歸於氣機之云, 恐屬衍語. 按, 氣動則太極亦動, 朱子何嘗有這般說話, 而今乃謂皆出於朱子? 朱子說見於語類者—如上引諸條—, 有目可覩. 將何以瞞之? 且則亦二字, 帥役倒置, 大本已舛矣. 而猶曰太極是主宰此氣者, 乃拘於名位, 而强尊之說也. 不其近於漢獻之徒擁虛號歟? 恨未及一晉奉質於在世之日也.]" 정기, 『율계집』 권11(국립중앙도서관 古3648-70-197, 전자자료jpg), 「山房隨箚」 35~36쪽.

은 또 어째서인가? 귀를 막고 종을 훔친다는 것은 그 자신을 말하는 것이 아닌가?

21.

[외필후변] 그의 「외필」이 본래 사람의 지혜와 사색을 어지럽히기에 충분한 것이었다. 그러므로 내가 조목별로 분석하면서도 그 말을 간략하게 했던 것은 서로 아끼려는 마음이 있었기 때문이었다. 그런데 이제 김평묵의 발문을 얻고 보니, 기씨를 높이려는 뜻이 이미 심했고, 율옹을 꾸짖고 업신여기려는 표현이 극렬했다. 그의 뜻은 후세의 수재들이 그의 학설을 독실하게 믿게 하려는 것이었다. 그리고 『율곡전서』는 높은 건물에 묶어두고 다시는 세상에 드러나지 않게 하려는 것이었다. 이것이 사문에 해로움을 끼치는 것이 어떻게 육·왕 두 사람이 했던 것에 그치겠는가? 나는 이 때문에 어쩔 수 없이 다시 변론해서 배척하게 된 것이다. 이것은 바로 주부자가 말한 '저들의 미혹이 깊을수록 우리도 변론에 더욱 힘써야 한다'라는 것이다. 그러나 이 또한 리의 소당연이어서 감히 객기를 멋대로 부리거나, 부박한 변론에만 기대지 않았으니, 어떻게 마음의 평정을 다잡고, 의리의 적절함을 판단하는 데 지장이 있겠는가? …

정기 : 의리란 세상의 공공연한 것이지 사람이 사적으로 얻을 수 있는 것이 아니다. 이제 선현을 존중하고 경외하며 이치를 분석하고 도를 논하면서 사사로움을 빌리는 경우가 없는데도, '사람의 지혜와 사색을 어지럽힌다'라고 하고, 선현들의 수많은 말들 가운데 어쩌다 한 두 가지 잘못 이해한 것이 있는 것은 이상할 것도 없다고 하는 말을 '선현을 꾸짖고 모독했다'라고 하니 아! 이상한 일이다. '『율곡전서』는 높은 건물에 묶어둔다'라고 하는 말은 더욱 지나쳐서 말할 것이 없다. 주자는 주자(周子)의 글을 논하면서 곧장 "그 말이 노장(老莊)과 비슷하다"[737]라

고 했고, 심지어 『주역정씨전』에서 정자가 잘못 설명한 것을 변론했고 따로 『주역본의』를 썼다. 예를 들어 원형이정(元亨利貞)의 경우 공자의 「문언전」에서도 분명하게 네 가지 덕이라고 했지만, 『주역본의』는 이를 따르지 않고, 두 마디 말을 만들어 풀이했을 뿐이었다.[738] 장자에게는 곧장 "근본으로 돌이키려는 병폐가 있다", "불교에 가깝다"라고 했고[739], 또한 "그러나 취산과 굴신을 말한 곳은 오히려 거대한 윤회설이다"라고 했으며,[740] '『정몽』에 타당치 않은 곳이 많이 있는데, 그의 말이 잘못된 것이 아니라, 그의 견해가 잘못된 것이다'라고 했다.[741] 지금 말하는 대로라면 주자의 글과 정자의 『역전』, 공자의 『문언전』 및 장자의 글도 모두 높은 건물에 묶어두어야 한다는 것인가? 아! 옛 성현들은 이치를 밝히는 데 뜻을 두었기에 앞과 뒤, 이쪽과 저쪽을 묻지 않았고, 구차하게 일치하려고도 차이를 내려고도 하지 않았다. 타당한 곳에 일치시켜 바꾸지 않으려고 했을 뿐이었다. 지금 사람은 전현과 한 마디 다른 점을 보면 곧장 붓을 들어 방자한 태도로 욕하면서 억지로 죄목을 만들어 육·왕이라고 배척하고, 심지어는 그 글을 불태우려고 하면

---

737 주희, 『주자어류』 권94(『주자전서』 vol. 16), 3173쪽.

738 "원(元)은 선(善)의 우두머리이고, 형(亨)은 아름다움이 모인 것이며, 이(利)는 의(義)가 조화(調和)를 이룬 것이요, 정(貞)은 일의 근간이다."(『주역』, 건괘 「문언」.)

"원·형·이·정을 네 가지 덕이라고 한다." 정호·정이, 『주역정씨전』(『이정집』 vol. 2), 695쪽.

"원형이정은(元亨利貞)은 문왕(文王)이 말한 글이다. 이것을 가지고서 한 괘(卦)의 길흉(吉凶)을 판단하니 단사(彖辭)라고 부른다. 원(元)은 크다, 형(亨)은 통한다, 이(利)는 마땅하다, 정(貞)은 바르고 곧다는 뜻이다." 주희, 『주역본의』(『주자전서』 vol. 1), 30쪽.

739 주희, 『주자어류』 권99(『주자전서』 vol. 16), 3333쪽.

740 주희, 『주자어류』 권99(『주자전서』 vol. 16), 3335쪽.

741 주희, 『주자어류』 권99(『주자전서』 vol. 16), 3328쪽.

서 통문을 만들어 권장하기까지 하니 — 전씨는 호유(湖儒)를 위해 통문을 지어 노옹을 '더욱 심한 이다'라고 배척했다. — 이것은 진실로 어떤 마음인가? 객기를 부리고 부박한 의론에 기댄 채로 이처럼 심한 지경에 이르렀는데도 오히려 "내가 감히 할 수 없었다"라고 하고 또한 "마음의 평정을 다잡고, 의리를 적절함을 판단하는 데 지장이 없다"라고 하니, 술 취한 이가 사람을 욕하고 꾸짖으면서 '나는 잘못이 없다'라고 하고, 가혹한 관리가 사람들에게 포악하게 굴면서도 '나는 법을 바르게 집행하고 있다'라고 하는 것과 가깝지 않는가? 심지어 '이 또한 이치의 당연한 것이다'라고 하니 더욱 가소롭다. 전에는 천명의 유행, 태극의 움직임과 고요함, 인심의 주재를 오로지 기에만 속하게 하더니, 이제는 견해가 다르다는 이유로 성난 마음으로 발끈해서 공격하고 배척하면서 조금의 거리낌도 없으면서도 '이 또한 이치의 당연한 것이다'라고 한다. 전에는 율옹이 말한 것이 지나치게 명쾌한 것도 기요, 후세 사람이 기씨를 성토하는 것도 기라고 하더니 이제는 자신이 하는 것은 '이 또한 이치의 당연한 것이다'라고 하니 이 이치란 무슨 이치인가? 육·왕이 기를 리로 인식하는 것과 같은 것이 아닌가? 아니면 스스로가 말한 '그대의 창으로 그대의 방패를 찔러보라'는 것인가? 알 수 없다.

병자년(1936) 중양일 정기는 쓴다.

猥筆後辨辨

鄭琦

1.

昔余在溪上, 得見田艮齋所著猥筆辨者. 蓋其所論, 騁機吹洗. 以猥筆中所論今人之弊者, 一切歸之於栗谷. 又或歸之於朱子, 譏斥太甚. 先師爲之逐條置辨, 今已刊行于世矣. 近又得其所謂後辨者而觀之, 其所論說, 及前辨之驢跡, 而其輕肆口氣, 阿罵凌轢, 又加幾層. 直斥之曰彼曰奇氏, 曰上慢中誤下迷之罪, 肆然自處以聲討者. 然誠不滿一笑. 然其可辨者先師已盡之矣. 但據其先師未及見者, 條辨如左.

2.

朱子楚辭集註有曰, 一動一靜一晦一朔, 皆陰陽之所爲, 非有爲之者. 此與栗翁機自爾非有使之指, 有毫髮差爽乎? 又陳北溪錄有云屈伸往來是二氣自然能如此. 此又陰靜陽動機自爾之左契也. 夫自爾者, 自然之謂也. 今曰由己不由佗. 又曰自行自止, 不由天命. 看文字何其麤疎也. 云云.

朱·李兩先生此論, 特就流行邊指其運用而言也. 其定論, 則朱子曰, 一陰一陽, 雖屬形器, 然其所以一陰一陽者, 是乃道體之所爲也. 又曰物之生, 雖曰自長自消, 其自長自消, 究是理自如此. 又曰一物之中, 自始至終, 皆實理之所爲也. 又曰凡天下之事, 雖若人之所爲, 其所以爲之者, 莫非天地之所爲也. 又曰往者過; 來者續, 道體之本然. 栗翁亦曰參差不齊者, 雖曰氣之所爲, 而必有理爲之主宰. 則其所以參差不齊者, 亦是理當如此. 非理不如此, 而氣獨如此也. 此皆本末兼擧, 上下俱盡, 顚撲不破之論也. 世之儒者, 遺此而不講, 專主自爾非有使之之說. 轉輾差謬, 自歸於主氣之科, 而不知返. 故蘆沙反復辨論, 以爲先賢之言, 發之太快, 而末弊之至斯, 容有未之細思也. 正所謂良工心獨苦者也. 今乃不察其定論之旨, 深深覓得楚辭集註流行一邊說, 以爲己援之資, 不亦勞乎? 其前辨曰動靜者, 造作也, 故曰機自爾也. 動靜者, 作用也, 故曰機自爾也. 今却曰自爾者, 自然之謂也. 忽變其見, 譏人麤疎, 何也? 蓋動靜, 是自然而然, 非有絲毫犯氣力底字. 造作, 是有情意營爲, 而煞費氣力底字. 乃以動靜直喚做造作, 而曰機自爾也, 果非由己不由他, 自行自止, 不由天命者耶? 今旣變其說曰自爾者, 自然之謂, 則固亦庶幾焉. 而卒不遵聖賢定論, 則未知何故.

3.

栗翁對策固有動之靜之者理也之語. 然其上文, 又有自然之氣云者, 則與機自爾者, 初不相妨. 如騎而主者雖是人, 而其四蹄之一前一郤, 自屬馬事也. 使彼於栗翁之指, 無所差互, 則何不擧而爲證? 乃若不聞也者, 而只將自爾非使兩語, 以譏罵之也? 夫動之靜之之云一也. 而栗翁只是根柢自然之意, 而彼則郤是操縱做事之說也. 云云.

騎而主者, 雖是人, 而四蹄之一前一却, 自屬馬事. 非曰不然, 而却是倒說. 擧主而僕從; 擧帥而卒隨. 故聖賢皆就重處爲言. 如上所謂物之自長自消, 而究是理自如此. 參差不齊者, 雖氣之所爲, 而亦是理當如此者, 是也. 以此準之, 則此亦當曰四蹄之一前一却, 自是馬事, 而所以操縱者, 人也. 猥筆之只將自爾非使兩語以辨論者, 特以世儒之遺却定論, 頭戴此句, 而張大之故也. 故曰動之靜之, 非使之然而何? 讀此者, 自當知之譏罵之云過矣. 道里公論, 論理者, 先要心公. 惡人異己, 遽加罪案, 無亦不公不平耶? 操縱做事, 猥筆中何嘗有這般意? 以其末又非有操縱之力一句而云歟? 非有, 言本無也, 其意, 蓋謂有其妙而無其力耳. 曷嘗直謂之操縱做事乎?

4.

語類董叔重錄曰, 太極理也, 動靜氣也. 此可謂毫分縷析, 而從分金秤上秤出來者. 凡朱子說中, 言天命流行, 道體發見, 理有動靜, 理有知識, 理詣其極, 理之發, 此理光明燦爛之類, 皆要如此辨認. 若不如此精覈, 其不爲指氣爲理者幾希. 云云.

問動靜, 是太極動靜? 是陰陽動靜? 朱子曰, 是理動靜. 問如此則太極有模樣? 曰無. 又曰若理無動靜, 氣何自而有動靜? 以目前論之, 仁便是動, 義便是靜. 又問關於氣乎? 此類甚多, 更將如何辨認? 抑歸之於指氣爲理之科歟? 夫動者靜者, 氣也; 動之靜之者, 理也. 故自知理者言之, 曰理動靜亦得, 曰氣動靜亦得. 若專做氣動靜, 而曰天命流行氣流行, 道體發見氣發見, 理有動靜氣動靜, 理有知識氣知識, 理詣其極氣詣極, 理之發氣發, 此理光明氣光明, 則是果成說乎? 天命流行, 道體發見之云, 有何窒礙, 而曲爲附鑿, 必欲畵蛇添足也? 可異也.

5.

栗翁言太極尸機, 而不曾奉以周旋, 卻將命者爲主一句, 認做自家獨擅之詞, 又何也? 無乃其心先有輕視先賢之根苗, 故不及細察其指趣, 而妄肆其譏誚歟? 有志求道者, 最要先正心術而後, 可以講辨乎理氣之說. 云云.

栗翁分明言孰尸其機, 嗚呼太極. 又分明言非理不如此, 而氣獨如此. 今却不奉以周旋, 專主機自爾一語, 爲禦人之話柄, 於凡天下之造化生成發見昭著, 以一氣字爲大矑頭, 使所謂理者, 不過爲楚國之佯尊之義帝, 何也? 命者爲主, 乃太極尸機之說, 而今乃曰不曾奉以周旋, 又何也? 所謂有志求道者, 最要先正心術. 旨哉! 其言之也. 但余愚昧, 不能辨心術之何者爲正, 何者爲不正, 請問之可乎? 以所論今人之弊者, 移之於先賢, 勒加以輕視妄誚之律, 是心術之正歟? 不正歟? 以知見之異己, 斥之以告釋陸王, 而爲剗地埋殺之計者, 是心術之正歟? 不正歟? 雖聖賢之言, 合於己則取以爲證, 不合則置之. 非惟置之, 截斷首尾, 單摘一句, 以爲己援, 曲爲註解, 迎合己見, 是心術之正歟? 不正歟? 願世之公心者, 有以裁誨焉.

6.

猥筆言, 到過不及處, 不得已而有說氣時. 蹶者趨者氣也是也. 蓋過不及, 雖亦本於理, 而末流之害於理, 則不可無區別. 此亦非曰不然, 而又有不盡然處. 孟子雖說蹶趨之氣, 然未嘗不言浩然之氣. 此何曾因過不及而不得已而言者耶? 且末流之害理者, 固不可無區別而謂之氣, 然其本體浩然而配義與道者. 亦何可混淪而直喚做理? 畢竟不得不謂之氣耳.

朱子曰, 孟子本只是答公孫丑不動心. 纏來纏去, 說出許多養氣·知言·集義, 其實只是個不動心. 蓋告子言不得於言, 勿求於心. 不得於心, 不求於氣. 故曰志至焉, 義次焉. 又曰持其志, 無暴其氣. 又提出浩然之氣, 配義與道者, 言其所以養之之道. 亦何嘗非因過不及而不得已言者耶? 若或以此而謂孟子特表出浩然之氣, 與理作對, 則誤耳. 故朱子曰, 孟子雖言夜氣, 其所欲存者, 內在於仁義之心. 雖言養氣, 其所用力乃在於集義. 蓋浩然之氣, 是集義所生, 未須說來來有底. 故朱子亦曰, 孟子只說其爲氣也. 至大至剛, 以直養而無害. 又說是集義所生. 自不必添頭上一截. 又曰配義與道者. 大抵以坤配乾, 必以乾爲主; 以妻配夫, 必以夫爲主. 配, 作隨底意思. 以氣配道義, 必竟以道義爲主, 而氣隨之, 是氣常隨著道義. 今人以發揮運用做得事者, 藉乎此氣, 遂認理爲隨氣之物, 可異也.

7.

猥筆言, 近世說理, 槩以無適莫者爲理. 吾聞適爲專主, 莫爲不肯. 故君子之心, 於天下之事, 無此二病, 而惟義理之是從也.

論語無適無莫, 猶云無可無不可. 今適爲專主; 莫爲不肯, 做二病看, 則不敢唯唯. 蓋此適莫, 言此理必然之妙也. 故先師辨釋之曰, 適莫, 借用人事有情意底字, 以明天理無聲臭之妙也. 角者常角, 鬣者常躐, 此是適處. 冬不衣葛, 何不衣裘, 此是莫處. 皆必然而不可易者.

8.

猥筆言, 理發二字, 爲今日學士家一大禁避語. 今日學士, 未知爲誰? 若是指栗翁, 則其言之悖慢無禮.

蘆沙之於栗翁之世, 已隔三百年, 何可謂今日學士家乎? 此婦孺所與知, 而今曰是指栗翁, 曰悖慢無禮, 期欲罪之, 以快其私心, 是豈法理之所當乎? 蓋理發字禁避云者, 特以今之儒者, 只據氣發一語, 而若有言理發者, 則以爲貳於栗翁, 輒加攻斥, 俾不敢發口故也.

9.

有人擧有段落行變化成條理者, 問於栗翁曰, 此無所主張者乎? 必將曰太極爲之主矣. 此何等明白? 而彼乃自爲答語, 曰機自爾, 非有使之者. 是直驅率先賢之言, 使不成道理, 而必欲見屈於自家. 這是甚麼心腸?

猥筆曰, 今日學士家, 纔見有段落行變化成條理者, 則曰氣也. 問孰主張是? 則曰其機自爾, 非有使之者. 今乃巧幻其說, 另著問於栗翁曰五字, 彼乃自爲答語曰七字, 一切以所論今日學士之失, 歸之於栗翁, 是果甚麼心腸?

10.

所謂太極是元來乘氣者. 然則將有做得事底氣力矣. 審如是也, 曩所謂末流害理之氣, 又何不到底操束, 而乃使之至此哉? 楚人有誇其盾之堅者曰, 物莫能陷., 又譽其矛之利曰, 物無不陷. 或曰, 以子之矛, 陷子之盾何如? 其人無以應. 今猥筆上下文之不相副, 正如是矣.

太極, 非元來乘氣, 則寄寓於何處? 孰謂太極有做得事底氣力? 但做得事之妙矣. 末流害理, 氣數之變也. 所謂理弱氣强, 款攝他不得者, 是也. 如馬之不循軌, 有時橫走, 而不箝制也. 以其變而詰其常可乎? 以此而謂猥筆上下文之矛盾, 吾不知其何說也. 蓋嘗聞之, 氣數雖變, 而知天道之有常, 氣質雖異而知人性之本同. 氣機雖危而知此理之爲主, 則可以據常而應變, 反本而捄末, 主理而帥氣. 此君子之所以戒愼恐懼, 不敢須有忽者也.

11.

今雖以元來所乘者言之, 所謂道者, 從來是無爲底. 如何能撿攝得氣? 故栗翁之前, 朱子已有氣强理弱, 氣麤理微之論. 而曰譬如子不肖, 父也管佗不得, 君所欲行, 臣下沮格, 君亦不能一一督責. 今有人擧以問於奇氏, 曰以猥筆觀之, 朱子也未免啓子奪父位, 臣行君權, 萬世亂賊之禍矣. 此宜如何排闢? 彼將如何對?

氣强理弱, 氣麤理微, 氣數之變者也. 至於子奪父位, 臣行君權, 亂賊之禍變之極也. 以氣數之變, 而詰其天道之常; 擧末流之弊, 而疑其道體之本然, 是豈知道之言哉? 所謂如何排闢, 如何爲對? 恰似夢中荒囈, 誠難與言也. 蓋變亂雖極, 末弊雖甚, 善者, 其終也必遂; 惡者, 其終也必不遂. 此非理之攸主者耶? 但理有能然·必然之妙, 而無作爲運用之力, 故往往有氣不順之弊. 此君子之所以主理而帥氣, 以嚴上下主僕之辨者也. 蓋以此爲防, 猶有相攻之患, 況以主宰妙用權勢號令一切, 委之於氣, 而理無與焉, 則其終也, 果將如何也?

12.

孟子之性命, 周子之眞精, 明道之性氣, 伊川之理象, 朱子之心性, 虞帝之論心而曰人道, 孔子之論學而曰人道, 論易而曰道[742]器, 亦皆理氣之對擧者也. 止. 朱子說中如言纔有天命, 便有氣質. 有是理, 便有是氣者. 豈非纔見理字覓氣做對之見乎? 然則雙本領之履霜, 朱子可以當之. 又推其本, 則舜·孔·孟·程皆不得免, 而至栗翁則可謂堅冰矣.

理與氣無對有對, 先師於田氏前辨, 已極辨之, 不必更提. 今彼引朱子說同歸覓氣做對之見, 而曰雙本領之履霜, 朱子可以當之. 又推及於舜孔孟程, 此非惟識見之麤, 其用心之包藏, 可懼也. 纔有天命, 便有氣質, 有是理便有是氣. 是乃一名爲理便有所乘之機之謂也. 如有君使有臣, 有父便有子, 有主便有僕. 以此而謂雙本領之履霜, 不其妄乎? 此曷當如今人之必覓氣對理, 理之流行一大事, 壹皆歸之於氣機者耶? 舜孔以下諸聖賢, 壹是主理而御氣, 曷嘗如今人之把氣對理一處對峙者耶?—如以所云, 虞帝之論心而曰人道者言之, 其曰人心[743]惟危, 道心惟微. 惟精惟一, 允執厥中. 是乃道心爲主, 人心聽命之謂也. 豈把人道一處對峙爲雙本領者耶? 聖賢之言, 在在皆如是.— 每見其說不去處, 動引諸聖賢之說, 字面彷彿者, 以壓倒人, 勒做背聖之罪. 君子之用心, 固當如是歟?

---

742 道 : 『율계집』 권11의 원문에는 '人'으로 썼다. 「외필변변」의 원문을 참조해서 '道'로 고쳤다.

743 心 : 『율계집』 권11의 원문에는 '道'로 썼다. 『상서』의 본문에 근거해서 '心'으로 고쳤다.

13.

吾聞一邊人推尊奇氏, 爲我東五百年來第一大賢, 而僅有一李華西, 與之同德相符. 則靜退以下諸先生, 原不足數, 而其言乃與大舜·孔子一切與之相貳, 抑何理也? 吾則寧被主氣之斥, 而不欲負四千年以來諸聖賢, 以假冒主理之名也.

傳聞之說, 有所過當, 則付之一笑, 可也. 乃勃然激怒, 奮筆特書, 以至並其實而滅之, 構其虛而誣之, 不其涉於麤淺歟? 且譏之以學聖人而不及, 則尙可矣. 斥之以與聖人而相貳, 則不其誣乎? 吾亦聞一種之人, 推尊田氏爲東方五百年結局聖人. 聞此當肆然自喜耶? 吾故曰傳聞之說, 付之一笑, 可也. 但未知主理而帥氣, 明理而檢氣者, 與聖人相貳歟? 主氣而援理, 明氣而昏理者, 與聖人相貳歟? 主氣明氣, 不負四千年以來諸聖賢, 愚未敢信也. 四千年以來諸聖賢, 只主理明理而已也.

14.

猥筆言, 聖人的見流行發見, 變化昭著, 莫非此道之爲. 愚謂奇氏, 眞謂此道自能流行發見, 變化昭著, 如論太極動靜之見耶? 朱子旣以太極爲理, 動靜爲氣, 則凡言天命流行, 道體呈露, 天理發見昭著, 道理光明燦爛之類, 皆是上面是理, 下面是氣也. 吾聖門宗旨, 以道體爲無爲, 而凡有爲者, 皆屬乎氣. 止. 泛指天地造化, 聖賢行能, 皆謂之理, 則將使學者, 有錯認神通妙用, 直做性體, 而匍匐於佛子之門者矣. 是其害理亂眞, 爲何如哉?

旣曰上面是理; 下面是氣也, 則上者爲主乎? 下者爲主乎? 知此則頗可領會矣, 而必欲尊尙氣字, 推之專擅之地, 而以理無使之然之妙, 何也? 蓋道體未嘗非乘氣流行, 而擧其主則僕固從之. 故直曰天命流行, 不曰氣流行. 曰道體呈露, 不曰氣呈露. 曰天理發見, 不曰氣發見. 曰道體光明, 不曰氣光明. 中庸章句曰上下昭著, 莫非此理之用. 論語集註亦曰往者過，來者續，道體之本然也．此非聖門宗旨耶？若以道體爲無爲，而凡有爲者專屬乎氣，則所謂變化流行，乃氣變化氣流行，是乃氣通也，非理通也．則正蘆翁所謂奪通歸理，以局命氣，爲氣者不亦寃乎者也？栗翁理通氣局之訓，將廢而不講歟？動者偏於動；靜者偏於靜者，物也．物也者，氣之爲也，是所謂局也．動而未嘗無靜；靜而未嘗無動者，神也．神也者，理之妙也，是所謂通也．人能於此領悟，彼前辨後辨紛紛之說，可自定矣．佛氏之所謂性，乃吾儒所謂氣也．固已害理亂眞之心，而吾儒中倡言主氣者，亦或不歸於害理亂眞之科歟？未可知也．

15.

猥筆言，今人驅道理於冥漠，纔有發見昭著，一屬之氣．如此者，爲識理氣，不如此者，爲不識理氣．若是則天下更無詖淫邪遁矣，顚倒猖披，何事不有？近日諸公，多謂此指栗翁．愚近檢全書答安應休書，言理何以流行乎？氣之流行，理乘其機故也．理本無爲，而乘氣流行，變化萬端，雖流行變化，而其無爲之體，固自若也．吾友見此理之流行變化，乃以理爲有動有爲，此所以不知理氣也．今以猥筆準此，則其所謂驅道理於冥漠者，豈或指理本無爲，無爲之體，固自若等語耶？其所謂纔有發見昭著，一屬之氣者，豈或指理何以流行乘氣而流行之云耶？其所謂不如此者，不識理氣，卽是指吾友不知理氣而云也．此旣如是，則詖淫邪遁，顚倒猖披，將何所歸？雖有善辨，殆難爲之出脫矣．云云．

安氏見理之流行變化，認理爲有動者，爲作用之物．故栗翁答之曰，理何以流行乎？氣之流行，理乘其機故也．故曰雖流行變化，而其無爲之體，固自若也．若所謂理本無爲，而乘氣流行，變化萬端，則變化萬端者，乃理之無爲之爲也．譬如這燭火得這脂膏，便生許多光焰．光焰之生，雖脂膏之力，其許多光焰，乃火也，非油也．然則與今人一屬機之見，烏可同日而語哉？乃不領悟於此，而反自努力强排，以此爲斥人之話欛, 曰某指某, 某指某, 而今人二字, 於三百年前先賢, 勒成罪案. 如酷吏之撿人, 鍛鍊成獄, 而曰雖有善辨, 殆難爲之出脫. 正先師所謂獨不畏今與後之窺其中者乎者也.

16.

主之所往, 僕焉有不往? 理之所專主, 氣焉有不從? 理之所不肯, 氣何敢自行? 果如奇論, 而天地間誠有此理此氣, 則栗翁亦必生於此理此氣. 何緣有此妄發? 後人亦必生於此理此氣, 何緣誤信栗翁? 且奇氏之言, 亦自亭亭當當, 直立不倒於天地之閒, 而千人萬人, 自不敢與之爭衡矣. 何者? 栗翁之發之太快, 而流弊後世者, 亦氣也. 後人之頭戴前賢, 而聲討奇氏者, 亦氣也. 如使所謂理者, 果能管攝乎氣, 所謂氣者, 果不能違悖乎理, 則何以有此流弊聲討之變哉? 以此究勘彼說之無理, 如視諸掌矣. 世之尊奇氏者, 請置辨.

此段出於戲耶? 出於詬罵耶? 區區不省其何以也. 夫理之所在, 氣固從之, 常也, 本然也. 氣不備理, 有時橫逆, 變也, 末弊也. 如諸聖賢之言, 福善而禍淫, 積善餘慶, 積不善餘殃哉, 培而傾覆, 大德必得祿位壽, 天道之常也. 堯之世而有洪水, 湯之世而有亢旱, 文幽於羑里, 孔厄於陳蔡, 顔子而殀, 孟子而不遇, 氣數之變也. 然而末弊之變而不信, 夫本然之常, 衆人之見也. 如此則諸聖賢之言, 亦將不之信矣乎? 若夫世之治亂盛衰, 人事之得失隆替, 固氣之爲, 其終也必遂必不遂, 莫非理之所以操縱者也. 若曰理無爲而氣獨能, 則上天失主宰之心, 造化若風花之轉. 所謂理者, 果非有之無所補; 無之靡所闕, 只爲寄寓可憐之物耶? 從古聖賢的見, 造化發見, 莫非此道之所爲. 故曰太極生兩儀. 曰乾道變化, 各正性命. 曰仁者見之謂之仁; 智者見之謂之知. 曰誠者物之終始. 曰太極動而生陽, 靜而生陰. 曰天命流行. 曰此理之用. 曰道體之所爲. 此類指不勝屈, 而不言氣機者, 非遺却氣機也. 正所謂主之所向, 僕豈有不往者也. 斯理也, 章章明矣, 而猶不能反者, 乃擧氣數之變, 末流之弊, 紛紛戱侮, 却請置辨, 噫! 過矣. 余幼少時, 隨㢩觀劇於夜市. 及其卒也, 有一大人出繩移矩步, 威儀肅然. 人無不却立仰視, 其言也尖尖炎炎, 喃喃嘈嘈. 忽北邊迷南邊出, 東邊藏西邊見. 乃言曰觀者能辨我之爲麼, 滿場皆局局. 今看此論, 亦不覺噴飯.

17.

以愚觀於奇氏, 其八十年內抱耿耿者, 不過見理之誤也. 其不敢發口明言者, 猶有畏義之象也. 今其後人, 大書深刻, 以櫜揚於天地閒者, 豈非近於無忌憚耶? 於是乎氣之有時乎違理, 理之不能管攝乎氣者, 亦可驗矣. 雖然, 其當日銳意寫出之心, 卽今日放膽印布之源也. 惜乎! 其祖孫師生, 生平謾說太極自有適莫, 陰陽莫敢誰何, 而[744]不曾自檢其心, 自制其氣, 以致上謾祖師, 中誤自己, 而下迷後進之罪矣. 云云.

倡主理之學, 闡明萬化之樞紐者, 是見理之誤耶? 只守理無爲之訓, 而主宰妙用, 専輸了一氣字者, 是見理之誤耶? 鋟布其祖師明理文字, 而悟後學, 是氣之違理耶? 惡其有違於先賢之偶失照管者, 直浴焚滅其書者, 是氣之違理耶? 恐恐於語句之干犯先賢, 念念於後學之執言迷旨者, 是銳意放膽耶? 輕前輩而詬罵, 斥異己以異端者, 是銳意放膽耶? 尊畏先賢, 而講明義理, 嘉惠後進, 是上謾中誤下迷之罪耶? 頭戴先賢, 而安伸己見, 驅率後人, 是上謾中誤下迷之罪耶? 世之公心者, 自當辨之. 夫尊畏講明二者, 竝行而不相悖, 故朱子曰, 觀聖賢議論, 雖未嘗不推尊前輩. 而其是是非非之際, 亦未嘗有毫髮假借之私. 若孟子之論伊尹夷惠, 抑揚其辭, 不一而足, 亦可見矣. 退陶先生曰, 非議前輩, 固後學之不敢輕也. 然至於析理論道, 則一毫不可苟也. 故晦菴與東萊訂定知言之醇疵也, 南軒亦與焉. 以弟子而議師門之書, 不以爲

---

744 而 : 『율계집』에서는 '以'로 썼다. 『간재집』의 「외필후변」에 근거해서 '而'로 고쳤다.

嫌者, 豈不以義理天下之公也? 何先何後? 何師何弟? 何彼何此? 何取何舍? 一於至當而不可易耳. 二先生豈無所見而云云哉? 蘆翁有見於此, 故特就先賢之偶失照管者, 反覆辨論, 而救今人主氣之末弊, 而恨不得奉質於先賢. 志在明理, 言之不得不切也. 今乃以斥今人之失, 移之於先賢, 勒定罪目, 竭心攻斥, 不有餘力, 其亦異乎聖賢之心法矣. 農巖先生四七說, 有違於栗翁, 而還從退陶. 其刊集之日, 遂菴力主刪去之論, 見漏於原集. 其後年譜之追刊也, 渼湖攝其要而附之. 吳老洲深歎其終不如全文之完備. 蓋以遂菴渼湖之賢, 而以違於栗翁, 力主刪去, 又不用全文, 以其時議之忮克也. 此時猶然, 況今士益苟俗益偸之時乎! 然則猥筆之見斥宜哉. 噫!

18.

吾儒之於心, 其可自聖? 其於氣, 又豈可一刻不加撿束之功乎? 其於太極性命之妙, 尤何可輕易立論? 其於孝悌恭遜之道, 尤何可不盡心力以體乎?

此段極好極好. 然竊有可疑而難解者. 立論如彼, 而夷考其發於心; 著於事, 則專擅自用, 少無顧忌, 有違於己見, 則斥之以陸王老佛而不休. 遊其門者, 亦多堂堂自大, 難與爲仁. 是誠悟道故歟? 未可知也.

19.

觀金監役猥筆跋語, 已譏其尊畏先正者, 爲纍揚其過失於天下後世. 此指沙·尤以下羣賢之祖述栗翁者言也. 又曰知此則尊先正者, 莫如我奇·李兩先生. 此指蘆沙·華西之自立門戶而一反栗翁定論者言也. 云云.

重菴跋略曰, 我國之先正大賢, 實程·朱嫡統之所在也. 其於大義, 豈得而容喙也? 惟其初晩之同異, 與夫講學時說話, 折衷後定論, 則雖程·朱之亞聖, 學者當知所擇. 今我國之先正大賢, 千言萬語之間, 容有一二照管之失, 無怪其然矣. 則後學於此, 宜加學問思辨之功. 少失照管者, 則諱之而不宣, 脗合聖旨者, 則守之而不貳, 是乃先正平日之所望也. 豈宜並與其可諱者, 而張皇於世, 使人不得開口乎? 是則所謂尊畏先輩者, 乃所以爨揚過失於天下後世也. 知此則知近世之欲尊先正, 莫如奇·李兩先生也. 此文段落分明, 粗生文理者, 皆可易曉. 而今乃譏斥, 曰尊畏先正, 爨揚其過失, 指沙尤以下羣賢之祖述栗翁者. 尊先正莫如奇·李兩先生, 指蘆沙華西之自立門戶, 一反栗翁定論者. 吁! 此何說也? 夫機自爾, 非有使之, 栗翁之偶失照管者也. 動者靜者, 氣也; 動之靜之者, 理也, 栗翁之定論也. 沙溪先生祖述之. 答金巘書, 曰陰陽之動靜, 卽太極之動靜也. 動靜者氣, 所以動靜者理. 理無動靜, 則氣亦無動靜也. 公所引朱子說太極動時便是陽之太極, 靜時便是陰之太極云, 朱子之意, 動靜乃太極之所爲云也.—沙翁此言, 足爲艮公破的, 且將如何曲解以合己意也?— 尤齋先生又祖述之, 曰一動一靜者, 氣也; 而動之靜之者, 理也. 一陰一陽者, 氣也, 而使陰使陽者, 理也. 又答沈明仲使動使靜之問, 曰使是自然之使, 不如陰陽五行之運用造作也. 然此陰陽五行之所以能運用造作者, 豈非理乎? 又曰天以陰陽五行, 化生萬物. 所謂天者, 亦理而已矣. 以之而化生者, 非使之然者乎? 沙尤諸賢之祖述栗翁者, 蓋如是. 此與世儒之頭戴其偶失照管者, 而使人不得開口者, 奚翅朔南之判哉? 今乃以爨揚過失, 歸之於沙尤諸賢, 而譏斥之可異也. 蘆沙所謂動者靜者, 氣也; 動之靜之者, 理也. 動之靜之, 非使之然而何? 華西所謂太極無動靜, 而動靜專仰於氣機. 然則太極淪於空寂, 而不足爲氣機之本原矣. 氣機疑於專擅, 而反作太極之主宰. 亦皆祖述栗翁定論者也. 此與世儒之太極無動靜, 而專主機自爾非有使之之語者, 豈可同年而語哉? 此所以尊栗翁, 莫如奇李兩先生者也. 今乃以自立門戶一反定論斥之, 尤可異也. 不審小失照管者, 諱之不宣, 脗合聖旨者, 守之不貳者, 是反定論乎? 舍本旨而取偶失, 要伸己見, 强釋先賢之訓者, 是反定論乎? 百世在後, 必有公心具眼者，正之.

20.

往年蘆碑之出，私與同志語，云勉台謾入華山同德一句，而使之並受人疑. 使金·柳而在者，必厚誚勉台. 止. 愚曾因金語，而有新學方熾，栗翁見疑之云. 金不以自當，乃奉以納諸華西，而大張雄辯矣. 由今觀之，豈不爲掩耳盜鐘之歸也耶?

所謂往年，乃辛丑也. 前此十數年，彼已譏斥華西以素隱行怪，其後又駁華西辨吳臨川太極說，曰朱子曰，太極非動靜. 草廬曰，太極無動靜. 栗翁曰，有動有靜者，氣也; 在動在靜者，理也. 尤翁曰，理之無情意造作，無閒於體與用也. … 而華西之直斥爲害理尚氣之源者. 雖單擧草廬，然而使天下學者，篤信其說，則朱子栗尤諸聖賢，自不得不歸於害理尚氣之科.—余別爲置辨於山房隨劄.— 今於攻蘆之日，乃若右袒華西者，然爲憂其並受人之疑，何也? 然旣知見同矣，德亦同矣. 並受疑忌，何怪之者? 且此非勉菴之私意，實出於公議. 其所謂金柳而在者，必厚誚，亦一恐動人之言也. 因此又有可疑，艮公 曾媢疾重菴百方誣捏，竟逐祭其師鼓山翁之文，又告其師几筵，曰新學方熾，栗翁見疑. 曰汝小子，綿力難勝.[745] 其媢疾如是，而今却謂尚在必厚誚，又何也? 掩耳盜鍾，無乃自道者歟?

21.

彼之猥筆，固足以亂人知思. 故余爲之條析，而略其辭者，蓋猶有爲之相惜者矣. 及得金監役題跋，其尊尚奇氏之意已甚，譏侮栗翁之辭更極. 其意將使後來之秀，無不篤信彼說. 而栗谷全書，則欲束之高閣，

---

745 전우, 『간재집·후편』 권7(표점영인 한국문집총간 vol. 336), 「告先師墓文」, 310쪽.

而不復宣露於世. 是其爲害斯文, 豈止於陸·王二氏而已哉? 余故不得已而再加辨斥. 此正朱夫子所謂彼之惑愈深, 而此之辨愈力者也. 然是亦理之所當然, 而不敢肆其客氣, 騁其浮辯, 則又何損於持心之平·裁義之中也乎? 云云.

義理, 天下之公, 非人之所得以私也. 今以尊畏先賢, 析理論道, 未嘗有假借之私, 謂之亂人之私. 又以謂先聖大賢之千言萬語間, 容有一二照管之失, 無怪其然者, 謂之譏侮先賢. 吁! 可異也. 栗谷全書, 束之高閣之云, 尤甚無謂. 朱子論周子文字, 直曰其言似老莊. 程子易傳, 則辨難其差處, 而別立本義. 元亨利貞, 孔子文言, 明言四德, 而本義不從, 特做兩言解. 張子書, 則直曰有還原反本之病. 又曰近釋氏. 又曰其說聚散屈伸處, 却是大輪回. 又曰正蒙多差處, 不是他命辭有差, 是見得差. 若如今所云, 則周子書·程子易傳·孔子文言, 及張子書, 亦皆束之高閣歟? 噫! 高之聖賢, 志在明理, 不問先後彼此, 不爲苟同苟異, 一於至當而不可易耳. 今人見一言之異於前現, 輒奮筆肆, 罵勒定罪案, 斥之以陸王, 至欲焚滅其書, 製通以激勸之—田氏嘗爲湖儒製通文, 而斥蘆翁謂異端之尤者.— 是誠何心乎? 肆客氣騁浮辨, 至此之心, 而猶曰我不敢. 又曰不損持心之平·裁義之中, 無或近於醉客之詬辱人, 而曰我無失也; 悍吏之橫暴人, 而曰我執法之正者歟! 至曰是亦理之所當然, 尤可笑也. 向也, 以天命流行, 太極動靜, 人心主宰, 專屬之氣矣. 今也 以知見之異挾忿懟之心, 勃勃然攻斥之, 無少忌憚, 而曰是亦理之所當然. 向也, 謂栗翁之發之太快, 氣也, 後人之聲討奇氏, 亦氣也. 今也, 自家所爲, 則曰是亦理之所當然. 是理何理也? 無乃陸王之認氣爲理者歟? 不然, 自家所謂以子之矛陷子之盾者歟? 不可知也.

丙子重陽日鄭琦書.

「외필후변」을 변론함

양회갑

이 글은 기우만의 문인인 양회갑(梁會甲, 1884～1961)[746]이 전우의 「외필후변」을 변론한 것이다. 「외필후변」의 내용을 발췌해서 조목별로 인용한 다음 자신의 견해를 덧붙이고 있다. 모두 23조목으로 나눌 수 있는데, 19조목은 「외필후변」을 인용한 후 자신의 견해를 서술한 것이다. 20조목은 국가의 위기 상황에서 성리학계 내부가 논쟁과 다툼으로 얼룩진 것을 개탄하는 내용이고 21조목은 이 글의 저술 취지에 해당하는 일종의 후서라고 할 수 있으며 마지막 22～23조목은 전우의 '성사심제(性師心弟)'를 비판적으로 논한 내용이다. 본문의 20조목에서 1936년에 저술된 정기의 「외필후변변」을 읽고 난 다음에 저술한 것이라고 말하고 있는 것으로 미루어 1936년 이후에 쓴 것이라고 추정할 수 있지만, 정확한 저술 년대는 알 수 없다. 『정재집(正齋集)』 권6에 실려 있다.

1.

[외필후변][747] 주자의 『초사집주』에는 이렇게 말한 대목이 있다. "한 번 움직이고 한 번 고요하며, 한 번 그믐이 되었다. 한 번 보름이 되는 것은 모두 음양이 하는 것이지 시키는 것이 있지 않다." 이것이 율옹의 '기틀이 저절로 그런 것이지 그렇게 시키는 것이 있지 않다'라는 가르침과 조금이라도 차이가 나는가? 또한 진북계의 기록에 이런 말이 있

746 자는 원숙(元淑) 호는 정재(正齋)이고 본관은 제주(濟州)이다. 그는 노사학파의 재전문인으로서 기정진-기우만-양회갑으로 이어지는 학맥에 속한다.

747 원문에 의하면 「외필후변」을 인용하는 경우에는 한 줄을 내려서 쓰고, 자신의 견해는 내리지 않고 씀으로서 차이를 구별했다. 또한 첫 조목에서만 「외필후변」의 인용에 앞서 '田辨曰'이라는 했을 뿐, 아래 2～18조목은 모두 이 표현을 생략하고 있다.

다. "굴신왕래(屈伸往來)는 두 기가 저절로 이와 같은 것이다." 이것은 또한 음이 고요하고 양이 움직인 것이 기틀이 스스로 그렇다는 증거이다. '자이(自爾)'란 것은 스스로 그러함[自然]을 말한다. 이제 '자기에게서 말미암지 다른 것에서 말미암지 않는다'라고 하고, 또한 '스스로 운행하고 스스로 그쳐서 천명에서 말미암지 않는다'라고 한다면 문자를 보는 것이 어찌 이리도 거칠고 성근 것인가?

양회갑 : 율옹의 "기틀이 스스로 그러하지 그렇게 시키는 것이 있지 않다"라는 말은 『초사집주』와 진북계의 기록을 기다리지 않더라도 유행이란 측면에서 말한 것이니 확고한 정론이 아니다. 율옹은 "누가 그 기틀을 주재하는가? 아 태극이로다!"[748]라고 했다." 또 말했다. "갖가지로 고르지 않은 것이 기가 하는 것이라고 하더라도 반드시 주재가 되는 리가 있다. 그렇다면 갖가지로 다른 것 또한 리가 마땅히 이와 같은 것이지, 리가 이와 같지 않은 데 기 홀로 이와 같은 것이 아니다."[749] 이것이 정론으로서 근원을 말한 것이 아닌가? 이제 주자의 말로 보자면 "일음일양이 형기에 속하지만, 한번 음하고 한번 양하게 하는 것은 도체가 하는 것이다"라고 했다.[750] 또 말했다. '사물의 생성은 스스로 자라고 스스로 사라진다고 하지만, 스스로 자라고 사라지는 진다는 것도 탐구해보면 리가 저절로 이와 같다.'[751] 또 말했다. "하나의 사물 가운데, 처음에서부터 끝에 이르기까지 모두 실리(實理)가 하는 것이다."[752] 또 말했다. "세상의 일은 사람이 하는 것 같지만, 그렇게 할 수 있는 소이는 하늘이 하는 것이 아님이 없다."[753] 또 말했다. "가는 것은 지나가고

---

748 이이, 『율곡전서』 권1(표점영인 한국문집총간 vol. 44), 「理一分殊賦」, 12쪽.

749 이이, 『율곡전서』 권10(표점영인 한국문집총간 vol. 44), 「답성호원(임신)」, 199쪽.

750 주희, 『회암선생주문공문집』 권36(『주자전서』 vol. 21), 「답육자정」, 1568쪽 참조.

751 주희, 『주자어류』 권63(『주자전서』 vol. 16), 2092쪽.

752 주희, 『중용혹문』(『수자전서』 vol. 6), 598쪽.

오는 것이 이어지니 바로 도체의 본연(本然)이다"[754] 이들은 모두 경전의 주석과 손수 쓴 글에서 발견되는 것이요, 공정하고 합당해서 『초사집주』 및 진북계의 기록에 비교할 것이 아니다. (이들이) 유독 리가 주재이고 기가 바탕[資]이라는 증거가 될 수 없다는 것인가? 그렇다면 후대의 학자들이 그 유행을 운용이라 하고, 근원[原頭]을 뿌리라고 보고서 미루어 극언하는 것도 가능할 것이다. 그 밖을 보고서 안을 보지 못하고, 말단을 알 뿐 근본을 알지 못하는 것이 정말이지 모두 거칠고 성글다고 할 것인데, 도리어 이것을 노옹에게 더하려는 것인가? 매우 잘못되고 어긋났다. 율옹이 우계에게 답하면서 틀림없이 유행의 측면에서 말한 것이 있었기에 '유행'이라고 분명하게 말하지 않았을 것이다. 나중에 후대 사람들의 안목이 미치지 못해서 이것을 알아차리지 못했을 것이기에 노옹은 특별히 율옹의 본뜻을 발휘한 것이니 그 뜻이 깊었다. 그러나 선현을 머리에 진 사람은 틀림없이 '율옹이 말하지 않은 것이요, 우계가 다시 캐묻지 않았다'라고 할 것이다. 후현이 말했음에도 세상이 믿지 않는다면 그 뜻은 결국 어두워지고 밝지 않게 될 것이다. 그러므로 (노옹은) 말하면서 어쩔 수 없이 간절했다. (노옹은) '말이 오히려 허황되다'라고 했으면서도, '말의 뜻이 명확하다'라고 했으며, '자기에게서 말미암지 다른데서 말미암지 않는다'라고 했고, '스스로 운행하고 스스로 멈추는 것이 천명에서 말미암지 않는다'라고 했다. 그 뒤에 나오는 여러 말들도 이와 같은 것들이 있다. (노옹은) 선현들의 어구를 침범하고 간섭하는 매우 외람된 말을 걱정했기에 '외필'이라고 한 것이다. 권(權 : 權鳳熙)·최(崔 : 崔東敏)가 떠들어대는 것이야 언급하기에 부족하다지만, 유자들의 수장이 그들의 여론(餘論)을 좇으면서 거리낌조차 없는 것은 어째서인가? 「외필변」에서는 움직임과 고요함을 조작과 작용

753 주희, 『중용혹문』(『주자전서』 vol. 6), 596쪽.

754 주희, 『중용장구』(『주자전서』 vol. 6), 144쪽.

이라고 여겼는데, 움직임과 고요함이 어떻게 조작이고 작용이겠는가? 이제는 스스로 그 잘못을 알았기에 조금 그 말을 바꿔서 말하기를 '자이(自爾)'란 스스로 그렇다[自然]는 뜻이라고 한다. 이와 같은데 어떻게 거칠고 성글다고 남을 꾸짖는 것인가? 잘못된 견해를 고치지도 못하면서 과장하고 뻐기며 잘못을 주장하려고 하니 모두 거칠고 성근 습속이다. 가련하다!

2.

[외필후변] 율옹의 「대책」에는 본래 "움직이고 고요하게 하는 것은 리이다"라는 말이 있다. 그러나 그 앞에 또 '자연의 기'라고 말한 것이 있으니, '기틀이 스스로 그러하다'라는 말과 서로 방해가 되지 않는다. 말에 타고 주재하는 이가 사람이지만 말의 네 발굽이 한 번 나아갔다 물러가는 것은 저절로 말의 일에 속한다. 그것은 율옹의 취지와 조금의 차이도 없는데, 어째서 둘 다 거론하지 않고 듣지 못한 것처럼 '스스로 그러하다', '시키지 않는다'라는 두 마디 만을 가지고 꾸짖고 욕하는 것인가? ' 움직이게 하고 고요하게 한다'라는 말은 똑같은데, 율옹에게는 뿌리와 자연의 의미일 뿐인데, 뿌리와 자연의 의미일 뿐인데, 그는 오히려 '조종한다' '일을 한다'라고 주장한다.[755]

양회갑 : '움직이게 하고 고요하게 한다'라는 것은 리의 측면에서 보고, '기틀이 스스로 그러하다'라는 것은 '스스로 그러하다'라는 측면에서 보아야 할 것이다. 그렇지 않다면 두 가지를 (서로 참조해) 보면서 그 뜻을 밝혀도 괜찮다. 하필 합쳐야만 서로 방해가 되지 않을 것인가? '본래 있다'라고 하고 또한 '또한 있다'라고 해서 말하는 기세에 저절로 경중

755 이 단락은 「외필후변」의 내용을 인용하는 부분임에도 『정재집』에서는 한 칸을 내려서 쓰지 않았다. 교감의 실수로 보인다.

이 있는데, '저절로 그러한 기'를 끌어들여서 주기(主氣)로 만들려는 것은 어째서인가?

율옹은 사람이 말을 타는 것으로 인심과 도심의 관계를 비유하면서 '사람은 성이고, 말은 기질이다. 문을 나설 때에 혹 말이 사람의 뜻을 따라 나가는 경우도 있고, 혹 사람이 말이 가는 대로 맡겨 두기도 합니다'[756]라고 했다. '말이 사람의 뜻을 따라 나가는 경우'는 사람에게 속하니, 바로 도심이다. '사람이 말이 가는 대로 맡겨 둔다'는 것은 말에 속하니, 바로 인심이다. 네 발이 앞으로 갔다 뒤로 가는 것을 말이 사람의 뜻을 따른다고 해서 사람에게 귀속시키는 것이 괜찮겠는가? 사람이 말에게 맡겨 둔다고 해서 말에 귀속시키는 것이 괜찮겠는가? 어째서 이것을 들어 설명하지 않고 듣지 못한 것처럼 네 발이 왔다 갔다 하는 것만을 말의 일에 소속시켰다고 꾸짖고 배척하는 것인가? 이 한 마디는 '너에게서 나온 것이 너에게 돌아가는' 격이라고 할 것이다.

노옹은 '스스로 그러하다', '시키는 것이 있지 않다'라는 두 마디 말을 논했을 뿐인데, 이것이 과연 욕하고 꾸짖는 것인가? 이것은 바로 그 본문에 기인해서 변론하고, 저 정론을 빠트린 채로 이 말을 머리에 지고 있는 이들이 스스로 반성케 하려는 것이었다. 그러므로 "움직이고 고요하게 하는 것이 그렇게 시켜서 그러는 것이 아니라면 무엇인가"라고 했으니 그렇다면 읽는 이가 이것을 보고서 맹렬하게 안목을 돋우어 뒤 문장의 "태극이란 본연의 오묘함이다. 움직임과 고요함은 (태극이) 타는 기틀이다. 음과 양이 움직이고 고요한 데 그 기틀이 저절로 그러하고 그 소이연은 리이다"라는 말을 더욱 탐구해야 할 것이다. 이와 같이 한다면 뿌리이자 스스로 그렇다는 뜻을 알 것이요, 조종하면서 일을 한다는 주장과는 다를 것이다.

---

756 이이, 『율곡전서』 권10(표점영인 한국문집총간 vol. 44), 「답성호원」, 205쪽 참조.

3.

「외필후변」 『어류』 동숙중의 기록에서 "태극은 리이다. 동정은 기이다"라는 말이 있다. 이것은 세밀하게 분석해서 정밀한 저울을 거쳐 나온 것과 같다고 할 수 있다. 주자의 설명 가운데 천명의 유행, 도체의 발현, 리에 동정이 있음, 리에 지식이 있음, 리가 극치에 도달함, 리의 발현, 이 리의 광명이 찬란함을 말한 것들은 모두 이처럼 변별해서 인식해야 한다.[757] 이처럼 정밀하게 규명하지 않는다면 기를 가리켜 리라고 하지 않을 이가 드물 것이다.

양회갑 : 움직임과 고요함은 기이다. 움직이고 고요한 소이는 리이다. 리는 그렇게 시키고 기는 그렇게 운행한다. 주자는 "태극이란 본연의 오묘함이고, 움직임과 고요함은 (태극이) 타는 기틀이다"라고 했다. 같은 주자의 말이지만, 이 말이 '움직임과 고요함이 기'임을 어찌 더욱 상세히 밝히지 않았는가? 리를 가리켜 기라고 하는 것이 여기에 있는가? 저기에 있는가? 주자의 '천명이 유행한다'라고 한 이후의 몇몇 말들에서 '움직임과 고요함이 기'라는 한 구절 만을 소통시키려 리를 가리켜 기라고 한 것인가? 성인의 눈에는 모두가 리이고, 보통 사람들의 눈에는 모두가 기이니, 보통 사람의 눈으로 성현의 말을 풀이하려고 해서야 되겠는가?

4.

「외필후변」 율옹은 '태극이 기틀을 주재한다'라고 했는데 받들어 주선하지 않고서, 오히려 명령을 전하는 이[將命者]를 위주로 하는 한 구절을 스스로 독단한다는 표현으로 간주하는 것은 또 어째서인가? 그 마음

757 주사의 … 한다 : 「외필후변」의 원문에 의하면 세주(細註)에 해당한다.

에 먼저 선현을 경시하는 싹이 있었기 때문이 아닌가? 그러므로 그 취지를 상세히 살피지 못하고 멋대로 꾸짖고 욕한 것이 아닌가? 구도에 뜻을 둔 사람에게 가장 중요한 것은 먼저 심술을 바로잡은 뒤에 이기설을 강론 변별할 수 있을 것이다.

양회갑 : 태극이 기틀을 주재한다는 말을 받들어 주선하려고 '명하는 이는 주인'이라고 하는 것이니, 이것은 율옹의 "리가 이렇지 않은데 기 홀로 이럴 수 없다"[758]라는 주장이다. 노옹은 평생 동안 '기틀을 주재한다'라는 주장을 받들어 주선했다. 그러므로 그 말이 모두 이것을 종주로 삼는다는 것은 살짝만 엿보아도 알 수 있다. '구도에 뜻을 둔 사람은 먼저 심술을 바로잡아야 한다'라고 했으니, 그 말이 훌륭하다. 그러나 '명령하는 이'라는 말을 뽑아서 '독단하는 말'이라고 한 것은 먼저 심술을 바로잡았다고 할 수 있겠는가? 선현의 뿌리와 묘맥을 경시한 것은 스스로의 말이다. 이기를 강론하고 변론하는 이라면 이와 같아서는 안 될 것이다.

5.

「외필후변」「외필」에서는 말했다. "지나치거나 부족한 곳에 이르러서는 어쩔 수 없이 기를 말할 때가 있다. '넘어지거나 내달리는 것은 기다'라고 한 것이 이것이다. 지나치거나 부족한 것도 리에 뿌리를 둔 것이지만, 말류에 가서는 리를 해치게 되니, 구별이 없을 수 없다." 이 또한 그렇지 않다고 말할 것은 아니다. 그러나 또한 다 그렇지 못한 점이 있다. 맹자는 비록 넘어지거나 내달리는 기를 말했지만, 호연지기를 말하지 않은 적이 없었다. 이것이 어찌 지나치거나 부족한 것으로 인해 어쩔 수 없이 말한 것이겠는가? 또한 말류가 리를 해친다는 것도 본래

758 이이, 『율곡전서』 권10(표점영인 한국문집총간 vol. 44), 「답성호원」, 199쪽.

구별이 없을 수 없다고 해서 기라고는 하지만, 그 본체는 호연하고 의와 도에 짝하는 것이다. 어떻게 뒤섞어서 곧장 리라고 할 수 있겠는가? 결국에는 기라고 하지 않을 수 없을 뿐이다.

양회갑 : 율옹은 말했다. "기의 본연은 호연지기이다. 호연지기가 천지에 가득 차면 본래 선한 리는 조금도 가려짐이 없으니, 이것이 맹자의 양기론(養氣論)이 성인의 학문에 공적이 있다고 하는 이유다."[759] 호연지기는 본체가 성대하고 유행하면 의와 도에 짝을 이루니 지나침과 모자람이 없어서 넘어지거나 내달리는 것으로 비교할 수 없다. 넘어지거나 내달리는 것이 도리어 마음을 흔드는 것이 지나침이다. 뜻이 기를 이끌 수 없는 것이 모자람이다. 말류가 리에 해로운 것은 지나침과 모자람이 심한 것이다. 지나치거나 모자란 곳에 이르러서 어쩔 수 없이 넘어지거나 내달리는 것을 말해서 구별한 것이지, 호연지기가 의와 도에 짝하는 것을 아울러서 어쩔 수 없이 말한 것이 아니다. 또한 호연지기가 리를 따르는 것을 곧장 리라고 바꿔 부르는 것도 아니다.

6.

「외필후변」 「외필」에서는 말했다. "'이발' 두 글자가 오늘날 학자들이 일대 금기하고 회피하는 용어가 되었다" '오늘날의 학자'란 누구인지 모르겠다. 율옹을 가리키는 것이라면 그 말이 무례하고 어긋난 것이다.

양회갑 : 율옹은 '리와 기에는 호발이 없고, 온갖 정은 기에서 발현한다'라고 했다. 노옹은 '오늘날 학자들은 오로지 기발만을 주장하느라 이발을 율옹의 뜻이 아니라고 하면서 금지하고 회피하는 말로 만들었다'라고 했을 뿐이다. 오늘날은 율옹의 시대와 비교해서 세도가 더욱 떨어졌기에 이것으로 탄식하고 안타까워한 것이다. '오늘날의 학자'를 옛날

759 이이, 『율곡전서』 권10(표점영인 한국문집총간 vol. 44), 「답성호원」, 211쪽.

의 율옹을 가리킨 것이라고 의심하면서 무례하고 어긋났다고 했는데, 이 말의 타당성 여부는 틀림없이 세상에 무고를 변론할 이가 있을 것이다.

7.

「외필후변」 어떤 이가 단락이 있고, 변화를 일으키며, 조리를 이루는 것을 인용해서 율옹에게 "이것은 주장하는 것이 없습니까?"라고 묻는다면 율옹은 틀림없이 '태극이 주재가 된다'라고 했을 것이다. 이것은 얼마나 명백한가? 그런데도 그는 스스로 자답하면서 "기틀이 스스로 그러하지 시키는 것이 있지 않다"라고 한다. 이것은 곧장 선현의 말을 이끌어 도리를 이루지도 못하게 만들고 틀림없이 스스로에게 굴복하게 만들려는 것이다. 이것이 무슨 강학이며, 무슨 마음인가?

양회갑 : 「외필」에서는 "오늘날의 학자들은 단락이 있거나, 변화를 일으키거나 조리를 이루는 것을 보았다 하면 '기'라고 말하게 된 것이다. '누가 이 기를 주장하는가?'라고 물으면 '그 기틀이 스스로 그러할 뿐 시키는 것이 있지 않다'라고 한다"라고 했다. 이것은 선현이 우연히 살피지 못한 것을 머리에 지고서 태극이 주재라는 것을 모른다는 뜻이다. 율옹은 "말이 병폐가 없더라도 보는 이가 자기 생각을 가슴속에 두어 멋대로 끌어 붙인다면 큰 병폐가 되지 않을 수 없다"[760]라고 했다. 그러므로 성현의 말을 잘못 인식해서 후학을 그르치는 이가 이런 부류가 아니겠는가? 이것이 「외필」을 지은 이유다. 이제 스스로 만든 문답을 무슨 심장이냐고 하니, 심술을 말하기도 하고 심장을 말하기도 하는 것이 같은 어투이다. 자기 생각을 마음속에 가로 놓아 두고 멋대로 끌어당겨 후학을 그르치는 데로 함께 귀착되니, 그 병폐는 고칠 약이 없

760 이이, 『율곡전서』 권10(표점영인 한국문집총간 vol. 44), 「답성호원」, 202쪽.

다고 할 것이다.

8.

「외필후변」 태극이란 원래 기를 타고 있는 것이다. 그렇다면 장차 일을 만드는 기력도 있을 것이다. 이와 같이 생각했다면 지난번에 말류에 가서 리를 해치는 기는 또 어째서 조종하고 검속하지 못해서 이런 지경에 이르게 했다는 것인가? 자신의 방패가 견고하다고 과장하는 초나라 사람은 "어떤 것도 이것을 뚫지 못한다"라고 했고, 또한 자신의 창이 날카로움을 자랑하면서 "어떤 것도 뚫지 못하는 것이 없다"라고 했다. 어떤 이가 "당신의 창으로 당신의 방패를 뚫으면 어떻게 되는가?"라고 하자 그 사람은 대꾸하지 못했다. 이제 「외필」의 위아래 문장들이 서로 부합하지 않는 것도 진실로 이와 같다.

양회갑 : 율옹은 말했다. "음과 양은 움직이고 고요하며, 태극이 거기에 탄다"[761] 또 말했다. "(리는 기)의 주재이고 기는 리가 타는 것이니, 리가 아니면 기는 근거할 곳이 없고 기가 아니면 리는 의지할 곳이 없다."[762] 이것을 보면 태극은 리이고, 기의 뿌리이다. 태극을 기의 뿌리라고 했으니 원래 기를 타고 있다고 말할 수 있고 '기력(氣力)'이 있다면 기를 탔다고 해서는 안 될 것이다. 또한 '역(力)' 자를 보태는 것은 태극을 기에 상관된 것으로 여기는 것인가? 태극에는 일을 할 수 있는 묘리(妙理)가 있다는 것이지 일을 할 수 있는 기력이 있다는 것이 아니다. 말류에서 리를 해치는 것을 뿌리에 견주면서, 검속하지 못해서 이런 지경에 이르게 했다는 것은 허물을 누구에게 돌리려는 것인가? "리는 약하고 기는 강해서 (리가) 기를 관장하지 못한다"라는 것은 천지 사이에

761 이이, 『율곡전서』 권10(표점영인 한국문집총간 vol. 44), 「답성호원」, 200쪽.
762 이이, 『율곡진시』 권10(표점영인 한국문집총간 vol. 44), 「답성호원」, 199쪽.

기수(氣數)의 변고이다. 「외필」의 문장에 무슨 부합하지 못하는 것이 있다고 초나라 사람의 창과 방패로 무너뜨리려고 하는가? 이처럼 살펴보면 묻는 이가 '일을 할 수 있는 기력이라고 한 것은 초나라 사람의 방패에 해당하고, 철저하게 검속하는 것은 초나라 사람의 방패에 해당한다. 그대의 창으로 그대의 방패를 찌른다면 어떠한가?'라고 묻는다면 틀림없이 대꾸하지 못할 것이다. 이제 변론하는 문장이 부합하지 못하는 것 또한 이와 같다.

9.

「외필후변」 이제 원래 타고 있는 것으로 말하자면, 도란 원래 함이 없는 것이다. 어떻게 기를 검속할 수 있겠는가? 그러므로 율옹의 이전에 주자에게 이미 '기는 약하고 리는 악하나', '기는 거칠고 리는 미약하다'라는 의론이 있었다. 또한 "비유하자면 자식이 못났는데, 아버지 또한 그를 관장하지 못하고, 임금이 행하려는 것을 신하가 막아서도, 인군 또한 일일이 독려하고 책임을 따지지 못한다"라고 했다. 이제 어떤 이가 이것을 들어 기씨에게 '「외필」로 보자면 주자 또한 자식이 아버지의 자리를 빼앗고, 신하가 군주의 권세를 행하는 만세의 난적이 되는 재앙을 열어 젖혔다는 (비난에서) 벗어나지 못할 것이다. 이것은 어떻게 물리치려는 것인가?'라고 묻는다면 그는 어떻게 대꾸하려는 것인가?

양회갑 : 「외필」에서 아들이 아버지의 자리를 빼앗는다는 한 조목은 말세 주기론의 폐단이 이와 같다고 말했을 뿐이다. 무엇을 근거로 여기에 주자가 계발한 것이 있다는 것인가? 내가 논파해보겠다.

(『주역』 곤괘의 「문언전」에서는) '음이 양과 대등하게 되면 반드시 싸우게 되고, 그 피가 검고 누르게 흐를 것이다'라고 했다. 이것은 주자의 앞에 이미 '기는 강하고 리는 약하다', '기는 거칠고 리는 미약하다'라는 대의가 있었던 것이 아닌가? 신하가 임금을 시해하고, 자식이 아버지를

시해하는 것은 그를 관장하지 못하고, 일일이 독려하고 책임을 따지지 못하는 것에 비교되는 데서만 그치지 않을 것이다. 맹자는 '아버지도 임금도 없고, 사람이 서로를 잡아먹을 것이다'라고 했다. 주자가 만세 난적의 재앙을 열어 제치는 데서 벗어나지 못했다고 한다면 공자는 신중하고 점진적이었고[愼漸]과 맹자는 말을 잘했으니[能言], 그는 장차 주자가 '사람들마다 공격하고 토벌할 수 있는데, 공격하고 토벌할 필요가 없다고 하는 이는 난신과 적자의 무리이다'[763]라고 한 가르침에 어떻게 대꾸하려는 것인가? 또한 마땅히 어느 곳에다 버려두려는 것인가? 아! 거리낌 없는 혀와 말을 붙잡아 두지 못해 여기에 이르게 된 것인가! 사람의 마음이 뼈가 시리고, 두려움에 떨게 만든다. 아! 슬프구나!

성상 재위 중 병인양요(1866)에 노사·화서가 상소해서 징비(懲毖)의 책략을 아뢰었다. 성상께서 비답을 내리시고 받아들이셨는데, 신하들도 감히 가로막을 수 없었다. 그러나 10년 동안 경계하지 않다가 병자년(1876)이 되어서야 화친을 주장하고 왜구를 불러들이는 재앙을 당했다. 조정에서 '리는 약하고 기는 강하다', '기는 거칠고 리는 미약하다'라는 형세가 점점 퍼져서 신하가 군주의 권세를 행하다 결국 사직이 망하는 지경에 이른 것이 아니겠는가? 노옹의 말을 누군가 선견지명이라고 하는 것이 어찌 불가하겠는가? 국가가 원로의 말을 믿었더라면 다시 한 번 치세의 운수를 만날 수 있었을 것이다. 신사년(1881) 신하들이 척화(斥和)를 주장할 때, 『춘추』의 존양(尊攘)과 (『주역』) 「문언」의 신중함과 점진성[愼漸], 맹자가 말을 잘했다[能言]라는 뜻이 아닌 것이 없었다. 자식이 아버지를 시해하고, 신하가 임금을 시해하는 것은 기수(氣數)의 큰 변고다. 리를 위주로 기를 제어하고, 거칠고 강한 것이 물러나 명을 들으며, 바른 리가 그 사이에 행해지는 것은 성인이 세상을 돌보시려는

763 주희, 『맹자집주』(『주자전서』 vol. 6), 332~333쪽 참조.

가르침 때문이다. 세상을 돌보려고 하면서 이것을 강론하지 않고, 그것을 관장할 수 없다는 말을 인용하면서 도란 종래부터 함이 없는 것이라고 한다면, 어떻게 기를 검속, 관장할 것인가? 그런데도 기가 강하고, 기가 거친 것을 당연한 것이라고 하면서 난적의 기세를 도우려고 한다면, 이것은 오히려 매우 어질지 못한 것이다.

10.

「외필후변」 맹자의 성명(性命), 주자(周子) 진정(眞精), 명도(明道)의 성기(性氣), 이천의 이상(理象), 주자의 심성, 우제(虞帝)가 마음을 논하면서 '인'과 '도'라고 했고, 공자는 학문을 논하면서 인과 도라고 했으며, 역을 논하면서는 도(道)와 기(器)라고 했다. 이 또한 모두 리와 기를 짝지운 것이다. … 주자의 말 가운데 예를 들어 "천명이 있자마자 곧 기질이 있다." "이 리가 있으면 곧 이 기가 있다"라는 것이 어찌 리를 보자마자 기를 찾아 짝지운 견해가 아니란 말인가? 그렇다면 두 개의 본령의 시작이라는 것은 주자에게 해당시킬 수 있다. 또한 그 근본을 추론해 보면 순·공·맹·정자가 모두 여기에서 벗어날 수 없고, 율옹에 이르면 두꺼운 얼음처럼 되었다고 할 수 있을 것이다.

양회갑 : '두 가지 본령의 시작'은 요즘 사람들이 '리'자를 보자마자 기를 찾아서 짝을 지우는 이들을 말하는 것일 뿐, 옛 성현들이 도와 기를 밝힌 것을 말하지 않는다. 하필이면 옛 것을 거론해서 하나하나 미루어 찾으면서 사람을 좌우하는 구실로 삼으려는 것인가? 성현에게도 간혹 짝지어 이처럼 말하는 곳이 본래 있다. 그렇지만 단독으로 말한 곳도 많다. 요임금의 '진실로 그 중을 잡으라', 순임금의 '사람에게 도가 있다', 탕왕의 '충을 내려주었다', 공자의 '성과 천도', 맹자의 '성선'이 모두 리와 기를 짝지어 든 것인가? 율곡은 "이기는 천지의 부모이고, 천지는 또 사람과 만물의 부모"[764]라고 했다. 「서명」에서는 "천지에 가득한

것은 내가 그 몸으로 하고, 천지를 이끄는 것은 내가 그 성으로 한다"라고 했다. 둘 사이에서 생겨나는데 어떻게 기를 떠난 독립적인 리가 있겠는가? 그러나 성인은 리와 기를 말하지 않았고, 후대의 현자들이 인심과 도심, 형상과 형하를 보고 (그 뜻을) 발휘해서 (리와 기 두 글자를) 말했다. 그런 뒤에야 원래 서로가 짝이었던 것처럼 늘 짝지어 들면서 함께 말하게 되었다. '사물이 있으면 법칙이 있다'라는 것 등은 단독으로 말한 것이다. 이제 하나하나 조목별로 진술할 수는 없다. 『맹자』 성명장의 주에서 주자는 '각각 그 중요한 부분을 가지고 말씀하시어, 이것을 펴고 저것을 억제하려고 했다. 이것이 장자가 '도는 자기에게서 이루어지는 지를 꾸짖고, 기르는 것은 하늘에 명을 맡긴다'라고 한 것이다'[765]라고 했다. 여기에서 경중과 취사의 구별을 알 수 있으니 어떻게 주자를 두 가지 본령에 해당시킬 수 있겠는가? 상고로부터 성현들의 말이 모두 이와 같은데, 주자는 천명을 말하면서 곧 기질을 말한 곳이 많다지만, 또한 다 그렇지는 않았다. 『맹자』 성선장의 주에서도 기질을 말하지 않았고, 『중용』 첫 장의 주에서는 "성은 곧 리이다"라고 했으며, 또한 "성이라고 한다[所謂性也]"라는 구절의 앞에서 "기로 형체를 이룬다[氣以成形]"라고만 했을 뿐, 여기에 '기질'이란 글자는 없다.[766] 그 뒤에서 '기품의 차이[氣稟之異]'를 말했고, 또한 그 아래에서 "천명을 성이라 한다면 밖에서 들어오는 것은 성이 아니다"[767]라고 했다. 장자는 "기질의 성에는 군자가 성으로 삼지 않는 것이 있다"[768]라고 했다. 정자는 "성은 곧 리이다"라고 했다. 또한 "성이란 저절로 완전히 갖추고 있는 것이

---

764 이이, 『율곡전서』 권10(표점영인 한국문집총간 vol. 44), 「답성호원」, 199쪽.

765 주희, 『맹자집주』(『주자전서』 vol. 6), 450~451쪽.

766 주희, 『중용장구』(『주자전서』 vol. 6), 32쪽 참조.

767 출처가 분명하지 않다. 『중용장구』에는 이런 구절이 없다. 주희, 『중용장구』(『주자전서』 vol. 6), 32쪽 참조.

768 장재, 『장재집』, 『정몽』, 「성명」 제6, 23쪽.

다"[769]라고 했다. 주자는 "천명으로서의 성은 형용할 수 없다"[770]라고 했다. 또한 "성을 논할 때는 먼저 성이 어떠한 사물인지 알아야 한다. '성이 곧 리'라고 하는데, 리는 인의예지일 뿐이다"[771]라고 했다. 이와 같은 곳은 헤아릴 수 없이 많다. 정자의 '기 또한 도이고, 도 또한 기이다'라는 것은 서로 떨어지지 않음을 말한다. 그러나 오늘날 사람들은 마침내 하나의 사물이라고 여긴다. 주자가 '리와 기는 결단코 두 가지 물건이다'라고 한 것은 서로 뒤섞이지 않음을 말한다. 그러나 요즘 사람들은 '앞뒤가 있다'라고 한다. 율옹은 이 두 가지를 모두 병폐라고 여겼다. 이제 (기를) 찾아서 (리와) 짝지으려는 이는 이 두 가지 병폐를 겸하려고 하는 것이다. 스스로 두 가지 본령의 시초를 세우면서도 주자를 여기에 해당시키고, 두 가지 본령을 얼음처럼 견고하게 만들려고 하면서, 그 뿌리를 미루어 순·공자·맹자·정자도 벗어날 수 없다고 하고, 율옹에게 이르렀으니, 이것은 사람의 주기론의 폐해에서 벗어나지 못할 것이다.

11.

「외필후변」 내가 듣기로 한쪽 사람이 기씨를 추존하면서, 우리 동방의 500년 이래 제일가는 위대한 현자라고 하면서 이화서(李華西) 한 사람만이 그와 덕을 같이하고 서로 부합한다고 하니, 정암·퇴계 이하 여러 선생들은 원래 헤아리기도 부족하다지만, 그의 말은 위대한 순과 공자와도 모두 어긋났으니 또한 어찌된 이치인가? 나는 차라리 주기라고 배척을 당할지언정 4,000년 이래의 여러 성현을 등지면서 주리의 명칭을 거짓으로 뒤집어쓰지 않겠다.

---

769 정호·정이, 『하남정씨유서』 권9(『이정집』 vol. 1), 105쪽.

770 주희, 『회암선생주문공문집』 권42(『주자전서』 vol. 22), 「答胡廣仲」, 1902쪽.

771 주희, 『주자어류』 권4(『주자전서』 vol. 14), 191~200쪽.

양회갑 : 비방을 멈추게 하려면 변론하지 않는 것이 제일 좋다. 그러나 선정들과 대현들 및 그 이후의 여러 선생들을 핍박하면서 위대한 순 및 공자와도 모두 서로 어긋난다면 변론하지 않을 수 없다. 대략 말해 보겠다.

전우는 방환영(房煥永)에게 보내는 편지[772]에서 스스로 한주·화서·노사를 이단이라고 크게 물리쳤던 것과, '해동천재성사옹(海東千載性師翁)'[773]이라고 한 것의 잘못을 고백했다.[774] 그의 시에는 "성인은 스스로 배움을 좋아한다고 했고, 마음이 성을 스승으로 섬기는 것이 그 자체로 성문의 가르침이다"[775]라고 했다. 또 말했다. "성이 스승이라는 주장은 맹자·주자에게서 처음 보이지만, 그 근원은 이전 성인에게서 나왔다. 후대의 학자가 어떻게 감히 스스로를 성사옹(性師翁)이라고 하겠는가? 하물며 '해동의 천 년 세월[海東千載]'이라고 하는 것은 더욱 참람하고 잘못이라고 할 것이다. 어떤 어리석은 이가 이렇게 하겠는가?"[776] 또 김평집(金平集 : 金澤柱) 씨가 '(이 시구는) 틀림없이 전우가 지은 것이 아니다'라고 한 말을 인용해서 '이것은 마음이 성선에 뿌리를 두고 있고 선의 단서가 발현한 곳이니, 가장 잘 인식하고 확충해야 한다'[777]라고고도 했다.

772 이 문단은 필자의 착각으로 보인다. 전반부의 내용은 「답이종익(答李鍾翼)」에 실려 있고, '그의 시' 이하의 내용이 「여방환영」에 실려있기 때문이다.

773 「답이종익」에 의하면 이것은 전우가 지은 시의 한 구절인데, 현재 『간재집』에 실려 있지 않아서 전체의 내용을 알 수 없다. 한편, 조긍섭(曺兢燮)의 서술에 의하면 이 구절을 전우가 지내는 방에 써서 걸어둔 것으로 보인다. 曺兢燮, 『암서집』 권17(표점영인 한국문집총간 vol. 350), 「性尊心卑的據辨」, 264쪽 참조.

774 전우, 『간재집·후편』 권7(표점영인 한국문집총간 vol. 334), 「答李鍾翼」, 346~347쪽 참조.

775 전우, 『간재집·후편』 권6(표점영인 한국문집총간 vol. 334), 「與房煥永」, 275쪽 참조.

776 같은 책, 같은 곳.

777 같은 책, 같은 곳.

그렇다면 '한쪽 사람들이 추존했다'라고 한 것은 예를 들어 김씨의 말은 선의 단서를 확충했으니, 그가 말한 대로라면 선한 행동이다. 어째서 그 말을 붙잡고서 장황하게 무고하고 얽어매려는 것인가?

면암이 지은 큰 비석의 명문[大碑銘][778]에는 '화산과 덕을 같이한다[同德華山]'라는 구절이 있다. 그렇지만 이것은 그 시대를 두고 말한 것이지, 어떻게 선정(先正)들에 비교해서 말한 것이겠는가? 위대한 순과 공자와도 서로 어긋났다는 것은 어떤 일인가? 순이 사흉을 죽이고, 공자가 난신적자를 토벌한 것이 신하와 자식들이 임금과 아버지의 자리를 빼앗은 것인가? 리를 위주로 기를 제어하려는 것이었다. 노옹의 주리론은 모두 위대한 순과 공자를 조술한 것이요, 과거를 계승해서 미래를 열어주는 공이 있으며, 그들과 일치했다. 전우는 「이종익에게 보냄」에서 '노사가 '기틀이 스스로 그러하다'는 주장을 들어 율옹과 어긋났지만, 마음이 기에 속한다는 견해를 어떻게 이단이라고 하겠는가? 내가 어둡고 어리석지만 무엇하러 나의 견해와 같은 이를 스스로 물리치려 하겠는가? 그런데도 사람들이 다시 세상에서 공공연하게 말하는 것은 스승의 원한을 갚으려는 것이요, 두 문하에서 힘을 빌려 멋대로 공격하는 기세를 늘리려고 그러는 것인가? … '[779]라고 했다. 그의 변론하는 글에서는 고자와 육씨를 이단이라고 배척한 것이 한 둘이 아니다. 무엇 때문에 세상에 제일가는 대현을 공공연하게 말하는가? 혹은 억누르고 혹은 추켜세우면서 붓을 놀리는 기량이 매우 두려워 할만하다. 노옹이 마음을 기에 속하게 한 것이 자신의 견해와 같다는 것도 옳지 않다. 그는 스스로 '주기라고 배척을 당할지언정 주리의 명칭을 거짓으로 뒤집어쓰지 않겠다'라고 했다. 이 또한 주리를 주장하는 노옹을 끌어당겨

778 최익현이 지은 기정진의 「신도비명」을 가리킨다.

779 전우, 『간재집·후편』 권7(표점영인 한국문집총간 vol. 334), 「答李鍾翼」, 346~347쪽.

주기를 주장하는 자신의 견해에 일치시키려는 것이니 말이 되겠는가? 이 조목에서 말하는 것은 이해할 수 없는 것이 매우 많다. 무함하는 한 가지 단서만을 들었을 뿐 나머지에는 미칠 겨를이 없다.

12.

「외필후변」「외필」에서는 말했다. "성인은 유행하고 발현하며 변화가 환히 드러나는 것이 이 도의 작용임을 분명히 보았다." 내 생각에 기씨는 정말로 이 도가 스스로 유행 발현하고, 변화가 환하게 드러나 태극의 동정을 논한 견해와 같다고 생각하는 것인가? 주자는 이미 태극을 리라고 했고 동정을 기라고 했으니, 천명의 유행, 도체의 드러남, 천리의 발현이 환하게 드러남, 도리의 광명이 찬란한 것 등을 말한 것 모두에서 이 윗면은 리이고 아랫면은 기인 것이다. 우리 유학의 종지는 도체를 함이 없다고 여기고, 함이 있는 것들은 모두 기에 소속시킨다. … 평범하게 천지의 조화와 성현의 행실과 능력을 가리켜 모두 리라고 한다면, 배우는 이들이 신통과 묘용을 착각하게 만들고, 곧장 성체(性體)로 간주해서 부처의 문으로 기어가도록 만들 것이다. 이것은 리를 해치고 진실을 어지럽히니, 어떻게 할 것인가?

양회갑 : '이 도가 아닌 것이 없다[莫非此道]'고 할 때의 '도(道)'자는 형이상이다. 어떻게 음이 고요하고 양이 움직이는 것이 모두 천명이 그렇게 시키는 묘용이 아니겠는가? 그러므로 윗면은 리이고 아랫면은 기이다. 성인 문하의 으뜸가는 취지는 도체는 무위이지만 유위의 주재라고 여기는 것이다. 그러므로 '윗면은 리'라고 하는 것이다. 함이 있는 것들은 기에 속하고 천명이 그렇게 시키기 때문에 '아랫면은 기'라고 하는 것이다. 그렇지만 위와 아래는 현격하게 떨어진 것이 아니요, 리와 기는 각각의 장소가 있는 것이 아니다. 위를 보아 리가 있다면 아랫면은 이 기인 줄을 알고, 아래를 보아 기가 있다면 윗면은 이 리인 줄을 아는

것이다. 기에 속하는 것들 위에는 타고 있는 리가 있으니, 천지의 조화 및 성현의 행동과 능력을 누가 모두 기라고 하겠는가? 기에서 리를 볼 뿐이다. 학자가 이것을 안다면 부처 앞에서 기어 다닐 걱정은 없을 것이니, 어떻게 리를 해치고 진실을 어지럽히겠는가? 천명, 도체, 천리, 도리라고 하는 것은 윗면에 있기에 '유행한다'라고 한다. 겉에 나타난다, 발현이 환히 드러난다, 찬란하게 빛난다는 것은 아래에서 드러나는 것이기에 '변화한다'라고 하는 것이다. 솔개가 날고, 물고기가 뛰노는 것은 이 리의 작용이 아님이 없다. 과거는 지나가고 미래가 이어가는 것은 모두 도체의 본래 모습이다. 이것이 우리 유학의 으뜸가는 가르침이요, 일본만수(一本萬殊)라고 하는 것이다. '일본(一本)'을 버리고서 '만수(萬殊)'에 흩어져 있는 것을 모두 기에 속하게 하고 리는 함이 없고, 참여함이 없다고 여긴다면 어디에 이 작용의 주재라는 점이 놓여 있겠는가? (불교에서 말하는) '작용이 성이다'라는 논의의 나머지요, 우리 유학이 전해온 으뜸가는 가르침이 아니다. 신통과 묘용을 잘못 안 이는 누구인가? 이것을 주장하고 지키면서 잃지 않는다면 학자들의 멋대로 내달릴 겨를이 없을 터인데, 스스로 먼저 바지를 찢어 발을 감싸고서 불교에 귀의하려면서 어떻게 남을 꾸짖을 수 있겠는가?

13.

「외필」에서는 이렇게 말했다. "지금 사람들은 도리를 아득한 곳으로 몰아내고 조금이라도 발현해서 환히 드러난 것이 있으면 한결같이 기에 소속시킨다. 이러한 사람은 이기를 안다고 하고, 이렇지 않은 사람은 이기를 모른다고 하니, 헛된 이름과 과거의 학설로 도와 리를 말하지만, 그 실상은 기가 리의 자리를 빼앗아 모든 일의 본령이 될 뿐이다. 이와 같다면 천하에는 다시는 '피음사둔'이 없을 것이요, 뒤집히고 창피함이 어디엔들 있지 않겠는가?" 요즘 여러 사람들이 대부분 이것이 율옹을 가리킨 것이라고 한다. 그러나 나는 늘 속으로 '설령 자신의 재기를 자부하는 이가 있다고 한들 어떻게 감히 이럴 수 있을까' 하는 생각을 품고 있었다. 그러므로 앞뒤로 의심난 내용을 기록하면서도 여러 사람을 따라 (노사를) 배척하지 않았다. 최근 『율곡전서』의 「안응휴에게 답함」을 살펴보았는데, "리가 어떻게 유행하는가? 기가 유행할 때 리가 그 기기를 타기 때문이다. … (주자는) '리는 본래 함이 없는데 기를 타고 유행하여 변화가 갖가지이며, 비록 유행하여 변화하여도 그 함이 없는 본체는 그대로이다'라고 했다. 그대가 이 리가 기를 타고 유행하여 변화가 많은 것을 보고 '리가 움직이는 곳이 있고 함이 있다'라고 하는데, 이것은 이기를 모르기 때문이다"라고 했다. 이제 「외필」로 이것을 재어보면 '도리를 아득한 곳으로 내몬다'라는 것은 아마도 '리는 본래 함이 없다'라거나 '함이 없는 본체는 본래 그대로이다'라는 등의 말을 가리키는 것 같다. '조금이라도 발현해서 환히 드러난 것이 있으면 한결같이 기에 소속시킨다'라는 것은 아마도 '리는 어떻게 유행하는가? 기를 타고 유행한다'라고 한 말을 가리키는 것 같다. '이렇지 않은 사람은 모른다'라고 한 것은 '그대가 이기를 알지 못한다'라고 한 것을 가리켜 말한 것 같다. 이미 이와 같다고 한다면 '피음사둔'과 '뒤집히고 창피하다'라고 한 것은 누구에게 귀결된다는 것인가? (어떤) 훌륭한 변론을 하더라도 (율곡을 모함했다는 비판에서) 벗어나기 어려울 것이다.

양회갑 : 율옹은 「안응휴에게 답함」에서 말했다. "리에는 본체와 작용이 있다. 하나의 근본으로서 리는 리의 본체이고, 갖가지로 다른 리는 리의 작용이다. 리에는 왜 갖가지로 다름이 있는가? 기가 가지런하지 못하므로 리가 기를 타고 유행함에 갖가지로 다름이 있다."[780] 내 생각에 안씨(安氏)는 리에 본체와 작용이 있는지를 물었지만, 하나의 근본

780 이이, 『율곡전서』 권12(표점영인 한국문집총간 vol. 44), 「답안응휴」, 250쪽.

과 갖가지로 다름이 본체와 작용인 줄을 알지 못했다. 그러므로 리가 유행하고 변화하는 것을 함이 있고, 움직임이 있다고 여겼기에 율옹이 이와 같이 대답한 것이다. 이것은 노옹이 '지금 사람들은 도리(道理) 두 글자를 아득한 곳으로 몰아낸다'라고 한 의미이다. 어떻게 리가 본래 함이 없고, 함이 없는 본체가 본래 그대로이겠는가? 본체가 본래 그대로라면 아득하지 않겠는가? 발현해서 환히 드러나는 것이 기에 속한다는 것이 어떻게 리를 가리키는 것이겠는가? 유행을 기를 타고 유행한다고 말하는 것은 어째서인가? 지금 사람이 기를 타고 유행한다는 것을 알았다면 틀림없이 꾸짖지 않았을 것이다. 이 때문에 '요즘 사람'은 모두 기를 주장하면서 도리를 아득한 곳에 몰아대니, 이것은 치수 없는 자와 눈금 없는 저울과 같다. 발현해서 환히 드러나는 것을 모두 기에 속하게 만드니 말이 사람의 뜻을 따르지 않고 이리저리 가는 것과 같다. 그럼에도 스스로는 '이기를 안다'라고 하고, 이와 같지 않으면 '이기를 알지 못한다'라고 하는 것이다. 그러므로 피음사둔이 있고, 전도되고 창피함이 틀림없이 생겨나는 형세이기에 노옹은 이를 구제하려고 했던 것이다. 이런 것으로 율옹을 말하는 이는 고자와 육씨의 무리가 아닐 것인가? 맹자는 주리론이요, 고자는 주기론이니 주리론의 율옹은 맹자일 것이다. 주자는 주리론이요 육씨는 주기이니 주리론의 율옹은 주자일 것이다. 이것은 선철의 분명한 말이다. 그렇다면 지금 사람은 주기론이요 노옹은 주리론이니, 주리론의 노옹은 율옹이 될 것이다. 노옹이 주리론의 율옹이라면 오늘날의 주기론을 따르면서 주기론을 자처하는 이라면 고자와 육씨가 되지 않으려 하지만 가능하겠는가? 좋은 논변을 가지고 있다고 한들 어떻게 벗어난다고 말할 수 있겠는가? 아마도 초나라 사람의 모순에 해당될 것이다. 노옹의 뜻은 아득한 데 귀결된 것을 구제해서 혼융하고 원통한 데로 되돌리고 찬란히 빛나는 것과 사이가 없게 만들려는 것이다.

14.

「외필후변」 주인이 향하려는 곳을 종이 어찌 가지 않는 경우가 있겠는가? (이와 마찬가지로) 리가 오로지 주재하는 것이라면 기가 어떻게 따르지 않는 경우가 있겠는가? 리가 수긍하지 않는 것을 기가 어떻게 스스로 행하겠는가? 정말로 기씨의 논의대로 천지 사이에 진실로 이런 리와 이런 기가 있다면 율옹 또한 틀림없이 이 리와 이 기에서 생겨났을 것이다. 무슨 까닭으로 이런 망발을 했겠는가? 후인 또한 틀림없이 이 리와 이 기에서 생겨났을 터인데, 무슨 까닭으로 율옹을 잘못 믿는 것인가? 또한 기씨의 말이 그 자체로 정정당당해서 천지 사이에 곧게 서서 뒤집히지 않는다면 아무리 많은 사람이라도 감히 그와 논쟁할 수 없을 것이다. 어째서인가? 율옹의 발명이 지나치게 명쾌해서 후세에 말류의 폐단을 낳은 것도 기 때문이고, 후인들이 전현을 머리에 이고 기씨를 성토하는 것도 기 때문이다. 리라는 것이 정말로 기를 통제할 수 있고, 기가 정말로 리를 어길 수 없는 것이라면, 어째서 이러한 말류의 폐단과 성토하는 변고가 있을 수 있단 말인가? 이렇게 그의 학설이 이치에 닿지 않음을 헤아려보면 손바닥을 보는 것이나 마찬가지일 것이다. 세상에서 기씨를 높이는 이들은 변론해 보라.

양회갑 : 「외필」에서는 분명히 말했다. "기가 리를 따라 발현한다는 것은 기발이니 곧 이발이요. 리를 좇아 행하는 것은 기행(氣行)이니 곧 이행(理行)이다. 리는 조작하거나 스스로 준동하지 못하기에 그 발현과 운행이란 분명히 기의 작용인데 이발·이행이라고 하는 것은 어째서인가? 기의 발현과 운행은 실제로는 리에게서 명령을 받은 것이니, 명령하는 이가 주인이고 명령을 받는 것이 종이다. 종이 수고를 하여도 주인이 그 공로를 차지하는 것이 하늘과 땅 사이에 변치 않는 질서다." 그러므로 "주인이 향하려는 곳을 종이 어찌 가지 않는 경우가 있겠는가"라고 한 것이다. 이와 같다면 리가 전적으로 주재하는 것을 기가 어

떻게 따르지 않는 경우가 있겠는가? 리가 수긍하지 않는 것을 기가 어떻게 스스로 행하겠는가? 율옹과 후세 사람은 이 리와 이 기에서 태어났는데, '망발오신(妄發誤信)' 네 글자는 어찌 그 어투가 엄격하지 못한 것인가? '우연히 살피지 못했다'라고 했을 뿐인데, 어떻게 감히 '망발'이라고 하는 것인가? '전현을 머리에 이었다'라고 했을 뿐인데, 어째서 '잘못 믿는다[誤信]'라고 하는 것인가? 율옹의 정론은 후인들이 금석처럼 믿어야 하는 것이요, '우연히 살피지 못한 것'은 반복해서 자세히 살펴 그 뜻을 파악해야 한다. 우뚝하니 지극해서 감히 더불어 우열을 가릴 수 없는 것인데 변론하는 이가 스스로 (변론을) 만들어 남을 꾸짖는 화제를 삼으니, 헤아릴 줄 모른다는 것을 잘 알 수 있다. (율옹이) '발명한 것이 지나치게 통쾌하다', '말류의 폐해', '생각지 못했다'라고 하는데, 과연 이런 말이 있었는가? 나로서는 알 수 없지만, 노옹 또한 발명한 것이 지나치게 통쾌해서, 말류의 폐단이 전씨처럼 여기에까지 이를 줄을, 또한 자세히 생각지 못했을 것이다.

노옹이 「답인문」에서 말했다. "(불선은) 선이 곧게 이뤄지지 않아, 간혹 가리어 막히거나 격하게 요동치거나 크게 뒤흔들리는 경우가 있다. 천연의 것[天物]도 가리어 막히거나 격하게 요동치거나 크게 뒤흔들려서 요절당하는 경우가 많다. 하늘은 무심해서 그 재질에 따라 두터이 해주기 때문에 이 리가 곧게 이뤄지지 않은 경우가 없다. 사람의 일은 그렇지 않아서 자기의 사심으로 천연의 것을 더하거나 덜어 내니, 이에 리가 곧게 이뤄지지 않은 경우가 비로소 많게 된다."[781] 이것을 보면 전씨 또한 이 리와 이 기에서 생겼음에도, 자기의 사심으로 천연의 것을 더하거나 덜어내었다. 율옹의 말류가 후세에 폐단이 된 것은 후인이 전현을 이고 어구를 뽑아내어 덧붙이고 연역한 것에서 더하거나 덜어내

---

781 기정진, 『노사집』 권16(표점영인 한국문집총간 vol. 310), 「答人問」 제3, 360쪽.

어 성토하는 주장을 만들고 일체를 기에 귀속시키려고 했기 때문이다. 오직 천리가 곧게 이뤄지는 것을 두려워하면서, 리가 기를 관장해서 부릴 수 없게 만드니 과연 (기가 리를) 어길 수 있겠다. 살펴보아도 이치에 닿지 않으니 모르겠거니와 어느 곳에 귀속시키려는 것인가? 스스로 손바닥을 보는 것과 같은데도 변론을 해보라고 한다. 리에는 필연의 묘리가 있기에 곧게 이룰 수 있고, 성인이 필연을 주장하면 리의 본연을 얻을 수 있는 것이다. 이것은 변론하지 않아도 분명하니, 전씨를 높인다는 이들을 기다리노라.

15.

「외필후변」 내가 보기에 기씨가 80년 동안 품었다는 안타까운 생각이란 이치를 잘못 안 것에 불과하다. 그가 입을 열어 분명하게 말하려 하지 않았던 것이 오히려 의리를 두려워하는 상징이다. 이제 그 후인들이 큰 글씨로 깊이 목판에 새겨 온 세상에 드날리려는 것이 어찌 거리낌이 없는 것에 가깝지 않겠는가? 여기에서 기가 리를 어기는 때도 있고, 리가 기를 통제하지 못한다는 것을 징험할 수 있다. 그렇지만 기씨가 그 당시 열정적으로 쏟아낸 마음이 바로 오늘날 대담하게 간행해서 반포하려는 뿌리이다. 안타깝다! 선조와 후손, 스승과 학생이 평생토록 허투루 말하기를 '태극에는 저절로 가부가 있고, 음양은 감히 그것을 따져 묻지 못한다'라고 했으면서, 스스로 그 마음을 점검하고, 그 기를 자제한 적이 없어서 위로는 선조와 스승을 망치고, 가운데서는 자기를 망치며, 아래로는 후진을 오도하는 죄를 저지르고 말았다.

양회갑 : 내가 보기에 그가 '보았다'라는 내용이 오히려 어리석다. 공자는 『역』을 읽으면서 가죽 끈이 세 번이나 끊어졌지만, 오히려 "하늘이 내게 몇 년의 수명을 빌려주어 마침내 『역』을 배우게 한다면 큰 허물이 없을 것이다"[782]라고 했다. 성인이 어찌 허물이 있어서 이렇게 말

했겠는가? 주자는 『중용』을 어려서부터 배웠고, 침잠한 지 몇 년이었는데, 『대학』에는 평생토록 정력을 기울인 뒤에 환하게 여러 학설을 회통해서 절충하다 어느 날 활연관통했으니, 이들은 모두 안으로 애타는 마음을 품고 있었기 때문이다. 맹자는 '말을 안다'라는 것에 대답하면서 "말하기 힘들다"[783]라고 했으니 어찌 그 의미를 두려워해서이겠는가? 세상이 말을 아는 이가 없기에 어쩔 수 없이 '피사와 음사' 등의 논의를 말할 수밖에 없었다. 노사는 세상에 말을 아는 이가 없기에 부득이하게 고자·육씨의 폐단을 구제하려고 맹자·주자의 말을 이용한 것이다. 식자들은 배움을 논한 문장을 일러 "중국의 여러 현자들이라도 넘어설 이가 없으니, 중국에 퍼트리려는 것이 어찌 이유가 없겠는가"라고들 한다. 그 문장이 천지의 조화에 참여하고 바른 기가 모인 것이라면 천지 사이에 두어야 할 것이다. 기가 바르면 리가 바르니, 오늘날의 사기(邪氣)는 반드시 제어될 것이다. (노사가) 그 당시에 (「외필」을) 쓴 것은 단단히 마음먹어서가 아니라, 실로 애타는 마음의 발현이요, (문인들이) 간행해서 반포하려는 뿌리는 대담해서가 아니라 독실히 믿은 것을 발휘하려는 때문이다.

오늘날 리를 말하는 이들이 개략적으로 가부가 없는 것을 리라고 여기기 때문에, 애산(艾山 : 정재규)은 (「외필변변에서」) "인간사의 감정과 의지와 상관된 글자를 빌려서 천리(天理)의 소리도 없고 그침도 없는 오묘함을 밝힌 것이다"라고 한 것이다. 전씨는 「외필변」에서는 '적(適)'을 '오로지 주장함[專主]'이라고 하고 막(莫)을 '수긍하지 않음[不肯]'이라고 하면서 군자에게는 이 두 가지가 없다'라고 했다. 그런데 이제는 가부를 태극에다 몰아 두고 천명을 무함하려고 하니 이것은 과연 스스로 그 마음을 점검하고, 그 기운을 제재한 것인가? 선조와 후손, 스승과 학생을

782 『논어』, 「술이」 16장.

783 『맹자』, 「공손추 상」 2장 참조.

내몰아 위로 망치고, 가운데서 그르치며, 아래에서 오도했다는 죄목은 어찌 그리 글이 지나친 것인가? 남이 단단히 마음을 먹고 내놓은 말을 탓하지 말고 오히려 자기가 마음먹고 내놓은 것을 점검하고, 남이 대담하게 간행 반포한다고 하지 말고 자기가 대담하게 유포하는 것을 반성해야 하니, 이것이 유독 '기가 리를 어기고, 리가 기를 통제하지 못하는 것'에 해당하지 않겠는가? 그의 평생을 보면 허투루 주기를 말하면서 리를 어기고, 기를 통제하지 못한다라고 했으니, 실로 현인을 헐뜯고, 자기를 그르치며 깊이 후학을 미혹시킨 것이다. 퇴도의 사칠론에서 리가 발현하고 기가 따른다는 주장을 율옹은 "조금 리와 기의 앞뒤를 따지는 병폐가 있다"[784]라고 했다. 또 '이 말을 듣고 마음속으로 그르다는 것을 알았으나 감히 질문하여 그 귀일점(歸一點)을 찾지 못한 것이 가슴 아팠다'[785]라고 한 것이 『율곡전서』에 실려 있다. 또 듣기로는 농암(農巖 : 김창협)의 사칠론이 율옹을 따르지 않고 퇴도를 따랐기에, 수암(遂菴 : 권상하)은 삭제해버리고 원집에 넣지 않았다. 미호(渼湖 : 김원행)가 그 요점을 간추려서 「연보」에 덧붙였는데, 오노주(吳老洲 : 오희상)는 '끝내 전문을 다 싣는 것만 못하다'라고 탄식했다. 농암은 퇴도이든 율옹이든 존경하고 사모함이 다르지 않았지만 의론이 때로 같지 않았고, 수암·미호·오노주는 농암을 존경하고 사모하는 것이 다르지 않았지만, 식견이 때로 같지 않았던 것이지, 선정을 위한 후학이라는 점에서는 모두 똑같았다. 오늘날의 후학이 퇴도·율옹·농암 세 선생을 합쳐서 본다면 학력의 깊고 낮음을 따라서 그들의 말이 서로 발명하는 것이 선현들에게 공적이 있음을 알 것이다. 어째서 노옹만은 율옹에게 홀로 그렇지 않다는 것인가? 노사의 『문집』을 간행하려면서 수암·미호·오노주와 같은 의론이야 없을 수 없는 것이 당연하다. 그러나 첫 번째와 두 번째를

784 이이, 『율곡전서』 권10(표점영인 한국문집총간 vol. 44), 「답성호원」, 202쪽.
785 같은 책, 같은 곳.

간행했어도 나라 안의 사람들이 말하는 이가 없었는데, 임인년(1902)에 다시 간행하려고 하자, 한 두 명의 해치려는 이들이 사업에 참여하지 못한 채 한쪽에 있다가, 사방을 선동해서 태학과 석담(石潭)의 후손에게 통문을 돌리는 데 이르렀다. 성균관의 유생들도 제쳐두고 돌아보지 않았고, 후손 또한 '의론이 같지 않다고 해서 공격하고 배척한다면 우리 선조 또한 퇴도를 공격하고 배척했다는 비난에서 벗어나지 못할 것이다'라고 해서 그 일이 마침내 가라앉았다. 그런데 오늘날 유학자로 이름난 이가 불이 다 꺼진 뒤에야 한 번 그리고 다시 한 번 변론을 했다. 의도가 리를 밝히는 데 있지 않으면서도 여기에 핑계를 두고서 넘보고 물리치려고 하니, 그 뜻을 결국 헤아리기 힘들다. 아! 가련하구나.

16.

「외필후변」 우리 유학은 마음을 그 자체로 성스럽다고 여길 수 있는가? 기를 어떻게 일각이라도 검속하려는 노력을 더하지 않을 수 있는가? 태극과 성명의 오묘함은 더욱 경솔하게 의론을 세울 수 있겠는가? 효제와 공손의 도리를 어찌 심력을 다해 체현하지 않을 수 있겠는가?

양회갑 : 이상의 네 구절은 좋지 않은 것이 아니지만 그 실상을 탐구해보면 잘못이다. 옛 사람들이 말을 (쉽게) 하지 않았던 것은 몸이 따라가지 못하는 것을 부끄러워했기 때문이다. '그 자체로 성스럽다고 여길 수 있겠는가'라고 하면서 늘 거만하게 스스로를 성스럽게 여기는 마음을 품고 있다. 말을 하면 반드시 그 기를 검속한다고 하고, 늘 기를 시켜 사람을 능멸하게 하는 습관이 있다. 어찌 경솔하게 논의를 만들고 붓을 놀려 기교를 부리면서 선배를 측량할 수 없는 지경에 빠뜨리는 것인가? '효제와 공손의 도리를 어찌 심력을 다해 체현하지 않을 수 있겠는가?'라고 하면서 남의 선조와 스승을 무함하고, 같은 방에 있는 이들과 다투면서, 자기와 견해가 다른 이는 육씨와 왕씨, 노자와 부처라

고 배척하며 스스로는 정자·주자의 공적이 있다고 자처한다. 우리 부자께서 '말을 듣고 그 행실을 본다'라고 한 것은 이 때문이 아니었는가? (『논어』에서 말했듯이) "언론에 독실한 사람을 이에 가까이 한다면 군자다운 이인가? 얼굴만 엄숙한 이인가?"[786]

17.

「외필후변」 김감역이 쓴 「외필」의 발문을 보니, "선정을 존경하고 경외한다고 하면서 천하 후세에 그들의 과실을 들춰낸다"라고 꾸짖었다. 이것은 사계·우암 이하 여러 현자들이 율옹을 조술한 것을 가리켜 말한 것이다. 또한 "이것을 안다면 선정을 존경하는 이로서 우리 기·이 두 선생만한 분이 없다"라고 했다. 이것은 노사·화서가 스스로 문호를 세워 한결같이 율곡을 반대하는 것으로 정론을 삼은 것을 가리며 말한 것이다.

양회갑 : '움직임과 고요함은 기이고, 움직이고 고요하게 하는 것은 리이다.' 이것은 율옹의 정론이다. 사계선생은 이 의론을 조술했기에 「김헌에게 답함」에서 말했다. "음양의 움직임과 고요함은 곧 태극의 움직임과 고요함이다. 움직이고 고요한 것은 기이고, 움직이고 고요한 소이는 리이다. 리에 움직임과 고요함이 없다면 기는 어디에 근거해서 움직이고 고요하겠는가? 그대가 인용하고 있는 주자가 '태극이 움직일 때는 바로 양의 태극이요, 고요할 때는 바로 음의 태극이다'라고 한 구절에서 주자의 뜻은 움직임과 고요함이 바로 태극이 한다는 것을 말한다."[787] 우암선생은 또 그것을 조술해서 말했다. "한 번 움직이고 한 번 고요한 것은 기이고, 움직이고 고요하게 하는 것은 리이다. 한 번 음이

---

786 『논어』, 「선진」 20장.

787 김장생, 『사계유고』 권3(표점영인 한국문집총간 vol. 57), 「答金巘」, 44쪽.

되고 한 번 양이 되는 것은 기이고, 음이 되게 하고 양이 되게 하는 것은 리이다."[788] 또 심명중(沈明仲 : 沈世熙)이 '움직이게 하고 고요하게도 한다'는 것을 묻자 대답하면서 '사(使)라는 것은 스스로 그렇다는 뜻에서 사(使)이지 음양과 오행이 운용 조작하는 것과는 다르다. 이 음양과 오행이 운용 조작할 수 있는 소이가 어찌 리가 아니겠는가?'[789]라고 했다. 또 말했다. "(『중용』의 주에서) '하늘이 음양과 오행으로 만물을 변화 생성시킨다'라고 했는데, 여기에서 말하는 하늘[天]은 또한 리일 뿐이다."[790] '이것으로 변화 생성한다'라는 것이 '그렇게 시켜서 그러는[使之然]' 것이 아닌가? 사계·우암 등이 율옹을 조술한 것은 청천백일과 같았음에도 그들의 논의는 또한 다 따르지 않는 면이 있었다. 이것이 중암이 말한 "숨기면서 드러내지 않는다"[791]라는 것이다. 중암은 (「외필」의 발문에서) 말했다. "우리나라의 선정과 대현들은 진실로 정자(程子)·주자(朱子)의 적통이다. 정자·주자와 같은 성인에 버금가는 이들도 초기와 만년의 동이(同異)가 있고, 강학할 때 설명한 것과 마음속으로 절충한 뒤에 결정된 내용에 대해서는 정자·주자와 같은 아성이라고 할지라도 학자들이 가려서 볼 줄을 알아야 한다. 선정 대현들의 수많은 말에는 한두 가지 잘못 이해한 것이 있다고 하는 것도 이상할 것이 없는 것이다. 후학들은 여기에 학문과 사변의 노력을 더 해야 할 것이다. 조금 잘못 이해한 것은 숨기면서 드러내지 말고, 성인의 취지와 일치하는 것은 지키면서 일관하는, 이것이 선정들이 바라는 것이다. 어찌 숨길 만한 것까지 세상에 장황하게 떠들어 사람들이 입을 열지 못하게 하겠는

---

788 송시열, 『송자대전』 권136(표점영인 한국문집총간 vol. 112), 「一陰一陽之謂道」, 513쪽.

789 송시열, 『송자대전』 권105(표점영인 한국문집총간 vol. 111), 「답심명중」, 496쪽.

790 같은 책, 같은 곳.

791 金平默, 『重菴集·別集』 권8(표점영인 한국문집총간 vol. 320), 「書蘆沙奇先生猥筆後」, 628쪽.

가? 이것은 존중하고 경외한다고 하지만 천하 후세에 그들의 과실을 들추는 것이다. 이것을 안다면 근세에 선정을 존중하는 이로 기(奇 : 기정진)·이(李 : 이항로) 두 선생만한 이가 없다는 것을 알 것이다." 이것이 어떻게 사계·우암 이후의 여러 현자들이 율옹을 조술한 것을 가리킨다고 말할 수 있겠는가?

노옹은 "움직이고 고요한 것은 기이고, 움직이고 고요하게 하는 것은 리이다. 움직이게 하고 고요하게 한다는 것이 시켜서 그러는 것이 아니고 무엇이겠는가?"라고 했다. 화옹(華翁 : 李恒老)은 "(임천 오씨는) '태극에 움직임과 고요함이 없으니, 움직임과 고요함은 오로지 기기(氣機)에만 의존한다'라고 한다. 그렇다면 태극은 공적에 빠져 기기의 본원이 되기에 부족할 것이고, 기기는 아마도 전단하게 되어 도리어 태극의 주재가 될 것이다"[792]라고 했다. 이 두 말은 사계·우암 등 선정을 조술하고, 율옹의 으뜸가는 가르침을 보충하는 것인데 어떻게 '스스로 문호를 세웠다'라고 하는 것인가? 중암이 말하지 않은 사계·우암 등을 끌어다 장황히 말하는 것은 어째서인가?

'기틀이 저절로 그러하고 그렇게 시키는 것이 있지 않다'라는 것은 유행이란 측면에서 말한 것이요, 정론이 아니며 우연히 살피지 못한 말이다. 노옹 이전에 우옹이 '양이 되게 하고 음이 되게 한다', '사(使)는 스스로 그렇다는 의미에서의 사이다'라고 한 두 구절을 보면 분명하다. '사가 스스로 그렇다는 의미에서의 사'라고 한다면 '그렇게 시키는 것이 있지 않다'라는 것 또한 (우암이 율옹을) 따르지 않은 것이다. 그러나 '음양과 오행이 운용 조작하는 것과 다르다면' '(그렇게 시키는 것이) 있지 않다'라는 두 글자의 의미를 발명하려는 것에는 또한 은미한 뜻이 있는 것이다. 「송자연보」를 보았더니, '율곡의 『외집』 및 『별집』에 생각해

792 이항로, 『화서집』 권23(표점영인 한국문집총간 vol. 305), 「臨川吳氏太極說錄疑」, 126쪽.

보아야 할 곳이 매우 많았다. 갑자기 사람들에게 보일 수는 없고, 따로 교정을 더해서 정본을 만들되, 보관해 두고 간행 출간하는 것을 허락지 말아야 한다'[793]라고 했다. 이것이 존경하고 경외하면서도 어쩌다 과실이 있을까 두려워한 것이다.

'절충을 거친 정론'이라도 세상 사람들은 선택할 줄을 모르는 경우가 있다. 태극에 움직임과 고요함 없고 기틀이 저절로 그러하고 그렇게 시키는 것이 없다는 말을 오로지 주장하는 것이 사계·우암의 시대보다 더 심한 경우들도 있었다. 이 때문에 후인들의 견해에서 태극은 점점 주재를 잃어버린 리로 빠져들어 갔고, 조화란 바람을 따라 변하는 꽃과 같아졌다. 이것은 제나라의 정치가 모두 전씨(田氏)에게 귀속되고, 초나라가 겉으로만 의제를 높이는 형국이나 마찬가지였다. 그러므로 노옹·화옹 두 사람은 같은 글을 쓰기로 기약하지도 않았지만 사람들이 보지 못한 것을 보고, 사람들이 말하지 못한 것을 말해서 후학들에게 열어 보여주었으니, 그 말이 어쩔 수 없이 절실했던 것이다. 세속의 유자들에게 빌미를 주었다고는 하지만 참으로 율옹을 더할 나위 없이 존중한 것이다. —「연보」에 보이는 송자의 말은 병인년에 김영숙(金永叔)에게 보내는 편지의 내용이다. 또 율곡의 종증손인 동로(東魯)에게 '고치지 않는다면 판목을 없애라'라고 명했다. —

18.

「외필후변」 왕년에 노사의 신도비가 나왔을 때 개인적으로 동지들과 말하기를 "면태(勉台 : 최익현)가 잘못 '화산과 덕을 같이 한다'라는 한 구절을 집어넣어서, 아울러 사람들의 의심을 받게 만들었다. 김평묵·

793 송시열, 『송자대전·부록』 권10(표점영인 한국문집총간 vol. 115), 「연보」, 428쪽. 「연보」의 이 문단은 『송자대전』 권74에 실린 「與金永叔」을 인용한 것이다.

유치명이 있었더라면 틀림없이 크게 면태를 꾸짖었을 것이다"라고 했다. … 내가 예전에 김의 말로 인해 "새로운 학술이 바야흐로 들끓어 율옹이 의심을 받는다"라고 말한 적이 있었다. 김은 스스로 감당할 수 없다고 여겨 화서에게 받들어 올리면서 장황하게 웅변을 토했다. 지금 살펴보자면 어떻게 귀를 막고 종을 훔치려는 데로 귀결되지 않겠는가?

양회갑 : 함께 사람들의 의심을 받는다고 해서 화서가 (노사와) '덕을 같이 한다'라는 것을 부끄러워하겠는가? 이미 화서를 육씨·왕씨라고, 색은행괴(索隱行怪)라고 배척했으면서 이제는 화서를 위해서 말한다는 것인가? '덕을 같이 한다'라는 것은 면태의 개인적인 발언이 아니라 공의를 모은 것이다. 성재(省齋 : 柳致明)에게 그런 말이 있는지의 여부와 내용이 어떤지는 내가 알지 못하지만 중암은 노옹과 화옹을 존경하고 사모하는 데 차이가 없었다. 어떻게 크게 꾸짖었겠는가? 실제로 그런 일이 있었더라도 면태가 알지 못하고 말한 것이겠는가? 중암이 "(전우가) 화서선사를 넘보고 물리치려는 것은 유래가 오래되었으니, 비단 제문에서 '새로운 것을 만들었다'라고 운운한 것만이 아니다"[794]라고 했고, 또한 "이제 이 제문에서 '신기한 것을 새로이 만들어 냈다'라고 한 단락은 지난날의 화두로 비춰보자면 분명히 화옹의 설을 가리켜 배척하는 것이다"[795]라고 했다. 이제 여기에서 '김의 말에 이러이러한 것이 있는 것으로 인해 말한다'라고 하고서 '화서에게 받들어 올렸다'라고 하니, 말이 어찌 서로 어긋나는 것인가? 중암의 변론이 상세하기에 내가 다시 논하지는 않겠다.

다만 내가 듣기로, 화서는 율옹을 주자에 버금가도록 존중하고 믿었다. 이통기국설, '무형무위하면서 유형유위한 것의 주재가 되는 것은 리이고 유형유위하면서 무형무위한 것은 기(器)가 되는 것은 기이다'라

---

794 김평묵, 『중암집』 권11(표점영인 한국문집총간 vol. 319), 「答沈景珪」, 328쪽.
795 같은 책, 같은 곳.

는 주장 등을 지키면서 다른 길로 가지 않았다. 모르겠거니와 의심을 받는다는 것은 어떤 주장인가? 율옹과 우암을 정자와 주자의 계통에 곧장 연결시켰는데, 육씨와 왕씨를 답습하면서 율옹과 우암을 배척했다고 하니 무엇을 가리키는 것인가? 노옹의 조사와 문인을 배척하고서, 또 화서와 중암을 배척하며, 옛 성현들을 인용하고 남에게 손을 빌려 모함하는 데서, 귀를 막고 종을 훔치려는 것임을 알 수 있다.

19.

「외필후변」 그의 「외필」이 본래 사람의 지혜와 사색을 어지럽히기에 충분한 것이었다. 그러므로 내가 조목별로 분석하면서도 그 말을 간략하게 했던 것은 서로 아끼려는 마음이 있었기 때문이었다. 그런데 이제 김평묵의 발문을 얻고 보니, 기씨를 높이려는 뜻이 이미 심했고, 율옹을 꾸짖고 업신여기려는 표현이 극렬했다. 그의 뜻은 후세의 수재들이 그의 학설을 독실하게 믿게 하려는 것이었다. 그리고 『율곡전서』는 높은 건물에 묶어두고 다시는 세상에 드러나지 않게 하려는 것이었다. 이것이 사문에 해로움을 끼치는 것이 어떻게 육·왕 두 사람이 했던 것에 그치겠는가? 나는 이 때문에 어쩔 수 없이 다시 변론해서 배척하게 된 것이다. 이것은 바로 주부자가 말한 '저들의 미혹이 깊을수록 우리도 변론에 더욱 힘써야 한다'라는 것이다. 그러나 이 또한 리의 소당연이어서 감히 객기를 멋대로 부리거나, 부박한 변론에만 기대지 않았으니, 어떻게 마음의 평정을 다잡고, 의리를 적절함을 판단하는 데 지장이 있겠는가?

양회갑 : 「외필」은 천리와 움직임과 고요함의 오묘함을 밝혔고, 기기(氣機)와 소승지리(所乘之理)를 말했으니, 사람의 지혜와 사색을 열어주기에 충분했다. 중암의 「발문」도 앞 조목에서 대략 말했기에, 많은 말을 하지 않더라도 아는 이는 알아차릴 것이다. 의리란 천지 사이에 공

공연한 물건이다. 나에게 있으면 나의 것이지만, 너에게 있으면 너의 것이다. 율옹은 틀림없이 자기의 사유물이라고 하지 않았을 것이기에 중암도 '후학들이 학문하면서 사색하는 것은 선정들이 평소에 바라는 것'이라고 했다. 노옹 또한 (의리를) 사유물로 생각지 않았으므로 "내가 의심한 것이 망령된 것으로 판명난다면 다행이지만, 그렇지 않다면 동방의 이기를 어찌할 것인가?"라고 했다. 후학이라면 율옹·노옹·중암 세 현자의 말을 합쳐서 반복해서 그 취지와 의미를 탐구해야 할 것이다. 의심이 나면 선지자에게 질정을 구하고, 그렇지 않으면 마음을 엄한 스승으로 삼고, 고대를 스승으로 삼아 미루어 가야 할 것이다. 어쩌다 수많은 말 가운데 살피지 못한 실수가 있더라도, 이상하게 여기지 말아야 한다. 갑자기 주장을 세우지 말 것이요, 마음을 가라앉히고 천천히 살펴서 진실로 그 살피지 못한 실수를 알게 되면 숨겨두고 드러내지 말고, 성인의 취지와 합치하는 것을 지키면서 일관되어야 한다. 이렇게 하면 과거의 숯과 얼음 같은 모순은 눈 녹듯이 풀릴 것이요, 그간의 얽히고설킨 것도 틀림없이 풀어 헤쳐질 것이다. 안목은 원활해지고 사색은 고명해져, 작은 차이도 헤아릴 수 있을 것이다. 어떻게 그림자만 얼핏 보고서 남의 지혜와 사색을 어지럽히고도 오히려 서로 안타까워 할 수 있겠는가?

『율곡전서』를 누가 높은 건물에만 두겠는가? 육씨와 왕씨 또한 높은 건물에 보관할 성현의 책인가? 자기가 주창하고 자기가 화답하는 것은 육씨·왕씨도 하지 않은 일이다. 주자(朱子)는 주자(周子)를 논하면서 "그 말이 노장(老莊)과 비슷하다"[796]라고 했고, 『주역정씨전』에서 잘못된 곳들을 변론하고 따지면서 『주역본의』를 썼다. 그렇다고 해서 「태극도설」과 『통서』, 『주역정씨전』과 『이정전서』를 또한 폐지해야 하는가? 원형

796 주희, 『주자어류』 권94(『주사선서』 vol. 16), 3173쪽.

이정(元亨利貞)을 공자는 네 가지 덕이라고 했지만, 『주역본의』는 두 마디 말을 만들어 풀이했을 뿐이었다.[797] 장자가 형체가 무너지면 근원으로 돌아간다는 것을 불교에 가깝다고 했고,[798] 취산과 굴신은 오히려 거대한 윤회설이라고 했으며,[799] '『정몽』에 타당치 않은 곳이 많이 있는데, 그의 말이 잘못된 것이 아니라, 그의 견해가 잘못된 것이다'라고도 했다.[800] 그럼에도 「문언전」을 높이고, 장자가 비판과 반박을 받았지만, (장자가 주장한) 기질의 성과 '마음이 성과 정을 통괄한다', '마음이 엄한 스승이 된다'는 등은 영원한 도학의 정통이라고 간주된 것은 어째서인가? 전씨의 '마음이 성에 통합된다', '성은 스승이요 마음은 제자이다'라는 주장이 유행한다고 해서 장자의 책을 높은 건물에만 두겠는가? 이와 같다면 (더 이상) 말할 것이 없을 것이다.

20.

중암이 말했다. "남의 말과 글에서 앞뒤를 잘라버리고 한 구절만 외로이 남겨두고 비방이나 만들어내는 것을 능사로 삼는다면 성현의 경전이라고 한들 어찌 한 구절이라도 완전한 말이 있겠는가?"[801] 또 말했다. "화서의 사제지간을 이단이라고 (배척)한다면 주자가 '마음이 태극이다'라고 하고, 우옹이 '마음을 리로 말하기도 한다'라는 주장은 진실로 화서 문하에서 전수한 뿌리이다. 그가 주자·송자를 아울러 이단이라고 배척할 수 있겠는가? 주자·송자가 이런 말을 하면 성현다움을 잃

---

797 정이, 『주역정씨전』(『이정집』 vol. 2), 695쪽·주희, 『주역본의』(『주자전서』 vol. 1), 30쪽 참조.

798 주희, 『주자어류』 권99(『주자전서』 vol. 16), 3333쪽.

799 주희, 『주자어류』 권99(『주자전서』 vol. 16), 3335쪽.

800 주희, 『주자어류』 권99(『주자전서』 vol. 16), 3328쪽.

801 김평묵, 『중암집』 권11(표점영인 한국문집총간 vol. 319), 「答沈景珪」, 239쪽.

어버리지 않았다고 하면서 화서 문하에서 이런 말을 하면 이단이라고 할 수 있다고 한다면 이것은 후세의 변덕스러운 습속이다. 어떻게 성과 도의 근원을 의론할 수 있겠는가?"[802] 또 말했다. '이제 서양 귀신들은 바깥에서 좀먹어 들어오고, 나라는 안에서 무너지고 있으니 바로 두려워하면서 오직 너와 나만 남은 때라고 할 것이다. 그런데도 시끄럽게 떠들면서 다투기나 하면서 원수 사이가 되어 변장자(卞莊子)가 나타나기를 기다리는 격이니, 이 또한 어질지 못함이 인형을 만든 이보다 더하다고 할 것이다.'[803] 김지산(金志山 : 金福漢, 1860~1924)은 박성직(朴聖直 : 朴冑淳, 1858~1929)이 남쪽 지역[桂海]과의 왕복 토론을 계속할 것인지를 묻자 말했다. "'주자는 육씨(陸氏)을 고자(告子)라고 배척하고, '진짜 오랑캐[眞胡]의 종자'라고 비난했다. 그러나 지금은 서양의 풍조가 산수를 넘나들며 온 세상을 뒤엎어 모두 함께 빠져죽는 데서 벗어나지 못할 지경이다. 연원이 각각 다르고 의론이 합치되지 않는다지만, 우리를 강하게 만들고 저들을 힘들게 만드는 상황이라고 하필 서로를 공격하느라 외톨이 신세와 위험을 더욱 늘려야겠는가?"[804] 정미한 변론은 바람과 파도가 그치는 날을 기다릴 수 있을 터이다. 전씨가 말하는 '채 시집가지 않은 여자가 남편 집안의 득실을 논해서는 안 된다'라는 것과 칠실(漆室)의 아녀자는 거리가 멀다고 할 것이다. 함께 주자를 존중하는 처지에서 어찌 땅을 파고 묻으려는 것인가? 우리 당의 선배들이 공격하고 배척하기를 거의 다해서, 홍수가 하늘에 닿을 듯하고, 육주(六州)를 에워쌀 듯하니, 남쪽 한 귀퉁이가 홀로 물고기 꼴이 되지 않겠는가?

21.

---

802 같은 책, 같은 글, 239~240쪽.

803 같은 책, 같은 글, 240쪽.

804 金福漢, 『志山集』 권3, 「答朴聖直(冑淳)」, 25후면~26전면.

나는 젊어서 그의 「외필변」을 보고서 글을 하나 지으려고 하지 않았던 것은 아니었다. 그러나 학문도 심력(心力)도 없었기에 차라리 굳센 벽처럼 지키면서 사설에 흔들리지 않으면 다행이라고 여겼다. 일찍이 어떤 이가 송사선생(松沙先生 : 奇宇萬)에게 변론을 하나 쓰라고 하자 "이것은 제자가 할 일이다. 나는 도가 물러나면 함께 물러나고, 도가 펼쳐지면 함께 펼칠 뿐이다"라고 했다. 그리고 노백헌(老柏軒)의 두 변론을 보고 "이것으로 이미 다 되었다"라고 했다. 그래서 나도 다시 여기에 뜻을 두지 않았다. 그 뒤에 『간재집』이 나와서 전양인(田陽人)에게 한 번 보자고 했는데, 그 사람은 다른 말로 핑계를 대면서 사양하고 감춰서 볼 수 없었다. 나는 새로운 견해를 세우고 싶은 생각은 없고 그의 글을 한 번 보고 싶었을 뿐인데 구할 수 없었다. 친구인 율계 정기가 내게 글을 지어 변론 반박해보라고 권했고, 위당(韋堂) 조장섭(趙章燮) 씨도 마찬가지였지만 나는 정말이지 감당할 수 없었다. 이제 『율계집』의 「외필후변변」을 보니 전씨가 멋대로의 생각으로 침척하면서 여력을 남기지 않았으니, 그 문인이 감추고 보여주지 않았던 것도 이 때문이었던 것인가? 나는 비로소 공분을 참지 못하고 대략 이상과 같이 말하게 되었다. 당대의 전문가들과 경쟁해서 갈등을 만들려는 것이 아니라, 또한 남들이 비난하거나 알아주기를 기대하는 것도 아니다. 마음을 가라앉히고 기운을 안정시킨 채로 의리를 찾아 타당한 귀결에 이르려는 것일 뿐이다.

22.

'성은 스승이고 마음은 제자[性師心弟]'라는 것으로 말하자면 (맹자는) "돌아가서 찾아보면 남은 스승이 있을 것이다"[805]고 했으니, 이처럼 풀

805 『맹자』, 「고자 하」 2장.

이할 필요가 없다. 효제(孝弟)는 성의 영역 가운데의 일이니, '성에서 나온다'라고 하는 것은 괜찮지만, 곧바로 '성이다'라고 해서는 안 된다. 정자는 '효제는 인을 행하는 근본이지, 인의 근본이 아니다 … '[806]라고 했다. '구한다[求之]'라는 것은 마음으로 구한다는 것인가? 성으로 구한다는 것인가? 주자는 말했다. '능히 그 본성을 다한 이라면 하늘이 반드시 그에게 명해서 만백성의 임금과 스승으로 삼는다.'[807] '그 성을 다한다'는 것은 마음으로 알고, 마음으로 다하기 때문에 만백성의 임금과 스승이 될 수 있는 것이다. 성을 스승이라고만 여긴다면 만백성의 성 가운데 모두 스승이 있으니, 어떻게 그의 성을 다하는 것을 스승으로 삼겠는가? 만일 만백성에게 성이 있지만, 기가 물욕에 얽매이고 가려서 스스로 스승을 얻지 못한다면 지금 '성이 스승이다'라고 하는 것은 성을 밝히고, 성을 회복하는 것으로 말하는 것인가? 조교(曹交)는 성을 밝히고, 성을 회복하는 것을 알지 못했다. 맹자가 어찌 스승인 성을 찾으라고 했는가? 그 마음을 다하는 이는 성을 알고 하늘을 아니, 이것이 마음을 스승이라고 여기는 까닭이다. 먼저 아는 이가 나중에 아는 이를 깨우치고, 먼저 깨달은 이가 나중에 깨달은 이를 깨우친다. 나중 사람의 깨달음이란 반드시 먼저 깨달은 이가 한 것을 본받는 것이니, 지각이란 바로 마음의 일이다. 어떻게 성을 말하는 것이겠는가? 그대가 인을 배우고, 예와 도를 배우기 때문에 '마음이 제자'라고 하는 것은 어째서인가? 마음은 성과 정을 통괄하고, 마음은 성과 정을 주재한다. 인을 행하고, 예와 도를 행하는 마음은 배우지 않고도 능한 것이다. 성과 정이란 글자는 모두 '심'을 부수로 하니, '심'이 자모(子母)가 된다. 마음, 성, 하늘은 하나인데 어째서 스승과 제자로 구분하는 것인가? 마음이 성을 스승으로 삼는다면 정 또한 성에서 배울 것인가? 배우지 않고도 발현해서

806 정호·정이, 『하남정씨유서』 권18(『이정집』 vol. 1), 183쪽.
807 주희, 『대학장구』(『주자전서』 vol. 6), 「대학장구서」, 13쪽.

절도에 걸맞던지 그렇지 못하든지 하는가? 천명의 성은 천명의 스승인가? 성을 따르는 것이 도라고 하는데, 이것은 스승의 도인가? 도를 닦는 것을 가르침이라고 하는 데 이것은 스승의 가르침인가? 천명의 성은 마음에 갖춰지고, 성을 따르고 도를 닦는 것은 모두 마음이 하는 것이다. 도란 성의 덕이요, 마음에 갖춰진 것이다. 존양과 성찰은 이 마음을 대본과 달도에 쓰는 것이요, 하늘이 만물을 생육하는 자리에 이르는 것이다. 내 마음이 바르면 천지의 마음 또한 바르고, 마음은 천명을 통괄하며, (마음은) 본연의 성이 본체가 확립되고 작용이 운행하도록 하며, 만물의 정에 소통하니 그 스승다움이 크다고 할 것이다. 어째서 성을 높이고 마음을 낮추는 것인가?

23.

그는 '성인은 스스로 배움을 좋아한다. 이것은 마음이 성을 스승으로 삼는다는 뜻이다.[808] 인의를 버리고는 배울 것이 없다. 마음이 성을 스승으로 섬기는 것은 그 자체로 성문의 가르침이다. 성이 스승이라는 주장은 맹자·주자에게서 처음 보이지만, 그 근원은 이전 성인에게서 나왔다. 이를 의심하는 이는 거의 생각이 미치지 못한 것이다[809]'라고 했다.[810] 그 문도들은 또한 '성은 임금이고 마음은 신하이며, 성은 장수이고 마음은 병졸이며, 성은 아버지이고 마음은 자식'이라고 한다. 이와 같다면 전씨는 스승으로서의 성이고, 그 문도들은 제자로서의 마음이다. 천하를 바꾸려고 생각해도 감히 어떻게 하지 못하는데, 천하의 임

---

808 이것은 … 뜻이다 : 현재 『간재집』의 「與房煥永」에는 이 구절이 없다.

809 이를 … 것이다 : 이 구절도 현재 『간재집』의 「與房煥永」에는 없다.

810 전우, 『간재집·후편』 권9(표점영인 한국문집총간 vol. 334), 「與房煥永」, 275쪽 참조.

금과 신하, 장수와 병졸, 아버지와 자식이 모두 성이 스승이고 마음이 제자라는 것에 의해 주재된다는 것인가?

辨猥筆後辨

梁會甲

1.

田辨曰, 朱子楚辭集註, 有曰一動一靜一晦一朔, 皆陰陽之所爲, 非有爲之者. 此與栗翁機自爾非有使之指, 有毫髮差爽乎? 又陳北溪錄, 有云屈伸往來, 是二氣自然能如此. 此又陰靜陽動機自爾之左契也. 夫自爾者, 自然之謂也. 今曰由己不由佗. 又曰自行自止, 不由天命. 看文字何其麤疎也?

栗翁機自爾, 非有使之者, 不待楚辭集註北溪錄, 以流行邊說言之, 而非鐵定定論也. 栗翁曰, 孰尸其機, 嗚呼太極! 曰參差不齊, 雖曰氣之所爲, 而必有理爲之主宰. 則其所以參差不齊者, 亦是理當如此. 非理不如此, 而氣獨如此也. 此不是定論原頭說乎? 今以朱子言觀之, 有曰一陰一陽雖屬形器, 然其所以一陰一陽者, 是乃道體之所爲也. 曰物之生, 雖曰自長自消, 而其自長自消, 究是理自如此. 曰一物之中, 自始至終, 皆實理之所爲也. 曰天下之事, 雖若人之所爲, 其所以爲之者, 莫非天地之所爲也. 曰往者過, 來者續, 道體之本然. 此皆是見於經傳註釋手筆, 稱停非若楚辭陳錄之比. 獨不爲理爲主, 氣爲資之左契乎? 然則後之學者, 並觀其流行者爲運用, 原頭者爲本, 而推極言之, 可也. 見其外而不見其內, 知其末而不知其本者, 果皆麁踈, 反以是加於蘆翁乎? 其謬妄甚矣. 栗翁之答牛溪, 必有以流行邊說, 故不明言流行. 然後人眼目不及, 則恐不知此, 故蘆翁特發揮栗翁本旨, 其意深矣. 然頭戴前賢者, 必曰栗翁所不言也, 牛溪所不反詰者也. 後賢言之, 而世若不信, 則其義終晦而不明. 故下語不得不切. 其曰語猶虛, 曰語意牢確,曰由己不由他, 曰自行自止, 不由天命. 其下諸般說有如此者. 故恐干犯先賢, 語句極猥濫之辭, 而曰猥筆. 權崔之咆哮, 固不足道. 爲儒首者, 乃踵其餘論, 而無忌憚, 何也? 前辨以動靜爲造作爲作用, 動靜, 豈造作作用乎? 今日自知其非, 故小變其說, 而曰自爾者自然也. 如此者, 其可以麁疎譏人哉? 其不能改其謬見, 而長敖遂非, 皆麁疎之習也. 可憫!

2.

栗翁對策, 固有動之靜之者理也之語. 然其上文, 又有自然之氣云者, 則與機自爾者, 初不相妨. 如騎而主者雖是人, 而其四蹄之一前一卻, 自屬馬事也. 使彼於栗翁之指, 無所差互, 則何不擧而爲證? 乃若不聞也者, 而只將自爾非使兩語, 以譏罵之也? 夫動之靜之之云一也. 而栗翁只是根柢自然之意, 而彼則卻是操縱做事之說也.

動之靜之者, 以理看, 機自爾, 以自爾看, 可也. 不然則互看而明其義, 可也. 何必合而爲不相妨耶? 其曰固有, 又曰又有, 語勢自有輕重, 而以自然之氣欲援而爲主氣, 何也? 栗翁嘗以人乘馬喩人心道心, 曰人則性也, 馬則氣質也. 或有馬從人意而出者, 或有人信馬足而出者. 馬從人意而出者, 屬之人, 乃道心也. 人信馬足而出者, 屬之馬, 乃人心也. 四蹄之一前一却, 以馬從人意, 而屬之人, 可乎? 以人信馬足, 而屬之馬, 可乎? 何不擧此爲說, 而乃若不聞也者, 而只將四蹄之說, 而屬之馬事, 而譏罵之乎? 此一語可謂出乎爾反乎爾也. 蘆翁只論自爾非使兩語, 果是譏罵耶? 乃因其本文而辨, 彼遺却正論, 頭戴此語者, 使之有以自省也. 故曰動之靜之, 非使之然而何? 然則使讀之者, 觀於此而猛着眼目, 通下文太極者本然之妙, 動靜者所乘之機, 陰陽動靜, 其機自爾, 而其所以然者理也之語, 而益究之, 可也. 如是則根柢自然之意可知, 而非若操縱做事之說也.

3.

語類董叔重錄, 太極理也, 動靜氣也. 此可謂毫分縷析, 而從分金秤上秤出來者. 凡朱子說中, 言天命流行, 道體發見, 理有動靜, 理有知識, 理詣其極, 理之發, 此理光明燦爛之類, 皆要如此辨認. 若不如此精覈, 其不爲指氣爲理者幾希.

動靜, 氣也; 所以動靜者, 理. 理使之, 氣行之也. 朱子曰, 太極者, 本然之妙也; 動靜者, 所乘之機也. 同是朱子說, 而此語豈不尤詳明於動靜氣也矣乎? 指理爲氣, 在此乎? 在彼乎? 朱子天命流行以下諸說, 欲孤行動靜氣也單句, 而指理爲氣耶? 聖賢眼中都是理, 衆人眼中都是氣, 以衆人眼目欲驅率聖賢之言也耶?

4.

栗翁言太極尸機, 而不曾奉以周旋, 卻將命者爲主一句, 認做自家獨擅之詞, 又何也? 無乃其心先有輕視先賢之根苗, 故不及細察其指趣, 而妄肆其譏誚歟? 有志求道者, 最要先正心術而後, 可以講辨乎理氣之說.

太極尸機之說, 奉以周旋, 故曰命者爲主, 是栗翁非理不如此而氣獨如此之說也. 蘆翁平生. 奉以周旋尸機之旨. 故其言皆以此爲宗主, 可覷而知也. 有志求道, 先正心術之云, 其言善矣. 其決摘命者一語爲獨擅之辭云者, 可謂先正心術乎? 輕視先賢之根苗, 是自家之說也. 講辨理氣者, 不可如是矣.

5.

猥筆言, 到過不及處, 不得已而有說氣時. 蹶者趨者氣也, 是也. 蓋過不及, 雖亦本於理, 而末流之害於理, 則不可無區別. 此亦非曰不然,而又有不盡然處. 孟子雖說蹶趨之氣, 然未嘗不言浩然之氣. 此何曾因過不及而不得已而言者耶? 且末流之害理者, 固不可無區別而謂之氣, 然其本體浩然而配義與道者. 亦何可混淪而直喚做理? 畢竟不得不謂之氣耳.

栗翁曰, 氣之本然者, 浩然之氣也. 浩然之氣, 充塞天地, 則本善之理, 無少掩蔽. 此孟子養氣之論, 有功於聖門也. 盖浩然之氣, 本體盛大, 流行而配義與道, 則無過不及, 而非蹶趍之比也. 蹶趍之反動其心, 過也; 不能以志帥氣, 不及也. 末流之害於理, 過不及之甚者也. 到過不及處, 不得已而說出蹶趍, 以區別之, 非並與浩然之配道義者, 謂不得已而說之也. 亦非將浩氣之順理者, 直喚做理也.

6.

猥筆言, 理發二字, 爲今日學士家一大禁避語. 今日學士, 未知爲誰? 若是指栗翁, 則其言之悖慢無禮. 云云.

栗翁言, 理氣無互發, 萬情發於氣. 蘆翁言, 今世學士專主氣發, 而以理發謂非栗翁之意, 而爲禁避語云爾. 以今之世與栗翁之世, 世道益降, 爲此以歎惜之也. 以今學士疑指古栗翁, 而譏悖慢無理, 當不當, 世必有辨誣者矣.

7.

有人擧有段落行變化成條理者, 問於栗翁, 曰此無所主張者乎? 必將曰太極爲之主矣. 此何等明白? 而彼乃自爲答語曰, 機自爾, 非有使之者. 是直驅率先賢之言, 使不成道理, 而必欲見屈於自家. 這是甚麽講學? 甚麽心腸?

猥筆曰, 今日學士家, 纔見有段落行變化成條理者, 則曰氣也. 問孰主張是? 則曰其機自爾, 非有使之者. 是頭戴先賢之偶失照管, 而不知太極爲之主也. 栗翁曰, 言之雖無病, 見者以私意橫在胸中, 而驅之牽合, 未嘗不爲大病. 故錯認聖賢之言以誤後學者, 非此類耶? 此猥筆之所以作也. 今自作問答語甚麼心腸, 或言心術, 或言心腸, 同一口氣. 竊恐私意橫在胸中, 驅之牽合, 同歸誤後學, 其病爲無藥可效.

8.

太極是元來乘氣者, 然則將有做得事底氣力矣. 審如是也, 曩所謂末流害理之氣, 又何不到底操束, 而乃使之至此哉? 楚人有誇其盾之堅者, 曰物莫能陷. 又譽其矛之利, 曰物無不陷. 或曰以子之矛, 陷子之盾何如? 其人無以應. 今猥筆上下文之不相副, 正如是矣.

栗翁曰, 陰陽動靜, 而太極乘之. 又曰理者, 氣之主宰也; 氣者, 理之所乘也. 非理則氣無所根柢, 非氣則理無所依著. 觀此則太極理也, 而爲氣之根柢也. 以太極謂氣之根柢, 則可直謂元來乘氣, 而有氣力, 則不可以乘氣者. 又添得力字, 欲以太極爲帶氣耶? 太極有做得事之妙理, 非有做得事之氣力也. 以末流害理者, 比並根柢, 而以不到底檢束, 使之至此, 欲歸咎於誰也? 所謂理弱氣強, 管攝他不得, 乃天地間氣數之變也. 猥筆文有何不相副, 而以楚人之矛盾陷之耶? 審如是也, 有問者曰做得事之氣力, 楚人之矛也, 到底檢束, 楚人之盾也. 以子之矛陷子之盾, 何如? 必無以應之矣. 今辨文之不相副, 正如是矣.

9.

今雖以元來所乘者言之, 所謂道者, 從來是無爲底. 如何能撿攝得氣? 故栗翁之前, 朱子已有氣強理弱, 氣麤理微之論. 而曰譬如子不肖, 父也管佗不得. 君所欲行, 臣下沮格, 君亦不能一一督責. 今有人擧以問於奇氏, 曰以猥筆觀之, 朱子也未免啓子奪父位. 臣行君權, 萬世亂賊之禍矣. 此宜如何排闢? 彼將如何對?

猥筆中子奪父位一條，特言末世主氣之弊如是爾．何據而有此朱子啓之云耶？余欲排闢對之，陰疑[811]於陽，必戰，其血玄黃．此非朱子之前，已有氣强理弱·氣麁理微之大者耶？臣弑其君，子弑其父，非特管他不得，不能一一督責之比也．孟子言無父無君，人將相食．若謂朱子未免啓萬世亂賊之禍，則孔子愼漸，孟子能言，彼將如何爲對朱子人人得以誅之，不必攻討者，爲亂賊之黨之訓？又當置之何邊？嗚呼！莫捫其舌言之無憚，乃至於此乎？使人心寒骨，冷惶懍戰栗也．噫！嘻悲！夫聖上丙寅洋亂，蘆沙華西上疏，極言懲毖之策．聖上優批嘉納，故臣下不敢沮格．而得十年無警，及丙子主和招寇之禍．豈非朝廷之上理弱氣强·氣麁理微，駸駸然臣行君權，終至屋社耶？蘆翁之言，誰謂先見，何不可哉？國家若信之以耆龜，則可以當一治之數也．辛巳諸臣斥和，莫非春秋尊攘，文言愼漸，孟子能言之義也．盖子弑父，臣弑君，是氣數之大變．當主理御氣，使麁強者退聽，正理行乎其間，聖人之補世教然也．補世不此之講，引管他不得之說，以爲道者從來是無爲底，如何檢攝得氣？又以氣强氣麤爲當然底，欲助亂賊之氣勢，却又與於不仁之甚者也．

10.

孟子之性命，周子之眞精，明道之性氣，伊川之理象，朱子之心性，虞帝之論心而曰人道，孔子之論學而曰人道，論易而曰道器．亦皆理氣之對擧者也．… 朱子說中如言纔有天命，便有氣質．有是理，便有是氣者．豈非纔見理字覓氣做對之見乎?，然則雙本領之履霜，朱子可以當之．又推其本，則舜·孔·孟·程皆不得免，而至栗翁則可謂堅冰矣．

雙本領履霜，乃言今人纔見理字，覔氣做對者爾，非古聖賢明道器之謂也．何必擧古欲一一推求爲禦人欛柄耶？聖賢或對言處，固有如是

811 疑 : 『정재집』에서는 '凝'으로 썼다. 『주역』 곤괘 「문언전」에 근거해서 고쳤다.

者, 單言處亦多. 堯之允執厥中, 舜之人之有道, 湯之降衷, 孔子之性與天道, 孟子之性善. 皆理氣之對擧耶? 栗翁曰, 理氣爲天地之父母, 天地又爲人物之父母. 西銘曰, 天地之塞, 吾其體; 天地之帥, 吾其性. 生於兩間, 豈有離氣獨立之理乎? 然聖人不言理氣, 後賢見人心道心, 見形上形下, 而發揮以發之也. 然後常對擧互言者, 乃天然相對者耳. 有物有則之類, 乃單言者, 今不可一一條陳. 孟子性命章註, 朱子曰, 各就其重處言之, 以伸此而抑彼. 張子曰, 道則責成於己, 養則付命於天. 此可見輕重取舍之別, 豈朱子雙本領之可當者也? 從上聖賢之言皆猶是, 朱子言天命, 便言氣質處雖多, 亦有不盡然者. 孟子性善章註, 不言氣質. 中庸首章註曰, 性卽理也. 又曰所謂性也, 其上但曰氣以成形, 而此無氣質字. 其下雖言氣禀之異. 又其下言天命謂性, 則外鑠者非性. 張子曰, 氣質之性, 君子有不性焉. 程子曰, 性卽理也. 又曰性者自然全具. 朱子又曰, 天命之性, 不可形容. 又曰論性, 要須先識得性是箇甚麽樣物事. 所謂性卽理, 理仁義禮智而已. 如此處不可勝言. 程子器亦道·道亦器, 言不相離也. 今人遂爲一物. 朱子理氣決是二物, 言不相夾雜. 而今人謂有先後. 栗翁盖兩病焉. 今覓對者兼之矣. 自家立雙本領之履霜, 而謂朱子當之, 欲雙本領之堅氷, 而推本舜孔孟程之不免, 而以至栗翁, 是果脫不得今人主氣之弊耳.

11.

吾聞一邊人推尊奇氏, 爲我東五百年來第一大賢, 而僅有一李華西, 與之同德相符. 則靜退以下諸先生, 原不足數, 而其言乃與大舜·孔子一切與之相貳, 抑何理也? 吾則寧被主氣之斥, 而不欲負四千年以來諸聖賢, 以假冒主理之名也.

止謗莫如無辨. 然其言逼於先正大賢以下諸先生, 而謂與大舜孔子一切相貳, 則不容無辨. 請畧言之. 其與房煥永書, 自白大闢異端寒蘗蘆, 海[812]東千載性師翁之非. 其詩曰聖人自言好學, 心之師性, 自是聖門旨訣. 又曰性師雖始於孟朱, 其源出於先聖. 後學何敢自謂性師翁? 况海東千載云, 則尤僭妄之甚. 何許痴漢乃爾乎? 又引金平集氏謂必非田之爲也之語, 而曰此爲心本於性善, 端發處, 最要認取而擴充之. 然則一邊[813]人推尊云云者, 如金氏語, 而擴充善端, 如其所言, 則善矣. 何爲執其言而張皇誣構乎? 勉菴所撰大碑銘, 果有同德華山之句. 然此以當時言, 豈與先正而言耶? 大舜孔子相貳者, 何事? 舜之誅四凶, 孔子之討亂賊, 正爲臣子之奪君父位? 主理而御氣也. 蘆翁主理, 皆祖述大舜孔子, 有繼開之功而不貳也. 其與李鐘益書, 曰蘆沙雖以機自爾, 携貳於栗翁, 而其心屬氣之見, 何可謂異端乎? 鄙雖昏愚, 亦何爲自闢其同於己見者乎? 諸家乃復公誦於世, 欲報師怨, 而借力於兩門, 以益其橫擊之勢歟? 止. 其辨文斥以告陸爲異端, 不止一再. 今何以第一大賢公誦於世也? 或抑或揚, 舞文技倆, 甚可畏也. 以蘆翁謂心屬氣同於己見, 亦非. 是彼自謂寧被主氣之責, 而不欲假冒主理之名者. 又欲援主理之蘆翁, 而謂同於主氣之己見, 可爲成說乎? 此條所言, 不可曉者甚多. 畧擧其誣陷一端, 而他不暇及焉.

12.

猥筆言, 聖人的見流行發見, 變化昭著, 莫非此道之爲. 愚謂奇氏眞謂此道自能流行發見, 變化昭著, 如論太極動靜之見耶? 朱子旣以太極爲理, 動靜爲氣. 則凡言天命流行, 道體呈露, 天理發見昭著, 道理光明燦爛之類, 皆是上面是理, 下面是氣也. 吾聖門宗旨, 以道體爲無爲. 而凡有爲者, 皆屬乎氣. … 若泛指天地造化, 聖賢行能, 皆謂之理, 則將使學者, 有錯認神通妙用, 直做性體, 而匍匐於佛子之門者矣. 是其害理亂眞, 爲何如哉?

---

812 海 : 저본에는 '大'로 썼다. 「답이종직」의 원문을 근거로 '海'로 고쳤다.

813 邊 : 저본에서는 '般'으로 썼다. 「회필후변」의 원문에 근거해서 '邊'으로 고쳤다.

莫非此道，道字，是形而上者，豈非陰靜陽動壹是天命使之然之妙耶？故上面是理，下面是氣也．聖門宗旨，以道體爲無爲，而爲有爲之主，故曰上面是理．凡有爲者屬乎氣，而天命使之然，故曰下面是氣也．然上下非有隔絶，理氣非各有窟穴．見上而有理，則知下而有氣．見下而有氣，則知上而有理．凡屬乎氣，上已有所乘之理，然則天地造化，聖賢行能，孰謂之皆氣乎？只是氣上看理而已．學者知此，則必無佛子前匍匐之慮，有何害理亂眞哉？曰天命·曰道體·曰天理·曰道理，在於上面，故曰流行也．曰呈露·曰發見昭著·曰光明燦爛者于下，而故曰變化也．鳶之飛魚之躍，莫非此理之用．往者過，來者續，皆道體之本然．此聖門宗旨，此所謂一本萬殊也．遺却一本，而以散在萬殊者，一切屬之氣，而理爲無爲無與，則惡在其爲主乎？是作用是性之餘論，非吾儒傳來宗旨．神通妙用錯認者誰歟？以此爲主，守而勿失，則將不暇學者橫走，而自家先自裂裳裹足，歸于天竺矣．何可譏人哉？

13.

猥筆言，今人驅道理於冥漠，纔有發見昭著，一屬之氣．如此者，爲識理氣，不如此者，爲不識理氣．雖以虛名過去說，說道說理，其實氣奪理位，爲萬事本領而已．若是則天下更無詖淫邪遁矣，顚倒猖披，何事不有？近日諸公，多謂此指栗翁．愚每隱之於心，縱有恃才騁氣之人，亦何敢乃爾？故前後記箚，不曾隨衆詆斥．近檢全書答安應休書，言理何以流行乎，氣之流行，理乘其機故也．理本無爲，而乘氣流行．變化萬端，雖流行變化，而其無爲之體，固自若也．吾友見此理之流行變化，乃以理爲有動有爲，此所以不知理氣也．今以猥筆準此，則其所謂驅道理於冥漠者，豈或指理本無爲，無爲之體，固自若等語耶．其所謂纔有發見昭著，一屬之氣者，豈或指理何以流行乘氣而流行之云耶．其所謂不如此者，不識理氣，卽是指吾友不知理氣而云也．此旣如是，則詖淫邪遁，顚倒猖披，將何所歸？雖有善辨，殆難爲之出脫矣．

栗翁答安應休書，言理有體用．夫一本之理，理之體也；萬殊之理，理之用也．理何爲有萬殊？氣有不齊，故乘氣流行，乃有萬殊也．妄疑安氏問理有體用，而不知一本萬殊之爲體用．故以理之流行變化爲有爲有動，則栗翁答之如此．蘆翁言今人驅道理於冥漠．豈指理本無爲，無爲之體固自若耶？體固自若，則非冥漠也？發見昭著，屬之氣，豈指理？何以流行爲乘氣流行之云耶？今人若知乘氣流行，則必不譏之也．所以今人者，一切主氣，而驅道理于冥漠，如無寸之尺，無星之秤．發見昭著，一屬之氣，如馬不從人意，之東之西．而自謂識理氣，不如此謂不識理氣．故有詖淫邪遁，顚倒昌披，爲必有之勢，則蘆翁欲有以捄拔之也．以此謂栗翁者，其非告陸之徒耶？孟子爲主理，告子爲主氣，則主理之栗翁爲孟子矣．朱子爲主理，陸氏爲主氣，則主理之栗翁爲朱子矣．此先哲明言也．然則今人爲主氣，蘆翁爲主理，則主理之蘆翁爲栗翁矣．蘆翁爲主理之栗翁，則踵主氣之今人，而自處主氣者，不欲爲告陸得乎？雖有善辨，安得以脫出云者？恐爲楚人之矛盾也．蘆翁之意，欲捄冥漠之歸，反于渾瀜圓通，而與光明燦爛，不有間隔也．

14.

主之所向，僕焉有不往？理之所專主，氣焉有不從？理之所不肯，氣何敢自行？果如奇論，而天地間誠有此理此氣，則栗翁亦必生於此理此氣．何緣有此妄發？後人亦必生於此理此氣．何緣誤信栗翁？且奇氏之言，亦自亭亭當當，直立不倒於天地之閒，而千人萬人，自不敢與之爭衡矣．何者？栗翁之發之太快，而流弊後世者，亦氣也．後人之頭戴前賢，而聲討奇氏者，亦氣也．如使所謂理者，果能管攝乎氣？所謂氣者，果不能違悖乎理，則何以有此流弊聲討之變哉？以此究勘彼說之無理，如視諸掌矣．世之尊奇氏者，請置辨．

猥筆明言氣之順理之發者，氣發卽理發也．循理而行者，氣行卽理行也．理非有造作自蠢動，其發其行，明是氣爲，而謂之理發理行，何歟？

氣之發與行, 實受命於理. 命者爲主, 而受命者爲僕. 僕任其勞, 而主居其功, 天之經地之義. 故曰主之所向, 僕豈有不往者乎? 如是則理所專主, 氣焉有不從? 理所不肯, 氣何敢自行乎? 栗翁與後人, 生於此理此氣, 妄發誤信四字, 何其言之無嚴也? 偶失照管云爾, 何敢謂妄發? 頭戴前賢云爾, 何可謂誤信乎? 栗翁正論, 後人當信之如金石, 而偶失照管者, 當反覆詳訂而得其義也. 亭亭至不敢與之爭衡, 辨者曰做而譏人之話欛也, 多見其不知量矣. 發之太快, 末弊, 未思, 果有其言? 余未知蘆翁亦發之太快, 而末弊如田氏之至斯, 蘆翁亦未之細思也.

蘆翁答人問, 曰善之不直遂, 有或掩閉激盪震撼者矣. 天物之以掩閉激盪震撼而夭閼者, 亦多矣. 上天無心, 因其材而篤焉, 故此理無有不直遂者. 人事不然, 以一己之私, 增減天物, 於是理不直遂者始多矣. 觀此, 則田氏亦生於此理此氣, 而以一己之私欲增減天物. 栗翁之流弊後世, 後人之頭戴前賢, 抉摘句語, 添演增益, 敢作聲討之說, 而一切歸于氣. 惟恐天理之直遂, 而使理不能管攝使氣, 果能違悖. 究勘無理, 未知歸於何處? 自視其掌, 而請置辨. 夫理有必然之妙, 故可直遂, 聖人主於必然, 則理之本然者得矣. 于時不辨而明矣. 尊田氏者, 請竢之也.

15.

以愚觀於奇氏, 其八十年內抱耿耿者, 不過見理之誤也. 其不敢發口明言者, 猶有畏義之象也. 今其後人, 大書深刻, 以棊揚於天地間者, 豈非近於無忌憚乎? 氣之有時乎違理, 理之不能管攝乎氣者, 亦可驗矣. 雖然, 奇氏當日銳意寫出之心, 卽今日放膽印布之源也. 惜乎! 其祖孫師生, 生平謾說太極自有適莫, 陰陽莫敢誰何, 以不曾自檢其心, 自制其氣, 以致上謾祖師, 中誤自己, 而下迷後進之罪. 云云.

以愚觀之, 其觀愚矣. 孔子讀易, 韋編三絶, 猶曰假我數年, 卒以學易, 庶無大過. 聖人豈有過而云乎哉? 朱子於中庸, 蚤歲受學, 沉潛有年. 於大學用平生精力, 然後怳然會衆說而折衷, 一朝豁然貫通, 皆內抱耿耿也. 孟子答知言, 曰難言, 豈畏義耶? 世無知言, 則不得已發詖淫之論. 蘆沙以世無知言者, 故不得已救告陸之弊, 而用孟朱之言也. 識者謂論學之文, 曰中州諸賢, 莫能過之, 欲播中國, 豈無以哉? 其文叅天地之化, 而爲正氣所萃, 置之天地間宜矣. 氣正則理正, 今日邪氣, 必見管攝矣. 當日寫出, 非銳意, 實耿耿之發也. 刋布之源, 非放膽, 乃篤信發揮也. 今說理家, 槩以無適莫爲理, 故艾山曰, 適莫借人事有情底字, 以明天理無聲無臭之妙也. 田氏前以適爲專主; 莫爲不肯, 君子無此二者. 今以適莫驅之太極, 而欲誣天命, 是果自檢其心, 自製其氣者耶? 欲驅祖孫師生, 以致上慢中誤下迷之罪, 何其深文也? 勿咎人銳意寫出, 還撿自家銳意寫出. 勿謂人放膽印布, 反省自家放膽流布. 獨非氣有違理, 理不管攝乎? 觀其生平謾說主氣, 違理而不管攝, 實爲謾賢誤己下迷者甚矣. 退陶四七理發氣隨之說, 栗翁謂微有理氣先後之病. 又云此言心知其非, 未敢問, 難歸一爲痛恨, 而今載全書. 且聞農巖四七說, 不從栗翁, 還從退溪. 故遂菴刪去, 不入原集. 渼湖撮其要, 附之年譜. 吳老洲歎其終不如全文之完備. 夫農巖之於退·栗, 尊慕無異, 而議論有時不同. 遂菴·渼湖·老洲之於農巖, 尊慕無異, 而知見有時不同. 而爲先正後學無有不同. 爲今後學者, 合退·栗·農三先生說而觀, 則隨其學力之淺深, 而知其言互相發明有功先賢矣. 蘆翁之於栗翁, 奚獨不然也? 方蘆集之刋也, 應不無如遂菴·渼湖·老洲之論者矣. 然一刋再刋, 國內士林, 無有言者. 壬寅設役, 有一二忮克者, 向隅於爬, 任之不與, 而煽動四境, 以致投通太學及石潭嗣孫. 館儒置之不問, 嗣孫曰以議論不同謂攻斥, 則吾祖猶不免攻斥退陶云, 而其事逐寢. 今之儒名者, 吹火燼滅之後, 一辨再辨. 意不在明理, 假托以侵斥, 其意竟難尋. 嗚呼可憐!

16.

吾儒之於心, 其可自聖? 其於氣, 又豈可一刻不加撿束之功乎? 其於太極性命之妙, 尤何可輕易立論? 其於孝悌恭遜之道, 尤何可不盡心力以體之乎?

右四言者, 非不善矣. 究其實則非矣. 古者言之不出, 耻躬之不逮也. 曰豈可自聖, 而常抱傲然自聖之心. 言必稱檢束其氣, 而恒有使氣凌人之習. 謂何可輕易立論, 而舞文弄筆, 陷先輩於不測之地? 言孝弟恭遜盡心力以體, 而誣人祖師, 鬪鬩同室, 異己者, 斥之以陸王老佛, 自居以程朱之功. 吾夫子聽言觀行者, 非是歟? 論篤是與君子者乎? 色莊者乎?

17.

觀金猥筆跋語, 已譏其尊畏先正者, 爲曓揚其過失於天下後世. 此指沙·尤以下羣賢之祖述栗翁者言也. 又曰知此則尊先正者, 莫如我奇·李兩先生. 此指蘆沙·華西之自立門戶而一反栗翁定論者言也.

動者靜者, 氣也; 動之靜之者, 理也. 此栗翁正論也. 沙溪先生祖述此論, 故答金巘書, 曰陰陽之動靜, 卽太極之動靜也. 動靜者, 氣; 所以動靜者, 理. 理無動靜, 則氣何以動靜也? 公所引朱子說, 太極動時, 便是陽之太極; 靜時便是陰之太極云. 朱子之意, 動靜乃太極之所爲云也. 尤菴先生又祖述之, 曰一動一靜者, 氣也; 動之靜之者, 理也. 一陰一陽者, 氣也, 而使陰使陽者, 理也. 答沈明仲使動使靜之問, 曰使是自然之使, 不如陰陽五行之運用造作. 此陰陽五行之所以能運用造作者, 豈非理乎? 又曰天以陰陽五行化生萬物. 所謂天者, 理而已矣. 以之而使之化生者, 非使之然者乎? 沙·尤諸先正祖述栗翁, 如靑天白日, 而其論亦有不盡從者. 此重菴所謂諱之而不宣也. 重菴曰, 我國先正大賢實程朱嫡統, 而以程朱之亞聖初晩之不同, 與講說時說話, 折衷後定論, 當知所擇. 先正大賢千言萬語間, 容有一二照管之失, 無恠其然矣. 後學於此, 少失照管者, 則諱之而不宣, 脗合聖旨者, 則守之而不貳, 是乃先正之所望. 豈宜並與其可諱者, 而張皇於世, 使人不得開口? 是所謂尊畏者. 乃所以暴過失於天下後世也. 知此則知近世之欲尊先正, 莫如奇李兩先生也. 是何謂指沙尤以下羣賢祖述栗翁者耶? 蘆翁動者靜者, 氣; 動之靜之者, 理. 動之靜之, 非使之然而何? 華翁太極無動靜, 而動靜專仰於氣機. 太極淪於空寂, 而不足爲氣機之本源. 氣機疑於專擅, 而反作太極之主宰. 此兩說祖述沙·尤先正, 而有補於栗翁宗旨. 何謂自立門戶云云乎? 重菴所不言之沙·尤諸賢, 彼欲扳援而張皇, 何也? 若夫機自爾, 非有使之者, 是流行邊說. 非定論, 而偶失照管. 故蘆翁之前, 觀於尤翁使陰使陽, 使是自然之使, 二句已皦然矣. 曰使是自然之使, 則非有使之, 亦所不從也. 曰不如陰陽五行之運用造作, 則發明非有二字之義, 亦有微意存焉. 嘗觀宋子年譜, 以栗谷外別兩集, 可商量處甚多. 不可遽以示人, 別加校正爲定本, 而藏之切不許人印出. 此尊畏而恐或有過失也. 若夫折衷後定論, 世或不知所擇. 以太極無動靜, 而專主機自爾非有使之之語, 有甚於沙·尤之世. 故後人之見, 駸駸然入於太極失主宰之理, 造化若風花之轉, 若齊政悉歸田氏, 楚國陽尊義帝. 故蘆·華兩翁, 不謀同辭, 見人所不見, 言人所不言, 開示後學, 其言不得不切. 雖爲世儒藉口實, 爲尊栗翁之莫如也.—宋子語見年譜丙寅與金公永叔書. 又令栗谷從曾孫東魯, 不改則碎板.—

18.

往年蘆碑之出, 私與同志語云, 勉台謾入華山同德一句, 而使之並受人疑. 使金·柳而在者, 必厚誚勉台矣. … 愚曾因金語, 而有新學方熾, 栗翁見疑之云. 金不以自當, 乃奉以納諸華西, 而大張雄辯矣. 由今觀之, 豈不爲掩耳盜鐘之歸也耶?

並受人疑, 謂華西耻其同德耶? 旣斥華西以陸王, 以索隱行怪, 今乃爲華西云云耶? 同德, 非勉台私言, 採公議也. 省齋吾不知其說有無何如, 重菴於蘆·華, 尊慕無異. 豈有厚誚? 如果有之, 勉台不知而云然哉? 重菴謂侵斥華西先師, 其來已久, 非但祭文創新. 云云. 又曰今此祭文, 創出新奇一端, 以前日話頭照之, 明是指斥華翁之說也. 此其因金語而有云云, 乃以奉納華西, 其言何其相戾也? 重菴辨之詳矣. 余不復論. 但聞華西尊信栗翁, 亞於朱子. 如理通氣局, 無形無爲, 爲有形有爲[814]之主, 理也; 有形有爲, 爲無形無爲之器, 氣也之說, 謹守不貳. 未知見疑者何說? 以栗·尤直接程·朱之統, 而曰祖襲陸王譏斥栗尤, 指何也? 旣斥蘆翁祖師門人, 又斥華西·重菴, 援引古聖賢, 假手於人而陷之者, 可見掩耳盜鍾耳.

19.

彼之猥筆, 固足以亂人知思. 故余爲之條析, 而略其辭者, 蓋猶有爲之相惜者矣. 及得金監役題跋, 其尊尙奇氏之意已甚, 譏侮栗翁之辭更極. 其意將使後來之秀, 無不篤信彼說. 而栗谷全書, 則欲束之高閣, 而不復宣露於世. 是其爲害斯文, 豈止於陸·王二氏而已哉? 余故不得已而再加辨斥. 此正朱夫子所謂彼之惑愈深, 而此之辨愈力者也. 然是亦理之所當然, 而不敢肆其客氣, 騁其浮辯, 則又何損於持心之平·裁義之中也乎?

猥筆明天理動靜之妙, 言氣機所乘之理, 固足以開人知思矣. 重菴題跋, 前條略言之, 不待多言, 而知者知矣. 大抵義理, 天地間公共物事. 在我却是我底, 在爾却是爾底. 栗翁必不以爲吾私有, 故重菴以後學之學問思辨爲先正平日所望. 蘆翁亦不敢以爲私有, 故曰吾所疑者, 妄則幸矣. 不妄則奈東方理氣何? 爲後學者, 合栗·蘆·重三賢之言, 反復探究其旨義. 有疑則考質先知, 否則以心爲嚴師, 師古以推得. 其或千言萬語間容有照管之失, 無怪其然, 則勿遽立論, 平心徐察, 實知失照管, 則諱之不宣, 其脗合聖旨者, 則守之不貳焉. 則昔日氷炭, 必有渙釋, 昔日葛藤, 必見爛熳. 眼目圓滑, 意思高明, 如數一二分黑白矣. 何可

814 爲 : 저본에서는 '理'라고 썼다. 『율곡전서』의 원문에 근거해서 '爲'로 고쳤다.

瞥見影象，謂亂人知思，而猶爲相惜乎哉？栗谷全書，誰敢東閣乎？陸王，亦東閣聖賢書乎？自唱自和，陸王所不爲也．朱子論周子曰，其言似莊老．程傳差誤處，辨難立本義．然而圖說通書程傳二程全書亦廢之乎？元亨利貞，孔子謂四德，而本義做兩言以解之．張子形潰反原近釋氏．聚散屈伸，却是大輪回．正蒙多差處，不是他命辭有差，是見得差．文言尚矣，張子雖被辨駁，氣質之性，心統性情，心爲嚴師，皆爲千萬世道學正統，何也？田氏心統於性，性師心弟之說行，而張子之書，亦可東閣乎？如是則無可說矣．

20.

重菴曰，凡言語文字，截去首尾，孤行一句，以造謗爲能事，則雖聖經賢傳，豈有一句完語乎？又曰夫以華西師生爲異端，則朱子心爲太極，尤翁心有以理言之之說，實華門傳守之根柢也．渠欲並朱子而斥之爲異端耶？若曰朱·宋爲此言，則不失爲聖賢．華門有此言，乃可謂[815]異端，則是後世炎凉之習．何足與議於性道之源乎？又曰見今洋鬼外蝕，邦域內潰，正是將恐將懼，維予與汝之秋，而喙喙爭鳴，欲爲仇敵，以待卞莊子之來，是亦不仁也，甚於作俑者矣．金志山答朴聖直問桂海往復之相續，曰朱子之於陸氏，斥之以告子，譏眞胡種子．而見今歐西風潮，擧天下澒洞，不免胥溺．雖淵源各異，議論不合，何必自相攻擊，益增孤危於強此覉彼之地耶？其精微之辨論，留竢風靜浪息之日．田氏謂未嫁女子不當論夫家得失，與漆室釐婦，相去遠矣．至於同尊朱子之地，何其剗地埋殺也？吾黨先進，攻斥殆盡，滔天洪水，懷襄六洲，則桂海一隅，獨不爲魚乎？

815 謂 : 저본에서는 '異'로 썼다. 『중암집』의 원문에 근거해서 고쳤다.

21.

余自弱歲見其前辨, 非不欲爲一說. 而無學問無心力, 寧固守堅壁, 不爲私說所搖, 則幸耳. 嘗有人請松沙先生置辨, 答曰此門人事, 吾則道屈與屈, 道伸與伸. 及見老柏軒兩辨, 曰斯已盡矣. 余亦不敢更有意于斯矣. 其後艮集之出, 要田陽人一見, 其人以他辭辭之, 秘不見. 余非欲立辨, 欲一見其文而不得. 友人鄭栗溪琦嘗勸余著文以辨駁之, 趙韋堂章燮氏亦如之, 余固不敢矣. 今見栗溪集後辨辨, 田氏之肆意侵斥, 不遺餘力, 其門人之諱不見人以是耶? 余始乃不勝公憤, 略言之如右. 然非欲與當世專門者爭衡以生葛藤, 亦不以待知罪於人. 聊以平心定氣尋義理至當之歸而已.

22.

以其所謂性師心弟言之, 歸而求之有餘師, 不必如此爲解也. 孝弟, 乃性分中事, 謂出於性則可, 直謂之性則不可. 程子曰, 孝弟是行仁之本, 非是仁之本.—止.— 所謂求之者, 以心求之乎? 以性求之乎? 朱子曰, 能盡其性者, 天必命之, 爲億兆之君師. 盡其性, 以心知以心盡, 故能爲億兆之君師. 只以性爲師, 則億兆性中皆有師, 何以盡其性者爲師乎? 若曰億兆雖有性, 氣拘物蔽, 不自得師, 則今性師之云, 以明性復性言耶? 曹交非知明性復性者, 孟子何言求之性師乎? 盡其心者, 知性知天, 此所以心師也. 先知覺後知, 先覺覺後覺. 後者覺, 必效先覺之所爲. 知覺, 乃心之事, 豈性之謂? 子學仁學禮道, 故曰心弟, 何也? 心統性情, 心主性情. 爲仁爲禮道之心, 非學而能之也. 性情字, 皆從心, 心爲子母. 心也性也天也, 一也, 何區分師弟乎? 心以性爲師, 則情亦學於性乎? 不學而能, 發而中節不中節乎? 天命之性, 是天命之師乎? 率性之道, 是師道乎? 修道之教, 是師教乎? 天命之性具於心, 率性修道, 皆心之爲也. 道者, 性之德, 而具於心. 存養省察, 以此心用於大本達道, 而至位天育物. 吾心正則天地心亦正, 而心也能統天命, 本然之性, 使體立用行而通萬物之情, 其爲師也大矣. 惡可謂性尊心卑乎?

23.

其言曰聖人自言好學, 此爲心之師性, 而舍仁義無所學也. 心之師性, 自是聖門旨訣. 性師, 雖始於孟朱, 其源出於先聖. 疑之, 殆未之思也. 其徒又謂性君心臣, 性將心卒, 性父心子. 如是則田氏爲性師, 其徒爲心弟. 思易天下而莫敢誰何, 天下之君臣將卒父子, 皆爲性師心弟之所主也耶?

「외필변」을 변론함

공학원

이 글은 기우만의 문인인 공학원(孔學源, 1869~1939)[816]이 전우의 「외필변」과 「외필후변」을 비판하는 것이다. 모두 22조목으로 이루어져 있는데, 1조목은 서론에 해당한다. 2~16조목은 「외필변」을 17~21조목은 「외필후변」을 반박하고 있다. 22조목은 별다른 인용이 없이 자신이 견해를 서술한 결론 부분에 해당하는데, 모두 11개의 문단으로 이루어져 있다. 인용의 경우에는 한 간을 낮춰 썼고, 자신의 견해는 올려 써서 구별했다. 기정진의 「외필」- 전우의 「외필변」·「외필후변」-공학원의 「변외필변」으로 이어진다. 구체적인 저술 년대는 알 수 없다. 『도봉집(道峰集)』 권9에 실려 있다.

1.

천지의 처음에는 음양일 뿐이었다. 성인이 우러러 천문을 살피고 그 근원을 유추해서, 그 음양이 움직이고 고요한 오묘함을 태극이라고 했고, 만유를 주재하는 것을 일러 상제라고 했으며, 홍균(洪勻)에 부여하는 것을 천명이라 했고, 의지하고 시작하며 하늘을 거느리는 것을 전원(全元)이라고 했다. 도(道), 성(性), 성(誠), 중(中)이란 말은 아무리 다르더라도 리는 하나이다. 이들은 모두 천지와 인물의 본체와 운용의 오묘함을 밝히지 않는 것이 없었다. 시대가 흘러 후현들의 학술이 더욱 치밀해지자 천지의 변화와 소장, 인물의 동이와 편전, 심성의 건체(乾體)와 대용. 날고 헤엄치며, 달리거나 엎드리는 동물과 식물, 말라비틀어진

---

816 자는 도경(道卿) 호는 도봉(道峰)이고 본관은 곡부(曲阜)다. 재종형인 공상원(孔商源)을 스승으로 모셨고, 훗날 기우만에게 배움을 청했기에 재전제자로서 기정진-기우만-공학원으로 이어지는 학맥에 속한다.

물건 등에 이르기까지 리와 기로 분석하지 않는 것이 없게 되었다. 이것은 학자들이 분명하게 이해하고 쉽게 터득하기를 바란 것이었다. 그러나 합쳐서 말하면 리는 곧 기이고, 기는 곧 리이여서 서로 간격이나 막힘이 없다. (반면에) 서로 짝을 나누고 대비시켜 말하면 리는 그 자체로 리이고, 기는 그 자체로 기여서, 경계가 나눠지고 층차가 생겨나 논쟁의 실마리가 여기에서 뻗어 나왔다. 기를 마주해서 리를 살피는[卽氣觀理] 사유가 없으면 본령이 밝혀지지 않고, 종지가 쉽게 어긋나 리는 점점 가벼워지고, 기는 무거워진다. 이것이 근대 학문의 고질적인 병폐이다.

주장을 하는 사이에 반드시 도리를 일컫기는 하지만, 가리킬 수 있는 이름을 가진 천도와 일상생활에서 마땅히 실행해야 할 인사를 하나같이 기의 영역[氣分]에만 소속시켰다. (그 바깥에) 따로 저 멀리 어둡고 텅 빈 생각할 수도 없는 영역에서 리의 오묘함을 주장한다 한들, 명목으로야 성을 드높인다지만 실제로는 성을 밖으로 여기고, 명목으로는 기를 극복한다[克氣]고 하지만 실제로는 기를 중시할[主氣] 뿐이다.

노사선생은 율곡보다 수 백 년 뒤에 태어나 율옹의 어짊을 경모했고, 율옹의 도를 강명한 것도 매우 지극했다. 그러나 율(栗)·우(牛) 두 선생이 주고받은 편지에서 "기틀이 스스로 그러하지 그렇게 시키는 것이 있지 않다"라는 구절만은 끝내 이해하기 어려웠다. 안으로 애만 태우다가 만년이 되어서야 글을 지어 문인들에게 보여주었다. 선생의 생각은 '요즘 사람들이 기를 중시하는 폐단이 리를 해칠 정도로 심한데다 선현의 어구를 머리에 지고 있기까지 하니, 이것은 물이 더욱 깊은 것과 같았기에 진실로 구제해서 멈추도록 해야 한다'라는 것이었다. 이에 한쪽 사람들이 '율옹을 가리키며 배척했다'라고 지목하면서 시끄러운 말들이 끓어올랐고, 무리지어 공격하고 멋대로 모욕했으며, 심지어 구산(臼山 : 전우)의 변론이 나와 비난이 극에 달하게 되었다.

노옹(蘆翁)은 처음에 한 단락을 의심하는 논의를 했을 뿐이요, 선현을 감추려는[諱賢] 의리의 측면에서 '율옹왈(栗翁曰)'이라고 하지 않았고, '금왈(今曰)'이라고 했을 뿐이다. 자신의 속내를 조금 진술하기는 했지만 글을 멋대로 지었기에 "내가 여기에서 한 말들이 선현들의 어구를 침범하고 간섭했으니, (내 행동이) 옳지 않은 줄이야 잘 알고 있다"라고 했으며, 또한 "전현이 살아있다면 질정을 받고 싶다"라고도 했고, 그 글은 '외필'이라고 제목을 붙였다. 이제 의심스러운 것을 보고서 질정을 받고 싶다는 글을 '공격하고 배척한다'라고 한다면 의심스러운 것을 질정하는 통로를 막아버리는 격이니, 진실로 '(율옹을) 존중하고 사모한다'라고 할 수 있겠는가? 이처럼 하고서도 '존중하고 사모한다'라고 한다면 율옹의 신령이 어찌 지하에서 즐거이 들으려 하겠는가? 또한 어떻게 노옹이 '후세의 현자들에게 질문하겠다'라고 한 뜻이겠는가?

2.

[외필변] 율옹이 "음양의 움직임과 고요함은 기틀이 저절로 그런 것이지 시키는 것이 있지 않다"라고 했는데, 노사는 『외필』에서 이것을 매우 공박했다. 그러나 내가 보기에 주자는 평소 '작용이 있자마자 형이하이다'라고 말했는데, 움직임과 고요함은 작용이다. 그래서 (율옹은) '저절로 그런 것이다'라고 말한 것이다. 공자는 분명히 말했다. "하늘이 만물을 낳으면서 … 심어진 이는 북돋아 주고 기울어진 이는 엎어버린다." 주자는 이에 대해 오히려 '이것은 어떤 물건이 있어 그렇게 하는 것이 아니다. 다만 만물이 생겨날 때 저절로 자라나지만, 마치 어떤 물건이 그것을 부지해 주는 것과 같고, 쇠약할 때에 저절로 닳아 없어지지만 마치 어떤 물건이 이것을 밀어서 뒤엎어버리는 것과 같다. 리가 저절로 이와 같다'라고 했다. 또한 맹자는 분명하게 "하늘이 만물을 낳으면서 근본이 하나이도록 했다"라고 말했다. 그러나 주자는 오히려

"저절로 그러한 이치이지만 마치 하늘이 그렇게 시키는 것과 같다"라고 했다. 이윤은 분명하게 '하늘이 백성을 낳으면서 먼저 아는 이가 나중에 아는 이를 깨우치게 했다'라고 했다. 그러나 주자는 "천리의 당연함이 마치 그렇게 시키는 것과 같다"라고 했으니, 이것은 어찌 된 까닭인가? 단지 사람들이 '사(使)'자를 작용의 뜻으로 착각한다면, 도에 크게 해로울까 걱정한 것일 뿐이다. 그러므로 '약(若)', '흡사(恰似)', '비유물사지연(非有物使之然)' 등의 글자를 쓴 것이다. 그렇게 해서 작용의 부림이 없는 것을 드러내었다. 그러므로 '시키는 것이 있지 않다'라고 한 것이다. 율옹이 어찌 전수받은 것이 없이 멋대로 말한 것이겠는가?

공학원 : '스스로 그렇다[自爾]'라는 말은 융통성 있게 보면 '기틀이 스스로 그러하다'라는 것은 곧 '리가 스스로 그러하다[理自爾]'라는 뜻이다. 그러므로 「외필」에서는 "'스스로 그러하다'라고 말할 때 말이 오히려 허황되었다"라고 했으니 여기에 대해서는 많은 말을 하지 않겠다. 『중용』에서는 '심어진 것은 북돋아주고, 기울어진 것은 엎어버린다'라고 했는데, 주자는 오히려 '저절로 자라고 저절로 사라진다', '시키는 것이 있지 않다'라고 했으니, 이것은 '스스로 그러하지 시키는 것이 있지 않다'라는 것과 비슷하다. 그러나 '마치 어떤 물건이 있어서 붙잡아 주는 것 같다[恰似有物扶持]', '마치 어떤 물건이 밀어서 뒤엎어버리는 것 같다[恰似有物推倒]'라고 할 때 두 '흡사(恰似)'라는 글자는 '리가 저절로 이와 같다'라는 뜻을 불러일으키려는 것이었다. '스스로 그러하지 그렇게 시키는 것이 있지 않다'라는 뜻과는 연나라와 월나라처럼 거리가 멀다.

이윤은 "하늘이 시킨다"라고 했는데, 주자는 오히려 "천리의 당연함이 그렇게 시키는 것과 같다[若使之也]"라고 했다. 맹자는 "하늘이 시킨다"라고 했는데, 주자는 오히려 "저절로 그러한 이치는 하늘이 그렇게 시키는 것과 같다[若天使然也]"라고 했다. 이제 두 개의 '약사(若使)'를 '비사(非使)'의 뜻과 같은 것으로 비교하려고 한다면, 이것은 어떤 경서의 뜻인가? '약사'에서 '약(若)'자는 이미 본문의 '하늘이 시킨다[天使]'라는 뜻을 풀이하면서 (하늘이) 작용한다는 뜻으로 잘못 볼까 걱정해서 이렇게 말한 것이었다. 그러나 '비사(非使)'의 '사(使)'는 이미 본문을 주해하는 것이 아니요, 확고하게 '스스로 그렇다'라는 뜻일 뿐이다.

3.

[외필변] 또 예를 들어 "사람이 도를 넓힐 수 있다"라는 것은 기틀이 저절로 그러한 것이요, "도가 사람을 넓히는 것이 아니다"라는 것은 그렇게 시키는 것이 있지 않다는 것이다. "인심에 지각이 있다"라는 것은 음양이 움직이고 고요한 기틀이고, "도체는 함이 없다"라는 것은 태극의 저절로 그러한 오묘함이다. 주자는 『논어집주』에 장자(張子)의 말을 싣고 있는데, 후대의 학자가 '성이 마음을 검속할 줄 모른다'라는 것을 천명이 이미 그쳤다고 여기고, '마음이 성을 다할 수 있다'라는 것을 천명 바깥에 또 하나의 본령이라고 여긴 것이라고 여겨 붓을 놀려 제멋대로 매도하는 것을 들어본 적이 없다.

공학원 : 인도(人道)는 아래에서 배워 위에 통달하므로 선비는 현자를 바라고, 현자는 성인을 바란다. 이것을 일러 '사람이 도를 넓힐 수 있다'라고 하는 것이다. 천도(天道)란 형이상의 도(道)이면서 형이하의 기(器)이며, 본체이자 유행이다. 그러므로 기는 리를 넓힐 수 없다. 그런데 이제 '사람이 도를 넓힐 수 있다'라는 것을 '기틀이 저절로 그러한' 것이라 하니, 넓힌다[弘]는 것은 넓히고 키운다는 뜻인데, 사람이 과연 '저절로 그러한' 채로 그 도를 넓히고 키울 수 있는가? 기가 과연 '저절로 그러한' 채로 이 리를 넓히고 키울 수 있는가? 마음을 보존하고 성을 기르며, 마음을 다해서 성을 아는 것이니, 천명이 내게 갖춰진 것이지 본래 '저절로 그러한' 것이 아니다.

4.

[외필변] 리가 기의 주재이고, 성이 마음의 근본이라는 것을 논하자면 율옹은 또한 "기가 하는 것은 반드시 주재가 되는 리가 있다"라고 했다. 또한 '함이 없이 함이 있는 것의 주재가 되는 것은 리이다'라고 했다. 또한 "누가 그 기틀을 주재하는가? 오호라! 태극이로다!"라고 했다. 이런 것들은 이루 다 헤아릴 수 없다. 사람이 진실로 이것을 알았다면 '기틀이 스스로 그러하다'라고 했을지라도 저절로 그러한 소이연은 여전히 이 리이고, '그렇게 시키는 것이 있지 않다'라고 했을지라도, 시키지 않으면서 시키는 것은 여전히 이 리인 것이다. 「외필」에서 말하듯이 위연과 양의가 함께 승상부에 있어서 일을 어긋나게 한 것과 같은 변고가 생겨난 적이 있었단 것인가?

공학원 : 『율곡전서』의 리를 중시한 몇 조목을 여러 가지 들어서, 입이 아프게 이것을 발명했는데, 이 또한 노옹이 이미 환히 아는 것이다. '스스로 그러하지 그렇게 시키는 것이 있지 않다'라는 한 단락의 의론은 오히려 이 몇 조목들과 합치하지 않는다. 「외필」을 지은 것도 진실로 이 때문이었다. '스스로 그렇다(自爾)'라는 것과 '소이연(所以然)'에는 각자 주장하는 것이 있는데, 「외필」에서 분명히 말했기에 다시 변론할 필요는 없다.

그러나 "시키지 않으면서 시키는 것은 여전히 이 리인 것이다"라는 말에는 또한 옳지 않은 점이 있다. 리와 기를 두 사람으로 본다면 한쪽에서는 "내가 저절로 가는 데 그렇게 시키는 것이 있지 않다"라고 하고, 한쪽에서는 "내가 시키지는 않지만 실제로는 그렇게 시킨다"라고 한다면, 저절로 가는 이야 진실로 나무랄 말이 없겠지만, '시키지 않으면서 시킨다'라고 하는 것은 이미 진실이 아니다. 사람이 어떻게 거짓되지 않은 본체를 가지고서 망상을 품고, 묘용은 지극이 공정한데 스스로 비밀스런 계책을 품고 있다 하겠는가? 아마도 위연과 양의가 함께 승상부에 있으면서 서로 어긋나는 데서 벗어나지 못할 것이다.

5.

[외필변] 어떤 이는 이렇게 말한다. "주자는 '스스로 자라고 스스로 사라진다'라는 구절 아래에 '리가 저절로 이와 같다'라는 말을 이어 붙였다. 그러나 율옹은 (따로) 말 한마디를 덧붙이지 않았다. 이 때문에 노사의 의심을 불러온 것이다." 이것 또한 그렇지 않다. 주자는 이렇게 말한 적이 있다. "일기(一氣)가 유행하면 모든 것들이 스스로 생기고, 스스로 자라며, 스스로 형체화되고, 스스로 색을 갖는다. 이것이 어찌 하나하나 분 바르듯이 가꾸고서야 이렇게 되는 것이겠는가?" 어떻게 하나하나 분 바르듯이 가꾸고서야 이렇게 되겠는가라고 한 것이 바로 율옹이 '그렇게 시키는 것이 있지 않다'라는 말이기에 다시 '리가 저절로 이와 같다'라고 말하지 않은 것이다.

공학원 : 날고 헤엄치는 것들에는 날고 헤엄치는 리가 있다. 그렇다고 땅에 가득한 비늘과 깃털을 어찌 모두 하나하나 좇아가며 치장하겠는가? 한 비늘과 깃털의 리가 곧 모든 비늘과 깃털의 리인 것이다. 붉고 푸른 것에는 붉고 푸른 리가 있다. 그렇다고 산에 가득한 꽃과 이파리들을 어찌 모두 하나하나 좇아가며 치장하겠는가? 한 꽃과 이파리의 리가 곧 모든 꽃과 이파리들의 리인 것이다. 하루 가운데 양지와 음지가 일정하지 않다고 해서, 양의의 근원이 없다고 하겠는가? 한 땅에서 탱자와 귤의 형태가 혼란스러운 모습이라고 해서 만물의 지도리가 없다고 의심한다면 주자의 본뜻을 잃어버릴 터인데 어쩌려는 것인가?

6.

[외필변] 노사는 이렇게 말한다. : 움직이고 고요한 것은 기요, 움직이

고 고요하게 하는 것은 리이다. 움직이게 하고 고요하게 한다는 것이 그렇게 시키는 것이 아니라면 무엇이겠는가? 나는 이렇게 생각한다. : 리가 '그렇게 시킨다[使]'라고 하는 것은 뿌리를 말할 뿐이지, 기에 감정과 의지가 있다는 것과 같은 것이 아니다. 그러므로 우옹(尤翁)은 심명중(沈明仲 : 沈世熙)이 "'움직이게 하고 고요하게도 한다'라고 하니 어떻게 조작이 없다고 하겠습니까"라는 질문에 대답하면서 "'이 또한 스스로 그렇다'라고 말하는 것에 불과할 뿐, 음양과 오행이 운용하는 것과는 다르다"라고 했다. 지금 노사의 견해는 바로 심씨와 같다. 어찌 '기를 리로 인식하는' 데로 귀결되지 않겠는가?

공학원 : 이윤과 맹자가 '천사(天使)'라고 할 때의 '사(使)'를 주자가 풀이한 '약사(若使)'자의 뜻으로 보면서 「외필」에서 '움직이고 고요하게 하는 것이 그렇게 시키는 것이다'라고 할 때의 '사'자만 유독 '조작하고 사용한다[造作使用]'라는 뜻의 '사'자로 보아야겠는가? 그렇다면 『중용』의 "하늘이 명한 것은 성이라고 한다"라고 할 때의 '명(命)'도 순순하게 명하는 것이라는 뜻인가? "하늘이 음양과 오행으로[天以陰陽五行]"라고 할 때의 '이(以)'자 또한 끌어다 쓰고, 만들어 쓰는 일을 뜻하는가? '천사'라고 할 때의 '사'를 주자가 (이렇게) 풀이하지 않았다면 이윤과 맹자 또한 기를 리로 인식했다는 결론에서 벗어나지 못하는 것인가? '천명'이라고 할 때의 '명'도 (주자의) "명령과 같다"[817]라는 풀이에 힘입어 다행히 (이런 해석에서) 벗어났으니, '천이(天以)'라고 할 때의 '이(以)'자도 다시 풀이하지 않는다면 주자 또한 기를 리로 인식했다는 결론에서 벗어나지 못한단 것인가? 우옹이 심명중의 물음에 "스스로 그러하다고 말하는 것에 불과할 뿐이다"[818]라고 대답한 것에서 '스스로 그러함'이란 '리의 스스로 그러함'으로 인식해야 하는가? (간재는) '저절로 그러한 소이연은 여전히

---

817 주희, 『중용장구』(『주자전서』 vol. 6), 32쪽.

818 송시열, 『송자대전』 권105(표점영인 한국문집총간 vol. 111), 「答沈明仲」, 496쪽.

이 리'라고 했으니 분명 기의 스스로 그러함으로 인식한 것이다. 그렇다면 우재(尤齋) 또한 기를 리로 인식했다는 귀결에서 벗어나지 못할 것이다.

7.

[외필변] 리는 주재라고 말한다 하더라도 실제로는 스스로 존재할 뿐이요, 기는 움직이고 고요하다고 할지라도 실제로는 리에 뿌리를 두고 있다. 이것은 천지의 앞이든지 뒤든지, 천 년 전이든 만 년 전이든 변할 수 없는 정해진 도리이다. 그러므로 율옹은 "무형무위(無形無爲)하면서 유형유위(有形有爲)한 것의 주재가 되는 것은 리이고, 유형유위하면서 무형무위한 것은 그릇[器]이 되는 것은 기이다"라고 하고서, 다시 "유형유위하면서 움직임과 고요함이 있는 것은 기이고, 무형무위하면서 움직임과 고요함 (두 측면 모두)에 존재하는 것은 리이다"라고 했다. 이것은 근본과 말단을 모두 다 발휘했고, 본체와 작용에 빠트린 것이 없다고 할 수 있으니, 도체를 환하게 아는 이가 아니라면 누가 여기에 함께 할 수 있겠는가!

공학원 : "리는 주재라고 말한다 하더라도 실제로는 스스로 존재할 뿐이다[理雖曰主宰, 而實則自在.]"라고 하는 것은 정말로 그 오의에 통달한 것인가? 우선 주된 논지와 문장의 형세로 보자면, '자재(自在)' 아래에 '어기(於氣)' 두 글자가 빠져있다. 이제 이 두 글자를 빼버렸기에 어쩔 수 없이 (현재의) 본문에서 '주재'라고 했으니 (이곳이 바로) 실리의 소재일 뿐인데, '실즉자재(實則自在)'라고 덧붙였으니, 주재의 곁에 따로 실재하는 장소가 있다는 것인가? 천지와 고금에 걸쳐 바꿀 수 없는 정리(定理)를 마음으로 궁구하면서 깊이 찾고서도 얻지 못했다면, 스스로 식견이 천박함을 한스러워 해야 할 것이다. 율옹이 말한 무형과 무위는 본체의 은미함을 말한 것이지, 어떻게 정말로 무형이고, 정말로 무위라는 말이

겠는가? 보아도 보이지 않는 것은 마음에서 이해하고, 살펴도 드러나지 않는 것은 사물에서 징험한다면, 그 형체[形]와 그 하는[爲] 것이 어찌 드러나지 않겠는가? 정말로 무형이고, 정말로 무위라면 '형이상의 도', '성은 도의 형체', '하늘이 실제로 (그렇게) 한다', '하늘의 조화가 어지럽고 어둡다'[819]라고 한 것도 모두 빈말인 것인가?

8.

[외필변] 주재라는 한 가지 뜻만을 주장하면서 거의 리에 조종하는 힘이 있고, 다시 이 기를 검속하지 않으면서 리의 본연만을 따르려고 한다면, 그 공부가 어찌 거칠고 틈이 벌어지지 않겠는가? 또한 그의 말대로라면 말하거나 침묵하는 것은 입이요, 말하게 하고 침묵하게 하는 것은 성이다. 나는 성이란 말하거나 침묵하는 리이고, 입과 혀는 따라서 말하거나 침묵한다고 들었지, 이 성이 스스로 말하고 침묵할 수 있다고는 듣지 못했다. 이런 까닭에 고자·불교의 '지각 작용이 곧 성이다'라는 주장, 양명의 양능(良能)과 '보고 듣고 말하고 움직이는 것이 모두 천리이다'라는 주장은 모두 기를 리로 인식하는 데로 귀결되니, 우리 성인과는 다른 것이다.

공학원 : '조종'은 「외필」에서 말한 것이지만, 변화를 말한 것일 뿐이다. 어떻게 인간사의 취사선택이라는 의미로 보겠는가? '다시 이 기를 검속하지 않는다'라고 한 것은 더욱 가소롭다. 하늘에 있는 혼연한 일리(一理)가 일기(一氣)의 유행을 검속할 수 있다는 것인가? 천리의 혼연한 전체를 논하면서 반드시 기품이 고르지 않은 인간사에 배당시키려 하니, 또한 말이 되지 않는 점이 있다. 이러한 면을 공부가 치밀하다고 하겠는가? 하늘과 사람은 아무리 일리(一理)라고 하더라도 사람은 하늘

819 『주역』, 둔괘, 「단」.

과 비교하면 또한 차등이 있으니, 마음을 임금으로, 성을 하늘로 여기기 때문이다. 말하거나 침묵하는 것은 입이요, 말할 수도 침묵할 수도 있는 것은 마음이며, 말해지거나 말해지지 않은 것은 성이다. 말해지거나 말해지지 않은 것이 어째 말하거나, 말하지 않은 것과 다르겠는가? 이제 "말하거나 침묵하는 것은 입이요, 말하게 하고 침묵하게 하는 것은 성이다"라고 하는데, 매번 '능(能)'과 '소(所)'의 경계를 말하면서, 심지어는 남들은 할 수 없지만 여기에 대해 자기만이 홀로 아는 경지라고 하니, 어찌 그렇게 소루한 것인가? 고자와 불교의 '지각과 작용이 성이다'라는 주장, 양명의 양능(良能) 및 '보고 듣고 말하고 움직이는 것이 바로 천리이다'라는 주장은 그 실상을 파헤치면 '능(能)'에서만 그칠 뿐, '소(所)'를 알지 못하기 때문이다. 이런 소루한 견해로 고자·불교·양명을 반박하고 바로잡으려고 한다면, 고자·불교·양명의 학을 하는 이들 또한 입을 가리며 웃을 터이니, (간재는) 고자·불교·양명의 부류에 사람을 넘어뜨리려고 하는 것인가?

9.

[외필변] 주자의 「호계수에게 답하는 편지」에 '자신의 마음을 스스로 살핀다'라는 말이 있다. 이것이 어찌 살피는 리가 성에서 나오지만, 살필 수 있는 것은 마음이지 성이 아니라는 것을 모르는 것이겠는가? 그러므로 이처럼 말한 것이요, 글의 문리도 모두 갖추어 조금의 흠도 없다. 「외필」의 주장에 물든 후학들이 잘못 이해해서 '스스로 행하고 스스로 그칠 뿐이요, 성명에서 말미암지 않으며, 두 개의 본령이요, 각각 지도리가 된다'라는 주장을 주자에게 묻게 된다면, 내 생각에 노사의 혼령은 또한 지하에서나마 얼굴이 붉어질 것이다.

공학원 : '스스로 그러하다'라는 구절의 뒤에 '그렇게 시키는 것이 있지 않다'라는 말을 이었다. 이 때문에 '스스로 그러하다'는 것이 '홀로

스스로[獨自]'라는 뜻이 되었다. 이것이 참으로 '스스로 행하고, 스스로 그치는 것 같다'라고 한 것과 비슷하다는 것은 「외필」에서 말한 것이다. 이것은 주자의 편지에서 '자신의 마음을 스스로 살핀다'라고 한 것과 말이 똑같고, 뜻과 맥락이 일치하는 것인가? 마음은 성과 정을 통괄하기에 도리를 다할 수 있고, 기질을 검속할 수 있다. '스스로 살핀다'라는 한 마디는 본체와 작용을 포괄할 수 있다. '「외필」에 물든 후인'이 '기틀이 스스로 그러하다'라는 것을 주자에게 물으면서 '이 구절과 마음이 스스로를 살핀다는 말은 똑같이 성과 기를 통괄하고 겸한 것입니까?'라고 한다면, 주자는 어떻게 대답할지 모르겠다.

10.

[외필변] 리는 하나일 뿐이지만, 기를 타면 나뉘어 갖가지로 달라진다. 이것이 율옹의 주장이다. 말하기를 "어떻게 리일일 때는 처음에 타는 것이 없다가, 만리가 되었을 때에 비로소 기틀에 올라타는가?"라고 한다면 그렇지 않다고 하겠다. 이제 기틀 위에 있는 태극만을 단독으로 말한다면 '이일'이라고 할 뿐이지만, 네 계절의 기운을 겸하여 거론하면서 원형이정을 말하면 '기에 타서 그 나뉨이 갖가지로 달라졌다'는 것일 뿐이다. 어떻게 어제는 걸어가다가 오늘에서야 말에 올라탔다는 말이겠는가? 이제 「외필」에서는 말하기를 '이것은 마치 태극이 아무런 주장이 없다가 문득 말이 앞에 있는 것을 보고서 재빨리 위로 올라타는 것과 같다'라고 하는데, 이것은 결코 율옹의 본뜻이 아니다.

공학원 : 율옹의 말 가운데 "리는 하나일 뿐이다"는 것은 '독일(獨一)'이라고 할 때의 '하나[一]'인가? '통일(統一)'이라고 할 때의 '하나'인가? 이 '일(一)'자가 어떤 물건인지 인식했다면 나머지 단락은 유추할 수 있을 것이다. '승기(乘氣)' 두 글자는 주자의 '소승지기'를 말한 문장에 뿌리를 두고 있으니, '소승지세(所乘之歲)'라거나 '소승지묘(所乘之妙)'라고 말하는

것과 같다. '소승(所乘)'자는 곧 유행한다는 뜻이다. 이제 태극을 말하면서 먼저 '기상(機上)'자를 가져다 앞에 가져다 두었으니, 이 기틀[機]은 어디에서 온 어떤 모양의 사물이기에, 먼저 이 리가 타고 갖추어지기를 기다리고 있는 것인가? 태극이란 모든 리를 총칭하는 이름이니, '황극과 북극이 중에 머문다'라고 말하는 것과 같다. 원형이정이 본래 태극에 갖춰졌으니, 이기(二氣)와 오행 또한 원형이정을 벗어나지 않는다. 이제 네 계절의 기를 거론하며 '원형이정을 말하면 기에 타서 그 나뉨이 갖가지로 달라졌다는 것일 뿐이다'라고 하니 하나의 태극이 네 계절의 기를 타고서 원형이정의 네 가지 리가 되었다는 것인가? 아니면 하나의 태극 바깥에 원형이정이 있어 네 계절의 기를 탔다는 것인가? 이것은 이일(理一)의 '일(一)'을 '독일(獨一)'로 간주하기 때문이 아닌가? 이것은 결코 율옹의 본뜻이 아닐 것이다. '리가 탄다[理乘]'라고 할 때의 '승(乘)'은 '스스로 그러하지 시키는 것이 있지 않다'라는 구절의 뒤에서 나왔기 때문에 (「외필」에서) '아무런 주장이 없다가 재빨리 위로 올라타는 것과 같다.' '변방 늙은이가 얻은 것이다'라는 등의 말을 하게 된 것이다. 이제 '기틀 위에 있는 태극'으로 (리가 기에) 원래 타있다는 것을 발명하려고 하니 더욱 가소롭다.

11.

[외필변] 사람은 모두 태극을 갖고 있지만, 기품이 이미 다르기에 욕심이 움직이고 감정이 날뛰며 이해가 서로 공격하는 근심이 종종 있게 된다. 이때 원래 말을 타고 있는 주인이 이미 조종하는 힘을 가지고 있다면 또한 가부가 없지 않을 것이다. 어떻게 이렇게 동쪽으로 서쪽으로 쏠리는 것이 오직 말의 잘못이겠는가? 이 또한 분명히 밝혀서 살피고 논파해야 한다. 그렇지 않다면 '주인이 지향하는 것을 종복이 어떻게 가지 않겠는가'라고 하는 것도 사람들은 믿지 않을 것이니, 오호라! 위

태롭구나!

공학원 : 이제 사람의 몸에서 태극을 말하면서 원래 타고 있는 주인을 묻는다면 '마음이 임금이다'라고 한다. '마음이 태극인가?'라고 하면 '마음의 리는 곧 태극이다'라고 한다. 그렇다면 '마음은 음양인가?'라고 하면, '마음의 움직임과 고요함은 음양이다'라고 한다. '어떻게 임금이란 이름을 얻게 되었는가?'라고 하면 '하늘에서 명을 받아서 한 몸을 주재하기 때문이다'라고 한다. '여기에 대해 들을 수 있는가?'라고 하면, '마음의 리는 곧 하늘이 내려준 성이다. 성은 비유하자면 상제의 고명(誥命)이다. 그러므로 또한 천군(天君)이라고 한다'라고 한다. '타고 있는 곳이 있는가?'라고 하면 '제(帝)로부터 움직이고 고요한데, 어떻게 탄다[乘]는 것으로 억지로 질문을 하겠는가?'라고 한다. 종이 따랐다면 장수로서의 의지, 병졸로서의 기는 모두 사물이니, 이 리가 있기 때문에 '재빨리 움직인다'라는 형상은 없지만, 조종하는 힘이 있기에 의지와 기가 멋대로 뛰어노는 것을 검속할 수 있는 것이다. 동서의 방향을 분간 못하는 것은 말의 잘못일 뿐이다. 주인이 향하는 곳을 종이 가지 않아서 위태로울 것이라는 걱정을 할 필요가 없다.

12.

[외필변] 「외필」에서는 또 이렇게 말했다. "이발(理發)이란 두 글자가 오늘날 학자들에게 일대 금기하고 회피하는 용어가 되어버렸다. … "

나는 이렇게 생각한다. : 율옹 또한 "누가 그 기틀을 주장하는가? 아! 태극이로다"라고 했다. 이것이 어떻게 기를 온갖 일의 본령이라고 간주한 적이 있었다는 것인가? 또한 '성이 발현해서 정이 된다'라고 했으니 「외필」에서 운운한 것은 율옹이 이미 환하게 알고 있었던 것이다. 다만, 이발을 잘못이라고 한 것은 오히려 곡절이 있으니, 사실은 이기호발설 때문에 (그렇게) 말한 것일 뿐이다. 리가 뿌리가 된다는 면을 따라서 말하자면 기는 리의 작용이다. 그러므로 기발이라고 하더라도 또한 이발이라고 할 수 있다. 이것은 마치 가는 것은 말이지만, 주인은 사람인 것과 같기 때문에 통틀어 말할 때는 '사람이 간다'라고 하는 것이다. 기가 작용할 수 있다는 측면에 근거하자면 리는 실제로 감정도 의지도 없기 때문에 선한 정이라고 해도 '기발'이라고 말할 수 있을 뿐이다. 이것은 마치 탄 것은 사람이지만 가는 것은 말이기에 변별해서 밝히면서 '말이 간다'라고 하는 것과 같다. 모두 리를 위주로 하더라도 일에 작용하는 측면[用事處]에 이르러서 또한 '기발'이란 말을 쓰지 말아야 한다고 금지한다면 실정에 어긋날 것이다. 비유하자면 신하가 군주의 명령을 시행하는 것과 같으니, 시행해야 하는 것이야 본래 군주에게서 나왔지만 그것을 시행하는 것은 결국 신하이지 군주가 아닌 것이다. 반드시 시행해야 하는 것이 군주의 명이라고 해서 신하가 시행하는 것을 가리켜 군주가 시행한다고 한다면 명목이 올바르지 않고, 말이 순조롭지 못할 것이다. 하물며 갑자기 '신하가 행한다[臣行]'라는 두 글자를 신하가 군주의 자리를 빼앗은 것이라고 여겨 죽인다면, 이것이 어떻게 법리에서 나올 것이겠는가?

공학원 : 기가 리를 따라 발현한다면 기발이 곧 이발이다. 퇴·율의 사칠론에도 '주자 또한 잘못되었다'라는 변론이 있다. 후세 학자들은 이것을 금기시하면서 감추고 말하지 않았다. 말하고자 했던 이들도 '발현하는 것'을 모두 기의 영역에 소속시키고, 인의예지는 발용이 없다고 할 뿐이었다. 발용의 리가 있다고 한다면 모두 기의 영역의 일이요, 진실로 남과 논변하게 되면 차라리 말하지 않은 것만 못하게 되었다. 그러므로 '오늘날 금지하고 회피한다'라고 한 것이다. 이 분열은 사실 '리가 감정도 의지도 없다'라고 했던 주자에게서 말미암은 것인데, 선현들이 이런 주장을 할 적에 어떻게 정말로 감정도 의지도 없다고 한 것이겠는가? (리란) 눈과 귀로 보고 들을 수 없음을 말한 것일 뿐이었다. 정

말로 감정도 의지도 없다면 "상제가 충(衷)을 내려주었다"[820], "상제가 너에게 임했다"[821], "상제의 명이 때에 맞지 않다"[822], '하늘의 살피심이 여기에 있다'[823], "하늘이 반드시 싫어하신다", "선행(善行)에는 복을, 음행(淫行)에는 재앙을 받는다"라는 등의 말은 손가락으로 다 헤아릴 수 없는데, 이들이 모두 헛된 글이고, 떠도는 주장일 뿐인가? 신하가 임금의 명령을 시행한다고 비유했는데, 곽봉거(霍奉車 : 霍光)는 나아가고 물러감에 조금의 잘못도 없었고, 승상(丞相 : 諸葛亮)의 출사(出師)는 죽음을 각오한 것이었다. 군주가 시행하고, 신하가 시행하는 것에 어떻게 초나라의 항적이 겉으로만 의제를 높이고, 조조가 헌제의 권세를 이용한 것을 말할 수 있겠는가? 한갓 명목과 자리의 존귀함만을 높인 것이었다면 신하가 군주의 자리를 빼앗았다고 말할 수 없겠는가?

13.

[외필변] 「외필」에서 인용한 "한 번 음이 되고 한 번 양이 되는 것을 도라고 한다", "태극이 양의를 낳는다"라는 두 구절은 누군들 그렇게 말하지 않겠는가? "사람이 도를 넓히지 도가 사람을 넓히지 않는다"라고 한 것은 오직 공자의 말이 아니겠는가? 하나를 고집하면서 하나를 버릴 필요는 없을 것이다. 생각건대 시골 사람에서 성인과 현인이 되는 데

820 『상서』, 「상서·湯誥」 2장 참조.

821 "상제가 너에게 임하셨으니 너의 마음에 의심하지 말지어다.[上帝臨女, 無貳爾心.]" 『시경』, 「대아·大明」.

822 "주나라가 드러나지 않을까? 상제의 명이 때에 맞지 않을까?[有周不顯, 帝命不時.]" 같은 책, 같은 곳.

823 "하늘이 밝은지라 명을 보전하기 쉽지 않으니 … 그 일에 오르내리어 날로 살펴봄이 여기에 있느니라[天維顯思, 命不易哉. … 陟降厥士, 日監在玆.]" 『시경』, 「주송·敬之」.

이르기까지 어찌 천지의 조화를 빼앗은 것이 아니겠는가? 공부란 마음에 보존된다 하더라도 그 본원은 하나 같이 성에서 나온다. 그런즉 도가 사람을 넓힐 수 있다고 하는 것이 또한 어떻게 불가할 것인가? 그러나 성인의 말이 이와 같은 것은 또한 그 까닭을 깊이 생각해 보아야 한다. 도란 지극히 존귀한 실재요, 만물의 주재가 되는 것이다. 그것을 끌어내려 작용하는 것과 같은 것으로 취급한다면 도와 기, 위와 아래의 구분이 어지러워질 것이요, 이 마음이 (성을) 넘보는 맹아를 막을 수 없을 것이다. 아! 성인의 가리킴이 은미하도다!

공학원 : 천도가 유행하는 오묘함을 말하면서 매번 인간사의 취사선택에 해당하는 말을 가져다 합치려고 한다. 둥근 구멍과 네모난 자루처럼 들어맞지 않고 어긋나 들어가기 힘들다. 이기려는 마음 때문에 깊은 사색에 이르지 못했기 때문이 아닌가? "사람이 도를 넓힐 수 있지, 도가 사람을 넓힐 수 있는 것이 아니다"라는 것이 과연 기가 리를 넓힐 수 있고, 리가 기를 넓힐 수 있다는 분명한 증거라면 정자·주자를 비롯한 여러 현자들이 리와 기를 말하는 곳에서 어째서 이 단락을 한 번도 말하지 않은 것인가? 선비가 현자가 되기를 바라고, 성인이 되어 하늘을 바라는 것이야말로 '사람이 도를 넓히는' 것이라고 할 수 있는 것이지, 천지의 조화를 빼앗았다는 말은 들어보지 못했다. 기이한 기예와 사특한 술수로 세상에 보기 드문 것을 만들어낸 경우라면 어쩌다 '조화를 빼앗았다'라고 할 수 있겠지만, 우리 유학은 하늘을 알고 하늘에 뿌리를 두는 것을 표준으로 삼는데, '하늘을 빼앗았다'라고 하는 말은 매우 이치에 닿지 않는다. 사람에게 있는 도는 진실로 노력의 깊고 낮음에서 유래하니, 도가 어떻게 사람을 시켜서 노력을 깊거나 혹은 낮게 만들겠는가? '도는 지극히 존귀해서 작용을 하는 것과 같은 것으로 취급해서는 안 된다'라고 하는 것은 '도가 사람을 넓히지 않는다'라는 뜻을 밝히려는 것이었다. 그렇지만 성이 마음을 검속할 줄 모른다는 뜻과 비교하

면 뜻은 막히고, 말에는 흠이 있으니 성인이 말한 본뜻은 아닌 것 같다. 마음과 성은 존비의 등급이 있지만 같은 종류라는 혐의는 진실로 지나친 것이다. 안·민·염·궁은 우열이야 있다지만 덕행으로는 같은 부류라는 것은 성인도 인정한 것이다. 또한 '마음이 성과 정을 통괄한다', '성이 곧 기이고 기가 곧 성이다'라는 것은 정자·장자가 논한 것이다. 여기에서 보자면 마음과 성이 같은 종류라는 것은 또한 지나친 말이 아니다. 성과 마음은 계급이 매우 다르더라도 이 계급으로 인해 검속할 줄 모른다는 것이 과연 말이 되는가? 하물며 '넘보는 맹아' 운운한 것은 개인적인 마음과 망상으로 천군(天君)을 시험하려는 것에 불과할 뿐이니 더 말할 나위가 있겠는가? 옛 성현들의 수많은 말들이 이 마음에서 도리를 찾으라는 것이 아니었는가?

그러므로 같은 종류라는 것을 의심하고 맹아를 막아버린다는 의론은 주자·정자의 심학 공부와 순과 우가 전수한 가르침을 쓸 데 없는 빈 말로 귀결지어버리려는 것인가? 그렇게 된 단서를 찾아보면 넓힌다[弘]·검속한다[檢]는 두 글자가 본뜻을 잃은 데서 말미암아서 이런 병폐가 생긴 것이다. 성이라는 물건은 마음과 함께 생겨나니, 의지와 기운이 함부로 내달리고, 정욕이 멋대로 날뛰는 것을 성이 어떻게 조종하고 검속하겠는가? 천지가 광대하고 매우 공정하다지만 생성의 치우침과 길흉의 종류 등을 도가 어떻게 늘리거나 줄이겠는가? 넓힌다·검속한다는 말의 뜻은 여기에서 이해할 수 있을 것이다. 기가 리를 따라 발현하고 마음이 성을 따라 발현하는데 어떻게 넓힌다거나 넓히지 못한다거나, 검속한다거나 검속하지 못한다는 것을 말할 수 있겠는가? 이 뜻이 의미심장하지 않은 것은 아니다. 그런데 우선 마음이 기 단독이라는 의론을 만들어 성과 리가 같은 종류가 아니기를 기약하고, '기틀이 스스로 그러하고, 리는 무위'라는 견해를 채우려고 하지만, 엉망진창으로 온갖 구멍을 내면서 메울 방도조차 없다. 어째서 마음과 성에 군신과 부자의 존비 관계가 있다고 비유하는가? 어떻게 같은 것이라는 의심과 맹아를 막는다는 주장을 그 사이에 끼워 넣어 골육을 이간질시키고, 윤리의 사이를 떼어놓으며, 임금과 아버지를 나약한 임금과 흐리멍텅한 아버지로 만들어버리고, 신하와 자식을 발호하는 신하와 호로(葫蘆)와 같은 자식으로 만들어 버린 다음에야 마음에 통쾌하다는 것인가? 지금 이후로는 하늘에서 벗어나려는 주장이 기가 리의 자리를 빼앗는 것을 아파하지 않는데서 나온 줄을 알 것이다.

14.

[외필변] 또 생각해 보면 마음이 일에 능해서 덕성을 공경하고 존중하며, 의리로 세교를 유지하고, 평범한 이를 성인으로 만들며, 보잘것없는 사람이 하늘에 참여하는 데 이르게 하니, (마음이) 사람에게 공을 세운 것이 그 얼마인가? (마음이) 형상의 이름을 빌렸다지만 여기에 안타까이 여길 만한 점이라고는 없는데, 성인은 무슨 까닭에 마음을 도와 나란한 것이라고 말하려고 하지 않았던 것인가? 불교는 리가 도인 줄을 모르고, '천상천하에 마음만이 존귀하다'라고 하니, (그들이 말하는) 나란 마음 스스로가 (주장하는) 나[心自我]이다. 마음이란 지극하게 정치하게 연마했다고 해도 충막무짐한 도와 비교하면 결국 은미하다고는 하지만 자취가 있으니, 신령함[靈]과 참됨[眞]은 원래 저절로 분별이 있어서 그런 것이다. 성인은 마음을 가리켜 도라고 여기고 싶지 않았으니, 근엄한 뜻이 어찌 이 때문이 아니겠는가? 이것이 우리 유학의 첫째 도리요, 또한 가장 먼저 유의해야 할 것이다. 옛 철인에게 묻고 싶지만 이미 할 수 없으니, 또한 이 시대와 후세의 현자들과 함께 바로잡기를 원하는 것이다.

공학원 : 오상이 사람에게 내려지면서 마음이 아니면 자리 잡을 곳이 없었다. 그 발용은 마음과 하나다. 그러므로 인과 의를 말하면 마음의

덕이요, 마음의 제재라고 한다. 예란 이것을 문식한 것이요, 지란 이것을 아는 것이라고 한다. 마음의 전체와 큰 작용은 광대하고 원만해서 한 몸의 주재옹[主翁]이 된다. 성과 정을 통섭하기에 기로만 말해도 안 되고, 리로만 말해도 안 된다. 정자는 '고요하게 움직이지 않고, 느끼고 마침내 통한다'라는 것으로 리와 기를 합쳐서 말했고, 주자는 마음과 리, 태극과 동정, 음양을 합쳐서 리와 기를 말했다. 율곡은 성과 기로 한 몸을 주재하는 것을 마음이라고 했다. 우암은 '마음은 기로서 이 리를 갖추고 있다'라고 했다. 그러므로 어떤 경우에는 리라고 하기도 했다. 뜻밖에도 마음이 기 단독이라는 주장이 근래의 학자들에게 나와서 육경의 수많은 말들이 '기'자를 종지로 삼게 되었다. 도리는 텅 비고 멀기만 한 공적한 물건이 되어버렸고, 마음에 있는 다섯 가지 성도 거리가 천리나 떨어진 것인양 되어버렸다. 그런데도 입을 열면 곧 성과 천을 말해서, 어린아이조차도 그 주장을 익히 듣게 되어버렸으니, 사문이 융성하다고 할 수도 있을 것이다. 불교와 노자도 언제 인의와 도덕을 주장하는 일이 없었던가? 그러나 그들이 말하는 인의와 도덕은 작고 조그마한 허무와 적멸의 영역일 뿐이니, 그들의 중묘(衆妙)와 원각(圓覺)이라는 것도 결국 몸과 기를 단련하는 것일 뿐이다. 우리 유학에서 성리의 학문은 이들과 다르다. 예를 들어 공자께서 '나의 도는 하나로 꿰뚫었다.', '군자의 도는 셋이다.', '군자의 도는 넷이다.' 네 가지 가르침의 큰 근본, 삼강령과 팔조목은 성의 영역에 고유한 것이요, 직분에 마땅히 해야 할 것이 아님이 없다. 이것을 총괄해서 말하자면 도리라고 하니, 이것은 모두 마음의 측면에서 해야 하는 실질적인 일이요, 하늘이 내려준 본연을 잃지 않으려는 것일 뿐이다. 한가할 때를 대비하는 방도는 (『대학』의) 정심장에 오로지 '바르지 못한' 병폐만을 말했을 뿐이요,[824] (『중용』의) 천명장에서는 경계함[戒]·두려워함[懼]을 겸해서 말했다. 아! 성인의 가르침은 은미하다! 어떻게 오늘날 학자들이 경전을 대하자마자 어떤 글자는 리라고 하고, 어떤 글자는 기라고 하면서 고달프게 하루 내내 오로지 나누기를 일삼는 것과 같겠는가?

15.

[외필변] 정자는 "천지 만물의 리는 홀로인 것이 없고 반드시 짝이 있다"라고 했다. 그런데 어떤 이가 주자에게 태극은 무엇과 짝이 되는가라고 하자 "태극은 음양과 짝이 된다"라고 했다. 「외필」의 다섯 번째 단락은 이 뜻을 논하면서 기를 리와 짝지은 것을 들어 "이것은 성인의 말이 아니다. 요즘 사람들은 '리'자를 보자마자 반드시 기를 찾아서 짝으로 만들려고 한다. 이 때문에 이치가 유행하며 만들어 내는 큰일들이 모두 기의 영역에 속하게 된다. 그 나머지는 혼륜함이요, 고요함으로 이것이 두 가지 본령의 시초이니 슬프다"라고 했다.

나는 이렇게 생각한다. : 노사의 뜻은 리를 높이려는 것이었기에 이렇게 말한 것이다. 그러나 말하는 투가 지나치게 짓밟고 깔아뭉개려고 해서, 성현을 경외하는 체모를 크게 손상시켰다. 이것이 어찌 기운이 리를 잃어버린 곳이 아니겠는가? 하물며 주자가 언제 성인을 비난했는가? 언제 본령이 하나가 아니라고 했는가? 그런데도 음양과 태극을 짝지었다. 이 또한 리가 유행하는 큰일을 빼앗아 기자와 두 본령을 이루는 시작이라고 해서 노사의 슬픈 탄식을 받아야겠는가?

공학원 : 주자가 "오직 마음에는 짝지을 것이 없다"[825]라고 했는데, 마음이 존귀해서 짝할 것이 없다고 한 것이 아니라, 마음이 성과 정을 포괄하고, 성과 정이 짝을 이루기 때문이었다. 노사가 "리는 짝지을 것이 없다"라고 했는데, 이것이 리가 존귀해서 짝지을 것이 없음을 말한

824 『대학』 전(傳) 7장의 내용을 가리킨다.

825 주희, 『주자어류』 권5(『주자전서』 vol. 14), 128쪽.

것이다. '리는 하나이지만 나뉘면 달라진다'라고 하니, 하나[一]와 나뉨[分]이 짝을 이루기 때문이다. 「외필」에서 '기를 리와 짝지어 제시한 것은 성인의 말이 아니다'라고 했는데, 이것은 대적(對敵)이라고 할 때의 대(對)라는 뜻이니, '머리를 나란히 하고 몸을 맞선다[齊頭而敵體]'라고 말하는 것과 같다. 주자가 "태극은 음양과 서로 짝이 된다"라고 한 것이 대적을 말하는 것인가? 주자는 이렇게 말했다. "태극이란 상(象)과 수(數)가 형태화되지 않았지만 그 리는 이미 갖추어졌다는 호칭이다."[826] 또 말했다. "먼저 천리가 있고 나서 기도 있다."[827] 또 말했다. "형이상과 형이하로 말한다면 어찌 선후가 없겠는가?"[828] 이런 말들로부터 말하면 '음양과[與陰陽]'라고 한 것은 적대한다는 말이 아니다. 존비에 구애받지 않고 짝을 짓는다면 자식을 아버지와, 신하를 임금과 짝지으면서 짝지을 것이 없을까 걱정할 것이 없다. 어떻게 태극과 음양이 서로 짝을 이룬다는 것을 말할 만하겠는가? 요즘 사람들이 리와 기를 서로 짝짓는 것은 오로지 리가 기가 하는 것을 따른다는 것을 위주로 하니, 후세 학자들이 이것을 보게 되면 틀림없이 머리와 다리를 같은 것으로 인식하게 될 것이다. 그러므로 「외필」에서 "두 가지 본령을 세운 시초"라고 한 것이다. 이것이 과연 주자를 가리켜 말한 것인가? "지나치게 짓밟고 깔아뭉개려고 해서, 성현을 경외하는 체모를 크게 손상시켰다"라고 한 말에서 그의 마음을 헤아려보면 틀림없이 주자가 태극과 음양으로 몸을 맞서면서 서로 짝을 지은 것이라고 인식했기 때문이다. 이것을 성현을 크게 존경하는 체제라고 할 수 있겠는가?

826 주희, 『역학계몽』 권2(『주자전서』 vol. 1), 218쪽.
827 주희, 『주자어류』 권1(『주자전서』 vol. 14), 114쪽.
828 같은 책, 같은 글, 115쪽.

16.

[외필변] 「외필」에서는 "성인들은 유행하고 발현하며 변화가 환히 드러나는 것이 모두 이 도가 하는 것[此道之爲]임을 분명히 알았다"라고 했다. '모두가 이 도가 하는 것[此道之爲]'이란 네 글자는 잘 헤아려 보아야 할 것이다. 주자는 『논어집주』에서 이미 "도체는 함이 없다"라고 했고, 우옹은 어떤 이에게 보내는 편지에서 "이 리는 그 본체가 정의와 조작이 없다가, 작용에 이르러서 정의와 조작이 있다고 말하는 것이 아니다"라고 했다. 두 선생이 어찌 도의 유행 발현을 알지 못해서 그 말이 이와 같겠는가? 이것은 다시 생각해 보아야 할 것이다.

○ 소주(小註) : "이 도가 하는 것이 아님이 없다[莫非此道之爲]"라는 구절에 몇 글자를 덧붙여서 "이 도가 뿌리와 지도리가 되지 않음이 없다[莫非此道爲之根柢樞紐]"라고 한다면 아마도 더욱 상세하고 분명할 듯한데, 어떨지 모르겠다.

공학원 : 천지는 형기를 가진 것들 가운데 가장 큰 것이다. 사람과 만물은 형기의 몸을 부여받아서, 형기 가운데 나서 자라고 늙어서 죽는다. 진실로 '기' 한 글자만을 중시한다면 고금과 천하에서 어떤 일, 어떤 것이 형기 가운데서 도망칠 수 있겠는가? 형기가 변화하고, 환히 드러나며, 감정과 의지를 가지고, 작위하는 곳에서 그 소이연지고를 가리켜서 리라고 하고 태극이라고 해서 높여 부른다. 리라고 말하는 것은 본체를 뜻하고, '극(極)'이라는 말은 물리의 지극한 지점을 뜻한다. 이것을 버리고 만물을 본다면 다만 빽빽한 덩어리들이 늘어선 것일 뿐이다. 이것으로부터 말하면 기의 변화와, 환히 드러남, 감정과 의지, 작위하는 것은 모두 리가 하는 것이다. 리가 '무위'라고 하거나, '감정도 없고 조작도 없다'라고 하는 것은 유행하는 한 측면에 근거해서 말하는 것일 뿐, 한 단락의 의론으로 전체 글의 종지를 의심해서는 안 된다.

또 한 가지 주장이 있다. 육경이 '리'자를 말하지 않았고, 오직 『중용』

에서 '문리밀찰(文理密察)'이라고 했을 뿐이다. 서책에 실린 문장에 '리' 한 글자가 빠진 것은 글자 상자에서 글자를 선택하지 않은 것일 뿐이다. 오직 맹자에게만 '시조리(始條理)' '종조리(終條理)'라는 표현이 있다. 하나의 음악을 이루려고 하면서 '리' 한 글자를 빠트리면 난장이들의 판 가운데 시끄러운 소리일 뿐이다. 여기에서 리와 기의 면목을 이해할 수 있을 것이다.

소주에서 말한 것은 옳지 않다고는 할 수 없다. 도라는 말은 본체와 작용을 겸비할 뿐이다. 그러므로 부자께서 '한 번 음이 되고 한 번 양이 되는 것이 도가 된다'라고 했으니 뿌리와 지도리의 의미가 이미 그 안에 포함되어 있다. 이제 여기에서 '이 도가 한다[此道之爲]'라는 네 글자가 어떤 사유를 결핍하고 있기에 다시 생각해서 논해야 할 것으로 여기는 것인가?

17.

[외필후변] 『초사집주』에는 이렇게 말한 대목이 있다. "한 번 움직이고 한 번 고요하며, 한 번 어두워졌다 한 번 밝아지는 것은 모두 음양이 하는 것이지 시키는 것이 있지 않다."[829]

공학원 : 움직임·고요함·기욺·차오름의 앞에 각각 '일(一)'자를 덧붙인 것은 이미 '한 번 음이 되고 한 번 양이 되는 것이 도'라는 뜻을 포함한다. 이것은 음양이 하는 것이란 곧 천도가 하는 것임을 말하는 것이다. '함이 있는 것이 아니다'라고 한 것은 그 본체가 스스로 그러함을 말할 뿐이다. 이것은 '스스로 그러하지 시키는 것이 있지 않다'라는 뜻과 실제 다른 점이 있다.

---

829 朱熹, 『楚辭集注』 권3(『주자전서』 vol. 19), 65쪽.

18.

[외필후변] 반드시 이렇게 하려면 어찌 천지가 유감을 가지는 것과 현자의 지혜에 치우침이 있는 것도 이 리가 선처할 수 없는 허물 때문일 뿐만 아니라, 묵특(冒頓)의 음험함과 난적의 재앙도 이 리 때문일 것이니, 모두 그 죄에서 도망칠 수 없을 것이다.

공학원 : 천지의 유감이란 영고성쇠와 재상(災祥) 말하는 것이니, 곧 기수(氣數)가 서로 부딪친 것이다. 현자와 지혜로운 이의 치우침은 청탁과 미악(美惡)을 말하니, 곧 기품이 고르지 않은 것이다. 이것이 과연 리에 허물을 돌릴 수 있는 것인가? 묵특(冒頓)의 음험함은 교화가 미치지 못한 탓이요, 난적의 재앙은 가르침이 실천되지 못했기 때문이다. 이것이 과연 리에 허물을 돌릴 수 있는 것인가? 이런 까닭에 군자는 정상적인 것을 말하지 어긋난 것을 말하지 않고, 올바름을 말하지 변고를 말하지 않는다. 어긋난 것과 변고에만 근거해서 기만이 일에 쓰인다고 한다면 도를 아는 이의 말이 아닐 것이다.

19.

[외필후변] 맹자는 비록 넘어지거나 내달리는 기를 말했지만, 호연지기를 말하지 않은 적이 없었다.

공학원 : '호연지기는 의를 축적해서 생기는 것이다. 그 기는 의와 도에 짝한다'라고 했다. '짝한다[配]'라는 것은 합치하고 도움이 된다는 말이지, 배우(配偶)와 상대(相對)를 말하는 것이 아니다. 요즘 사람들이 기가 스스로 일에 작용한다는 의론으로 보자면, 그 구별이 과연 어떠한가?

20.

외필후변 : 리라는 것이 정말로 기를 통제할 수 있고, 기가 정말로

리를 어길 수 없는 것이라면, 어째서 이러한 말류의 폐단과 성토하는 변고가 있을 수 있단 말인가?

공학원 : "리라는 것이 정말로 기를 통제할 수 없고, 기라는 것이 정말로 리를 어길 수 있기에 이러한 말류의 폐단과 성토하는 변고가 있을 수 있다"라고 한 것 또한 작은 일이다. 노옹이 말한 세 가지 빼앗음[三奪][830]은 우리 유학이 오늘날 목격하고 원통해 하는 것이다. 구산의 견해는 지극하지만 안타깝게도 주장하려는 것이 사기(邪氣)이다.

21.

이 「외필후변」에서 논한 것을 조목마다 대꾸하자면 말이 부족할까 걱정할 것은 없다. 그 의도와 맥락 및 요점은 「외필변」을 다시 읊조리는 것에 불과하기 때문이다. 문단마다 덧붙인 것이라고는 '기가 강하다[氣强]'라는 것일 뿐이어서, 변론할 수 있기는 하지만 말하는 것이 욕될 뿐이다.

22.

「외필변」과 「외필후변」에서 논한 큰 뜻을 예전에 나는 한 마디로 '리는 무용하고 기가 전체일 뿐이다'라고 단언했다. 그는 주장하는 즈음에 걸핏하면 도(道)·리(理)·성(性) 세 글자를 일컬으면서 반드시 마음만은 단독으로 기의 영역에 소속시킨다. 『중용』의 천명, 『대학』의 명명(明命) 또한 기와 관계된 것[帶氣之物]이라고 인식했다. 기를 말할 때는 반드시 '검속한다'라는 말을 덧붙였다. 이에 도·리·정 세 글자는 손을 쓰기가 어려워졌고, 아득하고 허공에 떨어진 생각할 수 없는 영역에 가져다 두

830 "臣奪君位, 妻奪夫位, 夷奪華位." 세 가지를 가리킨다.

게 되었다. 덕에 들어가는 문도 이미 성현의 경서가 전하고 가르친 길이 아니게 되었다. 어쩌다 성리의 발용이란 측면에서 말하게 되면 반드시 교묘하게 근사한 것을 끌어 모아 고자·불교·육씨·왕씨의 부류에 들어가도록 몰아가니, 또한 어떤 심기(心氣)인 것인가?

인의예지는 발용이 없다고 할 수 없기에 (간재는) 글 전체에서 인의예지를 드물게 말했다. (인의예지의) 체단을 그의 논지와 일치시키면 기의 영역에 속하는 일이 분명하기에, 주자가 말한 '인성의 벼리'라는 네 글자에 기대어 답습하려고 하지만 이미 자신이 주장하는 뜻과 크게 차이가 나버렸다. 비유하자면 조만(曺瞞 : 曹操)이 한나라 천자 곁을 서성이기만 할 뿐 갑자기 권세를 빼앗을 수 없었던 것과 같다. 노사·화서·한주가 심성과 이기를 논한 것은 모든 글에서 흩어진 채로 나타나는데, 어떻게 반드시 구절마다 부합하고, 말마다 모두 일치하겠는가? 같은 곳에 나아가서 다른 것을 말하고, 갑을 비난하고 을을 칭찬하며, 그 다른 것에서 같은 것을 붙잡으려고 하고, 동을 옳다고 하고 서를 그르다고 하며, 교묘하게 죄목을 꾸며대며 동이를 변별하니, 이것은 아첨하는 말이나 잘하고, 겉모습이나 잘 꾸미며, 이간질이나 하는 수단에 불과하다. 그가 경서의 가르침을 탐구하고 『어류』를 널리 공부하느라 노년에도 고달프다지만, 사실은 표절하고 뽑아내서 교묘하게 문장을 만들고 꾸미는 말이나 하는 것에 불과할 뿐이다. 틈 사이로 흘러나오는 것이 남의 눈과 귀를 가리기 어려우면, 또 의의(疑義) 몇 조목을 만들어 자신의 뜻을 견강부회하다가, 심지어 고정(考亭)의 문답 몇 조목에 대해서는 주자를 대신해서 대답하는 것은 또 어떤 도리인가?

또한 '우안(愚按)' 두 글자는 '우(愚)'라는 이름을 가진 이가 더욱 피해야 할 일이다. 반드시 '우안'이라는 표현을 드러내고 싶다면, '우(愚)'자 앞에 '전(田)'을 더하는 것이 어떻게 그리도 번거로운 일이었겠는가? 여기 '자(子)'를 이름으로 가진 이가 있다고 하자. 경서의 뜻을 논하면서 앞에다 '자왈(子曰)'이라고 한다면 혐의와 거리낌이 없겠는가? 아마도 이런 문자를 식견이 없고 뜻을 모르는 후생들이 진귀하게 여겨 간직하고 본보기로 삼으려고 한다면 옛 '우안'과 지금의 '우안'이 혼동을 일으키고, 이치를 해치고 진실을 어지럽힐 것이니 그 잘못은 귀결되는 곳이 있을 것이다. 먼저 붓놀림을 공경히 하는 절도를 살폈다는 이가 진실로 이와 같은 것인가? 그 의론이 충분히 정당하다고 해도 세상에 안목을 갖춘 이가 있으면 그의 속내를 들여다 볼 터인데, 하물며 그가 주장하는 것이 어긋나고 치우쳤고, 따로 일용사물의 바깥에서 도리를 찾아 따로 '기'자의 세계에 문호를 세우는 경우이겠는가? 우선 그 리를 해친 것 가운데 심한 것을 이어서 논한다.

천도는 원형이정의 통체(統體)인데, 이제 '기틀을 타고서야 원이 되고 형이 되며, 이가 되고 정이 된다'라고 한다면, 원형이정을 기의 영역의 일로 인식하는 것이다. 인성도 인의예지의 통체인데, 이제 '기를 타고서 인이 되고 의가 되며, 예가 되고 지가 된다'라고 한다면, 인의예지를 기 가운데 일로 인식하는 것이다. 천도와 인성이 틀림없이 무위(無爲)·무발(無發)·무정(無情)·무지(無智)라고 한다면, 성과 도라는 것은 있어도 보탬이 없고 없어도 모자람이 없을 것이다. 또한 유위(有爲)·유발(有發)·유정(有情)·유지(有智)가 틀림없이 기라고 한다면 기가 자신에게 맡겨두는 것이 마땅한데 어떻게 성(性)과 도(道)에 머리를 숙이려고 하겠는가? 하늘은 만물의 체가 되어 빠트리는 것이 없고, 인은 만사의 체가 되어 어기는 것이 없다. 이것이 '본연'이란 것이니, 본연이란 어쩔 수 없이 그런 것이다. 이제 리는 무이고 기는 유라는 주장으로 추론하자면 이것은 바로 '본래는 그렇지 않다가 이제야 그러한' 것이다.

천도와 상제를 입이 아프게 분석 풀이하고, 조금 다른 점이 있다는 주장을 만들어내었다. 이것은 상제의 신명이 지각을 가지고 있다고 생각하기에 이렇게 말한 것이다. 그러나 이것은 제를 기의 영역으로 끌어넣는 것이다. 이 한 단락에서 그 공부의 숨겨진 면이 다 드러났다. 어째서 '크게 다른 점이 있다'라고 하지 않고 '조금 다른 점이 있다'라고 하는 것인가? 신을 리로 인식했다고 노사를 배척하면서 제를 기로 인식하려는 주장이니, 바꿀 수 없는 정론이겠는가?

『중용』 첫 장에서 '하늘이 명한 것을 성이라 한다[天命謂性]'라고 할 때의 명(命)자와 "하늘이 음양과 (오행)으로[天以陰陽]"라고 할 때의 이(以)자는 '무위'라고 할 수 없기 때문에 그는 스스로 「의목」을 만들어 '리가 명했다[理命]', '도가 명했다[道命]'라고 운운한 것이 있다.[831] 또한 '말이 낯설다', '말이 너무 조야하다'[832]라고 한 곳이 있으니 결국 상제의 묘용에 기대서 암암리에 기의 영역으로 몰고 가려는 것이다. 『대학』의 명덕(明德)과 명명(明命)의 뒤에도 '성'자를 말하지 않았기에 기의 영역에 속하는 일로 간주하기까지 하니, 고금의 천하에 어떻게 이와 같은 주기의 학이 있었는가?

'상제'라는 글자는 상제가 명한다[帝命], 상제가 말한다[帝謂], 상제가 돌아본다[帝眷]라는 문장으로 보자면 무위(無爲)·무발(無發)·무정(無情)·무지(無知)라고 할 수 없는데, '천'자의 경우에는 어째서 하늘이 듣는다[天聽]·하늘이 보우한다[天佑]·하늘이 토벌한다[天誅] 등을 말한 곳에서 탐구하지 않는 것인가? 이 또한 형기의 하늘이라고 하겠는가?

---

831 "『중용』 천 장의 '천(天)'자는 성이 하늘에서 나왔다는 뜻이니, 곧장 '리가 명한 것을 성이라고 한다', '도가 명한 것을 성이라고 한다'라고 해도 모두 괜찮을까? 혹은 그렇지 않을까?" 전우, 『간재집·후편』 권12(『표점영인 한국문집총간』 vol. 335), 「中庸首天字疑目」, 70쪽.

832 "(『중용장구』에서는) '하늘이 음양과 오행으로 만물을 변화 생성했다. 기가 형체를 이루면 리 또한 부여된다. 명령하는 것과 같다'라고 했다. 이곳의 '천(天)'자를 가리켜서 곧장 리라고 한다면 '리가 기로 만물을 낳는다'라고 해야 하니 말이 낯선 것 같다. 그렇다고 이것을 가리켜 곧장 기라고 한다면 '기가 기로 만물을 낳는다'라고 해야 하니, 또한 말이 너무 조야한 것 같다." 같은 책, 같은 곳.

매번 '기'자를 말할 때마다 '검속'이란 글자를 써서 주리를 주장하는 이는 검속하지 못해서 기기가 표연하게 계신공구(戒愼恐懼)하는 데서 독립해 있는 것 같다고 배척한다. 모르겠으나 하늘에서 유행하는 기가 과연 검속을 받는 물건인가? 사람의 호연지기 또한 검속을 받는 물건인가?

최상의 지혜를 갖춘 이도 인심이 없을 수 없고, 가장 어리석은 이도 도심이 없을 수 없다. 최상의 지혜를 갖춘 이도 기질성(氣質性)이 없을 수 없고, 가장 어리석은 이도 본연성(本然性)이 없을 수 없다. 그런데 이제 명덕과 도심을 기의 영역에만 소속시킨다면 가장 어리석은 이들에게 본연의 성이란 전무하게 될 것이다.

불교에서 말하는 성은 우리 유학에서 말하는 마음이다. 우리 유학에서 말하는 성은 곧 천지의 마음이다. 이제 한 번 음이 되고 한 번 양이 되는 것을 오로지 기기라고만 한다면 천명은 허무의 영역으로 귀결될 것이다. 명덕과 도심을 오로기 기의 영역[氣分]이라고만 한다면 성과 리는 공적의 영역으로 귀결될 것이다.

'이기'라는 글자에 이름을 붙이고 글자를 만들면서, '이체(理體)'라고 읽는 경우 리는 본체를 말한다. '기운(氣運)'이라고 읽는 경우 기는 운용을 말한다. 이제 가까운 몸에서 비유하자면, 사지와 아홉 구멍의 운용은 본체가 하지 않는 것이 없다. 그렇다고 '운용이 스스로 그렇다'라고 하면서 본체를 무위라고 한다면 본체와 운용은 두 가지 물건이 될 것이다.

도와 기(器) 및 사물[物]의 관계는 하나의 기에서 당연의 리를 말하고, 하나의 사물 가운데 본연의 법도를 말한다. 기가 스스로 기가 되고, 사물이 스스로 사물이 되는데, 억지로 도를 덧붙여 주재하는 명칭으로 삼는다면 이것은 기 바깥에 도가 있고, 사물 바깥에 법칙[則]이 있다는 격이니, 아무리 기와 사물이 저절로 이뤄지는 것을 주재하려고 해도 어긋나기가 쉬울 것이다. 이제 리가 기를 간섭하지 못하고, 기가 리를 어길 수 있다는 주장이 한 시대를 멋대로 횡행하면서 스스로를 그르치고 남을 오도하고 있으니 매우 걱정된다.

천하가 생겨난 지 오래고, 다스림과 혼란이 순환하는 시운의 흥망성쇠 또한 천도의 음양 소장과 관계된 것이다. 이제 이 혼란이 극에 달한 날에 리가 기를 간섭하지 못하고 (기가) 리를 어길 수 있다는 의론을 주창하면서 음을 억누르고 양을 부지하려는 방안을 생각지 않는다면 천상(天常)을 태만히 하고, 인기(人紀)를 매우 무너뜨릴 것이다. 그러므로 특별히 그의 「외필변」과 「외필후변」이 성현의 가르침에 모순되는 것을 거론해서 이상의 내용처럼 조목별로 변론했다. 어떻게 풍교에 도움이 되리라고 감히 말할 수 잇겠는가? 훗날의 학자들이 살펴보고 느끼게 하려는 것이다.

辨猥筆辨

孔學源

1.

天地初間陰陽而已. 聖人仰觀天文, 推原其陰陽動靜之妙, 謂之太極. 其主宰萬有, 謂之上帝. 其賦與洪勻, 謂之天命. 其資始統天, 謂之全元. 曰道曰誠, 曰性曰中, 言殊而理則一. 無非所以明夫天地人物本體運用之妙也. 降自後賢學術愈密, 凡於天地之變化消長, 人物之同異偏全, 心性之乾體大用, 與夫飛潛朱伏, 動植槁灰之類, 罔不以理氣剖析. 蓋欲學者分曉而易得也. 然自其滾合說來, 則理卽氣氣卽理, 無相窒礙. 而對偶雙關而說來, 則理自理氣自氣, 界限層生, 釁端傍出. 於此無卽氣觀理之思量, 則本領不明, 宗旨易差, 駸駸致得理輕而氣重. 此近代學問之痼弊也. 雖其立言之際, 必稱道里, 而凡天道之有名可指, 人事之日用當行, 一屬氣分. 而別立理妙於玄遠空蕩不可思議之域, 名雖尊性, 實則外性; 名雖克氣, 實則主氣也. 蘆沙先生生于栗谷數百載之下, 景慕栗翁之賢, 講明栗翁之道, 靡不用極. 而惟於栗·牛往復書中機自爾非有使一段, 終難契悟. 內抱耿耿, 晩年爲書示門人. 其意以爲今人主氣之弊, 甚爲害理, 而顗載先賢語句, 則如水益深, 眞可救止也. 於是一邊人目之以指斥栗翁, 衆咻飛騰, 群攻肆侮, 而至於白山之辨出, 而詬辱極矣. 蓋蘆翁始疑一段議論, 而其在諱賢之義, 不曰栗翁曰, 而曰今曰. 反其略陳所蘊, 而文將杜撰, 乃曰凡此所論, 或干犯先賢語句, 極知不韙. 又曰先賢若在, 實有奉質之願. 名其書曰猥筆. 今以見疑奉質之文謂之攻斥, 則防塞質疑之門者, 固可謂尊慕耶? 如是而謂之尊慕, 栗翁之靈, 豈所樂聞於地下? 而亦豈蘆翁所可質者後賢之意耶?

2.

辨曰, 栗翁嘗言, 陰陽動靜, 機自爾也, 非有使之也. 蘆沙猥筆, 深駁之. 然以愚觀之, 朱子雅言, 纔有作用, 便是形而下者. 動靜者, 作用也. 故曰機自爾也. 孔子分明說, 天之生物, 栽者培之, 傾者覆之. 而朱子卻言此非有物使之然. 但物之生時, 自長將去, 恰似有物扶持佗, 及其衰也, 自消磨去, 恰似箇物推倒佗, 理自如此. 孟子分明說, 天之生物, 使之一本. 而朱子卻言自然之理, 若天使之然也. 伊尹分明說, 天之生民, 使先知覺後知. 而朱子卻言天理當然, 若使之也. 此何以故? 只是恐人錯認使字爲作用之意, 則害道大矣. 故另下若字恰似字, 非有物使之然字, 以見其無作用之使也. 故曰非有使之也. 栗翁豈無所受而妄言之哉?

自爾活看, 則機自爾, 卽理自爾. 故猥筆曰, 說自爾時, 語猶虛. 於此不足多辨. 中庸栽培傾覆, 朱子却言自長自消, 非有物使, 似近於自爾非使. 而恰似有物扶持, 恰似有物推倒, 兩箇恰似, 所以起理自如此之意也. 與自爾非使意相燕越. 伊尹說天使, 而朱子却言天理當然, 若使之也. 孟子說天使, 而朱子却言自然之理, 若天使然也. 今以兩箇若使擬同於非使之義, 是何經義? 若使之若字, 旣是註解本文天使之意, 而恐認作用故云. 然非使之使, 旣非註解本文, 則只是牢確自爾之意.

3.

且如人能弘道, 機自爾也; 非道弘人, 非有使之也. 蓋人心有覺, 是陰陽動靜之機也. 道體無爲, 是太極自然之妙也. 朱子於集註載張子語, 而未聞後賢以性不知檢其心爲天命已息, 心能盡性爲天命之外又一本領, 而奮筆肆罵也.

人道下學而上達，故士而希賢，賢而希聖．是之謂人能弘道；天道上道而下器，本體而流行．故氣不能弘理．今曰人能弘道，機自爾也．弘，廓而大之也． 人果自爾而能廓大其道乎？ 氣果自爾而能廓大此理乎？存心而養性，盡心而知性，天命之在我，固非自爾耳．

4.

若論理爲氣主，性爲心本，則栗翁又嘗言氣之所爲，必有理爲之主宰．又曰無爲而爲有爲之主者，理也．又曰孰尸其機，嗚呼太極！此類不一而足矣．人苟有見於此，雖曰機自爾也，而其自爾之所以然，則依舊是理也． 雖曰非有使之，而其不使之使，則依舊是理也． 何曾有魏延·楊儀同府乖張之變，如猥筆之謂乎？

歷擧全書主理諸條，苦口發明，此亦蘆翁已見之昭陵．自爾非使一段議論，却與諸條不合．猥筆之作，良以是也．自爾與所以然，各自主張，猥筆明言之，不必更辨． 而其曰不使之使，則依舊是理者，亦有不然．理與氣，把做兩人看，一邊曰吾所自行，非有使之者．一邊曰吾雖不使，實則使之． 其所自行者，實無咎言，而曰不使而使之云者，已非眞實．人安有無妄之本體，而便懷妄想，妙用之至公，而自藏祕計乎？似不免魏楊同府，畢竟乖張．

5.

或言朱子於自長自消下，繼以理自如此．而栗翁無此一轉語，所以來蘆沙之疑． 此又不然． 朱子嘗言，一氣流行，萬物自生自長自形自色，豈是逐一粧點得如此？ 豈是逐一粧點得如此， 卽栗翁非有使之之謂，而更無理自如此之云．

飛潛有飛潛之理．蒲地鱗羽，豈皆逐一粧點？一鱗羽之理，卽萬鱗羽之理．紅綠有紅綠之理．而蒲山花葉，豈皆逐一粧點？一花葉之理，卽萬花葉之理. 以一日之內陰晴無常, 幷認兩儀之無根底? 以一土之中, 枳橘幻形, 幷疑萬類之無樞紐, 則恐失朱子本旨, 何?

6.

蘆沙曰, 動者靜者, 氣也; 動之靜之者, 理也. 動之靜之, 非使之然而何? 竊謂理使云者, 只是根柢之謂, 非如氣之有情意者. 故尤翁於沈明仲使動使靜豈無造作之問, 曰此不過曰自然而已, 不似二五之運用也. 今蘆沙之見, 正與沈氏同, 則豈不歸於認氣爲理乎?

伊尹孟子天使之使, 以朱子所釋若使字看得, 而猥筆所言動之靜之使之然之使字, 獨爲造作使用之使字耶? 然則中庸天命之謂性之命, 卽諄諄然命之者乎? 天以陰陽五行之以字, 亦是引用作用之事耶? 天使之使, 非朱子所釋, 則伊尹孟子, 亦不免認氣爲理之歸耶? 天命之命者, 賴猶命令之釋, 幸以獲免, 而天以之以字, 更無所釋, 朱子亦未免認氣爲理之歸耶? 尤翁答沈之問, 曰不過曰自然而已, 是箇自然, 認得理自然耶? 自爾之所以然, 依舊是理云云, 則分明是認得氣自然也. 尤齋亦不免認氣爲理之歸矣.

7.

大抵理雖曰主宰, 而實則自在. 氣雖曰動靜, 而實本於理. 此前天地後天地千古萬古不易之定理. 故栗翁旣曰, 無形無爲而爲有形有爲之主者, 理也; 有形有爲而爲無形無爲之器者, 氣也. 又曰有形有爲而有動有靜者, 氣也; 無形無爲而在動在靜者, 理也. 此可謂本末兼盡, 體用無漏. 非洞見道體者, 其孰能與於此哉!

理雖曰主宰, 而實則自在云者, 其達其奧. 姑以主論也文勢也觀之, 自在之下, 脫於氣二字. 今亡此二字, 不得不於本句內取得曰主宰, 則只是實理所在, 而添之以實則自在, 則主宰之傍, 別有實在之所耶? 天地古今, 不易之定理, 窮心沈覓而不得, 自恨見識之淺薄也. 栗翁所言無形無爲, 槩言其本體隱微, 豈是眞無形眞無爲之言耶? 視之而不見者, 會之於心, 察之而不著者, 驗之於物, 其形其爲, 安得不呈露乎? 若果眞無形眞無爲, 則曰形而上道, 曰性者道之形體, 曰天實爲之, 曰天造草昧, 皆是空言耶?

8.

只主主宰一義而幾於理有操縱, 不復撿束此氣, 以循乎理之本然, 則其工夫豈非有所踈漏處乎? 且如其說, 則語者默者, 口也; 語之默之者, 性也. 吾聞性爲語默之理, 而口舌從而語默, 未聞此性自會語默也. 是故, 告子·釋氏之知覺作用是性, 陽明之良能, 視聽言動便是天理, 皆歸於認氣爲理, 而與吾聖人異矣.

操縱, 是猥筆所言, 而只是變化之謂. 豈人事之取捨同看也? 不復撿束此氣云者, 尤極可笑. 在天之渾然一理, 果能撿束一氣之流行者乎? 論天理之渾然全體, 而必以稟氣不齊之人事當之, 亦有說不去處. 於此可謂工夫縝密? 天人雖曰一理, 人之於天, 亦有差等, 以心爲君, 以性爲天故也. 語者黙者, 口也; 能語能黙者, 心也; 語之黙之者, 性也. 所語所黙, 何異於語黙也? 今曰語者黙者, 口也; 語之黙之者, 性也. 每說能所之界, 至以爲人不能而己獨知之地, 於此何其踈漏乎? 告子釋氏之知覺作用是性, 陽明之良能, 視聽言動便是天理, 原其實則 止於能而不知所故也. 以此踈漏之見駁正告釋王, 爲告釋王者, 亦將掩笑, 呪欲傾人於告釋王之科乎?

9.

朱子答胡季隨書, 有自心自省語. 豈不知省之之理出於性, 而其能省之者心而非性? 故立語如此. 詞理俱到, 無些子疵纇. 而後人有習聞猥筆之說者, 誤以自行自止·不由性命·兩箇本領·各自樞紐等說, 奉疑於朱子, 則竊意蘆沙有靈, 亦應蹙頞於泉下也.

自爾之下, 以非有使繼之故, 自爾爲獨自之義, 果似自行自止云者, 猥筆所言也. 此與朱書自心自省語, 同一意脈耶? 心是統情性, 故能盡道理, 能檢氣質. 自省一語, 可以該括體用. 後人習聞猥筆之說者, 以其機自爾奉質於朱子, 曰此與其心自省之語, 同是統兼性氣者乎? 未知朱子如何下答?

10.

理一而已矣, 而乘於氣則其分萬殊, 此栗翁說也. 曰豈一之時, 初無所乘, 至萬之時, 始上著機歟? 曰不然. 今單言機上之太極, 則曰理一而已矣, 兼擧四時之氣而言元亨利貞, 則曰乘於氣, 而其分萬殊云耳. 豈昔日徒行, 而今日跨馬之謂乎? 今猥筆乃曰, 此若太極謾無主張, 忽見馬匹當前, 趫捷而騰上者然. 此決非栗翁之本意也.

栗翁說中理一而已之說, 是獨一之一耶? 是統一之一耶? 認得是一字如何物事, 則餘段可推. 盖乘氣二字, 原於朱子所乘之機之文, 猶曰所乘之勢, 猶曰所乘之妙云爾. 所乘者, 卽流行之意. 今言太極, 而先卽把捉機[833]上字而冒頭, 是機也, 何處得來, 甚麼樣物事, 預先等待此理之乘具耶? 太極者, 萬里總會之名, 如皇極北極居中之謂也. 元亨利貞, 本具於太極, 而二氣五行, 亦不外元亨利貞. 今曰兼擧四時之氣, 而言元亨利貞, 則乘於氣而其分萬殊, 一太極乘四時之氣, 而爲元亨利貞四理耶? 抑一太極之外有元亨利貞乘四時之氣者耶? 此無乃理一之一看作獨一故耶? 此決非栗翁本意也. 理乘之乘, 出於自爾非使之下, 故有漫無主張趫捷騰上, 塞翁得之語. 今言機上之太極發明元來所乘者, 尤極可笑.

---

833 機 : 저본에서는 '氣'로 썼다. 「외필변」의 원문에 근거해서 '機'로 고쳤다.

11.

蓋人皆有太極，而氣稟旣異，則欲動情勝，利害相攻之患，往往而有．是時所謂元來乘馬之主人，旣有操縱之力，而亦非無適莫者，柰何有此東西惟馬之失也？此宜明核而勘破．不然，則其曰主之所向，僕焉有不往者，人將不之信矣．嗚呼殆哉！

今若言人身上太極，而問其元來之主人，則曰心君也．曰心是太極乎？曰心之理，卽太極也．然則心是陰陽乎？曰心之動靜，卽陰陽也．如何得名爲君？曰受命于天，而主宰一身故也．可得聞歟？曰心之理，卽天降之性．性比則上帝之誥命也．故亦曰天君也．有所乘乎？曰自帝動靜，焉用乘爲强問？其僕從則志帥氣卒，皆是物也，有是理故，無趫捷之狀，有操縱之力，能檢束志氣之橫逸．無東西，惟馬之失也．毋慮乎主所向僕不往而殆哉．

12.

猥筆又曰，理發二字，爲今日學士家一大禁避語．愚按，栗翁亦嘗言孰尸其機，嗚呼太極！此何嘗以氣爲萬事本領乎？又言性發爲情，則猥筆云云，栗翁已見之昭陵也．但其以理發爲非者，卻有曲折．實由理氣互發而云爾．蓋從理爲根柢上說，則氣爲理之用．故雖氣發，亦可謂之理發．如行者雖馬，而主者是人，故統而言之曰人行也．若據氣能作用上說，則理實無情意，故雖善情，但可謂之氣發．如乘者雖人，而行者是馬，故辨而明之曰馬行也．若都欲以理爲主，而至於用事處，亦禁不下氣發字，非其情實也．譬如臣行君命，其所行固出於君．然其行之，畢竟是臣而非君．如必以所行是君命，指臣行爲君行，則名不正而言不順矣．況遽指臣行二字，爲臣奪君位而誅之，則豈法理之所當出乎？

氣之順理而發者，氣發卽理發．而自退栗四七之論，有朱子亦誤之辨．後之學者，禁避不語．雖欲語之，發之者皆屬氣分，仁義禮智謂之無發用則已. 如有發用底理, 則一是氣分事, 苟與人爭辨, 不若無語之爲愈也. 故曰今日禁避云爾. 蓋此攜貳實由於理無情意之說, 而先賢之立此說, 豈謂眞無情意云哉? 但未呈露於耳目之見聞云耳. 如曰眞無情意, 曰上帝降衷, 曰上帝臨汝, 曰帝命不時, 曰天監在玆, 曰天必厭之, 曰福善禍淫, 此類指不勝屈, 是皆爲虛文浪說乎? 至若臣行君命之喩, 奉東進止, 不失尺寸. 丞相出師, 期在瘮瘁. 則君行臣行, 有何可言楚悍之陽尊義帝, 曹瞞之任挾獻帝? 徒以名位之尊, 置之上頭, 則可不謂臣奪君位乎?

13.

猥筆所擧一陰一陽之謂道, 太極生兩儀兩句, 誰曰不然? 但人能弘道, 非道弘人, 獨非孔子之言乎? 恐不必執一而棄一也. 竊嘗思之, 自鄕人而至於爲聖爲賢, 豈非奪天地之造化者乎? 其功夫雖存乎心, 而其本源一出於性. 然則謂之道能弘人, 亦何不可? 而聖人之言如此, 此宜深思其故. 夫道是至尊之實, 而爲萬物之主者. 若乃降而與有作用者同科焉, 則道器上下之分亂, 而無以杜此心覬覦之萌矣. 嗚呼! 聖人之指微矣哉!

言天道流行之妙, 而每以人事進就之說牽合. 其柄鑿不貼, 齟齬難入. 無乃好勝之念, 未到潛索之故耶? 人能弘道, 非道弘人, 果爲氣能弘理, 非理弘氣之明證, 則程朱諸賢說理說氣處, 何不一說到此段耶? 士而賢, 聖而希天, 是可謂人能弘道, 而未聞奪天地之造化也. 奇技邪術之能見難事者, 或有奪造化之稱, 而以吾儒之知天本天之標準, 奪天之語, 語極無理. 道之在人, 實由用工之深淺, 道何能使人而淺深用工也? 道爲至尊而不肯與作用者同科云者, 欲其明非道弘人之意. 與性不知檢其心之意, 而意滯而語病, 恐非聖人立言之本旨. 心之於性, 雖有尊卑之等, 同科之嫌, 誠爲過當. 顔閔冉弓, 雖有優劣, 德行同科, 聖人所許. 且心統性情, 性卽氣, 氣卽性, 程張所論. 於此觀之. 心性同科, 亦非過言也. 性之於心, 假使階級懸絶, 因此階級, 而不知檢者, 是果成說乎? 況乃覬覦之萌云云, 不過以私意妄想嘗試天君者也. 昔聖賢千言萬語, 何莫是此心上求道理? 而故說嫌同科覬覦之論, 使周程心學之工, 舜禹傳授之訣, 歸之於空言無施耶? 究厥端由, 於弘檢兩字, 失其本旨, 而有此病痛也. 蓋性爲物, 與心俱生, 而志氣之橫奔, 情欲之放往, 性何能操束乎? 天地之廣大至公, 而生成之偏, 災祥之類, 道何能伸縮乎? 弘檢之意, 似當於此類會矣. 若乃氣之順理而發, 心之循性而發, 豈有弘不弘檢不檢之可言耶? 此意非不深瀾. 而姑設心單氣之論, 使性理期於不同科, 以實機自爾理無爲之見, 百孔千創, 無計塡塞. 何借使心之於性, 有君臣父子之尊卑, 何當以嫌同科杜覬覦之說插入其間, 離間骨肉, 乖隔倫理, 使其君父爲闇弱君儱侗父, 使其臣子爲跋扈臣葫蘆子, 然後快於心哉? 今而後乃知脫天之說出於無傷乎氣奪理位也.

14.

抑又思之, 心之能事, 至於敬尊德性, 義扶世敎, 鑄凡作聖, 豎人參天, 其有功於人, 何如哉? 雖假以形上之名, 宜若無可惜者, 而聖人之於心, 乃不肯與道齊頭幷脚, 是又何故? 釋氏不知理之爲道, 而天上天下惟我獨尊, 我是心自我也. 心雖磨鍊得極精細, 比之沖漠無眹之道, 畢竟微有迹. 蓋靈之與眞, 原自有辨而然也. 聖人不欲指心以爲道, 其謹嚴之意, 豈不以是歟? 此是吾儒第一義理, 亦第一防閑. 欲以奉質於曩哲, 而旣未可得, 則亦願幷世與後來之賢者, 與之是正.

竊嘗思之, 五常之降于人, 非心無所依著. 其發用與心爲一. 故其言仁義則曰心之德, 心之制. 禮以文斯, 智以知斯. 心之全體大用, 廣大周偏, 爲一身之主翁. 統攝性情, 故却說氣不得, 却說理不得. 程子以寂然不動, 感而遂通, 合說理氣. 朱子以心理太極動靜陰陽, 合說理氣. 栗谷則以性與氣主宰乎一身者, 謂之心. 尤庵則心是氣也, 而該貯此理. 故或謂之理. 不謂心單氣之說, 出於近來學者, 六經中千言萬語, 皆爲氣字宗旨. 道理爲虛遠寂空之物, 在心之五性間架千里然. 而開口則便說性天, 五尺之童習聞其說, 斯文可謂盛矣. 釋氏老氏何嘗無人義道德之說? 其所謂人義道德者, 皆是呴呴孑孑虛無寂滅之地, 而其所以衆妙圓覺者, 只是終錬身氣而已. 吾儒性理之學, 則異於是. 若曰吾夫子吾道一貫, 君子道三, 君子道四, 四敎大本, 三綱八條, 莫非性分之所固有, 識分之所當爲. 總而言之曰道理, 是皆此心上做實事, 不失天畀之本然而已. 其防閒之道, 則正心一章專言不正之病. 天命一章兼言戒懼. 嗚乎! 聖人之旨微矣哉! 何嘗如今之學者 纔對經傳, 便說某字是理, 某字是氣, 矻矻終日, 專事分介者乎?

15.

程子曰, 天地萬物之理, 無獨必有對. 有問於朱子, 曰太極便對甚底? 曰太極便與陰陽相對. 猥筆第五段, 正論此義, 云把氣與理對擧, 此非聖人之言. 今人纔見理字, 必覓氣來作對偶. 於是理之流行一大事, 盡被氣字帶去作家計, 所餘者, 只混淪也, 沖漠也, 此雙本領之履霜也. 悲夫! 愚按蘆沙意欲尊理, 而有此云云. 然辭氣之間, 陵轢過越, 大損尊畏聖賢之體. 此豈非氣之失理處乎? 况朱子何嘗非聖人? 何嘗非一本領? 然而把陰陽太極做對. 此亦謂奪卻理之流行一大事, 以與氣字而爲雙本領之履霜, 而受蘆沙悲夫之歎者耶?

朱子曰惟心無對, 非謂心之尊無對. 心包性情, 而性與情爲對故也. 蘆沙曰惟理無對, 此謂理之尊無對也. 理一而分殊, 一與分爲對故也. 猥筆言把氣與理對擧, 此非聖人之言. 此謂對敵之猶曰齊頭而敵體也. 朱子所謂太極便與陰陽相對者, 此是對敵之謂耶? 朱子嘗曰, 太極象數未形, 而其理已具之稱. 又曰先有箇天理了, 卻有氣. 又曰自形而上下言, 豈無先後? 由此而言之, 便與陰陽云者, 非對敵之謂. 不拘尊卑而取對, 則以子對父, 以臣對君, 不慝無對. 何太極陰陽相對之可言?

但今人之以理氣相對者，專爲理隨氣爲爲主，後生學者有見乎此，則必認其爲齊頭幷脚之物．故曰雙本領之履霜也．此果指朱子而言者耶？所謂陵轢過越，大損尊畏聖賢之體云者，忖度其心，必是認朱子以太極陰陽爲敵體相對致然也．可謂大加尊敬聖賢之體也？

16.

猥筆曰，聖人的見流行發見，變化昭著，莫非此道之爲云云．此道之爲四字，恐合商量．朱子於論語集註，旣云道體無爲．尤翁之答人書又云，非謂[834]此理其體則無情意造作，而至於用則有情意造作也．二先生豈不知道之流行發見，而其言如此耶？此宜再入思議看也．小註曰，莫非此道之爲，若添數字云，莫非此道爲之根柢樞紐，則似更詳明．未知如何？

天地，形氣之最大者也．人物稟形氣之軀．生長老死，於形氣之中．苟以一氣字爲主，古今天下，何事何物，能逃於形氣之中？就形氣之能變化能昭著，有情意作爲處，指其所以然之故，曰理曰太極而尊號之．理之爲言，本體也；太極之爲言，物理之極處也．捨此而觀萬物，則只是森羅塊列而已．由此言之，氣之昭著變化情意作爲，皆理之爲也．若曰無爲，若曰無情意無造，只遽[835]流行一邊而言．不可以一段議論，質全書之宗旨也．且有一說焉．六經不言理字，而惟有中庸文理密察字．凡簡冊所載之文，捨一理字，則只是活字篋中未擇者，惟有孟子始終條理字．凡一成之樂，舍一理字，則只是侏儒場中鈞雜聲也．於斯理氣面目可以領會矣．小註云云，非曰不然．但道之爲言，體用兼備．故夫子曰，一陰一陽之爲道，根柢樞紐之意，已包含於其中矣．今於此道之爲

834 謂 : 『간재집』에는 '謂'자가 누락되었다. 『宋子大全』 권104, 「答金仲固」의 원문에 의거해서 보충했다.

835 遽 : 문맥상 '據'의 오자로 추정된다.

四字, 何欠商量, 更宜思議者也?

17.

後辨曰, 楚辭集註有曰, 一動一靜一晦一朔, 皆陰陽之所爲, 非有爲之者.

動靜晦朔, 各加一字, 已含一陰一陽之爲道之意也. 此言陰陽之所爲, 卽言其天道之所爲處. 言非有爲者, 卽言其體自然耳. 此與自爾非使之意, 實有不同.

18.

必欲如是, 則豈有天地之有憾, 賢智之有偏, 爲此理不能善處之咎而已, 雖冒頓之淫, 亂賊之禍, 爲此理者, 並不得逃其罪矣.

天地之有憾, 榮枯災祥之謂, 卽氣數相盪也. 賢智之有偏淸濁美惡之謂, 卽氣稟不齊也. 是果歸咎於理者耶? 冒頓之之淫, 是化不及也. 亂賊之禍, 是敎不行也. 是果歸罪於理者耶? 是故君子語常而不語乖, 語正而不語變. 若只據變乖而謂之氣專用事, 則非知道者之言.

19.

孟子雖說蹶趨之氣, 然未嘗不言浩然之氣.

浩然之氣, 是集義所生者. 其爲氣也, 配理與道. 配, 卽合而有助之謂, 非配偶相對之謂. 以今人氣自用事之論觀之, 其區別果何如哉?

20.

所謂理者, 果能管攝乎氣, 所謂氣者, 果不能違悖乎理, 則何以有此流弊聲討之變哉?

所謂理者, 不能管攝乎氣, 所謂氣者, 果能違悖乎理, 故有此流弊聲討之變. 此亦小事. 蘆翁所謂三奪, 吾儒之今日目擊而忍痛者也. 白山之見至矣哉. 惜乎! 其所主者邪氣也.

21.

凡此後辨所論, 逐條置對, 不患無辭. 而其意脈肯綮, 不過再誦前辨. 段段所添, 只是氣强, 所可辨也, 言之辱也.

22.

前後辨所論大旨, 余嘗以一言斷之曰, 理無用而氣全體而已. 雖其立言之際, 動稱道理性三字, 而必以心單屬氣邊. 而雖中庸之天命, 大學之明命, 認得帶氣之物. 說氣時必加檢束字. 於是乎道理情三字手難下, 而踉其着爲渺寞懸空, 思議不到之域. 入德門戶, 已非經傳垂敎之路矣. 苟有性理發用上說, 則必巧揑其疑似處, 驅入於告釋陸王之科者. 抑何心氣? 蓋以仁義禮智不可謂無發用, 故全篇所罕者, 仁義禮智也. 若以其體段想合其立論, 則分明是氣分事, 而賴朱子人性之綱四字, 依様因循, 而與自家主旨, 大相逕庭. 比如曹瞞徘徊漢鼎之傍, 而不能遽移也. 蘆·華·寒文之論心性理氣, 散出於全稿者, 豈必句句相符, 言言皆合? 就其同處喚却異者, 毁甲而譽乙, 將其異處把却同者, 是東而匪西, 萋斐羅織, 辨別同異, 是不過讒佞色態, 反間手段. 蓋其研窮經旨, 淹博語類, 可謂矻矻終老, 實不過剽竊采摘, 巧文飾辭而已. 其罅漏傍出, 難掩耳目, 則又設疑義諸條, 傅會己意, 至於考亭問答諸條, 代朱子而置對者, 是何道理? 且夫愚按二字, 尤爲嫌避於以愚爲名者, 必欲着愚按, 則愚上加田有, 何多煩乎? 有人於此以子爲名者, 其論經旨, 上稱以子曰, 將無所忌嫌乎? 似此文字, 使後生沒識迷旨者,珍藏而寶鑑, 則古愚按今愚按, 混同無辨, 害理亂眞, 罪有所歸. 其所以先審敬筆之節者, 固如是乎? 借使其論十分亭當, 世或有具眼者, 將見其肺肝, 況其所主者乖僻, 別求道理於日用事物之外, 別立門戶於氣字世界乎? 姑將其害理之甚者續論之.

天道是元亨利貞之統體, 今曰乘氣而爲元爲亨爲利爲貞云, 則元亨利貞, 認是氣邊事也. 人性是仁義禮智之統體, 而今曰乘氣而爲仁爲義爲禮爲智, 則仁義禮智, 認是氣中事也. 天道人性, 必曰無爲無發, 無情無知, 則所謂性道, 有之無所補, 無之靡所闕. 其有爲有發有情有知者, 必是氣也, 則所謂氣者, 擔着當, 豈肯讓頭於性道乎? 天體物不遺, 仁體事不違, 是所謂本然. 本然也, 故不得不然. 今以理無氣有之說推之, 是乃本不然而今然也.

天道與上帝, 苦口剖釋, 創出微有不同之說. 蓋以爲上帝神明有知故云. 然是援帝而入於氣也. 於此一段, 其工夫之窩藏畢露矣. 何不曰大有不同而曰微有不同也? 以認神爲理斥蘆沙, 而認帝爲氣之說, 可爲不易之論乎?

中庸首天命謂性之命字, 天以陰陽之以字, 不可謂之無爲, 故自設疑目有理命道命之. 云云. 有說得生硬, 說得太粗之. 云云. 畢竟依附於上帝之妙用, 而暗暗驅入於氣邊. 大學明德明命, 其下無謂性字, 故無慮看作氣分事. 古今天下寧有如是主氣之學乎?

上帝字, 觀於帝命·帝謂·帝眷之文, 不可謂無爲無發無情無知, 而天字則何不於天聽天視天佑天誅處研窮乎? 此箇亦可謂形氣之天耶?

每說氣字, 輒下檢束字, 斥主理家不能檢束, 氣機飄然, 若獨立於戒懼者. 然未知在天流行之氣, 是果受檢束之物耶? 在人浩然之氣, 亦果受檢束之物耶?

上智不能無人心, 下愚不能無道心. 上智不能無氣質性, 下愚不能無本然性. 今以明德道心, 但屬氣分, 則下愚專無本然之性也.

釋氏之所謂性, 吾儒之所謂心也. 吾儒之所謂性, 卽天地之心也. 今若以一陰一陽專謂氣機，則天命歸於虛無之處也．明德道心，專謂氣分，則性理歸之於寂滅處也．

理氣字之得名爲字，讀曰理體，理言本體也．讀曰氣運，氣言運用也．近取諸身，四肢九竅之運用，莫非本體之所爲．若曰運用者自爾，而本體則無爲，本體運用，判作二物也．

道器物，則蓋言乎箇器上當然之理，箇物中本然之法．若曰器自成器，物自成物，而勒加道爲主之名，則是氣外有道，物外有則．雖欲主之，器物自成，易致違悖．今以理不攝氣，氣能違理之說，肆行於一世，自誤誤人，殊甚可慮．

天下之生久矣，一治一亂，時運之盛衰丕泰，亦係天道之陰陽消長．而方此亂極之日，主倡理不攝氣能違之論，而不思所以抑陰扶陽之道，則慢天常乖人紀極矣．故特擧其前後辨之矛盾於聖旨賢訓者，條辨如右．豈敢曰有補於風教也？使來之學者，有所觀感焉．

전간재의 「『정백헌집』의 「외필변변」을 보고」를 변론함

정기

이 글은 정기가 1939년 2월 전우의 「『정백헌집』의 「외필변변」을 보고」를 비판한 것이다. 현재까지 알려진 문헌학적 증거에 의하면 이 글은 외필논쟁의 거의 마지막에 해당하는 글이다. 기정진의 「외필」-전우의 「외필변」-정재규의 「외필변변」-전우의 「관외필변변」-정기의 「변관외필변변」으로 이어지는 맥락에 놓여 있다. 모두 9조목으로 이루어져있는데, 전우의 「관외필변변」을 인용한 다음 자신의 비판적 견해를 서술하고 있다. 『율계집』 권11에 실려 있다.

1.

[관외필변변][836] 귀신의 조화와 성인의 작용은 모두 저절로 그런 것이다. 조금이라도 기의 힘을 침범하는 글자가 아니다. 정씨는 이런 작용을 모두 형이상의 리로 간주하는 것인가?

정기 : 그는 『외필변』에서 말했다. "주자는 평소에 '이치는 조작이 없다'라고 했다. 그러나 움직임과 고요함은 조작이기에 (율곡은) '기틀이 스스로 그러하다[機自爾]'라고 했다. — 지금 간행본에는 이 세 구절이 없으니, 그 생각을 미루어 알 수 있다. — 주자는 또 '작용이 있자마자 곧 형이하이다'라고 했으니, 움직임과 고요함이란 작용이다. 그래서 (율곡은) '기틀이 스스로 그러하다[機自爾]'라고 한 것이다." — 그의 생각은 '스스로

836 『율계집』에서는 「관외필변변」의 인용과 정기 자신의 견해를 전자는 한 칸을 낮춰 쓰고, 후자는 첫 칸부터 시작하는 방식으로 구별하고 있다.

그렇다'는 것을 '홀로 스스로 (그렇다)[獨自]'라고 간주하는 것이다.—

선사께서 (「외필변변」에서) 변론해서 말했다. "움직임과 고요함은 저절로 그러한 것으로, 기의 힘을 조금이나마 침범하는 글자가 아니다. 조작이란 정의(情意)와 영위(營爲)가 있다는 뜻이니 기력을 매우 소모하는 글자다. 동정을 곧장 조작이라 바꿔 부르는 것도 어째서 그런지 알 수 없다." 또 말했다. "동정이 본시 기로 말한 경우도 있다지만, 또한 리에 대해서도 말할 수 있는 것이니, 조작·작용 등의 글자를 오로지 기라는 측면에서만 설명할 수 있는 것은 아니다."

전씨는 이에 그의 주장을 바꿔서 「외필후변」에서 "'자이(自爾)'란 스스로 그러함[自然]을 말한다"라고 했다. 그리고서 마침내 다시 귀신의 조화와 성인의 작용이라는 말로 꾸짖었으니, 그가 리를 밝히려고 하지 않고, 남을 이기는 것을 위주로 한다는 것을 알 수 있다. 그러나 기가 이 리에 의거해서 운행한다면 조화의 준칙은 이미 리에 갖추어진 것이다. 작용의 절도와 제도는 그 자체로 리에 있다. 그 자취 때문에 그 오묘함을 폐하는 것이 가능하겠는가?

2.

[관외필변변] 스스로 그러한 기틀은 잡다한 기가 아니라, 신령한 기이다. 「외필변변」 제3조에서는 "'도를 넓힌다'라고 하는 것이 … 이것이 어찌 이 마음이 타는 기틀이 저절로 그럴 수 있는 것이겠는가?"라고 했는데, 이것은 율옹의 뜻을 전혀 살피지 못하고 말하는 것이다. 율옹은 우계에게 답하는 편지에서 말했다. "음이 고요하고 양이 움직이는 것은 기틀이 스스로 그렇다. … 주자는 '마음의 허령지각은 하나일 뿐이다'라고 했다. 먼저 '마음[心]' 한 글자를 앞에 두었으니, 마음은 기이다. '혹은 근원하고[或原]', '혹은 생겨나는[或生]' 것도 마음의 발현이 아닌 것이 없으니 어떻게 기발이 아니겠는가?" 또 말했다. "마음속의 리가 바로 성이

다. 마음은 발현하는 데 성은 발현하지 않는 이치란 없으니 어떻게 '리가 타는 것'이 아니겠는가?"[837] 그렇다면 기발이라고 할 때의 '기'는 즉 "사람이 도를 넓힐 수 있다"라고 할 때의 '사람'에 해당한다. 어떻게 차이가 있겠는가? 정씨는 이미 마음을 리로 오인했기 때문에 '기'자를 만나자마자 그것을 가리켜 기질이라고 한다. 그러므로 도를 넓히는 사람과 스스로 그러한 기틀이 서로 회통하지 못하고 이처럼 지루하게 논의하게 된 것이다.

정기 : 이렇게 말한다면 기가 도를 넓힐 수 있고, 기가 리를 시킬 수 있다는 것이다. 나는 기가 도와 의에 짝한다고 들었지, 기가 도를 넓힌다고는 듣지 못했다. 리가 기의 주재라고 들었지 기가 리를 시킨다고는 듣지 못했다. 그 병폐의 근원을 찾아보면 마음을 곧 기라고 하면서 리와 관계가 없다고 인식했기 때문이다. 마음이란 성과 정을 통합하고, 본체와 작용을 갖추어, 한 몸의 주재이면서 모든 일의 벼리가 되는 것이다. 그런데 이제는 오로지 신령한 기에만 해당시켜서 도를 넓히는 물건이라고 여기니, 율옹의 뜻이 과연 이와 같았던가? 주자·퇴도의 촛불과 기름의 비유로 보자면,[838] '신령'이란 글자 또한 기가 홀로 그럴 수 있는 것이 아니라, 리와 기가 합쳐야 신령할 수 있다. 주자는 「왕장유에게 답함」에서 말했다. "'도에는 방위나 형체가 없고 성에는 신령이 있다'라는 이 말은 약간의 의미가 있지만, '신령'이라는 두 글자는 성을 말

837 같은 책, 같은 글, 212쪽.

838 "물었다. '지각은 마음이 신령스럽기가 본래 이러한 것입니까, 아니면 기가 그렇게 하는 것입니까?' 대답하셨다. '오로지 기가 아니고 먼저 지각의 리가 있다. 리는 미처 지각을 못하지만 기가 모여 모양을 이루고, 리가 기와 합쳐지면 지각할 수 있다. 이를테면 이 촛불은 이 기름을 얻어야 많은 불꽃이 생긴다.'" 주희, 『주자어류』 권5(『주자전서』 vol. 14), 218쪽. 이황은 이 비유를 『퇴계집』 권25(표점영인 한국문집총간 vol. 30), 「답정자중 별지」, 97쪽에서 재인용하고 있다.

하는 개념이 아니다."[839] — 인용은 여기까지다. — 신령이 본시 성을 말하는 것이 아닌데 '대략 의미가 있다'라고 했으니 단독으로 기에 속하지 않는다는 것을 또한 알 수 있다.

3.

[관외필변변] 움직임과 고요함은 음양이지만 또한 태극에 속한다는 것은 기를 타고 유행하는 것으로 말했지, 당체(當體)가 음양을 기다리지 않고 스스로 움직이고 고요하다는 것이 아니다. 주자는 "마음의 리가 태극"이라고 했으니, 마음이 태극이 아니라는 것은 분명하다. 또한 "마음의 움직임과 고요함은 음양"이라고 했으니 움직임과 고요함이 기에 속하는 것 또한 분명하다.

정기 : 이 문단은 언뜻 보면 그럴싸하지만 그렇지 않다. 그에게는 결국 기를 중시하려는 의도가 있다. '기를 타고 유행하면서 음양을 기다리지 않는다'라고 한 말은 주재하는 것이 있지 않아서 그렇게 말한 것인가? 그러나 사계(沙溪 : 김장생)는 말했다. "음양의 움직임과 고요함은 곧 태극의 움직임과 고요함이다. 리에 움직임과 고요함이 없다면, 기 또한 움직임과 고요함이 없다. 주자는 '태극이 움직이면 바로 양이요, 고요하면 바로 음이다. 움직임과 고요함은 태극이 하는 것이다'라고 했다."[840] 우암은 말했다. "한 번 움직이고 한 번 고요한 것은 기이고, 움직이고 고요하게 하는 것은 리이다. 한 번 음이 되고 한 번 양이 되는 것은 기이고, 음이 되게 하고 양이 되게 하는 것은 리이다."[841] 이것은 율

839 주희, 『회암선생주문공문집』 권52(『주자전서』 vol. 22), 「답왕장유」, 2462~2463쪽.

840 김장생, 『사계유고』 권3(표점영인 한국문집총간 vol. 57), 「答金巘」, 44쪽.

841 송시열, 『송자대전』 권136(표점영인 한국문집총간 vol. 112), 「一陰一陽之謂道」, 513쪽.

곡의 "움직이고 고요한 것은 기이다. 움직이고 고요하게 하는 것은 리이다"[842]라는 말과 조금의 차이도 없고, 모두 주리의 관점에서 말한 것이다. 진실로 여기에서 깨닫는다면 어지러운 주장들은 변론을 기다리지 않고도 판단할 수 있을 것이다. 마음의 리는 태극이니, 이것은 마음에 갖춰진 성을 가리켜 말한 것이요, 이것이 바로 마음의 본체다. 이제 성을 떠나 마음을 말하고, 성을 존중하고 마음을 낮춘다면, 이것은 불교에서 말하는 마음을 마음으로 여기는 것이니 매우 이상하다. 이것은 불행하게도 주자가 "불교는 오직 한 마음을 밝힌다고 말했지만 사실은 마음의 본체를 몰랐고, 마음 밖에 법을 만들고 있었다. 이 때문에 천하의 위대한 근본을 세우지 못했다"[843]라고 한 것과 비슷하다.

4.

[관외필변변] 주자는 "움직임도 태극의 움직임이요, 고요함도 태극의 고요함이다"라고 했다. 이것은 기 위에 있는 태극만을 가리켜 말했다. 이제 '발현 또한 성의 발현이요, 미발 또한 성의 미발이다'라고 하는 것도 이런 뜻이다. 태극은 움직임과 고요함을 포함하고, 움직임과 고요함이 있으니, 성 또한 이처럼 말할 수 있다는 점에는 조금의 장애도 없다. 다만, 한쪽으로 태극에만 함이 있다고 인식하고, 성에는 함이 없다고 한다면 그 자체로 착각인 것이다.

정기 : 이 문단도 앞 문단과 같은 뜻이다. '태극이 움직이고 고요하다'라는 말은 그 자체로 평이한 말이다. 어떻게 반드시 '기 위에 있는 것만을 가리킨다[專指氣上]'라는 네 글자를 말한 다음이라야 충분하다는 것인가? 용이 일어나면 구름은 본래 용을 따르고, 호랑이가 나서면, 바람은

842 이이, 『율곡전서』 권14(표점영인 한국문집총간 vol. 44), 「역수책」, 306쪽 참조.
843 주희, 『회암선생주문공문집』 권30(『주자전서』 vol. 21), 「答張欽夫」, 1327쪽.

본래 호랑이를 따른다. 주인이 향하는 곳을 종이 어떻게 가지 않겠는가? 태극을 함이 있다고 인식한다는 것은 누구를 가리켜 말하는 것인가? 태극은 작위함이 있지 않지만, 실제로 함이 있는 것의 주재가 된다는 것은 속일 수 없다.

5.

[관외필변변] 주자는 『통서』에서 말하는 신(神)을 가리켜 "이것은 형이상의 리를 말한다"라고 했다. 정씨는 한갓 이것만을 알았을 뿐 신 또한 형이하라는 설명은 알지 못하는가? 예를 들어 (『맹자』의) '형색이 천성이다'라는 구절을 말하자면 그 리가 기 위에 올라타 있다고 할 수 있다. 그러나 형색의 본성을 바로 논하자면 어떻게 다시 형이상으로 말할 수 있겠는가?

정기 : 선사의 변론에서 '기로 신을 말한 곳은 진실로 많다'라고 하지 않았는가? 리로 신을 말하는 경우를 차례로 들어보면 「역대전」에서 주·정·장·주에 이르기까지 몇 십 조목이 되는데, 이제는 오히려 '한갓 이것만을 알았을 뿐 신 또한 형이하라는 주장을 알지 못했다'라는 말은 무엇인가? 성인과 철인들을 "신은 만물에 오묘하게 작용한다"[844]라고 했고, 또한 "신이라는 것은 형기의 표면에 초연하고, 움직임과 고요함을 꿰뚫었으니, 그 본체를 말하면 언제나 이와 같을 뿐이다"[845]라고 했다. 이것이 (신을) 형색과 같은 종류의 것으로 말할 수 있다는 것인가?

---

844 周敦頤, 『通書』, 「動靜」 주돈이, 『통서』, 「동정」 제16.

845 주희, 『주자어류』 권94(『주자전서』 vol. 17), 3160~3161쪽 참조.

6.

[관외필변변] 주자가 '리의 움직임과 고요함을 말하면 … '이라고 한 것을 정씨는 정말로 리에 움직일 수 있고, 고요할 수 있는 능력이 있다고 생각한다. 나라면 또 말을 한 번 바꿔서 '성의 움직임과 고요함이 있다고 한다면 고요함 가운데 움직임이 있고, 움직임 가운데 고요함이 있는 것은 그 본체이고, 고요하면서 움직일 수 있고, 움직이면서 고요할 수 있는 것은 그 작용이다'라고 하겠다. 이것과 앞 말은 똑같고 그 뜻도 일치한다. 다만 한쪽처럼 리에는 함이 있고, 성에는 함이 없다고만 인식한다면 (그들은) 틀림없이 고개를 끄덕이지 않을 것이다. 성과 태극은 하나이고, 성과 리도 하나이기 때문이다. 한쪽에서는 마음과 태극, 마음과 리를 하나로 간주하기만 하고, 태극과 성, 리와 성을 하나로 간주하지 않는 것은 무슨 까닭에서인가? 태극이 함이 있다고 하고, 성은 함이 없다고 여겨서 마음만이 태극에 해당할 수 있을 뿐, 성은 태극에 해당할 수 없다고 하기 때문이다. ―이씨(李氏 : 李震相)에게 '성은 태극에 해당할 수 없다'라는 주장이 있는데, 노사와는 한참이나 거리가 먼 주장이다. 그런데 정씨는 오히려 이씨에게 부합하려 하니 무슨 까닭인지를 모르겠다.―

정기 : 선사께서 정말로 리에 움직임과 고요함이 있다고 여겼지만 ―주자·주자 이하의 여러 현자들의 뜻을 조술한 것이다.― 기기를 기다리지 않고도 스스로 움직이고 고요할 수 있다고는 하지 않았는데, 어찌 이리 심하게 꾸짖는 것인가? 태극·성·리는 통틀어 말한다면 성이 곧 리이고, 리는 곧 태극이어서 본래 조금의 차이도 없다. 그렇지만 나눠서 말한다면 태극은 움직임과 고요함을 함축하고, 성은 고요함을 위주로 하니 같은 사례로 말할 수는 없을 것이다. 또한 이것으로 함이 있음과 함이 없음의 구분이 있다고 한다면 '성만이 태극에 해당되어서는 안 된다'라는 것은 옳지 않다. 내가 『한주집』을 살펴보지는 못했지만, 반

드시 이처럼 틀리고 어긋나지는 않았을 것이다.

면우(俛宇 : 郭鍾錫, 1846~1919)가 생존해 있었을 때 내가 편지로 물어본 적이 있었는데, 그는 이렇게 대답했다. "주옹(洲翁 : 이진상)의 학설은 이렇게 거칠고 경솔하지 않다. '마음은 태극이요, 성은 태극의 혼연한 본체이며, 정은 태극의 찬연한 작용이다'라고 한 적은 있으니, '마음이 성과 정을 통괄한다'라는 것이 이것이다. 만일 치우친 채로 성이 태극이라는 한 마디만을 고집하면서 마음을 가리키고, 정을 가리키는 것을 인정하지 않는다면 이것은 태극에는 고요함만 있을 뿐 움직임은 없다는 격이니 불행하게도 주자가 말한 '하나의 바르지 못하고 뾰족하고 기운 태극'[846]에 가깝다고 할 것이다. 그 뜻의 대략은 이와 같은데, 간공(艮公)은 으름장을 놓으면서 그것들을 들춰낸다."[847] — 인용은 여기까지다. —

이것을 보면 내가 평소에 생각하던 것이 틀리지 않은 것이다. 덧붙인 말에서 '이씨에게 … ' 운운한 것은 크게 군자의 말하는 기상에 어긋난다. 도리는 공공연한 것이요, 어진 이와 지혜로운 이는 소견을 달리하기에 선택이 각각 차이가 나는 것이다. 선철의 말이라도 또한 따르기도 하고 어기기도 하며 이단의 말이라도 때로는 택하기도 한다. 고금을 통틀어 참고해보면 모두가 이렇지 않은 것이 없는데, 꾸짖으면서 남에게 부화뇌동한다고 하는 것이 괜찮단 말인가? 하물며 '성만이 태극에 배당되어서는 안 된다'라고 한 것은 선사의 문집 가운데 어느 편 어느 구절에 이런 생각이 담겨 있기에 이제 이렇게 말하는 것인가? 정말이지 이상하다!

846 주희, 『주자어류』 권94(『주자전서』 vol. 17), 3127쪽 참조.

847 郭鍾錫, 『俛宇集』 권110(표점영인 한국문집총간 vol. 343), 「答鄭景晦」, 114쪽.

7.

[관외필변변] 정씨가 인용한 '도의 본체가 하는 것'이라는 몇몇 말은 내가 「외필변」에서 '이 도가 뿌리와 지도리가 되지 않음이 없다'라고 한 뜻에 불과하다. 어떻게 정말로 할 수 있는 능력이 있다는 것이겠는가? 옛날 양구산(楊龜山 : 楊時)이 왕개보(王介甫 : 王安石)의 "'하늘이 나에게 이것을 가지도록 했다는 것을 명이라 한다'라고 한 구절을 논하면서 '나에게 … (가지도록) 했다(使我)'라고 한 것은 바로 그렇게 시킨다는 뜻이다. '그렇게 시키는 것'을 명이라고 할 수 있는가?"라고 했다. 주자는 『중용혹문』에서 '왕씨의 말은 '상제가 충을 내려주었다'라고 말하는 것과 같을 뿐이다. 어떻게 정말로 그렇게 시키는 것이 있다고 여기겠는가?'라고 했다. 정씨 또한 '어떻게 도의 본체가 하는 것이라고 하겠는가' 라고 했고, 또한 '어찌 작위를 말하는 것이겠는가?'라고 했다. (리는) 소이연의 오묘함과 소당연의 법칙이기 때문이었다. 이 또한 뿌리와 지도리를 말하는 것과 비슷할 뿐이다. 그런데 이제는 내 주장을 가리키면서 오유선생(烏有先生)(처럼 무의미한 말이) 되고 말 것이라고 했다. 이것은 아마도 함께 목욕하면서 상대방을 벌거벗었다고 나무라는 격이니, 주자가 구산의 잘못을 논한 것과 같다고 할 것이다.

정기 : 「외필」에서는 "성인들은 유행하여 발현하며, 변화하고 환히 드러나는 것이 모두 이 도가 하는 것임을 분명히 알았다"라고 했다. 그의 「외필변」에서는 "'이 도가 한다(此道之爲)'라는 네 글자는 잘 헤아려 보아야 마땅할 듯하다"라고 하면서 마침내 『논어집주』의 '도체는 함이 없다'라는 말을 인용해서 반박했다. 또 "몇 글자를 더해서 "'이 도가 뿌리와 지도리가 되지 않음이 없다(莫非此道爲之根柢樞紐)'라고 한다면 아마도 더욱 상세하고 분명할 듯하다"라고도 했다. 선사께서는 (「외필변변」에서) 주자가 도체의 하는 것을 논한 몇 조목을 인용해서 변론하면서 이렇게 말했다. "'함이 없다(無爲)'는 글자만을 꼭 지키면서 '한다(爲)'는 낱

말을 사용하는 곳이면, 모두 다 조작에 귀결시킨다면 이것은 도의 본체가 공(公)과 무(無)에 빠지는 것이니, 노자의 무위에 가깝지 않겠는가? 그렇다면 '뿌리이자 지도리'라는 말도 결국은 오유선생(烏有先生)(처럼 무의미한 말)이 되고 말 것이다."

이것이 과연 그의 변론과 서로 비슷한가? 서로 비슷하다면 처음부터 어찌 이 도가 한다는 뜻을 알아차리지 못하고 함이 없다는 가르침을 인용해서 노사가 했던 '이 도의 함'이란 말을 "리를 해치고 진실을 어지럽힌다" —「외필후변」의 말이다. — 라고 배척하는 것인가? 주자는 '도체의 함'을 말했는데, (전우는) '곧 내 변론의 뜻과 같을 뿐'이라고 했다. 이것은 바로 '그 사람을 따라서 공격한다'라는 것이다. 그의 「외필후변」에서 "그가 이것을 살피지 못하고 운운한 것이 있다면, 본래 견문이 부족한 잘못에서 벗어나지 못할 것이다. 이러한 정론이 있는 줄을 알고서도 일부러 운운한 것이라면 이는 바로 (선종에서) 부처를 꾸짖고 조사를 매도하는 관행일 뿐이다"라고 한 것은 또한 자기 자신을 말하는 것이 아니겠는가?

8.

[관외필변변] 우옹의 '리의 본체와 작용은 모두 함이 없다'라는 주장을 논한 것은 설명을 하는 것 같지만 제대로 설명하지 못했고, 변론하려고 했지만 제대로 밝히지 못한 채로, "본체는 함이 없고, 작용은 함이 있다"라고 했을 뿐이다. 이것은 결국 우옹이 반박하는 논지 가운데 떨어지고 말았다. 율옹은 「안응휴에게 답함」에서 "그대가 이 리가 기를 타고 유행하여 변화가 많은 것을 보고 '리가 움직이는 곳이 있고 함이 있다'라고 하는데, 이것은 이기를 모르기 때문이다"라고 했다.[848] —우

[848] 이이, 『율곡전서』 권12(표점영인 한국문집총간 vol. 44), 「답안응휴」, 250쪽.

옹의 설명은 진실로 여기에 뿌리를 둔 것으로 노사문하의 스승과 제자들의 견해와도 다르다. 하필이면 견강부회해서 결국 똑같이 만들 수 없는 것을 억지로 같게 만들려고 하는 것인가?— 정씨는 여기에서 어째서 자처하면서 다른 사람이 대신 근심토록 만드는 것인가?

[정기] 선사는 「외필변변」에서 이렇게 말했다. "본체에 조작이 없다는 것은 '고요함에도 또한 고요하다(靜亦靜)'는 것이다. 작용에도 조작이 없다는 것은 '움직임에도 또한 고요하다(動亦靜)'는 것이다. 고요하면 본체가 서되, 고요함이란 (가만히 있는) 흙덩어리 같은 것이 아니니, '고요함 속에 어떤 것이 있다(靜中有物)'는 말이 이것을 의미한다. 움직여 작용하고 운행하되, 움직임이란 (애벌레가) 꿈틀대는 것과 같은 것이 아니니, '하늘로서 움직인다(動以天)'는 말이 이것을 의미한다."

이 문단은 우옹의 본뜻을 설명하고 있는데, 어째서 "설명을 하는 것 같지만 제대로 설명하지 못했고, 변론하려고 했지만 제대로 밝히지 못했다"라고 하는 것인가? 선사는 (「외필변변」에서) 또 말했다. "주자는 여기에서 두 마디 표현 모두 써서 학설을 세우면서 '도의 본체는 함이 없다'라고 하고, 또 '도의 본체가 하는 것'이라고도 했다. 모르는 자는 반드시 좌우에 칼을 찬 것 같다고 의심할 것이요, 아는 자는 틀림없이 본체는 곧 함이 없지만 작용은 함이 있다고 여길 것이다. 그러나 우옹의 뜻은 그렇지 않았다."

그렇다면 '본체는 함이 없지만, 작용은 함이 있다'라고 한 것은 평범한 이의 경우로 말한 것인데, 이를 배척함으로써 '끝내 우옹이 반박한 데에서 벗어나지 못했다'라고 한 것은 어째서인가? 맹자는 '(노나라가) 무례했기에 공자가 (노나라를) 떠났다'라고 한 이들을 정말로 깊이 공자를 안다고 했던가?[849] 율옹이 「안응휴에게 답함」에서 이기의 유행을

849 『맹자』, 「고자 하」 6장 참조.

논했을 뿐이었고 — 내가 「외필후변변」에서 이미 변론했다. — 우옹은 체용일원(體用一源)의 뜻만을 논했는데, 어째서 '율옹의 주장이 실로 여기에 뿌리를 두었다'라고 하는 것인가? 또한 우옹은 분명하게 체용일원은 그 자체로 변경할 수 없는 도리라고 했으니, 이가 본체이고 기가 작용이다[理體氣用]라는 견해와는 크게 차이가 난다. 모르겠거니와 전씨는 여기에서 과연 어떻게 자처함으로써 정말이지 사람을 대신 근심토록 만드는 것인가?

9.

[관외필변변] 성은 본체이고, 기는 작용이다. 어째서 주자의 「여자약에게 답함」에서 형이상·하는 이것이 본체이고 저것이 작용이라는 가르침을 보지 못했는가? 본체는 같지만 작용은 다르다. 이것 또한 리가 본체이고, 기가 작용이라는 측면에서 '태극이 본체이고 이기오행이 작용이다', '도는 본체이고, 기(器)는 작용이다' 등의 말에서 알 수 있다. 정씨는 모두 살피지 못하고서 단지 한 구절로 단정을 했으니, 어떻게 그와 더불어 논의를 할 수 있겠는가?

정기 : 주자의 설명은 본래 이와 같은 곳도 있고, 저와 같은 곳도 있다. 그러나 이제 '성이 본체이고 기가 작용'이라고 한다면 성은 본체는 있지만 작용은 없는 쓸모없는 물건이 되어버리니, 또한 '정'이란 한 글자도 도무지 둘 곳이 없어져 버린다. 주자는 「여자약에게 답함」에서 이렇게 말했다. "형이상의 것으로 말한다면 충막이란 본래 본체[體]가 되고, 사물들 사이에서 발현한 것이 작용[用]이 된다. 형이하의 것으로 말한다면 사물이 또 본체가 되고 그 리가 발현한 것이 작용이 된다."[850]

형이상이건 형이하이건 모두 리의 발현을 작용으로 여겼으니, 이것

850 주희, 『회암선생주문공문집』 권48(『주자전서』 vol. 22), 「답여자약」, 2226쪽 참조.

은 성이 본체이고 기가 작용이라는 것과는 다르다. 주자는 또한 "본연으로서 발현하지 않은 것은 실리의 본체요, 잘 호응하면서 측량할 수 없는 것은 실리의 작용이다"[851]라고 했으니, 이 말과 '본체는 같고 작용은 다르다'라는 말과는 차이가 있다. 『중용장구』에서는 분명하게 "하나의 본체와 하나의 작용이 움직임과 고요함의 다름이 있으나 반드시 그 본체가 선 뒤에야 작용이 행해질 수 있으니, 그렇다면 그 실제는 또한 두 일이 있는 것이 아니다"라고 했다.[852] — 『주자어류』에서 도의 본체와 작용에 대해 묻자 "귀가 본체라면 듣는 것은 작용이며, 눈이 본체라면 보는 것은 작용이다"라고 대답했다.[853] 이런 사례는 매우 많다. — 본체와 작용이 처음부터 두 가지 일이 아니지만, 리와 기는 분명 두 가지 물건이다. 이제 본체와 작용을 갈라놓고 하나는 리에, 다른 하나는 기에 속하게 한다면 이것은 본체와 작용을 두 가지 일로 만드는 것이다. 이제 그의 문집에서는 '성이 본체이고 기가 작용'이며, '성이 본체이고 마음이 작용'이라는 말이 그치지 않고 여러 차례 중복되어 나타나는데 체용일원의 취지는 한 번도 거론하질 않는다. 그가 "모두 살피지 못하고서, 단지 한 마디로 단정을 했다"라고 한 것은 바른 구독의 방법인가? 과연 누가 더불어 우열을 논하겠는가?

기묘년(1939) 2월 그믐에 정기는 쓴다.

---

851 주희, 『통서주』(『주자전서』 vol. 13), 101쪽.

852 주희, 『중용장구』(『주자전서』 vol. 6), 33쪽.

853 주희, 『주자어류』 권1(『주자전서』 vol. 14), 116쪽.

辨田艮齋觀鄭柏軒集猥筆辨辨

鄭琦

1.

鬼神造化, 聖人作用, 皆自然而然, 非有絲毫犯氣力底字. 鄭氏將此等作用, 一切叫做形而上之理乎?

彼猥筆前辨曰, 朱子雅言, 理無造作. 動靜者, 造作也. 故曰機自爾也.—今其刊行本, 則去此三句, 其意可測認.— 朱子又言纔有作用, 便是形而下者. 動靜者, 作用也. 故曰機自爾也.—其意以自爾爲獨自之義.— 先師辨之曰, 動靜是自然而然, 非有絲毫犯氣力底字. 造作是有情意營爲, 而煞費氣力底字. 以動靜直喚做造作, 未知其如何也. 又曰動靜固有以氣, 而亦可以言之於理. 非若造作作用等字之專做氣邊也. 田氏於是變其說曰, 自爾者, 自然之謂也. 遂復以鬼神造化, 聖人作用詰之, 可見其不求明理而以勝人爲主也. 然氣依傍這理行, 則造化之準則, 已具於理矣. 作用之節制, 自在於理也. 以其迹而廢其妙, 可乎?

2.

自爾之機, 非雜糅之氣, 乃神靈之氣也. 鄭辨第三條云, 弘道, 豈此心所乘之機所能爾乎? 此全不察栗翁之意而云爾也. 栗翁答牛溪書曰陰靜陽動, 機自爾也. 朱子云心之虛靈知覺一而已矣. 先下一心字在前, 則心是氣也. 或原或生, 無非心之發, 則豈非氣發乎? 又曰心中之理, 乃性也. 未有心發而性不發之理, 則豈非理乘乎? 然則氣發之氣, 卽人能弘道之人, 曷嘗有異乎? 只被鄭氏旣誤認心爲理, 則纔遇氣字, 便指爲氣質. 故於弘道之人, 自爾之機, 不能會通云.

苟如是說，氣能弘道，氣能使理者也．吾聞氣配道義，未聞氣弘道．吾聞理爲氣主，未聞氣使理．究其病源，認心卽氣而無與於理之故也．心也者，統性情該體用，爲一身之主，萬事之綱者．而今專以神靈之氣當之，以爲弘道之物，栗翁之意，果如是耶？蓋以朱子·退陶燭火脂膏之喩觀之，神靈者，亦非氣獨能然，理與氣合，便能神靈．朱子答汪長孺書曰，道無方體，性有神靈．此語略有意思．但神靈二字，非所以言性．—止此— 神靈，固非所以言性，而謂之略有意思，則非單屬氣，亦可知也．

3.

動靜是陰陽，而亦屬之太極者，以其乘氣流行而言，非謂當體不待陰陽而自能動靜也．朱子曰，心之理是太極，則心之非太極明矣．又曰心之動靜是陰陽，則動靜之屬氣，亦明矣．

此段驟看，似然而未也．蓋其意終有氣爲主之意也．特言乘氣流行，不待陰陽等語，非有所主而云耶？然沙溪曰陰陽之動靜，卽太極之動靜也．理無動靜，則氣亦無動靜．朱子說太極動便是陽，靜便是陰，動靜乃太極之所爲云也．尤菴曰一動一靜者氣也，而動之靜之者理也．一陰一陽者氣也，而使陰使陽者理也．此與栗谷動者靜者，氣也；動之靜之者，理也，無毫髮差爽，壹是主理而言也．苟領悟於此，則紛紛話說，不待辨而定矣．心之理是太極，乃指心中所具之性而言，是乃心之本體也．今離性而言心，尊性而卑心，以釋氏之所謂心者爲心，殊可異也．朱子所謂釋氏雖自言惟明一心，實不識心體，而心外有法，不足以立天下之大本者，不幸而近之矣．

4.

朱子言動亦太極之動，靜亦太極之靜．此專指氣上之太極而言．今如言發亦性之發, 未發亦性之未發, 亦是此意. 太極涵動靜, 有動靜, 性亦如此說, 毫無所礙. 但一邊認太極爲有爲, 而性爲無爲, 則自錯看了也.

此段亦上段意. 太極動靜, 自是平坦語. 何須特言專指氣上四字然後足耶? 龍之與雲, 固從之; 虎之出風, 固從之. 主之所向, 僕豈不往? 認太極爲有爲, 指誰而言? 太極非有作爲, 而實爲有爲之主, 則不可誣也.

5.

朱子指通書之言神, 而曰此言形而上之理也. 鄭氏徒知此而不知神亦形而下之說乎?—語類賀孫錄.— 假如言形色天性, 謂其理之載在氣上者. 然若正論形色本相, 豈復可以形上言乎?

先師所辨, 亦不曰以氣言神處, 固亦多矣乎? 若以理言神處歷擧, 易大傳以至周·程·張·朱十數條, 而今却曰徒知此而不知神亦形而下之說, 何也? 聖哲之言, 曰神妙萬物. 又曰神之爲物自是超然於形氣[854]之表, 貫動靜而言其體常如是矣. 可利形色同科而言之乎?

6.

朱子曰言理之動靜云云, 鄭氏眞以爲理有能動能靜. 則吾又有一轉語云, 言性之動靜, 則靜中有動, 動中有靜, 其體也. 靜而能動, 動而能靜, 其用也. 此與前語同而一意致. 但一邊認理有爲而性無爲, 則必不肯點頭矣. 蓋性與太極, 一也, 性與理, 亦一也. 一邊卻將心與太極, 心與理喚做一, 而太極與性, 理與性, 不喚做一, 其故何也? 以太極有爲, 而性則無爲也, 以心可以獨當太極, 而性則不可獨當太極也. —性不可獨當太極, 李氏有此說, 與蘆沙迥別. 而鄭氏卻附李氏, 未知何故也.—

先師眞以爲理有動有靜,—祖述周朱以下諸賢.— 非謂不待氣機, 而

854 氣 : 『주지어류』의 원문에 의하면 '器'가 되어야 한다.

自能動靜. 何譏之之甚也? 太極性理, 統而言之, 性卽理, 理卽太極, 固無毫別. 而分而言之, 太極涵動靜, 性主靜, 恐不可一例說去. 若又以此而謂有有爲無爲之分, 則不是性不可獨當太極. 吾雖未考寒洲集, 必不如此醜差. 俛宇在世時, 余以書質之, 其答曰, 洲翁說未嘗如此莽撞. 盖嘗謂心爲太極, 而性是太極渾然之體, 情是太極粲然之用, 所謂心統性情者如此. 若偏執性爲太極一語, 而不容指心指情, 則是太極靜有而動無也, 朱子所謂一不正尖邪底太極, 不幸近之矣. 其意大槩如此, 而艮公却勒脅而抉摘之也.—止此.— 觀此則吾之所料, 非妄矣. 附李之云, 大非君子口氣. 道里公物, 仁智異見, 取舍各殊. 雖先哲之言, 亦有從違. 雖異端之言, 亦有所取. 參諸古今, 無不皆然, 而譏之以附人, 可乎? 況性不可獨當太極, 先師集中何篇何句, 有這般意思, 而今曰云云也? 怪甚怪甚!

7.

鄭氏所引道體之所爲數語, 不過如愚辨莫非此道爲之根柢樞紐之意. 豈眞以爲有能爲者哉? 昔楊龜山議王介甫天使我有是之謂命, 云使我, 正所謂使然也. 使然者, 可以爲命乎? 朱子於或問, 以爲王氏之云, 猶曰上帝降衷云爾. 豈眞以爲有或使之然者哉? 鄭氏亦云, 豈[855]曰道體之所爲者? 亦豈作爲之謂[856]乎? 以其所以然[857]之妙, 與夫所當爲之則也. 此亦與根柢樞紐之云者, 正相似也. 今乃指鄙說, 爲烏有先生. 此似同浴而譏裸裎, 正如朱子所論龜山之失也.

猥筆曰, 聖人的見流行發見, 變化昭著, 莫非此道之爲. 彼辨曰, 此道之爲四字, 恐合商量. 遂引論語註道體無爲以駁之. 又曰添得數字,

855 豈 : 『노백헌집』에 실린 「외필변변」에는 '其'로 썼다.
856 謂 : 『노백헌집』에 실린 「외필변변」에는 '爲'로 썼다.
857 然 : 『노백헌집』에 실린 「외필변변」에는 '爲'로 썼다.

莫非此道爲之根柢樞紐, 則似更詳明. 先師引朱子道體之所爲數條而辨之, 曰膠守無爲字, 凡說著爲字處, 一切歸之於造作, 則是道體淪於空無也. 不幾於老子之無爲乎? 然則所謂根柢樞紐者, 畢竟爲烏有先生矣.—止此.— 此果與彼辨正相似乎? 苟相似, 則初何不領悟於此道之爲之意 而乃引無爲之訓而駁之. 蘆沙曰此道之爲, 則斥之以害理亂眞.—猥筆後辨中語.— 朱子曰道體之爲, 則曰不過如愚辨之意, 正所謂隨其人而攻之者也. 彼後辨曰, 使彼未考乎此, 而有所云云, 固未免於謏寡之失矣, 如知有此等定論, 而故爾云云, 直是呵佛罵祖之習. 抑無乃自道者歟?

8.

所論尤翁理之體用皆無爲之說, 似說不說, 欲辨未明. 而其曰體則無爲, 用則有爲者, 終不免落在尤翁所駁之中矣. 栗翁答安應休書云, 吾友見此理之乘氣流行變化, 而乃以理爲有動有爲. 此所以不知理氣也. —尤翁說, 實本於此, 而非如蘆沙師生之見也. 何必驅之牽合, 以爲強同, 而終不可同耶?— 不知鄭氏於此何以自處, 使人代悶?

先師辨曰, 體無造作者, 所謂靜亦靜. 用無造作者, 所謂動亦靜. 靜而體立, 靜非塊然, 所謂靜中有物. 動而用行, 動非蠢然, 所謂動以天. 此一段語, 乃說得尤翁本意, 何謂似說不說, 欲辨未明? 又曰朱子兩下立說, 曰道體無爲, 又曰道體之所爲. 不知者, 必疑其有似乎左右佩劍, 其知之者, 必謂體則無爲, 用則有爲. 而乃若尤翁之意, 則不然云, 則體無爲用有爲, 就汎知上說, 而乃斥之以終不免尤翁所駁之中, 何也? 孟子以孔子之爲無禮而行, 眞以爲深知孔子者耶? 栗翁答安應休書, 只論理氣流行,—余嘗辨之於猥筆後辨辨.— 尤翁則專論體用一源之意, 何謂尤翁說實本於此乎? 此尤翁明明言體用一源, 自是不可易之道里, 其於理體氣用之見, 大相遠矣. 不知田氏於此, 果何以自處, 誠可代悶?

9.

性體氣用. 豈不見朱子答呂子約書形而上下此體彼用之訓乎? 體同用異. 亦只於理體氣用,—呂書.— 太極是體, 二五是用,—語類節錄, 癸丑以後所聞.— 道是體, 器是用,—長洲汪氏語, 與上語類, 幷見子在川上章.—等語可見. 而鄭氏都不檢考, 只一筆句斷. 如何與之上下其論乎?

朱子說, 固有如此處如彼處. 然今曰性體氣用, 則性爲有體無用之長物, 亦所謂一個情字都無下落者也. 朱子答呂書, 曰以形而上者言之, 則冲漠者固爲體, 而其發於事物之間者爲之用. 若以形而下者言之, 則事物又爲體, 而其理之發見者爲之用. 形上形下, 皆以理之發見爲用, 此與性體氣用異矣. 又曰本然而未發者, 實理之體; 善應而不測者, 實理之用. 此與體同用異, 亦異矣. 中庸章句又分明言一體一用, 雖有動靜之殊, 必其體立而後用有以行, 則亦非有兩事也.—語類問道之體用. 曰假如耳便是體, 聽便是用; 目是體, 見是用. 此類必多.— 體用初非兩事, 理氣決是二物. 而今坼體用, 而一屬理一屬氣, 則此以體用爲兩事矣. 今彼集中性體氣用, 性體心用等語, 層見疊出, 十百不休, 若體用一源之旨, 一不擧焉. 彼所謂都不檢考, 只一筆句斷, 正句道者也? 果孰與之上下其論乎?

己卯二月晦日, 鄭琦書.

정회부에게 보냄

신사년(1941)

남정우

이 글은 1941년 남정우(南廷瑀, 1869~1947)[858]가 동문인 정방엽에게 보내는 편지다. 「외필」에 대한 정방엽의 이해가 모호하다고 비판하면서, 「외필」의 입장을 지키면서 후대의 논의를 기다려야 한다고 주장하고 있다. 『입암집(立巖集)』 권8에 실려 있다.

신년에 소재(素齋 : 鄭贊圭, 1879~?)[859]와 계현(桂峴)[860]을 갔는데, 도움을 빌지 않으려는 생각에 빨리 돌아오셨단 얘기를 들었습니다. 이것은 빌리지 않는다는 명성을 지키려고 남에게 빌리지 않으려는 것이 아닙니까? 우습습니다! 뜨락의 매화가 첫 망울이 맺혔습니다. 조용히 마주하고 있노라니 뜻이 맞는 이들과 함께 하고픈 생각이 더욱 간절합니다. 지내는 곳에서 이치를 음미한 것은 얻은 것이 얼마나 됩니까? 휘하의 여러 사람들 또한 모두 와서 모였습니까? 저는 연말부터 추운 곳에서 지낸지 몇 달이나 되어 부창증(浮脹症)이 되어버렸고, 증세가 일정하지 못하게 왔다 갔다 합니다. 게다가 잠을 이루지 못해 밤새도록 눈을 감지 못하기도 합니다. 아마도 이로 인해 말병(末病)이 들 것 같습니다. 나이를 헤아려 보아도 이미 70에서 세 살이 더 되었으니, 무엇을 한탄하

---

858 자는 사형(士珩) 호는 입암(立巖) 본관 및 거주지는 의령(宜寧)이다. 이두훈(李斗勳)·정재규·정면규에게 수학했다.

859 정재규의 문인으로 자는 저경(著卿) 호는 소재(素齋) 본관은 초계(草溪) 거주지는 삼가(三嘉)이다.

860 현재 경상남도 의령군(宜寧郡) 궁류면(宮柳面) 계현리(桂峴里)를 가리킨다.

겠습니까!

예전에 주신 별지에서 '기틀이 스스로 그렇다'라는 구절을 언급하시면서 제게 한 마디 말해달라고 했습니다. 하지만 저로서는 「외필」의 내용을 다시 외우는 것에 불과했고 이왕에 소란을 일으켰던 단서라는 점을 깊이 경계했기에 잠시 미뤄두었습니다. 그런데 지난번 제 자식이 댁에서 돌아오면서 제게 '글을 주고받는 예의가 멈추고 말았으니 미흡한 점이 있는 것 같다'라고 했다고 전해주어 매우 죄송스러운 마음이 들었습니다. 이에 대략이나마 몇 마디 말을 올립니다.

'그렇게 시키는 것이 있지 않다'라는 것은 '기틀이 스스로 그렇다'라는 구절의 각주입니다. 이미 '기틀이 스스로 그렇다'라고 했기 때문에 또 '그렇게 시키는 것이 있지 않다'라고 한 것입니다. '그렇게 시키는 것이 있지 않다'라고 했다면 '스스로 그렇다'라는 것은 다른 것을 기다릴 것 없이 저절로 그런 것임을 알 수 있습니다. '자(自)'자와 '비사(非使)'자가 서로 호응한다면, 이 두 구절 안에는 '리가 주재한다'라는 뜻이 절대로 없습니다. 어디에서 '그렇게 시키지 않으면서 시킨다'라는 뜻을 알 수 있겠습니까? 반드시 먼저 리가 주재가 된다고 말하고, 그 다음에 그렇게 시키는 것이 있지 않다고 한 다음에야 그렇게 시키지 않으면서 그렇게 시킨다는 것을 말할 수 있습니다. 제 생각에는 "누가 그 기틀을 주장하는가? 아! 태극이로다"라는 이 말이 정론입니다. '기틀이 스스로 그러하지, 그렇게 시키는 것이 있지 않다'라는 말은 우연히 살피지 못한 것 같습니다. 고명께서 합쳐서 한 가지 뜻으로 보려고 하신다면 견강부회하는 잘못에서 벗어날 수 있겠습니까? 또 「외필」은 분명히 선현의 말이 우연히 살피지 못한 것과 후대 사람들의 폐단을 변론했습니다. 이제 모호하게 말하면서 '세상을 구제하려는 일단'이라고만 하신다면, 지혜로운 이들이 보고서 어떻게 마음으로 따르면서 옳다고 하겠습니까? 제 생각에 우리들은 조용히 스스로 지키면서 후대를 기다려야지,

구구절절이 말하면서 스스로 밝지도 못하고 곧지도 못한 데로 귀결될 필요는 없습니다. 우러러 어질고 아껴주실 줄로 믿고서 경솔하게 말했습니다. 어리석음을 헤아려 탓하지 않으신다면 매우 다행이겠습니다. 병든 데다 정신이 어지러워 나머지는 다 말하지 못합니다.

與鄭晦夫

辛巳

南廷瑀

聞新元與素齋有桂峴之行, 而以不借之弊徑歸云, 無乃守不借之名而欲不借於人耶? 可笑! 庭梅初綻, 悄然相對, 尤切同人之思. 齋居玩理, 見得幾何? 拂下諸彥, 亦皆來聚否? 瑀自歲下爲寒所中, 彌留數月, 轉成浮脹, 加減無常, 又兼不睡, 或達夜不接目, 恐因爲末病而已. 自料賤齒, 已加三算於稀古之年例也. 何嗟! 前賜別紙, 機自爾云云, 使我置一說, 則不過復誦猥筆之言, 深懲已往惹鬧之端, 故姑縮之矣. 向家兒歸自尊軒, 謂以闕往復之禮, 若有未洽云, 殊切愧悚. 玆敢略貢數語. 蓋非有使之者, 乃機自爾之註脚也. 旣曰機自爾, 故又曰非有使之. 曰非有使之, 則可知自爾之不待乎他, 而自爲之也. 自字與非使字, 互相照應, 則此二句內, 理主底意, 絶不及焉. 於何見得有不使而使之意也? 必也先言理爲之主, 而次言非有使之, 然後乃可言不使之使也. 竊謂孰尸其機, 嗚乎太極, 此則正論也. 機自爾, 非有使之, 恐是偶失照管. 高明欲合爲一義, 則可能免牽强之失乎? 且猥筆分明是辨析先賢說偶失照管處, 而兼及後人之弊. 今含糊說去, 而以爲只救世之一端云, 則明者見之, 豈肯厭服而唯唯乎? 愚意爲吾們者當含默自守, 以俟百世, 不必曲爲之說, 自歸於不明不直之科也. 仰恃仁愛, 語涉率爾. 惟恕其愚而不罪之, 則千萬之幸, 病且昏他不盡.

| 찾아보기 |

ㅈ

ㅊ

ㅍ

ㅎ